Die Haftung des Sekundärschädigers für Gewalttaten anderer im US-amerikanischen Deliktsrecht

Studien zum vergleichenden und internationalen Recht -
Comparative and International Law Studies

Herausgeber: Bernd von Hoffmann, Erik Jayme
und Heinz-Peter Mansel

Band 122

PETER LANG
Frankfurt am Main · Berlin · Bern · Bruxelles · New York · Oxford · Wien

Daniel Thelen

Die Haftung des Sekundärschädigers für Gewalttaten anderer im US-amerikanischen Deliktsrecht

ausgehend von dem Problem rechtsextremistisch motivierter Gewalttaten

PETER LANG
Europäischer Verlag der Wissenschaften

Bibliografische Information Der Deutschen Bibliothek
Die Deutsche Bibliothek verzeichnet diese Publikation in der Deutschen Nationalbibliografie; detaillierte bibliografische Daten sind im Internet über <http://dnb.ddb.de> abrufbar.

Zugl.: Köln, Univ., Diss., 2004

D 38
ISSN 0930-4746
ISBN 3-631-54852-4

www.peterlang.de

Meinen Eltern und Janni

Vorwort

Die Arbeit wurde von der rechtwissenschaftlichen Fakultät der Universität zu Köln im Sommersemester 2004 als Dissertation angenommen. Sie gibt die aktuelle Rechtslage in den meisten US-amerikanischen Staaten wieder. Rechtsprechung und Literatur sind überwiegend auf dem Stand von Oktober 2005.

Danken möchte ich in erster Linie meinem Doktorvater, Herrn Prof. Dr. Heinz-Peter Mansel, der die Arbeit angeregt und betreut hat. Durch seine dauernde Gesprächsbereitschaft und seinen wissenschaftlichen Rat hat er die Entstehung der Arbeit begleitet. Des Weiteren gilt mein Dank Prof. Dr. Dr. h. c. Ulrich Hübner für die Erstellung des Zweitgutachtens.

Besonderen Dank schulde ich all denen, die mich während meines Aufenthaltes an der Duquesne School of Law in Pittsburgh unterstützt haben. An erster Stelle ist hier Herrn Prof. Dr. Kirk W. Junker zu nennen. Er hat die Arbeit betreut und mir jede erdenkliche Hilfe zukommen lassen. Danken möchte ich auch den Professor(inn)en Samuel J. Astorino, John T. Rago, Vanessa Browne-Barbour, Kellen McClendon Ronald J. Ricci, S. Michael Streib und Robert D. Taylor für wertvolle und ausgiebige Fachgespräche. Schließlich gilt mein Dank auch den Fakultätsmitarbeiter(inn)en Donna L. Schneider, Dittakavi Rao, Tsegaye Beru und Milan Komljenovich für die herzliche Aufnahme in Pittsburgh und die großartige Unterstützung bei der Recherche.

Für die Aufnahme dieser Arbeit in die Schriftenreihe der „Studien zum vergleichenden und internationalen Recht“ danke ich den Herausgebern.

Zuletzt möchte ich meiner Mutter Cornelia Thelen, Frau Leslie Ischebeck, Tobias Thelen und Herrn Dr. Alvaro Perez-Ragone ganz herzlich für die unermüdliche Korrekturarbeit danken.

Köln, im Oktober 2005 — Daniel Thelen

Inhaltsübersicht

Vorwort 7

Inhaltsverzeichnis 11

Abkürzungsverzeichnis 21

Teil 1. Einleitung 27
- A. Ziel und Gegenstand der Untersuchung 27
- B. Überblick über die wesentlichen Besonderheiten des US-amerikanischen Deliktsrechts 32

Teil 2. Grundsätze der Haftungsmöglichkeiten für rassistisch motivierte Gewalttaten anderer im US-amerikanischen Deliktsrecht 47
- A. Concerted Action 50
- B. Civil conspiracy 52
- C. Aiding and abetting 125
- D. Haftung des Geschäftsherrn für Akte seines Gehilfen 170
- E. Haftung des Sekundärschädigers auf Zahlung von punitive damages 227

Teil 3. Anwendung des gefundenen Rechts auf den Fall Berhanu v. Metzger 233
- A. Fallbericht 234
- B. Analyse 237
- C. Ergebnis 265

Teil 4. Faktische Probleme und Auswirkungen der hate crimes litigation 267
- A. Faktische Probleme bei der hate crimes litigation 267
- B. Faktische Auswirkungen der hate crimes litigation auf das Phänomen rassistisch motivierter Gewalttaten 268

Teil 5. Zusammenfassung und Schluss 271

Schrifttumsverzeichnis 279

Entscheidungsregister 289

Annex 307

Inhaltsverzeichnis

Vorwort 7

Inhaltsübersicht 9

Abkürzungsverzeichnis 21

Teil 1. Einleitung 27

A. Ziel und Gegenstand der Untersuchung 27

B. Überblick über die wesentlichen Besonderheiten des US-amerikanischen Deliktsrechts 32

I. Uneinheitlichkeit des US-amerikanischen Privatrechts 32

II. Koexistenz von einzelstaatlichen- und Bundesgerichtszügen 34

1. Sachliche Zuständigkeit der Bundes- und der einzelstaatlichen Gerichte auf dem Gebiet des Deliktsrechts 35

2. Das von den Bundesgerichten angewandte Recht 35

III. Überblick über die Methode der Rechtsfindung im amerikanischen Privatrecht 36

1. Besonderheiten der Methode des case law im amerikanischen Privatrecht 36

2. Die Bedeutung des Gesetzesrechts im amerikanischen Deliktsrecht 38

3. Die unterschiedliche Bedeutung von Rechtsbegriffen innerhalb derselben Jurisdiktion 39

IV. Die Schadensersatzsummen im amerikanischen Deliktsrecht 39

V. Punitive damages als Waffe gegen finanziell starke oder körperschaftlich strukturierte Schädiger 40

Teil 2. Grundsätze der Haftungsmöglichkeiten für rassistisch motivierte Gewalttaten anderer im US-amerikanischen Deliktsrecht 47

A. Concerted Action 50

B. Civil conspiracy 52

I. Bedeutung und Einordnung des Begriffs 52

II. Zweck der civil conspiracy 53

III. Voraussetzungen der civil conspiracy nach common law Regeln 54
1. Plan (agreement) 55
a. Sachfragen 55
b. Beweisfragen 56
aa. Beweiserleichterung durch Indizienbeweis 56
aaa. Gemeinsames Handeln am Ort der Verletzungshandlung 57
bbb. Bloße Kenntnis von der Verletzungshandlung 58
ccc. Verfolgen eines gemeinsamen Zwecks bei wechselseitigem Kontakt zueinander 58
ddd. Dauer der Zusammenarbeit 59
eee. Substantial assistance or encouragement 60
fff. Zusammenfassung 60
bb. Beweiserleichterung durch niedrigere Anforderungen an die Präzision der Behauptungen 60
c. Ergebnis 61
2. Planerische Beteiligung von mindestens zwei Personen 61
a. Grundsatz der Unmöglichkeit einer civil conspiracy innerhalb einer Körperschaft (intracorporate conspiracy) 62
b. Ausnahmen von der Unmöglichkeit einer intracorporate conspiracy im Falle von rassistisch motivierten civil conspiracies 64
aa. Grundsätzliche Unmöglichkeit einer intracorporate conspiracy auch in Fällen des 42 U.S.C. § 1985 (3) 65
aaa. Grundsatz 65
bbb. Ausnahmen 67
(1) Mehrere unerlaubte Handlungen von mehreren agents 68
(2) Verfolgung des Zwecks der Verletzung von Rechtsgütern anderer durch die Körperschaft 70
(a) Exzeptionelle Haftung der Individuen in Fällen des 42 U.S.C. § 1985 (3) 70
(b) Anwendbarkeit dieser Ausnahme außerhalb des 42 U.S.C. § 1985 (3) 71

(c) Haftung der Körperschaft als conspirator 72
(3) Zwischenergebnis 72
bb. Grundsätzliche Möglichkeit einer intracorporate conspiracy in Fällen des 42 U.S.C. § 1985 (3) 73
aaa. Haftung der Individuen in Fällen des 42 U.S.C. § 1985 (3) 73
bbb. Anwendbarkeit dieser Regelung außerhalb des 42 U.S.C. § 1985 (3) 76
ccc. Zwischenergebnis 77
cc. Ergebnis zu: Ausnahmen von der Unmöglichkeit einer intracorporate conspiracy im Falle von rassistisch motivierten civil conspiracies 77
c. Zusammenfassung 78
3. Inhalt des Planes 78
4. Vorliegen eines unlawful act (in furtherance of the conspiracy) causing injury and damages 80
a. Verzicht auf den Verwirklichungsbeitrag des Mitverschwörers 82
b. Erfordernis irgendeines Verwirklichungsaktes 83
c. Erfordernis eines tortious act 84
d. Erfordernis der substantial assistance 86
e. Ergebnis 87
5. Haftungsumfang des Mitverschwörers 88
a. Ausgangsregel 89
b. Mögliche Einengung der Ausgangsregel 89
aa. Keine Einengung der Ausgangsregel 90
bb. Einengung der Ausgangsregel nach dem Gesichtspunkt der Vorhersehbarkeit 91
aaa. Inhalt des Vorhersehbarkeitserfordernisses 92
bbb. Mögliche Bedeutung dieser Ansicht für zukünftige Fälle 94
(1) Fehlerhaftigkeit der Halberstam-Entscheidung 94
(2) Ausbleiben der endgültigen Entscheidung des Halberstam-Gerichts über das Vorhersehbarkeitserfordernis 96
(3) Zwischenergebnis 96

ccc. Ergebnis zu: Einengung der Ausgangsregel nach dem Gesichtspunkt der Vorhersehbarkeit 96
cc. Einengung der Ausgangsregel nach dem Gesichtspunkt der Kenntnis der Mitverschwörer 97
dd. Ergebnis zu: Mögliche Einengung der Ausgangsregel 98
c. Haftung für Schäden, die vor Eintritt in die conspiracy entstanden sind 98
d. Ergebnis 99
6. Zusammenfassung zu den Voraussetzungen der common law civil conspiracy 100
IV. Voraussetzungen der civil conspiracy im Fall des 42 U.S.C. § 1985(3) 101
1. Ziel und Hintergrund des 42 U.S.C. § 1985 (3) 101
2. Voraussetzungen des 42 U.S.C. § 1985 (3), insbesondere Mod. 1 102
a. Class-based invidiously discriminatory animus 104
b. Verfassungsmäßiger Schutz des verletzten Rechts gegenüber Handlungen Privater 105
aa. Das Thirteenth Amendment als Schutznorm 106
aaa. Unfreiwillige Versklavung (Thirteenth Amendment, sect. 1) 106
bbb. Badges and incidents of slavery (Thirteenth Amendment, sect. 2) 107
(1) Sachgewalt als badge and incident of slavery 108
(2) Personengewalt als badge and incident of slavery 109
ccc. Zwischenergebnis 110
bb. Das Recht auf Interstate und Intrastate Travel 110
cc. Andere konstitutionelle Rechte 112
dd. Ergebnis zu: Verfassungsmäßiger Schutz des verletzten Rechts gegenüber Handlungen Privater 113
c. Keine Ausnahmeregelung für Fälle privater, rassistisch motivierter (Personen)Gewalt 113
d. Ergebnis 115
3. Vorteile des 42 U.S.C. § 1985 (3) 116
4. Zusammenfassung 116
V. Haftung aufgrund bloßer Kenntnis gem. 42 U.S.C. § 1986 117

1. Zweck des 42 U.S.C. § 1986 und Einordnung ins Haftungssystem des US-amerikanischen Deliktsrechts 117
2. Voraussetzungen des 42 U.S.C. § 1986 119
a. Kenntnis von der Durchführung der geplanten Akte der civil conspiracy 119
b. Möglichkeit der Verhinderung der Akte 120
c. Verweigerung oder fahrlässige Versäumung der Hilfeleistung 121
d. Kausalität zwischen Schäden und Unterlassen einer möglichen Hilfeleistung 121
3. Rechtsfolgen des 42 U.S.C. § 1986 121
4. Ergebnis zu: Haftung aufgrund bloßer Kenntnis gem. 42 U.S.C. § 1986 122
VI. Ergebnis zur civil conspiracy 123
1. Weite des civil conspiracy Instituts 123
2. Ermessensspielraum des Richters und Verformbarkeit des civil conspiracy Instituts 124
3. Vorteile des civil conspiracy Instituts 124
C. Aiding and abetting 125
I. Einleitung 125
1. Einordnung der aiding and abetting Theorie 125
2. Bedeutung von Rechtsquellen außerhalb des Richterrechts des common law 128
3. Anerkennung des aiding and abetting 131
II. Voraussetzungen des aiding and abetting 132
1. Tortious act of another resulting in harm 132
2. Abgrenzung der Begriffe aiding und abetting 133
3. Knowledge of the tortious conduct 134
a. Bestimmung des für die Haftung erforderlichen Grades des subjektiven Elements 135
aa. Der erforderliche Grad des subjektiven Elements in allgemeinen aiding and abetting Fällen 136
aaa. Constructive knowledge 136
bbb. Reckless knowledge 137
ccc. Criminal intent 139
ddd. Actual knowledge bzw. general awareness 141
eee. Zwischenergebnis 144
bb. Der erforderliche Grad des subjektiven Elements in besonderen abetting Fällen 145
b. Beweis des actual knowledge durch Indizienbeweis 146

aa. Umfang und Dauer der Unterstützungshandlung _ 147
bb. Art und Umstände der Unterstützungshandlung _ 147
cc. Verhältnis zwischen aider-abettor und Hauptschädiger _ 149
dd. Zwischenergebnis _ 149
c. Konkretisierung des knowledge _ 150
d. Ergebnis _ 152
4. Substantial assistance or encouragement _ 153
a. Anforderungen an die Unterstützungshandlung nach dem substantial assistance Test _ 153
aa. Substantial assistance als Kausalitätserfordernis in aiding Fällen _ 153
bb. Substantial assistance als Kausalitätserfordernis in abetting Fällen _ 155
b. Die Beurteilung der substantiality der Unterstützungshandlung durch den Five Factors Test _ 158
aa. Natur und Umstände der Haupttat _ 159
bb. Umfang und Art der Unterstützungshandlung _ 161
cc. Präsenz des Beteiligten am Tatort _ 162
dd. Verhältnis zwischen Hauptschädiger und Beteiligtem _ 162
ee. Einstellung des Beteiligten zur Haupttat _ 162
ff. Dauer der Unterstützung _ 164
gg. Zwischenergebnis _ 165
c. Ergebnis _ 165
5. Haftungsumfang des aider-abettor's _ 166
III. Ergebnis zum aiding and abetting _ 167
1. Grad der Entwicklung der common law aiding and abetting Theorie _ 167
2. Weite und praktische Bedeutung der aiding and abetting Theorie _ 169
D. Haftung des Geschäftsherrn für Akte seines Gehilfen _ 170
I. Einleitung _ 170
II. Haftung des principal's in Abhängigkeit von einem agency Verhältnis _ 173
1. Bedeutung und Voraussetzungen für das Zustandekommen des agency Verhältnisses _ 173
2. Principal autorisiert das Verhalten des agent's _ 175
3. Principal ratifiziert das Verhalten des agent's _ 178
a. Die Voraussetzungen der ratification im Überblick _ 179

b. Sanktionslose Weiterbeschäftigung als Indiz für das Vorliegen des intent to ratify ____ 180
aa. Sanktionslose Weiterbeschäftigung als ausreichendes Indiz ____ 181
bb. Sanktionslose Weiterbeschäftigung als unzureichendes Indiz ____ 181
cc. Beurteilung der Rechtslage im Hinblick auf ungebundene Gerichte ____ 182
c. Ergebnis ____ 184
4. Strikte Haftung des principal's (vicarious liability) ____ 185
a. Haftung für Akte von servants bzw. employees (respondeat superior) ____ 186
aa. Servant bzw. employee ____ 187
bb. Scope of the employment ____ 189
aaa. Grundsätzliche Bedeutung des Begriffs ‚scope of the employment' ____ 190
bbb. Verschärfung der scope of the employment Voraussetzungen bei Gewaltanwendung ____ 191
cc. Zwischenergebnis ____ 194
b. Haftung für Akte von non-servant agents ____ 195
c. Ergebnis ____ 197
III. Haftung des Geschäftsherrn unabhängig von einem agency Verhältnis ____ 197
1. Negligent/reckless hiring/selecting, retaining, instructing, supervising ____ 198
a. Haftung für vorsätzliches Verhalten eines non-servant Gehilfen ____ 199
b. Voraussetzungen der Haftung für negligent hiring/selecting, instructing or supervising ____ 203
aa. Sorgfaltspflichten (duties) eines Geschäftsherrn ____ 204
aaa. Duty to select/hire carefully ____ 205
(1) Anhaltspunkte für die incompetence/dangerousness des Gehilfen ____ 206
(2) Umfang der Nachforschungspflicht des Geschäftsherrn ____ 207
bbb. Duty only to retain competent persons ____ 210
ccc. Duty to instruct carefully ____ 211
ddd. Duty to supervise carefully ____ 212
bb. Breach of duty ____ 214
cc. Causation of the injury through breach of duty ____ 215

dd. Damages resulting from the injury 217
c. Voraussetzungen der Haftung für reckless hiring/selecting etc. 217
d. Ergebnis 220
2. Directing conduct of another 222
IV. Ergebnis zur Haftung des Geschäftsherrn für Akte seines Gehilfen 224
E. Haftung des Sekundärschädigers auf Zahlung von punitive damages 227
I. Voraussetzungen für die Verhängung von punitive damages gegen einen Sekundärschädiger 227
II. Individuelle Haftung contra joint and several liability 230

Teil 3. Anwendung des gefundenen Rechts auf den Fall Berhanu v. Metzger 233
A. Fallbericht 234
B. Analyse 237
I. Wrongful death claim gegen die Primärschädiger Mieske und Brewster 237
1. Erfüllung der Voraussetzungen eines wrongful death claim durch Mieske 238
2. Zurechnung der Handlung Mieskes zu Brewster im Wege der concerted action 238
3. Zwischenergebnis 241
II. Zurechnung der Handlung Mieskes und Brewsters zu Tom und John Metzger und White Aryan Resistance 241
1. Aiding and abetting durch die agents Mazzella und Barrett, zugerechnet im Wege der authorization und des directing conduct 241
a. Aiding and abetting durch die agents Mazzella und Barrett 242
aa. Abetting als Unterstützungshandlung 242
bb. Intent bezüglich der Begehung einer rassistisch motivierten Gewalttat 243
cc. Substantial assistance or encouragement 245
dd. Foreseeability (Haftungsumfang) 246
ee. Kein Entgegenstehen des First Amendments 246
ff. Zwischenergebnis 247
gg. Anmerkung: Civil conspiracy als Ergänzung zum aiding and abetting 247

b. Zurechnung der Handlung Mazzellas und Barretts zu den California defendants 248
aa. Authorization 249
bb. Directing conduct 250
cc. Zwischenergebnis 250
dd. Anmerkung: Zurechnung der Handlung Mazzellas und Barretts gem. respondeat superior 251
2. Civil conspiracy zwischen den California defendants und den Oregon defendants 251
a. Agreement zwischen den California defendants und den Oregon defendants 252
b. Tötung Seraws als (unlawful) act in furtherance of the agreed upon object causing (injury and) damages 255
c. Act in furtherance of the agreed upon object (Haftungsumfang) 256
d. Zwischenergebnis 257
e. Anmerkung: Berufung auf eine civil conspiracy gem. 42 U.S.C. § 1985 (3) 257
3. Recklessness in selecting or retaining der agents Mazzella und Barrett, die ein aiding and abetting begangen haben 258
a. Vorüberlegung: Haftung der California defendants für das vorsätzliche Verhalten ihrer non-servant agents Mazzella und Barrett 259
b. Duty to select/hire bzw. retain carefully 260
c. Reckless breach of duty 260
d. Zwischenergebnis 261
III. Haftung der Beklagten für compensatory und punitive damages 262
1. Haftung für economic damages 262
2. Haftung für non-economic damages 262
3. Haftung für punitive damages 263
4. Zwischenergebnis 265
C. Ergebnis 265

Teil 4. Faktische Probleme und Auswirkungen der hate crimes litigation 267
A. Faktische Probleme bei der hate crimes litigation 267
B. Faktische Auswirkungen der hate crimes litigation auf das Phänomen rassistisch motivierter Gewalttaten 268

Teil 5. Zusammenfassung und Schluss 271

Schrifttumsverzeichnis 279

Entscheidungsregister 289

Annex 307

Abkürzungsverzeichnis

Hinsichtlich der verwandten deutschen Abkürzungen wird verwiesen auf: Kirchner, Hildebert/Butz, Cornelie, Abkürzungsverzeichnis der Rechtssprache, 5. Auflage, Berlin, 2003

2d/2nd	Second Series
3d/3rd	Third Series
4th	Forth Series
5th	Fifth Series
A.	
A.2d	Atlantic Reporter
A.L.R.	
A.L.R.2d	
A.L.R.3d	
A.L.R.4th	
A.L.R.5th	
A.L.R.Fed.	American Law Reports
Ala.	Alabama
Alb. L. Rev.	Albany Law Review
Am. Crim. L. Rev.	American Criminal Law Review
Am. Jur.	
Am. Jur. 2d	American Jurisprudence
Am. U. L. Rev.	American University Law Review
Ariz.	Arizona
Ariz. Int'l & Comp. L.	Arizona International and Comparative Law
Ariz. L. Rev.	Arizona Law Review
Ark.	Arkansas
B.U. L. Rev.	Boston University Law Review
Baylor L. Rev.	Baylor Law Review
Buff. Pub. Interest L.J.	Buffalo Public Interest Law Journal
C.J.S.	Corpus Juris Secundum
Cal.	California
Cal. L. Rev.	California Law Review
Cal. W. L. Rev.	California Western Law Review

Case W. Res. J. Int'l L.	Case Western Reserve Journal of International Law
Chi.-Kent. L. Rev.	Chicago-Kent Law Review
Cir.	Circuit
Clev. St. L. Rev.	Cleveland State Law Review
Colo.	Colorado
Colum. Hum. Rts. L. Rev.	Columbia Human Rights Law Review
Colum. L. Rev.	Columbia Law Review
Conn.	Connecticut
Cornell L. Rev.	Cornell Law Review
Cumb. L. Rev.	Cumberland Law Review
D.	District
D.C.	District of Columbia
D.C. L.Rev.	District of Columbia Law Review
Del.	Delaware
Del. J. Corp. L.	Delaware Journal of Corporate Law
Dick. L. Rev.	Dickinson Law Review
Drake L. Rev.	Drake Law Review
Duq. L. Rev.	Duquesne Law Review
E.D.	Eastern District
F.	
F.2d	
F.3d	Federal Reporter
F.R.D.	Federal Rules Decisions
F.Supp.	
F.Supp.2d	Federal Supplement
Fed. Reg.	Federal Register
Fla.	Florida
Fla. B.J.	Florida Business Journal
Fordham L. Rev.	Fordham Law Review
Ga.	Georgia
Ga. B.J.	Georgia Business Journal
Ga. L. Rev.	Georgia Law Review
Harv. J. on Legis.	Harvard Journal on Legislation
Harv. L. Rev.	Harvard Law Review
Haw.	Hawaii
Hofstra L. Rev.	Hofstra Law Review
Hous. L. Rev.	Houston Law Review
IAB or Iowa Admin. Bull.	Iowa Administrative Bulletin
IAC or Iowa Admin. Code	Iowa Administrative Code

Idaho	Idaho
Idaho L. Rev.	Idaho Law Review
Ill.	Illinois
Ind.	Indiana
J. Corp. L.	Journal of Corporation Law
Kan.	Kansas
Ky.	Kentucky
L.Ed.	
L.Ed.2d	United States Supreme Court Reports, Lawyers Edition
La.	Louisiana
La. L. Rev.	Louisiana Law Review
Loy. L.A. Int'l & Comp. L. Rev.	Loyola of Los Angeles International and Comparative Law Review
Mass.	Massachusetts
Md.	Maryland
Me.	Maine
Mich.	Michigan
Mich. B.J.	Michigan Business Journal
Mich. L. Rev.	Michigan Law Review
Minn.	Minnesota
Minn. L. Rev.	Minnesota Law Review
Miss.	Mississippi
Miss. L.J.	Mississippi Law Journal
Mo.	Missouri
Mo. L. Rev.	Missouri Law Review
Mont.	Montana
Mont. L. Rev.	Montana Law Review
N.C.	North Carolina
N.D.	North Dakota
N.D.	Northern District
N.E.	
N.E.2d	North Eastern Reporter
N.H.	New Hampshire
N.J.	New Jersey
N.M.	New Mexico
N.W.	
N.W.2d	North Western Reporter
N.Y.	New York
N.Y.U. L. Rev.	New York University Law Review

Neb.	Nebraska
Nev.	Nevada
New Eng. L. Rev.	New England Law Review
Nw. U. L. Rev.	Northwestern University Law Review
Ohio St. L.J.	Ohio State Law Journal
Okla.	Oklahoma
Or.	Oregon
P. P.2d P.3d	Pacific Reporter
Pa.	Pennsylvania
PLI/Lit	Practising Law Institute/Litigation
R.I.	Rhode Island
R.I. B.J.	Rhode Island Business Journal
Rutgers L. Rev.	Rutgers Law Review
S. Cal. L. Rev.	Southern California Law Review
S. Cal. Rev. L. & Women's Stud.	Southern California Review of Law and Women's Studies
S. Ct.	West's Supreme Court Report
S.C.	South Carolina
S.C. L. Rev.	South Carolina Law Review
S.D.	South Dakota
S.D.	Southern District
S.D. L. Rev.	South Dakota Law Review
S.E. S.E.2d	South Eastern Reporter
S.W. S.W.2d S.W.3d	South Western Reporter
Seton Hall L. Rev.	Seton Hall Law Review
So. or S. So.2d or S.2d	Southern Reporter
St. Mary's L.J.	St. Mary's Law Journal
Stat.	Statutes at Large
Temp. L. Rev.	Temple Law Review
Tenn.	Tennessee
Tex.	Texas
Tex. Int'l L.J.	Texas International Law Journal
Tex. L. Rev.	Texas Law Review
Tex. Tech L. Rev.	Texas Technical Law Review

Tort & Ins. L.J.	Tort and Insurance Law Journal
Tulsa L. Rev.	Tulsa Law Review
U. Chi. L. Rev.	University of Chicago Law Review
U. Cin. L. Rev.	University of Cincinnati Law Review
U. Ill. L. Rev.	University of Illinois Law Review
U. Mem. L. Rev.	University of Memphis Law Review
U. Miami Bus. L. Rev.	University of Miami Business Law Review
U. Miami L. Rev.	University of Miami Law Review
U. Pa. L. Rev.	University of Pennsylvania Law Review
U. Pitt. L. Rev.	University of Pittsburgh Law Review
U. Puget Sound L. Rev.	University of Puget Sound Law Review
U.S.	United States Reports
U.S.C.	United States Code
U.S.C.A.	United States Code Annotated
U.S.C.S.	United States Code Service
Urb. L.Rev.	Urban Law Review
Va.	Virginia
Val. U. L. Rev.	Valparaiso University Law Review
Vand. J. Transnat'l L.	Vanderbilt Journal of Transnational Law
Vand. L. Rev.	Vanderbilt Law Review
Vol.	Volume
Vt.	Vermont
W. Va.	West Virginia
W. Va. L. Rev.	West Virginia Law Review
W.D.	Western District
Wash.	Washington
Wash. & Lee L. Rev.	Washington and Lee Law Review
Wayne L. Rev.	Wayne Law Review
Whittier L. Rev.	Whittier Law Review
Wis.	Wisconsin
Wyo.	Wyoming
Yale L.J.	Yale Law Journal

Teil 1. Einleitung

A. Ziel und Gegenstand der Untersuchung

Die Bundesrepublik Deutschland sieht sich seit 1991 besonders mit dem Problem rechtsextremistisch motivierter Gewalttaten konfrontiert. Deren Zahl schnellte im Jahr 1991 um nahezu das Fünffache des Vorjahres auf 849 hoch[1]. Auf diesem Niveau hat sie sich auch in den Jahren 1998 bis 2004 gehalten[2]. Von 1991 bis Ende 2000 starben 37 Menschen durch Anschläge Rechtsextremer[3]. Auch in den Jahren 2002 bis 2004 wurden jährlich im Durchschnitt 7 versuchte Tötungsdelikte, 640 Körperverletzungsdelikte und 29 Brandstiftungsdelikte deutschen Rechtsextremisten zugeschrieben[4]. Im Jahr 2004 wurden ca. 10000 gewaltbereite Rechtextremisten in Deutschland registriert[5].

Die Strafverfolgung der Täter alleine als Mittel zur Lösung dieses Problems kann aber dann kein effizientes Mittel sein, wenn im Hintergrund solcher Taten Organisationen oder Führungspersonen stehen, die die Täter durch immer wieder neu rekrutierte Ausführungsorgane ersetzen. In diesem Fall gilt es, den Einfluss dieser Personen zu minimieren.

Zwar geht in Deutschland ein großer Teil der rechtsextremistischen Gewalt von sogenannten Skinheads aus, die meist spontan, unorganisiert und unter star-

---

1 Kailitz, Aktuelle Entwicklungen im deutschen Rechtsextremismus, S. 37 (Gewalttaten inklusive Sachbeschädigungen) und S. 40 (Gewalttaten ohne Sachbeschädigungen), abrufbar unter www.kas.de/db_files/dokumente/zukunftsforum politik/7 dokument dok_pdf_195.pdf.

2 Siehe Bundesministerium des Innern, Verfassungsschutzbericht 1998, S. 17, Verfassungsschutzbericht 1999, S. 18, Verfassungsschutzbericht 2000, S. 29; Verfassungsschutzbericht 2001, S. 36; Verfassungsschutzbericht 2002, S. 31; Verfassungsschutzbericht 2003, S. 31; Verfassungsschutzbericht 2004, S. 31. Alle Berichte abrufbar unter www.verfassungsschutz.de.

3 Bundesamt für Verfassungsschutz, Verfassungsschutz gegen Rechtsextremismus, abrufbar unter www.verfassungsschutz.de/de/publikationen/rechtsextremismus/broschuere_2_0106_Verfassungsschutz_gegen_Rechtsextremismus.html.

4 Bundesministerium des Innern, Verfassungsschutzberichte 2002 und 2004, jeweils S. 32.

5 Bundesministerium des Innern, Verfassungsschutzbericht 2004, S. 39. Als gewaltbereite Personen werden auch diejenigen Personen eingestuft, die bisher noch keine Gewalt ausgeübt haben, die aber Gewaltanwendung befürworten.

kem Einfluss von Alkohol tätig werden[6]. Es ist aber gut möglich, dass Personen im Hintergrund solcher Gewalttaten wie die Nationaldemokratische Partei Deutschlands (NPD) und einzelne Geldgeber zumindest mitursächlich für die gewaltbereite Einstellung von u.a. Skinheads und den Zulauf zu solchen gewaltbereiten Gruppen sind. Tatsächlich bestehen Verbindungen der NPD zu Skinheads, auch wenn deren Verhältnis nicht frei von gegenseitiger Skepsis ist[7]. Engere Verbindungen seitens der NPD bestehen zu den neonazistischen Kameradschaften, die sich zwar nach außen hin gewaltfrei geben, denen aber auch ein nicht zu vernachlässigendes Gewaltpotenzial innewohnt[8]. Die Verbindung der NPD zu Skinheads und Neonazis ist Folge des Öffnungsprozesses der NPD (Konzept des „Kampfes um die Straße“) gegenüber diesen Gruppen[9]. Diese Verbindungen äußern sich in gemeinsamen Agitationen und Aufmärschen, von denen beide Seiten profitieren[10]: Die NPD erhält dadurch eine weitaus größere Präsenz bei ihren Aufmärschen, und die Neonazis sowie Skinheads erhalten ein Aufmarschfeld, das sie sonst nicht erhalten würden, weil eine von ihnen selbst angemeldete Demonstration verboten werden würde[11]. Folge dieser Agitationen und Aufmärsche ist die Beeinflussung anderer und die Rekrutierung neuer Mitglieder auch für die gewaltbereite Szene. Deshalb gilt die NPD in den Landesämtern bereits als „schützendes Dach“ für (gewaltbereite) neofaschistische Gruppen[12], und nach Ansicht des Bayerischen Innenministers spielt die NPD mittlerweile eine zentrale Rolle für die gewaltbereiten Rechtsextremisten[13]. Denkbar ist auch eine Verbindung zwischen gewaltbereiten Rechtsextremisten und nach außen hin ge-

---

6 Bundesamt für Verfassungsschutz, Verfassungsschutz gegen Rechtsextremismus, abrufbar unter www.verfassungsschutz.de/de/publikationen/rechtsextremismus/broschuere_2_0106_Verfassungsschutz_gegen_Rechtsextremismus.html.

7 Bundesministerium des Innern, Verfassungsschutzbericht 2004, S. 42 f.

8 Bundesministerium des Innern, Verfassungsschutzbericht 2002, S. 50.

9 Bundesministerium des Innern, Verfassungsschutzbericht 2002, S. 39 f.; siehe auch Verfassungsbericht 2004, S. 42 f.

10 Hogrefe u.a., Der Spiegel 32/2000, S. 22 ff., abrufbar unter www.spiegel.de/spiegel/0,1518,88034,00.html; Sanders, Die NPD als Sammelbecken für Neo-Nazis, zitierend Hartwig Möller, der Leiter des NRW-Amtes für Verfassungsschutz, abrufbar unter www.dradio.de/dlf/sendungen/zeitfunk/000916 .html.

11 Sanders, Die NPD als Sammelbecken für Neo-Nazis, zitierend Hartwig Möller, der Leiter des NRW-Amtes für Verfassungsschutz, abrufbar unter www.dradio.de/dlf/sendungen/zeitfunk/000916.html.

12 Emcke u.a., Der Spiegel 12/2000, S. 32 ff., abrufbar unter www.spiegel.de/spiegel/0,1518,71277,00.html.

13 Hogrefe u.a., Der Spiegel 32/2000, S. 22 ff., zitierend Günther Beckstein, Bayerischer Innenminister der Legislaturperiode 2003/2008, abrufbar unter www.spiegel.de/spiegel/0,1518,88034,00.html.

waltlosen Geldgebern, die beispielsweise Geld für Ausbildungs- und Tagungsstätten spenden[14].

Zur Minimierung des Einflusses möglicher Organisationen oder Führungspersonen im Hintergrund und damit zur Vorbeugung von weiteren fremdenfeindlichen Gewalttaten scheidet eine strafrechtliche Sanktion gegen die Organisationen aus, da es sich bei ihnen nicht um eine natürliche Person handelt. Die natürlichen Personen im Hintergrund haben oft keine Kenntnis vom konkreten Verletzungsakt, auch ist es vor allem wegen der strengen Beweislage schwierig, die Personen im Hintergrund strafrechtlich haftbar zu machen.

Es könnte aber möglich sein, durch Schadensersatzklagen solche Organisationen oder Geldgeber finanziell erheblich zu schädigen. Dadurch könnte man sie in ihrer Rekrutierungs-, Propaganda-, Agitations- und Organisationsarbeit lähmen, da es ihnen deutlich erschwert würde, Tagungs- und Ausbildungsstätten zu erwerben oder zu unterhalten[15], Zeitungen und Zeitschriften[16] zu veröffentlichen und auf eigene Geräte der elektronischen Datenverarbeitung zurückzugreifen, die der Präsentation im Internet[17] und der Organisation dienen.

In den USA sind einige solcher deliktischer Klagen bereits erfolgreich durchgeführt worden, mit dem Resultat, dass die Personen im Hintergrund, die von der konkreten Tat gar nichts wussten, geschweige denn daran beteiligt waren, zu (Straf-) Schadensersatzsummen – *punitive damages*[18] – in Höhe von mehreren Millionen Dollar verurteilt wurden[19]. Für die Haftungseinbeziehung dieser Per-

---

14 So unterstützt ein langjähriges NPD-Mitglied als Hauptgeldgeber den Erwerb von Immobilien zur Einrichtung von Schulungszentren, siehe „Neonazis auf Häusersuche", abrufbar unter www.spiegel.de/sptv/magazin/0,1518,265568,00.html.

15 Die rechte Szene versucht seit geraumer Zeit, in Deutschland Immobilien für Schulungszentren und Musikveranstaltungen zu erwerben. Dahinter steht das Ziel, ein national gesinntes Netzwerk zu schmieden, um rechtsextremen Nachwuchs zu rekrutieren, siehe „Neonazis auf Häusersuche", abrufbar unter www.spiegel.de/ sptv/magazin/ 0,1518,265568,00.html.

16 Im Jahr 2004 gab es 103 verschiedene Zeitungen und Zeitschriften, davon 50 mit vier oder mehr Ausgaben pro Jahr; Gesamtauflage: 4,4 Millionen (Bundesministerium des Innern, Verfassungsschutzbericht 2004, S. 111).

17 Die Homepages rechtsextremistischer Gruppen dienen der Selbstdarstellung, Propaganda und internen Verständigung (Bundesministerium des Innern, Verfassungsschutzbericht 2004, S. 115). Auch wenn es illusorisch ist, davon auszugehen, dass ohne eigenen Rechner das Gestalten einer Homepage oder Versenden von elektronischer Post in großem Umfange nicht mehr möglich ist, so dürfte das Fehlen eines eigenen Rechners doch diese Tätigkeit erschweren.

18 Einleitend zu diesem Rechtsinstitut, Teil 1. B. V.

19 Siehe Berhanu v. Metzger, No. A8911-07007 (Or. Multnomah County Cir. Ct. 1990), dieser Fall wird unten in Teil 3 analysiert; Keenan v. Aryan Nations, No. CV-99-441 (Idaho Dist. Ct., County of Kootenai 2000); Donald v. United Klans of America, Inc.,

sonen existieren mehrere Ansätze, die entweder dem allgemeinen US–amerikanischen Deliktsrecht oder dem *law of agency*[20] entnommen werden. Für die Zwekke dieser Arbeit sind insbesondere folgende Theorien interessant: *Concerted action* (Haftung aufgrund der gemeinsamen Begehung einer geplanten unerlaubten Handlung), *civil conspiracy* (Haftung aufgrund der Verabredung zu einer unerlaubten Handlung), *aiding and abetting* (Haftung aufgrund der Teilnahme an einer unerlaubten Handlung), *authorization* (Haftung des Geschäftsherrn aufgrund von Einwilligung in eine unerlaubte Handlung), *ratification* (Haftung des Geschäftsherrn aufgrund von Genehmigung einer unerlaubten Handlung), *respondeat superior* (Haftung des Geschäftsherrn aufgrund einer bestimmten Beziehung zum Gehilfen), *negligent/reckless hiring/selecting etc.* (Haftung des Geschäftsherrn aufgrund von unsorgfältiger Auswahl etc. eines Gehilfen) und *directing conduct* (Haftung des Geschäftsherrn aufgrund des Anordnens einer unerlaubter Handlung).

Nebenbei sei erwähnt, dass Personen im Hintergrund islamistisch-terroristischer Anschläge, d.h. die oft sehr wohlhabenden finanziellen oder logistischen Unterstützer der Haupttäter, mit denselben Zurechnungstheorien haftbar gemacht werden können, was u.a. der Fall In re Terrorist Attacks on September 11, 2001[21] zeigt[22].

Zu beachten ist aber, dass in den USA günstigere Voraussetzungen bestehen, um das rechtsextremistische Problem an seinen Wurzeln zu packen. Der Haupt-

---

Case No. 84-0725-C-S (S.D. Ala. 1987); Macedonia Baptist Church v. Christian Knights of the Ku Klux Klan – Invisible Empire, Inc. et al., Case No. 96 CP-14-217 (S.C. 1998). Alle Fälle sind unveröffentlicht. Einen Überblick zu diesen und weiteren Fällen sowie deren Tenor findet man in dem Artikel: „Case Docket" in der Rubrik „Legal Action" auf www.splcenter.org/legal/docket/docket.jsp?sortID=4&agendaID=1.

20 Stellvertretungsrecht i.w.S., das besonders auf Körperschaften anwendbar ist und neben der Zurechnung von Willenserklärungen auch die Zurechnung von unerlaubten Handlungen kennt, dazu Teil 2. D.

21 In re Terrorist Attacks on September 11, 2001, 349 F.Supp.2d 765 (S.D.N.Y. 2005), die Klage wurde jedoch mangels Schlüssigkeit teilweise abgewiesen, siehe S. 799 f., 832 f.

22 Weitere Fälle sind: Burnett v. Al Baraka Inv. and Development Corp. 274 F.Supp.2d 86, (D.D.C. 2003); Boim v. Quranic Literacy Institute, 127 F.Supp.2d 1002 (N.D. Ill. 2001) (Boim I), affirmed 291 F.3d 1000 (Boim II); Boim v. Quranic Literacy Institute, 340 F.Supp.2d 885 (N.D.Ill. 2004) (Boim III); Linde v. Arab Bank, PLC, 2005 WL 2108690 (E.D.N.Y. 2005); eine Übersicht über weitere Fälle gibt Strauss, 38 Vand. J. Transnat'l L. 679, 683 ff.; siehe auch Harvard Law Review Association, 116 Harv. L. Rev. 713 ff. Als Sekundärschädiger kommen neben Individuen vor allem „gemeinnützige" (non-profit) Organisationen in Betracht, die mit Spendengeldern islamistische Terroristen finanzieren, siehe dazu die oben genannten Fälle.

grund hierfür liegt in der im deutschen Recht nicht gegebenen Möglichkeit der Aufbürdung von *punitive damages*, mit denen die eigentliche Haftungssumme um ein Vielfaches in die Höhe getrieben werden kann. Auch besteht in den USA eine größere Tendenz zur Organisation Rechtsextremer[23], so dass dort der Nachweis der Tätigkeit einer Organisation oder einzelner Personen im Hintergrund einer rechtsextremistisch motivierten Gewalttat einfacher ist[24].

Diese Arbeit verfolgt damit in erster Linie das Ziel, am Beispiel des US-amerikanischen Deliktsrechts aufzuzeigen, ob und besonders wie das Problem rassistisch motivierter Gewalttaten mittels der oben erwähnten Institute eingedämmt werden kann, indem man die sonst nicht erreichbaren Personen im Hintergrund in die Haftung einbezieht. Die wenigsten Urteile dieser *hate crimes litigation* sind allerdings veröffentlicht worden. Diejenigen, die veröffentlicht worden sind, entbehren meist einer richterlichen Auseinandersetzung mit den hier interessanten Haftungsfragen in Form einer *opinion*. Dementsprechend setzt sich auch die amerikanische Sekundärliteratur nur begrenzt mit dem Stoff auseinander. In Ermangelung dieses Fallmaterials ist es die vornehmliche Aufgabe dieser Arbeit, die Haftungsmöglichkeiten für Gewalttaten anderer im US-amerikanischen Deliktsrecht im Allgemeinen zu analysieren, dazu Teil 2. In einem zweiten Schritt soll dann die praktische Anwendung dieser Theorien anhand des Falles Berhanu v. Metzger[25] dargestellt werden, dazu Teil 3. Abgeschlossen werden soll diese Arbeit durch einen Überblick über die tatsächlichen Probleme und Auswirkungen der *hate crimes litigation* auf das Phänomen rassistisch motivierter Gewalttaten, dazu Teil 4. Zum besseren Verständnis der Teile 2. und 3. erfolgt in Teil 1. B. ein Überblick über die wesentlichen Besonderheiten des US-amerikanischen Deliktsrechts.

Die Untersuchung will sich dabei gezielt auf den Problemkreis der Haftung für vorsätzliche Gewalttaten durch Privatpersonen beschränken. Sie fokussiert insoweit insbesondere Gewalttaten, die rassistisch motiviert sind. Außer Betracht bleiben gewaltfreie Taten rechtsextremistischen Unrechts, wie etwa die Diskriminierung am Arbeitsplatz, oder Gewalttaten durch Hoheitsträger.

Wegen der Uneinheitlichkeit des amerikanischen Privatrechts[26] können die gefundenen Ergebnisse nicht als *das* (einheitliche) US-amerikanische Recht ver-

---

23 Siehe Dees/Bowden, 31-FEB Trial, 22; zu nennen seien u.a. Gruppen wie „Aryan Nations", die „White Aryan Resistance" („WAR") und verschiedene Ku Klux Klan-Gruppen, die kleinere, eigenständige Gruppen des ehemals national verbreiteten Ku Klux Klans sind.

24 Vgl. die in Fn. 19 genannten Fälle.

25 Berhanu v. Metzger, No. A8911-07007 (Or. Multnomah County Cir. Ct. 1990).

26 Jeder Einzelstaat hat die Kompetenz, sein eigenes Bürgerliches Recht zu kreieren, siehe unten, Teil 1. B I.

standen werden. Sie haben damit nicht den Anspruch, die Rechtslage in jedem Einzelstaat im Hinblick auf dieses Thema zu repräsentieren. Vielmehr soll die Rechtslage, die in den meisten Staaten vorherrscht, herausgearbeitet werden. Wichtige Abweichungen hiervon durch Gesetze oder Rechtsprechung in einzelnen Staaten oder durch die Literatur sollen dabei aufgezeigt und untersucht werden. Hierbei gilt es dann, anhand der Argumente für die einzelnen Ansichten und der Besonderheiten des *case law* eine Prognose zu erstellen, welcher Ansicht sich die Gerichte in zukünftigen Entscheidungen voraussichtlich anschließen werden.

B. Überblick über die wesentlichen Besonderheiten des US-amerikanischen Deliktsrechts

Da das amerikanische Privatrecht aus einem anderen Rechtskreis stammt, nämlich aus dem des *common law*, und von der föderalistischen Struktur der USA sowie von weiteren Besonderheiten geprägt ist, wird zum leichteren Verständnis dieser Arbeit im Folgenden ein Überblick über die Besonderheiten des amerikanischen Deliktsrechts aus der Sicht des deutschen Betrachters gegeben.

I. Uneinheitlichkeit des US-amerikanischen Privatrechts

Eine Besonderheit des US-amerikanischen Deliktsrechts ist es, dass es wie das gesamte US-amerikanische bürgerliche Recht und große Teile des Handelsrechts in die Gesetzgebungszuständigkeit der 50 Einzelstaaten fällt. Dies ergibt sich daraus, dass die amerikanische Verfassung dem Bund in Art. I § 8 nur bestimmte, ausdrücklich genannte Gebiete zuweist wie z.B. das Staatsangehörigkeits-, Konkurs- oder Urheberrecht oder die Regelung des Handelsverkehrs mit dem Ausland und zwischen den einzelnen Staaten. Die Folge ist nicht nur, dass jeder der 50 Einzelstaaten auf dem Gebiet des bürgerlichen Rechts eigene Gesetze erlässt, sondern auch, dass das Richterrecht auf diesem Gebiet sich häufig in den verschiedenen Staaten in verschiedene Richtungen entwickelt[27]. Daher kann man von *dem* US-amerikanischen Deliktsrecht schlechthin nicht sprechen.

---

27 Burnham, Introduction to the Law and Legal System, S. 404 u. 33; vgl. Morrison, Fundamentals of American Law, S. 36.

Allerdings stimmen die Rechtsordnungen der verschiedenen Einzelstaaten in ihren Grundregeln – zumindest die, die der *common law* Tradition verpflichtet sind[28], – weithin überein[29].

Darüber hinaus wird im Privatrecht auf verschiedene Art und Weise auf eine Vereinheitlichung des Rechts hingewirkt. Für das Deliktsrecht sind in erster Linie die vom American Law Institiute (ALI) herausgegebenen Restatements of the Law[30] relevant. Dies sind in Formulierung und Aufbau einem Gesetzbuch des *civil law* ähnelnde private Werke, in denen allgemeine Regeln des *common law* klassifiziert und deutlich formuliert werden in der Hoffnung, die Gerichte werden sie von Fall zu Fall anwenden[31]. Sie geben dort, wo das Recht schon einheitlich ist, das geltende Recht einfach wieder; wo das Recht unterschiedlich ist, wählt das ALI die aus seiner Sicht beste Regel, so dass die Restatements in solchen Fällen nicht nur das Recht angleichen, sondern reformieren[32]. Mittlerweile haben die Restatements in erheblicher Form zur Rechtsvereinheitlichung beigetragen[33].

Die Gerichte der Einzelstaaten richten sich oft nach dem Restatement, wenn die bindenden Vorentscheidungen dieses Staates die betreffende Frage nicht beantworten können[34]. Eine weitere Autorität stellt in diesen Fällen das für das Deliktsrecht wegweisende Lehrbuch von Prosser/Keeton[35] dar[36]. Üblich ist aber auch, das Recht anderer Jurisdiktionen zu untersuchen, welches – wie das Restatement und Prosser/Keeton – zwar als nicht bindend, aber als anschaulich bezüglich der Grundstrukturen angesehen wird[37].

---

28 Das sind alle Einzelstaaten bis auf die ehemalige französische Kolonie Louisiana, die dem romanischen Rechtkreis entstammt.

29 Burnham, Introduction to the Law and Legal System, S. 404.

30 Für das Deliktsrecht heißen sie „Restatement of Torts“.

31 Vgl. Abrahamson, 1995 Wis. L. Rev. 1, 21 m.w.N.; Wolfram, 26 Hofstra L. Rev. 817, 818 ff.

32 Burnham, Introduction to the Law and Legal System, S. 73; Abrahamson, 1995 Wis. L. Rev. 1, 20 ff, vgl. Wolfram, 26 Hofstra L. Rev. 817, 818 ff.

33 Wilkins, 26 Hofstra L. Rev. 567.

34 Vgl. Burnham, Introduction to the Law and Legal System, S. 73; siehe beispielsweise: Fassett v. Delta Kappa Epslion, 807 F.2d 1150, 1162 f. (3rd Cir. (Pa.) 1986); vgl. Halberstam v. Welch, 705 F.2d 472, 476 ff. (D.C. Cir. 1983); Wells v. Rockefeller, 728 F.2d 209, 216 f. (3rd Cir. (Virgin Islands) 1984); Press, Inc. v. Verran, 569 S.W.2d 435, 442 (Tenn. 1978).

35 Prosser/Keeton, On the Law of Torts, 5. Aufl. 1984.

36 Siehe beispielsweise: Halberstam v. Welch, 705 F.2d 472, 476 f. (D.C. Cir. 1983); Adcock v. Brakegate, Ltd., 645 N.E.2d 888, 894 (Ill. 1994); Williams v. Aetna Fin. Co., 700 N.E.2d 859, 868 (Ohio) 1998).

37 Vgl. Halberstam v. Welch, 705 F.2d 472, 479 (D.C. Cir. 1983); Fassett v. Delta Kappa Epslion, 807 F.2d 1150, 1163 (3rd Cir. (Pa.) 1986); N.R.S. 1.030 (Nevada): Hiernach sollen in den oben beschriebenen Fällen Gerichte in Nevada das *common law*

Zu erwähnen sind auch die *uniform laws*, die von der National Conference of the Commissioners for Uniform Laws als neue Gesetze ausgearbeitet und dann den Einzelstaaten zur Annahme vorgeschlagen werden. Es gelten allerdings nur wenige dieser *uniform laws* in der Mehrheit der Einzelstaaten. Am erfolgreichsten ist der *Uniform Commercial Code* (UCC), der in allen Staaten außer Louisiana gilt[38]. Für das Deliktsrecht gibt es noch keinen umfassenden, in der Mehrheit der Einzelstaaten gültigen Code. Aber selbst wenn ein *uniform law* in allen Einzelstaaten akzeptiert wird, bietet dies noch keine Gewähr für Rechtseinheit[39]. Der Grund ist, dass ein *uniform law* vom Einzelstaat ratifiziert wird, wobei dieser Änderungen gegenüber dem Vorschlag einfügen kann[40]. Ferner wird selbst bei übereinstimmender Annahme des Vorschlags die Auslegung und Anwendung eines *uniform law* mit der Zeit auseinandergehen, da es an einer übergeordneten Gerichtskompetenz, die die einheitliche Auslegung sicherstellen könnte, fehlt[41].

Im Ergebnis ist festzuhalten, dass es in Einzelfragen von Staat zu Staat durchaus Abweichungen geben kann[42], so dass bei der Ermittlung *des* „US-amerikanischen Privatrechts" große Vorsicht geboten ist.

II. Koexistenz von einzelstaatlichen- und Bundesgerichtszügen

Eine weitere Besonderheit des amerikanischen Privatrechts und damit auch des Deliktsrechts ist, dass sowohl sämtliche Staaten als auch der Bund voll ausgebildete Gerichtszüge zur Verfügung stellen. Dies wirft nicht nur die Frage nach der sachlichen Zuständigkeit der Gerichte auf, sondern auch die für das vom Richterrecht geprägte Deliktsrecht[43] interessante Frage, ob ein zuständiges Bundesgericht an das Deliktsrecht des Staates, in dem es ansässig ist, gebunden ist oder eigenständig entsprechende bundesrechtliche Regelungen entwickeln oder fortbilden kann.

---

anwenden, wenn es nicht mit dem Recht in Nevada unvereinbar ist, siehe beispielsweise: The Dow Chemical Company v. Mahlum, 970 P.2d 98, 111 (Nev. 1998), bei dieser Entscheidung ist zu beachten dass für sie *negative History* existiert. Sie ist aber nach wie vor zitierfähig, da sie nicht aufgehoben, sondern nur ergänzt wurde durch das Urteil: GES, Inc. v. Corbitt, 21 P.3d 11, 15 (Nev. 2001).

38 Hay, Law of the United States, Rn. 18.

39 Hay, Law of the United States, Rn. 18.

40 Siehe obige Fn.

41 Siehe obige Fn.

42 Burnham, Introduction to the Law and Legal System, S. 404.

43 Burnham, Introduction to the Law and Legal System, S. 404; Kionka, Torts in a Nutshell, S. 2.

1. Sachliche Zuständigkeit der Bundes- und der einzelstaatlichen Gerichte auf dem Gebiet des Deliktsrechts

Auf dem Gebiet des Deliktsrechts haben die einzelstaatlichen Gerichte allgemeine Zuständigkeit[44]. Ein Bundesgericht ist aber gem. 28 U.S.C. §§ 1331, 1332 konkurrierend dann zuständig, wenn es sich bei der Streitigkeit um einen *federal question case* oder um einen *diversity of citizenship case* handelt. Um einen *federal question case* wird es sich im Deliktsrecht, welches ja Recht der Einzelstaaten ist, nicht handeln. Die Zuständigkeit eines Bundesgerichts in einem *diversity of citizenship case* setzt gem. 28 U.S.C. § 1332 voraus, dass die Parteien unterschiedliche Staatsangehörigkeit besitzen und der Streitwert $ 75.000 übersteigt. Ferner darf der Fall nicht in die ausschließliche Zuständigkeit der Einzelstaatengerichte gehören, was aber nur bei Streitigkeiten im Familien- und Erbrecht sowie in Eigentumsfragen bezüglich unbeweglichen Vermögens der Fall ist.

2. Das von den Bundesgerichten angewandte Recht

Ist demnach ein Bundesgericht zuständig, taucht die oben gestellte Frage auf, ob dieses nun Bundes(delikts)recht oder das Recht des Staates anwenden soll, in dem es seinen Sitz hat. Diese Frage ist nicht zu unterschätzen, da die Anwendung von einheitlichem Bundesfallrecht zu einer Rechtsvereinheitlichung des Privatrechts führen würde, und die Anwendung von einzelstaatlichem Recht es bei der Rechtszersplitterung des Privatrechts belassen würde[45].

Zunächst galt seit der Entscheidung des Supreme Courts in Swift v. Tyson[46] für fast ein Jahrhundert die Regel, dass die Bundesgerichte in *diversity of citizenship cases* bundesrechtliches *common law* anzuwenden hätten. In der Entscheidung Erie – Railroad v. Tompkins[47] gab der Supreme Court dann diese Regel auf und erklärte, dass es allgemeines *common law* des Bundes nicht gebe (*"there is no federal general common law"*[48]) mit der Folge, dass die Bundesgerichte in *diversity cases* nun grundsätzlich Gliedstaatenrecht anzuwenden haben (Erie-Doktrin). Dies wurde damit begründet, dass dem Bund, bzw. seinen Gerichten die verfassungsmäßige Kompetenz zur Schaffung eines einheitlichen Bundesprivatrechtes fehle[49]. Ferner hätte der Kläger bei der Existenz von Bun-

---

44 Vgl. 3 Am. Jur. Trials, § 553.
45 Burnham, Introduction to the Law and Legal System, S. 186, Fn. 93.
46 Swift v. Tyson, 41 U.S. 1, 18 f. (1842).
47 Erie R. Co. v. Tompkins, 304 U.S. 64, 78 ff. (1938).
48 Erie R. Co. v. Tompkins, 304 U.S. 64, 78 (1938).
49 Siehe obige Fn.

desprivatrecht neben Staatenprivatrecht nicht nur die Wahl zwischen den Gerichten, sondern auch zwischen zwei Rechten *(forum-shopping)*, was zu einer Diskriminierung der Bürger des Einzelstaats, in dem sich das Gericht befindet, führen könne[50].

III. Überblick über die Methode der Rechtsfindung im amerikanischen Privatrecht

Ein weiteres signifikantes Merkmal des amerikanischen Privatrechts aus der Sicht des deutschen Betrachters ist die Methode der Rechtsfindung. Im amerikanischen Recht, das zum Rechtskreis des *common law* gehört, steht der Richter, nicht der Gesetzgeber oder der Rechtswissenschaftler im Mittelpunkt des Rechtsdenkens[51]. Auch wenn immer mehr Bereiche gesetzlich geregelt werden[52], fehlt es an einer systematischen gesetzliche Kodifizierung, so dass das richterliche Urteil Hauptgegenstand der juristischen Analyse und Tätigkeit ist[53]. Damit gliedert sich die (anglo)-amerikanische Rechtsquellenlehre in zwei große Bereiche: In das Richterrecht (*case law*) als primäre Rechtsquelle und in das Gesetzesrecht (*statute law*) als sekundäre Rechtsquelle.

Im Folgenden soll kurz auf die durch die Föderalstruktur bedingte amerikanische Besonderheit hinsichtlich der Präjudizien hingewiesen und danach kurz die Bedeutung des Gesetzesrechts im amerikanischen Deliktsrecht beleuchtet werden. Abschließend wird auf die unterschiedliche Bedeutung von Rechtsbegriffen innerhalb ein und derselben Jurisdiktion als Folge der *case law* Methodik eingegangen.

1. Besonderheiten der Methode des case law im amerikanischen Privatrecht

Zentraler Gedanke des *case law* ist, dass die Untergerichte an die Rechtsgrundsätze früherer Entscheidungen (Präjudizien bzw. *precedents*) der Obergerichte

---

50 Erie R. Co. v. Tompkins, 304 U.S. 64, 74 ff. (1938). Die Diskriminierung entsteht dadurch, dass der Kläger in *diversity* Fällen zwischen den anwendbaren Rechen wählen kann, während dies in Fällen, in denen nur „Inländer“ beteiligt sind, eben nicht möglich ist, siehe oben, so dass ein „Inländer“ dadurch gegenüber einem „Ausländer“ ungleich behandelt werden kann.

51 Vgl. Hay, Law of the United States, Rn. 24; Morrison, Fundamentals of American Law, S. 9 f.; Cohen/Berring/Olson, Finding the Law, Ch. 1., B. 1., S. 2.

52 Siehe unten, Teil 1. B. III. 2.

53 Vgl. Hay, Law of the United States, Rn. 24.

gebunden sind (*stare decisis doctrine*)[54]. Im amerikanischen Privatrecht führt nun die Föderalstruktur dazu, dass die *stare decisis doctrine* nur im jeweils selbständigen Jurisdiktionsbereich Wirkung entfaltet[55]. Das bedeutet, dass Bundesgerichte grundsätzlich nur durch *precedents* höherer Bundesgerichte gebunden werden und Gerichte eines Einzelstaats nur durch *precedents* höherer Gerichte desselben Staats[56]. Im Falle der Anwendung von Gliedstaaten *common law* durch Bundesgerichte sind die Bundesgerichte an die Präjudizien der Gerichte des betreffenden Bundesstaates gebunden[57]. Auch höchstrichterliche Entscheidungen von Gerichten anderer Jurisdiktionen sind nicht bindend; sie können aber *highest respect* genießen und ergänzend als *persuasive authority* angesehen werden[58]. So ist bei kleineren Staaten in den USA die Tendenz erkennbar, sich an die Rechtsprechung größerer Staaten der Region anzulehnen, z.B. an New York im Osten und Kalifornien im Westen als *"leading jurisdictions"*[59].

Zu beachten ist aber, dass nur die tragenden Urteilsgründe *(ratio decidendi* oder *holding)* Bindungswirkung entfalten, welche durch die einzelnen Streitpunkte und die dafür relevanten Tatsachen des Falls bestimmt werden[60]. Die weiteren Ausführungen in den Urteilsgründen, die *dicta*, bzw. *obiter dicta*, haben keine Präjudizwirkung[61]. Ein wohl durchdachtes *dictum* kann indes durchaus Beachtung finden[62]. Dagegen ist das ganz beiläufig erwähnte *obiter dictum* als Rechtserkenntnisquelle nahezu wertlos[63]. Aus diesen Ausführungen folgt, dass

54 Hay, Law of the United States, Rn. 20; Morrison, Fundamentals of American Law, S. 18 f.; Cohen/Berring/Olson, Finding the Law, Ch. 1., B. 2., S. 3.

55 Burnham, Introduction to the Law and Legal System, S. 62; Cohen/Berring/Olson, Finding the Law, Ch. 1., B. 2., S. 3.

56 Burnham, Introduction to the Law and Legal System, S. 62; Cohen/Berring/Olson, Finding the Law, Ch. 1., B. 2., S. 3.

57 Burnham, Introduction to the Law and Legal System, S. 62.

58 Burnham, Introduction to the Law and Legal System, S. 62; siehe beispielsweise Hogan v. McDaniel, 319 S.W.2d 221, 242 (Tenn. 1958); Cohen/Berring/Olson, Finding the Law, Ch. 1., B. 2., S. 3.

59 Siehe beispielsweise Prout v. Sears, Roebuck and Co., 772 P.2d 288, 292 f. (Mont. 1989) (allerdings vorgetragen von dem *dissenting judge*); Hillman v. Nationwide Mut. Fire Ins. Co., 855 P.2d 1321, 1323 f. (Alaska 1993); Noble v. National American Life Ins. Co., 624 P.2d 866, 867 (Ariz. 1981); Litton Bionetics, Inc. v. Glen Const. Co., Inc., 437 A.2d 208, 214 (Md. 1981); vgl. auch Swanson, SF65 ALI-ABA 1, 22.

60 Hay, Law of the United States, Rn. 22; Morrison, Fundamentals of American Law, S. 19; Cohen/Berring/Olson, Finding the Law, Ch. 2. C., S. 15.

61 Hay, Law of the United States, Rn. 22.; Cohen/Berring/Olson, Finding the Law, Ch. 2. C.,S. 15.

62 Cohen/Berring/Olson, Finding the Law, Ch. 2. C., S. 16.

63 Vgl. Cohen/Berring/Olson, Finding the Law, Ch. 2. C., S. 16.

man die Regelung eines *precedent* nicht anwenden muss, wenn man den Nachweis erbringt, dass sich die Streitpunkte des zu entscheidenden Falls von denen des *precedent* unterscheiden *(distinguishing)*[64].

2. Die Bedeutung des Gesetzesrechts im amerikanischen Deliktsrecht

Im amerikanischen Privatrecht ist das Fallrecht zwar primäre Rechtsquelle, es wird jedoch in so vielfacher Weise vom Gesetzesrecht bestimmt, dass man es schon ein gemischtes System nennen könnte[65]. Jedoch ist der Grundcharakter ein fallrechtlicher, da statt einer systematischen Kodifikation nur Einzelgesetze existieren, die regelnd in das *common law* eingreifen[66]. Dies deutet an, dass die Bedeutung der Gesetze im Vergleich zu dem kontinentaleuropäischen Recht unterschiedlich ist: Da die Auslegung der Gesetze den Richtern obliegt und ihre Rechtsprechung als Präjudiz bindet, ist nicht die Gesetzesvorschrift, sondern die richterliche „Glosse" anzuwendendes Recht[67].

Von der oben beschriebenen Entwicklung des amerikanischen Rechts hin zu einer wachsenden Durchdringung durch das Gesetzesrecht ist das Deliktsrecht (noch) ausgenommen: Das *law of torts* ist überwiegend Fallrecht[68]. Allerdings hat auch hier die Bedeutung des Gesetzesrechts zugenommen, vornehmlich auf zwei Gebieten: Zum einen wurden ganze Bereiche dem eigentlichen *law of torts* entzogen, nämlich das Recht der Arbeitsunfälle und das Recht der Straßenverkehrsunfälle[69]. Zum anderen wurden *tort reform acts* entworfen, um die teilweise ausufernden Haftungssummen einzuschränken[70].

---

64 Hay, Law of the United States, Rn. 23.
65 Hay, Law of the United States, Rn. 17.
66 Hay, Law of the United States, Rn. 17, 24.
67 Hay, Law of the United States, Rn. 24; Cohen/Berring/Olson, Finding the Law, Ch. 1., B. 2., S. 4.
68 Burnham, Introduction to the Law and Legal System, S. 404; Kionka, Torts in a Nutshell, S. 2.
69 Siehe beispielsweise Ala.Code 1975 § 25-5 (Alabama); Wests Ann.Cal.Labor Code § 4900 ff. (California); Wests Ann.Cal.Vehicle Code § 17000 ff. (California); M.C.L.A. 257.401 ff. (Michigan).
70 Vgl. Burnham, Introduction to the Law and Legal System, S. 435; Sisk, 16 U. Puget Sound L. Rev. 1, 10 f., hauptsächlich über den Washington Tort Reform Act of 1986, ch. 305, §§ 100-912, 1986 Wash.Laws 1354-67 (kodifiziert in einzelnen Paragraphen in Wash.Rev.Code).

3. Die unterschiedliche Bedeutung von Rechtsbegriffen innerhalb derselben Jurisdiktion

Oft haben Rechtsbegriffe sogar innerhalb derselben Jurisdiktion eine unterschiedliche Bedeutung wie beispielsweise der Begriff der *concerted action*[71]. Die Ursache dafür ist in der Methodik des *case law* zu suchen. So muss die Bedeutung, die ein unterstes Gericht einem Rechtsbegriff zukommen lässt, nicht von einem anderen Gericht übernommen werden, weil unterste Gerichte keine *binding precedents* schaffen können[72]. Noch bedeutender ist aber, dass nach dem Grundgedanken des *case law* zumindest im amerikanischen Recht die Entscheidungen in erster Linie nicht der Festsetzung von Regeln und Definitionen dienen[73]. Auch wenn sie primäre Quelle des Rechts sind, dienen sie vornehmlich dazu, eine Lösung für den vorliegenden Lebenssachverhalt zu finden[74].

IV. Die Schadensersatzsummen im amerikanischen Deliktsrecht

Das amerikanische Deliktsrecht ist in der öffentlichen Diskussion vor allem wegen der zuerkannten hohen Schadensersatzsummen berüchtigt. Die These, das *tort law* sei besonders klägerfreundlich und großzügig, ist aber nur zum Teil haltbar[75]. Selbst hohe Summen, die zwar durchaus vorkommen aber doch Ausnahmen bleiben, wirken weit weniger überzogen, wenn man sich in die Lage des Klägers hineinversetzt: Zum einen decken die Sozial- und Versicherungsleistungen die Unfallfolgen weitaus geringer, zum anderen zahlt grundsätzlich nicht die verlierende Partei die Anwaltskosten, sondern der jeweilige Mandant, mit der Folge, dass sehr oft Erfolgsprämien (*contingent fees*) von bis zu einem Drittel der Schadensersatzsumme ausgehandelt werden[76]. Dies ist der über die Schadensersatzsumme entscheidenden Jury auch bekannt.

Zudem existieren Ursachen für die teilweise hohen Schadensersatzsummen, die nicht im Deliktsrecht, sondern vielmehr im Zivilprozessrecht, bzw. in der Spezialisierung der Anwaltschaft zu sehen sind[77]. Es sind dies das im Seventh

---

71 Siehe Teil 2. A.
72 Sieh oben, Teil 1. B. III. 1.
73 Morrison, Fundamentals of American Law, S. 19; vgl. Hay, Law of the United States, Rn. 22.
74 Siehe obige Fn.
75 Vgl. Saks, 140 U. Pa. L. Rev. 1147, 1286.
76 Aranson, 27 Tex. Int'l L.J. 755, 760.
77 Hay, Law of the United States, Rn. 350.

Amendment der amerikanischen Verfassung[78] garantierte *jury trial*[79] und die *plaintiffs' bar*, eine auf *tort actions* spezialisierte Anwaltschaft. Die Jury ist eher klägerfreundlich eingestellt[80] und lässt sich in ihren Entscheidungen oft von menschlichen Erwägungen leiten[81].

Schließlich seien als Ursache für teilweise außerordentlich hohe Summen die *punitive damages* zu nennen. Im Gegensatz zu den letztgenannten Ursachen ist dieses Rechtsinstitut eng mit dem amerikanischen Deliktsrecht verknüpft[82]. Hierauf soll im Folgenden kurz eingegangen werden.

V. Punitive damages als Waffe gegen finanziell starke oder körperschaftlich strukturierte Schädiger

Durch die Verhängung von *punitive damages*[83] besteht die Möglichkeit, finanziell starke oder körperschaftlich strukturierte Schädiger zu einer Besserung ihres Verhaltens zu zwingen[84], was auf strafrechtlichem und „herkömmlichem" zivilrechtlichem Wege nicht erreichbar wäre. So kann man z.B. eine juristische Person strafrechtlich nicht zur Verantwortung ziehen, und die strafrechtliche Verurteilung einzelner Täter einer Organisation würde das Problem nicht an der Wurzel packen. Eine eventuelle Schadensersatzzahlung kann eine Körperschaft u.U. ohne größere Schwierigkeiten leisten, so dass ihr Fehlverhalten langfristig günstiger sein kann als legales Verhalten[85]. *Punitive damages* hingegen werden zusätzlich zum tatsächlich erlittenen Schaden zugesprochen[86], teilweise in Millionenhöhe. Daher kann man sie nicht als Schadensersatz bezeichnen, sondern viel-

---

78 Nicht näher zitierte Amendments sind solche der US-amerikanischen Verfassung.

79 Hay, Law of the United States, Rn. 350.

80 Vgl. Saks, 140 U. Pa. L. Rev. 1147, 1262.

81 Hay, Law of the United States, Rn. 350; siehe auch TXO Production Corp. v. Alliance Resources Corp., 509 U.S. 443, 474 ff. (1993).

82 Vgl. Polinsky/Shavell, 111 Harv. L. Rev. 869, 936, Fn. 211; vgl. Prosser/Keeton, § 2, S. 10 f.

83 Auch *vindictive* oder *exemplary damages* genannt.

84 Hicks, 101 W. Va. L. Rev. 523, 538; Prosser/Keeton, § 2, S. 12; vgl. Grimshaw v. Ford Motor Co., 174 Cal.Rptr. 348, 384 (Cal. 1981), siehe dazu weiter unten.

85 Vgl. den Fall Grimshaw v. Ford Motor Co., 174 Cal.Rptr. 348, 384 (Cal. 1981), in dem die Beklagte es unterlassen hat, gewisse Verbesserungen an den von ihr verkauften Fahrzeugen zum Schutz ihrer Kunden vorzunehmen, was zu einer Gefährdung letzterer führte. Dabei wurden die zu erwartenden Schadensersatzsummen mit den Kosten für das gesetzestreue Verhalten verglichen mit dem Ergebnis, dass es sich eher lohnte, schadensersatzpflichtig zu werden als die Verbesserungen vorzunehmen.

86 Burnham, Introduction to the Law and Legal System, S. 431; Behr, 78 Chi.-Kent. L. Rev. 105; siehe BMW of North America, Inc. v. Gore, 517 U.S. 559, 565 (1996).

mehr als Strafschadensersatz[87]. Trotz ihres Strafcharakters sind sie dem Privatrecht zuzuordnen, da sie (in den meisten Staaten) dem Kläger zugesprochen werden[88].

Aus diesen Ausführungen ergibt sich auch der Hauptzweck der *punitive damages*, nämlich Bestrafung für unrechtmäßiges Verhalten und Abschreckung (auch dritter)[89]. Wegen dieses Hauptzwecks kann hinsichtlich des Schuldvorwurfes einfache Fahrlässigkeit nicht ausreichen. Daher muss seitens des Schädigers *recklessness* bzw. *wanton and willful misconduct* oder sogar *intentional misconduct* vorliegen[90].

Interessant ist das Zusammenspiel zwischen Richter und Jury bei der Verhängung der *punitive damages*. Während der Richter das Vorliegen der Voraussetzungen prüft, entscheidet die Jury, ob und in welcher Höhe *punitive damages* verhängt werden sollen[91]. Da die Jury gelegentlich zu übermäßig großzügigen *punitive damages awards* neigt[92], existieren in vielen Staaten gesetzliche Möglichkeiten, die Strafschadensersatzsumme zu begrenzen[93].

Wegen der teilweise außerordentlich hohen Ersatzsummen ist in den letzten 15 Jahren die Frage nach der Verfassungsmäßigkeit der Bestrafung in Form überhoher *punitve damages* Summen aufgetaucht. Gemessen wurde dies an der

---

87 So die gängige deutsche Übersetzung (Behr, 78 Chi.-Kent. L. Rev. 105, 106), siehe aber dazu Mörsdorf-Schulte, Funktion und Dogmatik US-amerikanischer punitive damages, S. 11 f.

88 Colby, 87 Minn. L. Rev. 583, 637 f.; vgl. Pacific Mut. Life Ins. Co. v. Haslip, 499 U.S. 1, 6, Fn. 1 (1991) "Now, the purpose of awarding punitive or exemplary damages is to allow money recovery to the plaintiffs...".

89 BMW of North America, Inc. v. Gore, 517 U.S. 559, 568 (1996); Gertz v. Robert Welch, Inc., 418 U.S. 323, 350 (1974); Restatement (2d.) of Torts, § 908, comm. a.; Polinsky/Shavell, 111 Harv. L. Rev. 869, 877; Ellis, 56 S. Cal. L. Rev. 1, 3, der noch weitere Gründe für punitive damages auflistet, wie etwa Aufrechterhaltung des Rechtsfriedens, Verbesserung der Durchsetzung privatrechtlicher Ansprüche, Ausgleich für Ansprüche, für die es sonst keine Anspruchsgrundlage gibt, sowie Ausgleich für die Kosten des Verfahrens.

90 Restatement (2d.) of Torts, § 908, comm. b.; Burnham, Introduction to the Law and Legal System, S. 431; Behr, 78 Chi.-Kent. L. Rev. 105; siehe z.B. Ga. Code Ann., § 51-12-5.1 (b) (Georgia). Zu den Begriffen *recklessness* und *wanton and willful misconduct* siehe unten Teil 2. D. III. 1. c.

91 22 Am. Jur. 2d Damages § 739; Schkade, 39 Harv. J. on Legis. 121, 121 f.; vgl. Diamond Woodworks, Inc. v. Argonaut Ins. Co., 135 Cal.Rptr.2d 736, 761 f. (Cal. 2003); Huckeby v. Spangler, 563 S.W.2d 555, 558 (Tenn. 1978).

92 TXO Production Corp. v. Alliance Resources Corp., 509 U.S. 443, 474 f. (1993); vgl. im Übrigen oben, Teil 1. B. IV.

93 Siehe unten.

excessive fines clause des Eighth Amendment[94] und an der *due process clause* des Fourteenth Amendment[95].

In Browning-Ferris Ind. of Vermont, Inc. v. Kelco Disposal, Inc.[96] sah der Supreme Court keinen Verstoß gegen die *excessive fines clause* durch die Verhängung von *punitive damages*, da das Eighth Amendment nicht auf das Verhältnis zwischen Privatpersonen anwendbar sei.

Inwieweit das Fourteenth Amendment als Recht auf ein faires Verfahren sowie als Garantie des Eigentumsschutzes auch ein materielles Schutzrecht gegen überhöhte *punitive damages* darstellt, ist seit langem unter den Richtern des Supreme Courts umstritten. Im Jahr 1996 entschied der Supreme Court im Fall BMW of North America, Inc. v. Gore[97], dass eine unverhältnismäßig hohe Summe verfassungswidrig sei. Für diese (materielle) Verhältnismäßigkeitsprüfung wurden drei Kriterien aufgestellt: Erstens der Grad der Verwerflichkeit, d.h., je verwerflicher die Vorgehensweise des Schädigers, desto höher kann die Ersatzsumme ausfallen[98]. Zweitens das Verhältnis zwischen *compensatory damages*[99] und den *punitive damages*: Die *punitive damages* sollen in einem vernünftigen Verhältnis zum tatsächlich erlittenen Schaden stehen[100]. Auch wenn hierbei auf eine klare mathematische Grenze verzichtet wird, sieht der Supreme Court in einer Summe, die ein mehr als einstelliges Vielfaches der eigentlichen Schadenssumme bildet, regelmäßig eine Verletzung der *due process clause*[101]. Drittens der einer Erforderlichkeitsprüfung gleichkommende Vergleich mit anderen Sanktionsmöglichkeiten: Soweit es auch andere gleich wirksame, aber weniger einschneidende Sanktionsmöglichkeiten wie etwa Bußgelder[102] gebe, dürften *punitive damages* nicht verhängt werden[103].

Ob in dieser Entscheidung ein Wendepunkt in der verfassungsmäßigen Beurteilung der punitive damages gesehen werden kann, bleibt offen, da diese Entscheidung äußerst knapp erging (5:4), und eine neue Zusammensetzung des Gerichts wieder zu einer neuen Beurteilung führen könnte. In State Farm Mut. Auto.

---

94 Das 8. Amendment lautet: „Excessive bail shall not be required, nor excessive fines be imposed, nor cruel and unusual punishments inflicted".

95 Das 14. Amendment lautet an seiner einschlägigen Stelle in Abs.1: „...nor shall any state deprive any person of life, liberty, or property, without due process of law".

96 Browning-Ferris Industries of Vermont, Inc. v. Kelco Disposal, Inc., 492 U.S. 257, 259 f. (1989).

97 BMW of North America, Inc. v. Gore, 517 U.S. 559 (1996).

98 BMW of North America, Inc. v. Gore, 517 U.S. 559, 575 ff. (1996).

99 Ersatzsumme für den tatsächlich erlittenen Schaden.

100 BMW of North America, Inc. v. Gore, 517 U.S. 559, 580 ff. (1996).

101 State Farm Mut. Auto. Ins. Co. v. Campbell, 123 S.Ct. 1513, 1524 (2003).

102 Wie hier der Deceptive Trade Practices Act, Ala. Code § 8-19-11 (b) (1993).

103 BMW of North America, Inc. v. Gore, 517 U.S. 559, 583 ff. (1996).

Ins. Co. v. Campbell[104] hat der Supreme Court jedenfalls an den in BMW of North America, Inc. v. Gore aufgestellten Grundsätzen mit 6:3 Stimmen festgehalten.

Über diese verfassungsrechtlichen Barrieren hinaus existieren in den meisten Staaten Gesetze, die der Verhängung von *punitive damages* Grenzen setzen. So kennen viele Staaten eine gesetzliche Obergrenze *(ceiling oder cap)*[105], die im Falle der vorsätzlichen Schädigung aber oft nicht gilt[106], oder die Möglichkeit der Herabsetzung der Summe durch den Richter *(remittitur)*[107]. Einige Staaten sehen ein getrenntes Verfahren extra für den Strafschadensersatz *(bifurcated trial)* vor[108], wieder andere Staaten kennen besondere Beweislastvorschriften auf der Klägerseite[109]. Darüber hinaus hat sich die *jury* in einigen Jurisdiktionen bei der Bemessung der Summe an den finanziellen Möglichkeiten der Schädiger zu orientieren mit der Folge, dass ein Betrag, der den Schädiger finanziell zu Grunde richtet, nicht zuerkannt werden soll bzw. dem *remittitur* unterliegt[110]. Ferner

---

104 State Farm Mut. Auto. Ins. Co. v. Campbell, 123 S.Ct. 1513, 1521 ff. (2003).

105 Siehe z.B. Ga. Code Ann., § 51-12-5.1 (g) (Georgia), (fester Höchstbetrag von $250.000); Wests F.S.A. § 768.73 (1) (a) (Florida), (Höchstens das Dreifache des eigentlichen Schadens); I.C. § 6-1604 (3) (Idaho), (fester Höchstbetrag von $250.000 oder höchstens das Dreifache des eigentlichen Schadens); für einen Überblick über die Staaten, die *caps* eingeführt haben, siehe BMW of North America, Inc. v. Gore, 517 U.S. 559, 615 f. (1996) und als Aktualisierung dieser Liste: Cooper Industries, Inc. v. Leatherman Tool Group, Inc., 532 U.S. 424, 433 Fn. 6 (2001).

106 Siehe z.B. Ga. Code Ann., § 51-12-5.1 (f) (Georgia); Wests F.S.A. § 768.73 (1) (c) (Florida).

107 Behr, 78 Chi.-Kent. L. Rev. 105, 118, dies setzt aber das Einverständnis des Klägers voraus. Er hat dabei die Wahl zwischen der Herabsetzung und einem *new trial*, siehe Turner v. Washington Suburban Sanitary Commission, 158 A.2d 125, 130 (Md. 1960); siehe zum *remittitur* auch Henderson v. Fields, 68 S.W.3d 455, 484 (Mo. 2001); King v. Macri, 993 F.2d 294, 298 (2nd Cir. (N.Y.) 1993).

108 Siehe Ga. Code Ann., § 51-12-5.1 (d) (Georgia); Mo. Rev. Stat. §§ 510.263(1) und (3) (Missouri); Miss. Code Ann. § 11-1-65 (1) (b), (c) (Mississippi); für einen Überblick über die Staaten, die ein *bifurcated trial* eingeführt haben, siehe BMW of North America, Inc. v. Gore, 517 U.S. 559, 618 (1996).

109 Siehe Wests Ann.Cal.Civ.Code § 3294 (a) (Kalifornien); Ga. Code Ann., § 51-12-5.1 (b) (Georgia); Miss. Code Ann. § 11-1-65 (1) (a) (Mississippi).

110 Hollins v. Powell, 773 F.2d 191, 198 (8th Cir. (Mo.) 1985); City Stores Co. v. Mazzaferro, 342 So.2d 827, 828 (Fla. 1977); Klimek v. Hitch, 464 N.E.2d 1272, 1276 (Ill. 1984); Stroud v. Lints, 790 N.E.2d 440, 446 (Ind. 2003). Andere Jurisdiktionen kennen diese Regel nicht, bzw. ziehen die finanzielle Situation des Beklagten als einen nicht zwingenden Bemessungsfaktor heran, siehe Welch v. Epstein, 536 S.E.2d 408, 423 (S.C. 2000); Industrial Chemical & Fiberglass Corp. v. Chandler, 547 So.2d 812, 836 (Ala. 1988).

lassen die Staaten Nebraska[111] und Michigan[112] gar keine *punitive damages* zu, die Staaten Massachusetts[113], New Hampshire[114] und Washington[115] nur in speziellen, gesetzlich geregelten Fällen[116].

Alles in allem kann man behaupten, dass *punitive damages* eine bei weitem nicht so scharfe Waffe darstellen wie das der Europäer durch die Medien zu wissen glaubt[117]: Regelmäßig billigt eine Jury dem Kläger eher selten *punitive damages* zu[118]; wenn sie es tut, dann handelt es sich regelmäßig um einen maßvollen Betrag[119]. Das Zusprechen einer exorbitant hohen Summe stellt daher einen

---

111 Distinctive Printing and Packaging Co. v. Cox, 443 N.W.2d 566, 574 (Neb. 1989).

112 Yamaha Motor Corp., U.S.A. v. Tri-City Motors and Sports, Inc., 429 N.W.2d 871, 881 (Mich. 1988); siehe auch Thompson v. Paasche, 950 F.2d 306, 314 (6th Cir. (Mich.) 1991). In Michigan bedeuten *punitive damages* eine rein kompensatorische Schadensposition, so dass man in diesem Fall nicht von *punitive damages* im soeben dargestellten Sinn sprechen kann.

113 Hawes Office Systems, Inc. v. Wang Laboratories, Inc., 537 F.Supp. 939, 945 (D.C.N.Y. 1982), zitierend Lowell v. Massachusetts Bonding & Ins. Co., 47 N.E.2d 265, 272 (Mass. 1943).

114 N.H. Rev. Stat. § 507:16 (New Hampshire).

115 Kammerer v. Western Gear Corp., 635 P.2d 708, 711 (Wash. 1981), siehe auch Frosty v. Textron, Inc., 891 F.Supp. 551, 555 f. (D.Or. 1995).

116 Zu diesen Staaten können noch Conneticut und der District of Columbia hinzugezählt werden, in denen *punitive damages* auf Prozesskosten und -Gebühren beschränkt sind. Louisiana erkennt zwar grundsätzlich keine *punitive damages* an, trotzdem existiert mit dem Institut der *multiple damages* eine Möglichkeit des überkompensatorischen Schadensersatzes. Siehe zu diesen Staaten nur Mörsdorf-Schulte, Funktion und Dogmatik US-amerikanischer punitive damages, S. 56 f.

117 Vgl. dazu Saks, 140 U. Pa. L. Rev. 1147, 1254 ff.; Rustad, 48 Rutgers L. Rev. 673, 693 ff., beide zitierend Studien des RAND Institute for Civil Justice und der American Bar Foundation.

118 Saks, 140 U. Pa. L. Rev. 1147, 1254 f.; Rustad, 48 Rutgers L. Rev. 673, 693, 695 f., beide zitierend Studien des RAND Institute for Civil Justice und der American Bar Foundation.

119 Rustad, 48 Rutgers L. Rev. 673, 695 f., zitierend eine Studie der American Bar Foundation; Saks, 140 U. Pa. L. Rev. 1147, 1256 f. u. 1260, zitierend eine Studie von Mark A. Peterson und des RAND Institute for Civil Justice: In den untersuchten counties lag die durchschnittliche Strafschadensersatzsumme in erster Instanz in einem fünfstelligen Bereich, wobei die seltenen extraordinär großen Summen sich stark auf das Ergebnis auswirkten. Für den Bereich der *punitive damages* in den vergleichsweise zahlreichen *products liability* Fällen wurde festgestellt, dass die Höhe der *punitive damages* zur Höhe der *compensatory damages* nur in einem Verhältnis von 1,2 : 1 steht; Rustad, 48 Rutgers L. Rev. 673, 695 f., zitierend eine Studie der American Bar Foundation.

eher seltenen Einzelfall dar[120], bei dem diese Summe in der Folgeinstanz oder im Wege des *remittitur* oft noch einmal erheblich gekürzt wird[121].

Trotzdem hat sich gezeigt, dass in Fällen, in denen durch besonders verwerfliche Handlungen schwerwiegende Rechtsgutsverletzungen entstanden, wie etwa in den *hate–crimes* Fällen, *punitive damages* in Millionenhöhe zugesprochen werden[122].

---

120 Saks, 140 U. Pa. L. Rev. 1147, 1256; Behr, 78 Chi.-Kent. L. Rev. 105, 116 f.

121 Saks, 140 U. Pa. L. Rev. 1147, 1257; Rustad, 48 Rutgers L. Rev. 673, 693, beide zitierend eine Studie des RAND Institute for Civil Justice; Behr, 78 Chi.-Kent. L. Rev. 105, 116 f.; vgl. die obigen Fälle BMW of North America, Inc. v. Gore, 517 U.S. 559 (1996) und State Farm Mut. Auto. Ins. Co. v. Campbell, 123 S.Ct. 1513 (2003).

122 Siehe Berhanu v. Metzger, No. A8911-07007 (Or. Multnomah County Cir. Ct. 1990), dieser Fall wird unten in Teil 3. analysiert; Keenan v. Aryan Nations, No. CV-99-441 (Idaho Dist. Ct., County of Kootenai 2000); Donald v. United Klans of America, Inc., Case No. 84-0725-C-S (S.D. Ala. 1987); Macedonia Baptist Church v. Christian Knights of the Ku Klux Klan – Invisible Empire, Inc. et al., Case No. 96 CP-14-217 (S.C. 1998). Alle Fälle sind unveröffentlicht. Einen Überblick zu diesen und weiteren Fällen sowie deren Tenor findet man in dem Artikel: „Case Docket“ in der Rubrik „Legal Action“ auf www.splcenter.org/legal/docket/docket.jsp?sortID=4&agendaID=1.

Teil 2. Grundsätze der Haftungsmöglichkeiten für rassistisch motivierte Gewalttaten anderer im US-amerikanischen Deliktsrecht

Das US-amerikanische Deliktsrecht kennt keine Sonderregeln für die Haftungserstreckung auf Personen im Hintergrund einer rassistisch motivierten Gewalttat. Weder gibt es – mit Ausnahme weniger Staaten[123] – *statutes*, die diese Fälle regeln[124], noch hat sich spezielles Richterrecht entwickelt. Die Zurechnung von insbesondere rassistisch motivierten Gewalttaten richtet sich daher fast ausschließlich nach traditionellen, allgemeinen Theorien des *tort-* und des *agency law*[125].

Nach diesen traditionellen Prinzipien stützt sich die Haftung des Sekundärschädigers regelmäßig auf die *cause of action* für die begangene Verletzung – z.B. *assault and battery* oder *wrongful death* – und auf die Zurechnungstheorien[126], ähnlich der Anspruchgrundlage und der Zurechnungsnorm im deutschen

123 Es gibt zwar viele Staaten, die in *statutes* Schadensersatzmöglichkeiten für Opfer von *hate-crimes* vorsehen (beispielsweise O.R.S. § 30.198 (Oregon); Cal. Civ. Code § 52.1 (b) (California); C.R.S.A. § 13-21-106.5 (Colorado); weitere Nachweise auf 57 Am. Jur. Proof of Facts 3d 1, § 7. Bis auf die Normen der Staaten California und Colorado (Cal. Civ. Code § 52.1 (b); C.R.S.A. § 13-21-106.5) zielen solche *statutes* aber nur auf die Haupttäter selbst ab, nicht aber auf die Personen im Hintergrund. Siehe auch die eingehende Behandlung dieses Themas in Washington Lawyers' Committee for Civil Rights and Urban Affairs, Civil and Criminal Remedies for Hate Motivated Violence, S. 89, insbesondere S. 100 ff., abrufbar unter www.equalrightscenter.org/resources/Civil&Criminal.pdf.

124 Eine Ausnahme bilden die 42 U.S.C. §§ 1985 f., die im *civil rights* Kontext die Zurechnung aufgrund der Beteiligung an einer *civil conspiracy* regeln, sowie unter gewissen Voraussetzungen aufgrund bloßer Kenntnis der bevorstehenden Verletzung. Beide Normen sind aber nur begrenzt auf Gewalttaten anwendbar, siehe Teil 2. B. IV. 2. und V. Der Racketeer Influenced and Corrupt Organizations Act („RICO", 18 U.S.C.A 1961 ff.) ist hier nicht anwendbar. Zwar konnten sich Abtreibungspatienten und –Ärzte, die Gewalttaten von Abtreibungsgegnern zum Opfer fielen, und damit Opfer von *hate-crimes* sind, auf RICO-Normen berufen. Opfern rassistischer Gewalttaten steht dieser Weg jedoch nicht offen, da eine *racketeering activity* immer entweder durch das Verfolgen pekuniärer Interessen oder durch die Beteiligung (u.ä.) an *enterprises*, die am *interstate commerce* (u.ä.) teilnehmen, gekennzeichnet ist (vgl. 18 U.S.C. 1962 (a-c).

125 Dees/Bowden, 31-FEB Trial, 22, 24; Taylor, 18 Buff. Pub. Interest L. Rev. 95, 100.

126 Vgl. dazu den in Teil 3. B. I. u. II. dargestellten Fall Berhanu v. Metzger, No. A8911-07007 (Or. Multnomah County Cir. Ct. 1990). Gelegentlich werden im US-amerikanischen Recht manche dieser Zurechnungstheorien auch als eigene *cause of*

Recht. Wie dem deutschen Recht ist dem US-amerikanischen Recht eine Haftung für das Verhalten anderer aufgrund eigenen Verschuldens (*personal violation of duty*), also aufgrund Vorsatzes und Fahrlässigkeit, sowie eine verschuldensunabhängige Haftung (*vicarious liability*) bekannt.

In den Abschnitten A. bis C. dieses Teils werden Haftungstheorien behandelt, die ausschließlich an eine *personal violation of duty* des Sekundärschädigers anknüpfen. Dies sind die Theorien *der concerted action*[127], der *civil conspiracy*[128] und des *aiding and abetting*[129]. Diese Theorien fallen unter den Oberbegriff *joint* oder *contributing tortfeasors*, einem Sammelbegriff für Mittäter und Teilnehmer[130]. Jeder einzelne *joint tortfeasor* haftet der verletzten Partei nach h.M.[131] für die gesamten *compensatory damages*, in einigen Jurisdiktionen auch für die gesamten *punitive damages*[132]. Dieses der deutschen Gesamtschuldnerschaft ähnelnde Institut wird *joint and several liability* genannt[133]. Während ursprünglich eine *concerted action* Voraussetzung für diese Rechtsfolge war[134], also gemeinsame Handlung nach einem gemeinsamen Plan, wurden über die Zeit die Voraussetzungen erheblich gelockert, so dass mittlerweile auch *civil conspiracy* (nach

action verstanden, dies gilt besonders für die *civil conspiracy* und das *aiding and abetting*, siehe Teil 2. B. und C. Dies hat aber keine Auswirkungen auf die hier untersuchten Fragen.

127 Dazu Teil 2. A.

128 Dazu Teil 2. B.

129 Dazu Teil 2. C.

130 Vgl. Garner, Blacks Law Dictionary.

131 Diese Regel geht auf Sir John Heydon's Case, 77 Eng. Rep 1150 (1613), zurück und ist seither in den meisten Jurisdiktionen geltendes Recht, siehe Halberstam v. Welch, 705 F.2d 472, 476 f. (D.C. Cir. 1983); Gettings v. Farr, 41 S.W.3d 539, 541 (Mo. 2001); PaineWebber Inc. v. Ras, 767 F.Supp. 930, 934 (N.D. Ill. 1991); State of Washington v. American Pipe & Consruction, 280 F. Supp. 802, 804 (D.C.Or. 1968); Restatement (2d.) of Torts, § 875; 15A C.J.S. Conspiracy § 18; 74 Am. Jur. 2d Torts, § 57; Prosser/Keeton, § 46 S. 322; Harper/James/Gray, Tort Law, § 10.1 S. 1. In einigen Jurisdiktionen haftet der *joint tortfeasor* dagegen nur für den prozentualen Anteil seiner Beteiligung, welcher i.d.R. von der *jury* festgelegt wird, siehe Wests RCWA 4.22.070 (1) (Washington). Dies gilt indes nicht für jemanden, dem die Tat des anderen durch die Theorie der *concerted action* zugerechnet wird, siehe Wests RCWA 4.22.070 (1) (a). Ob hierunter auch ein *conspirator* und ein *aider-abettor* zu verstehen ist (vgl. zu dieser Frage unten, Teil 2. A.), ist offen, weil die einzige Entscheidung hierzu aufgehoben wurde, siehe Gilbert H. Moen Co. v. Island Steel Erectors, Inc., 878 P.2d 1246, 1249 (Wash. 1994), aufgehoben durch Gilbert H. Moen Co. v. Island Steel Erectors, Inc., 912 P.2d 472 (Wash. 1996).

132 Dazu unten, Teil 2. E. II.

133 74 Am. Jur. 2d Torts, § 57; Harper/James/Gray, Tort Law, § 10.1. S. 7.

134 Vgl. nur Prosser/Keeton, § 46 S. 322 f. m.w.N.

h.M. bloße planerische Beteiligung[135]) und *aiding and abetting* (bloße Unterstützung ohne planerische Beteiligung[136]) zu einer derartigen Rechtsfolge führen[137]. Oft sorgen die in diesem Kontext verwendeten Begriffe für große Unsicherheit, da die Gerichte in den verschiedenen Jurisdiktionen diese nicht einheitlich verwenden, was sich dann auch auf die Sekundärliteratur auswirkt. So wird *'vicarious liability'* als Oberbegriff für die Haftung für das Verhalten anderer gebraucht[138], obwohl dies streng genommen nur die verschuldensunabhängige Haftung aufgrund eines Näheverhältnisses beschreibt[139]. Ferner werden *civil conspiracy*, *aiding and abetting* und *concerted action* mit einander vermischt[140].

Im Abschnitt D. wird die Haftung im Rahmen eines *agency* Verhältnisses beleuchtet. Nach *agency* Regeln ist eine Haftung aufgrund von *authorization*[141] sowie *ratification*[142] des Verhaltens des *agent's* möglich. Darüber hinaus findet eine verschuldensunabhängige Haftung unter gewissen, engen Voraussetzungen statt[143]. Außerdem haftet der *principal* aufgrund von eigener *negligence* bzw. *recklessness*[144]. Schließlich ist noch die Haftung aufgrund *directing conduct of another* möglich, der aber kaum eigenständige Bedeutung zukommt[145]. Letztere Haftungsgründe beruhen allerdings auf allgemeinen Regeln des US-amerikanischen Deliktsrechts und setzen kein *agency* Verhältnis voraus. Die Situationen, aus denen sich eine solche Haftung ergibt, entstehen jedoch typischerweise in einem *agency* Verhältnis, so dass eine Einbeziehung dieser Haftungsgründe der Übersicht wegen und in Anlehnung an das Restatement (second) of Agency[146] erfolgt.

Da das Rechtsinstitut der *punitive damages* bei der finanziellen Schwächung der Sekundärschädiger eine wichtige Rolle spielt, soll im Abschnitt E. kurz auf das Folgeproblem in diesen Zurechnungsfällen eingegangen werden, nämlich

---

135 Siehe unten, Teil 2. B. III. 4.

136 Siehe unten, Teil 2. C.

137 Halberstam v. Welch, 705 F.2d 472, 477 (D.C. Cir. 1983); Restatement (2d.) of Torts, § 876 comm. b., d.

138 So etwa Halberstam v. Welch, 705 F.2d 472, 476 f. (D.C. Cir. 1983) in Anlehnung an das Grundwerk zum amerikanischen Deliktsrecht, Prosser/Keeton § 46, S. 322, welches sich wiederum auf ältere Fälle beruft.

139 Donaldson, 51 A.L.R. Fed. 285, § 1 (a); Harper/James/Gray, Tort Law, § 26.1, S. 1; vgl. Blacks Law Dictionary; siehe dazu auch Kuehnle, 14 J. Corp. L. 313, 318, Fn. 28.

140 Dazu Teil 2. A. und C. I. 1.

141 Bedeutet etwa vorherige Zustimmung, siehe unten, Teil 2. D. II. 2.

142 Bedeutet etwa: nachträgliche Zustimmung, Bestätigung, siehe unten, Teil 2. D. II. 3.

143 Dazu Teil 2. D. II. 4.

144 Dazu Teil 2. D. III. 1.

145 Dazu Teil 2. D. III. 2.

146 Siehe dazu. Restatement (2d.) of Agency, §§ 212 f.

zum einen auf die Frage, unter welchen Umständen *punitive damages* auch dem aufgebürdet werden, dem die Handlung des Täters nur zugerechnet wird, der die Tat selbst aber gar nicht begangen hat. Zum anderen soll kurz dargestellt werden, ob *punitive damages* allen Beteiligten gemeinschaftlich und damit ähnlich Gesamtschuldnern auferlegt werden, oder ob die Beteiligten hierfür ausnahmsweise individuell haften.

A. Concerted Action

Konsultiert man das Restatement (second) of Torts, um in Erfahrung zu bringen, wer unter welchen Umständen als *joint tortfeasor* haftet, stößt man in § 876 (a) Restatement (second) of Torts auf die Haftungsmerkmale *"act in concert"* und *"act pursuant to a common design"*, letzteres auch *civil conspiracy* genannt[147]. Begegnet man diesen Begriffen zum ersten Mal, will einem der Unterschied zwischen *"act in concert"* für *concerted action* und *"act pursuant to a common design"* für *civil conspiracy* nicht ganz klar werden, da ja auch ein konzertiertes Handeln logischerweise einer – wenn auch nicht ausdrücklichen – Absprache entspringen muss. So erklärt denn auch das Restatement (second) of Torts, dass die Parteien bei der *concerted action* in Übereinstimmung mit einem *agreement to cooperate* handeln müssen[148]. In der Tat trennen manche Gerichte diese Begriffe nicht klar von einander[149]. Oft wird der Begriff der *concerted action* auch als Oberbegriff für die in § 876 Restatement (second) of Torts erwähnten Theorien der *joint torts* verstanden[150], teilweise neben dem Begriff der (*pure) concerted action*, mit dem dann wieder die einzelne Haftungstheorie gemeint ist[151]. Angesichts dieser Unklarheit bezweckt dieses erste Kapitel bloß die Abgrenzung

147 Dazu siehe Teil 2. B. I.

148 Restatement (2d.) of Torts, § 876 comm. a.

149 Beispiel: Rotermund v. United States Steel Corp., 474 F. 2d 1139, 1145 (8th Cir. (Mo.) 1973); Santiago v. Fenton, 891 F.2d 373, 389 (1st Cir. (Mass.) 1989); siehe Frey, Preliminary Report: United States Case Law Relating to the Civil Liability of Groups That Promote Violence, S. 25 Fn. 30 mit weitern Beispielen, abrufbar unter www.auslaenderschutz-durch-zivilrecht.de; zur Uneinheitlichkeit der Definition der Rechtsbegriffe im US-amerikanischen Zivilrecht siehe Teil 1. B. III. 3.

150 So wird in dem grundlegenden Fall zur *civil conspiracy* und zu *aiding and abetting*, Halberstam v. Welch, 705 F.2d 472, 476 (D.C. Cir. 1983) festgestellt, dass die verschiedenen Haftungstheorien unsauber unter *concerted action* zusammengefasst werden; siehe auch In re Terrorist Attacks on September 11, 2001, 349 F.Supp.2d 765, 797 (S.D.N.Y. 2005); Leventhal, 14 Seton Hall L. Rev. 627, 632.

151 Beispiel: Collins v. Eli Lilly Co., 342 N.W.2d 37, 46 (Wis. 1984); Restatement (2d.) of Torts, § 876.

dieser Begriffe und insbesondere die Veranschaulichung, dass die vorsätzliche *concerted action*[152] stets auch eine *civil conspiracy* darstellt und daher für das Thema „Haftung für Gewalttaten anderer“ überflüssig ist.

Versteht man *concerted action* nicht (nur) als Oberbegriff und versucht man, diesen Begriff von der *civil conspiracy* abzugrenzen, so bietet sich folgende Grundunterscheidung an: Einerseits erfordert die *concerted action*, dass beide zur Verwirklichung des *agreements* tätig werden[153], während bei der *civil conspiracy* nach h.M. nur einer der Verschwörer handeln muss, damit beide in die deliktische Verantwortung genommen werden[154]. Die vorsätzlich begangene *concerted action* ist damit immer schon ein Fall der *civil conspiracy.*

Andererseits muss sich das bei der *concerted action* erforderliche *agreement* nur auf die Zusammenarbeit beziehen[155], nicht aber auf ein gesetzeswidriges Ziel dieser Zusammenarbeit, was aber Voraussetzung der *civil conspiracy* ist[156]. Damit ist im Gegensatz zur *civil conspiracy* zumindest in einigen Jurisdiktionen auch eine fahrlässige Begehung der *concerted action* möglich[157], was aber nicht Thema der Arbeit ist.

Für die vorliegende Arbeit bedeutet dies, dass die vorsätzliche *concerted action*, die für dieses Thema in Frage käme, als eigenständige Theorie uninteressant ist, da sie immer schon ein Fall der *civil conspiracy* ist. Allerdings kann man wegen der Ähnlichkeit beider Theorien aus Fällen, in denen nur eine *concerted action* behandelt wurde, grundsätzlich Ergebnisse auch für die *civil conspiracy* herleiten. Daher wird nun direkt das Thema *"civil conspiracy"* behandelt, wobei Erkenntnisse aus *concerted action* Fällen auf die *civil conspiracy* angewendet werden, soweit dies dogmatisch unbedenklich ist.

---

152 Es ist auch eine *concerted action* möglich, bei der der Erfolg der unerlaubten Handlung fahrlässig herbeigeführt wird, dazu unten.

153 Smithson v. Garth, 83 Eng.Rep. 711 (1691); Gaulding v. Celotex Corp., 772 S.W.2d 66, 69 (Tex. 1989); Prosser/Keeton, § 46 S. 322, 323.

154 Siehe dazu Teil 2. B. III. 4.

155 Vgl. Restatement (2d.) of Torts, § 876 comm. a. und illus. 2. (Verbotenes Autorennen auf Highway, das zu nicht gewollter Kollision mit Drittem führt); vgl. auch The Dow Chemical Company v. Mahlum, 970 P.2d 98, 112 (Nev. 1998), erweitert in GES, Inc. v. Corbitt, 21 P.3d 11, 15 (Nev. 2001) um die Voraussetzung des Einverständnisses, eine besonders gefährliche Handlung auszuführen.

156 Siehe dazu unten, Teil 2. B. III. 3.

157 Bierczynski v. Rogers, 239 A.2d 218, 221 (Del. 1968); Boykin v. Bennett, 118 S.E.2d 12, 14 f. (N.C. 1961); vgl. Restatement (2d.) of Torts, § 876 comm. a. und illus. 2.

B. Civil conspiracy

I. Bedeutung und Einordnung des Begriffs

Mit Hilfe der *civil conspiracy* – das Restatement (second) of Torts bezeichnet diese auch als *common design* oder *common plan*[158] – kann man die zivilrechtliche Haftung nach h.M.[159] auf diejenigen erstrecken, die lediglich an dem Plan mitgewirkt haben, eine unerlaubte Handlung zu begehen. Jeder *conspirator* haftet als *joint tortfeasor* unabhängig vom Umfang des Tatbeitrages für den ganzen Schaden[160], vergleichbar einem Gesamtschuldner (§ 840 I BGB).

Oft wird die Theorie der *civil conspiracy* nicht nur mit der *concerted action* vermischt[161], sondern auch mit der des *aiding and abetting*[162]. Teilweise wird sogar angenommen, die Voraussetzungen der *civil conspiracy* seien mit denen des *abetting*[163] identisch[164], woraus folgt, dass nach dieser Ansicht die Theorie der *civil conspiracy* überflüssig ist. Um die Einordnung beider Theorien zu erleichtern, sollen diese schon an dieser Stelle von einander abgegrenzt werden: Das wesentliche Haftungsmerkmal der *civil conspiracy* ist die Absprache, während beim *aiding and abetting* von einander unabhängige Akteure handeln, wobei der Haupttäter vom Helfershelfer durch eine Handlung unterstützt wird, die einen *substantial factor in causing the resulting tort* darstellen muss[165].

Als großer Vorteil aus der Sicht des Klägers werden die weiten Voraussetzungen der *civil conspiracy* hervorgehoben, bei denen der Richter einen großen Ermessensspielraum habe[166]. Es wird sogar behauptet, die *civil conspiracy* sei eine verformbare Theorie, mit der man eine Haftung für das Verhalten anderer „zuschneidern“ könne[167]. Inwieweit diese Behauptungen wirklich zutreffen, soll nun untersucht werden.

---

158 Restatement (2d.) of Torts, § 876 comm. b.

159 Siehe unten, Teil 2. B. III. 4.

160 Beard v. Worldwide Mortgage Corp., 354 F.Supp.2d 789, 816 (W.D.Tenn. 2005); Greenberg Traurig of New York, P.C. v. Moody, 161 S.W.3d 56, 90 (Tex. 2004); Gettings v. Farr, 41 S.W.3d 539, 541 (Mo. 2001); Mox Inc. v. Woods, 262 P. 302, 303 (Cal. 1927); Am. Jur. 2d Conspiracy, § 57.

161 Siehe oben, Teil 2. A.

162 Siehe dazu unten, Teil 2. C. I. 1.

163 „*Abetting*“ bedeutet ermutigen oder auch anstiften und ist eine Begehungsmöglichkeit des *aiding and abetting*, siehe dazu unten, Teil 2. C. II. 2.

164 Finch, 57 Mont. L. Rev. 1, 20.

165 Siehe unten, Teil 2. C. I. 1.

166 Dees/Bowden, Trial, Feb. 1995, 22, 27; Taylor, 18 Buff. Pub. Interest L. J. 95, 124; vgl. auch Williams v. Brown, 2003 WL 21513086, 6 (N.D.Ill. 2003)

167 Saccuzzo, 37 Cal. W. L. Rev. 395, 417.

Zunächst soll bei der folgenden Darstellung der Zweck der *civil conspiracy* beleuchtet werden, um den Hintergrund für die Eigenheiten dieser Theorie aufzuzeigen, dazu II. Sodann werden die Voraussetzungen der *civil conspiracy* nach den *common law* Regeln dargestellt, die größtenteils auch auf die *civil conspiracy* nach dem *statute law* anwendbar sind und die die *civil conspiracy* zu einer weiten Zurechnungstheorie machen, dazu III. Im Anschluss daran wird der enge Anwendungsbereich der *civil conspiracy* gem. 42 U.S.C. § 1985(3) untersucht, da diese Norm im *civil rights* Kontext weitere Vorteile bringt, vor allem die Möglichkeit der Anwendung der *civil conspiracy* in Fällen einer Verschwörung innerhalb einer Körperschaft und die der Anwendung der Zurechnungsnorm des 42 U.S.C. § 1986, dazu IV. Schließlich soll kurz 42 U.S.C. § 1986 dargestellt werden, welcher eine Haftung aufgrund bloßer Kenntnis normiert, also gar keine *civil conspiracy* mehr zum Inhalt hat, der aber nur in Fällen des Bestehens einer *civil conspiracy* gem. 42 U.S.C. § 1985(3) anwendbar ist, dazu V.

II. Zweck der civil conspiracy

Der Zweck der vergleichsweise weiten *civil conspiracy* Theorie wird in nur wenigen Rechtsquellen klar formuliert. Während in Enzyklopädien, Kommentaren oder im Restatement (second) of Torts überhaupt keine Stellungnahme hierzu zu finden ist, wird der Zweck der *civil conspiracy* in manchen Gerichtsentscheidungen und Beiträgen der Literatur bei der Behandlung des Problems der *intracorporate conspiracy*[168] knapp erläutert.

Danach besteht der Zweck der *civil conspiracy* in der Begegnung der „Gruppengefahr“, die durch den Zusammenschluss mehrerer zur Begehung einer unerlaubten Handlung entsteht[169]. Die Beteiligung mehrerer steigert das Risiko des vollständigen Erreichens des rechtswidrigen Ziels[170], unter anderem durch die niedrigere Wahrscheinlichkeit, dass ein Verschwörer von der gemeinsam ge-

---

168 Dazu unten, Teil 2. B. III. 2. b.

169 Brewer v. Rockwell, Int'l Corp., 40 F.3d 1119, 1127 (10th Cir. 1994); Dussouy v. Gulf Coast Inv. Corp., 660 F.2d 594, 603 (5th Cir. (La.) 1981); Geiger v. E.I. DuPont de Nemours & Co., 1997 U.S. Dist. LEXIS 2049, 1, 18 (S.D.N.Y. 1997); Washington v. Duty Free Shoppers, 696 F. Supp. 1323, 1327 (N.D.Cal. 1988); Harvard Law Review Association, 92 Harv. L. Rev. 470, 478 f.; Brickey, 52 U. Cin. L. Rev. 431, 439; Cantoni, 51 Fordham L. Rev. 438.

170 Harvard Law Review Association, 92 Harv. L. Rev. 470, 479; Cantoni, 51 Fordham L. Rev. 438; Leach, 54 U. Miami L. Rev. 1, 29; Brickey, 52 U. Cin. L. Rev. 431, 439; Carter, 63 U. Chi. L. Rev. 1139; Katyal, 112 Yale L.J. 1307, 1316 ff., allerdings zur criminal conspiracy.

planten Verwirklichung des Übels absehen wird[171]. Mit anderen Worten besteht die sogenannte *group danger* unter anderem darin, dass ein potentieller Schädiger, einmal dem Gruppenzwang ausgesetzt, nicht mehr so schnell von seinem Plan Abstand nehmen wird wie ein einzelner Schädiger[172].

Dieser Gruppengefahr kann präventiv durch Abschreckung nicht nur durch das Strafrecht begegnet werden, sondern auch durch das Zivilrecht, da eine der Funktionen des US-amerikanischen *tort law* die Prävention durch Abschreckung ist[173]. Gerade in einem solchen Fall kommt die oben angesprochene Bedeutung der *punitive damages* zum Tragen, welche nach h.M. jedem *conspirator* einzeln auferlegt werden können[174].

III. Voraussetzungen der civil conspiracy nach common law Regeln

Die Voraussetzungen der *common law civil conspiracy* sind in der richtungsweisenden[175] Entscheidung zur *civil conspiracy*, Halberstam v. Welch, folgendermaßen aufgelistet worden: "*(1) An agreement between two or more persons; (2) to participate in an unlawful act, or a lawful act in an unlawful manner; (3) an injury (and damages there from*[176]*) caused by an unlawful overt act performed by one of the parties to the agreement; (4) which overt act was done pursuant to and in furtherance of the common scheme*"[177].

---

171 Callanan v. U.S., 364 U.S. 587, 593 (1961); Harvard Law Review Association, 92 Harv. L. Rev. 470, 479; Cantoni, 51 Fordham L. Rev. 438; Leach, 54 U. Miami L. Rev. 1, 29; Katyal, 112 Yale L.J. 1307, 1316 ff. (criminal conspiracy).

172 Vgl. Travis v. Gary Community Mental Health Ctr., Inc., 921 F.2d 108, 110 (7th Cir. (Ind.) 1990), bezogen auf *civil conspiracies* gem. 42 U.S.C. § 1985(3); Leach, 54 U. Miami L. Rev. 1, 29.

173 Restatement (2d.) of Torts, § 901 comm. c.; Prosser/Keeton, § 4, S. 25 f; Seavey, 56 Harv. L. Rev. 72 f; vertiefend dazu Speiser/Krause/Gans, The American Law of Torts, § 1: 32; vgl. Halberstam v. Welch, 705 F.2d 472, 489 (D.C. Cir. 1983); vgl. zur abschreckenden Wirkung des US-amerikanischen Deliktsrechts Saks, 140 U. Pa. L. Rev. 1147, 1286 f.

174 Siehe unten, Teil 2. E. II.

175 Williams v. Hall 683 F.Supp. 639, 642 (Ky. 1988); Blakey/Roddy, Am. Cr. L. Rev. Special Edition 1996, 25th Anniversary Issue, 1345, 1420; Frey, Preliminary Report: United States Case Law Relating to the Civil Liability of Groups That Promote Violence, S. 13, abrufbar unter www.auslaenderschutz-durch-zivilrecht.de.

176 Nicht zum Zitat gehörend.

177 Halberstam v. Welch, 705 F.2d 472, 477 (D.C. 1983); zitierend: Ryan v. Eli Lilly & Co., 514 F.Supp. 1004, 1012 (D.C.S.C. 1981).

An dieser Entscheidung orientieren sich die Gerichte zahlreicher Jurisdiktionen[178]. Diese Auflistung soll auch bis auf einige leichtere Abweichungen maßgeblich für die folgende Darstellung der Zurechnungsvoraussetzungen sein.

1. Plan (agreement)

Bei der Frage nach dem Vorliegen eines *agreement* stellen sich einige wenige Sachfragen geringen Gewichts und die Frage, wann ausreichend Beweise für das Vorliegen eines *agreement* erbracht sind. Da es oft schwierig sein wird, ein meist mündliches oder gar stillschweigendes *agreement* nachzuweisen, ist diese Frage von zentraler Bedeutung in vielen *civil conspiracy* Fällen.

a. Sachfragen

Welche Erfordernisse an das Vorliegen eines *agreement* gestellt werden, ergibt sich schon aus der allgemeinen Bedeutung des Wortes: Danach muss eine Absprache bzw. ein Plan zwischen den Beklagten vorliegen[179]. Bloße Kenntnis der Handlung des anderen genügt nicht[180]. Die Absprache muss nicht ausdrücklich erfolgen, eine wortlose Übereinkunft ist auch möglich[181]. Hiermit stellt sich auch schon die Frage nach den Anforderungen an den Beweis eines *agreement*, was Gegenstand der folgenden Abhandlung ist.

---

178 Beispiele: International Telecommunications Satellite Organization v. Colino, 1992 WL 93129, 1, 11 ff. (D.D.C. 1992); State ex rel. M. Douglas Mays, Securities Commissioner of the State of Kansas v. Ridenhour, et al., 811 P.2d 1220, 1227 ff. (Kan. 1991); In re Washington Public Power Supply System Securities Litigation, 1988 WL 158948, 1, 15 ff. (W.D.Wash. 1988); Cabello v. Fernandez-Larios, 402 F.3d 1148, 1159 (11th Cir. (Fla.) 2005).

179 Halberstam v. Welch, 705 F.2d 472, 477 (D.C. Cir. 1983); Adcock v. Brakegate Ltd., 645 N.E.2d 888, 894 (Ill. 1994); Restatement (2d.) of Torts, § 876 comm. b.

180 Resolution Trust Corp. v. Heisermann, 898 P.2d 1049, 1057 (Colo. 1995); McClure v. Owens Corning Fiberglas Corp., 720 N.E.2d 242, 258 (Ill. 1999); 16 Am. Jur. 2d Conspiracy, § 55; auch wenn Prosser/Keeton, § 46 S. 323 darauf hinweist, dass in älterer Rechtsprechung bloße Kenntnis als ausreichend für eine *concerted action* angesehen wird, so darf man sich davon nicht in die Irre leiten lassen: Erstens beging in den dort genannten Fällen jeder Beklagte unabhängig von den anderen eine eigene unerlaubte Handlung und hatte eben nicht nur bloße Kenntnis. Zweitens handelt es sich um einen Fall von unabhängigen Tätern, so dass die Etikettierung ‚*concerted action*' gar nicht passt. Beispielsfälle: Moses v. Morganton, 133 S.E. 421, 423 (N.C. 1926); Sloggy v. Dilworth, 36 N.W. 451, 452 (Minn. 1888).

181 Halberstam v. Welch, 705 F.2d 472, 477 (D.C. Cir. 1983); Adcock v. Brakegate Ltd., 645 N.E.2d 888, 894 (Ill. 1994); 16 Am. Jur. 2d Conspiracy, § 51; Lockhart, 4 Causes of Action 2d 517, § 9 m.w.N.

b. Beweisfragen

Eine Absprache, eine unerlaubte Handlung zu begehen, also jemandes Rechtsgut zu verletzen, werden die Verschwörer zweckmäßigerweise möglichst geheim halten[182]. Daher werden *civil conspiracy actions* es einem Kläger selten erlauben, das Bestehen eines bestimmten Planes, *agreement* oder vorherigen Treffens direkt zu beweisen[183]. Angesichts dieser Schwierigkeit muss für den Beweis eines *agreement* meist auf *circumstantial* oder *indirect evidence* (Indizienbeweis) zurückgegriffen werden[184], welcher auch im übrigen US-amerikanischen Recht anerkannt ist[185], dazu aa. Eine weitere Beweiserleichterung stellen die gelockerten Anforderungen an die Präzision der Klägerbehauptungen dar, dazu bb.

aa. Beweiserleichterung durch Indizienbeweis

Der Kläger muss im Rahmen des *circumstantial* oder *indirect evidence*, ohne das Vorliegen einer Absprache direkt nachzuweisen, nur gewisse Indizien darlegen, aus denen man schlussfolgern kann, dass dem Handeln eine Absprache zugrunde lag[186]. Jedoch ist es verfehlt, anzunehmen, dass das amerikanische Deliktsrecht überaus großzügig in dieser Beweisfrage ist, wie es gelegentlich suggeriert wird[187]. So kann das Vorliegen wichtiger Tatsachen nicht dadurch bewiesen werden, dass von einer durch indirekten Beweis gewonnenen Schlussfolgerung weitere Schlussfolgerungen durch Indizienbeweis abgeleitet werden[188]. Auch reicht

182 Calcutt et al. v. Gerig, 271 F. 220, 222 (6th Cir. (Tenn.) 1921); Adcock v. Brakegate Ltd., 645 N.E.2d 888, 895 (Ill. 1994).

183 Calcutt et al. v. Gerig, 271 F. 220, 222 (6th Cir. (Tenn.) 1921); Ramey v. General Petroleum Corp., 173 Cal.App.2d 386, 404 f. (Cal. 1959); Adcock v. Brakegate Ltd., 645 N.E.2d 888, 895 (Ill. 1994).

184 Halberstam v. Welch, 705 F.2d 472, 481, 487 (D.C. 1983); Calcutt et al. v. Gerig, 271 F. 220, 222 (6th Cir. (Tenn.) 1921); Ramey v. General Petroleum Corp., 173 Cal. App 2d 386, 405 (Cal. 1959); Adcock v. Brakegate Ltd., 645 N.E.2d 888, 895 (Ill. 1994); 16 Am. Jur. 2d Conspiracy, § 68; Leventhal, 14 Seton Hall L. Rev. 627, 635.

185 29 Am. Jur. 2d Evidence, § 314.

186 Williams v. County of Santa Barbara, 272 F.Supp.2d 995, 1018 (C.D.Cal. 2003); Robertson v. First Union Nat. Bank, 565 S.E.2d 309, 314 (S.C. 2002); Greenberg Traurig of New York, P.C. v. Moody, 161 S.W.3d 56, 89 (Tex. 2004); 29 Am. Jur. 2d Evidence § 313.

187 So etwa: Taylor, 18 Buff. Pub. Interest L.J. 95, 121, verweisend auf Dees/Bowden, 31-FEB Trial, 22, 24 (25).

188 Engstrom v. First Nat. Bank of Eagle Lake, 936 S.W.2d 438, 445 (Tex. 1996); 16 Am. Jur. 2d Conspiracy, § 68 Fn 92.

ein bloßer Verdacht nicht für die Annahme eines *agreement* aus[189]. Für den Fall, dass zwei Schlussfolgerungen aus den Indizien gezogen werden können, die beide gleich vernünftig sind und von denen die eine gesetzestreues Verhalten und die andere gesetzeswidriges Verhalten des Beklagten zum Ergebnis hat, so ist es dem Gericht bzw. der Jury ausdrücklich verwehrt, den Schluss zu Gunsten des gesetzeswidrigen Verhaltens zu ziehen[190]. Vielmehr ist *preponderance of evidence*[191] oder *clear and convincing evidence*[192] erforderlich. Die Begleitumstände, aus denen man ein *agreement* ableiten will, müssen eine derartige Aussagekraft haben, dass die Jury aus ihnen vernünftigerweise das Bestehen eines *agreement* ableiten kann[193]. Oder wie es der Supreme Court of Illinois[194] formuliert: Die Schlüsse, die man aus den Begleitumständen zieht, müssen an den Erfahrungen mit dem Verhalten von Personen in ähnlichen Situationen orientiert sein.

Ausgehend von der richtungsweisenden Entscheidung Halberstam v. Welch[195] sollen kurz die wichtigsten Indizien hervorgehoben werden, an Hand derer man in vielen *civil conspiracy* Fällen auf ein *agreement* schließen kann.

aaa. Gemeinsames Handeln am Ort der Verletzungshandlung

Am leichtesten lässt sich auf ein *agreement* schließen, wenn die Konspiratoren gemeinsam, also sich gegenseitig unterstützend, am Ort der Verletzungshandlung handeln[196]. Ein solches Indiz reicht grundsätzlich für den Beweis eines *agree-*

---

189 Dickens v. Puryear, 276 S.E.2d 325, 337 (N.C. 1981); Wilson v. State, 929 P.2d 448, 459 (Wash. 1996); 16 Am. Jur. 2d Conspiracy, § 68.

190 Peterson v. Cruickshank, 300 P.2d 915, 926 (Cal. 1956), zitierend Ryder v. Bamberger, 158 P. 753, 756 (Cal. 1916).

191 Bedeutet „the greater weight of the evidence (but) not free from all reasonable doubt“ (Blacks Law Dictionary). Siehe dazu Magin v. DVCO Fuel Systems, Inc., 981 P.2d 673, 674 (Colo. 1999); vgl. Medina v. Lanabi Inc., 855 S.W.2d 161, 165 (Tex. 1993); Mohawk v. Kahn, 1987 WL 30121, 8 (E.D.Pa. 1988).

192 Bedeutet „...highly probable or reasonably certain“, dies ist eine höhere Beweisbürde als *preponderance*, aber eine geringere als *beyond reasonable doubt* (Black´s Law Dictionary). Siehe dazu Multi-Channel TV Cable Co. v. Charlottesville Quality Cable Operating Co., 108 F.3d 522, 526 (4th Cir. 1997).

193 16 Am. Jur. 2d Conspiracy, § 68; vgl. Cipolla v. County of Rensselaer, 129 F.Supp.2d 436, 456 (N.D.N.Y. 2001); Terrell v. Childers, 920 F.Supp. 854, 866 (N.D.Ill. 1996); Lepley v. Dresser, 681 F.Supp. 418, 422 (W.D.Mich. 1998); Copsey v. Swearingen, 36 F.3d 1336, 1347 (5th Cir. 1994) .

194 Adcock v. Brakegate Ltd., 645 N.E.2d 888, 895 (Ill. 1994).

195 Halberstam v. Welch, 705 F.2d 472 (D.C. 1983).

196 Halberstam v. Welch, 705 F.2d 472, 481 (D.C. 1983); Calcutt et al. v. Gerig, 271 F. 220, 222 (6th Cir. (Tenn.) 1921); vgl. 16 Am. Jur. 2d Conspiracy, § 68: "...is sufficiently established by proof showing concert of action..."

ment aus[197]. Gelegentlich wird behauptet, das Vorliegen einer *concerted action* diene gewöhnlich als Indiz für das Vorliegen eines *agreement*[198]. Diese Aussage hilft aber nicht viel, da ja auch eine *concerted action* ein *agreement* voraussetzt. Richtig ist aber, dass ein gemeinsames Handeln, das augenscheinlich auf einander abgestimmt ist, den Schluss auf das Vorliegen eines gemeinsamen Planes rechtfertigt.

bbb. Bloße Kenntnis von der Verletzungshandlung

Bloße Kenntnis oder bloße Präsenz am Ort der Verletzungshandlung kann ein wichtiges Indiz sein[199], allerdings reicht dies alleine noch nicht für die nachvollziehbare Herleitung einer Absprache[200].

ccc. Verfolgen eines gemeinsamen Zwecks bei wechselseitigem Kontakt zueinander

Ein weiteres Indiz für eine Absprache ist die Tatsache, dass die Konspiratoren einen gemeinsamen Zweck verfolgen und zueinander Kontakt haben, auch wenn nicht beide direkt an der Verletzungshandlung beteiligt sind, sondern verschiedene Aufgaben ausführen[201]. Hierbei muss zwischen zwei Situationen unterschieden werden:

Die erste Situation ist die, in der zwar nicht unbedingt alle Akteure unmittelbar am Tatort präsent sind, aber Handlungen durchführen, die zeitlich und räumlich in gewisser Nähe zueinander stehen[202], wie etwa das Fahren des Fluchtautos

197 Calcutt et al. v. Gerig, 271 F. 220, 222 (6th Cir. (Tenn.) 1921); Davidson v. U.S., 274 F. 285, 287 (Ohio 1921); Schreiber v. Jacobs, 128 F.Supp. 44, 57 (D.C.Mich. 1955).

198 Frey, Preliminary Report: United States Case Law Relating to the Civil Liability of Groups That Promote Violence, S. 25 Fn. 30, abrufbar unter www.auslaender-schutz-durch-zivilrecht.de. Frey beruft sich dabei auf Calcutt et al. v. Gerig, 271 F. 220, 222 (6th Cir. (Tenn.) 1921) wobei aber auch eine andere Interpretation dieses Urteils möglich ist.

199 Resolution Trust Corp. v. Heisermann, 898 P.2d 1049, 1057 (Colo. 1995); Prosser/Keeton, § 46 S. 323.

200 Vgl. Sklan v. Smolla 420 N.E.2d 575, 578 (Ill. 1981): "...along with other circumstances...".

201 Halberstam v. Welch, 705 F.2d 472, 481 (D.C. 1983); Stillinger & Napier v. Central States Grain Company, Inc., 82 N.W.2d 637, 645 (Neb. 1957).

202 Halberstam v. Welch, 705 F.2d 472, 481 (D.C. 1983).

bei einem Überfall[203]. In einer solchen Situation kann bereits auf das Vorliegen eines *agreement* geschlossen werden[204].

Dass zeitliche und räumliche Nähe der Handlungen nicht immer den Schluss auf eine Absprache rechtfertigen, zeigt der Fall Sklan v. Smolla. Hier fuhr der Beklagte zwar auch das Fluchtauto, seine Handlung war damit räumlich und zeitlich eng mit der des Angreifers – des zweiten Beklagten – verbunden, allerdings konnte ersterer u.a. nachweisen, dass er bei der Hinfahrt keine Kenntnis von der Angriffsintention des zweiten Beklagten hatte, so dass das Merkmal des Verfolgens eines gemeinsamen Zwecks wegfiel[205]. Folglich konnte man in diesem Falle nicht auf ein *agreement* schließen[206].

Schwieriger wird es in der zweiten Situation, in der verschiedene Handlungen zu verschiedenen Zeitpunkten an verschiedenen Orten durchgeführt werden[207]. Hier sind weitere Indizien von Nöten, damit der Schluss auf eine Absprache vernünftig erscheint, so beispielsweise im Fall Peterson v. Cruickshank der Nachweis über ein Motiv des Beklagten für die Tat sowie über Kenntnis des Beklagten von der Tat[208]. In dieser zweiten Situation kann besonders das im Folgenden aufgeführte Indiz zu einem vertretbaren Schluss auf ein *agreement* führen.

ddd. Dauer der Zusammenarbeit

Die Dauer der Zeit, die mehrere Konspiratoren eng, bestenfalls sich gegenseitig unterstützend zusammenarbeiten, suggeriert weiterhin, dass sie einem Plan gemäß handeln[209]. So fand es das Gericht in Halberstam v. Welch auf Grund der Tatsache, dass die zweite Beklagte mit großer Wahrscheinlichkeit von den Machenschaften ihres Kompagnons wusste und ihn über fünf Jahre unterstützte, sehr wahrscheinlich, dass ihrem Handeln eine zumindest stillschweigende Absprache mit ihrem Partner zugrunde lag[210].

---

203 Davidson v. Simmons, 280 N.W.2d 645, 648 f. (Neb. 1979); Yaeger v. Murphy, 354 S.E.2d 393, 395 (S.C. 1987); Jaffray v. Hill, Essex Liquors, Inc., et al., 191 N.E.2d 399, 402 (Ill. 1963).

204 Davidson v. Simmons, 280 N.W.2d 645, 649 (Neb. 1979); Jaffray v. Hill, Essex Liquors, Inc., et al., 191 N.E.2d 399, 402 (Ill. 1963).

205 Sklan v. Smolla 420 N.E.2d 575, 579, 580 (Ill. 1981).

206 Siehe obige Fn.

207 Halberstam v. Welch, 705 F.2d 472, 481 (D.C. 1983); vgl. auch Peterson v. Cruickshank, 300 P.2d 915, 927 (Cal. 1956).

208 Peterson v. Cruickshank, 300 P.2d 915, 927 (Cal. 1956).

209 Halberstam v. Welch, 705 F.2d 472, 481 (D.C. Cir. 1983).

210 Halberstam v. Welch, 705 F.2d 472, 487 (D.C. 1983).

eee. Substantial assistance or encouragement

Alleine aus der Tatsache, dass der Beklagte den primären Schädiger verbal oder physisch wesentlich unterstützt hat (*substantial assistance or encouragement*)[211], kann nicht der Schluss auf ein *agreement* gezogen werden[212].

fff. Zusammenfassung

Zusammenfassend kann man behaupten, dass erstens die Beziehungen zwischen den Akteuren (etwa Verfolgung eines gemeinsamen Ziels) und zweitens die Beziehungen zwischen den Handlungen der Akteure (also zeitliche und räumliche Nähe sowie Dauer der Zusammenarbeit) relevante Indizien für den Rückschluss auf ein *agreement* sind[213]. Dabei darf nicht vergessen werden, dass je nach Einzelfall andere signifikante Indizien für ein *agreement* vorliegen können[214].

bb. Beweiserleichterung durch niedrigere Anforderungen an die Präzision der Behauptungen

Eine weitere Beweiserleichterung sehen die Gerichte zumindest einiger Einzelstaaten dadurch vor, dass die Anforderungen an die Präzision der Tatsachenbehauptungen des Klägers unter gewissen Voraussetzungen gelockert werden. Hierbei handelt es sich zwar nur um eine Darlegungsfrage. Indes wird es dem Kläger leichter fallen, das Vorliegen von Tatsachen wie etwa Geschehensabläufen zu beweisen, die man nicht genau umschreiben muss, so dass man diese Frage als indirekte Beweisfrage einordnen kann.

Ein Kläger muss solche Tatsachen nicht präzise behaupten, die nur mit Hilfe von Informationen schlüssig behauptet werden können, die ausschließlich im Kenntnis- und Kontrollbereich des Beklagten liegen[215], wie etwa Tatsachen, die

211 „*Substantial assistance or encouragement*“ ist eine Voraussetzung für die Haftung nach *aiding and abetting* Regeln, siehe unten, Teil. C. II. 4.

212 Halberstam v. Welch, 705 F.2d 472, 482 (D.C. Cir. 1983); Leventhal, 14 Seton Hall L. Rev. 627, 639; Frey, Preliminary Report: United States Case Law Relating to the Civil Liability of Groups That Promote Violence, S. 29, abrufbar unter www.auslaenderschutz-durch-zivilrecht.de; vgl. auch Wilson v. DiCaprio, 717 N.Y.S.2d 174, 175 (N.Y. 2000), hier konnte das Vorliegen eines *agreement* nicht hergeleitet werden, obwohl der Beklagte Leonardo DiCaprio seine Freunde (*substantially*) zum Angriff ermutigt hatte.

213 So auch Halberstam v. Welch, 705 F.2d 472, 481 (D.C. 1983).

214 Halberstam v. Welch, 705 F.2d 472, 481 (D.C. 1983).

215 Adcock v. Brakegate Ltd., 645 N.E.2d 888, 895 (Ill. 1994); Grass v. Big Creek Development Co., 84 S.E. 750, 751(W.Va. 1915); 61A Am. Jur. 2d Pleading, § 44.

den Schluss auf eine Absprache, den Kläger zu schädigen, nahe legen[216]. So kann ein Kläger behaupten, die Beklagten hätten gemeinsame abgestimmte Täuschungshandlungen unternommen, ohne genau darauf einzugehen, wie genau diese Abstimmung aussah, um dann in einem zweiten Schritt Zeugen, die beim Beklagten angestellt sind, befragen zu lassen, in der Erwartung, dass sie die erforderlichen Indizien für ein *agreement* liefern[217].

Diese Regel gilt zwar nicht nur für die *civil conspiracy*, jedoch liegt gerade im Tatbestandsmerkmal der Absprache ein wichtiger Anwendungsbereich für diese Regel, da die Umstände des Zustandekommens der Absprache gerade im Kenntnis- und Kontrollbereich des Beklagten liegen.

c. Ergebnis

Die einzige Schwierigkeit, auf die man beim Merkmal des *agreement* stößt, ist eine praktische, nämlich die Beweisfrage. Ein *agreement* kann aber durch Indizienbeweis nachgewiesen werden[218]. Eine weitere Beweiserleichterung begegnet dem Kläger darin, dass er grundsätzlich Tatsachen, die den Schluss auf eine Absprache nahe legen, nicht präzise behaupten muss, da sie in der Regel dem Kenntnis- und Kontrollbereich des Beklagten entstammen[219].

2. Planerische Beteiligung von mindestens zwei Personen

Eine *civil conspiracy* setzt ihrem Wortsinn gemäß die planerische Beteiligung von mindestens zwei Personen voraus. Die Beteiligung einer deliktsunfähigen Person an der *conspiracy* lässt die Haftung der anderen Person(en) nicht entfallen[220]. Es ist also sowohl möglich, mit einer solchen Person eine wirksame Absprache zu treffen als auch, dass diese Person den *unlawful act in furtherance of the conspiracy*[221] begeht.

Problematisch sind die Fälle der Verschwörung zwischen *agents, officers* oder *empolyees*[222] innerhalb derselben Körperschaft. Da beispielsweise einige Ku

216 Adcock v. Brakegate Ltd., 645 N.E.2d 888, 895 (Ill. 1994).

217 Vgl. dazu Adcock v. Brakegate Ltd., 645 N.E.2d 888, 892, 895 (Ill. 1994).

218 Siehe oben, Teil 2. B. III. 1. b. aa.

219 Siehe oben, Teil 2. B. III. 1. b. bb.

220 16 Am. Jur. 2d Conspiracy, § 55.

221 Zu diesem Element der *civil conspiracy* siehe unten, Teil 2. B. III. 4.

222 *Agents, officers* und *empolyees/servants* sind diejenigen natürlichen Personen, die für die Körperschaft tätig werden. Sie können auch unter dem Oberbegriff ‚*agents*' zusammengefasst werden. Siehe dazu unten, Teil 2. D. II 1. und 2. c. aa. aaa.

Klux Klan Gruppen als Körperschaft auftreten[223], soll auf dieses Thema intensiv eingegangen werden.

a. Grundsatz der Unmöglichkeit einer civil conspiracy innerhalb einer Körperschaft (intracorporate conspiracy)

Auch Körperschaften (*corporations)* als juristische Personen[224] können mit außenstehenden Personen konspirieren und daher als *conspirators* haften[225]. Probleme bereiten die Fälle, in denen sich *agents* der Körperschaft in ihrer Eigenschaft als solche untereinander verschwören oder in denen sich die Körperschaft mit ihren eigenen *agents* verschwört, sog. *intracorporate conspiracy*[226]. Da man sich nicht mit sich selbst verschwören kann, ist nach der *intracorporate conspiracy doctrine* eine *conspiracy* in den Fällen, in denen die *corporation* und die Verschwörer nicht als getrennte Rechtssubjekte zu betrachten sind, sondern vielmehr in einer *principal*[227] – *agent* Beziehung zueinander stehen, nicht möglich[228]. Der Grund dafür ist, dass die Handlungen ihres *agent's* als solche der Körperschaft selbst angesehen werden[229], was bedeutet, dass diese in solchen Fällen mit sich selbst konspirieren würde. Konsequenz dieser Regel ist, dass nicht nur die *corporation* aus der Haftung für die *civil conspiracy* herausfällt, sondern auch die handelnden *agents*[230].

---

223 Siehe Donald v. United Klans of America, Inc., Case No. 84-0725-C-S (S.D. Ala. 1987), unveröffentlicht; Macedonia Baptist Church v. Christian Knights of the Ku Klux Klan – Invisible Empire, Inc. et al., Case No. 96 CP-14-217 (S.C. 1998), unveröffentlicht.

224 18 Am. Jur. 2d Corporations, § 1; Henn/Alexander, Laws of Corporations, § 80, S. 149.

225 16 Am. Jur. 2d Conspiracy, § 56.

226 Hull v. Shuck 501 U.S. 1261 (1991); vgl. Norflo Holding Corp., Inc. v. City of Chicago, 2002 WL 453605, 9 (N.D.Ill. 2002); Cook/Sobieski, Civil Rights Actions Vol. 3, § 13.05; Brickey, 52 U. Cin. L.Rev. 431, 437.

227 *Principal* entspricht etwa der Bedeutung des Geschäftsherrn, dazu unten Teil 2. D.

228 Nelson Radio & Supply Co. v. Motorola, Inc., 200 F.2d 911, 914 (5th Cir. (Ala.) 1952); Copperweld Corp. v. Independence Tube Corp., 467 U.S. 752, 769 (1984); Elliot v. Tilton, 89 F.3d 260, 265 (5th Cir. (Tex.) 1996); Hull v. Cuyahoga Valley Joint Vocational School Dist. Bd. of Educ., 926 F.2d 505, 509 f. (6th Cir. (Ohio) 1991); Reynolds v. Bement, 32 Cal.Rptr.3d 483, 494 (Cal. 2005); 16 Am. Jur. 2d Conspiracy, § 56; Cook/Sobieski, Civil Rights Actions Vol. 3, § 13.05; Lockhart, 4 Causes of Action 2d 517, §§ 6, 17; Whitson, 59 B. U. L. Rev. 921, 929.

229 Dazu unten, Teil 2. D. I.

230 Dombrowski v. Dowling, 459 F.2d 190, 196 (7th Cir. (Ill.) 1972); vgl. Baker v. Stuart Broadcasting Co., 505 F.2d 181, 183 (8th Cir. (Neb.) 1974).

Da ein *agent* die ihn anstellende Körperschaft nur dann bindet, wenn er zu seiner Handlung autorisiert ist oder wenn er als *servant within the scope of the employment* handelt, liegt dann keine *intracorporate conspiracy* vor, wenn weder die eine noch die andere dieser beiden Zurechnungsvoraussetzungen vorliegt[231]. Folglich handeln in diesem Falle mehrere Rechtssubjekte, so dass dann eine *civil conspiracy* möglich ist[232].

Häufig ist ein Akt als *outside the scope of the employment* anzusehen, wenn der *agent* nicht in dem Willen handelt, für die *corporation* tätig zu werden, sondern aus eigenen Motiven tätigt wird[233]. Als Indiz für ein Handeln aus eigenen Motiven kann die Tatsache herangezogen werden, dass ein *agent* regelmäßig dieselben unerlaubten Handlungen begeht, deren Natur den Schluss auf persönliche Motive zulässt[234]. So legte im Fall Coley v. M & M Mars Inc.[235] das regelmäßige diskriminierende Erniedrigen durch *agents* deren persönliche rassistische Motivation nahe.

Gelegentlich wird das Handeln aus eigenen Motiven als eigenständige Ausnahme von der *intracorporate conspiracy doctrine* angesehen[236]. Eine solche Ausnahme lässt sich aber vor dem Hintergrund, dass eine Person nicht mit sich selbst konspirieren kann, kaum begründen[237], da es an der Selbstverschwörung nichts ändert, ob nun ein *agent* nur aus eigenem Interesse handelt oder nicht. Der

---

231 Siehe zu der Zurechnungstheorie der *authorization* Teil 2. D. II. 2. und zur Zurechnungstheorie des *respondeat superior* Teil 2. D. II. 4.

232 Vgl. Girard v. 94th Street & 5th Avenue Corp., 530 F.2d 66, 71 f. (2d Cir. (N.Y.) 1976); Cross v. General Motors Corp., 721 F. 2d 1152, 1156 f. (8th Cir. (Mo.) 1983); Chambers v. Omaha Girls Club, 629 F.Supp. 925, 937 (D.Neb. 1986); Hodgin v. Jefferson, 447 F.Supp. 804, 807 (D.Md. 1978); 16 Am. Jur. 2d Conspiracy, § 56; Cook/Sobieski, Civil Rights Actions Vol. 3, § 13.05; Smith, 90 Nw. U.L. Rev. 1125, 1156; Lockhart, 4 Causes of Action 2d 517, § 6.

233 Ein *agent* handelt nicht unbedingt schon dann *outside the scope of the employment*, wenn er vorsätzlich Rechtsgüter eines anderen verletzt. Damit können auch Gewalttaten als noch *within the scope of the employment* angesehen werden, siehe zur *scope* Frage unten, Teil 2. D. II. 4. a. bb.

234 Coley v. M & M Mars Inc., 461 f. Supp. 1073, 1076 f. (D.C.Ga., 1978).

235 Siehe obige Fn.

236 Siehe Turner v. Randolph County, 912 F.Supp, 182, 186 (M.D.N.C. 1995), verweisend auf Oksanen v. Page Memorial Hosp., 945 F.2d 696, 705 (4th Cir. (Va.) 1991) – darüber hinaus soll nicht jegliches persönliches Interesse ausreichen, sd. nur ein finanzielles. Während dies der Interessenlage in Antitrust – Fällen entsprechen mag (vgl. Oksanen v. Page), ist dies in Fällen, die hier von Interesse sind sowie im Turner – Fall *(labor – discrimination)* nicht nachvollziehbar, siehe folgenden Text; 15 Am. Jur. 2d Civil Rights, § 175.

237 Der folgende Abschnitt zeigt jedoch, dass dieses Prinzip je nach Jurisdiktion dennoch durchbrochen werden kann, in unterschiedlichen Situationen, mit unterschiedlichen Begründungen.

Ansatz über den überschrittenen Aufgabenbereich (*outside the scope of the employment*) führt dagegen zu mehreren Verschwörern, so dass unzweifelhaft eine *civil conspiracy* angenommen werden kann.

Zu klären bleibt bei letztgenanntem Ansatz aber, unter welchen Umständen neben den handelnden *agents* auch die *corporation* haftet, da ihr ja der Akt des aus eigenen Motiven handelnden *agents* nicht zugerechnet werden kann[238]. Die Haftung der *corporation* ist nach diesem Ansatz nur in einem Fall denkbar: Da eine *corporation* nur durch ihre *agents* handeln kann, muss sich der eine *agent* innerhalb und der andere außerhalb seines Aufgabenbereiches bewegt haben[239]. Handeln beide *agents* außerhalb des Aufgabenbereichs, kann man ihre Akte nach oben Erwähntem nicht mehr nach den *agency* Prinzipien der Körperschaft zurechnen. Eine Korporation wird daher in diesen Fällen selten haften.

Festgehalten werden kann an dieser Stelle, dass eine Verschwörung von *agents* innerhalb derselben *corporation* nicht möglich ist, weil dadurch rechtlich nur eine Person handelt, nämlich die *corporation (intracorporate conspiracy)*. Wenn die *agents* der Körperschaft aber *outside the scope of the employment* handeln, binden sie die Körperschaft nicht, so dass dann eine *civil conspiracy* möglich ist.

b. Ausnahmen von der Unmöglichkeit einer intracorporate conspiracy im Falle von rassistisch motivierten civil conspiracies

Ausnahmen von der Unmöglichkeit einer *intracorporate conspiracy* werden bei rassistischen Akten, insbesondere bei *civil conspiracies* gem. 42 U.S.C. § 1985(3)[240] gemacht. Die Frage, wann in Fällen des 42 U.S.C. § 1985(3) eine *intracorporate conspiracy* möglich ist, wird in den verschiedenen Jurisdiktionen unterschiedlich beantwortet[241]. In einem Teil der Jurisdiktionen halten die Gerichte eine *intracorporate conspiracy* gem. 42 U.S.C. § 1985(3) grundsätzlich für nicht möglich, erkennen aber je nach Circuit in gewissen Situationen Ausnahmen an, dazu aa. In einem anderen Teil der Jurisdiktionen wird eine *intracorporate*

---

238 Bei dem Ansatz, der nicht über den überschrittenen Aufgabenbereich geht, bestehen bei dieser Zurechnungsfrage hingegen keine Probleme, da sich nach dieser Regel der *agent* ja noch innerhalb seines Aufgabenbereiches bewegt.

239 Vgl. Garza v. City of Omaha , 814 F. 2d 553, 556 f (8th Cir. (Neb.) 1987).

240 42 U.S.C. § 1985(3) und 1986 sind abgedruckt im Annex.

241 Dazu im Folgenden. Zu beachten ist, dass es sich bei den 42 U.S.C. §§ 1985 f. um Bundesrecht handelt. Damit genießt der U.S. Supreme Court höchste Autorität, gefolgt von den Federal Appelate oder Circuit Courts, gefolgt von den Federal District Courts, vgl. dazu Teil 1. B. III. 1. Distrit Courts entwickeln keine *precedents*, deren Entscheidungen können aber auch das Ansehen einer *persuasive authority* genießen (siehe Johnson v. Smith, 810 F.Supp. 235, 237 (N.D.Ill. 1992)).

conspiracy gem. 42 U.S.C. § 1985(3) grundsätzlich für möglich gehalten, dazu bb.

Bis jetzt haben die Gerichte sich nur zur Frage geäußert, ob eine *intracorporate conspiracy* gem. 42 U.S.C. § 1985(3) möglich sei. Der Anwendungsbereich des 42 U.S.C. § 1985(3) ist allerdings sehr eng. Insbesondere werden die für diese Arbeit besonders interessanten Fälle, in denen rassistisch motivierte Personengewalt ausgeübt wurde, nur in Ausnahmefällen von 42 U.S.C. § 1985(3) erfasst[242]. Daher soll die Darstellung der beiden Meinungen jeweils mit der Beantwortung der Frage, ob eine solche *civil conspiracy* auch außerhalb des 42 U.S.C. § 1985(3) möglich ist, abgeschlossen werden.

aa. Grundsätzliche Unmöglichkeit einer intracorporate conspiracy auch in Fällen des 42 U.S.C. § 1985(3)

aaa. Grundsatz

Nach Auffassung der Mehrheit der Gerichte[243] und einem Teil der Literatur[244] bleibt es auch in den *civil rights* Fällen des 42 U.S.C. § 1985(3) beim oben genannten Grundsatz, dass weder die *corporation* selbst noch die handelnden Individuen haften. Diese Regel entstammt der Entscheidung Dombrowski v. Dowling[245], die durch die Entscheidungen Travis v. Gary Community Mental Health Ctr., Inc.[246] und Girard v. 94th Street & Fifth Avenue Corp.[247] fortgeführt und ergänzt wurde. Deren Regeln haben die Circuit- und District Courts, die die erste Auffassung vertreten, weitgehend übernommen[248].

---

242 Siehe dazu Teil 2. B. IV. 2. b. und c.

243 Girard v. 94th Street & Fifth Avenue Corp., 530 F.2d 66, 70, 71 (2d Cir. (N.Y.) 1976); Dombrowski v. Dowling, 459 F.2d 190, 196 (7th Cir. (Ill.) 1972); Travis v. Gary Community Mental Health Ctr., Inc., 921 F.2d 108, 109 ff. (7th Cir. (Ind.) 1990); Baker v. Stuart Broadcasting Co., 505 F.2d 181, 183 (8th Cir. (Neb.) 1974); Cross v. General Motors Corp., 721 F.2d 1152, 1156 (8th Cir. (Mo.) 1983); Buschi v. Kirven, 775 F.2d 1240, 1251 ff. (4th Cir. (Va.) 1985); Doherty v. American Motors Corp., 728 F.2d 334, 339 f. (6th Cir. (Mich.) 1984); Aucoin v. Kennedy, 355 F.Supp.2d 830, 845 f. (E.D.La. 2004).

244 Smith, 90 Nw. U.L. Rev. 1125, 1142 ff.

245 Dombrowski v. Dowling, 459 F.2d 190, 196 (7th Cir. (Ill.) 1972).

246 Travis v. Gary Community Mental Health Ctr., Inc., 921 F.2d 108, 109 ff (7th Cir. (Ind.) 1990).

247 Girard v. 94th Street & Fifth Avenue Corp., 530 F.2d 66, 70, 71 (2d Cir. (N.Y.) 1976).

248 Vgl. die soeben angeführten Fundstellen.

In Dombrowski v. Dowling hat der Circuit Court die Unmöglichkeit einer *intracorporate conspiracy* in Fällen des 1985(3) gerade damit begründet, dass man nicht mit sich selbst konspirieren kann[249]. Der Dombrowski-Court hat sich also auf die oben genannten *agency* Prinzipien berufen. Dabei hat er ausdrücklich erwähnt, dass in gewissen Fällen Ausnahmen denkbar sind[250], dazu bbb.

Die Dombrowski-Entscheidung ist im selben Circuit in Travis v. Gary Community Mental Health Ctr., Inc.[251] bestätigt und deren Regel weiter ausgebaut worden. Danach lassen sich die beiden Positionen, die man bei *intracorporate conspiracies* vertreten kann, in zwei rhetorische Fragen zusammenfassen: (1) Warum sollte eine *civil conspiracy* gem. 42 U.S.C. § 1985(3) vorliegen, nur weil die schädigende Handlung mehrer *agents* auf einer kollektiven Entscheidung der *corporation* etwa im Rahmen einer Besprechung basiert? (2) Warum sollte anderseits die konspirative Handlung mehrerer nur deswegen keine *civil conspiracy* darstellen, weil das Unternehmen sich „die Mühe gemacht hat", eine Körperschaft zu gründen[252]? Welcher Ansatz der richtige sei, werde durch den Zweck des 42 U.S.C. § 1985(3) bestimmt: Zweck des Vorgängers des 42 U.S.C. § 1985(3), des Civil Rights Act of 1871, sei es gewesen, die Gefahr durch abgestimmte, organisierte Handlungen des Ku Klux Klans – im Gegensatz zu Handlungen einer einzigen, unabhängig vorgehenden Person – zu entschärfen[253]. Aus diesem Zweck folge, dass dann keine *conspiracy* vorliege, sondern die Handlung einer einzigen Einheit, wenn die Handelnden als unabhängige, freie Personen Gruppenentscheidungen im Rahmen ihrer Arbeit für die *corporation* treffen[254] (*single business entity theory*)[255]. Dagegen liege eine Beteiligung mehrerer Personen vor, wenn die Handelnden einem Druck, sich anderen anzuschließen, ausgesetzt würden, weil ein solcher Druck typisches Merkmal der *conspiracies* im

249 Dombrowski v. Dowling, 459 F.2d 190, 196 (7th Cir. (Ill.) 1972), bezüglich der Unmöglichkeit der „Selbstverschwörung" verweisend auf Morrison v. California, 291 U.S. 82, 92 (1934) (Strafrecht); so auch Smith, 90 Nw. U.L. Rev. 1125, 1149 u. 1166 ff.

250 Dombrowski v. Dowling, 459 F.2d 190, 196 (7th Cir. (Ill.) 1972).

251 Travis v. Gary Community Mental Health Ctr., Inc., 921 F.2d 108, 109 ff (7th Cir. (Ind.) 1990).

252 Travis v. Gary Community Mental Health Ctr., Inc., 921 F.2d 108, 109 (7th Cir. (Ind.) 1990).

253 Travis v. Gary Community Mental Health Ctr., Inc., 921 F.2d 108, 110 (7th Cir. (Ind.) 1990).

254 Travis v. Gary Community Mental Health Ctr., Inc., 921 F.2d 108, 110 (7th Cir. (Ind.) 1990); ähnlich: Girard v. 94th Street & Fifth Avenue Corp., 530 F.2d 66, 71 (2d Cir. (N.Y.) 1976), u.a. unter Berufung auf Dombrowski v. Dowling, 459 F.2d 190, 196 (7th Cir. (Ill.) 1972).

255 Vgl. Travis v. Gary Community Mental Health Ctr., Inc., 921 F.2d 108, 110, 111 (7th Cir. (Ind.) 1990); Smith, 90 Nw. U.L. Rev. 1125, 1150 m.w.N.

Kontext des Civil Rights Act sei[256]. Damit kommt der Travis-Court schon zu einer für diese Arbeit wichtigen Ausnahme von der *intracorporate conspiracy doctrine*: Gewaltakte durch den Ku Klux Klan oder eine ähnliche Organisation fallen regelmäßig nicht unter die *intracorporate conspiracy doctrine*, dazu bbb. (2).

Mit Bezug auf den Zweck des Civil Rights Act sagt der Travis-Court mit anderen Worten aus, dass grundsätzlich jede *intracorporate conspiracy* unmöglich ist, solange sich deren Mitglieder ungezwungen dazu entscheiden. Diese Grundaussage wird mit dem Argument untermauert, der Congress habe den Anwendungsbereich des 42 U.S.C. § 1985 stark einengen wollen[257], so dass von der *intracorporate conspiracy doctrine* keine Ausnahme gemacht werden dürfe, nur weil ein Fall des 42 U.S.C. § 1985(3) vorliege[258].

Zusammenfassend lässt sich festhalten, dass diese Auffassung keine Ausnahmen von der *intracorporate conspiracy doctrine* macht, nur weil ein Fall des 42 U.S.C. § 1985(3) vorliegt. Dies wird zum einen damit begründet, dass eine *intracorporate conspiracy* mit Grundsätzen des *agency law* nicht vereinbar sei. In Verbindung mit diesem Argument wird weiterhin angeführt, eine andere Lösung sei mit dem Zweck des 42 U.S.C. § 1985(3) nicht vereinbar, so lange eine Gruppenentscheidung vorliege, die ohne Zwang getroffen werde. Es werden aber ausdrücklich Ausnahmen von diesem Grundsatz anerkannt, dazu im Folgenden.

bbb. Ausnahmen

Von der in Dombrowski v. Dowling aufgestellten Regel (sog. Dombrowski-Regel), dass eine *intracorporate conspiracy* in Fällen des 42 U.S.C. § 1985(3) nicht möglich ist, werden zwei Ausnahmen anerkannt. Die erste Ausnahme wird in Fällen gemacht, in denen mehrere unerlaubte Handlungen von mehreren *agents* durchgeführt werden. Diese Ausnahme wird aber bei weitem nicht von allen Gerichten und Vertretern der Literatur anerkannt, dazu (1). Die zweite Ausnahme ist allgemein anerkannt. Sie greift ein, wenn die *corporation* gerade zu dem Zweck gegründet wurde oder den Zweck verfolgt, Gewalttaten zu begehen. In erster Linie wird in diesem Zusammenhang der Ku Klux Klan genannt, dazu (2).

---

256 Travis v. Gary Community Mental Health Ctr., Inc., 921 F.2d 108, 110 (7th Cir. (Ind.) 1990).

257 Dazu Teil 2. B. IV. 1.

258 Travis v. Gary Community Mental Health Ctr., Inc., 921 F.2d 108, 110 (7th Cir. (Ind.) 1990); so auch Smith, 90 Nw. U.L. Rev. 1125, 1142 f.

(1) Mehrere unerlaubte Handlungen von mehreren agents

Bereits in der Dombrowski-Entscheidung hat das Gericht die Möglichkeit einer Ausnahme von der *intracorporate conspiracy doctrine* im Falle mehrer unerlaubter Handlungen gem. 42 U.S.C. § 1985(3) angedeutet, indem es entschied, dass eine *intracorporate conspiracy* unmöglich ist, wenn ein einziger Akt von einer einzigen Einheit begangen wurde[259].

Dieser Gedanke ist in Rackin v. University of Pennsylvania übernommen worden mit der schlichten Begründung, dass es sich bei mehreren (diskriminierenden) Handlungen um mehr als nur einen einzigen Akt einer einzigen Einheit handele[260]. Damit hat der Rackin-Court ausnahmsweise die Möglichkeit einer *intracorporate conspiracy* anerkannt mit der Folge, dass sowohl die handelnden Individuen als auch die Körperschaft hafteten[261].

Andere Courts haben diese Ausnahme ebenfalls anerkannt: Im Gegensatz zu einem einzelnen Akt, der auf einer Gruppenentscheidung basiere, verblasse die Dombrowski-Regel, wenn mehrere, verschiedenartige Akte von verschiedenen Personen durchgeführt würden[262]. Zur Begründung wird ein Gedanke angeführt, der noch aus der generellen Abwägung für und wider die *intracorporate conspiracy doctrine* bekannt ist[263]: Warum sollten regelmäßig wiederholte unerlaubte Handlungen nur deswegen immunisiert werden, weil sie innerhalb einer Körperschaft vorkommen[264]?

---

259 Dombrowski v. Dowling, 459 F.2d 190, 196 (7th Cir. (Ill.) 1972).

260 Rackin v. University of Pennsylvania, 386 F. Supp. 992, 1005 f. (D.C.Pa 1974).

261 Siehe obige Fn.

262 An-Ti Chai v. Michigan Technological University, 493 F.Supp. 1137, 1166 f. (D.C.Mich. 1980); Stathos v. Bowden, 514 F.Supp. 1288, 1292 f. (D.C.Mass., 1981); Volk v. Coler, 845 F.2d 1422, 1435 (7th Cir. (Ill.) 1988).

263 Vgl. Travis v. Gary Community Mental Health Ctr., Inc., 921 F.2d 108, 109 (7th Cir. (Ind.) 1990).

264 An-Ti Chai v. Michigan Technological University, 493 F.Supp. 1137, 1166 f. (D.C.Mich. 1980); Stathos v. Bowden, 514 F.Supp. 1288, 1292 f. (D.C.Mass., 1981).

Andere Gerichte[265], u.a. desselben (3rd) *Circuit*, sowie Beiträge in der Literatur[266] haben sich gegen die Anerkennung dieser Ausnahme entschieden. Die Argumentation ist deutlich: Es sei nicht einleuchtend, dass eine Mehrzahl von Akten plötzlich eine *conspiracy* darstelle, obwohl immer noch nur eine Einheit und damit eine Person handele[267].

Eine vermittelnde Ansicht scheint eine dritte Gruppe von Gerichten zu vertreten: So hat das Gericht in Girard v. 94th Street & Fifth Avenue Corp. die Rakkin-Entscheidung in die Richtung interpretiert, dass im Falle mehrerer Handlungen nur dann eine Ausnahme von der *intracorporate conspiracy doctrine* gemacht werden soll, wenn verschiedene Abteilungen, die ihren eigenen Verantwortungsbereich und eigene Funktionen haben, involviert sind[268]. Dann nämlich lägen Akte von nicht nur einem *"policy making body"* vor, sondern von mehreren Personen[269]. Mit anderen Worten dürften unter den vom Girard-Court genannten Ausnahmetatbestand die Absprachen fallen, die gerade nicht aus einer Sitzung hervorgegangen sind, in der ein Vorgehen gemäß den Unternehmenszielen geplant werden sollte[270]. Solche Absprachen, die nicht die Ziele des Unternehmens zum Gegenstand haben, fallen aber regelmäßig unter die Gruppe der Absprachen aus persönlicher Motivation. In der Tat stellt der Girard-Court Handlungen, die aus einer Sitzung hervorgehen, solchen gegenüber, die außerhalb der Eigenschaft als *agents*, also im eigenen Interesse durchgeführt werden[271].

Damit liegt hier keine vermittelnde Position vor, sondern die Annahme des Handelns außerhalb des Aufgabenbereiches. Folglich stellt die vom Girard-Court genannte Ausnahme regelmäßig nichts anderes dar als die konsequente Fortführung der *intracorporate conspiracy doctrine* mit dem Ergebnis, dass immer meh-

---

265 Travis v. Gary Community Mental Health Ctr., Inc., 921 F.2d 108, 111 (7th Cir. (Ind.) 1990); Scott v. Township of Bristol, 1990 U.S. Dist. Lexis 15313 S. 21 (E.D.Pa. 1990), sich berufend auf Coley v. M & M Mars Inc., 461 f. Supp. 1073, 1076 (D.C.Ga., 1978); Weaver v. Gross, 605 F.Supp. 210, 214 f. (D.D.C. 1985).

266 Smith, 90 Nw. U.L. Rev. 1125, 1160, 1162 f.; kritisch auch Georgia Law Review Association, 13 Ga. L. Rev. 591, 608 sowie Harvard Law Review Association, 92 Harv. L. Rev. 470, 473.

267 Siehe die beiden letzten Fn.

268 Girard v. 94th Street & Fifth Avenue Corp., 530 F.2d 66, 71 (2d Cir. (N.Y.) 1976); ähnlich: Dupree v. Hertz Corp, 419 F.Supp. 764, 766 (E.D.Pa. 1976): Hier ging es um eine Konspiration mehrerer Franchisenehmer, die nicht von der Körperschaft selbst kontrolliert wurden.

269 Siehe obige Fn.

270 Vgl. Girard v. 94th Street & Fifth Avenue Corp., 530 F.2d 66, 71 (2d Cir. (N.Y.) 1976).

271 Vgl. Girard v. 94th Street & Fifth Avenue Corp., 530 F.2d 66, 71, 72 (2d Cir. (N.Y.) 1976).

rere Personen handeln und eine *conspiracy* möglich ist, wenn der *agent* außerhalb seines Aufgabenbereichs handelt[272]. Diese Beobachtung haben auch die Courts gemacht, die die Ausnahme von der *intracorporate conspiracy doctrine* im Falle mehrerer Handlungen nicht anerkannt haben: Sie haben darauf hingewiesen, dass mehrere (diskriminierende) Handlungen den Rückschluss auf persönliche Motive erlauben, so dass deswegen eine *intracorporate conspiracy* möglich ist[273].

Als Fazit ist festzuhalten, dass manche Gerichte eine Ausnahme von der *intracorporate conspiracy doctrine* machen, wenn mehrere, verschiedenartige unerlaubte Handlungen durchgeführt wurden, bestenfalls von Einheiten mit eigenem Verantwortungsbereich und eigener Funktion. Es sprechen jedoch gute Argumente gegen diese Ansicht, so dass andere Gerichte sowie die Vertreter der Literatur diese Ausnahme nicht anerkennen. Es ist daher nicht wahrscheinlich, dass noch ungebundene Gerichte zukünftig diese Ausnahme zulassen werden.

Allerdings kann die Tatsache, dass mehrere Handlungen vorliegen, die nicht auf einer Gruppenentscheidung im Rahmen einer Sitzung fußen, den Schluss auf ein Handeln aus eigenen Motiven nahe legen, womit eine *conspiracy* schon deswegen möglich ist, weil die *agents* gar nicht *within the scope of their employment* gehandelt haben.

(2) Verfolgung des Zwecks der Verletzung von Rechtsgütern anderer durch die Körperschaft

(a) Exzeptionelle Haftung der Individuen in Fällen des 42 U.S.C. § 1985(3)

Eine weitere Ausnahme von der *intracorporate conspiracy doctrine* wird in Fällen des 42 U.S.C. § 1985(3) anerkannt, wenn die Körperschaft den Zweck der Verletzung von Rechtsgütern anderer verfolgt[274]. Die Folge ist, dass die handelnden Individuen als *conspirators* haften[275]. Diese Ausnahme hat bereits der Dom-

---

272 Siehe oben, Teil 2. B. III. 2. a.

273 Coley v. M & M Mars Inc., 461 f. Supp. 1073, 1077 (D.C.Ga., 1978); Weaver v. Gross, 605 F.Supp. 210, 215 (D.D.C. 1985); Rivas v. State Bd. for Community Colleges, 517 F. Supp. 467, 472 (D.Colo. 1981).

274 Vgl. Dombrowski v. Dowling, 459 F.2d 190, 196 (7th Cir. (Ill.) 1972); Travis v. Gary Community Mental Health Ctr., Inc., 921 F.2d 108, 110 (7th Cir. (Ind.) 1990); Cole v. University of Hartford 391 F.Supp. 888, 893 (D.C.Conn. 1975); People by Abrams v. 11 Cornwell Co., 695 F.2d 34, 41 (2nd Cir. (N.Y.) 1982), aufgehoben und zurückverwiesen aus anderen Gründen sub nom. People of State of N.Y. by Abrams v. 11 Cornwell Co., 718 F.2d 22 (2nd Cir. (N.Y.) 1983); Smith, 90 Nw. U.L. Rev. 1125, 1163 f.; vgl. Cook/Sobieski, Civil Rights Actions Vol. 3, § 13.05.

275 Siehe obige Fn.

browski-Court selbst formuliert, wenn auch nicht explizit, sondern an Hand des Beispiels des Ku Klux Klans[276]. Zur Begründung wird teilweise aufgeführt, dass Mitglieder des Klans nicht von der *intracorporate conspiracy doctrine* geschützt werden können, weil sich deren Absprachen nicht auf eigene – wirtschaftliche – Angelegenheiten bezögen, wie das etwa innerhalb eines Unternehmens der Fall ist, sondern darauf ausgerichtet seien, sich in fremde – nicht wirtschaftliche – Angelegenheiten einzumischen[277]. Der Hauptgrund für diese Ausnahme dürfte jedoch sein, dass die Haftung für geplantes Unrecht nicht durch den Kunstgriff der Gründung einer *corporation* umgangen werden kann[278].

Die ausnahmsweise Anerkennung der *intracorporate conspiracy* wirft nun zwei weitere Fragen auf, nämlich zum einen, ob diese Ausnahme auch auf Fälle außerhalb des 42 U.S.C. § 1985(3) anwendbar ist und zum anderen, ob nur die Individuen als *conspirators* haften oder auch die Körperschaft selbst.

(b) Anwendbarkeit dieser Ausnahme außerhalb des 42 U.S.C. § 1985(3)

Weder die Entscheidungen noch die Literaturbeiträge zu obiger Ausnahmeregel behandeln Fälle außerhalb des 42 U.S.C. § 1985(3). Aus den oben erwähnten Ausführungen lässt sich aber der Schluss auf eine Erstreckung dieser Ausnahmeregel auf Fälle von rassistisch motivierten Gewalttaten außerhalb des 42 U.S.C. § 1985(3) ziehen. Dies wird schon aus der Formulierung des Dombrowski-Courts deutlich, wonach Ku Klux Klan Mitglieder nicht schon deswegen immunisiert werden, nur weil sie als *agents* auftreten[279]. Der oft bloße Zufall, dass 42 U.S.C. § 1985(3) nicht einschlägig ist[280], kann nicht dazu führen, dass diametral zum

276 Dombrowski v. Dowling, 459 F.2d 190, 196 (7th Cir. (Ill.) 1972).

277 Travis v. Gary Community Mental Health Ctr., Inc., 921 F.2d 108, 110 (7th Cir. (Ind.) 1990).

278 Vgl. die oben (in Teil 2. B. III. 2. b. aa. aaa.) aufgeworfene Abwägungsfrage. I. Ü. siehe Cole v. University of Hartford 391 F.Supp. 888, 893 (D.C.Conn. 1975) – nach Cole v. Unversity of Hartford ist die in Dombrowski v. Dowling (459 F.2d 190) auf S. 196 genannte Ausnahme nur so zu verstehen, dass die künstliche Umgehung der Haftung verhindert werden solle; vgl. People by Abrams v. 11 Cornwell Co., 695 F.2d 34, 41 (2nd Cir. (N.Y.) 1982), aufgehoben und zurückverwiesen aus anderen Gründen sub nom. People of State of N.Y. by Abrams v. 11 Cornwell Co., 718 F.2d 22 (2nd Cir. (N.Y.) 1983); Smith, 90 Nw. U.L. Rev. 1125, 1163 f.; siehe auch die im Ergebnis gleiche Erklärung von Cook/Sobieski, Civil Rights Actions Vol. 3, § 13.05, der sich aber keiner der beiden Hauptmeinungen anschließt.

279 Vgl. Dombrowski v. Dowling, 459 F.2d 190, 196 (7th Cir. (Ill.) 1972); ähnlich: Travis v. Gary Community Mental Health Ctr., Inc., 921 F.2d 108, 110 (7th Cir. (Ind.) 1990).

280 Vgl. dazu Teil 2. B. IV. 2. b. zur Frage der Erstreckung des 42 U.S.C. § 1985(3) auf Fälle von Personengewalt.

Zweck dieser Ausnahmeregel die Haftung für geplantes Unrecht durch den Kunstgriff der Gründung einer *corporation* umgangen wird[281].

(c) Haftung der Körperschaft als conspirator

Des weiteren wird weder in den Entscheidungen noch in den Literaturbeiträgen auf die Frage eingegangen, ob mit der grundsätzlichen Bejahung der *intracorporate conspiracy* auch die *corporation* als Konspirator haften kann. Die Einbeziehung der Körperschaft in die Haftung gemäß den Regeln der *civil conspiracy* wäre aber auch der falsche Ansatz – im Gegensatz zur oben dargestellten Fallgruppe des Handelns außerhalb des Aufgabenbereichs. Bei letztgenannter Fallgruppe muss noch auf das Institut der *civil conspiracy* zurückgegriffen werden, um etwa die Handlung des *agent's*, der sich außerhalb seines Aufgabenbereiches bewegt, der Körperschaft zurechnen zu können, indem man eine Verschwörung mit dem *agent* konstruiert, der sich innerhalb seines Aufgabenbereiches bewegt. Dagegen kann die Zurechnung einer *intracorporate conspiracy* zweier *agents* direkt über das *agency law* erfolgen. Bei einer *intracorporate conspiracy* haben sich ja alle beteiligten *agents* im Rahmen ihres Aufgabenbereichs bewegt[282], so dass der Körperschaft die Handlung des Haupttäters bereits nach *agency law* zugerechnet werden kann. Wollte man zusätzlich eine *civil conspiracy* mit der Körperschaft als Verschwörer konstruieren, käme man nicht umhin, auf die Regeln des *agency law* zurückzugreifen, da die Körperschaft ja nur durch einen *agent* handeln kann. Dann kann man auch den einfacheren Weg wählen und die Zurechnung direkt über das *agency law* konstruieren, d.h. insbesondere gemäß den Theorien der *authorization*[283] oder des *respondeat superior*[284].

(3) Zwischenergebnis

Die Gerichte, die eine *intracorporate conspiracy* auch in Fällen des 42 U.S.C. § 1985(3) grundsätzlich ablehnen, erkennen einen bis zwei Ausnahmefälle zu diesem Grundsatz an. Der erste Ausnahmefall ist der der mehrfachen Begehung von unerlaubten Handlungen innerhalb einer *corporation*, welcher aber nur von einigen Gerichten anerkannt wird. Die besseren Gründe sprechen gegen diese Ausnahmeregelung. Es ist in einem solchen Fall vielmehr zu untersuchen, ob nicht ein Fall des Handelns außerhalb des Aufgabenbereiches vorliegt[285]. Dage-

281 Vgl. oben.
282 Siehe oben, Teil 2. B. III. 2. a.
283 Siehe unten, Teil 2. D. II. 2.
284 Siehe unten, Teil. 2. D. II. 4. a.
285 Siehe oben, Teil 2. B. III. 2. b. aa. bbb. (1).

gen kann davon ausgegangen werden, dass die Gerichte dann von dieser *doctrine* eine Ausnahme machen, wenn die *corporation* gerade den Zweck der Verletzung fremder Rechtsgüter verfolgt[286]. Diese Ausnahme ist auch auf Fälle außerhalb des 42 U.S.C. § 1985(3) anwendbar[287]. Nach dieser Ausnahmeregelung können die handelnden Individuen als *conspirators* haften. Deren Handlung kann der Körperschaft dann nach *agency law* zugerechnet werden. Eine Einbeziehung der Körperschaft in die Haftung nach *civil conspiracy law* wäre dagegen der falsche Ansatz[288].

bb. Grundsätzliche Möglichkeit einer intracorporate conspiracy in Fällen des 42 U.S.C. § 1985(3)

aaa. Haftung der Individuen in Fällen des 42 U.S.C. § 1985(3)

Nach der Auffassung einiger Gerichte[289] und Vertreter der Literatur[290] ist eine *intracorporate conspiracy* mit dem Ziel der Verletzung von *civil rights* gem. 42 U.S.C. § 1985(3) grundsätzlich möglich. Die Folge ist, dass die Individuen als Konspiratoren haften. Der Körperschaft wird deren Verhalten dann gemäß den *agency* Regeln zugerechnet[291].

Die Auffassung der grundsätzlichen Möglichkeit einer *intracorporate conspiracy* in Fälle des 42 U.S.C. § 1985(3) hat der Circuit Court des Dritten *Circuit* in Novotny v. Great American Federal Savings & Loan Ass'n.[292] zum ersten Mal vertreten. Da sich zahlreiche Entscheidungen dieser Auffassung hieran orientieren, sollen die Gründe dieser Entscheidung näher untersucht werden, wobei be-

---

286 Siehe oben, Teil 2. B. III. 2. b. aa. bbb. (2) (a).
287 Siehe oben, Teil 2. B. III. 2. b. aa. bbb. (2) (b).
288 Siehe oben, Teil 2. B. III. 2. b. aa. bbb. (2) (c).
289 Stathos v. Bowden, 728 F.2d 15, 21 (1st Cir. (Mass.) 1984), das Gericht hat sich für eine starke Begrenzung der *intracorporate conspiracy doctrine* ausgesprochen; Novotny v. Great American Federal Savings & Loan Ass'n., 584 F.2d 1235, 1256 ff (3rd Cir. (Pa.) 1978) (en banc), aufgehoben aus anderen Gründen, 442 U.S. 366 (1979); Dussouy v. Gulf Coast Investment Corp., 660 F.2d 594, 603 f. (5th Cir. (La.) 1981); Jacobs v. Board of Regents of Division of Universities of Dept. of Ed. of State of Fla., 473 F.Supp. 663, 670 f. (S.D.Fla. 1979); Washington v. Duty Free Shoppers, 696 F. Supp. 1323, 1326 f. (N.D.Cal. 1988).
290 Georgia Law Review Association, 13 Ga. L. Rev. 591, 614 ff; Harvard Law Review Association, 92 Harv. L. Rev. 470, 477 ff; Christofferson, 1995 U. Ill. L. Rev. 411, 427 ff.
291 Siehe dazu die Ausführungen in Teil 2. B. III. 2. b. aa. bbb. (2) (c).
292 Novotny v. Great American Federal Savings & Loan Ass'n., 584 F.2d 1235, 1256 ff (3rd Cir. (Pa.) 1978) (en banc), aufgehoben aus anderen Gründen, 442 U.S. 366 (1979).

sonders die Auseinandersetzung mit den *agency* Prinzipien und rechtspolitischen Fragen fokussiert wird. Anschließend erfolgt eine kurze Darstellung der Argumente anderer Entscheidungen und Literaturbeiträge für diesen Ansatz.

Zunächst argumentiert das Novotny-Gericht, dass *agency* Prinzipien keine Immunisierung der handelnden Individuen vorsähen, sondern vielmehr die Individuen nach den Grundsätzen des *tort law* für ihre eigenen Handlungen verantwortlich blieben[293]. Es wird auf den Inhalt der in Travis v. Gary Community Mental Health Ctr., Inc.[294] gestellten rhetorischen Frage Bezug genommen: Warum sollten Konspiratoren nur deswegen nicht haften, weil ihr Geschäftsherr die Rechtsform einer Körperschaft gewählt hat[295]?

Der Novotny-Court beruft sich sodann auf *authority*, die bereits entschieden hat, dass *agents* keineswegs nur deswegen von der Haftung befreit werden, weil sie als *corporate agents* gehandelt haben[296]. Sogar der Supreme Court habe die generelle Möglichkeit einer *intracorporate conspiracy* nicht bezweifelt[297]. Es ist dabei jedoch anzumerken, dass alle vom Novotny-Court aufgeführten Entscheidungen erstens aus anderen Jurisdiktionen und zweitens aus dem Strafrecht stammen und somit keine Bindungswirkung entfalten.

Das zweite gewichtige Argument, auf das sich der Novotny-Court stützt, ist, dass die *intracorporate conspiracy doctrine* ihren Ursprung im *anti-trust*[298] *law* habe und auf den *civil rights* Kontext gar nicht anzuwenden sei[299]. Im *anti-trust law* sei die Regel der Unmöglichkeit, sich innerhalb einer *corporation* zu verschwören, angebracht, da nicht unnötig unternehmerische (Gruppen-)Entscheidungsprozesse erschwert werden dürften; dort müsse das Interesse an der Ver-

---

293 Vgl. Novotny v. Great American Federal Savings & Loan Ass'n., 584 F.2d 1235, 1257 (3rd Cir. (Pa.) 1978); ähnlich: Harvard Law Review Association, 92 Harv. L. Rev. 470, 478, verweisend auf §§ 343, 359A Restatement (2d.) of Agency; Christofferson, 1995 U. Ill. L. Rev. 411, 427 f.

294 Siehe oben Teil 2. B. III. 2. b. aa. aaa., Travis v. Gary Community Mental Health Ctr., Inc., 921 F.2d 108, 109 (7th Cir. (Ind.) 1990).

295 Novotny v. Great American Federal Savings & Loan Ass'n., 584 F.2d 1235, 1257 (3rd Cir. (Pa.) 1978).

296 Novotny v. Great American Federal Savings & Loan Ass'n., 584 F.2d 1235, 1258 und Fn. 120 – 122 (3rd Cir. (Pa.) 1978), sich berufend auf u.a. Mininsohn v. United States, 101 F.2d 477, 478 (3rd Cir. (N.J.) 1939), Barron v. United States, 5 F.2d 799, 801 (1st Cir. (Mass.) 1925) und United States v. Kemmel, 160 F. Supp. 718, 719 ff. (E.D.Pa. 1958).

297 Novotny v. Great American Federal Savings & Loan Ass'n., 584 F.2d 1235, 1257 (3rd Cir. (Pa.) 1978), sich berufend auf Pennsylvania RR. System & Allied Lines Fed. No. 90 v. Pennsylvania RR. Co., 267 U.S. 203, 210 ff. (1925).

298 *Anti-trust law* bedeutet Kartellrecht.

299 Novotny v. Great American Federal Savings & Loan Ass'n., 584 F.2d 1235, 1259 (3rd Cir. (Pa.) 1978).

hinderung von Wettbewerbsbeschränkungen durch Absprachen in gewisser Weise zu Gunsten der Funktionalität der unternehmerischen Entscheidungsfindung weichen[300]. In Fällen der Verletzung von *civil rights* durch eine *conspiracy* dagegen sieht das Gericht keinen Grund, warum die *civil rights* zu Gunsten der unternehmerischen Interessen eingeschränkt werden sollten[301]. Dies gelte vor allem deswegen, weil im *civil rights* Kontext die Behinderung des unternehmerischen Entscheidungsprozesses durch Haftung für *intracorporate conspiracies* gar nicht so intensiv ist, da eher wenige unternehmerische Fragen den *civil rights* Kontext betreffen wie etwa die *labor discrimination.* Im Gegensatz dazu berühre im *anti-trust* Kontext fast jede unternehmerische Entscheidung Wettbewerbsfragen[302].

Auch andere Gerichte und Vertreter der Literatur knüpfen an die Abgrenzung zum Kartellrecht an. So wird bemerkt, dass der Supreme Court in der grundlegenden Entscheidung zur *intracorporate conspiracy doctrine,* Copperweld Corp. v. Independence Tube Corp.[303], die Anwendung dieser Doktrin mit den Besonderheiten des *anti-trust law* begründet hat, nämlich, dass *intracorporate conspiracies* keine wettbewerbsrechtlichen Gefahren hervorriefen, da diese *conspiracies* gerade nicht zwischen zwei Wettbewerbern geschähen, sondern nur intern[304]. Hingegen stelle die Zusammenarbeit mehrerer innerhalb einer *corporation* durchaus eine erhöhte Gefahr für die *civil rights* dar, da nicht einzusehen sei, dass eine Absprache innerhalb eines Unternehmens harmloser sein soll als die außerhalb eines Unternehmens[305]. Mit anderen Worten stelle eine solche *conspiracy* gerade einen Fall der *group danger* dar, dessen Begegnung Zweck der *civil*

300 Vgl. Novotny v. Great American Federal Savings & Loan Ass'n., 584 F.2d 1235, 1259 (3rd Cir. (Pa.) 1978).

301 Novotny v. Great American Federal Savings & Loan Ass'n., 584 F.2d 1235, 1259 (3rd Cir. (Pa.) 1978), ähnliche Argumentation in: Harvard Law Review Association, 92 Harv. L. Rev. 470, 481 f.

302 Novotny v. Great American Federal Savings & Loan Ass'n., 584 F.2d 1235, 1259 (3rd Cir. (Pa.) 1978), ähnliche Argumentation in: Harvard Law Review Association, 92 Harv. L. Rev. 470, 481 f.

303 Copperweld Corp. v. Independence Tube Corp., 467 U.S. 752, 769 (1984).

304 Washington v. Duty Free Shoppers, 696 F. Supp. 1323, 1326 (N.D.Cal. 1988), dieser Entscheidung lag zwar keine *conspiracy* innerhalb einer *corporation* zu Grunde, sondern nur innerhalb einer *partnership*, dies hat den Court aber nicht daran gehindert, auf die *intracorporate conspiracy* einzugehen; ähnliche Begründung: Stathos v. Bowden, 728 F.2d 15, 21 (1st Cir. (Mass.) 1984); Georgia Law Review Association, 13 Ga. L. Rev. 591, 615.

305 Washington v. Duty Free Shoppers, 696 F. Supp. 1323, 1326 f. (N.D.Cal. 1988); Georgia Law Review Association, 13 Ga. L. Rev. 591, 617; Christofferson, 1995 U. Ill. L. Rev. 411, 437.

conspiracy theory sei[306]. Dagegen sei die Annahme, die Körperschaft sei ein einzelner Akteur, eine bloße Fiktion ohne Zweck[307].

bbb. Anwendbarkeit dieser Regelung außerhalb des 42 U.S.C. § 1985(3)

Auch die Vertreter der Auffassung des Novotny-Courts haben die Möglichkeit einer *intracorporate conspiracy* nur im Rahmen der Fälle des 42 U.S.C. § 1985(3) diskutiert. Deren Argumente sind jedoch so allgemein gefasst, dass sie sich auch für eine Einbeziehung der Fälle rassistisch motivierter Gewalt außerhalb des 42 U.S.C. § 1985(3) heranziehen lassen.

Wenn der Novotny-Court und die Literatur argumentieren, dass nach *agency law* die Zurechnung der Handlungen der *agents* zur Körperschaft nicht die Folge der Immunisierung der *agents* habe[308], muss dies auch für *intracorporate conspiracies* außerhalb des 42 U.S.C. § 1985(3) gelten.

Das Gleiche gilt für die Abgrenzung der *intracorporate conspiracy* im *civil rights* Kontext zur der im *anti-trust* Kontext. Während die Bejahung einer *intracorporate conspiracy* im *anti-trust* Kontext den unternehmerischen Entscheidungsprozess behindern kann, ist eine solche Befürchtung in Fällen des 42 U.S.C. § 1985(3) genauso unbegründet wie in sonstigen Fällen rassistisch motivierter Gewalttaten. Der Grund ist, dass unternehmerische Entscheidungen nicht die Begehung rassistischen Unrechts zum Inhalt haben werden[309], sei es innerhalb des Anwendungsbereichs des 42 U.S.C. § 1985(3) oder außerhalb dessen.

Schließlich lässt sich auch das Argument der *group danger* auf Fälle rassistischen Unrechts außerhalb des 42 U.S.C. § 1985(3) anwenden. Wenn vertreten wird, dass die *group danger* bei einer *civil conspiracy* gem. 42 U.S.C. § 1985(3) innerhalb eines Unternehmens genauso groß ist wie außerhalb eines Unternehmens, muss dies auch für die Planung von Gewalttaten außerhalb des 42 U.S.C. § 1985 gelten[310].

Demnach ist davon auszugehen, dass Gerichte, die der Auffassung des Novotny-Courts folgen und schon dann eine Ausnahme von der *intracorporate conspiracy doctrine* machen, wenn ein Fall des 42 U.S.C. § 1985(3) vorliegt, diesel-

306 Washington v. Duty Free Shoppers, 696 F. Supp. 1323, 1327 (N.D.Cal. 1988); Dussouy v. Gulf Coast Inv. corp., 660 F.2d 594, 603 (5th Cir. (La.) 1981); Harvard Law Review Association, 92 Harv. L. Rev. 470, 478 f.; ähnlich Georgia Law Review Association, 13 Ga. L. Rev. 591, 617.

307 Dussouy v. Gulf Coast Inv. corp., 660 F.2d 594, 603 (5th Cir. (La.) 1981).

308 Vgl. oben, Teil 2. B. III. 2. b. bb. aaa., erstes Argument des Novotny-Courts.

309 Vgl. oben, Teil 2. B. III. 2. b. bb. aaa., zweites Argument des Novotny-Courts.

310 Vgl. oben, Teil 2. B. III. 2. b. bb. aaa., Argument der übrigen Courts und der Literatur.

be Ausnahme in Fällen rassistischer Gewalttaten außerhalb des 42 U.S.C. § 1985(3) machen werden.

ccc. Zwischenergebnis

Als Zwischenergebnis ist festzuhalten, dass einige Gerichte die *intracorporate conspiracy* im Kontext des 42 U.S.C. § 1985(3) grundsätzlich für möglich halten. Begründet wird dies zum einen damit, dass die der *intracorporate conspiracy doctrine* zugrundeliegenden *agency* Prinzipien alleine nicht die Immunisierung der handelnden *agents* begünden kann. Zum anderen entstamme die *intracorporate conspiracy doctrine* dem *anti-trust* (Kartellrecht) Kontext und sei auf den *civil rights* Kontext gar nicht anzuwenden[311].

Es kann angenommen werden, dass Gerichte, die dieser Meinung folgen, aus denselben Gründen eine *intracorporate conspiracy* auch in Fällen rassistischer Gewalttaten außerhalb des 42 U.S.C. § 1985(3) anerkennen werden[312].

Nach dieser Ausnahmeregelung können die handelnden Individuen als *conspirators* haften. Deren Handlung kann der Körperschaft dann nach *agency law* zugerechnet werden[313].

cc. Ergebnis zu: Ausnahmen von der Unmöglichkeit einer intracorporate conspiracy im Falle von rassistisch motivierten civil conspiracies

Wichtige Ausnahmen von der *intracorporate conspiracy doctrine* sind im Falle rassistisch motivierter *civil conspiracies* denkbar, insbesondere in Fällen des 42 U.S.C. § 1985(3). Allerdings herrscht hier erhebliche Uneinigkeit zwischen den Gerichten.

Nach einer Auffassung ist eine *intracorporate conspiracy* grundsätzlich auch dann nicht möglich[314]. Ausnahmen werden aber je nach Gericht in Fällen anerkannt, wenn mehrere diskriminierende Handlungen durchgeführt werden[315]. Allgemein ist eine Ausnahme in Fällen anerkannt, in dem die Körperschaft gerade den Zweck der Begehung vor allem rassistischer Handlungen verfolgt wie etwa der Ku Klux Klan[316].

311 Siehe oben, Teil 2. B. III. 2. b. bb. aaa.
312 Siehe oben, Teil 2. B. III. 2. b. bb. bbb.
313 Siehe oben, Teil 2. B. III. 2. b. bb. aaa.
314 Siehe oben, Teil 2. B. III. 2. b. aa. aaa.
315 Siehe oben, Teil 2. B. III. 2. b. aa. bbb. (1).
316 Siehe oben, Teil 2. B. III. 2. b. aa. bbb. (2).

Eine andere Auffassung erkennt grundsätzlich Ausnahmen von der *intracorporate conspiracy doctrine* im Kontext rassistischen Unrechts an[317].

Weil auf diese Streitfrage bereits in jeder Jurisdiktion eingegangen worden sein dürfte, und es daher an *precedents* nicht mangelt, werden die gebundenen unteren Gerichte in zukünftigen Entscheidungen der Meinung des sie bindenden Gerichts folgen. Es ist nicht wahrscheinlich, dass höhere, ungebundene Gerichte die einmal vertretene Ansicht in dieser Frage ändern werden, da für beide Ansichten gute Argumente sprechen. Diese höheren Gerichte sind deswegen ungebunden, weil der (Bundes-)Supreme Court diese Streitfrage noch nicht entschieden hat. Ob er überhaupt auf diese Frage eingehen wird, ist unsicher: In Great American Federal Savings & Loan Ass'n. v. Novotny[318] hat der Supreme Court diese Frage ausdrücklich offen gelassen, und in Hull v. Shuck[319] hat der Supreme Court einen Fall, in dem diese Frage geklärt werden sollte, nicht zur Entscheidung angenommen. Allerdings haben sich zwei Richter in der *dissenting opinion* für die Klärung dieser Frage durch den Supreme Court ausgesprochen[320].

c. Zusammenfassung

Das Merkmal *"between two persons"* ist dann problematisch, wenn die *civil conspiracy* innerhalb einer *corporation* vorkommt. Dann ist grundsätzlich eine *conspiracy* ausgeschlossen, so dass weder die handelnden Individuen noch die Körperschaft selbst haften[321]. Ausnahmen sind aber im Falle rassistisch motivierter *civil conspiracies* möglich. Darunter ist für das Thema der Arbeit vor allem die Ausnahme interessant, die nach allgemeiner Ansicht dann vorliegt, wenn die Körperschaft gerade den Zweck der Verletzung fremder Rechtsgüter verfolgt wie etwa der Ku Klux Klan[322].

3. Inhalt des Planes

Des weiteren ist Voraussetzung der *civil conspiracy* nach *common law* Regeln, dass das *agreement* darauf gerichtet ist, sich an einer unerlaubten Handlung zu beteiligen oder an einer erlaubten in einer unerlaubten Art und Weise (*to partici-*

---

317 Siehe oben, Teil 2. B. III. 2. b. bb.

318 Great American Federal Savings & Loan Ass'n. v. Novotny, 442 U.S. 366, 372 Fn. 11 (1979).

319 Hull v. Shuck, 501 U.S. 1261, 1261 f. (1991).

320 Siehe obige Fn.

321 Siehe oben, Teil 2. B. III. 2. a.

322 Bereits die strengere Meinung macht in diesen Fällen eine Ausnahme von der *intracorporate conspiracy*, siehe oben Teil 2. B. III. 2. b. aa. bbb. (2).

pate in an unlawful act or a lawful one in an unlawful manner)[323]. Auf die zweite Alternative – *lawfulful act in an unlawful manner*[324] – muss nicht eingegangen werden, da diese Arbeit ausschließlich *unlawful acts*, nämlich Gewalttaten, zum Thema hat.

Die Absprache muss sich darauf beziehen, die unerlaubte Handlung vorsätzlich zu begehen[325]. Es muss der Zweck verfolgt werden, jemandes Rechtsgut zu verletzen[326]. Eine *civil conspiracy* liegt entgegen gelegentlicher Behauptung[327] nicht vor, wenn man bei der Absprache die fahrlässige Begehung einer unerlaubten Handlung einkalkuliert[328]. Auch auf die genauere Behandlung dieser Frage wird hier verzichtet, da es sich bei Gewalttaten ohnehin um vorsätzliche unerlaubte Handlungen handelt.

Es stellt sich die Frage, ob sich das *agreement* auf den konkret ausgeführten Akt beziehen muss oder nur darauf, eine nicht näher konkretisierte Handlung zu begehen, die geeignet ist, das abgesprochene Ziel zu erreichen. Gerade in *hate-crimes* Fällen, in denen regelmäßig Personen verklagt werden, die mit den Primärschädigern nur generell Gewaltanwendung zur Erreichung ihrer rassistischen Ziele vereinbart haben, ist diese Frage von großer Bedeutung.

Das *agreement* muss inhaltlich zwar sowohl das Ziel als auch die zu dessen Erreichung eingesetzten Mittel umfassen[329]. Es ist aber nicht notwendig, dass jeder Mitverschwörer Kenntnis von den Details der Verschwörung hat[330] bzw.,

---

323 Halberstam v. Welch, 705 F.2d 472, 477 (D.C. 1983); Adcock v. Brakegate Ltd., 645 N.E.2d 888, 894 (Ill. 1994).

324 Siehe A.T. Stearns Lumber Co. v. Howlet, 157 N.E. 82, 86 (Mass. 1927), m.w.N.

325 Ezzone v. Riccardi, 525 N.W.2d 388, 398 (Iowa 1994); vgl. Juhl v. Airington, 936 S.W.2d 640, 644 (Tex. 1996).

326 The Dow Chemical Company v. Mahlum, 970 P.2d 98, 112 (Nev. 1998), aus anderen Gründen abweichend von diesem Urteil: GES, Inc. v. Corbitt, 21 P.3d 11, 15 (Nev. 2001); Allstate Indemnity Company Inc., v. Lewis, 985 F.Supp. 1341, 1349 (M.D.Ala., 1997); vgl. 16 Am. Jur. 2d Conspiracy, § 51.

327 Lathrop, 3 Conn. Ins. L. J. 305, 331, Fn 97, zitierend Adcock v. Brakegate Ltd., 645 N.E.2d 888, 895 (Ill. 1994), in der aber bei genauerer Betrachtung etwas anderes entschieden wurde, sowie Rogers v. R.J. Reynolds Tobacco Co., 761 S.W.2d 788, 796 (Tex. 1988). Diese Behauptung hat der Texas Supreme Court später in Triplex Communications v. Riley, 900 S.W.2d 716, 720 Fn.2 (Tex. 1995) für rechtsfehlerhaft erklärt.

328 Juhl v. Airington, 936 S.W.2d 640, 644 (Tex. 1996); 16 Am. Jur. 2d Conspiracy, § 51.

329 Lockhart, 4 Causes of Action 2d 517, §§ 9, 10.

330 In re Terrorist Attacks on September 11, 2001, 349 F.Supp.2d 765, 829 (S.D.N.Y. 2005); Boim v. Quranic Literacy Institute, 340 F.Supp.2d 885, 895 (N.D.Ill. 2004); Linde v. Arab Bank, PLC, 2005 WL 2108690, S. 9 (E.D.N.Y. 2005); Collyer v.

dass Details von irgendeinem Mitverschwörer in die Planung miteinbezogen wurden[331]. Insbesondere müssen dem Mitverschwörer weder die Existenz aller Mitverschwörer[332] noch sämtliche Schritte zur Erreichung des Ziels bekannt sein, um haftbar gemacht zu werden[333]. Vielmehr müssen die angewandten Mittel, also der Verwirklichungsakt, nur in einem allgemeinen Umfang geplant worden sein[334], beispielsweise Gewaltanwendung als allgemeines Mittel zur Erreichung rassistischer Ziele[335].

Festzuhalten ist, dass es der Inhalt des *agreement* zumindest in Fällen von Gewalttaten sein muss, das Ziel zu verfolgen, jemandes Rechtsgut zu verletzen. Der konkrete Umsetzungsakt dafür muss nicht geplant sein. Die Verständigung muss sich nur auf allgemeine Mittel zur Durchsetzung der Ziele beziehen.

4. Vorliegen eines unlawful act (in furtherance of the conspiracy) causing injury and damages

Unabhängig vom Streit darüber, ob die *civil conspiracy* ein eigenständiges Delikt und damit eine eigene *cause of action* darstellt[336], verlangen die Gerichte einstimmig das Vorliegen eines *unlawful act (in furtherance of the conspiracy)*[337]

Darling, 98 F.3d 211, 229 (6th Cir. (Ohio) 1996); Brumley v. Chattanooga Speedway & Motordrome Co., 198 S.W. 775, 776 (Tenn. 1917); Ballantine v. Ferretti, 28 N.Y.S.2d 668, 691 (N.Y. 1941); 15A C.J.S. Conspiracy § 2; Dees/Bowden, 31-FEB Trial, 22, 27; Lockhart, 4 Causes of Action 2d 517, § 10; Whitson, 59 B. U. L. Rev. 921, 929; Leventhal, 14 Seton Hall L. Rev. 627, 636.

331 Linde v. Arab Bank, PLC, 2005 WL 2108690, S. 9 (E.D.N.Y. 2005); 16 Am. Jur. 2d Conspiracy, § 51.

332 In re Youngstown Osteopathic Hosp. Ass'n, 280 B.R. 400, 413 (N.D.Ohio 2002); Egervary v. Young, 159 F.Supp.2d 132, 165 (E.D.Pa. 2001); Dees/Bowden, 31-FEB Trial, 22, 27; Taylor, 18 Buff. Pub. Interest L.J. 95, 124.

333 Ballantine v. Ferretti, 28 N.Y.S.2d 668, 691 (N.Y. 1941); Fidelity Funding of California, Inc. v. Reinhold, 79 F.Supp.2d 110, 123 f. (E.D.N.Y. 1997).

334 Lockhart, 4 Causes of Action 2d 517, § 10; Leventhal, 14 Seton Hall L. Rev. 627, 636; vgl. Halberstam v. Welch, 705 F.2d 472, 486 (D.C. Cir. 1983) („...agreement between [conspirators] to execute a criminal enterprise involving stolen goods..."); Banco Popular North America v. Gandi, 876 A.2d 253, 263 (N.J. 2005).

335 Dees/Fiffer, Hate on Trial, S. 97.

336 Dagegen (h.M.): James v. Evans, 149 F. 136, 140 (3rd Cir. (Pa.) 1906); Board of Education v. Hoek, 183 A.2d 633, 646 (N.J. 1962); Applied Equipment Corp. v. Litton Saudi Arabia Ltd., 869 P.2d 454, 457 (Cal. 1994); Adcock v. Brakegate Ltd., 645 N.E.2d 888, 984 (Ill. 1994); Prosser/Keeton, § 46 S. 324; 16 Am. Jur. 2d Conspiracy, § 52 f; Dafür: Cooper v. O'Connor, 99 F.2d 135, 142 (D.C. Cir. 1938); Williamson, 23 Ga. B.J. 48, 49 f.; Burdick, 8 Col. L. Rev. 117 ff, Charlesworth, 36 L.Q. Rev. 38, 48.

337 Zu diesem Merkmal noch eingehend unten, Teil 2. III. 5.

bzw. *lawful act in an unlawful manner* sowie zurechenbar dadurch verursacht das Vorliegen einer Rechtsgutsverletzung und eines Schadens[338]. Ein Anspruch auf Schadensersatz bzw. *punitive damages* wegen einer *civil conspiracy,* die im oder gar vor dem Versuchsstadium stecken geblieben ist, ist damit nicht denkbar[339], auch wenn eine *criminal conspiracy* in solch einem Fall in vielen Jurisdiktionen möglich ist[340]. Hier bleibt das US-amerikanische Deliktsrecht bei dem Grundgedanken, dass eine Ersatzsumme nur verlangt werden kann, wenn auch ein Schaden vorliegt – obwohl dieses Prinzip nicht immer konsequent verfolgt wird[341].

Während sich also die Gerichte und fast alle Vertreter der Literatur darüber einig sind, dass zumindest irgendein sog. *overt act* vorliegen muss, herrscht Uneinigkeit darüber, ob neben dem Haupttäter auch jeder andere Mitverschwörer selbst irgendeinen Beitrag zur Verwirklichung der geplanten Verletzung leisten muss und, wenn dies bejaht wird, wie intensiv dieser Beitrag sein muss.

Die Hauptansichten im Bereich aller Fälle außerhalb des *securities law*[342] verlangen keinen bzw. irgendeinen beliebigen Verwirklichungsbeitrag des Mitverschwörers, dazu a. bzw. b.

Von dem Restatement (second) of Torts und einigen Courts wird behauptet, dass sie die Haftung des Mitverschwörers nur anerkennen, wenn dieser selbst einen deliktischen, aber nicht notwendigerweise kausalen Verwirklichungsbeitrag leiste, dazu c.

Schließlich wird von zumindest einer Entscheidung und einem Teil der Literatur, die sich beide vornehmlich auf das *securities law* beziehen, sogar ein kausaler und zurechenbarer Beitrag des Mitverschwörers verlangt, dazu d.

---

338 Hooks v. Hooks, 771 F.2d 935, 944 (6th Cir. (Tenn.) 1985); Halberstam v. Welch, 705 F.2d 472, 477 (D.C. Cir. 1983); Schick v. Bach, 238 Cal. Rptr. 902, 906 (Cal. 1987); vgl. 16 Am. Jur. 2d Conspiracy, § 52, 70; vgl. 15A C.J.S. Conspiracy § 5; vgl. Prosser/Keeton, § 46 S. 324 sowie Blakey/Roddy, Am. Cr. L. Rev. Special Edition 1996, 25th Anniversary Issue, 1345, 1444.

339 A.A.: Leach, 54 U. Miami L. Rev. 1, 11 u. 24 ff.

340 Siehe nur 16 Am. Jur. 2d Conspiracy, § 15 m.w.N.

341 Beispielsweise verlangen nicht alle Staaten das Vorliegen eines Schadens als Voraussetzung für *punitive damages*, siehe Burnham, Introduction to the Law and Legal System, S. 431.

342 Im Folgenden mit „allgemeine *civil conspiracy* Fälle" umschrieben.

a. Verzicht auf den Verwirklichungsbeitrag des Mitverschwörers

Eine weit verbreitete Ansicht unter den Gerichten[343] und in der Literatur[344] verzichtet auf den Verwirklichungsbeitrag des Mitverschwörers und rechnet ihm bereits dann die Verletzung durch den Haupttäter zu, wenn er sich mit dem Haupttäter auf die Begehung der unerlaubten Handlung geeinigt hat.

Oft ist es aber nicht klar, ob die Gerichte ganz auf den Verletzungsbeitrag des Mitverschwörers verzichten, oder ob sie zumindest irgendeinen Akt verlangen. So regeln einige Gerichte und Kommentare, dass der Mitverschwörer "irrespective of whether or not he was a direct actor and regardless of the degree of his activity"[345] oder "irrespective of whether or not he took a prominent or an inconspicuous part in the execution of the conspiracy"[346] haftet. Hierbei ist es unklar, ob mit dieser Aussage gemeint ist, dass der Mitverschwörer zumindest einen nicht notwendigerweise kausalen Verwirklichungsbeitrag oder gar keinen Beitrag leisten muss. Anders formuliert stellt sich die Frage: Kann *the degree of his activity* den Wert „null" haben, oder muss der Mitverschwörer zumindest irgendwie aktiv geworden sein? Teilweise werden diese Formulierungen dahingehend interpretiert, dass ein Beitrag des Mitverschwörers nicht nötig ist[347]. Ebenso hat der von vielen diese Formulierungen gebrauchenden Gerichte zitierte Supreme Court

---

343 Halberstam v. Welch, 705 F.2d 472, 477, 487 (D.C. Cir. 1983); In re Terrorist Attacks on September 11, 2001, 349 F.Supp.2d 765, 829 (S.D.N.Y. 2005); Boim v. Quranic Literacy Institute, 340 F.Supp.2d 885, 895 (N.D.Ill. 2004); Applied Equipment Corp. v. Litton Saudi Arabia Ltd., 869 P.2d 454, 457 (Cal. 1994); Wyatt v. Union Mortgage Co., 598 P.2d 45, 51 (Cal. 1979); Mox Incorporated v. Woods, 262 P. 302, 303 (Cal. 1927); Smith v. Berg, 247 F.3d 532, 536 f. (3rd Cir. (Pa.) 2001); In re Performance Nutrition, Inc., 239 B.R. 93, 113 (N.D.Tex. 1999); York v. InTrust Bank, N.A., 962 P.2d 405, 418 (Kan. 1998); Still v. Benton, 445 P.2d 492, 494 (Or. 1968); Tabb v. Norred, 277 So.2d 223, 228 (La. 1973), mittlerweile tritt LSA-C.C. Art. 2324 (La.) als *authority* an die Stelle dieser Entscheidung, siehe Stephens v. Bail Enforcement of Louisiana, 690 So.2d 124, 129 f. (La. 1997); In Re North Dakota Personal Injury Asbesthos Litigation No.1, 737 F.Supp. 1087, 1095 (D.N.D. 1990); Governors Grove Condominium Asso. v. Hill Developpment Corp., 414 A.2d 1177, 1182 (Conn. 1980); White v. White 111 N.W. 1116, 1119 (Wis. 1907).

344 16 Am. Jur. 2d Conspiracy, § 57; Prosser/Keeton, § 46 S. 324; Speiser/Krause/Gans, The American Law of Torts, § 3:4, S. 387; Lockhart, 4 Causes of Action 2d 517, § 33; Mijuskovic, 30 U.S.F.L. Rev. 561, 567; Finch, 57 Mont. L. Rev. 1, 7 f; Fisher, 56 Wash. & Lee L. Rev. 461, 476; Whitson, 59 B.U. L. Rev. 921, 929; Leach, 54 U. Miami L. Rev. 1, 13 u. 27 ff.

345 Applied Equipment Corp. v. Litton Saudi Arabia Ltd., 869 P.2d 454, 457 (Cal. 1994); White v. White 111 N.W. 1116, 1119 (Wis. 1907).

346 16 Am. Jur. 2d Conspiracy, § 57.

347 Siehe beispielsweise Wyatt v. Union Mortgage Co., 598 P.2d 45, 51 (Cal. 1979).

of California[348] die Bedeutung dieser Formulierungen verdeutlicht, indem er anfügte, dass jeder Mitverschwörer hafte, auch wenn er gar keinen, wie auch immer gearteten *overt act* verwirkliche.

Weder Rechtsprechung noch Literatur begründen ihre Auffassung. Vielmehr wird oft behauptet, die Haftungsausweitung auf den nicht handelnden Mitverschwörer habe sich im Laufe der Zeit als wesentlicher Charakterzug der *civil conspiracy* entwickelt[349]. Berücksichtigt man den Zweck der *civil conspiracy*, nämlich die Eindämmung der gesteigerten Gefahr, die bereits durch das Verabreden zu einer unerlaubten Handlung entsteht[350], erscheint diese Behauptung durchaus gerechtfertigt.

Festzuhalten ist, dass die Ansicht des Verzichts auf einen Verwirklichungsbeitrag weit verbreitet ist, mit den Grundsätzen der *civil conspiracy* in Einklang steht und dass die häufig gebrauchte, mehrdeutige Formulierung "irrespective of whether... direct actor and regardless of the degree ..." durchaus im Sinne dieser Meinung verstanden werden kann, auch wenn diese Interpretation mangels *authority* in anderen Jurisdiktionen nicht zwingend ist.

b. Erfordernis irgendeines Verwirklichungsaktes

Eine andere Ansicht in der Literatur[351] und Rechtsprechung[352] verlangt für die Haftung des Mitverschwörers, dass er selbst irgendeinen Beitrag, der nicht kausal sein muss, zur Verwirklichung des Planes leistet. Teilweise wird jeglicher Verwirklichungsakt explizit für ausreichend erklärt[353], teilweise wird offen gelassen, von welcher Qualität dieser Akt sein muss[354]. Da Grund für die Forderung nach irgendeinem Verwirklichungsakt die Abgrenzung von bloßer Untätigkeit am Ort

348 Mox Incorporated v. Woods, 262 P. 302, 303 (Cal. 1927).

349 Mox Incorporated v. Woods, 262 P. 302, 303 (Cal. 1927); Applied Equipment Corp. v. Litton Saudi Arabia Ltd., 869 P.2d 454, 457 (Cal. 1994); 16 Am. Jur. 2d Conspiracy, § 57; Prosser/Keeton, § 46 S. 324; Mijuskovic, 30 U.S.F.L. Rev. 561, 567.

350 Siehe oben, Teil 2. B. II.

351 15A C.J.S. Conspiracy §§ 5, 17.

352 Adcock v. Brakegate Ltd., 645 N.E.2d 888, 895 (Ill. 1994); Dasho v. Susquehanna Corp., 380 F. 2d. 262, 267 Fn.2 (7th Cir. (Ill.) 1967); Rooney Pace, Inc. v. Reid, 605 F.Supp. 158, 161 u. Fn.5 (S.D.N.Y. 1985); U.S. v. National City Lines, Inc., 186 F. 2d 562, 572 (7th Cir. (Ill.) 1951).

353 Rooney Pace, Inc. v. Reid, 605 F.Supp. 158, 161 u. Fn.5 (S.D.N.Y. 1985).

354 Siehe Adcock v. Brakegate Ltd., 645 N.E.2d 888, 895 (Ill. 1994); Dasho v. Susquehanna Corp., 380 F. 2d., 262, 267 Fn.2 (7th Cir. (Ill.) 1967); U.S. v. National City Lines, Inc., 186 F. 2d 562, 572 (7th Cir. (Ill.) 1951); 15A C.J.S. Conspiracy §§ 5, 17.

der unerlaubten Handlung zu sein scheint[355], dürften die meisten Gerichte, die dieser Meinung folgen, jeden wie auch immer gearteten Verwirklichungsakt ausreichen lassen.

Auch für diese Ansicht werden kaum Gründe angeführt. Aus dem Zusammenhang der im Corpus Juris Secundum dargestellten Kommentierung[356] ergibt sich, dass die Forderung nach irgendeinem Verwirklichungsakt dem Zweck der Abgrenzung von bloßer Untätigkeit am Ort der unerlaubten Handlung dient, was nach allgemeiner Ansicht nicht Grundlage für eine Haftung sein kann[357]. Diese Begründung ist allerdings zweifelhaft, da der Mitverschwörer durch seine Beteiligung am Plan gar kein untätiger Außerstehender ist. Damit ist ein nachvollziehbarer Grund für diese Auffassung nicht erkennbar.

Trotzdem bleibt festzuhalten, dass aufgrund der nicht unbeträchtlichen *authority* diese Meinung von einigen Gerichten auch weiterhin gefolgt werden wird.

c. Erfordernis eines tortious act

Gelegentlich wird in der Literatur[358] behauptet, das Restatement (second) of Torts und einige *Courts* erkennten die Haftung des Mitverschwörers nur dann an, wenn dieser selbst einen deliktischen, aber nicht notwendigerweise kausalen Verwirklichungsbeitrag leiste. Angesichts der Bedeutung der Restatements für ungebundene Gerichte könnte dies dazu führen, dass weitere Jurisdiktionen eine solche Regel übernähmen[359].

Es besteht jedoch großer Zweifel an der Richtigkeit dieser von der Literatur gemachten Beobachtung. Das Restatement (second) of Torts hält es zwar für unerlässlich, dass alle Konspiratoren nicht nur tätig werden[360], um den Plan umzusetzen, sondern dass das Tätigwerden selbst auch *tortious* ist[361]. Letzterer Halbsatz bedeutet jedoch nicht, dass jeder Beitrag eine selbständige unerlaubte Handlung darstellen muss, vielmehr steht er in einem ganz anderen Zusammenhang: Aus dessen nachfolgendem Satz in comm c. sowie aus der dortigen illustration 3 ergibt sich, dass mit *tortious conduct* in diesem Zusammenhang nur das Verhalten gemeint ist, das weder schuldlos, noch ohne Rechtfertigungsgrund

---

355 So jedenfalls 15A C.J.S. Conspiracy § 17, die meisten Gerichte begründen dieses Erfordernis nicht, siehe unten.

356 15A C.J.S. Conspiracy § 17.

357 Siehe nur 16 Am. Jur. 2d Conspiracy, § 55 m.w.N; Prosser/Keeton, § 46 S. 323 f. m.w.N.

358 Kuehnle, 14 J. Corp. L. 313, 347 f.; Waksman, 66 N.Y.U. L. Rev. 1505, 1519 ff.

359 Siehe oben, Teil 1. B. I.

360 Restatement (2d.) of Torts, § 876 comm. b.

361 Restatement (2d.) of Torts, § 876 comm. c.

durchgeführt wurde[362]. Danach soll nur klargestellt werden, dass der, der zwar das Ziel der Verschwörung fördert, dies aber schuldlos bzw. gerechtfertigt tut, nicht haftet.

Gegen die oben genannte Interpretation der betreffenden Textstelle im Restatement (second) of Torts spricht auch folgende Überlegung: Forderte man bei der *civil conspiracy* eine eigenständige unerlaubte Handlung, würde man hinsichtlich des Verwirklichungsbeitrages oft mehr fordern als beim *aiding and abetting*, bei dem auch eine verkehrsgerechte Handlung für die Haftung ausreicht, beispielsweise das Fahren des Fluchtautos. Dies würde dem Wesensmerkmal der *civil conspiracy* entgegenstehen, nach dem die *civil conspiracy* verglichen mit dem *aiding and abetting* wegen des Plus an Planung (*agreement*) ein Minus an Tatbeitrag für die Haftung ausreichen lässt[363]. Es ist sehr unwahrscheinlich, dass das Restatement (second) of Tort, das zum Ziel hat, möglichst die allgemein gültigen Grundsätze des Rechts darzustellen[364], eine Meinung vertritt, die einem wesentlichen Grundsatz des *conspiracy law* widerspricht.

Es ist daher davon auszugehen, dass das Restatement (second) of Torts nicht einen Verwirklichungsbeitrag fordert, der selbst deliktisch ist. Vielmehr ist anzunehmen, dass es nur irgendeinen Verwirklichungsbeitrag des Mitverschwörers verlangt[365], so dass man es als Vertreter der oben dargestellten zweiten Meinung einordnen kann.

Des weiteren ist in keiner der von oben genannten Beiträgen zitierten Entscheidungen ein deliktischer, nicht notwendigerweise kausaler Verwirklichungsbeitrag des Mitverschwörers gefordert worden. In der Entscheidung Ferguson v. OmniMedia hat der Mitverschwörer zwar tatsächlich einen deliktischen Verwirklichungsbeitrag geleistet, allerdings ist das Gericht nur auf die Frage eingegangen, ob dieser auch kausal sein muss[366]. In der Entscheidung Securities Investor Protection Corp. v. Vigman hat die Börsenaufsichtsbehörde als *amicus cu-*

362 Restatement (2d.) of Torts, § 876 comm. c. lautet an der entscheidenden Stelle: „One who innocently, rightfully and carefully does an act that has the effect of furthering the tortious conduct...of annother is not for that reason subject to liability."

363 Halberstam v. Welch, 705 F.2d 472, 485 (D.C. Cir. 1983); vgl. State ex rel. Mays v. Ridenhour, 811 P.2d 1220, 1232 (Kan. 1991); Wells Fargo Bank v. Arizona Laborers, Teamsters and Cement Masons Local No. 395 Pension Trust Fund, 38 P.3d 12, 28, Fn. 16 (Ariz. 2002); 15A C.J.S. Conspiracy § 3; Dees/Bowden, 31-FEB Trial, 22, 25; Petersen/Moore, 10 Causes of Action 2d 217, § 13; Lepinskas, 87 Ill. B.J. 532, 533.

364 Siehe oben Teil 1. B. I.

365 Vgl. Restatement (2d.) of Torts, § 876 comm. b.

366 Ferguson v. OmniMedia, Inc., 469 F.2d 194, 197 (1st Cir. Mass. 1972).

riae[367] zwar auf das Erfordernis des deliktischen, nicht notwendigerweise kausalen Verwirklichungsbeitrages abgestellt, das Gericht, das im Ergebnis mit der Behörde übereinstimmte, ging aber nur auf die Frage ein, ob der Mitverschwörer an jedem "aspect" teilnehmen muss[368].

Im Ergebnis kann man behaupten, dass entgegen der Ansicht einiger Vertreter der Literatur bisher noch nicht gefordert wurde, dass der Mitverschwörer selbst einen deliktischen, aber nicht notwendigerweise kausalen Verwirklichungsbeitrag zu leisten hat.

d. Erfordernis der substantial assistance

Schließlich fordert eine Mindermeinung aus der Literatur[369] und Rechtsprechung[370] sogar, dass der Beitrag des Mitverschwörers zur Verwirklichung der *conspiracy* eine *substantial assistance* darstellen muss. Die Voraussetzungen einer *substantial assistance* seien dann erfüllt, wenn der Beitrag einen *proximate cause of the harm* darstelle[371], was im deutschen Recht der zurechenbaren Ursache entspricht[372].

Die meisten Argumente, die für diese Ansicht vorgebracht werden, beziehen sich auf das *securities law*[373] und sind damit für die hier behandelte *common law civil conspiracy* unbeachtlich. Ein weiteres Argument ist, dass nur das Erfordernis der *substantial assistance* mit dem Grundsatz des US-amerikanischen Deliktsrechts, dass jeder Beklagte die Verletzung verursacht haben muss, vereinbar ist[374]. Hierzu ist zu bemerken, dass gerade im *conspiracy law* wegen des Schwergewichts auf dem planerischen Beitrag[375] dieser Grundsatz abgeschwächt und die zurechenbare Verursachung durch nur einen Verschwörer als ausreichend ange-

367 Bedeutet: Sachverständiger Rechtsbeistand.

368 Securities Investor Protection Corp. v. Vigman, 908 F. 2d 1461, 1468 f. (9th Cir. (Cal.) 1990).

369 Leventhal, 14 Seton Hall L. Rev. 627, 649 ff, insbesondere 651; Waksman, 66 N.Y.U. L. Rev. 1505, 1515 ff. insbesondere 1524 ff.

370 Baker v. Henderson, Franklin, Sternes & Holt, 797 F.2d 490, 495 (7th Cir. (Ill.) 1987); vgl. auch Huang v. Sentinel Government Securities, 709 F. Supp. 1290, 1296 (S.D.N.Y. 1989).

371 Waksman, 66 N.Y.U. L. Rev. 1505, 1524.

372 Siehe unten, Teil 2. C. II. 4. a.

373 Siehe Waksman, 66 N.Y.U. L. Rev. 1505, 1524 ff.

374 Waksman, 66 N.Y.U. L. Rev. 1505, 1521, 1525; Leventhal, 14 Seton Hall L. Rev. 627, 649.

375 Vgl. hierzu oben, Teil 2. B. II.

sehen werden kann[376]. Forderte man für den Verwirklichungsbeitrag des Mitverschwörers tatsächlich Ursächlichkeit im Sinne einer *substantial assistance*, würde das Rechtsinstitut der *civil conspiracy* praktisch überflüssig werden, weil dann fast immer ein Fall des *aiding and abetting* vorläge.

Dass diese Meinung auf einem Missverständnis des *conspiracy law* beruht, zeigt schließlich der Rückgriff auf folgendes Argument: „Nach der *civil conspiracy theory* müssen die Beklagten einen Schaden verursacht haben, um haftbar gemacht zu werden. Die bloße Absprache, eine Schaden zu verursachen, stellt nicht eine unerlaubte Handlung dar, da eine solche per definitionem einen Schaden erfordert"[377]. Hier wird der klare, allgemein anerkannte Grundsatz, dass die *civil conspiracy* nicht ohne einen *overt act* und einen daraus resultierenden Schaden bestehen kann[378], für die These herangezogen, auch der zweite Verschwörer müsse eine zurechenbar kausale Handlung begangen haben. Dieses Missverständnis wird besonders deutlich, wenn man einen Blick auf die für diese Aussage herangezogene Entscheidung wirft: Im Anschluss an die von Waksman zitierte Aussage, eine *civil conspiracy* setze einen *overt act* und einen Schaden voraus, bemerkt das Gericht, es sei eine andere Frage, welche Voraussetzungen für die Beteiligung an einer *civil conspiracy* gälten[379]. Dann stellt das Gericht klar, eine Beteiligung an einer *civil conspiracy* sei schon dann zu bejahen, wenn der Mitverschwörer an der (stillschweigenden) Absprache beteiligt war[380]. Die zitierte Entscheidung sagt also genau das Gegenteil von dem aus, was als Argument vorgebracht wurde.

Damit ist festzuhalten, dass mangels Vereinbarkeit mit der *common law conspiracy* kaum Gerichte dieser Ansicht folgen werden.

e. Ergebnis

Es zeichnet sich damit ab, dass die überwältigende Mehrheit der Entscheidungen und Beiträge in der Literatur entweder gar keinen[381] oder bloß irgendeinen, nicht notwendigerweise kausalen[382] Verwirklichungsbeitrag des Mitverschwörers vor-

376 Siehe die oben in Teil 2. B. III. 4. c. (m.w.N.) getätigte Aussage, nach der für die civil conspiracy verglichen mit dem aiding and abetting wegen des Plus an Planung (agreement) ein Minus an Tatbeitrag für die Haftung ausreicht.

377 Waksman, 66 N.Y.U. L. Rev. 1505, 1515 f.

378 Siehe oben, Anfang dieses Abschnitts 4.

379 Pacific Tel. & Tel. Co. v. MCI Telekommunications Corp., 649 F.2d 1315, 1319 (9th Cir. (Cal.) 1981).

380 Pacific Tel. & Tel. Co. v. MCI Telekommunications Corp., 649 F.2d 1315, 1319 (9th Cir. (Cal.) 1981).

381 Siehe oben, Teil 2. B. III. 4. a.

382 Siehe oben, Teil 2. B. III. 4. b.

aussetzt. Dagegen wird die Forderung nach einem *tortious act* des Mitverschwörers gar nicht[383] und die Forderung nach einer *substantial assistance* nur sehr vereinzelt im *securities law* aufgestellt, wobei Letztere darüber hinaus nicht mit den Grundsätzen der *common law conspiracy* zu vereinbaren ist[384].

Von den beiden Hauptansichten folgen die meisten Gerichte, darunter das oft zitierte Halberstam-Gericht, der Ansicht, die keinen Verwirklichungsakt des Mitverschwörers fordert[385]. Es ist davon auszugehen, dass die meisten ungebundenen Gerichte dieser h.M. folgen werden. Denn die Tatsache, dass die h.M., insbesondere der auf diesem Gebiet vielbeachtete Halberstam-Court diesen Ansatz vertritt, kommt durchaus als Grund für die Entscheidung eines noch ungebundenen Gerichts in Betracht. Es hat sich nämlich immer wieder gezeigt, dass Gerichte ohne Angaben von (weiteren) Gründen einer gewichtigen *authority* folgen, auch wenn sie nicht bindend ist[386]. Zudem sprechen auch die besseren Gründe für den gänzlichen Verzicht auf einen Verwirklichungsbeitrag. Insbesondere wird diese Ansicht am ehesten dem Zweck der *common law civil conspiracy* gerecht, nämlich der Begegnung der gesteigerten Gefahr durch eine von mehreren geplante Rechtsgutsverletzung[387].

Allerdings ist zu bedenken, dass viele Entscheidungen, in denen dieser Meinung gefolgt wurde, bloße *dicta* sind, und sie daher die Gerichte in nachfolgenden Entscheidungen nicht binden. Daher kann die Entwicklung dieser Frage im Fluss bleiben.

5. Haftungsumfang des Mitverschwörers

Als Ausgangsregel für den Haftungsumfang des Mitverschwörers kann man die Regel ansehen, dass die schädigende Handlung *in furtherance of the common scheme* ausgeführt werden muss, dazu a. Diese Regel ist aber sehr weit. Daher fordern Gerichte einiger Jurisdiktionen eine Einengung dieser Regel, dazu b. Schließlich wird darauf eingegangen, unter welchen Umständen der Mitverschwörer auch für Schäden haftet, die vor dessen Eintritt in die conspiracy entstanden sind, dazu c.

---

383 Siehe oben, Teil 2. B. III. 4. c.
384 Siehe oben, Teil 2. B. III. 4. d.
385 Siehe oben, Teil 2. B. III. 4. a.
386 Vgl. Teil 1. B. III. 1; Teil 2. B. III., siehe als Beispiele Teil 2. B. III. 5. b. aa. und Teil 2. B. III. 5. b. cc.
387 Siehe oben, Teil 2. B. III. 4. a.

a. Ausgangsregel

(Mindest-)Voraussetzung für die Zurechnung einer Handlung des primären Schädigers zum Mitverschwörer ist, dass diese Handlung *in furtherance of the common scheme* durchgeführt wurde[388]. Oft findet sich die Aussage, der Akt des primären Schädigers müsse *in furtherance of and pursuant to the common scheme*[389] bzw. nur *pursuant to the common scheme*[390] durchgeführt werden. Auch wenn dies vom Wortsinn her unterschiedliche Bedeutungen hat – *"in furtherance..."* bedeutet „zur Förderung des Planes", *"pursuant to..."* bedeutet „dem Plan gemäß" –, so wird in der Praxis kein Unterschied zwischen diesen Ausdrücken gemacht. Dies geht aus zahlreichen Entscheidungen hervor, in denen bestimmt wird, dass der Mitverschwörer immer dann hafte, wenn der Zweck der unerlaubten Handlung der war, das Erreichen des Ziels der Verschwörung zu fördern[391].

Damit steht als Mindestvoraussetzung fest, dass die unerlaubte Handlung den Zweck gehabt haben muss, das Erreichen des Ziels der Verschwörung zu fördern. Für den Umfang der Zurechnung bedeutet dies bis hierhin, dass alle Schäden, die durch Akte zur Verwirklichung des Planes verursacht wurden, dem Mitverschwörer zugerechnet werden. Es findet also auch eine Zurechnung für solche Schäden statt, die nicht vom Vorsatz des Mitverschwörers umfasst wurden[392], und sogar für solche, die noch nicht einmal vorhersehbar waren.

b. Mögliche Einengung der Ausgangsregel

Es gibt daher die Auffassung in einigen Jurisdiktionen und in einem Teil Literatur, dass der Akt und dessen Folgen zumindest vorhersehbar sein müssen, dazu

---

388 Halberstam v. Welch, 705 F.2d 472, 481, 487 (D.C. Cir. 1983); Williams v. Fedor, 69 F.Supp.2d 649, 666 (Pa. 1999); 16 Am. Jur. 2d Conspiracy, § 52 m.w.N.

389 International Telecommunications Satellite Organization v. Colino, 1992 WL 93129, 12 (D.C. 1992); Williams v. Hall, 683 F.Supp. 639, 642 f. (Ky. 1988); Capocy v. Kirtadze, 1997 WL 643000, 2 (Ill. 1997); Adcock v. Brakegate Ltd., 645 N.E.2d 888, 895 (Ill. 1994); Deere & Co. v. Zahm, 837 F.Supp. 346, 351 (Kan. 1993); Lindsay v. Lockwood, 625 N.Y.S.2d 393, 398 (N.Y. 1994).

390 Restatement (2d.) of Torts, § 876 comm. b.; Prosser/Keeton, § 46 S. 324 m.w.N.

391 Halberstam v. Welch, 705 F.2d 472, 481, 487 (D.C. Cir. 1983); International Telecommunications Satellite Organization v. Colino, 1992 WL 93129, 12 (D.C. 1992); Williams v. Hall, 683 F.Supp. 639, 642 f. (Ky. 1988); Capocy v. Kirtadze, 1997 WL 643000, 2 (Ill. 1997); Adcock v. Brakegate Ltd., 645 N.E.2d 888, 895 (Ill. 1994); Deere & Co. v. Zahm, 837 F.Supp. 346, 351 (Kan. 1993).

392 Der Mitverschwörer haftet also für den Exzess des handelnden Verschwörers. Dies ist nach deutschem Recht nicht möglich (BGHZ 63, 124, 128; 89, 383, 396; Staudinger/Belling/Eberl-Borges, § 830 Rn. 58; MünchKomm/Wagner § 830, Rn. 19); Soergel/Zeuner § 830, Rn. 4; Benicke, Jura 1996, 127.

bb. In anderen Jurisdiktionen wird verlangt, dass die Handlung nicht ohne das Wissen des Mitverschwörers über das Geplante hinaus gehen darf, dazu cc. Die Gerichte der meisten Jurisdiktionen und ein Teil der Literatur gehen jedoch über oben genannte Mindestvoraussetzung nicht hinaus, dazu aa.

aa. Keine Einengung der Ausgangsregel

Die Gerichte der meisten Jurisdiktionen[393] und der größte Teil der Literatur[394] bleiben bei der Ausgangsregel, engen sie also nicht durch das Erfordernis der Vorhersehbarkeit oder gar Vorsatz des Hintermanns ein. Es wird ausdrücklich festgelegt, dass der Mitverschwörer den konkreten Akt weder geplant noch von ihm gewusst haben muss, solange mit diesem Akt der Zweck verfolgt wurde, das Erreichen des Ziels der Verschwörung zu fördern[395]. In den seltensten Fällen wird diese Regel begründet, es wird sich meist auf *precedents* berufen, selbst wenn diese nur *persuasive authority* darstellen[396].

---

393 Halberstam v. Welch, 705 F.2d 472, 481, 484 f., 487 (D.C. Cir. 1983); Granewich v. Harding, 985 P.2d 788, 794 (Or. 1999); Huckeby v. Spangler, 521 S.W. 2d 568, 573 ff. (Tenn. 1975), bestätigt in 563 S.W. 2d 555, 557 (Tenn. 1978); International Telecommunications Satellite Organization v. Colino, 1992 WL 93129, 12 (D.C. 1992); Williams v. Hall, 683 F.Supp. 639, 642 f. (Ky. 1988); Capocy v. Kirtadze, 1997 WL 643000, 2 (Ill. 1997); Adcock v. Brakegate Ltd., 645 N.E.2d 888, 895 (Ill. 1994); Deere & Co. v. Zahm, 837 F.Supp. 346, 351 (Kan. 1993); Davidson v. Simmons, 280 N.W.2d 645, 649 (Neb. 1979); Tabb v. Norred, 277 So. 2d. 223, 228 (La. 1973), hier wird *civil conspiracy* und *aiding and abetting* durcheinandergemischt, was aber keine Auswirkungen auf die Entscheidung hinsichtlich des Umfangs der Zurechnung hat (mittlerweile tritt LSA-C.C. Art. 2324 (La.) als *authority* an die Stelle dieser Entscheidung, siehe Stephens v. Bail Enforcement of Louisiana, 690 So.2d 124, 129 f. (La. 1997)); Baker ex rel. Hall Brake Supply, Inc. v. Stewart Title & Trust of Phoenix, Inc., 5 P.3d 249, 256 (Ariz. 2000); Adoks A.S. v. Gazda, 1994 WL 879871, 2 (Mass. 1994); Attorney General of Maryland v. Dickson, 717 F.Supp. 1090, 1095 (Md. 1989); Cabello v. Fernandez-Larios, 402 F.3d 1148, 1160 (11th Cir. (Fla.) 2005).

394 Dees/Bowden, 31-FEB Trial, 22, 27; Williams, 596 P.L.I./Lit. 117, 403 f.; Brilmayer/Paisley, 74 Calif. L. Rev. 1, 19; folgende Beiträge behandeln diesen Punkt nur beiläufig: Restatement (2d.) of Torts, § 876 comm. b.; 16 Am. Jur. 2d Conspiracy, § 52; Prosser/Keeton, § 46 S. 324; Speiser/Krause/Gans, The American Law of Torts, § 3:4, S. 387.

395 Zur Rechtsprechung siehe vorvorherige Fn.; Dees/Bowden, 31-FEB Trial, 22, 27; Williams, 596 P.L.I./Lit. 117, 403 f.

396 Vgl. Halberstam v. Welch, 705 F.2d 472, 478 ff. (D.C. Cir. 1983).

Ein Begründungsansatz findet sich allerdings in der Entscheidung vom Supreme Court of Tennessee, Huckeby v. Spangler[397]: Dass ungewollte Schäden entstünden, sei das Risiko, welches jeder der Beteiligten an einer unerlaubten Handlung auf sich nehme. Jeder der Beteiligten sei ein Garant für das Verhalten des anderen. Wer eine gemeinsame, unerlaubte Handlung begehe, hafte damit auch gemeinsam. Auch wenn es bei der ursprünglichen Entscheidung nur um die Frage ging, ob auch Handlungen zugerechnet werden, die nicht vom Vorsatz der Beteiligten umfasst werden, so zeigt vor allem die Aussage, jeder sei ein Garant, dass ein Mitverschwörer für jeden Akt, also sogar für den nicht vorhersehbaren, haften muss. An späterer Stelle wird schließlich hervorgehoben, dass die Haftung der Beteiligten „nicht notwendigerweise" von der Vorhersehbarkeit der schädigenden Handlung bzw. des Schadens abhängt[398]. Die Vorhersehbarkeit möge in Fällen einer an sich rechtmäßigen Unternehmung, bei der einer der Beteiligten eine unrechtmäßige Handlung durchführe, ein ausschlaggebender Faktor sein[399]. Mit der Aussage „nicht notwendigerweise" scheint sich der Supreme Court of Tennessee jedoch eine Hintertüre für Extremfälle offengehalten zu haben.

In einem zweiten, ähnlichen Begründungsansatz, wird eine Parallele zum *agency law* gezeichnet: Danach stelle der primäre Schädiger einen *agent* dar, den die anderen Mitglieder der *conspiracy* autorisiert haben, Akte *in furtherance of the common scheme* durchzuführen[400].

Es wird behauptet, diese Ansicht sei generell akzeptiert[401]. Wie die nächsten beiden Abschnitte zeigen, ist dies nicht ganz der Fall. Festzuhalten bleibt aber, dass die Gerichte der meisten Jurisdiktionen und der größte Teil der Literatur dieser Ansicht folgen.

bb. Einengung der Ausgangsregel nach dem Gesichtspunkt der Vorhersehbarkeit

Einige untere Gerichte und ein Literaturbeitrag engen die Ausgangsregel nach dem Gesichtspunkt der Vorhersehbarkeit ein, dazu aaa. Diese bisher wenig beachtete Ansicht könnte größere Bedeutung erlangen, wenn ein Fall zu entschei-

---

397 Huckeby v. Spangler, 521 S.W. 2d 568, 573 (Tenn. 1975), zitierend Kirkwood v. Miller, 37 Tenn. 455 (= 1858 WL 2769, 2) (Tenn. 1858), bestätigt in 563 S.W. 2d 555, 557 (Tenn. 1978).

398 Huckeby v. Spangler, 521 S.W. 2d 568, 574 (Tenn. 1975).

399 Siehe vorangegangene Fn.

400 Rutledge v. Elec. Hose & Rubber Co., 327 F.Supp. 1267, 1274 (Cal. 1971); Brilmayer/Paisley, 74 Calif. L. Rev. 1, 19; Althouse, 52 Fordham L. Rev. 234, 235; vgl. zur Haftung wegen *authorization* eines *agent's* Teil 2. D. II. 2.

401 Brilmayer/Paisley, 74 Calif. L. Rev. 1, 19.

den ist, bei dem der Verwirklichungsakt zwar *in furtherance of the common scheme* begangen wurde, der aber unvorhersehbar war, dazu bbb.

aaa. Inhalt des Vorhersehbarkeitserfordernisses

Einige Gerichte[402], die als unterste Gerichte aber keine *precedents* bilden können[403], sowie ein Beitrag aus der Literatur[404] engen die Ausgangsregel nach dem Gesichtspunkt der Vorhersehbarkeit ein. Danach ist ein Mitverschwörer nur für die Akte verantwortlich, die im Rahmen des Plans vorhersehbar waren[405]. Obwohl der Begriff der Vorhersehbarkeit diffus ist[406], ist bisher kaum versucht worden, ihn näher einzugrenzen. Lediglich in von zwei Gerichten sowie einem Literaturbeitrag wird verlangt, dass der Akt bzw. dessen Folgen nach vernünftigen Maßstäben vorhersehbar *("reasonably foreseeable")* sein muss[407]. Damit wird den Gerichten hinsichtlich der Frage nach dem Umfang der Haftung ein gewisser Ermessensspielraum eingeräumt.

Auch diese Meinung stützt sich hauptsächlich auf gerichtliche *authority* bzw. auf das Restatement (second) of Torts. Präzise ist der Verweis aber weder auf die Rechtsprechung noch auf das Restatement (second) of Torts: Die in Watson v. Borough of Darby zitierte Rechtsprechung befasst sich gar nicht mit diesem Problem[408], bzw. eine Entscheidung verlangt mehr als bloße Vorhersehbarkeit: Nach ihr darf die Handlung des primären Schädigers nicht ohne das Wissen des Mitverschwörers über das Geplante hinaus gehen[409], so dass er der dritten Meinung

---

402 In re Terrorist Attacks on September 11, 2001, 349 F.Supp.2d 765, 829 (S.D.N.Y. 2005); Boim v. Quranic Literacy Institute, 340 F.Supp.2d 885, 895 (N.D.Ill. 2004); Lindsay v. Lockwood, 625 N.Y.S.2d 393, 398 (N.Y. 1994); Watson v. Borough of Darby, 1997 WL135701, 2 (Pa. 1997).

403 Siehe oben, Teil 1. B. III. 1.

404 Leventhal, 14 Seton Hall L. Rev. 627, 648 f., 656 f.

405 Boim v. Quranic Literacy Institute, 340 F.Supp.2d 885, 895 (N.D.Ill. 2004); Lindsay v. Lockwood, 625 N.Y.S.2d 393, 398 (N.Y. 1994); Leventhal, 14 Seton Hall L. Rev. 627, 656 f.

406 Halberstam v. Welch, 705 F.2d 472, 484 f. (D.C. Cir. 1983).

407 In re Terrorist Attacks on September 11, 2001, 349 F.Supp.2d 765, 829 (S.D.N.Y. 2005); Boim v. Quranic Literacy Institute, 340 F.Supp.2d 885, 895 (N.D.Ill. 2004); Leventhal, 14 Seton Hall L. Rev. 627, 656 f.; vgl. aber auch Halberstam v. Welch, 705 F.2d 472, 484 f., 487 (D.C. Cir. 1983) und Pinkerton v. U.S., 328 U.S. 640, 647 f. (1946).

408 Siehe Skipworth v. Lead Industries, Inc., 665 A.2d 1288, 1292 (Pa. 1995); Novotny v. Great American Federal Savings & Loan Ass´n, 584 F.2d 1235, 1248 (3rd Cir. (Pa.) 1978).

409 Taxin v. Food Fair Stores Inc., 287 F.2d 448, 451 (3rd Cir. 1961).

zuzuordnen ist[410]. Das in Lindsay v. Lockwood zitierte Restatement (second) of Torts, § 876 comm. c., illus. 3 bezieht sich auf einen völlig anderen Fall, nämlich auf den, in dem eine rechtmäßige Handlung *in furtherance of the common scheme* begangen wird und die daher nicht zur Haftung führen kann. Das ebenfalls in Lindsay v. Lockwood, zitierte Restatement (second) of Torts, § 876 comm. d., illus. 11. regelt die nicht die Voraussetzungen der *civil conspiracy*, sondern die des *aiding and abetting*. Damit existiert keine *(persuasive) authority*, auf die sich diese Meinung stützen könnte.

Allerdings spricht ein Argument für das Vorhersehbarkeitserfordernis oder gar das Kenntniserfordernis: Das Ausweiten der Haftung auf alle Handlungen, die das Erreichen des Verschwörungsziels fördern, sei nicht vereinbar mit der Doktrin, nach welcher die Haftung des Schädigers auf vorhersehbare Risiken seiner unerlaubten Handlung begrenzt würde[411]. Zwar ist diese Doktrin ursprünglich für die Haftung für fahrlässiges Verhalten entwickelt worden[412] und die *civil conspiracy* stellt einen solchen Fall gerade nicht dar. Jedoch ist schwer nachzuvollziehen, warum bei einer durch den Verzicht auf das Kausalitätserfordernis ohnehin schon weiten Zurechnungstheorie wie dieser auch noch auf die Haftungsbegrenzung auf der subjektiven Seite verzichtet wird. Einen sinnvollen Ausgleich der Haftungsausweitung durch Verzicht auf das Kausalitätserfordernis würde eher eine Verschärfung auf der subjektiven Seite wie z.B. Vorsatz oder Kenntnis aller Tatumstände, nicht aber eine weitere Haftungsausweitung durch den Verzicht auf das im amerikanischen Deliktsrecht gängige Vorhersehbarkeitserfordernis bedeuten[413]. Eine Beachtung zumindest des Vorhersehbarkeitserfordernisses würde daher auch im Falle der *civil conspiracy* eher den Prinzipien des US-amerikanischen Deliktsrechts entsprechen als die bloße Haftungsbeschränkung durch die *furtherance* Regel.

Als Zwischenergebnis ist zu vermerken, dass trotz guter Gründe für die Begrenzung des Haftungsumfangs auf vorhersehbare Handlungen und deren Folgen bisher wenige Gerichte dieser Auffassung gefolgt sind[414]. Ein Grund für die bis-

---

410 Siehe unten, Teil 2. B. III. 5. b. cc.

411 Leventhal, 14 Seton Hall L. Rev. 627, 648 f.

412 Leventhal, 14 Seton Hall L. Rev. 627, 648 f.; vgl. Prosser/Keeton, § 43 S. 281.

413 Im deutschen Recht beispielsweise wird die Haftungsausweitung durch den Verzicht auf das Kausalitätserfordernis bei der Mittäterschaft bzw. der Teilnahme gem. § 830 Abs.1 S.1, Abs. 2 BGB dadurch ausgeglichen, dass nicht bloß Vorhersehbarkeit, sondern Vorsatz bezüglich der Tatumstände gefordert wird (BGHZ 63, 124, 126; 89, 383, 396; Staudinger/Belling/Eberl-Borges § 830, Rn. 13; MünchKomm/Wagner § 830, Rn. 19; Soergel/Zeuner § 830, Rn. 4; Benicke, Jura 1996, 127.

414 Beachte aber, dass einige Gerichte mit der soeben aufgeführten Begründung nicht nur Vorhersehbarkeit der Handlung, sondern Kenntnis des Mitverschwörers von der Handlung des primären Schädigers verlangen, dazu Teil 2. B. III. 5. b. cc.

her geringe Beachtung des Vorhersehbarkeitserfordernisses könnte sein, dass es bis jetzt keinen Fall gegeben hat, bei dem der Verwirklichungsakt zwar *in furtherance of the common scheme* begangen wurde, der aber unvorhersehbar war, so dass es bisher noch nicht auf eine Einschränkung durch diese Formel angekommen ist, dazu im Folgenden.

bbb. Mögliche Bedeutung dieser Ansicht für zukünftige Fälle

Es besteht aber die Möglichkeit, dass diese bisher wenig beachtete Ansicht zukünftig größere Bedeutung erlangt. Denkbar ist dies, wenn ein Fall zu entscheiden ist, bei dem der Verwirklichungsakt zwar *in furtherance of the common scheme* begangen wurde, der aber unvorhersehbar war.

Da die meisten Gerichte der h.M. sich nicht auf Gründe für diesen weiten Haftungsumfang berufen, sondern vielmehr Präzedenzfällen folgen, insbesondere der wegweisenden[415] Entscheidung Halberstam v. Welch[416], ist die Beachtung des Vorhersehbarkeitserfordernisses in zukünftigen Entscheidungen nicht unwahrscheinlich, wenn sich erstens zeigt, dass in der Halberstam-Entscheidung aus einer unrichtigen Überlegung heraus auf das Vorhersehbarkeitserfordernis verzichtet wurde, dazu (1). Zweitens könnte zukünftig das Vorhersehbarkeitserfordernis beachtet werden, wenn bemerkt wird, dass das Halberstam-Gericht die endgültige Beantwortung dieser Frage letztendlich offengelassen hat, dazu (2).

Natürlich müsste dabei das entscheidende Gericht im Falle des Gebundenseins an entgegenstehendes Fallrecht auch in der Lage sein, dieses Fallrecht aufzuheben *(overruling)* oder nachweisen, dass ein anderer Fall als der bindende *precedent* vorliegt *(distinguishing)*[417].

(1) Fehlerhaftigkeit der Halberstam-Entscheidung

Es gilt nun zu zeigen, dass der Halberstam-Court aus einer unrichtigen Überlegung heraus auf das Vorhersehbarkeitserfordernis verzichtet hat. Der Grund für die Ablehnung dieses Erfordernisses wird im Rahmen des Vergleichs mit dem *aiding and abetting* genannt: Das Gericht vermutet hier, dass es keinen praktischen Unterschied zwischen dem *furtherance* Erfordernis und dem Vorhersehbarkeitserfordernis gibt. Da der Begriff der Vorhersehbarkeit auch schwammig

---

415 Williams v. Hall 683 F.Supp. 639, 642 (Ky. 1988); Blakey/Roddy, Am. Cr. L. Rev. Special Edition 1996, 25th Anniversary Issue, 1345, 1420; Frey, Preliminary Report: United States Case Law Relating to the Civil Liability of Groups That Promote Violence, S. 13 (Fn. 18), abrufbar unter www.auslaenderschutz-durch-zivilrecht.de.

416 Halberstam v. Welch, 705 F.2d 472, 484, 487 (D.C. Cir. 1983).

417 Vgl. zu diesen Regeln Teil 1. B. III. 1.

sei und sich abstrakter Abgrenzung entziehe, wird er in der weiteren Entscheidung nicht mehr berücksichtigt[418]. Darüber hinaus stehen diese beiden Voraussetzungen für den Halberstam-Court in einem Alternativverhältnis: Er berücksichtigt gar nicht die Möglichkeit, dass der Vorhersehbarkeitstest ergänzend zu dem *furtherance* Test angewandt werden kann[419]. Damit hat sich das Gericht zwischen zwei aus seiner Sicht kaum unterschiedlichen, alternativen Zurechnungsvoraussetzungen gegen die unklarere, schwammigere, also gegen die Vorhersehbarkeitsvoraussetzung, entschieden.

Wenn sich nun zeigt, dass diese Voraussetzung sich doch von der *furtherance* Voraussetzung unterscheidet und damit eine eigenständige Bedeutung als Ergänzung zu dem *furtherance* Erfordernis hat, hat das Gericht aus einer unrichtigen Überlegung die weitere Voraussetzung der Vorhersehbarkeit abgelehnt.

In den meisten Fällen wird in der Tat kein praktischer Unterschied zwischen beiden Erfordernissen bestehen. Im Fall Lindsay v. Lockwood wurde beispielsweise geplant, aus Rache einen bestimmten Gast auf einer Party körperlich zu verletzen. Aus Frust darüber, dass das geplante Opfer die Veranstaltung bereits verlassen hatte, hat ein Mitglied der *conspiracy* eine andere Person, die in keiner Verbindung zur ersten stand, verletzt. Diese Körperverletzung konnte nicht als eine das Ziel der Verschwörung fördernde Handlung angesehen werden, ebenso wenig wie das Gericht dies aus Sicht der Verschwörer als vorhersehbar empfand[420]. Umgekehrt hat das Gericht in Halberstam v. Welch die Tötung des Eigentümers, der einen Einbrecher auf frischer Tat ertappte, sowohl als eine das Ziel, durch Einbrüche den Lebensunterhalt zu finanzieren, fördernde Handlung angesehen als auch eine aus Sicht der Beteiligten vorhersehbare Handlung[421].

Allerdings sind Fälle denkbar, in denen ein Akt des primären Schädigers zwar durchaus das Ziel der Verschwörung fördert, der aber aus Sicht des Mitverschwörers nicht vorhersehbar ist. Dies sind gerade die Fälle, in denen eine weitaus größere kriminelle Energie aufgewendet wurde als sie zur Erreichung des (ebenfalls kriminellen) Ziels nötig und gegebenenfalls geplant war, in denen mit anderen Worten ein in besonderem Maße unverhältnismäßiges Mittel zur Erreichung des Ziels angewendet wurde. Als Beispiel kann hier der durchaus denkbare Fall dienen, in dem bei einem abgesprochenen Handtaschendiebstahl das Opfer vorher getötet wird, obwohl es nur notwendig war, die Handtasche von hinten zu entreißen[422]. Auch im *hate-crimes* Kontext sind Fälle denkbar, in denen das Opfer getötet wird, obwohl eine bloße Belästigung oder Einschüchterung etwa mit-

---

418 Halberstam v. Welch, 705 F.2d 472, 484 f. u. 487 (D.C. Cir. 1983).
419 Vgl. Halberstam v. Welch, 705 F.2d 472, 484 f. (D.C. Cir. 1983).
420 Lindsay v. Lockwood, 625 N.Y.S.2d 393, 398 (N.Y. 1994).
421 Halberstam v. Welch, 705 F.2d 472, 487 (D.C. Cir. 1983).
422 Vgl. den fiktiven Fall in Leventhal, 14 Seton Hall L. Rev. 627, 647 f.

tels “cross-burning“ durch den Ku Klux Klan geplant war, um das Ziel, Minderheiten aus der Wohngegend zu vertreiben, zu erreichen.

Damit existiert ein praktischer Unterschied zwischen dem *furtherance* Erfordernis und dem Vorhersehbarkeitserfordernis, so dass Letzteres Erfordernis eine eigenständige Bedeutung hat. Folglich hat der Halberstam-Court aus einer unrichtigen Überlegung heraus auf das Vorhersehbarkeitserfordernis verzichtet.

(2) Ausbleiben der endgültigen Entscheidung des Halberstam-Gerichts über das Vorhersehbarkeitserfordernis

Das Halberstam-Gericht geht zwar davon aus, dass das Vorhersehbarkeitserfordernis keine eigenständige Bedeutung hat[423] und nennt als Zurechnungsvoraussetzung bloß das *furtherance* Erfordernis[424], allerdings lässt es die endgültige Beantwortung dieser Frage offen, da im vorliegenden Fall beide Voraussetzungen erfüllt wurden[425]. Auch wenn als Zurechnungsvoraussetzung nur das *furtherance* Erfordernis genannt wurde, hat das Gericht damit nicht die Anwendung der Vorhersehbarkeitsregel endgültig ausgeschlossen.

(3) Zwischenergebnis

Es ist daher möglich, dass in einem zukünftigen Fall, in dem der Verwirklichungsakt zwar *in furtherance of the common scheme* begangen wurde, der aber unvorhersehbar war, der Vorhersehbarkeitstest angewandt wird, und so diese Auffassung eine größere Bedeutung erlangt.

ccc. Ergebnis zu: Einengung der Ausgangsregel nach dem Gesichtspunkt der Vorhersehbarkeit

Die Einengung der *furtherance* Regel durch das Erfordernis der Vorhersehbarkeit wird bisher kaum vertreten. Dies könnte sich jedoch ändern, wenn ein Fall zu entscheiden ist, in dem der Verwirklichungsakt zwar *in furtherance of the common scheme* begangen wurde, der aber unvorhersehbar war. Der Grund für diese Annahme ist, dass erstens die Entscheidung im führenden Fall Halberstam v. Welch gegen dieses Erfordernis auf einer unrichtigen Überlegung beruht, dass zweitens der Halberstam-Court sich nicht endgültig auf diese Entscheidung festgelegt hat und dass drittens eine weitere Eingrenzung der *furtherance* Regel den

423 Siehe oben, (1).
424 Halberstam v. Welch, 705 F.2d 472, 481, 487(D.C. Cir. 1983).
425 Halberstam v. Welch, 705 F.2d 472, 484 f. (D.C. Cir. 1983).

Prinzipien des US-amerikanischen Deliktsrechts eher entspricht als die bloße Haftungsbegrenzung durch die *furtherance* Regel.

cc. Einengung der Ausgangsregel nach dem Gesichtspunkt der Kenntnis der Mitverschwörer

Eine dritte Meinung, die vornehmlich in Staaten verbreitet ist, die zum Dritten Circuit gehören[426], engt die Ausgangsregel noch weiter ein als das Vorhersehbarkeitserfordernis. Nach dieser Ansicht haftet der Mitverschwörer dann, wenn die Handlungen des Hauptschädigers das Ziel der *conspiracy* nach Ansicht des Beteiligten fördern, nicht aber, wenn sie ohne dessen Kenntnis über das Geplante hinausgehen. Diese Meinung stellt damit einen Mittelweg zwischen dem Vorhersehbarkeitsansatz und der deutschen Rechtslage dar. Während nach deutschem Recht der Beteiligte bereits von der Haftung frei wird, wenn der Akt des Hauptschädigers nicht vom gemeinsamen Tatentschluss umfasst ist (Exzess)[427], wird der Mitverschwörer nach vorliegender Ansicht erst dann frei von der Haftung, wenn der Akt nicht gemeinsam geplant und ohne Kenntnis des Mitverschwörers durchgeführt worden ist.

Auch hier berufen sich die Gerichte nur auf *precedents,* ohne ihre Ansicht zu begründen[428]. Das Argument, das für das Vorhersehbarkeitserfordernis bereits ins Feld geführt wurde – Schaffung eines sinnvollen Ausgleichs für die Haftungsausweitung auf der Verursachungsseite durch Verschärfung auf der subjektiven Seite – spricht auch für diese Meinung, legt sogar eine Befolgung dieser Meinung näher[429].

---

426 Williams v. Fedor, 69 F.Supp.2d 649, 666 (Pa. 1999); Taxin v. Food Fair Stores, Inc., 287 F.2d 448, 451 (3rd Cir. 1961); U.S. v. America Oil Co., 291 F.Supp. 968, 974 (N.J. 1968); Mommand v. Universal Film Exchange, 72 F.Supp. 469, 475 (Mass. 1947); siehe aber Crowder v. Morris, 721 So.2d 972, 974 (La. 1998), in der bereits Kennenmüssen ausreicht.

427 BGHZ 63, 124, 128; 89, 383, 396; Staudinger/Belling/Eberl-Borges, § 830 Rn. 58; MünchKomm/Wagner § 830, Rn. 19); Soergel/Zeuner § 830, Rn. 4; Benicke, Jura 1996, 127.

428 Vgl. Williams v. Fedor, 69 F.Supp.2d 649, 666 (Pa. 1999); Taxin v. Food Fair Stores, Inc., 287 F.2d 448, 451 (3rd Cir. 1961); U.S. v. America Oil Co., 291 F.Supp. 968, 974 (N.J. 1968); Mommand v. Universal Film Exchange, 72 F.Supp. 469, 475 (Mass. 1947).

429 Siehe oben, Teil 2. B. III. 5. b. bb. aaa.

dd. Ergebnis zu: Mögliche Einengung der Ausgangsregel

Momentan halten es die Gerichte der meisten Jurisdiktionen und die meisten Kommentatoren in der Literatur für einen Grundsatz, der keiner Hinterfragung bedarf, dass die Mitverschwörer für alle Handlungen *in furtherance of the common scheme* des primären Schädigers haften. Dies gelte unabhängig davon, ob die Handlungen und die daraus resultierenden Schäden vom Vorsatz des Mitverschwörers umfasst werden oder zumindest vorhersehbar sind[430].

Nach der oben aufgeführten Überlegung ist es aber nicht unwahrscheinlich, dass dieses Prinzip durch das Vorhersehbarkeitserfordernis eingeengt wird, wenn ein Fall zu entscheiden ist, in dem der Verwirklichungsakt zwar *in furtherance of the common scheme* begangen wurde, der aber unvorhersehbar war[431].

Vor allem Bundesgerichte des Dritten Circuit verlangen für die Haftungszurechnung sogar Kenntnis des Mitverschwörers von den objektiven Tatumständen[432].

c. Haftung für Schäden, die vor Eintritt in die conspiracy entstanden sind

Oft stößt man auf die Aussage, dass der Mitverschwörer sogar für Schäden haftet, die vor seinem Eintritt in die *conspiracy* entstanden sind[433]. Dieser Grundsatz ist allgemein anerkannt[434]. Diese Regelung mag auf den ersten Blick überraschen, da der Mitverschwörer noch nicht einmal zur Entstehung der *group danger*, die ja Grund für seine Mithaftung ist[435], beigetragen hat.

Beachtet man allerdings die beiden Voraussetzungen, die an diese Regelung geknüpft sind, erscheint diese Regelung nicht mehr so außergewöhnlich:

---

430 Siehe oben, Teil 2. B. III. 5. b. aa.

431 Siehe oben, Teil 2. B. III. 5. b. bb.

432 Siehe oben, Teil 2. B. III. 5. b. cc.

433 Baker v. State Bank of Akron, 44 N.E.2d 257, 260 (Ind. 1942); DeVries v. Brumback, 349 P.2d 532, 535 f. (Cal., 1960) m.w.N.; Peoples Loan Co. v. Allen 34 S.E.2d 811, 824 (Ga. 1945); Ellis v. Colorado Nat. Bank, 269 P. 997, 999 (Colo. 1928); Peterson v. Cruickshank, 300 P.2d 915, 929 (Cal. 1956); General Advertising Agency, Inc. v. Komer, 60 Cal.Rptr. 10, 14 f. (Cal. 1967); Kidron v. Movie Acquisition Corp., 47 Cal.Rptr.2d 752, 765 (Cal.App. 1995); Southern Union Co. v. Southwest Gas Corp., 165 F.Supp.2d 1010, 1021 (Ariz. 2001); 16 Am. Jur. 2d Conspiracy, § 57; 15A C.J.S. Conspiracy § 19; 12 Cal. Jur. 3d. Civil Conspiracy § 7.

434 DeVries v. Brumback, 349 P.2d 532, 535 f. (Cal., 1960) m.w.N.; vgl. obige Fußnote.

435 Siehe oben II.

Zum einen kann man nur dann einer Verschwörung beitreten, wenn diese noch besteht[436]. Dies ist so lange der Fall, wie die Durchführung des geplanten Übels noch nicht abgeschlossen ist[437]. Nur bei noch nicht abgeschlossenen Delikten besteht noch die Möglichkeit zumindest der Aufrechterhaltung der *group danger*, so dass damit der Haftungsgrund der *civil conspiracy* noch besteht. So kann man beispielsweise Mitverschwörer einer *conversion*[438] werden, wenn man sich der *conspiracy* anschließt, eine Sache zu verkaufen, die zuvor geraubt wurde, da die *conversion* so lange andauert, wie der rechtmäßige Besitzer seines Besitzes beraubt ist[439]. Praktische Anwendungsfälle für diese Arbeit können daher solche Delikte wie *conversion* oder *false imprisonment*[440] sein, sofern diese mit Personengewalt verbunden sind, nicht aber Fälle einer bloßen Körperverletzung oder Tötung.

Zum anderen muss der Mitverschwörer Kenntnis des vorangegangenen Aktes haben[441].

Festgehalten werden kann, dass die Haftung des Mitverschwörers für Schäden, die schon vor seinem Eintritt in die *conspiracy* entstanden sind, auf den zweiten Blick nicht so ungewöhnlich ist. Da der Mitverschwörer nur einer noch nicht abgeschlossenen *civil conspiracy* beitreten kann, bleibt die *group danger* als Haftungsgrund der *civil conspiracy* noch bestehen.

d. Ergebnis

Momentan ist der Haftungsumfang des Mitverschwörers in den meisten Jurisdiktionen noch sehr weit, da sich die Haftung dort auf jede Handlung des primären Schädigers *in furtherance of the common scheme* erstreckt[442]. Es ist entgegen der Ansicht der h.M. aber denkbar, dass zukünftig Handlungen und daraus resultie-

---

436 General Advertising Agency, Inc. v. Komer, 60 Cal.Rptr. 10, 14 f. (Cal. 1967); Kidron v. Movie Acquisition Corp., 47 Cal.Rptr.2d 752, 765 (Cal.App. 1995); Southern Union Co. v. Southwest Gas Corp., 165 F.Supp.2d 1010, 1021 (Ariz. 2001); 15A C.J.S. Conspiracy § 19; 12 Cal. Jur. 3d. Civil Conspiracy § 7.

437 Siehe obige Fn.

438 Conversion bedeutet 'an act ... of wilful interference, without lawful justification, with an item of property in a manner inconsistent with another's right, whereby that other person is deprived of the use and possession of the property.' (Garner, Black´s Law Dictionary).

439 DeVries v. Brumback, 349 P.2d 532, 535 (Cal., 1960).

440 Einen solchen Fall des *false imprisonment* stellt Peterson v. Cruickshank, 300 P.2d 915, 929 (Cal. 1956) dar.

441 Peterson v. Cruickshank, 300 P.2d 915, 929 (Cal. 1956); vgl. DeVries v. Brumback, 349 P.2d 532, 535 f. (Cal., 1960); 12 Cal. Jur. 3d. Civil Conspiracy § 7.

442 Siehe oben, Siehe oben, Teil 2. B. III. 5. b. aa.

rende Schäden, die für die Mitverschwörer nicht vorhersehbar waren, nicht zugerechnet werden. Auch diese Ansicht geht verglichen mit der deutschen Rechtslage noch sehr weit, da bereits vorhersehbare, aber nicht vom Vorsatz des Mitverschwörers umfasste Handlungen und Schäden zugerechnet werden[443]. Im Dritten Circuit wird zumindest von Bundesgerichten vertreten, dass der Mitverschwörer nur haftet, wenn er auch Kenntnis der Tatumstände hat[444].

6. *Zusammenfassung zu den Voraussetzungen der common law civil conspiracy*

Nach der *common law civil conspiracy* haftet der Hintermann bereits dann, wenn er sich mit mindestens einer weiteren Person abgesprochen hat, eine unerlaubte Handlung zu begehen, und wenn diese Handlung zur Förderung des Ziels der Absprache von mindestens einer Person durchgeführt und so zurechenbar eine Rechtsgutverletzung und einen Schaden verursacht wurde.

Die Tatsache, dass der konkrete Durchführungsakt nicht geplant werden, sondern das Mittel zur Durchsetzung des Planes nur allgemein umrissen sein muss[445], die Tatsache, dass nach h.M. der Hintermann gar keinen Verwirklichungsakt selbst begehen muss[446] und schließlich die Tatsache, dass der Hintermann nach h.M. bereits für jeden Akt des primären Schädigers und für den dadurch entstehenden Schaden haftet, solange nur dieser Akt das Ziel der Absprache fördern sollte[447], machen die *common law civil conspiracy* zu einer weiten Zurechnungstheorie.

Daher dürfte es für einen Kläger hauptsächlich problematisch zu sein, die Absprache zwischen dem primären Schädiger und dem Hintermann nachzuweisen, da diese meist geheim gehalten und kaum verkörperlicht sein wird. Dieser Beweisschwierigkeit kommen die Gerichte entgegen, indem sie u.a. einen Indizienbeweis hinsichtlich der Absprache ausreichen lassen[448].

Im Falle einer solchen Absprache innerhalb einer Körperschaft ist es allerdings problematisch, die Zurechnungstheorie der *civil conspiracy* anzuwenden. Der Grund dafür ist, dass die Handlungen aller Subjekte innerhalb der Körperschaft, die *within the scope of the employment or authority* ausgeführt werden, grundsätzlich der Körperschaft zugerechnet werden, so dass de iure nur eine Per-

443 Siehe oben, Teil 2. B. III. 5. b. bb.
444 Siehe oben, Teil 2. B. III. 5. b. cc.
445 Siehe oben, Teil 2. B. III. 3.
446 Siehe oben, Teil 2. B. III. 4. a. und e.
447 Siehe oben, Teil 2. B. III. 5. b. aa.
448 Siehe oben, Teil 2. B. III. 1. b. aa.

son handelt[449]. Besonders im Kontext rassistischen Unrechts sind aber Ausnahmen von diesem Grundsatz denkbar, was allerdings von den verschiedenen Gerichten bzw. Jurisdiktionen unterschiedlich gehandhabt wird[450].

IV. Voraussetzungen der civil conspiracy im Fall des 42 U.S.C. § 1985(3)

Im Hinblick auf unerlaubte Handlungen gegenüber Minderheiten stellt 42 U.S.C. § 1985(3) einen wichtigen Fall der *civil conspiracy* dar. Dieses Bundesgesetz ist eines der Tatbestände, auf die sich Kläger am häufigsten berufen, wenn es um die Wahrnehmung individueller Rechte geht[451]. Dies hängt mit den vielen Vorteilen zusammen, die die Berufung auf diese Norm mit sich bringt, namentlich mit der Möglichkeit, ausnahmsweise die Anwaltskosten vom Gegner zu verlangen[452], was die Anwälte dazu veranlasst, einen Anspruch zusätzlich auf 42 U.S.C. § 1985(3) zu stützen[453].

Ziel der Darstellung in diesem Abschnitt ist es vornehmlich, zu untersuchen, in welchen Fällen ein Anspruch gem. 42 U.S.C. § 1985(3) gegeben ist, wobei das Hauptaugenmerk auf die schwierige Frage zu werfen ist, ob die klassischen Fälle der Gewalttaten gegenüber Minderheiten durch Privatpersonen von 42 U.S.C. § 1985(3) erfasst werden, oder ob solche Gewalttaten nur in ganz engen Grenzen unter 42 U.S.C. § 1985(3) fallen. Am Ende des Kapitels wird kurz auf die Vorteile dieser Norm eingegangen.

1. Ziel und Hintergrund des 42 U.S.C. § 1985(3)

42 U.S.C. § 1985(3) ist aus dem Civil Rights Act of 1871, auch bekannt unter der Bezeichnung Ku Klux Klan Act, hervorgegangen. Letzterer wurde während der Ära der *Reconstruction* vom *Congress* verabschiedet, um geeignete Rechtsbehelfe gegen die Unterdrückungsversuche und Gewalt seitens des Ku Klux Klans gegen die von der Sklaverei befreiten Schwarzen und deren weiße Unterstützer, darunter vor allem Bundesbeamte, zu garantieren[454].

Während es einerseits unzweifelhaft ist, dass die Normen der 42 U.S.C. §§ 1985 f. Personen jeglicher Rassen und je nach dem auch andere Personen-

449 Siehe oben, Teil 2. B. III. 2. a.
450 Siehe oben, Teil 2. B. III. 2. b.
451 Smith, 90 Nw. U.L. Rev. 1125, 1144.
452 Zu den Vorteilen unten, Teil 2. IV. 3.
453 Smith, 90 Nw. U.L. Rev. 1125, 1145.
454 Vgl. Briscoe v. LaHue, 460 U.S. 325, 338 f. (1983); Woodward, 28 Stetson L. Rev. 699; Smith, 90 Nw. U.L. Rev. 1125, 1134 f.

gruppen schützen sollen, ist andererseits die Absicht des *Congress* unbestritten, den Civil Rights Act nicht zu einer allgemeinen Bundesdeliktsnorm ausarten zu lassen[455]. Der Grund für diese restriktive Anwendung vor allem des 42 U.S.C. § 1985(3) ist, dass man nicht Rechtsgebiete durch Bundesrecht regulieren will, die den Einzelstaaten durch das Tenth Amendment vorbehalten sind[456]. Folglich legt der Supreme Court zumindest bei Rechtsverletzungen durch Privatpersonen 42 U.S.C. § 1985(3) sehr eng aus[457], so dass es zweifelhaft ist, ob alle Fälle der Gewaltanwendung durch Privatpersonen, die es ja hier zu untersuchen gilt, von 42 U.S.C. § 1985(3) erfasst werden.

2. Voraussetzungen des 42 U.S.C. § 1985(3), insbesondere Mod. 1

Ein Kläger muss das Vorliegen folgender Elemente beweisen, damit ihm ein Anspruch aus 42 U.S.C. § 1985(3) zusteht: (1) Ein *agreement*; (2) mit dem Inhalt, einen der vier in 42 U.S.C. § 1985(3) umschriebenen Zwecke zu verfolgen; (3) eine Rechtsgutsverletzung und einen daraus resultierenden Schaden; (4) eine Verletzungshandlung, die *in furtherance of the conspiracy* durchgeführt wurde[458]. Vergleicht man diese Voraussetzungen mit denen der *common law civil conspiracy*, fällt auf, dass 42 U.S.C. § 1985(3) bis auf das von den Verschwörern zu verfolgende Ziel exakt die gleichen Elemente erfordert. Während die Verschwörer nach dem allgemeinen *civil conspiracy law* bloß irgendein gesetzeswidriges Ziel mit dem Vorsatz, jemanden zu schädigen, verfolgen müssen, kommen für eine *civil conspiracy* nach 42 U.S.C. § 1985(3) nur die dort enumerierten Ziele in Betracht.

Zwei von diesen Zielen umfassen dabei eindeutig Gewalttaten. Dies ist zum einen das Ziel des Hinderns *"by force (intimidation or threat) any citizen who is lawfully entitled to vote, from giving his support or advocacy in a legal manner..."* (42 U.S.C. § 1985(3), Mod. 3) und zum anderen das Ziel des Verletzens einer Person *"in person or property on account of such support or advocacy"* (42 U.S.C. § 1985(3), Mod. 4). Allerdings ist der Anwendungsbereich dieser

455 Vgl. Griffin v. Breckenridge, 403 U.S. 88, 101 (1971); Woodward, 28 Stetson L. Rev. 699, 700 f; Smith, 90 Nw. U.L. Rev. 1125, 1136, 1139.

456 Georgia Law Review Association, 13 Ga. L. Rev. 591, 593; Smith, 90 Nw. U.L. Rev. 1125, 1136, 1139.

457 Vgl. Griffin v. Breckenridge, 403 U.S. 88, 101 f. (1971); United Brotherhood of Carpenters & Joiners of America, Local 610, AFL-CIO v. Scott, 463 U.S. 825, 833 ff. (1983).

458 Lucero v. Operation Rescue, 954 F.2d 624, 627 (11th Cir. (Ala.) 1992), zitierend United Brotherhood of Carpenters & Joiners of America, Local 610, AFL-CIO v. Scott, 463 U.S. 825, 828 f. (1983).

Modalitäten sehr eng und damit die praktische Bedeutung dieser Fälle sehr gering, so dass hier nicht näher auf sie eingegangen wird.

Ein drittes dieser Ziele kann auch Gewalttaten umfassen, nämlich *"...the purpose of depriving ... any person ... of the equal protection of the laws..."* (42 U.S.C. § 1985(3) Mod. 1). Wenn man sich die Umschreibung dieser *equal protection clause*, die der Supreme Court in Griffin v. Breckenridge geliefert hat, vor Augen führt, die lautet: *"the equal enjoyment of rights secured by law to all"*[459], könnte man annehmen, dass damit auch der gleichberechtigte Genuss solcher Rechte wie Unversehrtheit des Leibes und des Eigentums[460] durch 42 U.S.C. § 1985(3) geschützt wird. Dann könnte man, nicht zuletzt vor dem historischen Hintergrund dieser Norm[461], schlussfolgern, dass die *equal protection clause* in der Tat jegliche Angriffe auf Leib, Leben und Eigentum erfasst, so lange sie von Fremdenhass o.ä. motiviert sind. Andererseits gilt es zu bedenken, dass der Congress gerade verhindern wollte, dass 42 U.S.C. § 1985(3) zu einer generellen Bundesdeliktsnorm ausartet, so dass eine restriktive Anwendung dieser Norm geboten ist[462]. Die Frage, ob die *equal protection clause* des 42 U.S.C. § 1985(3) nun alle Gewalttaten umfasst, die ein unmittelbares Produkt von Fremdenhass o.ä. sind, ist bis jetzt nie richtig geklärt worden, so dass eine gewisse Unsicherheit unter einigen unteren Gerichten darüber herrscht[463].

Beruft sich ein Kläger im Falle einer Schädigung durch Privatpersonen auf 42 U.S.C. § 1985(3), Mod. 1, müssen zwei über den Text des 42 U.S.C. § 1985(3) hinausgehenden Voraussetzungen erfüllt werden, um diese Norm nicht zu einer allgemeinen Bundesdeliktsnorm auszuweiten[464]. Diese Voraussetzungen sind das *extra textual element* des *class-based discriminatory animus*[465] und das des verfassungsmäßigen Schutzes des verletzen Rechts gegen Handlungen Privater.

---

459 Griffin v. Breckenridge, 403 U.S. 88, 102 (1971).

460 Vgl. den Wortlaut des Fourteenth Amendments: „...nor shall any state deprive any person of life, liberty, or property, without due process of law..."

461 Siehe dazu oben, Teil 2. B. IV. 1.

462 Siehe obige Fn.

463 Woodward, 28 Stetson L. Rev. 699, 720.

464 Griffin v. Breckenridge, 403 U.S. 88, 102 (1971), der nur das erste Element explizit anspricht, das zweite aber auch prüft (S. 105); United Brotherhood of Carpenters & Joiners of America, Local 610, AFL-CIO v. Scott, 463 U.S. 825, 833, 834 (1983); Bray v. Alexandria Womens Health Clinic, 506 U.S. 263, 268 (1993); Home Quest Mortg. LLC v. American Family Mut. Ins. Co. 340 F.Supp.2d 1177, 1188 (D.Kan. 2004).

465 Mittlerweile wird diese Erfordernis auch in Fällen staatlicher Involvierung verlangt, 15 Am. Jur. 2d Civil Rights, § 187.

Im Folgenden sollen diese beiden Voraussetzungen untersucht werden, wobei besonderes Augenmerk auf die Frage zu richten ist, ob und wann 42 U.S.C. § 1985(3) Mod. 1 *conspiracies* erfasst, die Gewalttaten zum Gegenstand haben.

a. Class-based invidiously discriminatory animus

Mit der Forderung nach einem *class-based invidiously discriminatory animus* ist gemeint, dass hinter der Beteiligung jedes einzelnen Konspirators ein rassistischer oder anderweitig boshaft diskriminierender Beweggrund stecken muss[466]. Mit anderen Worten muss die *conspiracy* auf die *"deprivation of the equal enjoyment of rights secured by the law to all"* zielen[467]. Dies muss aber nicht das alleinige Motiv sein[468]. Diese Voraussetzung wird damit gerade in Fällen von rassistisch motivierter Gewalt erfüllt.

Der Supreme Court hat bei der Formulierung dieses Erfordernisses bemerkt, dass auch anderweitig *class based* diskriminierende Beweggründe die Voraussetzung des *discriminatory animus* erfüllen können, hat aber nicht entschieden, welche Klassen diskriminiert werden können[469]. Zur Beantwortung dieser Frage reicht der hier zur Verfügung stehende Platz nicht aus, da es unter den verschieden Courts zahlreiche Ansätze gibt. Es sei hier bloß angemerkt, dass die zu diskriminierende Klasse von Personen regelmäßig unveränderliche oder ererbte Merkmale aufweisen muss – im Gegensatz zu Merkmalen, die auf ihr Verhalten zurückzuführen sind, wie etwa wirtschaftliche (etc.) Ansichten oder irgendwelche Aktivitäten, wovon es in einzelnen Gerichten aber auch Abweichungen gibt[470]. So ist beispielsweise das Geschlecht[471], die Religion[472] oder die Tatsache einer Behinderung[473] als Klassenmerkmal i.S.d. 42 U.S.C. § 1985(3) anerkannt worden.

---

466 Griffin v. Breckenridge, 403 U.S. 88, 102 (1971); 15 Am. Jur. 2d Civil Rights, § 187; Cook/Sobieski, Civil Rights Actions Vol. 3, § 13.09 (A) und (B).

467 Griffin v. Breckenridge, 403 U.S. 88, 102 (1971), Cook/Sobieski, Civil Rights Actions Vol. 3, § 13.09 (A).

468 Payne v. Bracher, 582 F.2d 17, 18 (5th Cir. (Tex.) 1978); Cook/Sobieski, Civil Rights Actions Vol. 3, § 13.09 (B).

469 Griffin v. Breckenridge, 403 U.S. 88, 102 (1971).

470 Zu dieser Problematik siehe 15 Am. Jur. 2d Civil Rights, § 187; Cook/Sobieski, Civil Rights Actions Vol. 3, § 13.09 (A).

471 Padway v. Palches, 665 F.2d 965, 968 f. (9th Cir. (Cal.) 1982).

472 Emanuel v. Barry, 724 F. Supp. 1096, 1101 (E.D.N.Y. 1989); Volk v. Coler, 845 F.2d 1422, 1434 (7th Cir. (Ill.) 1988).

473 Lake v. Arnold, 112 F.3d 682, 688 (3d Cir. (Pa.) 1997).

b. *Verfassungsmäßiger Schutz des verletzten Rechts gegenüber Handlungen Privater*

Es ist grundsätzlich möglich, sich auch im Falle rein privater *conspiracies* auf 42 U.S.C. § 1985(3) zu berufen[474]. Eine dieser Aussage entgegenstehende Entscheidung[475] hat der Supreme Court in Griffin v. Breckenridge hauptsächlich mit der Begründung aufgehoben (*overruled*), es gebe keinen Grund, dem Wortlaut des 42 U.S.C. § 1985(3) nicht seine augenscheinliche Bedeutung zuzuschreiben[476], mit anderen Worten eine ungeschriebene Beschränkung auf hoheitliches Handeln in diese Norm hineinzulesen.

Wenn man sich aber auf 42 U.S.C. § 1985(3) im Falle der ausschließlichen Beteiligung von Privatpersonen beruft, muss ein zweites *extra textual* Erfordernis erfüllt werden, nämlich der Nachweis, dass das verletzte Recht durch die Verfassung auch gegenüber dem Handeln Privater geschützt wird; es reicht nicht, wenn das Recht nur gegenüber staatlichem Handeln geschützt wird[477]. Mit anderen Worten muss eine Norm gefunden werden, die ausdrücklich gerade auch vor privatem Handeln Schutz gewährt. Für die hier interessierenden Fällen muss eine Norm existieren, die das Recht auf körperliche Unversehrtheit sowie auf Unversehrtheit des Eigentums (und Besitzes) gegenüber privatem Handeln garantiert. 42 U.S.C. § 1985(3) selbst kommt dafür nicht in Frage: Diese Norm begründet keine Rechte, sie verweist nur auf solche[478]. Von den Schutzrechten der amerikanischen Verfassung begründen die meisten, wie auch in Deutschland, nur Abwehrrechte gegen den Staat.

Bis heute hat der Supreme Court nur das vom Thirteenth Amendment geschützte Recht, „frei von unfreiwilliger Versklavung zu sein" und im Zusammenhang mit dem Thirteenth Amendment das Recht, „frei zwischen den Bundesstaa-

---

474 Griffin v. Breckenridge, 403 U.S. 88, 101 (1971), womit die Regel, dass 42 U.S.C. § 1985(3) nur staatliches Handeln erfasst (Collins v. Hardyman, 341 U.S. 651, 655 ff. (1951)), aufgehoben wurde; Cook/Sobieski, Civil Rights Actions Vol. 3, § 13.10 (C).

475 Collins v. Hardyman, 341 U.S. 651, 661 (1951).

476 Griffin v. Breckenridge, 403 U.S. 88, 96 (1971).

477 Bray v. Alexandria Womens Health Clinic, 506 U.S. 263, 268 (1993), verweisend auf United Brotherhood of Carpenters & Joiners of America, Local 610, AFL-CIO v. Scott, 463 U.S. 825, 833 (1983); Home Quest Mortg. LLC v. American Family Mut. Ins. Co. 340 F.Supp.2d 1177, 1188 (D.Kan. 2004); Smolla, Federal Civil Rights Acts Vol. 2, § 15:8; Woodward, 28 Stetson L. Rev. 699, 706.

478 Great Am. Fed. Sav. & Loan Ass´n v. Novotny, 442 U.S. 366, 372 (1979); Home Quest Mortg. LLC v. American Family Mut. Ins. Co. 340 F.Supp.2d 1177, 1188 (D.Kan. 2004); Smolla, Federal Civil Rights Acts Vol. 2, § 15:5; Woodward, 28 Stetson L. Rev. 699, 709 f.

ten zu reisen“ (*interstate travel)* unter 42 U.S.C. § 1985(3) subsummiert[479]. Gerichte des Second Circuit erkennen auch das Recht, frei innerhalb der Staaten zu reisen (*intrastate travel*), als Schutzrecht vor Verletzungen durch Private an[480].

aa. Das Thirteenth Amendment als Schutznorm

Das Thirteenth Amendment[481] verbietet unfreiwillige Versklavung und verhindert die *imposition of the badges and incidents of slavery*[482 483]. Es bezieht sich gerade auf die Fälle, in denen Privatpersonen Angehörige einer anderen Rasse daran hindern, in freier Weise die Rechte auszuüben, die allen Bürgern zustehen; der Schutzbereich erstreckt sich aber nur auf rassenspezifische Unterdrückung, nicht auf solche aufgrund der Zugehörigkeit zu anderen Klassen, wie z.B. Klassen nach Geschlecht oder Alter[484].

Vor dem Hintergrund der Frage, ob das Thirteenth Amendment eine Norm zum Schutz vor Gewalttaten Privater darstellt, ist nun zu prüfen, ob die Ausübung von rassistisch motivierter Gewalt schon eine unfreiwillige Versklavung gem. dem Thirteenth Amendment, sect.1 darstellt, dazu aaa., und/oder, ob sie eine *imposition of badges and incidents of slavery* gem. Thirteenth Amendment, sect. 2 darstellt, dazu bbb.

aaa. Unfreiwillige Versklavung (Thirteenth Amendment, sect. 1)

Der Begriff der unfreiwilligen Versklavung wird allgemein als Zwang zur Arbeit für einen anderen verstanden[485]. Danach fallen Gewalttaten durch Private nur in

---

479 Bray v. Alexandria Womens Health Clinic, 506 U.S. 263, 278 (1993), zitierend u.a. United States v. Guest, 383 U.S. 745, 759 Fn. 17 (1966); siehe auch Home Quest Mortg. LLC v. American Family Mut. Ins. Co. 340 F.Supp.2d 1177, 1188 (D.Kan. 2004); Fisher, 56 Wash. & Lee L. Rev. 461, 478.

480 King v. New Rochelle Municipial Housing Authority, 442 F. 2d 646, 648 f. (2nd Cir. (N.Y.) 1971); Spencer v. Casavilla, 903 F. 2d 171, 174 (2nd Cir. (N.Y.) 1990).

481 Text abgedruckt im Annex.

482 Der Versuch einer Übersetzung sei: „Die Auferlegung von Anzeichen der Sklaverei“.

483 City of Memphis v. Greene, 451 U.S. 100, 125 (1981); Woodward, 28 Stetson L. Rev. 699, 711.

484 Lowden v. William M. Mercer, Inc., 903 F. Supp. 212, 221 (D.Mass. 1995); Baker v. McDonalds Corp., 686 F. Supp. 1474, 1480 f. (S.D.Fla. 1987); Woodward, 28 Stetson L. Rev. 699, 711.

485 United States v. Kozminski, 487 U.S. 931, 952 (1988) (im strafrechtlichen Kontext); Channer v. Hall, 112 F.3d 214, 217 (La. 1997) (im zivilrechtlichen Kontext); Rotunda/Nowak, 4 Treatise on Constitutional Law § 19.6; Garner, Black´s Law Dictionary.

den seltensten Fällen unter die Schutznorm des Thirteenth Amendment, sect 1., kommen also unter diesem Gesichtspunkt nur in den seltensten Fällen als Gegenstand eines Anspruchs gem. 42 U.S.C. § 1985(3) in Betracht.

Trotz dieser klaren Definition scheint die Ansicht vertreten zu werden, dass der Schutzbereich des Thirteenth Amendment schon dann eröffnet ist, wenn irgendein Fall der Rassendiskriminierung vorliegt, so dass auch Gewalttaten Privater Gegenstand eines Anspruch gem. 42 U.S.C. § 1985(3) sein könnten. So sprach ein District Court dies in Stevens v. Tillman zwar nicht explizit aus, machte jedoch im Falle der Rassendiskriminierung vom Erfordernis des zweiten *extra textual element* eine Ausnahme, die er auf das Thirteenth Amendment stützte[486]. Es liegt nahe, dass er das Erfordernis der unfreiwilligen Versklavung immer schon dann als erfüllt ansieht, sobald eine Rassendiskriminierung vorliegt. Mit dieser Auffassung steht der Stevens–Court aber alleine: In Wong v. Stripling, bei dem sich der Kläger Dr. Wong ebenfalls auf diese Definition berief, befand der Circuit Court, dass bis dahin (1989) noch kein Court vertreten habe, dass das Thirteenth Amendment ein generelles Recht auf Schutz vor privater Rassendiskriminierung, in welchen Lebenslagen auch immer, garantiere[487]. Dies zeigt, dass sich für diese weite Auslegung des Thirteenth Amendment kaum *(persuasive) authority* finden lassen wird, vor allem vor dem Hintergrund der klaren Definition des Supreme Courts[488].

Es ist daher davon auszugehen, dass mit dem Begriff der unfreiwilligen Versklavung der Zwang zur Arbeit für einen anderen gemeint ist, so dass Gewalttaten durch Private in den seltensten Fällen von der Schutznorm des Thirteenth Amendment, sect. 1 erfasst sein werden und damit unter diesem Gesichtspunkt regelmäßig als Gegenstand eines Anspruchs gem. 42 U.S.C. § 1985(3) ausfallen dürften.

bbb. Badges and incidents of slavery (Thirteenth Amendment, sect. 2)

Obwohl im Thirteenth Amendment direkt nur die Abschaffung der Sklaverei erwähnt ist, ist anerkannt, dass sect. 2 des Thirteenth Amendment den Congress ermächtigt, *"the badges and incidents of slavery"* zu definieren und abzuschaffen[489]. Dies bedeutet, dass Normen, die der Congress zum Zwecke der De-

---

486 Stevens v. Tillman, 568 F. Supp. 289, 293 (D.C.Ill. 1993).

487 Wong v. Stripling, 881 F.2d 200, 203 f. (5th Cir. 1989), vgl. auch Woodward, 28 Stetson L. Rev. 699, 714.

488 Vgl. o., United States v. Kozminski, 487 U.S. 931, 952 (1988) (im strafrechtlichen Kontext).

489 Griffin v. Breckenridge, 403 U.S. 88, 105 (1971); Woodward, 28 Stetson L. Rev. 699, 712.

finition und Abschaffung solcher *badges* erlassen hat, als Anwendungsfälle des Thirteenth Amendment, sect. 2 anzusehen sind und dass in den darin bestimmten Fällen die betroffenen Rechtsgüter gerade auch vor privaten Eingriffen geschützt werden sollen. Es gilt damit zu untersuchen, ob es Normen gibt, die rassistisch motivierte Gewalttaten als *badges and incidents of slavery* ansehen und diese verhindern sollen.

(1) Sachgewalt als badge and incident of slavery

Zu untersuchen ist zunächst, ob es Normen gibt, die rassistisch motivierte Sachgewalt als *badge and incident of slavery* verhindern sollen. In Betracht kommt 42 U.S.C. § 1982.

Durch Erlass des 42 U.S.C. § 1982 hat der Kongress bestimmt, dass die Verweigerung der *property rights* gem. 42 U.S.C. § 1982 ein Anzeichen von Sklaverei ist[490]. 42 U.S.C. § 1982 normiert, dass alle Bürger dasselbe Recht "to inherit, purchase, lease, sell, hold, and convey real and personal property" haben sollen.

Fraglich ist aber, ob 42 U.S.C. § 1982 auch für die Fälle der Zerstörung des Eigentums, also für Fälle der Sachgewalt gilt. Obwohl diese Norm dem Wortlaut nach das Recht, Eigentum innezuhaben, umfasst, also auch vor Zerstörung dessen schützen müsste, gibt es Anlass zum Zweifel an dieser Auslegung: Es gibt nur wenig *case law*, in dem sich auf 42 U.S.C. § 1982 im Falle der Sachbeschädigung in diesem Kontext berufen wird. Die Überzahl der Entscheidungen zu 42 U.S.C. § 1982 behandelt das Recht, Immobilien zu erwerben oder zu mieten (*fair housing*)[491]. So ist nicht auszuschließen, dass einige Courts die Anwendung von Fällen der Sachgewalt auf 42 U.S.C. § 1982 verneinen werden wie in Stackhouse v. De Sitter, der seine Entscheidung damit begründet, dass es keine *authority* gebe, die die Heranziehung des 42 U.S.C. § 1982 zulasse[492].

Andererseits gibt es einige Gerichte, die 42 U.S.C. § 1982 auf Gewalttaten gegenüber dem Eigentum von Angehörigen „anderer" Rassen anwenden[493]. Zur Begründung der Entscheidung wird sich auf den klaren Wortlaut *(„same right to...hold property")* und auf den Zweck des 42 U.S.C. § 1982 berufen, der darauf hinauslaufe, Nicht-Weißen die Eigentumsrechte im selben Umfang wie Weißen

490 Jones v. Alfred H. Mayer Co., 392 U.S. 409, 444, 449 (1968); City of Memphis v. Greene, 451 U.S. 100, 131 (1981).

491 Siehe dazu Shapiro, 20 L. Ed. 2d 1768, § 3.

492 Stackhouse v. De Sitter, 566 F.Supp. 856, 859 (D.C.Ill. 1983).

493 Johnson v. Smith, 810 F.Supp. 235, 237 (N.D.Ill. 1992), verweisend auf Stirgus v. Benoit, 720 F. Supp. 119, 121 f. (N.D.Ill. 1989); Emanuel v. Barry, 724 F. Supp. 1096, 1103 (E.D.N.Y. 1989); Byrd v. Brandenburg, 922 F.Supp. 60, 64 (N.D.Ohio 1996).

zu garantieren, was nicht der Fall sei, wenn das Eigentum Nicht-Weißer zerstört werde[494]. Weiterhin wird zur Begründung angeführt, dass der Supreme Court in Sullivan v. Little Hunting Park, Inc.[495] eine enge Auslegung des 42 U.S.C. § 1982 für unvereinbar mit dem Ziel des umfassenden Eigentumsschutzes, den 42 U.S.C. § 1982 gewährleisten soll, hält[496].

Vor dem Hintergrund des letzen Argumentes vor allem kann erwartet werden, dass auch andere Gerichte 42 U.S.C. § 1982 auf Fälle von Sachgewalt gegenüber dem Eigentum Nicht-Weißer anwenden.

Als Zwischenergebnis ist damit festzuhalten, dass es sehr wahrscheinlich ist, dass die meisten Gerichte 42 U.S.C. § 1982 als Norm ansehen, die rassistisch motivierte Sachgewalt als einen *badge and incident of slavery* verhindern soll.

(2) Personengewalt als badge and incident of slavery

Weiterhin ist zu prüfen, ob es auch Normen gibt, die rassistisch motivierte Personengewalt als einen *badge and incident of slavery* verhindern sollen.

In Betracht kommen in dieser Hinsicht nur 42 U.S.C. §§ 2000a bis 2000a-6. Diese bestimmen, dass das Hindern von Angehörigen anderer Rassen am Nutzen einer öffentlichen Räumlichkeit[497] ein Anzeichen von Sklaverei ist[498]. Wird in solchen Fällen Personengewalt angewendet, können 42 U.S.C. §§ 2000a – 2000a-6 als Normen angesehen werden, die rassistisch motivierte Personengewalt als *badge and incident of slavery* verhindern sollen. Solche Fälle werden jedoch kaum mehr als ein Konstrukt bleiben.

Eine Norm, die – wie 42 U.S.C. § 1982 hinsichtlich der Sachgewalt – generell rassistisch motivierte Personengewalt als *badges of slavery* verhindern soll, existiert nicht. Dies mag verwunderlich klingen, da die Verweigerung, das Recht auf körperliche Unversehrtheit im gleichen Umfang wie Weiße zu genießen, vergleichbar den *property-rights* (42 U.S.C. § 1982) auch ein *badge of slavery* darstellen dürfte[499].

Festzuhalten bleibt, dass es mit 42 U.S.C. §§ 2000a bis 2000a-6 Normen gibt, die nur in seltenen Ausnahmefällen rassistisch motivierte Personengewalt als einen *badge and incident of slavery* anerkennen.

---

494 Stirgus v. Benoit, 720 F. Supp. 119, 121 f. (N.D.Ill. 1989).
495 Sullivan v. Little Hunting Park, Inc., 396 U.S 229, 237 (1969).
496 Stirgus v. Benoit, 720 F. Supp. 119, 122. (N.D.Ill. 1989).
497 Für (die sehr weite) Definition Siehe § 2000a.
498 Fisher v. Shamburg, 624 F.2d 156, 159 ff. (10th Cir. (Kan.) 1980).
499 Vgl. dazu Fisher, 56 Wash. & Lee L. Rev. 461, 478, nach der Freiheit von privater, rassistischer Gewalt das Herzstück des 42 U.S.C. § 1985 sei.

ccc. Zwischenergebnis

Der Schutzbereich des Thirteenth Amendment, das vor der unfreiwilligen Versklavung und deren Anzeichen schützen soll, erstreckt sich nur auf rassenspezifische Unterdrückung, nicht auf solche aufgrund der Zugehörigkeit anderer Klassen[500].

Als Schutznorm vor Gewalttaten Privater kommt sect. 1 des Thirteenth Amendment aufgrund der engen Definition der *slavery* kaum in Betracht[501].

Bei der Frage, ob sect. 2 des Thirteenth Amendment als Schutznorm vor solchen Taten in Betracht kommt, ist zwischen Sachgewalt und Personengewalt zu unterscheiden:

Es ist sehr wahrscheinlich, dass die meisten Gerichte 42 U.S.C. § 1982 als Norm ansehen, die rassistisch motivierte Sachgewalt als einen *badge and incident of slavery* verhindern soll, so dass sect. 2 des Thirteenth Amendment eine Schutznorm gegenüber privater, rassistisch motivierter Sachgewalt darstellt. So haben auch einige Gerichte mit Anwendung des 42 U.S.C. § 1982 auf eben diese Fälle einer auf 42 U.S.C. § 1985(3) gestützten Klage stattgegeben[502].

Dagegen stellt sect. 2 des Thirteenth Amendment nur in seltenen Ausnahmefällen eine Schutznorm gegenüber privater, rassistisch motivierter Personengewalt dar, nämlich nur dann, wenn ein Fall von Personengewalt im Rahmen der 42 U.S.C. §§ 2000a – 2000a-6 vorliegt[503].

bb. Das Recht auf Interstate und Intrastate Travel

Das zweite Recht, das laut Supreme Court vor privatem Handeln geschützt ist, ist das Recht auf *interstate travel*[504]. Die Überlegung dahinter ist, dass "constitutional concepts of personal liberty" es erfordern, frei durch die gesamte Länge und Breite des Landes zu reisen[505] und daher das Recht auf *interstate travel* gegenüber Verletzungen von jeglicher Seite geschützt werden muss. Der Supreme Court hat gelegentlich erwähnt, dass dieser Schutz sich nur auf Fälle im Zusam-

500 Siehe oben, Teil 2. B. IV. 2. b. aa.

501 Siehe oben, Teil 2. B. IV. 2. b. aa. aaa.

502 Siehe oben, Teil 2. B. IV. 2. b. aa. bbb. (1).

503 Siehe oben, Teil 2. B. IV. 2. b. aa. bbb. (2).

504 Bray v. Alexandria Womens Health Clinic, 506 U.S. 263, 278 (1993), zitierend United States v. Guest, 383 U.S. 745, 759 Fn. 17 (1966).

505 Shapiro v. Thompson, 394 U.S. 618, 629 (1969); ähnlich: United States v. Guest, 383 U.S. 745, 757 f. und 759 Fn. 17 (1966): Das Recht auf *interstate travel* sei fundamental für das Konzept der Federal Union und für die US-Amerikaner als Bürger eines Volkes und eines gemeinsamem Territoriums.

menhang mit dem Thirteenth Amendment erstreckt[506]. Dies bedeutet aber nicht, dass einer der oben erwähnten Anwendungsfälle des Thirteenth Amendment einschlägig sein muss. Vielmehr reicht es aus, dass die Handlung den Tatbestand einer Norm erfüllt, die zum Schutz vor diskriminierendem Verhalten gem. sect. 2 des Thirteenth Amendment erlassen wurde[507]. Da 42 U.S.C. § 1985(3) aber auch aufgrund sect. 2 des Thirteenth Amendment erlassen wurde, reicht dies für den geforderten Zusammenhang mit dem Thirteenth Amendment[508]. Mit anderen Worten reicht für die Anwendung des 42 U.S.C. § 1985(3) jegliche Art der Verletzung des Rechts auf *interstate travel.*

Zumindest im Second Circuit wird ebenso das Recht, innerhalb ein und desselben Bundesstaates zu reisen *(intrastate travel)* als ein von der Constitution geschütztes Recht gegenüber Beeinträchtigungen Privater anerkannt[509]. Es kann damit gerechnet werden, dass Gerichte anderer Circuits dieser Regelung folgen werden, da die Begründung für die Einbeziehung des *intrastate travel* überzeugend ist: Da der Supreme Court sich bei der Begründung der Bedeutung des Rechts auf *interstate travel* nicht auf eine bestimmte Quelle bezogen habe, sondern die Bedeutung dieses Rechts mit "constitutional concepts of personal liberty" begründet habe, sei es widersinnig, das Recht, zwischen Staaten zu reisen, als einen fundamentalen Grundbestandteil der persönlichen Freiheit anzusehen, nicht aber das entsprechende konstitutionelle Recht, innerhalb der Staaten zu reisen[510].

Gerade im Kontext des Rechts auf *interstate/intrastate travel* ist zu bemerken, dass das Schutzrecht, auf das sich der Kläger beruft, gezielt vom Schädiger verletzt worden sein muss[511]. Es reicht nicht, dass die Verletzung anderer Rechte die Verletzung des Schutzrechts als Nebeneffekt hat wie im Fall Bray v. Alexandria Womens Health Clinic[512]. Dort versperrten Abtreibungsgegner den Zugang zur Klinik, so dass manche Patientinnen, die aus Nachbarstaaten kamen, die Klinik nicht aufsuchen konnten und so u.a. daran gehindert wurden, den Nachbarstaat zu bereisen.

---

506 Bray v. Alexandria Womens Health Clinic, 506 U.S. 263, 278 (1993).

507 Dies hat der Supreme Court zwar nicht ausdrücklich entschieden, aber in Bray v. Alexandria Womens Health Clinic, 506 U.S. 263, 274 (1993) hinsichtlich dieser Frage auf Griffin v. Breckenridge, 403 U.S. 88, 105 f. (1971) verwiesen, aus dem diese Aussage eindeutig hervorgeht.

508 Siehe vorherige Fn.

509 King v. New Rochelle Municipial Housing Authority, 442 F. 2d 646, 648 f. (2nd Cir. (N.Y.) 1971); Spencer v. Casavilla, 903 F. 2d 171, 174 (2nd Cir. (N.Y.) 1990).

510 King v. New Rochelle Municipial Housing Authority, 442 F. 2d 646, 648 f. (2nd Cir. (N.Y.) 1971); Spencer v. Casavilla, 903 F. 2d 171, 174 (2nd Cir. (N.Y.) 1990).

511 Bray v. Alexandria Womens Health Clinic, 506 U.S. 263, 274 f. (1993); Smolla, Federal Civil Rights Acts Vol. 2, § 15:8.

512 Siehe vorherige Fn.

Für die Fragestellung dieses Kapitels bedeutet dies, dass ein Kläger sich u.a. dann auf 42 U.S.C. § 1985(3) berufen kann, wenn er unter Anwendung von Personen- oder Sachgewalt gezielt am Recht, frei von Staat zu Staat zu reisen, bzw. innerhalb eines Staats, gehindert wird. Werden also wie im Fall Griffin v. Breckenridge Afroamerikaner durch einen Angriff verletzt, bei dem gezielt ihre Autos blockiert werden, so dass sie daran gehindert werden, Besorgungen in anderen Bundesstaaten zu erledigen, können sie unter Berufung auf 42 U.S.C. § 1985(3) Ersatz verlangen, da sie u.a. in ihrem Recht auf *interstate travel* verletzt worden sind[513]. Umgekehrt konnten sich die Eltern eines Afroamerikaners, der einem *hate-crime* zum Opfer fiel, nicht auf 42 U.S.C. § 1985(3), sondern nur auf entsprechendes Staatenrecht berufen, da sie nicht die Verletzung des Rechts auf *intrastate travel* nachweisen konnten[514].

Als Zwischenergebnis ist festzuhalten, dass in Fällen des *interstate/intrastate travel* nicht nur Sach- sondern auch Personengewalt von 42 U.S.C. § 1985(3) erfasst wird, allerdings nur unter der Voraussetzung, dass dabei gezielt das Recht auf *interstate/intrastate travel* verletzt wird, was nicht allzu häufig vorkommen wird.

cc. Andere konstitutionelle Rechte

Andere von der Constitution garantierte Rechte, wie die des First Amendment (Meinungs-, Koalitionsfreiheit etc.) in Verbindung mit dem Fourteenth Amendment[515] oder das Recht auf Abtreibung[516], werden nicht gegenüber der Verletzung durch rein privates Verhalten geschützt.

Daraus folgt aber im Umkehrschluss, dass man sich auf diese Rechte dann berufen kann, wenn der Staat – etwa durch Polizisten – in das Geschehen, das zur Verletzung führte, verwickelt war[517]. Ist dies der Fall, können auch Privatpersonen, die mit Polizisten beispielsweise konspiriert haben, gem. 42 U.S.C. § 1985(3) in Anspruch genommen werden, obwohl das verletzte Recht nur gegenüber staatlichem Handeln geschützt wird[518].

---

513 Vgl. Griffin v. Breckenridge, 403 U.S. 88, 106 (1971).

514 Spencer v. Casavilla, 839 F.Supp. 1014, 1016 f. (2nd Cir. (N.Y.) 1993).

515 United Brotherhood of Carpenters & Joiners of America, Local 610, AFL-CIO v. Scott, 463 U.S. 825, 830 ff. (1983).

516 Bray v. Alexandria Womens Health Clinic, 506 U.S. 263, 278 (1993).

517 United Brotherhood of Carpenters & Joiners of America, Local 610, AFL-CIO v. Scott, 463 U.S. 825, 833 (1983); Smolla, Federal Civil Rights Acts Vol. 2, § 15:5; Woodward, 28 Stetson L. Rev. 699, 710.

518 Siehe obige Fn.

dd. Ergebnis zu: Verfassungsmäßiger Schutz des verletzten Rechts gegenüber Handlungen Privater

42 U.S.C. § 1985(3) verlangt in Fällen der *equal protection clause* (Mod.1) bei Verletzungen durch Privatpersonen u.a., dass das verletzte Recht durch die Verfassung auch gegenüber dem Handeln Privater geschützt wird. Dies ist nur dann nicht erforderlich, wenn der Staat in das Geschehen verwickelt ist[519].

In den Fällen der ausschließlichen Handlung durch Private kommen als von der Verfassung geschützte Rechte nur die durch sect. 1 und 2 des Thirteenth Amendment geschützten Rechte sowie das Recht auf *interstate/intrastate travel* in Betracht.

Davon ist das durch sect. 1 des Thirteenth Amendment geschützte Recht, frei von Versklavung zu sein, in der Praxis bedeutungslos[520].

Gem. dem Thirteenth Amendment, sect. 2 können jedoch Gesetze erlassen werden, die *badges and incidents of slavery* bestimmen und verhindern sollen. Durch Erlass des 42 U.S.C. § 1982 ist ein Gesetz erlassen worden, das vor rassistisch motivierter Zerstörung des Eigentums schützt[521]. Ein ähnlicher Schutz vor Personengewalt durch einer aufgrund dem Thirteenth Amendment, sect. 2 erlassenen Norm ist nur in Ausnahmefällen möglich[522].

Sollten Gewalttaten mit dem Ziel des Hinderns am *interstate/intrastate travel* verübt werden, stellt das Recht auf *interstate/intrastate travel* ein Recht dar, das gegen privates Handeln von der Verfassung geschützt wird, so dass sich auf 42 U.S.C. § 1985(3) berufen werden kann[523].

Zusammengefasst lässt sich behaupten, dass durch das Erfordernis des verfassungsmäßigen Schutzes des verletzten Rechts gegenüber Handlungen Privater fast alle Fälle der rassistisch motivierten Personengewalt ausgesiebt und nur Fälle der Sachgewalt regelmäßig von 42 U.S.C. § 1985(3) erfasst werden.

c. Keine Ausnahmeregelung für Fälle privater, rassistisch motivierter (Personen)Gewalt

Betrachtet man das soeben gefundene Zwischenergebnis, erscheint es verwunderlich, dass 42 U.S.C. § 1985(3) sich grundsätzlich nicht auf Fälle privater, rassistisch motivierter Personengewalt zu erstrecken scheint, obwohl dessen Vorgängernorm verabschiedet wurde, um geeignete Rechtsbehelfe gegen Gewalttaten

519 Siehe oben, Teil 2. B. IV. 2. b. und b. cc.
520 Siehe oben, Teil 2. B. IV. 2. b. aa. aaa.
521 Siehe oben, Teil 2. B. IV. 2. b. aa. bbb. (1).
522 Siehe oben, Teil 2. B. IV. 2. b. aa. bbb. (2).
523 Siehe oben, Teil 2. B. IV. 2. b. bb.

seitens des Ku Klux Klan zu garantieren. Daher ist abschließend zu prüfen, ob nicht eine Ausnahmeregelung gefunden werden kann, nach der 42 U.S.C. § 1985(3) in Fällen privater, rassistisch motivierter Personengewalt doch anwendbar ist – auch wenn nach bisher Geprüftem insbesondere das zweite *extra textual element* nicht erfüllt wurde.

Eine Mindermeinung in der Literatur bejaht diese Ausweitung des 42 U.S.C. § 1985(3)[524] und im 10th Circuit wird dies zumindest offengelassen[525]. Die einzelnen Vertreter dieser Auffassung stützen sich dabei auf dieselbe Begründung, nämlich die, dass der Schutz vor rassistisch motivierten Gewalttaten ein „Herzensanliegen" des Vorgängers des 42 U.S.C. § 1985(3) gewesen sei[526].

Allerdings werden unterschiedliche dogmatische Ansätze verfolgt. Ein Vertreter erkennt parallel zum Recht auf *interstate/intrastate travel* auch das Recht, frei von rassistisch motivierter Gewalt zu sein, als ein von der Constitution gegenüber privatem Handeln geschütztes Recht an[527]. Damit orientiert er sich grundsätzlich an den beiden vom Supreme Court aufgestellten *extra textual elements*, fügt aber ein bisher nicht anerkanntes Recht im Sinne des zweiten *extra textual elements* hinzu.

Ein anderer Vertreter erkennt vor allem mit der oben angeführten Begründung die von Supreme Court aufgestellten *extra textual elements* nicht an und kommt so zur Bejahung des 42 U.S.C. § 1985(3) in Fällen rassistisch motivierter Gewalttaten seitens Privater[528].

Trotz der auf den ersten Blick einleuchtenden Begründung für die Erstreckung des 42 U.S.C. § 1985(3) auf Fälle rassistisch motivierter, privater Personengewalt ist eine solche Ausweitung des 42 U.S.C. § 1985(3) durch die Gerichte nicht zu erwarten. Wichtigster Grund dafür ist die in den vorangegangenen Abschnitten dargestellte, bindende und klare Rechtsprechung des Supreme Court. Danach kann im Falle privaten Handelns weder auf die *extra textual elements* verzichtet werden, noch wird ein weiteres Recht als das des *interstate/intrastate travel* und die des Thirteenth Amendment als Rechte im Sinne des zweiten *extra textual elements* anerkannt.

Zudem spricht für die Auffassung des Supreme Courts, dass es dem Kongress bei Erlass des Ku Klux Klan-Act besonders darum ging, die Behinderung der Ju-

---

524 Fisher, 56 Wash. & Lee L. Rev. 461, 478; Christofferson, 1995 U. Ill. L. Rev. 411, 434 f.

525 Tilton v. Richardson, 6 F.3d 683, 686 (10th Cir. (Okl.) 1993).

526 Fisher, 56 Wash. & Lee L. Rev. 461, 478 u. Fn. 91; ähnlich Christofferson, 1995 U. Ill. L. Rev. 411, 435.

527 Fisher, 56 Wash. & Lee L. Rev. 461, 478.

528 Christofferson, 1995 U. Ill. L. Rev. 411, 434 f.

stiz durch die Kontrolle und den Einfluss des Ku Klux Klan zu unterbinden[529]. Man kann also nicht behaupten, der Ku Klux Klan-Act als Vorgänger des 42 U.S.C. § 1985 diene vor allem dem Schutz gegenüber privatem Handeln. Er dient vielmehr besonders dem Schutz vor Unrecht durch Involvierung des Staates.

Eine Einbeziehung auch der Fälle von privater Personengewalt in den Anwendungsbereich des 42 U.S.C. § 1985(3) ist daher nur möglich, wenn ähnlich dem 42 U.S.C. § 1982 ein Bundesgesetz erlassen wird, das rassistisch motivierte Personengewalt als *badge and incident of slavery* im Sinne des Thirteenth Amendment, section 2 ansieht[530].

d. Ergebnis

Es gilt die Frage zu beantworten, ob und wann von 42 U.S.C. § 1985(3) *conspiracies* erfasst werden, die Gewalttaten vor allem gegenüber Minderheiten zum Gegenstand haben.

Die Voraussetzungen der *civil conspiracy* gem. 42 U.S.C. § 1985(3) ähneln denen der *common law civil conspiracy*. Es gibt jedoch einen gravierenden Unterschied: Mit der *civil conspiracy* gem. 42 U.S.C. § 1985(3) muss ein bestimmter, dort genannter Zweck verfolgt werden. Für die obige Frage kommt als für die Praxis relevanter Zweck nur *"the purpose of depriving of the equal protection of the laws"* in Betracht (42 U.S.C. § 1985(3), Mod. 1)[531]. Dieses Tatbestandsmerkmal enthält zwei *extra textual elements*, die 42 U.S.C. § 1985(3) so sehr einengen sollen, dass er nicht zu einer generellen Bundesdeliktsnorm ausarten kann.

Dies ist zum einen das Erfordernis des *class-based invidiously discriminatory animus*, das besagt, dass hinter der *conspiracy* irgendein rassistisch oder anderweitig boshaft klassenorientierter, diskriminierender Beweggrund stecken muss[532].

Vor allem das zweite *extra textual element*, das des verfassungsmäßigen Schutzes des verletzten Rechts gegenüber Handlungen Privater, engt 42 U.S.C. § 1985(3) erheblich ein[533].

Als Ergebnis ist daher festzuhalten, dass für Gewalttaten Privater als praktisch relevante Modalität nur 42 U.S.C. § 1985(3), Mod. 1 (*equal protection clause)* in Betracht kommt, deren Anwendungsbereich aber vor allem durch das

529 Briscoe v. LaHue, 460 U.S. 325, 337 (1983).
530 Siehe oben, bb. aaa (2) (b).
531 Siehe oben, Teil 2. B. IV. 2.
532 Siehe oben, Teil 2. B. IV. 2. a.
533 Siehe oben, Teil 2. B. IV. 2. b.

zweite *extra textual element* so sehr eingeengt wird, dass regelmäßig nur noch rassistisch motivierte Sachgewalt von 42 U.S.C. § 1985(3) erfasst wird.

3. Vorteile des 42 U.S.C. § 1985(3)

Abschließend sollen kurz die Vorteile des §1985(3) gegenüber dem allgemeinen Recht der civil conspiracy dargestellt werden:

In Civil Rights Fällen, zu denen der 42 U.S.C. § 1985 gehört, kann das Gericht gem. 42 U.S.C. § 1988(b) die Anwaltsgebühren in vernünftiger Höhe als Teil des Schadens festsetzen. Nach dem common law hingegen muss der Mandant die Gebühren seines Anwalts zahlen. Zwar ist dies regelmäßig auch der Jury bewusst, die dann oft die Ersatzsumme entsprechend erhöht[534], im Fall des 42 U.S.C. § 1985(3) ist der Kläger jedoch nicht auf das Wissen und die Gunst der Jury angewiesen, was seine Planung bezüglich der Klage sicherer machen dürfte.

Des Weiteren können auch Personen, die von einer civil conspiracy gem. 42 U.S.C. § 1985(3) nur Kenntnis hatten, sich aber nicht an ihr beteiligten, gem. 42 U.S.C. § 1986 für den entstandenen Schaden haften[535].

Schließlich ist auch die Anerkennung einer intracorporate conspiracy in Fällen von rassistisch motivierten Gewalttaten – sofern sie unter 42 U.S.C. § 1985(3) fallen – als Vorteil dieser Norm anzusehen. Zwar ist oben festgestellt worden, dass eine solche Anerkennung auch außerhalb dieser Norm erfolgen muss[536]. Weil sich aber noch kein Gericht mit dieser Frage beschäftigt hat, sollte sich ein Kläger aus Gründen der Planungssicherheit zusätzlich zur common law civil conspiracy auf 42 U.S.C. § 1985(3) berufen.

4. Zusammenfassung

Die Berufung auf 42 U.S.C. § 1985(3) bringt je nach Umständen des Falles große Vorteile wie die Abwälzung der Anwaltskosten auf den Beklagten im Falle des Obsiegens, die Haftung aufgrund bloßen Wissens gem. 42 U.S.C. § 1986 und die Möglichkeit einer *intracorporate conspiracy*[537]. Dies ist der Grund, warum viele Kläger ihrer Klage noch einen Anspruch gem. 42 U.S.C. § 1985(3) anheften. Sofern ausschließlich Private handeln, ist 42 U.S.C. § 1985(3) allerdings regelmäßig nur auf Fälle von rassistisch motivierter Sachgewalt anwendbar und nur in Ausnahmefällen auf Personengewalt[538].

---

534 Siehe oben, Teil 1. B. IV.

535 Dazu unten, Teil 2. B. V.

536 Siehe oben, Teil 2. B. III. 2. b. aa. bbb. (2). (b). und Teil 2. B. III. 2. b. bb. bbb.

537 Siehe oben, Teil 2. B. IV. 3.

538 Siehe oben, Teil 2. B. IV. 2. b. dd.

V. Haftung aufgrund bloßer Kenntnis gem. 42 U.S.C. § 1986

Im Falle des Vorliegens einer civil conspiracy gem. 42 U.S.C. § 1985(3) kann auch derjenige gem. 42 U.S.C. § 1986 in die Haftung miteinbezogen werden, der von der bevorstehenden Durchführung der geplanten Akte bloße Kenntnis hatte, aber nicht Mitverschwörer oder Teilnehmer ist. Diese Haftung gilt sowohl für Privatpersonen als auch für Personen, die ein öffentliches Amt innehaben[539], beispielsweise Polizeibedienstete. Obwohl 42 U.S.C. § 1986 damit ungewöhnlich geringe Anforderungen an die Haftung stellt, ist er vielen civil rights Anwälten unbekannt[540], und es gibt wenige Entscheidungen, in denen er diskutiert wird, geschweige denn, in denen einem auf 42 U.S.C. § 1986 gestütztes Schadensersatzbegehren stattgegeben wird[541]. Letzteres mag damit zusammenhängen, dass der zu 42 U.S.C. § 1985(3) akzessorische 42 U.S.C. § 1986 oft Klagen angeheftet wird, die sich u.a. auf 42 U.S.C. § 1985(3) stützen, in denen eine civil conspiracy gem. 42 U.S.C. § 1985(3) aber nicht vorliegt[542].

Im Folgenden soll zum besseren Verständnis dieser ungewöhnlich weiten Haftungsnorm zunächst deren Einordnung ins Haftungssystem des US-amerikanischen Deliktsrechts sowie deren Zweck dargestellt werden, dazu 1. Im Anschluss daran werden in knappem Umfang die relativ unproblematischen Voraussetzungen des 42 U.S.C. § 1986 aufgezeigt, dazu 2., um schließlich einen Überblick über dessen Rechtsfolgen zu geben, wobei die Frage beantwortet wird, ob auch *punitive damages* auferlegt werden können, dazu 3.

1. Zweck des 42 U.S.C. § 1986 und Einordnung ins Haftungssystem des US-amerikanischen Deliktsrechts

42 U.S.C. § 1986 stellt einen besonderen Fall der Haftung für pflichtwidriges Unterlassen dar[543]. Er ist damit kein Sonderfall der *civil conspiracy* und auch

---

539 Vietnamese Fishermen's Ass'n v. Knights of Ku Klux Klan, 518 F.Supp. 993, 1007 (D.C.Tex. 1981); vgl. Wortlaut 42 U.S.C. § 1986 S.1: "Every Person..."; Cook/Sobieski, Civil Rights Actions Vol. 3, § 13.11; Smolla, Federal Civil Rights Acts Vol. 2, § 15:14; Fisher, 56 Wash. & Lee L. Rev. 461, 470; Es soll dabei nur die Haftung der Privatpersonen untersucht werden.

540 Fisher, 56 Wash. & Lee L. Rev. 461, 463.

541 Fisher, 56 Wash. & Lee L. Rev. 461, 470; vgl. die wenigen gefundenen Entscheidungen im folgenden Text.

542 Vgl. Zernial v. U.S., 714 F.2d 431, 435 (5th Cir. (Tex.) 1983); Moss v. Columbus Bd. of Educ., 2001 WL 1681117, 6 (S.D.Ohio 2001); Setchko v. Township of Lower Southampton, 2001 WL 229625, 3 (E.D.Pa. 2001); Black v. City & County of Honolulu, 112 F.Supp.2d 1041, 1058 (D.Hawaii 2000).

543 Vgl. Wortlaut des 42 U.S.C. § 1986 S.1; Fisher, 56 Wash. & Lee L. Rev. 461, 498.

keine Zurechnungsnorm aufgrund irgendeines Beteiligungsaktes oder Näheverhältnisses. Da 42 U.S.C. § 1986 aber eine Ausweitung der Haftung gem. 42 U.S.C. § 1985(3) darstellt, soll er im Rahmen der *civil conspiracy* behandelt werden.

Statt wie die *joint tort* Theorien in Verbindung mit den jeweiligen *causes of action* darauf abzuzielen, rassistisches Unrecht durch Aufstellung von Verbotsnormen zu verhindern, setzt 42 U.S.C. § 1986 von der anderen Seite an und stellt die Gebotsnorm auf, Opfern rassistischen Unrechts aktiv Hilfe zu leisten[544].

Eine solche generelle Beistandspflicht, die auf bloßer Kenntnis der drohenden Umsetzung des Unrechts und der Möglichkeit beruht, dieses Unrecht zu verhindern[545], stellt eine Besonderheit im US-amerikanischen Deliktsrecht dar: Ähnlich dem deutschen Recht besteht grundsätzlich nur dann eine Pflicht, tätig zu werden, wenn entweder ein bestimmtes Verhältnis zwischen Hauptschädiger und Beklagtem[546] oder zwischen Geschädigtem und Beklagtem[547] besteht, oder wenn ein schadensnahes Vorverhalten – Ingerenz – des Beklagten vorliegt[548]. Außerhalb solcher Verhältnisse kennt das US-amerikanische Deliktsrecht keine Pflicht, einem in Not Geratenen zu helfen[549], wie es beim 42 U.S.C. § 1986 der Fall ist.

Anlass für diese weitreichende Haftung ist vor allem die besondere Schwere des Übels und der gesellschaftliche Hintergrund des rassistischen Unrechts in den USA[550]. Zur Zeit der Verabschiedung des Vorgängers der 42 U.S.C. §§ 1985 f., des Civil Rights Act of 1871, stellte die auffällige Untätigkeit der Bürgerschaft und der Behörden, vor allem der Polizei, gegenüber rassistischen Gewalttaten ein schwerwiegendes Problem im Hinblick auf die Einführung der Gleichberechtigung der farbigen Bevölkerung dar[551]. Daher beabsichtigte der Congress, durch den Vorgänger des 42 U.S.C. § 1986 einen besonders weitreichenden und effektiven Schutz vor solchen Verbrechen zu gewähren[552], die durch andere Mittel nicht in gleichem Maße verhindert werden konnten[553].

---

544 Fisher, 56 Wash. & Lee L. Rev. 461, 463 f.
545 Vgl. Wortlaut 42 U.S.C. § 1986 S. 1.
546 Restatement (2d.) of Torts, § 315 (a); Fisher, 56 Wash. & Lee L. Rev. 461, 511.
547 Restatement (2d.) of Torts, § 315 (b); Prosser/Keeton, § 56 S. 376 f. m.w.N.; Fisher, 56 Wash. & Lee L. Rev. 461, 511.
548 Restatement (2d.) of Torts, §§ 321 f.; Prosser/Keeton, § 56 S. 377 m.w.N.; Fisher, 56 Wash. & Lee L. Rev. 461, 511.
549 Restatement (2d.) of Torts, § 315; Prosser/Keeton, § 56 S. 375 m.w.N.
550 Fisher, 56 Wash. & Lee L. Rev. 461, 464 u. 479 ff.
551 Fisher, 56 Wash. & Lee L. Rev. 461, 473.
552 Foner, S. 454 f.; Fisher, 56 Wash. & Lee L. Rev. 461, 474.
553 Vgl. Fisher, 56 Wash. & Lee L. Rev. 461, 464.

Die weitgehende Haftung des 42 U.S.C. § 1986 wird also damit gerechtfertigt, dass das ihr zu Grunde liegende besonders schwerwiegende Übel auch eine entsprechend scharfe Maßnahme zu dessen Bekämpfung erfordert[554].

2. Voraussetzungen des 42 U.S.C. § 1986

Die Darstellung der Voraussetzungen des 42 U.S.C. § 1986 orientiert sich am *case law*, da das Richterrecht und nicht die Gesetzesvorschrift letzten Endes das anzuwendende Recht darstellt[555]. Danach muss der Beklagte (1) Kenntnis von der Durchführung der geplanten Akte einer *civil conspiracy* gem. 42 U.S.C. § 1985(3) haben, (2) die Möglichkeit der Verhinderung des geplanten Übels haben, er muss (3) diese Verhinderung verweigert oder fahrlässigerweise versäumt haben, und es müssen (4) tatsächlich Akte zur Verwirklichung des geplanten Übels ausgeführt worden sein[556].

Aus dem Erfordernis, dass der Beklagte gem. 42 U.S.C. § 1986 Kenntnis von einer *conspiracy* gem. 42 U.S.C. § 1985(3) haben muss, ergibt sich als Grundvoraussetzung, dass überhaupt eine *conspiracy* gem. 42 U.S.C. § 1985(3) vorliegen muss[557]. An diesem Erfordernis scheitern bereits die meisten auf 42 U.S.C. § 1986 gestützten Klagen[558].

a. Kenntnis von der Durchführung der geplanten Akte der civil conspiracy

Gem. 42 U.S.C. § 1986 kann ein Beobachter nur dann für sein Unterlassen haften, wenn er Kenntnis von der Durchführung der geplanten Akte der *civil conspiracy* gehabt hat[559]. Des öfteren findet man die Aussage, der Beklagte hafte, wenn

---

554 Fisher, 56 Wash. & Lee L. Rev. 461, 479.

555 Siehe Teil 1. B. III. 2.

556 Clark v. Clabaugh, 20 F.3d 1290, 1295 (3rd Cir. (Pa.) 1994); Brandon v. Lotter, 157 F.3d 537, 539 (8th Cir. (Neb.) 1998); Lloyd v. Jefferson, 53 F.Supp.2d 643, 672 (D.Del. 1999).

557 Clark v. Clabaugh, 20 F.3d 1290, 1295 Fn. 5 (3rd Cir. (Pa.) 1994); Bell v. City of Milwaukee 746 F.2d 1205, 1233 (C.A.Wis. 1984); 14A C.J.S. Civil Rights § 25; 15 Am. Jur. 2d Civil Rights, § 188; Cook/Sobieski, Civil Rights Actions Vol. 3, § 13.11.

558 Siehe oben, Teil 2. B. V.

559 siehe Wortlaut 42 U.S.C. § 1986; siehe auch Bell v. City of Milwaukee 746 F.2d 1205, 1233 (C.A.Wis. 1984); Brandon v. Lotter,157 F.3d 537, 539 (8th Cir. (Neb.) 1998).

er Kenntnis von der *civil conspiracy* gehabt habe[560], also nicht notwendigerweise von deren Durchführung. Es ist aber davon auszugehen, dass dies nur eine ungenaue Formulierung des Kenntniserfordernisses gem. 42 U.S.C. § 1986 ist, da in diesen Beiträgen nicht auf den Unterschied zu dem in 42 U.S.C. § 1986 genannten Erfordernis eingegangen wird[561].

Die Kenntnis von Durchführung muss der Beklagte nicht aus erster Hand haben[562], es reicht bereits die Kenntnis von Gerüchten[563]. Diese Gerüchte müssen allerdings einen gewissen Grad an Glaubwürdigkeit erreichen[564]. Ein Indikator, an dem der Grad der Glaubwürdigkeit zu messen ist, ist die Art und Weise der Reaktion (vernünftiger) Personen[565]. Beispielsweise zeigt die Tatsache, dass Ortspolizisten bei Kenntnisnahme von Gerüchten über einen bevorstehenden Angriff einer Motorradbande um Verstärkung gebeten haben, dass diese Gerüchte den erforderlichen Grad an Glaubwürdigkeit erreicht haben[566]. Feste Kriterien werden hierfür kaum aufzustellen sein, so dass hier ein Ermessensspielraum des Richters bzw. der Jury besteht.

Im Unterschied zu 42 U.S.C. § 1985(3) werden für die Haftung keine weiteren subjektiven Voraussetzungen gestellt: Insbesondere muss dem Beklagten gem. 42 U.S.C. § 1986 kein rassistischer Beweggrund (discriminatory animus) nachgewiesen werden[567].

b. Möglichkeit der Verhinderung der Akte

Das zweite Element des 42 U.S.C. § 1986 stellt kein juristisches Problem dar. Gem. 42 U.S.C. § 1986 muss der Beklagte die Möglichkeit der Verhinderung oder der Hilfeleistung zur Verhinderung der geplanten Akte gehabt haben[568].

---

560 Clark v. Clabaugh, 20 F.3d 1290, 1296 (3rd Cir. (Pa.) 1994); 15 Am. Jur. 2d Civil Rights, § 188; Fisher, 56 Wash. & Lee L. Rev. 461, 474; Smolla, Federal Civil Rights Acts Vol. 2, § 15:14; Cook/Sobieski, Civil Rights Actions Vol. 3, § 13.11.

561 Siehe vorherige Fn.

562 Clark v. Clabaugh, 20 F.3d 1290, 1296 (3rd Cir. (Pa.) 1994); Brandon v. Lotter, 157 F.3d 537, 539 (8th Cir. (Neb.) 1998); 15 Am. Jur. 2d Civil Rights, § 188.

563 Clark v. Clabaugh, 20 F.3d 1290, 1296 f. (3rd Cir. (Pa.) 1994); Fisher, 56 Wash. & Lee L. Rev. 461, 474.

564 Vgl. Clark v. Clabaugh, 20 F.3d 1290, 1297 (3rd Cir. (Pa.) 1994).

565 Clark v. Clabaugh, 20 F.3d 1290, 1297 (3rd Cir. (Pa.) 1994).

566 Siehe vorherige Fn.

567 Clark v. Clabaugh, 20 F.3d 1290, 1298 (3rd Cir. (Pa.) 1994); 15 Am. Jur. 2d Civil Rights, § 188; Cook/Sobieski, Civil Rights Actions Vol. 3, § 13.11; Fisher, 56 Wash. & Lee L. Rev. 461, 474.

568 Siehe auch Clark v. Clabaugh, 20 F.3d 1290, 1295 (3rd Cir. (Pa.) 1994); Brandon v. Lotter, 157 F.3d 537, 539 (8th Cir. (Neb.) 1998); Fisher, 56 Wash. & Lee L. Rev. 461, 474.

Damit dürfte von dem Beklagten etwa verlangt werden können, Hilfe zu holen, nicht aber notwendigerweise eigenhändig einzuschreiten[569].

c. Verweigerung oder fahrlässige Versäumung der Hilfeleistung

Wie schon der Wortlaut des 42 U.S.C. § 1986 andeutet, reicht für die Haftung gem. 42 U.S.C. § 1986 nicht nur die Verweigerung aus, die dem Wortsinn nach ein willentliches Unterlassen darstellt[570], sondern auch die fahrlässige Versäumung der Hilfeleistung[571]. Beispielsweise versäumt ein Polizist fahrlässig seine Hilfspflicht gem. 42 U.S.C. § 1986, wenn er sich dessen bewusst ist, dass seine Untergebenen geplant haben, einen Fall von *police brutality* zu vertuschen und er sie nicht über diesen Vorfall bzw. dessen Vertuschung befragt, was jedoch nach den Vorschriften der betreffenden Polizeieinheit geboten ist[572].

d. Kausalität zwischen Schäden und Unterlassen einer möglichen Hilfeleistung

Gem. 42 U.S.C. § 1986 haftet der Beklagte nur für die Schäden, die durch Anwendung der üblichen Sorgfalt hätten verhindert werden können[573].

3. Rechtsfolgen des 42 U.S.C. § 1986

Der Anspruchsgegner eines Anspruchs gem. 42 U.S.C. § 1986 haftet für alle compensatory damages, soweit sie ihm zurechenbar sind. Falls jedoch das Opfer durch die Handlungen im Rahmen der conspiracy zu Tode kommen sollte, ist gem. 42 U.S.C. § 1986 die Ersatzsumme dieses Anspruchs auf fünftausend Dollar begrenzt. Dies mag angesichts der Tatsache, dass die Haftung für alle anderen Rechtsgutsverletzungen unbegrenzt ist, als etwas gering erscheinen. Jedoch wer-

---

569 Vgl. Fisher, 56 Wash. & Lee L. Rev. 461, 513, die sich hier nicht direkt auf 42 U.S.C. § 1986 bezieht, sondern ausgehend von dieser Norm Voraussetzungen für eine andere Beistandspflicht aufstellt.

570 Siehe Garner, Black´s Law Dictionary, Stichwort „*refuse*".

571 Clark v. Clabaugh, 20 F.3d 1290, 1298 (3rd Cir. (Pa.) 1994); Park v. City of Atlanta, 120 F.3d 1157, 1160 (11th Cir. (Ga.) 1997); vgl. Bell v. City of Milwaukee 746 F.2d 1205, 1258 (C.A.Wis. 1984); 15 Am. Jur. 2d Civil Rights, § 188; Fisher, 56 Wash. & Lee L. Rev. 461, 474.

572 Vgl. Bell v. City of Milwaukee 746 F.2d 1205, 1258 (C.A.Wis. 1984). Zur Klarstellung sei angefügt, dass der Polizist hier nur für die Schäden durch die Vertuschung haftet, nicht etwa für die, die durch die *police brutality* entstanden sind.

573 Siehe auch Clark v. Clabaugh, 20 F.3d 1290, 1298 (3rd Cir. (Pa.) 1994); Cook/Sobieski, Civil Rights Actions Vol. 3, § 13.11.

den die Gerichte nicht über den klaren Wortlaut der Norm hinausgehen, auch wenn die Ersatzsumme nach heutigen Maßstäben sehr begrenzt ist.

Punitive damages können auch im Fall des 42 U.S.C. § 1986 aufgebürdet werden[574]. Allerdings müssen die allgemeinen Voraussetzungen der *punitive damages* erfüllt werden[575], so dass beispielsweise ein Beklagter, dem man nur ein fahrlässiges Versäumen seiner Pflicht vorwerfen kann, nicht haftet.

4. Ergebnis zu: Haftung aufgrund bloßer Kenntnis gem. 42 U.S.C. § 1986

42 U.S.C. § 1986 bietet den großen Vorteil, dass ausnahmsweise schon derjenige in die Haftung einbezogen wird, der bloße Kenntnis von der Durchführung des geplanten Übels hat. Diese Eigenschaft macht 42 U.S.C. § 1986 zu einem wichtigen Instrument zur Gewährleistung des Schutzes der *civil rights*[576], da erstmalig eine für jedermann gültige zivilrechtliche Pflicht zur Hilfeleistung besteht. Ein weiterer Vorteil des 42 U.S.C. § 1986 ist, dass dessen Voraussetzungen und Rechtsfolgen übersichtlich sind und bei der Auslegung wenig Probleme bereiten dürften[577]. Unklar wird alleine die Frage bleiben, wann ein Gerücht ausreichend glaubwürdig ist, um die erforderliche Kenntnis des Beklagten zu bejahen. Dies wird im Ermessen des Richters, bzw. der Jury liegen[578]. Schließlich erleichtern es die weiten Voraussetzungen des 42 U.S.C. § 1986 dem Kläger, eventuelle Beweislücken im Falle einer *civil conspiracy* gem. 42 U.S.C. § 1985(3) zu schließen: Sollte es dem Kläger nicht gelingen, einem bestimmten Beklagten die Teilnahme an einer bestehenden *conspiracy* gem. 42 U.S.C. § 1985(3) nachzuweisen, weil er den Nachweis des *racial animus* oder der Teilnahme am *agreement* schuldig bleibt, kann er auf 42 U.S.C. § 1986 ausweichen[579]. Hiernach muss dem Beklagten weder die Teilnahme an dem *agreement* noch ein *racial animus* nachgewiesen werden[580] – allerdings muss eine *conspiracy* gem. 42 U.S.C. § 1985(3) bestehen, wenn auch ohne dessen Beteiligung.

Trotzdem bleiben viele auf 42 U.S.C. § 1986 gestützten Klagen erfolglos, besonders im Falle von Gewalttaten durch ausschließlich private Personen. Dies hängt damit zusammen, dass 42 U.S.C. § 1986 das Bestehen einer *conspiracy* gem. 42 U.S.C. § 1985(3) erfordert, welche im Falle der ausschließlichen Betei-

574 Bell v. City of Milwaukee 746 F.2d 1205, 1267 (C.A.Wis. 1984); Smolla, Federal Civil Rights Acts Vol. 2, § 15:12, Fn.1.
575 Vgl. Bell v. City of Milwaukee 746 F.2d 1205, 1267 (C.A.Wis. 1984).
576 Fisher, 56 Wash. & Lee L. Rev. 461, 518.
577 Vgl. dazu oben, Teil. 2. B. V. 2.
578 Siehe oben, Teil 2. B. V. 2. a.
579 Fisher, 56 Wash. & Lee L. Rev. 461, 490 f. und 496.
580 Siehe oben, Teil 2. B. V. 2. und 2. a.

ligung Privater seltener gegeben sein wird[581]. Daher werden Hauptanwendungsfälle auch des 42 U.S.C. § 1986 die Fälle einer *conspiracy* mit hoheitlicher Beteiligung sein, wie z.B. Fälle von *police brutality*.

VI. Ergebnis zur civil conspiracy

Als Ergebnis zum Institut der *civil conspiracy* soll zur eingangs zitierten Aussage Stellung genommen werden, der große Vorteil aus der Sicht des Klägers seien die weiten Voraussetzungen dieser Theorie, bei denen der Richter einen großen Ermessensspielraum habe und mit der die Haftung für das Verhalten anderer „zugeschneidert“ werden könne[582]. Anschließend sollen die (sonstigen) Vorteile des *civil conspiracy* Instituts aufgeführt werden.

1. Weite des civil conspiracy Instituts

Die vorstehenden Ausführungen haben gezeigt, dass die *civil conspiracy* in der Tat sehr weite Voraussetzungen hat. So muss sich der Hintermann einer unerlaubten Handlung nach h.M. nur planerisch an ihr beteiligt haben – ein eigener Verwirklichungsakt ist nach h.M. nicht erforderlich[583]. Die Details des Planes müssen ihm darüber hinaus nicht bekannt sein[584]. Zumindest in *hate crimes* Fällen bereitet auch das Merkmal *(agreement) between two persons* kein Problem, da in diesen Fällen eine *intracorporate conspiracy* nach allen Ansichten möglich ist[585]. Die einzige Schwierigkeit hinsichtlich der Einbeziehung in die Haftung liegt darin, dem Hintermann die Beteiligung am *agreement* nachzuweisen, wobei es aber auch gewisse Beweiserleichterungen gibt[586]. Ist diese Hürde genommen worden, haftet er nach h.M. für jede Tat des Hauptschädigers, die dieser *in furtherance of the common scheme* begangen hat. Dies bedeutet, dass die konkrete Tat und ihre Folgen nach momentaner Rechtsprechung weder vom Vorsatz des Mitverschwörers umfasst werden, noch vorhersehbar sein müssen[587]. Die Voraussetzungen einer *civil conspiracy* in *civil rights* Fällen gem. 42 U.S.C. § 1985(3) sind wegen des Erfordernisses der *deprivation of the equal protection*

581 Siehe oben, Teil 2. B. IV. 2. b. dd.
582 Siehe Teil 2. B. I.
583 Siehe oben, Teil 2. B. III. 4. a. und e.
584 Siehe oben, Teil 2. B. III. 3.
585 Siehe oben, Teil 2. B. III. 2. b. aa. bbb. (2). und bb.
586 Siehe oben, Teil 2. B. III. 1. b.
587 Siehe oben, Teil 2. B. III. 5. a.

of the law zwar eng[588]. Dies hat aber nur zur Folge, dass der Kläger dann auf die *common law civil conspiracy* zurückgreifen muss.

2. *Ermessensspielraum des Richters und Verformbarkeit des civil conspiracy Instituts*

Der Aussage, der Richter habe einen großen Ermessensspielraum bzw. mit dieser Theorie könne die Haftung für das Verhalten anderer „zugeschneidert“ werden, muss allerdings im Wesentlichen widersprochen werden. Die weiten Voraussetzungen einer Theorie alleine können noch nicht zu einem weiten Ermessensspielraum führen, sondern nur zu einer weiten Haftung. Es ist obiger Aussage jedoch das Zugeständnis zu machen, dass ein Richter im *case law* dann eigene Voraussetzungen schaffen kann bzw. bestehende umformen kann, wenn ein gewisser Bereich des Rechts nicht ausreichend durch *precedents* geregelt ist. Im Fall der *civil conspiracy* könnte dies insbesondere beim Haftungsumfang zutreffend sein, da Ungereimtheiten bei der Einschränkung der *furtherance* Regel durch die *foreseeability* Regel bestehen. Die übrigen Voraussetzungen jedoch sind ausgehend von der Halberstam-Entscheidung[589] mittlerweile einigermaßen klar durch *precedents* oder zumindest durch eine Fülle von *persuasive authority*, welche von ungebundenen Gerichten regelmäßig beachtet wird, definiert. Dies war vor dieser Entscheidung, in der die Grundsätze der *civil conspiracy* erstmals gründlich zusammengetragen worden sind und an der sich anschließend zahlreiche Gerichte orientiert haben, nicht der Fall[590]. Die *civil conspiracy* wurde zu dieser Zeit als ein "poorly defined (tort)...highly susceptible to judicial expansion“ angesehen[591].

3. *Vorteile des civil conspiracy Instituts*

Der größte Vorteil des civil conspiracy Instituts sind seine weiten Voraussetzungen, mit denen Hintermänner in die Haftung einbezogen werden können, die weder an der konkreten Ausführungshandlung beteiligt waren noch von ihr und ihren Folgen wussten[592].

Weitere Vorteile bestehen in Fällen, in denen eine *conspiracy* gem. 42 U.S.C. § 1985(3) vorliegt. Ausnahmsweise kann hier sogar die Haftung gem. 42 U.S.C.

588 Siehe oben, Teil 2. B. IV. 2. d.

589 Halberstam v. Welch, 705 F.2d 472 (D.C. Cir. 1983).

590 Vgl. Halberstam v. Welch, 705 F.2d 472, 489 (D.C. Cir. 1983).

591 Leventhal, 14 Seton Hall L. Rev. 627, 632 (1984), zitierend United Mine Workers v. Gibbs, 383 U.S. 715, 732 (1966); ähnlich: Whitson, 59 B.U. L. Rev. 921, 928.

592 Siehe oben, Teil 2. B. VI. 1.

§ 1986 auf Unbeteiligte erstreckt werden, die Kenntnis von der Begehung der Tat hatten sowie die Möglichkeit der Verhinderung dieser[593]. Des weiteren können gem. 42 U.S.C. § 1988(b) die Anwaltsgebühren in vernünftiger Höhe als Teil des Schadens gefordert werden, was nach dem *common law* grundsätzlich nicht möglich ist[594].

C. Aiding and abetting

I. Einleitung

1. Einordnung der aiding and abetting Theorie

Die Theorie des *aiding and abetting* bezieht denjenigen mit in die Haftung als *joint tortfeasor*[595] ein, der weder die Rechtsgutsverletzung als Hauptschädiger begangen hat, noch an deren Planung beteiligt war. Die Haftung des *aider-abettor's* beruht darauf, dass er den Haupttäter wesentlich psychisch oder physisch unterstützt hat[596].

Diese Theorie wird von der h.M.[597] als Zurechnungstheorie angesehen, nicht als Grundlage für ein eigenständiges Delikt und damit nicht als Anspruchsgrundlage. Dies wird damit begründet, dass anerkanntermaßen derjenige, der einem anderen bei dessen Delikt assistiert, wegen der Begehung desselben Deliktes wie der Haupttäter verureilt wird[598]. Weil das Recht so einfach wie möglich aus-

---

593 Siehe oben, Teil 2. B. IV. 3. und zu 42 U.S.C. § 1986 Teil. 2. B. V.

594 Siehe oben, Teil 2. B. IV. 3.

595 Siehe dazu Teil 2.

596 Im Folgenden ist zum Zwecke des Textflusses mit ‚unterstützen' sowohl physische als auch psychische Unterstützung, also ermuntern und auch anstiften (siehe unten, Teil 2. C. II. 2.), gemeint.

597 Eastern Trading Co. v. Refco, Inc., 229 F.3d 617, 623 (7th Cir. (Ill.) 2000); Granewich v. Harding, 985 P.2d 788, 792 (Or. 1999); Richard B. LeVine, Inc. v. Higashi, 32 Cal.Rptr.3d 244, 253 f. (Cal. 2005); Alleco, Inc. v. Harry & Jeanette Weinberg Foundation, Inc., 639 A.2d 173, 175 (Md. 1994); 15A C.J.S. Conspiracy § 3; 86 C.J.S. Torts § 37.Einige Gerichte scheinen diese Theorie als eigenständige Anspruchsgrundlage zu verstehen, so Halberstam v. Welch, 705 F.2d 472, 479 (D.C. Cir. 1983). Andererseits enthalten diese Gerichte auch Sätze aus denen man auf das Gegenteil schießen kann, siehe Halberstam v. Welch, a.a.O., S. 481. Zu weiteren Nachweisen hierzu siehe Eastern Trading Co. v. Refco, Inc., 229 F.3d 617, 623 (7th Cir. (Ill.) 2000).

598 Eastern Trading Co. v. Refco, Inc., 229 F.3d 617, 623 f. (7th Cir. (Ill.) 2000), zitierend McClellan v. Cantrell, 217 F.3d 890, 894 f. (7th Cir. (Ill.) 2000).

gestaltet sein solle, sei kein Raum für ein eigenständiges Delikt des *aiding and abetting*[599].

Mit dieser Zurechnungstheorie wird der Zweck verfolgt, diejenigen Personen in die Haftung mit einzubeziehen, deren indirekte Involvierung sie ansonsten von einer deliktischen Inanspruchnahme freistellen würde[600]. So kann eine umfassendere Kompensation für das Opfer gewährleistet und von der Teilnahme an unerlaubten Handlungen abgeschreckt werden[601].

Der *aider-abettor* ist mithin einem Gehilfen im Sinne des § 830 II BGB vergleichbar, auch wenn zum Teil deutliche Unterschiede zwischen beiden Rechtsfiguren bestehen, wie dieses Kapitel noch zeigen wird.

In vielen Fällen wird neben dem *aiding and abetting* auch die *civil conspiracy* anwendbar sein[602]. Wie im Kapitel der *civil conspiracy* bereits angedeutet, haben Gerichte diese Theorien oft vermischt bzw. nicht sauber zwischen ihnen unterschieden[603]. Es lassen sich jedoch beide Theorien klar von einander abgrenzen: Das wesentliche Haftungsmerkmal der *civil conspiracy* ist die Absprache – eine wesentliche Unterstützungshandlung ist nicht erforderlich –, während beim *aiding and abetting* von einander unabhängige Akteure handeln, wobei der *aider-abettor* den Hauptschädiger durch eine Handlung unterstützen muss, die einen *substantial factor in causing the resulting tort* darstellt[604]. Die praktische Bedeutung dieser Unterscheidung ist nicht zu unterschätzen: In manchen Fällen wird es einem Kläger leicht fallen, ein *agreement* zu beweisen, wogegen der

599 Eastern Trading Co. v. Refco, Inc., 229 F.3d 617, 623 f. (7th Cir. (Ill.) 2000).

600 Dees/Bowden, 31-FEB Trial, 22, 24.

601 Juhl v. Airington, 936 S.W.2d 640, 644 (Tex. 1996), der unter der *concerted action* Theorie die *aiding and abetting* Theorie versteht; Willis, 51 S.C. L. Rev. 1045, 1062; vgl. Central Bank of Denver v. First Interstate Bank of Denver, 511 U.S. 164, 188 (1994).

602 Petersen/Moore, 10 Causes of Action 2d 217, § 13; Bsp.: Halberstam v. Welch, 705 F.2d 472 (D.C. Cir. 1983); Unger v. Hacker, 578 F.Supp. 143 (D.C.Pa. 1983), York v. InTrust Bank, N.A., 962 P.2d 405 (Kan. 1998).

603 So Halberstam v. Welch, 705 F.2d 472, 478 (D.C. Cir. 1983); Ruder, 120 U. Pa. L. Rev. 597, 639; Bsp.: Tabb v. Norred, 277 So. 2d. 223, 227 (La. 1973); American Mutual Life Insurance Co. v. Grim, 440 P.2d 621, 625 f. (Kan. 1968); K & S Partnership v. Continental Bank, N. A., 952 F.2d 971, 980 (8th Cir. (Neb.) 1991), ("liability for civil conspiracy is in substance the same thing as aiding and abetting liability").

604 Halberstam v. Welch, 705 F.2d 472, 478 (D.C. Cir. 1983); State ex rel. Mays v. Ridenhour, 811 P.2d 1220, 1232 (Kan. 1991); Wells Fargo Bank v. Arizona Laborers, Teamsters and Cement Masons Local No. 395 Pension Trust Fund, 38 P.3d 12, 28, Fn. 16 (Ariz. 2002); 15A C.J.S. Conspiracy § 3; Dees/Bowden, 31-FEB Trial, 22, 25; Petersen/Moore, 10 Causes of Action 2d 217, § 13; Lepinskas, 87 Ill. B.J. 532, 533.

Nachweis der *substantial assistance* problematisch sein kann. Umgekehrt kann ein Kläger in anderen Fällen den Nachweis eines *agreement* schuldig bleiben, jedoch wird er in der Lage sein, eine wesentliche Unterstützungshandlung zu belegen. Auf diese Weise können sich beide Theorien gegenseitig ergänzen[605].

Gerade bei der Zurechnung von *hate-crimes* des Hauptschädigers zum Hintermann erlangt die Theorie des *aiding and abetting* besondere Bedeutung in der Praxis, da die in diesen Fällen gegebenen Tatsachen oft unter diese Theorie subsummiert werden können[606]. Eine beachtliche Schwierigkeit bei der Anwendung des *aiding and abetting* besteht aber dann, wenn es zutrifft, dass das *common law* mangels *precedents* auf diesem Gebiet noch unterentwickelt ist[607]. Eine solche Unterentwicklung hätte zur Folge, dass einige Rechtsfragen noch nicht geklärt sind, so dass die Gerichte ohne Bindung an *precedents* ihren eigenen Lösungsweg wählen könnten[608]. Dies brächte eine große planerische Unsicherheit für die Parteien mit sich. Die Beobachtung der Unterentwicklung des *common law* machte der Supreme Court im Jahr 1994[609], allerdings in erster Linie bezugnehmend auf die Entscheidung Halberstam v. Welch[610], die bereits im Jahr 1983 erging. In letzterer Entscheidung, die auch hinsichtlich der *aiding-abetting* Theorie

---

605 Weiterhin unterscheiden sich beide Theorien erstens darin, dass der *aider-abettor* nach h.M. auch eine fahrlässige Haupttat fördern kann, während sich ein *conspirator* kaum an einem Plan beteiligen kann, eine solche Tat zu begehen. Zweitens haftet ein *aider-abettor* zwar für alle vorhersehbaren Rechtsgutsverletzungen und daraus resultierende Schäden des Vordermanns. Der Vordermann haftet aber, falls nicht eine *conspiracy* vorliegt, nicht für Rechtsgutverletzungen, die der Hintermann selbst begangen hat (zu beiden Punkten siehe Halberstam v. Welch, 705 F.2d 472, 478 (D.C. Cir. 1983); Leach, 54 U. Miami L. Rev. 1, 14). Diese beiden Gesichtspunkte sind jedoch von geringer Bedeutung für die vorliegende Arbeit – letzterer aus dem Grund, dass die typische Konstellation der hier untersuchten *hate-crimes* die ist, in der der *aider-abettor* gerade im Hintergrund bleibt, bzw. die eigentliche Rechtsgutsverletzung nicht eigenhändig begeht.

606 Dees/Bowden, 31-FEB Trial, 22, 25. Siehe beispielsweise den Fall Berhanu v. Metzger, No. A8911-07007 (Or. Multnomah County Cir. Ct. 1990), Judgment, S. 2, Q. 2 und Jury Instructions, S. 12 f.

607 Dies behaupten: Central Bank of Denver v. First Interstate Bank of Denver, 511 U.S. 164, 181 (1994); Combs, 58 Vand. L. Rev. 241, 249; Willis, 51 S.C. L. Rev. 1045, 1046 u. Fn. 9.

608 Willis, 51 S.C. L. Rev. 1045, 1050.

609 Siehe Central Bank of Denver v. First Interstate Bank of Denver, 511 U.S. 164, 181 (1994).

610 Halberstam v. Welch, 705 F.2d 472 (D.C. Cir. 1983).

als wegweisend gilt[611], wird besonders auf die Knappheit des *common law* auf dem Gebiet der sekundären Haftung für „Verbrechen" hingewiesen[612].

In diesem Kapitel C. soll daher untersucht werden, inwiefern die Behauptung, das *common law* sei auf dem oben angesprochenen Gebiet noch unterentwickelt und berge folglich die Gefahr der Rechtsunsicherheit, noch haltbar ist.

2. Bedeutung von Rechtsquellen außerhalb des Richterrechts des common law

Eine gewichtige Rolle bei der Entwicklung des *aiding and abetting* Instituts spielen auch andere Rechtsquellen als die des *common law of torts* bzw. als das Richterrecht als primäre Rechtsquelle dessen. Insbesondere haben das Restatement (second) of Torts, das *criminal law* und das Richterrecht des *securities law*, welches auf einer Bundesnorm basiert, die Entwicklung des *common law aiding and abetting* maßgeblich beeinflusst, dazu im Folgenden.

Die gängigste und wichtigste Darstellung der *common law aiding and abetting* Haftung findet sich im Restatement (second) of Torts, § 876 (b)[613]. Zahlreiche Staaten-[614] und Bundesgerichte[615] haben sich auf die Umschreibung der *ai-*

---

611 Haag, 30 Tex. Tech L. Rev. 1421, 1451; Frey, Preliminary Report: United States Case Law Relating to the Civil Liability of Groups That Promote Violence, S. 13, abrufbar unter www.auslaenderschutz-durch-zivilrecht.de.

612 Halberstam v. Welch, 705 F.2d 472, 489 (D.C. Cir. 1983), wobei mit *„crimes"* in diesem Falle Gewaltdelikte bzw. Vermögensdelikte in Verbindung mit Gewaltanwendung gemeint sind.

613 Lepinskas, 87 Ill. B.J. 532, 533. In diesem Kapitel wird Restatement (second) of Torts, § 876 mit „§ 876" abgekürzt.

614 Herman v. Coastal Corp., 791 A. 2d 238, 253 (N.J. 2002); Wells Fargo Bank v. Arizona Laborers, Teamsters and Cement Masons Local No. 395 Pension Trust Fund, 38 P.3d 12, 23 (Ariz. 2002); Wilson v. DiCaprio, 717 N.Y.S.2d 174, 175 (N.Y. 2000); Kurker v. Hill, 689 N.E.2d 833, 837 (Mass. 1998); Witzman v. Lehrman, Lehrman & Flom, 601 N.W.2d 179, 186 (Minn. 1999); Fiol v. Doellstedt, 58 Cal.Rptr.2d 308, 312 (Cal. 1996); Cobb v. Indian Springs, Inc., 522 S.W.2d 383, 387 f. (Ark. 1975), Bezug nehmend auf das inhaltsgleiche Restatement (1st.) of Torts, § 876 (b); Smith v. Thompson, 655 P.2d 116, 118 (Idaho 1982); Rael v. Cadena, 604 P.2d 822, 823 (N.M. 1979); Shinn v. Allen, 984 S.W.2d 308, 310 ff. (Tex. 1998), allerdings darauf hinweisend, dass der Supreme Court of Texas in Juhl v. Airington, 936 S.W.2d 640, 644 (Tex. 1996) die Übernahme von § 876 (b) offengelassen hat; auch in Pennsylvania ist die Übernahme des § 876 (b) offengelassen worden, siehe Clayton v. McCullough, 670 A.2d 710, 713 (Pa. 1996).

615 Halberstam v. Welch, 705 F.2d 472, 478 (D.C. Cir. 1983); Edwards & Hanly v. Wells Fargo Securities Clearance Corp., 602 F.2d 478, 483 Fn. 5 (2d. Cir. (N.Y.) 1979); Petro-Tech, Inc. v. Western Co. of North America, 824 F.2d 1349, 1357 (3rd. Cir. (Pa.) 1987); vgl. SEC v. Coffey, 493 F.2d 1304, 1316 (6th. Cir. (Ohio) 1974), Bezug nehmend auf Restatement (1st.) of Torts, § 876; Aetna Cas. and Sur.

ding-abetting Haftung gemäß dem Restatement (second) of Torts gestützt. Da sich aus § 876 (b) die drei Grundvoraussetzungen für die Haftung des *aider-abettor's* bereits ergeben[616], und mit Ausnahme weniger Jurisdiktionen sowohl Staaten- als auch Bundesgerichte die Regelung des § 876 (b) übernommen haben, wird bereits an dieser Stelle für die Theorie des *aiding and abetting* auf dem Gebiet der *physical harms* deutlich, dass jedenfalls dessen Grundstrukturen einigermaßen gefestigt sind. Die Darstellung der Voraussetzungen des *aiding and abetting* in Kapitel II. wird zeigen, ob sich diese Feststellung auch auf Rechtsfragen übertragen lässt, die über die Grundstrukturen hinausgehen.

Die *criminal aiding and abetting* Theorie weist große Ähnlichkeit mit der *civil aiding and abetting* Theorie auf[617]. Aus der ersteren hat sich die *civil aiding and abetting* Theorie entwickelt[618]. Daher können noch heute strafrechtliche Urteile zum *aiding-abetting* als *persuasive authority* herangezogen werden[619]. Einige Jurisdiktionen, darunter Wisconsin und Rhode Island, haben auch die strafrechtlichen Voraussetzungen der *aiding and abetting* Haftung als maßgeblich für Zivilrechtsfälle angesehen[620]. Dabei ist zu beachten, dass sich selbstverständlich auch die Elemente des *criminal aiding and abetting* von Staat zu Staat unterscheiden. Es kann aber als erster Anhaltspunkt festgehalten werden, dass die *criminal aiding and abetting* Theorie in der Regel höhere Anforderungen an das

---

Co. v. Leahey Const. Co., 219 F.3d 519, 533 (6th. Cir. (Ohio) 2000); In re TMJ Implants Products Liability Litigation, 113 F.3d 1484, 1495 f. (8th. Cir. (Minn.) 1997).

616 Siehe unten, Teil 2. C. II.

617 Vgl. die klassische *aiding-abetting* Definition im Kontext des Strafrechts in Nye & Nissen v. United States, 336 US 613, 619 (1949), zitierend U.S. v. Peoni, 100 F.2d 401, 402 (2d. Cir. (N.Y.) 1938): „In order to aid and abet another to commit a crime it is necessary that a defendant in some sort associate himself with the venture, that he participate in it as in something that he wishes to bring about, that he seek by his action to make it succeed“ mit der in Teil 2. C. II. beschriebenen Definition. Dabei fordern nicht alle Strafgerichte in jeder Situation *intent*, manche lassen auch *(actual) knowledge of the tortious conduct* ausreichen. Siehe auch Winslow v. Brown, 371 N.W.2d 417, 422 f. (Wis. 1985) und Lepinskas, 87 Ill. B.J. 532, 533.

618 Central Bank of Denver v. First Interstate Bank of Denver, 511 U.S. 164, 181 (1994); Lazar, 804 PLI/Comm 273, 280; Lepinskas, 87 Ill. B.J. 532, 533; Murray, 30 New Eng. L. Rev. 475, 490.

619 Siehe Dorman v. Dorman, 1993 WL 742662, 4 (Del. 1993); vgl. Rice v. Paladin Enterprises, Inc., 128 F.3d 233, 251 (4th. Cir. (Md.) 1997) und Boim v. Quranic Literacy Institute, 127 F.Supp.2d 1002, 1018 (N.D. Ill. 2001), affirmed, 291 F.3d 1000, die beide *criminal cases* für die Bestimmung der Voraussetzungen heranziehen.

620 Siehe Curtin v. Lataille, 527 A.2d 1130, 1131 f. (R.I. 1987); Winslow v. Brown, 371 N.W.2d 417, 423 (Wis. 1985).

subjektive Element stellt als ihr zivilrechtliches Äquivalent[621]: Während nach h.M. für die zivilrechtliche Haftung nur *actual knowledge of the primary violation* gefordert wird[622], ist die Grundregel für die strafrechtliche Haftung, dass der *aider-abettor* die Begehung der Rechtsgutsverletzung durch den Vordermann bezweckt[623].

Auf dem Gebiet der zivilrechtlichen Haftung für Verstöße gegen *securities* Regeln hat sich die *aiding and abetting* Theorie besonders weit entwickelt[624]. So sind Gerichte und die Literatur zu diesem Thema auf Rechtsfragen eingegangen, die im *common law* noch nicht angesprochen wurden, nach Ansicht des Halberstam-Courts aber von Bedeutung in zukünftigen *physical harm* Fällen sein können[625]. Da die *aiding-abetting* Haftung im *securities* Bereich größtenteils analog zu der *common law* Theorie entwickelt wurde[626], insbesondere unter Übernahme des § 876 (b)[627], können *securities* Fälle grundsätzlich zur Bestimmung der *aiding and abetting* Haftung auf dem Gebiet des *physical harm* Fälle herangezogen werden[628]. So hat sich die richtungsweisende Entscheidung zum *aiding and abetting*, Halberstam v. Welch, zur Formulierung der Grundvoraussetzungen auf einen *securities* Fall gestützt[629].

Allerdings ist zu beachten, dass die *securities* Fälle nur noch als *persuasive authority* dienen können[630], da der Supreme Court in Central Bank of Denver v. First Interstate Bank of Denver im Jahr 1994 entschieden hat, dass sect. 10 (b) des Securities and Exchange Act of 1934 keinen Ersatzanspruch gegen *aider-abettors* einer *securities law* Verletzung gewährt[631]. Darüber hinaus müssen die

---

621 Vgl. U.S. v. Peoni, 100 F.2d 401, 402 (2d. Cir. (N.Y.) 1938); Rice v. Paladin Enterprises, Inc., 128 F.3d 233, 251 (4th. Cir. (Md.) 1997) im Bezug auf das Recht des Staates Maryland; Kuehnle, 14 J. Corp. L. 313, 322.

622 Im Einzelnen dazu unten, Teil 2. C. II. 3. a.

623 Siehe die obigen beiden Fn.

624 Witzman v. Lehrman, Lehrman & Flom, 601 N.W.2d 179, 187 Fn. 2 (Minn. 1999).

625 Halberstam v. Welch, 705 F.2d 472, 485 Fn. 14 (D.C. Cir. 1983), dabei handelt es sich besonders um die Fragen, ob das bloße Untätig-Bleiben eines Beklagten schon als *substantial assistance* und ob *recklessness* schon als *knowlegde* i.S.d. *aiding and abetting* angesehen werden kann.

626 McDermott, 62 Tex. L. Rev. 1087, 1092.

627 McDermott, 62 Tex. L. Rev. 1087, 1092; Bromberg/Lowenfels, 52 Alb. L. Rev. 637, 647.

628 Vgl. Halberstam v. Welch, 705 F.2d 472, 485 (D.C. Cir. 1983), der diese Fälle zur Abgrenzung von *civil conspiracy* und *aiding and abetting* heranzieht.

629 Siehe Halberstam v. Welch, 705 F.2d 472, 477 f. und Fn. 8 (D.C. Cir. 1983).

630 Witzman v. Lehrman, Lehrman & Flom, 601 N.W.2d 179, 187 Fn. 2 (Minn. 1999); Combs, 58 Vand. L. Rev. 241, 263 f.

631 Central Bank of Denver v. First Interstate Bank of Denver, 511 U.S. 164, 164 ff. (1994).

in den *securities* Fällen gefundenen Ergebnisse mit Vorsicht verwendet werden, zumal sich die dort gegebenen Verletzungshandlungen[632] und sonstigen Umstände des Falles erheblich von denen der *physical harm* Fälle unterscheiden[633].

Dieser erste Überblick über die Rechtsquellen außerhalb des Richterrechts des *common law* zeigt, dass diese Quellen – Restatement (second) of Torts, § 876 (b), *criminal law, securities law* – aufgrund der Knappheit des *common law* zwar eine gewichtige Rolle spielen, aber nur die Bedeutung einer *persuasive authority* haben.

3. Anerkennung des aiding and abetting

Mittlerweile ist die Zurechnungstheorie des *aiding and abetting* auf dem Gebiet der *physical harms* in fast jeder Jurisdiktion anerkannt[634]. Einzig in den Bundesstaaten Missouri und Virginia haben Gerichte die Entscheidung über die Anerkennung dieser Theorie offen gelassen[635]. Zwar stößt man gelegentlich auf Aussagen, die aus dem Zusammenhang genommen, den Schluss auf eine Ablehnung dieser Theorie zulassen. Bei genauerem Betrachten stellt sich jedoch heraus, dass mit diesen Aussagen stets nicht die Ablehnung der Haftung für *aiding and abetting physical harms* gemeint ist[636]. So ist mit dem gelegentlich zu findenden Satz *"there is no tort of aiding and abetting"* lediglich gemeint, dass *aiding and abetting* keine selbständige Anspruchsgrundlage sondern eine bloße Zurechnungstheorie darstellt, die voraussetzt, dass eine Rechtsgutsverletzung als Haupttat begangen wurde[637]. Auch die Entscheidung des Supreme Court in Central Bank of Denver v. First Interstate Bank of Denver[638] ändert nichts an der Anerkennung des *aiding and abetting* auf dem hier untersuchten Gebiet, da sich die Begrün-

---

632 Es handelt sich hier meist um Täuschungshandlungen bei Börsengeschäften u.ä.

633 So auch Combs, 58 Vand. L. Rev. 241, 264.

634 Siehe dazu Alleco Inc. v Harry & Jeanette Weinberg Foundation, Inc., 665 A2d 1038, 1049 f. (Md. 1995); Lepinskas, 87 Ill. B.J. 532, 533.

635 Vgl. Bradley v. Ray, 904 S.W.2d 302, 315, Fn. 11 (Mo. 1995); Meadow Limited Partnership v. Heritage Savings and Loan Assn., 639 F.Supp. 643, 653 (E.D.Va. 1986).

636 Vgl. aber Granewich v. Harding, 945 P.2d 1067, 1073 (Or. 1997), in der das Gericht aus solchen Aussagen fälschlicherweise den Schluss zieht, die Theorie des *aiding and abetting* sei nicht anerkannt.

637 Siehe Eastern Trading Co. v. Refco, Inc., 229 F.3d 617, 623 (7th Cir. (Ill.) 2000); Cenco Inc. v. Seidman & Seidman, 686 F.2d 449, 452 f. (7th Cir. (Ill.) 1982); vgl. auch In re Asbestos School Litigation, 1991 WL 137128, 3, (E.D.Pa. 1991).

638 Central Bank of Denver v. First Interstate Bank of Denver, 511 U.S. 164, 180 ff. (1994).

dung für die Ablehnung des zivilen *aiding-abetting* nur auf einer Verletzung des Securities and Exchange Act of 1934 bezieht.

II. Voraussetzungen des aiding and abetting

Aus dem die *aiding-abetting* Haftung maßgeblich bestimmenden Restatement (second) of Torts, § 876 (b) ergeben sich die Grundvoraussetzungen der Haftung für *aiding and abetting* nach dem *common law*. Danach kann der Hintermann in die Haftung miteinbezogen werden, wenn *(1) ein tortious act of another resulting in harm* vorliegt, (2) der *aider-abettor knowledge of the tortious activity* gehabt und *(3) substantial assistance or encouragement* geleistet hat. Dies sind die kaum bestrittenen Mindesterfordernisse. Im diesem Kapitel werden die einzelnen Voraussetzungen untersucht und aufgezeigt, welche weiteren Erfordernisse teilweise verlangt werden bzw. wie diese Elemente von den verschiedenen Gerichten interpretiert werden. Abgeschlossen wird das Kapitel dann mit der Darstellung des Umfangs der Haftung.

1. Tortious act of another resulting in harm

Übereinstimmend mit den Erfordernissen der *civil conspiracy* muss ein *tortious act of another resulting in harm* vorliegen, damit der *aider-abettor* haftbar gemacht werden kann[639]. Die Unterstützung des Vordermanns bei einer Rechtsgutsverletzung, die im Versuchsstadium stecken bleibt, löst somit keine Haftung aus. Diesen Gedanken drücken auch die Entscheidungen aus, nach denen ein *(independent) tort of aiding and abetting* nicht existiert[640]. Für die Haftung gemäß *aiding-abetting* Regeln reicht im Gegensatz zur *civil conspiracy* eine fahrlässige Haupttat aus[641], was für diese Arbeit, in der es um die Haftung für Gewalttaten geht, aber nicht weiter von Interesse ist.

---

639 Halberstam v. Welch, 705 F.2d 472, 477 (D.C. Cir. 1983); IIT v. Cornfeld, 619 F.2d 909, 922 (2d Cir. (N.Y.) 1980); Hurley v. Atlantic City Police Dept., 174 F.3d 95, 127 (3d Cir. (N.J.) 1999); In re TMJ Implants Products Liability Litigation, 113 F.3d 1484, 1495 (8th Cir. (Minn.) 1997); Lindsay v. Lockwood, 625 N.Y.S.2d 393, 398 (N.Y. 1994); Restatement (2d.) of Torts, § 876 (b); Bromberg/Lowenfels, 52 Alb. L. Rev. 637, 668; Sager, 23 Hous. L. Rev. 821, 829.

640 Siehe oben, Teil 2. C. I. 3.

641 Halberstam v. Welch, 705 F.2d 472, 478 (D.C. Cir. 1983); Restatement (2d.) of Torts, § 876 comm. d.; siehe aber In re American Continental Corporation/Lincoln Sav. and Loan Securities Litigation, 794 F.Supp. 1424, 1439 (D.Ariz. 1992), nach dem eine fahrlässige Haupttat nicht ausreicht – die Entscheidung stützt sich allerdings auf *civil conspiracy precedents*.

Im Gegensatz zu den folgenden Punkten, *"knowledge of the tortious activity"* und *"substantial assistance or encouragement"*, bereitet dieses Erfordernis keinen Anlass für Unklarheiten und Meinungsverschiedenheiten unter den einzelnen Gerichten[642].

2. Abgrenzung der Begriffe aiding und abetting

Abweichend von der gewöhnlichen Prüfung der Gerichte in der oben dargestellten Reihenfolge sollen im Folgenden die beiden Formen der Unterstützungshandlung, *aiding* und *abetting*, von einander abgegrenzt werden. Generell unterscheiden Courts nicht zwischen diesen beiden Formen[643]. Wie sich aber unten zeigen wird, gibt es einige Gerichte, die für das *abetting* höhere Anforderungen an den Grad der subjektiven Voraussetzungen zu stellen scheinen[644]. Andererseits lockern einige Gerichte in gewissen *abetting* Fällen das *substantial assistance or encouragement* Erfordernis auf[645]. Schließlich sind für die jeweilige Beteiligungsform auch unterschiedliche Faktoren für die Bewertung von deren *substantiality* ausschlaggebend[646]. Daher bietet es sich an, zwischen *aiding* und *abetting* zu unterscheiden.

Der Begriff *"aiding"* legt nahe, dass der Beteiligte eine gewisse Rolle bei der Erreichung des vom Hauptschädiger gesteckten Ziels spielt[647]. *"Aiding"* bedeutet demnach „assistieren", „unterstützen", „fördern" oder „(die Bemühungen des anderen) ergänzen"[648], setzt also einen Beitrag voraus, der dem Hauptschädiger die Durchführung des geplanten Aktes erleichtert. Dagegen deutet *"abetting"* darauf hin, dass der Beteiligte den Hauptschädiger zur Tat bewegt[649]. *"Abetting"* kann

642 Siehe IIT v. Cornfeld, 619 F.2d 909, 922 (2d Cir. (N.Y.) 1980); Sager, 23 Hous. L. Rev. 821, 829; Baum, 44 Am. U. L. Rev. 1817, 1826 f.

643 Frey, Preliminary Report: United States Case Law Relating to the Civil Liability of Groups That Promote Violence, S. 12, abrufbar unter www.auslaenderschutz-durch-zivilrecht.de.

644 Im Ergebnis besteht aber kein praktischer Unterschied zum *aiding*. Dazu unten, Teil 2. C. II. 3. a. bb.

645 Dazu unten, Teil 2. C. II. 4. a. bb.

646 Dazu unten, Teil 2. C. II. 4. b.

647 Frey, Preliminary Report: United States Case Law Relating to the Civil Liability of Groups That Promote Violence, S. 12, abrufbar unter www.auslaenderschutz-durch-zivilrecht.de.

648 Rice v. Paladin Enterprises, Inc., 128 F.3d 233, 251 (4th Cir. (Md.) 1997); Baliko v. Stecker, 645 A.2d 1218, 1223 (N.J. 1994); ähnlich Hortman v. Farris, 725 N.E.2d 698, 707 (Ohio 1999); Frey, Preliminary Report: United States Case Law Relating to the Civil Liability of Groups That Promote Violence, S. 12, abrufbar unter www.auslaenderschutz-durch-zivilrecht.de.

649 Siehe obige Fn.

somit die Bedeutung „ermuntern“, aber auch „anstiften“ zugemessen werden[650] und setzt damit einen Beitrag voraus, der dem Hauptschädiger den Entschluss zur Begehung der Tat erleichtert bzw. diesen in ihm hervorruft.

3. Knowledge of the tortious conduct

Gem. § 876 (b) des Restatement (second) of Torts muss der Beteiligte *knowledge of the tortious conduct*[651] des Vordermanns haben. Diese Voraussetzung ist auch über die Jurisdiktionen, die § 876 (b) übernommen haben, hinaus anerkannt[652]. *Knowledge* muss der *aider-abettor* nach allgemeiner Ansicht im Recht der *physical harms* auch davon haben, dass er den Hauptschädiger unterstützt[653].

In diesem Abschnitt soll der Frage nachgegangen werden, welchen Grad des *knowledge* bzw. des subjektiven Elements der *aider-abettor* haben muss, dazu a., mit welchen Indizien *knowledge* bewiesen werden kann, dazu b., und wie konkret die Kenntnis von der Haupttat sein muss, dazu c.

---

650 Rice v. Paladin Enterprises, Inc., 128 F.3d 233, 251 (4th Cir. (Md.) 1997); Baliko v. Stecker, 645 A.2d 1218, 1223 (N.J. 1994); ähnlich Hortman v. Farris, 725 N.E.2d 698, 707 (Ohio 1999); Frey, Preliminary Report: United States Case Law Relating to the Civil Liability of Groups That Promote Violence, S. 12, abrufbar unter www.auslaenderschutz-durch-zivilrecht.de.

651 Zum Zwecke eines einfacheren Textflusses soll *knowledge* hier mit Kenntnis übersetzt werden, obwohl diesem Begriff eine sehr weite Bedeutung zugemessen wird, wie sich unten zeigen wird, dazu Teil 2. C. II. 3. a.

652 Kranzdorf v. Green, 582 F.Supp. 335, 337 (D.C.Pa. 1983); Thompson v. Glenmede Trust Co., 1993 WL 197031, 7 (E.D.Pa. 1993), wobei der Court dieselben Voraussetzungen nennt, die auch in § 876 vorgeschlagen werden und bemerkt, dass die Beschreibung der *aiding-abetting* Haftung gem. § 876 nicht ausdrücklich anerkannt ist; Winslow v. Brown, 371N.W.2d 417, 422 f. (Wis. 1985), wobei aber auf die Ähnlichkeit der hier übernommenen *criminal aiding-abetting* Theorie hingewiesen wird. Darüber hinaus wird nicht nur *knowledge*, sondern conscious desire oder criminal intent (dazu Teil 2. C. II. 3 a. aa. ccc.) bezogen auf die Handlung des Vordermanns und auf die Gehilfenhandlung gefordert.

653 Halberstam v. Welch, 705 F.2d 472, 477, 487 (D.C. Cir. 1983); Lindsay v. Lockwood, 625 N.Y.S.2d 393, 397 (N.Y. 1994); State ex rel. Mays v. Ridenhour, 811 P.2d 1220, 1231 (Kan. 1991); In re Minnesota Breast Implant Litig. v. McGhan Med. Corp., 36 F.Supp.2d 863, 877 (D. Minn. 1998); Kolbeck v. Lit. Am., 939 F.Supp 240, 246 (S.D.N.Y. 1996); Ungar v. Islamic Republic of Iran, 211 F.Supp.2d 91, 94 (D.D.C. 2002); Winslow v. Brown, 371 N.W.2d 417, 422 f. (Wis. 1985); Boim v. Quranic Literacy Institute, 291 F.3d 1000, 1023 (7th Cir. (Ill.) 2002); 86 C.J.S. Torts § 37; Petersen/Moore, 10 Causes of Action 2d 217, § 13; im Recht der *securities* violations wird aber teilweise vertreten, dass der Beteiligte nicht davon wissen muss, dass er dem Hauptschädiger assistiert, siehe dazu Baum, 44 Am. U. L. Rev. 1817, 1827.

a. Bestimmung des für die Haftung erforderlichen Grades des subjektiven Elements

Der für die Haftung des *aider-abettor's* erforderliche Grad des subjektiven *aiding and abetting* Elements ist umstritten. § 876 (b) Restatement (second) of Torts verlangt *knowledge* für die Haftung des *aider-abettor's*. Während im deutschen Recht „Kenntnis" ausschließlich „tatsächliches Wissen" bedeutet, fungiert *"knowledge"* im US-amerikanischen *common law* als Oberbegriff für verschiedene Grade des Kennens bzw. Kennenmüssens. So umfasst *"knowledge"* die Begriffe *"actual knowledge"*, *"reckless knowledge"* und *"constructive knowledge"*[654]. Im Restatement (second) of Torts, § 876 (b) finden sich keine näheren Hinweise, welcher Grad des *knowledge* ausreicht. Ebenso setzen sich nur wenige Entscheidungen außerhalb des *securities law* mit diesem Begriff auseinander. Dies mag daher rühren, dass der Beweis der tatsächlichen Kenntnis des Unterstützers vor allem in Fällen der *physical harms* oft nicht so schwierig ist wie in Fällen der *securities violations*,[655] in denen demzufolge ein heftiger Streit über den erforderlichen Grad des *knowledge* entbrannt ist[656]. In den für diese Arbeit interessanten Fällen der *physical harms* ist beispielsweise der Rückschluss auf tatsächliche Kenntnis regelmäßig möglich, wenn der Teilnehmer am Tatort anwesend war[657]. Dagegen bereitet bei sogenannten *intangible torts*[658] oft die Beantwortung der Frage nach der Kenntnis desjenigen, der beispielsweise einen betrügerischen Investmentmanager empfohlen hat, Probleme.

In den Fällen jedoch, in denen die tatsächliche Kenntnis des Beteiligten etwa mangels Präsenz am Tatort nicht unproblematisch nachweisbar ist, stellt sich auch in *physical harms* Fällen die Frage nach dem erforderlichen Grad der

---

654 Letzteres bedeutet Kennenmüssen (Black's Law Dictionary). Andere verstehen *constructive knowledge* als Oberbegriff für den *reckless knowledge* und den *should-have-known* Standard, siehe unten aaa. Vgl. zu den Bedeutungen von "*knowledge*": Black's Law Dictionary; Willis, 51 S.C. L. Rev. 1045, 1052; Bromberg/Lowenfels, 52 Alb. L. Rev. 637, 679.

655 Kuehnle, 14 J. Corp. L. 313, 322 ; Pietrusiak, 28 St. Marys L.J. 213, 235 f.; Willis, 51 S.C. L. Rev. 1045, 1058 f.

656 Siehe dazu Ruder, 120 U. Pa. L. Rev. 597, 630 ff.; Bromberg/Lowenfels, 52 Alb. L. Rev. 637, 670 ff.

657 Vgl. Rael v. Cadena, 604 P.2d 822, 822 f. (N.M. 1979) und Wilson v. DiCaprio, 717 N.Y.S.2d 174, 175 (N.Y. 2000): hier bereitete das *knowledge* kein Problem, weil sogar das vorliegen der Absicht bezüglich Haupttat und Unterstützungshandlung offensichtlich war; vgl. auch Cobb v. Indian Springs, Inc., 522 S.W.2d 383, 387 f. (Ark. 1975), in dem das *knowledge* Erfordernis ebenfalls kein Problem darstellte.

658 Pietrusiak, 28 St. Marys L.J. 213, 235 f.

Kenntnis[659]. Darüber hinaus ist es vor allem in Jurisdiktionen, die sich an der *criminal aiding and abetting* Theorie orientieren, möglich, dass sogar *actual knowledge* nicht für die Haftung ausreicht, sondern die Haupttat erwünscht worden sein muss (*criminal intent*).

Im Folgenden soll daher im Unterabschnitt aa. dargestellt werden, welche unterschiedlichen Grade der subjektiven Voraussetzungen in allgemeinen *aiding and abetting* Fällen gefordert werden.

Da einige Jurisdiktionen in gewissen Fällen bezüglich des *abetting* höhere Anforderungen an den Grad der subjektiven Voraussetzungen stellen, soll im Unterabschnitt bb. separat auf diese besonderen Anforderungen eingegangen werden.

aa. Der erforderliche Grad des subjektiven Elements in allgemeinen aiding and abetting Fällen

aaa. Constructive knowledge

Ein Teil der Literatur, der die *aiding-abetting* Haftung auf dem Gebiet der *physical harms* bzw. *hate-crimes* behandelt, lässt bereits *constructive knowledge* als maßgeblichen Grad des subjektiven Elements ausreichen[660]. Der *aider-abettor* haftet also, wenn er von der unerlaubten Handlung des Hauptschädigers wissen musste[661].

Die Vertreter des *constructive knowledge* Ansatzes begründen ihre Auffassung nicht. Möglich ist, dass dieser Ansatz auf einem Missverständnis des zugrundeliegenden Fallrechts beruht. So beruft sich die nicht ungewichtige Enzyklopädie American Jurisprudence auf einen Leitsatz einer Entscheidung, der das maßgebliche Recht der *civil conspiracy*, nicht aber das des *aiding and abetting* festlegt[662]. Ein weiterer Vertreter dieser Teilmeinung leitet aus einigen Entscheidungen einen *should-have-known* bzw. *ability-to-foresee* Standard ab, obwohl dieser in den zitierten Entscheidungen nicht ansatzweise vertreten wurde[663].

---

659 Vgl. den Sachverhalt in Boim v. Quranic Literacy Institute, 127 F.Supp.2d 1002 (N.D. Ill. 2001), affirmed 291 F.3d 1000 (7th Cir. (Ill.) 2002). Das Gericht hat hier ohne Begründung auf den *criminal intent* Ansatz abgestellt, 291 F.3d 1000, 1023.

660 6 Am. Jur. 2d Assault and Battery, § 108; Frey, Preliminary Report: United States Case Law Relating to the Civil Liability of Groups That Promote Violence, S. 16, abrufbar unter www.auslaenderschutz-durch-zivilrecht.de.

661 Siehe obige Fn.

662 6 Am. Jur. 2d Assault and Battery, § 108, zitierend Crowder v. Morris, 721 So.2d 972, 973 (La. 1998).

663 Frey, Preliminary Report: United States Case Law Relating to the Civil Liability of Groups That Promote Violence, S. 16 und Fn. 21, abrufbar unter

Es ist somit davon auszugehen, dass auf dem Gebiet der Haftung für Gewalttaten ungebundene Gerichte den *constructive knowledge* Standard, der möglicherweise auf einem Missverständnis des zugrundeliegenden Fallrechts beruht, nicht übernehmen werden.

bbb. Reckless knowledge

Ein weiterer Teil der Literatur, der sich allgemein mit der *common law aiding and abetting* Theorie befasst, fordert im Einklang mit der herrschenden Meinung unter den Gerichten im Bereich des *securities law*[664] *reckless knowledge* als maßgeblichen Standard[665]. *Reckless knowledge* hat der Beteiligte, wenn er glaubt, dass der Hauptschädiger eine unerlaubte Handlung begehen kann, und er trotzdem seinen Unterstützungsbeitrag leistet[666]. Im Gegensatz zum *securities law* konnte bisher noch kein Gericht gefunden werden, das diese Ansicht auch im *physical harms* Kontext vertritt.

Die meisten Argumente der Vertreter des *reckless knowledge* Ansatzes sind im Kontext der *physical harms* bzw. Gewalttaten nicht überzeugend. Zwar ist dieser Teilansicht zuzugestehen, dass das Erfordernis des *actual knowledge* im Vergleich zu dem des *reckless knowledge* keinen abschreckenden Effekt auf solche Beklagte haben wird, "who turn a blind eye and assist the obvious wrongdoings"[667]. Diese hätten dann nämlich in Fällen, in denen sie nur glaubten, aber nicht sicher wüssten, dass eine unerlaubte Handlung begangen werde, keinen Grund, ihre Hilfe einem Hauptschädiger für dessen unerlaubte Handlung zu verweigern[668].

---

www.auslaenderschutz-durch-zivilrecht.de, zitierend Hemphill v. Schott, 141 F.3d 412, 418 f. (2d Cir. (N.Y.) 1998); Courtney v. Courtney, 413 S.E.2d 418, 424 ff. (W. Va. 1991).

664 Woods v. Barnett Bank, 765 F.2d 1004, 1010 (11th Cir. (Fla.) 1985); Dirks v. SEC, 681 F.2d 824, 844 f. (D.C. Cir. 1982), aus anderen Gründen aufgehoben, 463 U.S. 646 (1983); Edwards & Hanly v. Wells Fargo Sec. Clearance Corp., 602 F.2d 478, 484 f. (2d Cir. (N.Y.) 1979); In re Storage Technology Corp. Sec. Litig. (Levit v. Aweida), 630 F.Supp. 1072, 1076 (D. Colo. 1986); siehe dazu im Überblick Bromberg/Lowenfels, 52 Alb. L. Rev. 637, 671 ff.

665 Willis, 51 S.C. L. Rev. 1045, 1054; Combs, 58 Vand. L. Rev. 241, 284 ff. erkennt diesen Maßstab als mögliche Alternative zum *actual knowledge* Standard (dazu unten, Teil 2. C. III. 3. a. aa. ddd.) an.

666 Siehe zur Definition: Black's Law Dictionary, Stichwort „*knowledge*", „*reckless knowledge*".

667 Willis, 51 S.C. L. Rev. 1045, 1054.

668 Siehe obige Fn.

Da Gewalttaten im Vergleich zu *intangible torts* einfacher zu durchschauen sind, und ein Beweis der tatsächlichen Kenntnis daher in diesen Fällen nicht unmöglich ist, hat auch das Argument, die Beweisschwierigkeiten hinsichtlich des *actual knowledge* erforderten, dass bereits *reckless knowledge* für die *aiding and abetting* Haftung ausreiche[669], kein Gewicht. Der *reckless knowledge* Standard mag in Fällen der *securities violations* oder anderen Fällen von *breaches of fiduciary duties* angebracht sein. Doch auch in diesen Fällen ist dieser Standard nach ganz herrschender Meinung[670] auf die Fälle reduziert, in denen der *aider-abettor* gegenüber dem Geschädigten eine Treuepflicht innehatte. Weil in Fällen von Gewalttaten eine solche Pflicht nicht besteht, ist in diesen Fällen der *reckless knowledge* Standard kaum der passende Ansatz.

Es stellt sich aber die Frage, ob nicht zumindest je nach Einzelfall *reckless knowledge* der passende Ansatz sein kann. Dafür, dass auch Gerichte in Fällen von Gewalttaten zumindest *severe recklessness in not knowing*[671], die dem dolus eventualis im deutschen Recht vergleichbar ist[672], ausreichen lassen könnten, spricht, dass dieser Grad des *knowledge* sehr nah an tatsächliche Kenntnis herankommt.

Weiterhin findet sich gelegentlich die Feststellung, dass die *aiding and abetting* Voraussetzungen in besonderem Maße von den Umständen des Einzelfalls abhängig sind[673]. So finden sich Fälle, in denen vertreten wird, dass der Grad des *knowledge* von der Intensität der Unterstützungshandlung abhängt[674]. Folglich könnte *reckless knowledge* ausreichen, wenn die Unterstützungshandlung besonders intensiv oder ungewöhnlich war. Dies ist bisher allerdings nur in *securities*

---

669 Willis, 51 S.C. L. Rev. 1045, 1054 Fn. 79.

670 Woods v. Barnett Bank, 765 F.2d 1004, 1011 (11th Cir. (Fla.) 1985); Dirks v. SEC, 681 F.2d 824, 844 f. (D.C. Cir. 1982), aus anderen Gründen aufgehoben, 463 U.S. 646 (1983); Edwards & Hanly v. Wells Fargo Sec. Clearance Corp., 602 F.2d 478, 484 f. (2d Cir. (N.Y.) 1979); In re Storage Technology Corp. Sec. Litig. (Levit v. Aweida), 630 F.Supp. 1072, 1076 (D. Colo. 1986); vgl. zu diesem Thema Bromberg/Lowenfels, 52 Alb. L. Rev. 637, 671 ff.

671 Vgl. dazu den *securities* Fall: Woods v. Barnett Bank, 765 F.2d 1004, 1011 f. (11th Cir. (Fla.) 1985).

672 Vgl. dazu die oben angeführte Definition von *reckless knowledge*.

673 Willis, 51 S.C. L. Rev. 1045, 1056, die die *aiding and abetting* Theorie im allgemeinen behandelt, aber für diese Aussage keinen *physical harms* case zitieren kann; Bromberg/Lowenfels, 52 Alb. L. Rev. 637, 675 f.; vgl. McNulty/Hanson, 29 Tort & Ins. L.J. 14, 16 f.

674 Woodward v. Metro Bank, 522 F.2d 84, 97 (5th Cir. (Tex.) 1975); Schneberger v. Wheeler, 859 F.2d 1477, 1480 (11th Cir. (Fla.) 1988), zitierend Woods v. Barnett Bank of Ft. Lauderdale, 765 F.2d 1004, 1010 (11th Cir. (Fla.) 1985); siehe McNulty/Hanson, 29 Tort & Ins. L.J. 14, 16 f., Fn. 18 m.w.N.

Fällen vertreten worden[675], in denen die Beweislage bezüglich des *knowledge* Elements, wie oben gezeigt, schwierig ist. Ob diese Abhängigkeit der subjektiven Anforderungen von der Unterstützungshandlung auch im Recht der *physical harms* vertreten werden wird, ist unklar. Die Halberstam-Entscheidung zeigt, dass man zumindest beim Nachweis des Vorliegens des *actual knowledge* von einer derartigen Abhängigkeit ausgeht: In dieser konnte man die Schlussfolgerung auf das Vorliegen von *actual knowledge* daraus ziehen, dass der *aider-abettor* intensiv, in ungewöhnlicher Weise und unter ungewöhnlichen Umständen dem Hauptschädiger assistierte[676]. Des weiteren ist auch die vom Restatement (second) of Torts in § 876 comm. d. vertretene Abhängigkeit der Bewertung der Unterstützungshandlung von der Intensität des subjektiven Elements anerkannt: Ob die Unterstützungshandlung *substantial* genug ist, hängt u.a. vom *state of mind* des Unterstützers ab[677]. Diese Ausführungen zeigen, dass der Gedanke der wechselseitigen Abhängigkeit zwischen dem subjektiven Element und dem Unterstützungserfordernis[678] in Bezug auf die Bestimmung der Voraussetzungen auch im Recht der *physical harms* nicht abwegig ist. Folglich ist es denkbar, dass in gewissen Fällen das Vorliegen von *reckless knowledge* ausreicht.

Als Zwischenergebnis ist festzuhalten, dass es aufgrund der teils erheblichen Bedenken gegen den *reckless knowledge* Ansatz und der Tatsache, dass bisher noch kein Gericht diesen Ansatz auf dem Gebiet der *physical harms* vertreten hat, nicht wahrscheinlich ist, dass ungebundene Gerichte zukünftig *reckless knowledge* ausreichen lassen werden. Trotzdem ist nicht auszuschließen, dass der *reckless knowledge* Standard in gewissen Fällen anerkannt wird, namentlich im Falle der *severe recklessness in not knowing* oder im Falle einer besonders intensiven oder ungewöhnlichen Unterstützungshandlung.

ccc. Criminal intent

Gerichte aus Jurisdiktionen wie Wisconsin oder Rhode Island, die sich an der *criminal aiding and abetting* Theorie orientieren, aber auch einzelne Gerichte anderer Staaten stellen die höchsten Anforderungen an den Grad der subjektiven Voraussetzungen. Diese Gerichte fordern *"desire"* bezüglich des *tortious con-*

---

675 Siehe obige Fn.

676 Halberstam v. Welch, 705 F.2d 472, 487 (D.C. Cir. 1983); siehe dazu Teil 2. C. III. 3. b. bb.

677 Restatement (2d.) of Torts, § 876 comm. d., zu Einzelheiten siehe Teil 2. C. III. 4. b. ee.

678 Sog. Interdependenz zwischen *knowledge* und *substantial assistance*.

duct des Hauptschädigers und bezüglich des Unterstützungsbeitrages[679], also zielgerichteten Willen, vergleichbar dem dolus directus ersten Grades im deutschen Recht. Da dieser Standard dem *criminal law* entnommen ist, wird er auch *criminal intent* genannt[680].

Zwar findet man in obigen Entscheidungen oft die Aussage, dass *"knowledge of the illegal activity (and) a desire to help that activity succeed"* erforderlich ist[681]. Wörtlich bedeutete dies, dass gerade kein Wille bezüglich der Haupttat erforderlich wäre. Es läuft in der Praxis aber darauf hinaus, dass der *aider-abettor* auch zielgerichteten Willen bezüglich der Haupttat haben muss, da jemand, der das Verlangen hat, zum Erfolg der Haupttat beizutragen, auch die Haupttat als solche wollen wird.

Eine Begründung für diese Ansicht wird von keiner der oben zitierten Entscheidungen geliefert. Sie berufen sich vielmehr auf *precedents* aus dem *criminal law*[682]. Dort ist *criminal intent* als Voraussetzung für die *aiding-abetting* Haftung angemessen, zumal *criminal intent* oft essentielles Element der Strafbarkeit nach dem US-Strafrecht ist[683]. Die Anknüpfung der zivilrechtlichen *aiding-abetting* Haftung an das Erfordernis des *desire* stößt jedoch auf Bedenken: Zwar mag hinter dieser strengen Voraussetzung der berechtigte Gedanke stehen, dass im Falle eines zu großzügigen subjektiven Elements auch diejenigen in die Haftung einbezogen werden können, die bei der Begehung der unerlaubten Handlung nur

---

679 Winslow v. Brown, 371 N.W.2d 417, 422 f. (Wis. 1985), zitierend Frankovis v. State, 287 N.W.2d 791, 795 (Wis. 1980); Curtin v. Lataille, 527 A.2d 1130, 1132 (R.I. 1987), zitierend State v. Gazerro, 420 A.2d 816, 828 (R.I. 1980), allerdings müssen diese Entscheidungen eher der *concerted action* Theorie im Sinne der oben genannten Abgrenzung zugeordnet werden (siehe Teil 2. A.), da sie *'community of unlawful purpose'* fordern,– aus den Ausführungen auf S. 1132 u. 1133 in Curtin geht hervor, dass damit eine gemeinsamer Plan gemeint ist, was gerade nicht Voraussetzung für *aiding and abetting* ist; In re Terrorist Attacks on September 11, 2001, 349 F.Supp.2d 765, 828 f. (S.D.N.Y. 2005), siehe aber auch S. 832, auf der der *general awareness* Standard herangezogen wird; Boim v. Quranic Literacy Institute, 127 F.Supp.2d 1002, 1018 (N.D. Ill. 2001), 291 F.3d 1000, 1023 (7th Cir. (Ill.) 2002), zitierend U.S. v. Zafiro, 945 F.2d 881, 887 (7th Cir. (Ill.) 1991); Gerard v. Ross, 251 Cal.Rptr. 604, 613 (Cal. 1988).

680 Curtin v. Lataille, 527 A.2d 1130, 1132 (R.I. 1987); Rice v. Paladin Enterprises, Inc., 128 F.3d 233, 251 (4th Cir. (Md.) 1997).

681 In re Terrorist Attacks on September 11, 2001, 349 F.Supp.2d 765, 828 f. (S.D.N.Y. 2005); Boim v. Quranic Literacy Institute, 127 F.Supp.2d 1002, 1018 (N.D. Ill. 2001), ähnlich: 291 F.3d 1000, 1023 (7th Cir. (Ill.) 2002); ähnlich: Winslow v. Brown, 371 N.W.2d 417, 422 f. (Wis. 1985); ähnlich: Gerard v. Ross, 251 Cal.Rptr. 604, 613 (Cal. 1988).

682 Siehe oben.

683 Vgl. Kuehnle, 14 J. Corp. L. 313, 323.

eine begrenzte Funktion innehatten[684]. Diese Befürchtung erweist sich aber als weitgehend gegenstandslos, wenn man beachtet, dass der Haftungseinbeziehung von geringfügig Beteiligten durch das Erfordernis der *substantial assistance or encouragement* ohnehin ein Riegel vorgeschoben wird. Mit diesem Element wird nämlich grundsätzlich verlangt, dass der Beteiligte einen zurechenbar kausalen Beitrag zur Verwirklichung der Rechtsgutsverletzung und des Schadens leisten muss *(proximate cause)*[685]. Um den Kreis der zivilrechtlich Verantwortlichen einzuengen, würde demnach das subjektive Erfordernis des *actual knowledge* in Verbindung mit dem der *substantial assistance* genügen. Gegen *criminal intent* als subjektive Voraussetzung spricht zudem, dass nicht Bestrafung des Beteiligten, sondern Schadenskompensation bzw. Risikoverteilung in erster Linie Zweck des *tort law* ist[686]. Dies rechtfertigt es, weniger strenge Voraussetzungen für die zivilrechtliche Haftung zu verlangen, also von *criminal intent* als Element der *aiding and abetting* Zurechnungstheorie abzusehen.

Festzuhalten ist damit, dass Gerichte in Jurisdiktionen, die sich an der *criminal aiding and abetting* Theorie orientieren, sowie einzelne Gerichte anderer Staaten *criminal intent* bezüglich des *tortious act of another* und der Rolle als Beteiligter verlangen. Wegen der Bedenken, die mit diesem Erfordernis verbunden sind, ist davon auszugehen, dass ungebundene Gerichte, die nicht der Tradition der Übernahme von *criminal aiding and abetting* Regeln nahe stehen, sich nicht für dieses Erfordernis entscheiden werden.

ddd. Actual knowledge bzw. general awareness

Der größte Teil der *authority*, die sich mit der *aiding and abetting* Theorie allgemein oder auf dem Gebiet der *physical harms* auseinandergesetzt hat, hat einen Mittelweg zwischen den obigen Ansätzen eingeschlagen: Danach ist *actual knowledge of the primary party's wrongdoing* sowie *knowing assistance* erforderlich[687]. Oft ist auch die Formulierung, *the aider-abettor must be generally*

---

684 Vgl. zu diesem Gedanken Kuehnle, 14 J. Corp. L. 313, 323.

685 Siehe unten C. II. 4.

686 Johnson/Gunn, Studies in American Tort Law, S. 7; Kuehnle, 14 J. Corp. L. 313, 323; Pietrusiak, 28 St. Marys L.J. 213, 233; vgl. oben, Teil 2. C. I. 1.

687 Kolbeck v. Lit. Am., 939 F.Supp 240, 246 (S.D.N.Y. 1996); In re Minnesota Breast Implant Litig. v. McGhan Med. Corp., 36 F.Supp.2d 863, 877 (D. Minn. 1998); ähnlich: State –Tech Liquidating Trust v. Fenster, 981 F.Supp. 1325, 1339 f. (D. Colo. 1997), zitierend Holmes v. Young, 885 P.2d 305, 308 (Colo. 1994); Walthers v. Gossett, 941 P.2d 575, 578 (Or. 1996), zitierend Gymnastics USA v. McDougal, 758 P.2d 881, 884 (Or. 1988); In re Consolidated Welfare Fund Erisa Litig., 856 F.Supp. 837, 842 f. (S.D.N.Y. 1994); Hanauer v. Doane, 79 U.S. 342, 347 (1870).

aware of his role as part of an overall illegal activity zu finden[688]. Nach dieser Formulierung muss sich die *general awareness* nicht nur auf die Rolle als Beteiligter beziehen sondern auch auf das Vorliegen der Haupttat[689]. Denn man kann sich nur seiner Rolle „als Teil einer unerlaubten Handlung“[690] des Hauptschädigers bewusst sein, wenn man von der Haupttat weiß.

Die soeben vorgestellten Standards der h.M. unterscheiden sich nur hinsichtlich ihrer Formulierung: Es besteht zum einen kein Unterschied zwischen *awareness of the aider's role in the others tortious conduct* und *actual knowledge of the primary party's wrongdoing*. Denn jemand, *"who is aware that he has a role in an improper activity"*, weiß auch, dass der Hauptschädiger eine unerlaubte Handlung begeht[691]. Zum anderen ist auch kein Unterschied im Hinblick auf die Anforderungen an die Konkretisierung der Kenntnis von der Haupttat zu erkennen: Die Vertreter des *general awareness* Standards stellen – der Name verrät es bereits – nur auf die allgemeine Vorstellung des *aider-abettor's* von der Haupttat ab[692]. Bisher hat aber auch kein den *actual knowledge* Standard vertretendes Gericht verlangt, dass der *aider-abettor* Kenntnis von einer im Wesentlichen konkretisierten Haupttat haben muss. Vielmehr ist davon auszugehen, dass auch nach diesem Ansatz ähnlich der *civil conspiracy*[693] die zugrunde liegende Tat nur im allgemeinen bekannt sein muss – wie etwa Anwendung von Gewalt zur Erreichung rassistischer Ziele[694]. Es sind also beide Ansätze deckungsgleich[695].

Der Unterschied zum *criminal intent* Standard ist nicht nur von theoretischer Natur: Im Gegensatz zu erstgenanntem Standard haften nach dem *actual knowledge* Standard diejenigen Unterstützer, die bereits von der Begehung der unerlaubten Handlung wissen, sie aber nicht beabsichtigen. So wird beispielsweise ein Waffenverkäufer, der zufällig von der bevorstehenden Begehung der Hand-

---

688 Halberstam v. Welch, 705 F.2d 472, 477, 487 (D.C. Cir. 1983); Wolf v. Liberis, 505 N.E.2d 1202, 1208 (Ill. 1987); Lindsay v. Lockwood, 625 N.Y.S.2d 393, 397 (N.Y. 1994); Crawford by & Through Crawford v. City of Kansas City, 952 F.Supp. 1467, 1477 (D. Kan. 1997), zitierend State ex rel. Mays v. Ridenhour, 811 P.2d 1220, 1231 (Kan. 1991); Patton v. Simone, 1992 WL 183064, 10 (Del. 1992); In re McMullen, 386 F.3d 320, 332 (1st Cir. (Mass.) 2004; Petersen/Moore, 10 Causes of Action 2d 217 § 13; Blakey/Roddy, Am. Cr. L. Rev. Special Edition 1996, 25th Anniversary Issue, 1345, 1420; ähnlich: 86 C.J.S. Torts § 37.

689 So auch Combs, 58 Vand. L. Rev. 241, 265.

690 Siehe obige Fn.

691 Aetna Cas. & Sur. Co. v. Leahey Constr. Co., 219 F.3d 519, 534 (6th Cir. (Ohio) 2000).

692 Siehe oben.

693 Siehe oben, Teil 2. B. III. 3.

694 Siehe unten, Teil 2. C. II. 3. c.

695 Um der fließenden Ausdrucksweise willen ist mit "*actual knowledge*“ von nun an auch „*general awareness*“ gemeint, sofern eine weitere Kennzeichnung ausbleibt.

lung weiß, nach dem *actual knowledge* bzw. *general awareness* Ansatz als *aider-abettor* in die Haftung einbezogen, obwohl er mit dem Verkauf der Waffe nichts anderes als die Steigerung seines Profits bezweckt hat[696].

Die Vertreter dieser Meinungsgruppe führen jedoch keine überzeugenden Argumente für das Abstellen auf tatsächliche Kenntnis auf. Meist wird eine Begründung durch die Berufung auf *precedents* ersetzt. Einige Gerichte berufen sich auf den Wortlaut des § 876 (b) Restatement (second) of Torts, nach dem der *aider* haftet, falls "he knows that the other's conduct constitutes a breach of duty..."[697]. Dem kann aber entgegengehalten werden, dass es ja gerade verschiedene Formen des *knowledge* gibt und in § 876 (b) nicht näher auf dieses Erfordernis eingegangen wird, mit anderen Worten das Restatement (second) of Torts die Frage nach dem maßgeblichen Grad des *knowledge* offen lässt. Andererseits kann gerade der Tatsache, dass in § 876 (b) nicht näher auf den Terminus *"knowledge"* eingegangen wird, entnommen werden, dass an dieser Stelle mit "knows" nur die eigentliche Bedeutung dieses Wortes gemeint ist[698]. So ist in Kolbeck v. Lit. Am. auch festgestellt worden, dass Gerichte "knows" in § 876 (b) in der Tat als *actual knowledge* interpretiert haben[699]. Die Formulierung des Restatement (second) of Torts mag daher für *actual knowledge* als maßgeblichen Grad des subjektiven *aiding-abetting* Elements sprechen. Sie schließt aber nicht andere Formen des *knowledge* wie etwa *reckless knowledge* aus.

Weiterhin beruft sich der oben zitierte Kolbeck-Court auf die Entscheidung des Supreme Courts in Central Bank of Denver v. First Interstate Bank of Denver[700]. In dieser Entscheidung hat der Supreme Court festgestellt, dass das *civil aiding and abetting* eine Doktrin mit "rough similarity" zum *criminal aiding and abetting* darstellt[701]. Daraus und aufgrund der Tatsache, dass sich der *criminal aider-abettor* strafbar mache, wenn er bewusst an einer Straftat teilgenommen habe[702], folge, dass *actual knowledge* auch beim civil *aiding and abetting* der

696 Vgl. Hanauer v. Doane, 79 U.S. 342, 347 (1870).

697 Kolbeck v. Lit. Am., 939 F.Supp 240, 246 (S.D.N.Y. 1996); In re Consolidated Welfare Fund Erisa Litig., 856 F.Supp. 837, 842 f. (S.D.N.Y. 1994).

698 Ähnlich: Combs, 58 Vand. L. Rev. 241, 283 f.

699 Kolbeck v. Lit. Am., 939 F.Supp 240, 246 (S.D.N.Y. 1996), aufführend In re Consolidated Welfare Fund Erisa Litig., 856 F.Supp. 837, 842 f. (S.D.N.Y. 1994); ein weiteres Gericht, das § 876 (b) in dieser Weise interpretiert ist: Terrydale Liquidating Trust v. Barnes, 611 F.Supp. 1006, 1027 (S.D.N.Y. 1984).

700 Kolbeck v. Lit. Am., 939 F.Supp 240, 246 (S.D.N.Y. 1996), zitierend: Central Bank of Denver v. First Interstate Bank of Denver, 511 U.S. 164, 181 (1994).

701 Central Bank of Denver v. First Interstate Bank of Denver, 511 U.S. 164, 181 (1994).

702 An dieser Stelle zitiert der Kolbeck-Court Nye & Nissen v. United States, 336 US 613, 620 (1949).

maßgebliche Standard sei[703]. Dieses Argument ist indes nicht stichhaltig, da gerade die Wendung "rough similarity" nahe legt, dass es durchaus Abweichungen unter den verschiedenen Theorien geben kann. Eine solche Abweichung könnte darin liegen, dass die *civil aiding and abetting* Theorie nur *reckless knowledge* erfordert. Im übrigen verlangen nicht nur die meisten Strafgerichte *criminal intent* des *aiders*[704], sondern auch der von Kolbeck zitierte Supreme Court in Nye & Nissen v. United States[705], so dass diese Argument sich genauso gut für *criminal intent* als maßgeblichen Standard verwenden ließe.

Trotz dieser wenig überzeugenden Argumentation kann davon ausgegangen werden, dass die meisten ungebundenen Gerichte in Fällen von Gewalttaten auf den *actual knowledge* bzw. *general awareness* Ansatz abstellen werden. Der Grund ist einerseits, dass der größte und prominenteste Teil der *persuasive authority* wie der Halberstam-Court und dem Anschein nach das Restatement (second) of Torts diesen Weg eingeschlagen haben. Zum anderen stellt dieser Ansatz einen ausgewogenen Mittelweg zwischen dem regelmäßig zu weiten *reckless knowledge* Standard und dem *criminal intent* Standard dar. Gegen ersteren spricht nämlich, dass dieser wegen der einfacheren Beweislage im Recht der *physical harms* nicht angebracht ist und zudem kaum vertreten wird, wenn der *aider* keine Treuepflicht gegenüber dem Geschädigten innehat[706]. Der *criminal intent* Ansatz führt in Verbindung mit dem *substantial assistance or encouragement* Erfordernis zu einer zu eng umgrenzten Haftung, die dem Risikoverteilungs- und Kompensationscharakter des *tort law* nicht entspricht[707].

eee. Zwischenergebnis

Von den wenigen Beiträgen aus Literatur und Rechtsprechung, die sich auf dem Gebiet des *aiding and abetting physical harms* mit dem Problem des erforderlichen Grades des subjektiven Elements auseinandergesetzt haben[708], haben sich die meisten und wichtigsten Beiträge für den *actual knowledge* bzw. *general awareness* Ansatz entschieden. Für diesen Ansatz sprechen auch die gewichtig-

---

703 Kolbeck v. Lit. Am., 939 F.Supp 240, 246 (S.D.N.Y. 1996); In re Consolidated Welfare Fund Erisa Litig., 856 F.Supp. 837, 842 f. (S.D.N.Y. 1994).

704 Siehe dazu oben ccc.

705 Nye & Nissen v. United States, 336 US 613, 619 (1949).

706 Siehe oben, bbb.

707 Siehe oben, ccc.

708 Dazu werden auch die Beiträge gezählt, die generell Regeln für die *common law aiding and abetting* Theorie aufgestellt haben.

sten Gründe, so dass anzunehmen ist, dass die Mehrzahl der ungebundenen Gerichte diesen Standard wählen wird[709].

Gerichte, die sich an der *criminal aiding and abetting* Theorie orientieren, werden hingegen auf den *criminal intent* Standard abstellen[710].

Während es unwahrscheinlich ist, dass Gerichte den kaum vertretbaren *constructive knowledge* Ansatz aus einem Teil der Literatur wählen werden[711], ist es denkbar, dass manche Gerichte wenigstens im Falle der *severe recklessness in not knowing* oder im Falle einer besonders intensiven oder ungewöhnlichen Unterstützungshandlung keine tatsächliche Kenntnis verlangen werden. Bisher hat sich aber noch kein Gericht für letzteren Standard auf dem Gebiet der *physical harms* entschieden[712].

Da die Rechtsprechung auf diesem Gebiet in der Tat noch nicht weit entwikkelt ist, ist es möglich, dass unter oben aufgeführten Umständen von dem *actual knowledge* Standard eine Ausnahme gemacht wird.

bb. Der erforderliche Grad des subjektiven Elements in besonderen abetting Fällen

In den Fällen, in denen der *abettor* im Vorfeld der unerlaubten Handlung auf den Hauptschädiger eingewirkt hat, stellt eine Mindermeinung[713] dem Anschein nach höhere Anforderungen an die Verwirklichung der subjektiven Voraussetzungen der *aiding and abetting* Theorie. In diesen Fällen müssen hiernach die Worte des *abettors* auf eine Tatveranlassung bzw. auf eine Unterstützung des Hauptschädigers gerichtet sein[714]. Es muss also *criminal intent* vorliegen. Allerdings dürften die Gerichte und Vertreter der Literatur diesen Standard aber auch in Fällen fordern, in denen der *abettor* am Tatort anwesend ist. Darauf gehen die Gerichte jedoch deswegen nicht ein, weil in diesem Falle *criminal intent* ohne Probleme

709 Siehe oben, Teil 2. C. II. 3. a. aa. ddd.

710 Siehe oben, Teil 2. C. II. 3. a. aa. ccc.

711 Siehe oben, Teil 2. C. II. 3. a. aa. aaa.

712 Siehe oben, Teil 2. C. II. 3. a. aa. bbb.

713 Bird v. Lynn, 49 Ky. 422, 423 f. (Ky. 1850); Smith v. Thompson, 655 P.2d 116, 118 (Idaho 1982); Price v. Aztec, 701 P.2d 294, 298 (Idaho 1985); Koepke v. Krudewig, 270 N.W. 79, 80 f. (Wis. 1936), dieser Entscheidung kann man allerdings entnehmen, dass dieser Standard auch für alle Fällen des *aiding and abetting* gelten soll; Frey, Preliminary Report: United States Case Law Relating to the Civil Liability of Groups That Promote Violence, S. 21, abrufbar unter www.auslaenderschutz-durch-zivilrecht.de.

714 Siehe obige Fußnote.

beweisbar ist, wie der Fall Rael v. Cadena zeigt, in dem der *abettor* am Tatort "kill him" und "hit him more" rief[715].

In der Praxis dürfte sich im Rahmen des *abetting* der *criminal intent* Standard indes nicht vom *actual knowledge* Standard unterscheiden. Denn jemand, der weiß, dass der Hauptschädiger im Falle der Anstiftung bzw. Ermunterung tätig werden wird und diesen trotzdem anstiftet oder ermuntert, wird dieses Tätigwerden auch wollen iSd. *criminal intent*. Ansonsten gäbe es für ihn keinen Grund, jemanden bewusst zu einer unerlaubten Handlung zu ermuntern. Ein praktischer Unterschied zwischen dem *actual knowledge* und dem *criminal intent* Standard existiert nur beim *aiding*: Wie oben am Beispiel des Waffenverkäufers gezeigt, gibt es Fälle, in denen der *aider* zwar von der bevorstehenden Begehung der Haupttat weiß und diese auch zum Zweck der Mehrung seines Gewinns fördert, an deren erfolgreicher Begehung er aber kein Interesse hat.

Festzuhalten ist, dass es zwar Gerichte und Vertreter der Literatur gibt, die beim *abetting criminal intent* bezüglich des *tortious act of another* fordern. In der Praxis gibt es in diesen Fällen jedoch keinen Unterschied zum *actual knowledge* Standard. Daher könnte man in den *abetting* Fällen ebenso gut auf *actual knowledge* abstellen.

b. Beweis des actual knowledge durch Indizienbeweis

Wie oben bereits dargestellt wird es in den Fällen, in denen der *aider-abettor* am Tatort anwesend ist, keine Schwierigkeiten geben, *actual knowledge* direkt zu beweisen[716]. Anders könnte dies aber sein, wenn der *aider-abettor* seinen Unterstützungsbeitrag im Vorfeld oder nach Begehung der unerlaubten Handlung getätigt hat, also in Abwesenheit vom Tatort. Der Beweis des *actual knowledge* von der Haupttat wird aber auch beim *aiding and abetting* durch die Möglichkeit des *circumstantial evidence* erleichtert[717] [718].

Im Folgenden sollen kurz die wichtigsten Indizien für einen Rückschluss auf *actual knowledge* hervorgehoben werden. Hierbei soll wie im *civil conspiracy* Kapitel die Entscheidung Halberstam v. Welch[719] als Leitfaden dienen. Das Hal-

---

715 Vgl. Rael v. Cadena, 604 P.2d 822, 822 f. (N.M. 1979); vgl. auch: Wilson v. DiCaprio, 717 N.Y.S.2d 174, 175 (N.Y. 2000).

716 Siehe oben, Teil 2. C. III. 3. a.

717 Vgl. Halberstam v. Welch, 705 F.2d 472, 487 (D.C. Cir. 1983); allgemein zum *aiding and abetting*: Aetna Cas. and Sur. Co. v. Leahey Const. Co., 219 F.3d 519, 535 (6th. Cir. (Ohio) 2000); Willis, 51 S.C. L. Rev. 1045, 1055; zu *fraud*: McNulty/Hanson, 29 Tort & Ins. L.J. 14, 14.

718 Zum *circumstantial evidence* siehe oben, Teil B. III. 1. b. aa.

719 Halberstam v. Welch, 705 F.2d 472 (D.C. Cir. 1983).

berstam-Gericht hat die folgenden Indizien zwar nicht einzeln behandelt. Es hat sich gleichwohl auf diese gestützt, um auf die Kenntnis des Unterstützers von der Haupttat zu folgern[720].

Aus Halberstam v. Welch und einigen Literaturbeiträgen haben sich abgesehen von dem wichtigsten Indiz ‚Anwesenheit am Tatort' die Indizien ‚Umfang und Dauer der Unterstützungshandlung', dazu aa., ‚Art und Umstände der Unterstützungshandlung', dazu bb., und ‚Verhältnis zwischen *aider-abettor* und Hauptschädiger', dazu cc., als wichtige Indizien, herauskristallisiert. Diese Liste ist nicht abschließend, vielmehr können je nach Einzelfall auch andere bedeutsame Indizien für eine Schlussfolgerung auf das Bestehen von *actual knowledge* vorliegen[721].

aa. Umfang und Dauer der Unterstützungshandlung

Zumindest das Halberstam-Gericht sieht den Umfang und insbesondere die Dauer der Unterstützungshandlung als wichtiges Indiz für das Vorliegen von *actual knowledge* an[722].

Das Vorliegen dieses Indizes alleine kann aber keinen Schluss auf die Kenntnis des Unterstützers zulassen. Denn es ist gut möglich, dass etwa ein Angestellter durch Erledigung seiner ihm aufgetragenen Routineaufgaben eine umfangreiche und über Jahre dauernde Unterstützungshandlung für seinen kriminellen Geschäftsherrn leistet, ohne zu wissen, dass er dadurch dessen unerlaubte Handlungen unterstützt. Vielmehr dürfte *actual knowledge* dann indirekt bewiesen sein, wenn der Angestellte solch ungewöhnliche Aufgaben erledigte, dass ihm die Kriminalität der Aktivität seines Geschäftsherrn nicht verborgen bleiben konnte.

bb. Art und Umstände der Unterstützungshandlung

Auf das soeben erwähnte Indiz – die Art der Unterstützungshandlung – sowie auf die Umstände, unter denen die Unterstützungshandlung geleistet wurde, hat das

720 Siehe Halberstam v. Welch, 705 F.2d 472, 487 (D.C. Cir. 1983).

721 Vgl. oben, Teil 2. B. III. 1. b. bb.

722 Halberstam v. Welch, 705 F.2d 472, 484, 487 und 488 (D.C. Cir. 1983): „...the duration of the assistance has strongly influenced our weighing of Hamiltons assistance. It affected our sense of how Hamilton *perceived her role*..." (Kursivdruck hinzugefügt); zumindest bezüglich der Dauer schließt sich Crawford by & Through Crawford v. City of Kansas City, 952 F.Supp. 1467, 1477 (D. Kan. 1997), zitierend State ex rel. Mays v. Ridenhour, 811 P.2d 1220, 1231 (Kan. 1991) dem an; vgl. auch Willis, 51 S.C. L. Rev. 1045, 1059 f., der sich allerdings kritisch zu dem Indiz ‚Dauer der Unterstützungshandlung' äußert.

Halberstam-Gericht ebenfalls seine Schlussfolgerung auf das Vorliegen der Kenntnis des *aider-abettor's* gestützt[723]. Auch die Literatur stellt besonders auf die Art der Unterstützungshandlung ab[724]. Je weiter diese von einer gewöhnlichen Handlung abweicht, desto leichter ist der Rückschluss auf Kenntnis von der unerlaubten Handlung des Hauptschädigers[725]. Diese Aussage ist zwar im Rahmen einer Expertise über das *securities law* getätigt worden, lässt sich aber gut auf Fälle von Gewalttaten anwenden: Leiht der Unterstützer einem Mörder sein Auto für eine Nacht, stellt dies in der Regel kein gewichtiges Indiz für die Kenntnis von der Haupttat dar. Ganz anders dürfte es sich aber in dem Fall verhalten, in dem der *aider-abettor* dem Hauptschädiger eine Schusswaffe für eine Nacht leiht.

Liegen ungewöhnliche Umstände vor, unter denen die Unterstützungshandlung geleistet wurde, ist selbst bei einer gewöhnlichen Hilfshandlung ein Schluss auf Kenntnis des Unterstützers möglich. So lag die Unterstützungshandlung im Fall Halberstam v. Welch mehr oder weniger darin, dass die Beteiligte Hamilton alle anfallenden Sekretärsaufgaben übernahm, wie etwa das Ausstellen von Rechnungen für verkauftes Diebesgut[726]. Das Ungewöhnliche daran war, dass sie niemals Rechnungen für „angekaufte Ware" bearbeiten musste[727]. Darüber hinaus lebte sie mit dem Hauptschädiger Welch zusammen und wusste daher, dass dieser immer nur abends das Haus verließ, um die Waren zu „kaufen", tagsüber aber regelmäßig zu Hause blieb und dass er die „angekaufte Gold- und Silberware" in der Garage zu Barren zusammenschmolz[728]. Durch diese Umstände erschien Hamiltons Sekretärsarbeit in einem ganz anderen Licht, nämlich in dem der Absatzhilfe für den Dieb Welch, sodass ein Schluss auf Kenntnis von dessen unerlaubter Handlung möglich war.

Die Art der Unterstützungshandlung und die Umstände, unter denen die Unterstützungshandlung geleistet wurde, sind mithin ein gewichtiges Indiz für das Vorliegen von *actual knowledge*. An dieser Stelle zeigt sich auch die des öfteren festgestellte Interdependenz zwischen *knowledge* und *substantial assistance*[729].

723 Halberstam v. Welch, 705 F.2d 472, 487 (D.C. Cir. 1983).

724 Siehe dazu Bromberg/Lowenfels, 52 Alb. L. Rev. 637, 693 f.

725 Siehe obige Fn.

726 Siehe Halberstam v. Welch, 705 F.2d 472, 475 (D.C. Cir. 1983).

727 Siehe obige Fn.

728 Siehe obige Fn.

729 In re TMJ Implants Products Liability Litigation, 113 F.3d 1484, 1495 (8th Cir. (Minn.) 1997), bezogen auf *common law aiding and abetting* in etwa auf dem Gebiet der Produzentenhaftung, zitierend Metge v. Baehler 762 F.2d 621, 624 (8th Cir. (Iowa) 1985), bezogen auf *securities violations*; Witzman v. Lehrman, Lehrman & Flom, 601 N.W.2d 179, 188 (Minn. 1999), bezogen auf *RICO violations*; Willis, 51 S.C. L. Rev. 1045, 1056; McNulty/Hanson, 29 Tort & Ins. L.J. 14, 16 f.

Sie geht sogar soweit, dass ein unzureichender Nachweis der Erfüllung des *knowledge* Elements durch einen besonders klaren Beweis der Erfüllung des *substantial assistance* Elements ausgeglichen werden kann und umgekehrt[730].

cc. Verhältnis zwischen aider-abettor und Hauptschädiger

Schließlich kann auch das Verhältnis zwischen *aider-abettor* und Hauptschädiger eine Rolle bei der Schlussfolgerung auf Kenntnis des Beteiligten spielen. Der Halberstam-Court warnt zwar in seiner Analyse zur *substantial assistance*[731] davor, insbesondere enge persönliche Beziehungen wie die unter Lebensgefährten überzubewerten; dies bezieht sich jedoch nur auf die Bewertung von "normal spousal support activities" als *substantial assistance*[732]. Hinsichtlich der Bewertung, ob *actual knowledge* vorliegt, kann eine solche Beziehung zumindest indirekt als Indiz für das Vorliegen von *actual knowledge* dienen. Liegt beispielsweise enger persönlicher Kontakt zwischen Hauptschädiger und Beteiligtem vor, wie dies bei Lebensgefährten der Fall ist, wird der Unterstützer regelmäßig um die alltäglichen Gewohnheiten und Aktivitäten des Hauptschädigers wissen. Daraus lassen sich oft wiederum weitere Schlüsse ziehen. So wusste die Unterstützerin Hamilton beispielsweise im Fall Halberstam v. Welch, dass der Hauptschädiger Welch regelmäßig erst abends seine „Einkäufe" tätigte und dass er Gold etc. in der Garage zu Barren zusammenschmolz[733]. Wie oben gezeigt, stellte das Wissen um diese Umstände ein weiteres Indiz für das Vorliegen von Hamiltons Kenntnis von Welchs Aktivitäten dar[734].

Das Verhältnis zwischen *aider-abettor* und Hauptschädiger kann man also indirekt als Indiz heranziehen, obgleich es alleine nicht ausreicht, um den Schluss auf *actual knowledge* des *aider-abettor's* von der Haupttat zu ziehen.

dd. Zwischenergebnis

Wichtige Indizien für das Vorliegen von *actual knowledge* des *aider-abettor's* sind insbesondere der Umfang und die Dauer der Unterstützungshandlung, die Art und die Umstände der Unterstützungshandlung und das Verhältnis zwischen *aider-abettor* und Hauptschädiger. Besonderes Gewicht nehmen darunter die Art und die Umstände der Unterstützungshandlung ein, wogegen der Umfang und die Dauer der Unterstützungshandlung und das Verhältnis zwischen *aider-abettor*

730 Siehe obige Fn.
731 Siehe dazu Teil 2. C. II. 4. b. dd.
732 Halberstam v. Welch, 705 F.2d 472, 488 (D.C. Cir. 1983).
733 Siehe Halberstam v. Welch, 705 F.2d 472, 475 (D.C. Cir. 1983).
734 Siehe oben, bb.

und Hauptschädiger für sich gesehen nicht ausreichen, um einen Schluss auf das Vorliegen von *actual knowledge* ziehen zu können. Die Liste dieser Indizien ist nicht abschließend, vielmehr können je nach Einzelfall auch andere bedeutsame Indizien für eine Schlussfolgerung auf die Erfüllung des *actual knowledge* Erfordernisses vorliegen.

c. Konkretisierung des knowledge

Wie bei der *civil conspiracy*[735] stellt sich die Frage, wie konkret die Kenntnis bzw. die Absicht bezüglich der Haupttat sein muss. Das Restatement (second) of Torts, § 876 (b) lässt auch diese Frage unbeantwortet. Ebenso geben fast alle relevanten Entscheidungen oder Literaturbeiträge keine ausdrückliche Antwort auf diese Frage.

Für den Konkretisierungsgrad der Kenntnis bzw. der Absicht kommen zwei Maßstäbe in Betracht: Nach dem strengeren muss sich die Kenntnis/Absicht auf eine bestimmte, im Wesentlichen konkretisierte Handlung beziehen, z.B. auf die Körperverletzung einer bestimmten Person. Nach dem großzügigeren Maßstab muss sich die Kenntnis/Absicht nur auf eine der Gattung nach bestimmte Haupttat beziehen, z.B. Anwendung von Gewalt zur Erreichung rassistischer Ziele[736]. Der *aider-abettor* muss hiernach also noch nicht die konkret geschehene Tat vor Augen gehabt haben. Ein etwaiger dritter Maßstab, nach dem detaillierte Kenntnis von der konkreten Haupttat erforderlich ist, scheidet von vornherein aus, da dadurch fast nur der am Tatort anwesende Beteiligte erfasst würde.

Das Halberstam-Gericht geht zwar nicht explizit auf die Frage nach der Konkretisierung des *knowledge* ein; aus dessen Entscheidungsgründen wird aber deutlich, dass es sich für den großzügigeren Maßstab entscheidet: Erstens stellt das Gericht auch bei der *substantial assistance* Prüfung nur darauf ab, dass der *aider-abettor* eine "long-running burglary enterprise"[737] unterstützte, nicht aber den konkret geschehenen Einbruchsdiebstahl, im Rahmen dessen der Mord an Halberstam erfolgte[738]. Aus welchem Grund sollte es dann bei der *knowledge* Prüfung einen anderen Konkretisierungsmaßstab verwenden? Zweitens hebt das Gericht hervor, dass "it was enough that (the aider) knew (the primary wrongdoer) was involved in some type of personal property crime at night – whether as a fence, burglar, or armed robber made no difference – ..."[739]. Der Halberstam-

735 Siehe oben, Teil 2. B. III. 3.
736 Dies ist auch der Maßstab bei der *civil conspiracy*, siehe oben, Teil 2. B. III. 3.
737 Halberstam v. Welch, 705 F.2d 472, 488 (D.C. Cir. 1983).
738 Hinsichtlich der *substantial assistance* ist diese Vorgehensweise allerdings fragwürdig, siehe unten, Teil 2. C. II. 4. a. aa.
739 Halberstam v. Welch, 705 F.2d 472, 488 (D.C. Cir. 1983).

Court hat dies zwar bei der Prüfung des Haftungsumfangs bemerkt. Trotzdem widerspricht diese Aussage klar einer Deutung zu Gunsten des strengeren Konkretisierungsmaßstabs bezüglich der Kenntnis von der Haupttat.

Auch das Gericht in Boim v. Quranic Literacy Institute, ein Vertreter des *criminal intent* Ansatzes[740], begnügt sich mit dem großzügigeren Maßstab[741]. Aus "(plaintiff must) prove that defendants knew of Hamas' illegal activities"[742] ergibt sich, dass gerade nur die der Gattung nach bestimmte Aktivität, nämlich "terrorist acts"[743] der Hamas im Allgemeinen, nicht aber der konkrete Mord an David Boim, bekannt sein musste.

Schließlich findet sich auch bei einem Vertreter der Literatur, der auf dem hier behandelten Gebiet von großem Gewicht ist, der Hinweis, dass der *aider-abettor* "with the intention that the (primary) actor commit hate-motivated violence" handeln muss[744]. Hiernach muss also ebenfalls die Haupttat nur der Gattung nach vom Vorstellungsbild des Beteiligten umrissen sein.

Nachweise für die Befürwortung des strengeren Maßstabs, nach dem sich die Kenntnis/Absicht auf eine bestimmte, im Wesentlichen konkretisierte Handlung beziehen muss, sind nicht zu finden.

Für den großzügigeren Maßstab spricht zudem, dass es Zweck des subjektiven Erfordernisses der *aiding-abetting* Theorie nur ist, eine „automatische Haftung"[745] derer zu verhindern, die nur unbewusst bzw. in fahrlässiger Verkennung der Tatsachen eine Tat gefördert haben[746]. Diejenigen, denen die Haupttat im Allgemeinen bekannt ist, fördern diese gerade nicht unbewusst, so dass sie gerade nicht von einer „automatischen Haftung" erfasst werden. Also erfüllt der großzügigere Maßstab bereits den Zweck des subjektiven Erfordernisses. Er müsste dem anderen vorgezogen werden, um dem Zweck der *aiding and abetting* Haftung noch gerecht zu werden, nämlich der Einbeziehung derjenigen Personen

740 Siehe oben, Teil 2. C. II. 3. a. aa. ccc.

741 Boim v. Quranic Literacy Institute, 291 F.3d 1000, 1023 (7th Cir. (Ill.) 2002).

742 Siehe obige Fn.

743 Siehe obige Fn.

744 Dees/Bowden, 31-FEB Trial, 22, 25. Morris Dees ist Mitbegründer und *chief trial counsel* des Southern Poverty Law Center und hat als Pionier Personen im Hintergrund von rassistisch motivierten Gewalttaten zivilrechtlich mit Erfolg verklagt. Einen Überblick zu diesen Fällen findet man in dem Artikel: „Case Docket" in der Rubrik „Legal Action" auf www.splcenter.org/legal/docket/docket.jsp?sortID=4&agendaID=1, siehe auch Teil 3.

745 Ruder, 120 U. Pa. L. Rev. 597, 631.

746 Ruder, 120 U. Pa. L. Rev. 597, 630 f.; Rosenthal, 61 Temp. L. Rev. 1481, 1492 f.; vgl. Camp v. Dema, 948 F.2d. 455, 459 (8th Cir. (Neb.) 1991).

in die Haftung, deren indirekte Involvierung sie ansonsten vor einer deliktischen Inanspruchnahme freistellen würde[747].

Obwohl das *common law* auch auf diesem Gebiet unterentwickelt ist, ist es wahrscheinlich, dass bisher ungebundene Gerichte hinsichtlich der Konkretisierung der Kenntnis/Absicht bezüglich der eigentlich geförderten Handlung auf den großzügigeren Maßstab abstellen werden. Nach diesem muss sich die Kenntnis/Absicht nur auf eine der Gattung nach bestimmte Haupttat beziehen.

d. Ergebnis

Das *common law* ist zumindest auf dem Gebiet der *physical harms* im Hinblick auf das *knowledge* Erfordernis in der Tat wenig entwickelt. Dies mag damit zusammenhängen, dass diese Voraussetzung in vielen *aiding and abetting physical harms* Fällen unproblematisch vorliegt. Dies gilt vor allem für Fälle, in denen der *aider-abettor* am Tatort präsent ist[748]. Indes ist dies nicht immer der Fall. Dann stellt sich die Frage, welcher Grad des *knowledge*, d.h. des subjektiven Elements, beim *aider-abettor* vorliegen muss, wie insbesondere *actual knowledge* bewiesen werden kann, und wie konkret der *actual knowledge* bzw. *criminal intent* bezüglich der Haupttat sein muss.

Hinsichtlich des Grades des subjektiven Elements ist davon auszugehen, dass die meisten ungebundenen Gerichte der h.M. folgen werden und *actual knowledge/general awareness* des *aider-abettor's* von der Haupttat und von seiner Rolle als Beteiligter verlangen werden[749]. In einigen Jurisdiktionen wird sogar Absicht (*criminal intent*) diesbezüglich verlangt[750]. Denkbar ist auch, dass in gewissen Fällen (*severe) recklessness in not knowing* als ausreichend angesehen werden wird[751].

Die wichtigsten Indizien für einen Rückschluss auf das Vorliegen von *actual knowledge* sind abgesehen von der Präsenz am Tatort die Art und Umstände der Unterstützungshandlung. Wurde die Haupttat insbesondere in ungewöhnlicher Weise oder unter ungewöhnlichen Umständen gefördert, liegt ein Schluss auf das Vorliegen von *actual knowledge* sehr nahe[752].

Die Kenntnis des *aider-abettor's* muss sich nur auf die tatsächlich assistierte Tat beziehen; alle weiteren Akte des Hauptschädigers müssen nur vorhersehbar

747 Siehe oben, Teil 2. C. I. 1.
748 Siehe oben, Teil 2. C. II. 3. a.
749 Siehe oben, Teil 2. C. II. 3. a. aa. aaa. und eee.
750 Siehe oben, Teil 2. C. II. 3. a. aa. ccc.
751 Siehe oben, Teil 2. C. II. 3. a. aa. bbb.
752 Siehe oben, Teil 2. C. II. 3. b. bb.

gewesen sein[753]. Hinsichtlich der Anforderungen an die Konkretisierung der Kenntnis von der assistierten Tat wird es als ausreichend angesehen werden, wenn Kenntnis von einer nur der Gattung nach bestimmten Haupttat vorliegt[754].

4. Substantial assistance or encouragement

Voraussetzung für die Haftungszurechnung nach der *aiding and abetting* Theorie ist weiterhin, dass der Beteiligte eine Unterstützungshandlung geleistet hat, die als *substantial assistance or encouragement*[755] angesehen werden kann. Im folgenden Unterabschnitt werden zunächst die Anforderungen an die Unterstützungshandlung nach dem *substantial assistance* Test untersucht, dazu a. Da die Prüfung, ob *substantial assistance* vorliegt, große Schwierigkeiten mit sich bringt, stellen viele Gerichte auf verschiedene Faktoren ab, mit Hilfe derer man die Qualität der Unterstützungshandlung im Hinblick auf ihre *substantiality* beurteilen kann, dazu b.

a. Anforderungen an die Unterstützungshandlung nach dem substantial assistance Test

Hinsichtlich der Anforderungen an die Unterstützungshandlung nach dem substantial assistance Test bietet sich eine Unterscheidung zwischen den *aiding* und den *abetting* Fällen an. Während die Unterstützungshandlung bei den ersteren grundsätzlich zurechenbar kausal für die Rechtsgutsverletzung sein muss, dazu aa., ist dies bei den abetting Fällen in einem Teil der Jurisdiktionen in gewissen Fällen nicht erforderlich, dazu bb.

aa. Substantial assistance als Kausalitätserfordernis in aiding Fällen

Eine *aiding* Handlung ist als *substantial assistance* anzusehen, wenn sie einen *proximate cause of the resulting tort/harm*[756] bzw. einen *substantial factor in*

---

753 Siehe oben, Teil 2. C. II. 3. c. und 5.

754 Siehe oben, Teil 2. C. II. 3.

755 Im Folgenden ist zum Zwecke des Textflusses mit *substantial assistance* sowohl *substantial assistance* als auch *substantial encouragement* gemeint.

756 In re TMJ Implants Products Liability Litigation, 113 F.3d 1484, 1495 (8th. Cir. (Minn.) 1997); Kolbeck v. Lit. Am., 939 F.Supp 240, 249 (S.D.N.Y. 1996); Willis, 51 S.C. L. Rev. 1045, 1057; Waksman, 66 N.Y.U. L. Rev. 1505, 1519; McNulty/Hanson, 29 Tort & Ins. L.J. 14, 18.

causing the resulting tort/harm[757] darstellt. Diese beiden Maßstäbe sind identisch[758] und entsprechen den allgemeinen Regeln über Kausalität und Zurechnung im US-amerikanischen Deliktsrecht[759], welche in ihren Grundsätzen mit den deutschen Regeln vergleichbar sind[760]. Die Unterstützungshandlung muss folglich eine zurechenbare Ursache für die erfolgreiche Begehung der Haupttat und damit für die Rechtsgutsverletzung gewesen sein.

Der Halberstam-Court stellt indes nicht auf einen solch strengen Maßstab für die *substantial assistance* ab[761]. Er lehnt zwar nicht explizit den *proximate cause* bzw. *substantial factor in causing the resulting tort* Maßstab ab[762]. Dessen Analyse der Unterstützungshandlung im Bezug auf das *substantial assistance* Erfordernis zeigt allerdings, dass er nur darauf abstellt, ob der Beteiligte zurechenbar kausal zum Erfolg eines „Unternehmens zur Begehung von Einbruchsdiebstählen"[763] beigetragen hat – nicht aber, ob der Beteiligte damit auch zurechenbar kausal zum Erfolg der konkreten, die Rechtsgutsverletzung des Klägers produzierenden Haupttat beigetragen hat[764]. Bisher konnte keine *authority* gefunden wer-

---

757 Cobb v. Indian Springs, Inc., 522 S.W.2d 383, 387 f. (Ark. 1975); Cadlo v. Owens-Illinois, Inc., 23 Cal.Rptr.3d 1, 7 (Cal. 2004); Facchini v. Miller, 2000 WL 175580, 2 (Conn. 2000), zitierend Carney v. Dewees, 70 A.2d 142, 146 (Conn. 1949); Restatement (2d.) of Torts, § 876 comm. d.; Dees/Bowden, 31-FEB Trial, 22, 25; vgl. Boim v. Quranic Literacy Institute, 291 F.3d 1000, 1024 (7th Cir. (Ill.) 2002) ("If (plaintiffs) are able to prove their allegation, that (defendants) provided (support) that resulted in David Boims murder…"); Winslow v. Brown, 371 N.W.2d 417, 422 f. (Wis. 1985); Cecil v. Hardin, 575 S.W.2d 268, 272 (Tenn. 1978); Lindsay v. Lockwood, 625 N.Y.S.2d 393, 397 (N.Y. 1994); Leventhal, 14 Seton Hall L. Rev. 627, 652 ff.

758 Aetna Cas. and Sur. Co. v. Leahey Const. Co., 219 F.3d 519, 537 (6th. Cir. (Ohio) 2000); vgl. Culley v. Bianca, 231 Cal. Rptr. 279, 282 (Cal. 1986).

759 Prosser/Keeton, § 41 S. 263; siehe auch Restatement (2d.) of Torts, § 431, nach § 430 comm. e. sind die in §§ 430 ff. behandelten Regeln auch auf vorsätzliches Verhalten anwendbar. Einzelheiten zur Frage der zurechenbaren Verursachung im US-amerikanischen Deliktsrecht sind höchst umstritten und können und sollen hier nicht behandelt werden.

760 Vgl. die Darstellung des *proximate cause* Erfordernisses in Prosser/Keeton, § 41 u. 42.

761 Vgl. Halberstam v. Welch, 705 F.2d 472, 488 (D.C. Cir. 1983); so auch Linde v. Arab Bank, PLC, 2005 WL 2108690, S. 10 (E.D.N.Y. 2005), der sich ausdrücklich auf Halberstam v. Welch bezieht.

762 vgl. Halberstam v. Welch, 705 F.2d 472, 483 f., 487 f. (D.C. Cir. 1983), das Gericht hält sich insgesamt an die Regeln des Restatement (second) of Torts, das den *substantial factor in causing the resulting tort* Maßstab vertritt.

763 Halberstam v. Welch, 705 F.2d 472, 488 (D.C. Cir. 1983): „(Long-running burglary enterprise").

764 Siehe obige Fn.

den, die diesen Ansatz übernommen hat. Durch diesen Maßstab wird keine „nachvollziehbare Verbindung"[765] zwischen der Unterstützungshandlung und der Rechtsgutsverletzung bzw. dem eingetretenen Schaden hergestellt. Die Herstellung einer solchen Verbindung zwischen Handlung und Schaden ist aber ein essentielles Element des US-amerikanischen Deliktsrechts[766], welches mit der Übernahme des *proximate cause* bzw. *substantial factor in causing the resulting tort* Maßstabes von der übrigen *authority* auf dem Gebiet des *aiding and abetting* übernommen wurde. Daher ist davon auszugehen, dass sich zukünftige Gerichte trotz der großen Bedeutung der Halberstam-Entscheidung nicht am weiten Maßstab dieser orientieren werden[767].

Eine Unterstützungshandlung ist damit substantial, wenn sie einen *proximate cause of the resulting tort/harm* bzw. einen *substantial factor in causing the resulting tort/harm* darstellt.

bb. Substantial assistance als Kausalitätserfordernis in abetting Fällen

Auch muss ein *abetting* regelmäßig eine zurechenbare Ursache für die erfolgreiche Begehung der Haupttat und damit für die Rechtsgutsverletzung darstellen[768]. Damit steht fest, dass bloße Anwesenheit eines Beklagten am Tatort, der die Tat möglicherweise stillschweigend billigt oder beabsichtigt, kein *substantial encouragement* darstellt[769].

---

765 Prosser/Keeton, § 41 S. 263: „Reasonable connection".

766 Prosser/Keeton, § 41 S. 263.

767 Als einziges Gegenbeispiel konnte bisher nur Linde v. Arab Bank, PLC, 2005 WL 2108690, S. 10 (E.D.N.Y. 2005) gefunden werden.

768 Kolbeck v. Lit. Am., 939 F.Supp 240, 249 (S.D.N.Y. 1996); Facchini v. Miller, 2000 WL 175580, 2 (Conn. 2000), zitierend Carney v. Dewees, 70 A.2d 142, 146 (Conn. 1949); Restatement (2d.) of Torts, § 876 comm. d.; Dees/Bowden, 31-FEB Trial, 22, 25; Willis, 51 S.C. L. Rev. 1045, 1057; Waksman, 66 N.Y.U. L. Rev. 1505, 1519; McNulty/Hanson, 29 Tort & Ins. L.J. 14, 18; vgl auch Cobb v. Indian Springs, Inc., 522 S.W.2d 383, 387 f. (Ark. 1975); Wilson v. DiCaprio, 717 N.Y.S.2d 174, 175 (N.Y. 2000).

769 Rael v. Cadena, 604 P.2d 822, 823 (N.M. 1979); Duke v. Feldman, 226 A.2d 345, 347 (Md. 1967); Joiner v. Lane, 508 S.E.2d 203 (Ga. 1998); 6A C.J.S. Assault & Battery § 11; McNulty/Hanson, 29 Tort & Ins. L.J. 14, 19 f.; vgl. Prosser/Keeton, § 46 S. 324; 6 Am. Jur. 2d Assault and Battery, § 108; abweichend aber Schiller v. Strangis, 540 F.Supp. 605, 623 f. (D. Mass. 1982): Hier entschied das Gericht, dass ein Polizist durch sein Schweigen seinen Kollegen zur Körperverletzung etc. ermutigt hat. Allerdings beteiligte sich ersterer zuvor auch an einem *false imprisonment* gegenüber dem Opfer; die Beteiligung an einem *fraud* durch *silence* oder *inaction* ist je nach Situation des Falles möglich, beispielsweise im Falle des Vorliegens ei-

Es herrscht aber Uneinigkeit bezüglich der Frage, ob dies auch in Fällen gilt, in denen der *abettor* den Hauptschädiger am Tatort direkt und ausdrücklich zur schädigenden Handlung ermutigt hat, wobei ihm aber nicht die Ursächlichkeit seiner Ermutigung nachzuweisen ist.

Der größte Teil der *authority* unterscheidet beim *substantial assistance* Test nicht zwischen einem *aiding* und einem *abetting* Beitrag. Er verlangt auch in *abetting* Fällen, dass die Unterstützungshandlung stets zurechenbar kausal für den Eintritt der Rechtsgutsverletzung ist[770].

Dagegen verzichtet ein Teil der Rechtsprechung, darunter der vielfach erwähnte Fall Rael v. Cadena[771], in diesen Fällen auf das Erfordernis der Kausalität zwischen *abetting* Beitrag und Rechtsgutsverletzung[772].

Welchem Standpunkt ungebundene Gerichte folgen werden, bzw. ob auch an die h.M. gebundene Gerichte hier von der Möglichkeit des *distinguishing*[773] Gebrauch machen und auf das Kausalitätserfordernis ausnahmsweise verzichten werden, bleibt offen.

Einerseits hat gewichtige *(persuasive) authority* bisher ausnahmslos auf den Ansatz der h.M. abgestellt[774], so dass von einer Übernahme dieses Ansatzes durch viele Gerichte ausgegangen werden kann. Andererseits ist es möglich, dass Gerichte diese *(persuasive) authority* für nicht auf diese Fälle anwendbar erklären werden, weil hier möglicherweise ein nicht vorher geregelter Sonderfall vorliegt, in dem eine Ausnahme vom Kausalitätserfordernis gerechtfertigt ist *(distinguishing)*. Tatsächlich behandelt fast kein Vertreter der h.M. die hier zur Debatte stehende Konstellation des direkten Ermutigens am Tatort. Vielmehr wird ganz

---

ner Aufklärungspflicht, siehe allgemein dazu McNulty/Hanson, 29 Tort & Ins. L.J. 14 ff.

770 Facchini v. Miller, 2000 WL 175580, 2 (Conn. 2000), zitierend Carney v. Dewees, 70 A.2d 142, 146 (Conn. 1949); Restatement (2d.) of Torts, § 876 comm. d.; Dees/Bowden, 31-FEB Trial, 22, 25; Willis, 51 S.C. L. Rev. 1045, 1057; Waksman, 66 N.Y.U. L. Rev. 1505, 1519; McNulty/Hanson, 29 Tort & Ins. L.J. 14, 18; vgl auch Cobb v. Indian Springs, Inc., 522 S.W.2d 383, 387 f. (Ark. 1975); Wilson v. DiCaprio, 717 N.Y.S.2d 174, 175 (N.Y. 2000).

771 Rael v. Cadena, 604 P.2d 822, 822 f. (N.M. 1979).

772 Brink v. Purnell, 127 N.W. 322, 323 (Mich. 1910); Satham v. Muffle, 135 N.W. 797, 800 (N.D. 1912); vgl. auch Halberstam v. Welch, 705 F.2d 472, 484 (D.C. Cir. 1983), der zwar nicht ausdrücklich diese Meinung vertritt, der aber das bloße *encouragement* durch den *abettor* für einen Akt hält, der „may well have contributed to the assaulters hysteria, which was fueling his physical acts of violence". Diese Aussage des Halberstam-Courts stellt aber nur ein *obiter dictum* dar, was der Aussage noch weniger Gewicht verleiht.

773 Hierzu siehe Teil 1. B. III. 1.

774 Siehe insbesondere das Restatement (2d.) of Torts, § 876 comm. d., ansonsten siehe oben.

allgemein gefordert, dass die Ermutigung zurechenbar kausal für die Rechtsgutsverletzung sein muss[775]. In zwei Fällen liegt zwar ein Sachverhalt vor, in dem der *abettor* den Hauptschädiger am Tatort direkt zur schädigen Handlung ermutigt hat[776]. Hier konnte aber unproblematisch der Beweis der zurechenbaren Ursächlichkeit des Ermutigens für die Rechtsgutsverletzung erbracht werden, so dass die Gerichte nicht auf die hier zu lösende Frage eingehen mussten[777].

Eine Ausnahme vom Kausalitätserfordernis kann damit gerechtfertigt werden, dass der *abettor* ansonsten in den hier zur Debatte stehenden Fällen mangels Nachweises der Kausalität seiner Handlung nicht haftet, obwohl er sich durch die direkte Ermutigung am Tatort offensichtlich in nicht unerheblichem Maße an der Verletzungshandlung beteiligt hat. Eine solche verbale Beteiligung kann trotz nicht bewiesener Ursächlichkeit von großem Gewicht sein[778]: Ähnlich dem Fall der gemeinsamen Planung einer unerlaubten Handlung *(civil conspiracy)* kann der Hauptschädiger in Fällen der direkten und ausdrücklichen Ermutigung am Tatort dem Gruppenzwang dadurch ausgesetzt sein, dass er sich, einmal zur selbständig geplanten Tat angespornt, vor dem anspornenden Beteiligten nicht mehr die „Blöße" des Rücktritts geben will[779]. In einer solchen Situation ist die Grenze zwischen Ursächlichkeit des Anspornens und bloßer bekräftigender Ermutigung nicht mehr erfassbar. Es wäre daher zum einen wegen der Unmöglichkeit des Nachweises der Ursächlichkeit der Beteiligung, zum anderen wegen des Gewichts der Beteiligungshandlung unabhängig von deren Ursächlichkeit gerechtfertigt, einen solchen *abettor* zumindest in eklatanten Einzelfällen in die Haftung miteinzubeziehen.

Trotzdem bleibt zu erwähnen, dass viele Gerichte vor dem Verzicht auf ein solch „essentielles Element"[780] des US-amerikanischen Deliktsrechts, wie das des *proximate cause*, zurückschrecken werden. Daher ist es möglich, dass einige Gerichte, die einen oben genannten Ausnahmefall zu entscheiden haben, mit der h.M. zurechenbare Ursächlichkeit des Beitrags fordern, und andere mit der Mindermeinung ausnahmsweise auf das Erfordernis der zurechenbaren Ursächlichkeit verzichten werden.

---

775 Dies trifft für die gesamte, für die h.M. zitierte Autorität zu – mit Ausnahme von Cobb v. Indian Springs, Inc., 522 S.W.2d 383, 387 f. (Ark. 1975) und Wilson v. DiCaprio, 717 N.Y.S.2d 174, 175 (N.Y. 2000), dazu im Folgenden.

776 Cobb v. Indian Springs, Inc., 522 S.W.2d 383, 387 f. (Ark. 1975); Wilson v. DiCaprio, 717 N.Y.S.2d 174, 175 (N.Y. 2000).

777 Siehe obige Fn.

778 Vgl. Halberstam v. Welch, 705 F.2d 472, 484 (D.C. Cir. 1983) (allerdings *obiter dictum*).

779 Vgl. zum Gruppenzwang und der *group danger* oben, Teil 2. B. II.

780 Prosser/Keeton, § 41, S. 263; Wright, 63 Chi.-Kent L. Rev. 553, 558; Burman, 31 Land & Water L. Rev. 509, 515.

Festzuhalten ist, dass auch die *abetting* Handlung grundsätzlich eine zurechenbare Ursache für die erfolgreiche Begehung der Haupttat und damit für die Rechtsgutsverletzung darstellen muss. Ausnahmen von diesem Prinzip werden von einer Mindermeinung in Fällen anerkannt, in denen der *abettor* den Hauptschädiger am Tatort direkt und ausdrücklich zur schädigenden Handlung ermutigt hat. Es kann erwartet werden, dass manche Gerichte dieser Meinung zukünftig folgen werden.

b. Die Beurteilung der substantiality der Unterstützungshandlung durch den Five Factors Test

In vielen Fällen ist es schwierig zu bestimmen, ob eine Unterstützungshandlung ein *substantial factor in causing the resulting tort* ist[781]. Welches Verhalten *substantial* und damit zurechenbar kausal für die Rechtsgutsverletzung ist, hängt von den Umständen des Einzelfalles ab[782]. Daher greift eine große Zahl der Gerichte insbesondere auf die vom Restatement (second) of Torts vorgeschlagenen fünf Faktoren zurück, mit Hilfe derer beurteilt werden kann, ob ein Unterstützungsakt eine *substantial assistance* darstellt[783]. Die Faktoren, die bei der Bewertung der Unterstützungshandlung maßgeblich herangezogen werden, sind: (1) Die Natur (und die Umstände) der Haupttat, (2) der Umfang (und die Art) der Unterstützungshandlung, (3) die Präsenz des Beteiligten am Tatort, (4) das Verhältnis zwischen Hauptschädiger und Beteiligtem und (5) die Einstellung des Beteiligten zur

781 Vgl. Leventhal, 14 Seton Hall L. Rev. 627, 637; Green, 60 Mich. L. Rev. 543, 554.

782 Halberstam v. Welch, 705 F.2d 472, 483 (D.C. Cir. 1983); Willis, 51 S.C. L. Rev. 1045, 1058; Bromberg/Lowenfels, 52 Alb. L. Rev. 637, 701.

783 Siehe Restatement (2d.) of Torts, § 876 comm. d.; Gerichte und Literaturbeiträge, die sich darauf stützen, sind: Halberstam v. Welch, 705 F.2d 472, 483 f. u. 488 (D.C. Cir. 1983); Burnett v. Al Baraka Inv. and Development Corp. 274 F.Supp.2d 86, 104 (Fn. 12) (D.D.C. 2003); Cobb v. Indian Springs, Inc., 522 S.W.2d 383, 387 f. (Ark. 1975), Bezug nehmend auf das inhaltsgleiche Restatement (1st.) of Torts; Bowers v. National Collegiate Athletic Ass'n, 151 F.Supp.2d 526, 542 f. (D.N.J.2001); In re TMJ Implants Products Liability Litigation, 113 F.3d 1484, 1495 (8th. Cir. (Minn.) 1997); International Telecommunications Satellite Organization v. Colino, 1992 WL 93129, 13 f. (D.D.C. 1992); Courtney v. Courtney, 413 S.E.2d 418, 426 (W. Va. 1991); Crawford by & Through Crawford v. City of Kansas City, 952 F.Supp. 1467, 1477 f. (D. Kan. 1997); Shinn v. Allen, 984 S.W.2d 308, 311 (Tex. 1998); Gardenhire v. New Jersey Mfrs. Ins. Co., 754 A.2d 1244, 1250 (N.J. 2000); Patton v. Simone, 1992 WL 398478, 6 (Del. 1992); 86 C.J.S. Torts § 37; Willis, 51 S.C. L. Rev. 1045, 1058; Leventhal, 14 Seton Hall L. Rev. 627, 637, 652 ff; Reichard, 36 Case W. Res. J. Int'l L. 255, 272 f.; Hoffman/Zaheer, 26 Loy. L.A. Int'l & Comp. L. Rev. 47, 80.

Haupttat[784]. Einige Gerichte fügen noch einen sechsten Faktor, nämlich die Dauer der Unterstützung, zu diesem Test hinzu[785]. Im Folgenden sollen diese Faktoren dargestellt und erläutert werden.

aa. Natur und Umstände der Haupttat

Der erste, vom Restatement (second) of Torts suggerierte Faktor, ist die Natur der Haupttat[786]. Es zeigt sich aber, dass Gerichte an diesem Punkt vor allem die Umstände, unter denen die Haupttat durchgeführt wurde, als maßgeblichen Faktor untersuchen[787]. So reicht unter gewissen Umständen bereits das Anspornen eines zur Tat fähigen, aber unentschlossenen Hauptschädigers[788]. Andererseits reicht eine psychische Unterstützung nicht aus, wenn der Hauptschädiger zwar zur Tat entschlossen ist, aber einer ganz bestimmten physischen Hilfeleistung bedarf[789]. Diese Ausführungen machen deutlich, dass je nach Umständen und gegebenenfalls Natur der Haupttat bereits unscheinbare Handlungen eine *substantial assistance* darstellen können[790].

Hinsichtlich der Natur der Haupttat im eigentlichen Sinn schlägt das Halberstam-Gericht einen Proportionalitätstest vor: Je gravierender die Haupttat ist, bzw. je ernster deren Konsequenzen sind, desto unscheinbarer kann der Akt des

---

784 Siehe obige Fn. Der Einfachheit halber und weil sich zahlreiche Gerichte auf die „*five factors*" (siehe oben) des Restatement (second) of Torts beziehen, wird dieser Test im Folgenden *five factors test* genannt.

785 Halberstam v. Welch, 705 F.2d 472, 484, 488 (D.C. Cir. 1983); Crawford by & Through Crawford v. City of Kansas City, 952 F.Supp. 1467, 1477 (D. Kan. 1997); Patton v. Simone, 1992 WL 398478, 6 (Del. 1992); State ex rel. Mays v. Ridenhour, 811 P.2d 1220, 1234 (Kan. 1991).

786 Restatement (2d.) of Torts, § 876 comm. d.

787 Vgl. Halberstam v. Welch, 705 F.2d 472, 484 (D.C. Cir. 1983); vgl. auch die vom Halberstam-Court an dieser Stelle untersuchten Entscheidungen: Russel v. Marboro Books, 183 N.Y.S.2d 8, 32 (N.Y. 1959) und Rael v. Cadena, 604 P.2d 822, 822 f. (N.M. 1979).

788 Vgl. Cobb v. Indian Springs, Inc., 522 S.W.2d 383, 387 f. (Ark. 1975). Hier war auch ausschlaggebend, dass der Anstifter gegenüber dem Hauptschädiger die Position einer Autoritätsperson einnahm, dazu unten, dd.

789 Vgl. Russel v. Marboro Books, 183 N.Y.S.2d 8, 32 (N.Y. 1959): Hier war der Hauptschädiger auf die Zusendung eines Fotos eines Models durch den Beteiligten angewiesen, um das Model durch Fotomontage diffamieren zu können; vgl. auch Halberstam v. Welch, 705 F.2d 472, 484, 488 (D.C. Cir. 1983) („...a long running burglary enterprise, heavily dependent on aid in transforming...stolen goods in ‚legitimate' wealth.").

790 Spiegelbildlich ist in solchen Fällen auch die Art der Unterstützungshandlung ausschlaggebend, dazu bb.

Unterstützers sein[791]. Dieser Test wird aber teilweise abgelehnt: Gemäß den allgemeinen Regeln des *tort law* hänge die *substantiality* eines Akts von dem quantitativen und qualitativen Verhältnis zwischen diesem Akt und der Gesamtheit aller (anderen) kausalen Faktoren ab, die zusammen zur Entstehung der Rechtsgutsverletzung und dem daraus folgenden Schaden beitragen[792]. Dem ist aber zu entgegnen, dass gerade auch Wertungsgesichtspunkte in die Frage nach der Zurechenbarkeit einer Rechtsgutsverletzung einfließen[793]. So bestehen großzügigere Anforderungen an den Zurechnungszusammenhang, wenn *aggravated acts* seitens des Schädigers vorliegen[794]. Allgemein anerkannt ist eine solche Ausweitung des Zurechnungszusammenhangs auch bei Personenschäden[795]. Auch wenn der Einfluss solcher Wertungsgesichtspunkte bisher nur im allgemeinen Deliktsrecht nachgewiesen werden kann[796], so zeigt sich doch, dass die Berücksichtigung von Gesichtspunkten wie die Schwere der Haupttat oder die Ernsthaftigkeit der Konsequenzen durch den Proportionalitätstest bei der Frage nach der *substantiality* der *assistance* durchaus berechtigt sind.

Es lässt sich festhalten, dass mit ‚Natur der Haupttat' auch die Umstände, unter denen die Haupttat durchgeführt wurde, gemeint sind. Diese stellen ein gewichtiges Kriterium für die Beurteilung der *substantiality* der Unterstützungshandlung dar. Die eigentliche Natur der Haupttat wird durch den Proportionalitätstest berücksichtigt, der allerdings in *aiding and abetting* Fällen noch nicht allzu oft angewendet worden ist.

---

791 Halberstam v. Welch, 705 F.2d 472, 484, Fn. 13 (D.C. Cir. 1983); dem folgen offenbar Shinn v. Allen, 984 S.W.2d 308, 311 (Tex. 1998) und Gardenhire v. New Jersey Mfrs. Ins. Co., 754 A.2d 1244, 1250 (N.J. 2000).

792 Leventhal, 14 Seton Hall L. Rev. 627, 653.

793 Seidel v. Greenberg 260 A.2d 863, 875 (N.J. 1969), dem folgt Shades Ridge Holding Co., Inc. v. Cobbs, Allen & Hall Mortg. Co., Inc., 390 So.2d 601, 612 (Ala. 1980): "Concepts of policy, fairness and justice are entitled to great weight"; Hay, Law of the United States, Rn. 384.

794 Seidel v. Greenberg 260 A.2d 863, 875 (N.J. 1969), dem folgt Shades Ridge Holding Co., Inc. v. Cobbs, Allen & Hall Mortg. Co., Inc., 390 So.2d 601, 612 (Ala. 1980): "Concepts of policy, fairness and justice are entitled to great weight".

795 Prosser/Keeton, § 43 S. 291 m.w.N.; vgl. Hay, Law of the United States, Rn. 384 *("thin skull rule")*.

796 Siehe die obigen Belege.

bb. Umfang und Art der Unterstützungshandlung

Weitere Faktoren sind der Umfang und die Art der Unterstützungshandlung, wobei ein Teil der Rechtsprechung letzteren Faktor dem *five factors test* des Restatement (second) of Torts hinzugefügt hat[797].

Die Ausführungen zu den Umständen der Haupttat lassen bereits erahnen, dass besonders die Art der Unterstützungshandlung als Gegenstück zu den Umständen der Haupttat oft eine wichtige Rolle bei der Feststellung der *substantiality* der Unterstützungshandlung spielt. So kann einerseits je nach Umständen der Haupttat und Art der Beteiligung bereits eine an sich unscheinbare Handlung *substantial* sein[798]. Andererseits fungiert auch die Ungewöhnlichkeit der Unterstützungshandlung als Indiz für deren *substantiality*[799].

Auch kann der Umfang der Beteiligung bisweilen für deren Wesentlichkeit im Sinne einer *substantial assistance* sprechen. Dies ist dann der Fall, wenn der Beteiligte im großen Umfang zur Durchführung der konkreten Haupttat beiträgt. Die umfangreiche Beteiligung an einer Serie von einzelnen, von einander unabhängigen Taten[800] ist aber unbeachtlich, da es auf die zurechenbare Ermöglichung der konkreten Haupttat, die die Rechtsgutsverletzung produziert hat, ankommt[801]. Ein anderes ist nur denkbar, wenn die Förderung der anderen Taten den Hauptschädiger so ermutigt, dass er zurechenbar dadurch zur Begehung der vorliegen Tat veranlasst wird.

Es ergibt sich somit, dass die von einigen Gerichten dem *five factors test* hinzugefügte Art der Unterstützungshandlung als Gegenstück zu den Umständen der Haupttat einen wichtigen Faktor bei der Beurteilung der *substantiality* der Haupttat darstellt. Auch kann hierbei der Umfang der Beteiligung an der konkreten Haupttat eine nicht unwesentliche Rolle spielen.

---

797 Halberstam v. Welch, 705 F.2d 472, 483 f. (D.C. Cir. 1983); International Telecommunications Satellite Organization v. Colino, 1992 WL 93129, 13 f. (D.D.C. 1992); Shinn v. Allen, 984 S.W.2d 308, 311 (Tex. 1998); Juhl v. Airington, 936 S.W.2d 640, 644 (Tex. 1996); State ex rel. Mays v. Ridenhour, 811 P.2d 1220, 1234 (Kan. 1991).

798 Siehe oben und den dort erwähnten Fall Russel v. Marboro Books, 183 N.Y.S.2d 8, 32 (N.Y. 1959) (Zusendung eines Fotos zum Zweck der Diffamierung durch Fotomontage).

799 Vgl. Bromberg/Lowenfels, 52 Alb. L. Rev. 637, 723; dasselbe Indiz ist auch beim Nachweis des *actual knowledge* von großer Bedeutung, siehe Teil 2. C. II. 3. b. bb.

800 Darauf stellt Halberstam v. Welch, 705 F.2d 472, 488 (D.C. Cir. 1983) ab: „(Long-running burglary enterprise"), siehe dazu oben, Teil 2. C. III. 4. a. aa.

801 Siehe oben, Teil 2. C. III. 4. a. aa.

cc. Präsenz des Beteiligten am Tatort

Besonders in *abetting* Fällen kann sich auch die Präsenz des Beteiligten am Tatort auf die Wesentlichkeit der Beitrags auswirken. Der Grund ist, dass die Ermutigung etc. in diesem Fall unmittelbar wirkt, und in der Regel weniger Umstände dazwischentreten werden, die den Hauptschädiger wieder von der Durchführung der Tat abbringen könnten[802].

dd. Verhältnis zwischen Hauptschädiger und Beteiligtem

Ebenfalls kann das Verhältnis zwischen Hauptschädiger und Beteiligtem ein wichtiger Faktor für die Beurteilung sein, ob insbesondere das *abetting substantial* war. So hat ein bloßer Vorschlag oder Wunsch, gerichtet auf die Begehung der Haupttat, ein ungleich größeres Gewicht, wenn der Erklärende dem Hauptschädiger gegenüber die Position einer Autoritätsperson oder eines Idols einnimmt[803]. Dagegen spielt die Intimität der Beziehung zwischen Lebenspartnern besonders bei der Beurteilung einer physischen Unterstützungshandlung selten eine Rolle[804].

ee. Einstellung des Beteiligten zur Haupttat

Als fünfter Faktor wird die Einstellung des Beteiligten zur Haupttat genannt, womit der Grad der Verwirklichung des subjektiven *aiding and abetting* Elements gemeint ist[805]. Demnach gilt ein Beitrag umso eher als *substantial assistance*, je intensiver das subjektive Element verwirklicht ist. So war die Tatsache, dass der *aider-abettor* im Halberstam-Fall den Erfolg der Haupttat wünschte, von „besonderer Bedeutung" für die *substantial assistance* Prüfung[806]. Der hohe Grad der Verwirklichung des subjektiven Elements kann aber nicht über die fehlende Ursächlichkeit der Unterstützungshandlung im Sinne der *but for rule*[807]

---

802 Vgl. Bird v. Lynn, 49 Ky. 422 (Ky. 1850).

803 Cobb v. Indian Springs, Inc., 522 S.W.2d 383, 387 f. (Ark. 1975); Smith v. Thompson, 655 P.2d 116, 117 (Idaho 1982); Wilson v. DiCaprio, 717 N.Y.S.2d 174, 175 (N.Y. 2000); Halberstam v. Welch, 705 F.2d 472, 484 (D.C. Cir. 1983); Dees/Bowden, 31-FEB Trial, 22, 25; Leventhal, 14 Seton Hall L. Rev. 627, 638.

804 Vgl. Halberstam v. Welch, 705 F.2d 472, 484, 488 (D.C. Cir. 1983); Duke v. Feldman, 226 A.2d 345, 348 (Md. 1967).

805 Siehe Halberstam v. Welch, 705 F.2d 472, 488 (D.C. Cir. 1983); Shinn v. Allen, 984 S.W.2d 308, 312 (Tex. 1998).

806 Halberstam v. Welch, 705 F.2d 472, 488 (D.C. Cir. 1983).

807 Die *but for rule* entspricht der conditio sine qua non-Formel (Hay, Law of the United States, Rn. 380).

hinweghelfen[808], wie es das Halberstam-Gericht im Ergebnis entschieden hat[809]. Vielmehr stellen die meisten Gerichte großzügigere Anforderungen an den Zurechnungszusammenhang zwischen einer Handlung und der daraus resultierenden Rechtsgutsverletzung, wenn etwa *intent* seitens des Handelnden vorliegt[810]. So wird beispielsweise darauf verzichtet, dass die eingetretene Rechtsgutsverletzung bzw. der eingetretene Schaden eine vorhersehbare Folge der Handlung sein muss[811]. Eine solche explizite Auflockerung der Regeln des Zurechnungszusammenhanges konnte zwar bisher nur in Fällen festgestellt werden, in denen die Zurechenbarkeit der Verletzung zu einer Handlung eines einzelnen Schädigers zu prüfen war[812] – auf dem Gebiet des *aiding and abetting* wurde meist nur allgemein darauf verwiesen, dass die Einstellung des Täters zur Haupttat als Bewertungsfaktor angesehen wird[813]. Weil hinter dieser Haftungserweiterung aber allgemeine Erwägungen der "policy, justice and fairness"[814] stecken, ist davon auszugehen, dass auch beim *aider-abettor* großzügigere Anforderungen an den Zurechnungszusammenhang zwischen Handlung und der Rechtsgutsverletzung ge-

---

808 Restatement (2d.) of Torts, § 435A, comm. a.; vgl. dazu Prosser/Keeton, § 43 S. 292, der allgemein Ausnahmen von der *foreseeablity rule* als Teil der Prüfung der *proximate cause rule* behandelt.

809 Siehe Halberstam v. Welch, 705 F.2d 472, 488 (D.C. Cir. 1983).

810 Derosier v. New England Tel. & Tel. Co., 130 A. 145, 152 (N.H. 1925); Shades Ridge Holding Co., Inc. v. Cobbs, Allen & Hall Mortg. Co., Inc., 390 So.2d 601, 611 f. (Ala. 1980), zitierend Seidel v. Greenberg 260 A.2d 863, 874 (N.J. 1969); siehe auch Restatement (2d.) of Torts, § 435A; Prosser/Keeton, § 43 S. 293; 74 Am. Jur. 2d Torts, § 24.

811 Seidel v. Greenberg 260 A.2d 863, 874 (N.J. 1969); Restatement (2d.) of Torts, § 435A; Prosser/Keeton, § 43 S. 293.

812 Siehe oben.

813 Siehe Cobb v. Indian Springs, Inc., 522 S.W.2d 383, 387 f. (Ark. 1975), Bezug nehmend auf das inhaltsgleiche Restatement (1st.) of Torts; Bowers v. National Collegiate Athletic Ass'n, 151 F.Supp.2d 526, 542 f. (D.N.J. 2001); In re TMJ Implants Products Liability Litigation, 113 F.3d 1484, 1495 (8th. Cir. (Minn.) 1997); International Telecommunications Satellite Organization v. Colino, 1992 WL 93129, 13 f. (D.D.C. 1992); Courtney v. Courtney, 413 S.E.2d 418, 426 (W. Va. 1991); Crawford by & Through Crawford v. City of Kansas City, 952 F.Supp. 1467, 1477 f. (D. Kan. 1997); Shinn v. Allen, 984 S.W.2d 308, 311 (Tex. 1998); Gardenhire v. New Jersey Mfrs. Ins. Co., 754 A.2d 1244, 1250 (N.J. 2000); Patton v. Simone, 1992 WL 398478, 6 (Del. 1992).

814 Seidel v. Greenberg 260 A.2d 863, 870 (N.J. 1969), dem folgt Shades Ridge Holding Co., Inc. v. Cobbs, Allen & Hall Mortg. Co., Inc., 390 So.2d 601, 612 (Ala. 1980). Die hinter dieser Ausweitung des Zurechnungszusammenhanges steckende rechtpolitische Erwägung ist, dass es fairer sei, das Schadensrisiko dem (vorsätzlich handelnden) Schädiger aufzubürden, als dem unschuldigen Geschädigten (Derosier v. New England Tel. & Tel. Co., 130 A. 145, 152 f. (N.H. 1925); Prosser/Keeton, § 43 S. 293).

stellt werden. Ein solches Abweichen von den üblichen Regeln des *proximate cause* stellt allerdings alles andere als eine konkrete Regel des *common law* dar[815]. Da eine grenzenlose Haftung für einen einzigen Akt eine unzumutbare Härte für den Schädiger darstellt[816], dürften Gerichte vielmehr im Einzelfall abwägen, ob ein *aider-abettor*, der mit *criminal intent* handelt, eine *substantial assistance* geleistet hat, obwohl sein Beitrag normalerweise nicht als *proximate cause* angesehen werden kann.

Von besonderer Bedeutung ist die Einstellung des Beteiligten zur Haupttat in *abetting* Fällen. Hier verlangen viele Gerichte den Nachweis der Beabsichtigung der Haupttat durch den *abettor*, wenn dieser nicht direkt oder nur im Vorfeld der unerlaubten Handlung auf den Hauptschädiger einwirkt[817].

Festzuhalten ist, dass die Einstellung des Beteiligten zur Haupttat ein Kriterium von durchaus einigem Gewicht für die Beurteilung der *substantiality* der Unterstützungshandlung ist.

ff. Dauer der Unterstützung

Schließlich erkennt ein Teil der Rechtsprechung mit der Dauer der Unterstützung einen sechsten Faktor für die Beurteilung der Wesentlichkeit der Unterstützungshandlung an[818].

Dieses Kriterium ist indes überflüssig. Erstens kommt es in dem Umfang der Unterstützungshandlung zum Ausdruck. So hat das Halberstam-Gericht bereits bei dem Kriterium des Umfangs des Unterstützungsbeitrags (fälschlicherweise[819]) festgestellt, dass sich die einzelnen vergleichsweise unscheinbaren Beiträge über die Jahre hinweg zu einem "essential part of the pattern" addiert haben[820]. Zweitens, selbst wenn man aus der Dauer der Unterstützung einen Schluss auf die Einstellung des Beteiligten zur Haupttat ziehen kann, wie es gelegentlich vertre-

815 Prosser/Keeton, § 43 S. 293.

816 Prosser/Keeton, § 43 S. 293.

817 Bird v. Lynn, 49 Ky. 422 (Ky. 1850); Smith v. Thompson, 655 P.2d 116, 118 (Idaho 1982); Price v. Aztec, 701 P.2d 294, 298 (Idaho 1985); Frey, Preliminary Report: United States Case Law Relating to the Civil Liability of Groups That Promote Violence, S. 21, abrufbar unter www.auslaenderschutz-durch-zivilrecht.de. Im übrigen, vgl. oben, Teil 2. C. II. 3. a. bb.

818 Halberstam v. Welch, 705 F.2d 472, 484, 488 (D.C. Cir. 1983); Crawford by & Through Crawford v. City of Kansas City, 952 F.Supp. 1467, 1477 (D. Kan. 1997); Patton v. Simone, 1992 WL 398478, 6 (Del. 1992); State ex rel. Mays v. Ridenhour, 811 P.2d 1220, 1234 (Kan. 1991).

819 Siehe oben, bb.

820 Halberstam v. Welch, 705 F.2d 472, 488 (D.C. Cir. 1983).

ten wird[821], findet dies bereits in eben diesem Punkt – Einstellung des Beteiligten – Berücksichtigung. Ein zusätzliches Abstellen auf den Faktor der Dauer der Unterstützung würde zu einer doppelten Wertung der beiden obigen Aspekte führen[822]. Es ist daher davon auszugehen, dass zukünftig die Mehrzahl der Gerichte auf diesen Faktor verzichten wird.

gg. Zwischenergebnis

Die Erläuterung der fünf bzw. sechs Faktoren hat gezeigt, dass es vom Einzelfall abhängt, welche Faktoren wichtig für die Beurteilung sind, ob die Unterstützungshandlung einen *substantial factor in causing the resulting harm* darstellt. Von besonderem Gewicht sind regelmäßig die Umstände der Tat in Zusammenschau mit der Art der Unterstützungshandlung[823]. Gewisse Bedeutung erlangt auch die Einstellung des *aider-abettor's* zur Haupttat[824]. Die Präsenz am Tatort und das Verhältnis zwischen Hauptschädiger und Beteiligtem können besonders in *abetting* Fällen von einiger Bedeutung sein[825]. Schließlich ist davon auszugehen, dass die Mehrzahl der Gerichte den Faktor der Dauer der Unterstützung nicht berücksichtigen wird[826]. Letztlich kann ein Richter aber das Gewicht der einzelnen Faktoren selbst bestimmen[827]. Dadurch hat er einen gewissen Spielraum bei der Beurteilung der *substantiality* der Unterstützungshandlung.

c. Ergebnis

Als Ergebnis für die Qualität der Unterstützungshandlung gemäß dem *substantial assistance* Test ist festzuhalten, dass die Unterstützungshandlung nach ganz h.M. grundsätzlich zurechenbar kausal für den Eintritt der Rechtsgutsverletzung sein muss[828]. Einzig in *abetting* Fällen, in denen der *abettor* den Hauptschädiger am Tatort direkt und ausdrücklich zur Begehung der Tat ermutigt hat, erkennt eine

821 So Halberstam v. Welch, 705 F.2d 472, 488 (D.C. Cir. 1983); Crawford by & Through Crawford v. City of Kansas City, 952 F.Supp. 1467, 1477 (D. Kan. 1997).

822 Vgl. Leventhal, 14 Seton Hall L. Rev. 627, 653.

823 Siehe oben, Teil 2. C. II. 4. b. aa. und bb.

824 Siehe oben, Teil 2. C. II. 4. b. ee.

825 Siehe oben, Teil 2. C. II. 4. b. cc. dd.

826 Siehe oben, Teil 2. C. II. 4. b. ff.

827 Ein gutes Beispiel ist Halberstam v. Welch, 705 F.2d 472, 488 (D.C. Cir. 1983): Wie oben gezeigt, ist das Halberstam-Gericht durch umstrittene Bewertung der einzelnen Faktoren sowie durch das Abstellen auf die „burglary enterprise“ (siehe oben 4. a. aa.) als Haupttat zu dem Schluss gekommen, dass die Unterstützungshandlung eine *substantial assistance* darstellte.

828 Siehe oben, Teil 2. C. II. 4. a. aa.

Mindermeinung eine Ausnahme von diesem Prinzip an. Da diese Ausnahme durchaus begründet ist, kann erwartet werden, dass ungebundene Gerichte in diesem Fall der Mindermeinung folgen werden[829].

Die Schwierigkeit bei der Voraussetzung der *substantial assistance* besteht darin, zu beurteilen, wann eine Unterstützungshandlung zurechenbar kausal für den Eintritt der Rechtsgutsverletzung ist. Da diese Beurteilung stark einzelfallabhängig ist, wendet der größte Teil der *authority* den vom Restatement (second) of Torts in § 876 (b) vorgeschlagenen *five factors test* an[830]. Die Untersuchung der einzelnen Faktoren hat gezeigt, dass regelmäßig die Umstände der Tat in Zusammenschau mit der Art der Unterstützungshandlung ein besonderes Gewicht einnehmen[831].

Mit dem Erfordernis der *substantial assistance* wird die Möglichkeit der Haftungszurechnung grundsätzlich wesentlich eingeschränkt. Durch die einzelfallbezogene Prüfung des *five factors tests* hat der Richter aber einen gewissen Beurteilungsspielraum bei der Frage, ob die Unterstützungshandlung zurechenbar kausal war[832].

5. Haftungsumfang des aider-abettor's

Ähnlich der *civil conspiracy* müssen nicht alle Akte des Hauptschädigers von der Kenntnis bzw. der Absicht des *aider-abettor's* umfasst werden. Vielmehr umfasst er auch alle Schäden, die aus weiteren vorhersehbaren Akten (*foreseeable acts*) des Hauptschädigers entstanden sind[833]. Der Begriff des *foreseeable act* im US-amerikanischen Deliktsrecht ist objektiv. Es wird also darauf abgestellt, welche weiteren Akte des Hauptschädigers und welche Folgen daraus ein vernünftiger Dritter in der Situation des Beklagten vorhersehen konnte[834].

---

829 Siehe oben, Teil 2. C. II. 4. a. bb.

830 Siehe oben, Teil 2. C. II. 4. b.

831 Siehe oben, Teil 2. C. II. 4. b. aa., bb. und gg.

832 Siehe oben, Teil 2. C. II. 4. b. gg.

833 Halberstam v. Welch, 705 F.2d 472, 484 f., 488 (D.C. Cir. 1983); Burnett v. Al Baraka Inv. and Development Corp. 274 F.Supp.2d 86, 104 f. (D.D.C. 2003); American Mutual Life Insurance Co. v. Grim, 440 P.2d 621, 626 (Kan. 1968); Winslow v. Brown, 371 N.W.2d 417, 422 f. (Wis. 1985); Restatement (2d.) of Torts, 876 (b), comm. d.; Willis, 51 S.C. L. Rev. 1045, 1061 f.; McNulty/Hanson, 29 Tort & Ins. L.J. 14, 18 f.; ähnlich: 86 C.J.S. Torts § 37.

834 Lynch v. Scheininger, 744 A. 2d 113, 127 (N.J. 2000); Hothem v. Fallsview Psychiatric Hosp., 573 N.E.2d 803, 805 (Ohio 1989); Doe v. Garcia, 961 P.2d 1181, 1184 (Idaho 1998); 57 Am. Jur. 2d Negligence, § 134; vgl. Prosser/Keeton, § 43 S. 282; vgl. auch Restatement (2d.) of Torts, § 876 (b) comm. d. i.V.m. § 442

Im Gegensatz zur *civil conspiracy* stellt dieser Haftungsumfang aber keine Besonderheit dar. Die Einbeziehung von Schäden, die durch vorhersehbare, aber dem *aider-abettor* nicht bewusste Akte des Hauptschädigers verursacht worden sind, ist Ausdruck des oben erläuterten *proximate cause* bzw. *substantial factor in causing the resulting harm* Tests[835]. Es handelt sich hierbei also nur um eine Frage des Zurechnungszusammenhangs zwischen Unterstützungshandlung und Rechtsgutsverletzung bzw. Schaden. Dagegen stellt bei der *civil conspiracy* Theorie die Erstreckung der zivilrechtlichen Verantwortlichkeit auf vorhersehbare Akte oder solche, die *in furtherance of the common scheme* begangen wurden, eine beträchtliche Erweiterung des Haftungsumfanges dar. Nach den Regeln dieser Theorie ist das einzige, den Kreis der haftbaren Personen einschränkende Merkmal die gemeinsame Planung der unerlaubten Handlung; ein zurechenbar kausaler Unterstützungsakt ist nicht erforderlich[836]. Diese Haftungsbegrenzung im Rahmen der *civil conspiracy* wird erheblich dadurch aufgeweicht, dass der Mitverschwörer auch für vorhersehbare, aber ungeplante Akte haftet.

III. Ergebnis zum aiding and abetting

Als Ergebnis zur *aiding and abetting* Theorie soll zunächst zur Aussage Stellung genommen werden, das *common law* sei mangels *precedents* auf diesem Gebiet noch unterentwickelt, was zu einem großen Ermessensspielraum der Richter und damit zu einer Unsicherheit bei der Planung von Rechtsstreiten führe, dazu 1. Abgeschlossen werden soll die Analyse des *aiding and abetting* mit einem Resümee bezüglich der Weite und praktischen Bedeutung dieser Theorie, dazu 2.

1. Grad der Entwicklung der common law aiding and abetting Theorie

Es hat sich deutlich gezeigt, dass die *aiding and abetting* Theorie durch weitverbreitete Übernahme des Restatement (second) of Torts, § 876 (b) im Hinblick auf seine Grundstrukturen ausreichend entwickelt ist. Damit steht fest, dass ein Beteiligter nach *aiding and abetting* Regeln nur haftet, wenn ein *tortious act of another resulting in harm* vorliegt, der Beteiligte *knowledge of the tortious acti-*

(a), (b), (c): Aus § 442 (a), (b), (c) geht hervor, dass auf die objektive Vorhersehbarkeit abgestellt wird.

835 Boim v. Quranic Literacy Institute, 291 F.3d 1000, 1012 (7th Cir. (Ill.) 2002); Travis v. City of Mesquite, 830 S.W.2d 94, 98 (Tex. 1992); vgl. Prosser/Keeton, § 43 S. 280 f.

836 Siehe oben, Teil 2. B. III. 4. und 6.

vity gehabt und *knowingly substantial assistance or encouragement* geleistet hat[837].

Bei den Einzelheiten der Zurechnungsvoraussetzungen gibt es tatsächlich gewisse Unsicherheiten. Insbesondere sind weder Rechtsprechung noch Literatur ausführlich auf die Frage eingegangen, welcher Grad des *knowledge* bzw. des *intent* beim *aider-abettor* vorliegen muss. Das bedeutet aber nicht, dass diese Frage völlig offen ist. Vielmehr existiert mittlerweile – 20 Jahre nach der Halberstam-Entscheidung, in der auf die Unterentwicklung des *common law aiding and abetting* hingewiesen wurde[838] – ein einigermaßen gefestigter Grundstock an *precedents*, aus dem man ermitteln kann, dass je nach Gericht bzw. Jurisdiktion *actual knowledge* (h.M.)[839] oder *criminal intent* (M.M.)[840] erforderlich ist. Einzig Fragen, die tiefer ins Detail vordringen, wie die, ob in gewissen Fällen *(severe) recklessness in not knowing* ausreicht, sind noch nicht geklärt[841]. Auch lässt sich aus dem knappen *case law* bereits eine Antwort auf die Frage nach dem erforderlichen Grad der Konkretisierung des *knowledge* bzw. *intent* bezüglich der Haupttat ermitteln: Es kann davon ausgegangen werden, dass sich die Kenntnis bzw. die Absicht nur auf eine der Gattung nach bestimmte Haupttat beziehen muss[842]. Schließlich ist zu bemerken, dass der Nachweis der Kenntnis bzw. der Absicht in vielen Fällen der *physical harms* nicht besonders schwierig ist[843], so dass eine etwaige Unterentwicklung des Rechts im Bezug auf das *knowledge* Erfordernis hinnehmbar ist.

Das zum *substantial assistance* Element ergangene *case law* ist ausreichend entwickelt. Eine Unterstützungshandlung ist nach allgemeiner Auffassung grundsätzlich dann als *substantial assistance* anzusehen, wenn sie zurechenbar kausal zum Eintritt der Rechtsgutsverletzung beigetragen hat[844]. Zwar herrscht eine gewisse Unsicherheit bei der Frage, wann eine Unterstützungshandlung als zurechenbar kausal angesehen werden kann. Diese Unsicherheit rührt jedoch hauptsächlich daher, dass die Beantwortung dieser Frage stark von den Gegebenheiten des Einzelfalls abhängt. Doch auch hier herrscht zumindest im Groben eine Übereinstimmung, welche Bewertungsfaktoren für die Bestimmung der Zure-

837 Siehe oben, Teil 2. C. I. 2.
838 Halberstam v. Welch, 705 F.2d 472, 489 (D.C. Cir. 1983).
839 Siehe oben, Teil 2. C. II. 3. a. aa. ddd.
840 Siehe oben, Teil 2. C. II. 3. a. aa. ccc.
841 Siehe oben, Teil 2. C. II. 3. a. aa. bbb.
842 Siehe oben, Teil 2. C. II. 3. c.
843 Siehe oben, Teil 2. C. II. 3. a.
844 Siehe oben, Teil 2. C. II. 4. a. aa. und bb.

chenbarkeit der Unterstützungshandlung heranzuziehen sind[845]. Den Richtern bleibt indes bei der Gewichtung der Bewertungsfaktoren freie Hand, so dass sie ein gewisses Ermessen bezüglich der Bewertung der Beteiligtenhandlung als *substantial assistance* haben[846]. Dieses Ermessen ist aber wegen der Einzelfallabhängigkeit des *substantial assistance* Tests sinnvoll und ist nicht Ausdruck einer etwaigen Unterentwicklung der *common law aiding and abetting* Theorie.

Als Ergebnis ist festzuhalten, dass das *common law aiding and abetting* nur im Hinblick auf gewisse Einzelfragen unterentwickelt ist und einige Fragen noch offen bleiben. Allerdings sind die wichtigsten Fragen geklärt, auch wenn es typischerweise Meinungsverschiedenheiten gibt. Folglich besteht nicht die Gefahr, dass die Richter einen zu großen Ermessensspielraum bei der Haftungseinbeziehung des *aider-abettor's* haben. So hat ein auf dem Gebiet der Haftungszurechnung für *hate-crimes* prominenter Vertreter der Literatur festgestellt: "A tremendous body of law on the aiding and abetting theory in civil suits allows lawyers to invoke the theory with relative ease"[847].

2. Weite und praktische Bedeutung der aiding and abetting Theorie

Bei der Analyse der *aiding and abetting* Theorie ist deutlich geworden, dass diese Theorie im Vergleich zur *civil conspiracy* und zu §§ 823 Abs. 1 und 830 Abs. 1 S. 1, Abs. 2 BGB enge Voraussetzungen hat: Während § 830 Abs. 1 S. 1, Abs. 2 BGB nach h.L.[848] und Rspr.[849] und die *civil conspiracy* keinen zurechenbar kausalen Beitrag verlangen, ist ein solcher nach Regeln des *aiding and abetting* erforderlich. Im Bezug auf das objektive Element ähnelt die *aiding and abetting*

845 Teilweise ist auch auf diesem Gebiet das *case law* noch nicht weit entwickelt, was die Darstellung der *five factors* zeigt; oft kann aber eine Antwort auf die vorliegende Rechtsfrage im *common law* außerhalb des *aiding and abetting* gefunden werden , siehe besonders Teil 2. C. III. 4. b. aa. und ee

846 Siehe oben, Teil 2. C. II. 4. b. gg.

847 Dees/Bowden, 31-FEB Trial, 22, 25.

848 MünchKomm/Wagner § 830, Rn 16; Soergel/Zeuner § 830, Rn. 9; Erman/Schiemann § 830, Rn. 3; Jauernig/Teichmann § 830 Rn. 6; Spitzer, Teilnahme an unerlaubten Handlungen, S. 35; Benicke, Jura 1996, 127, 128. Zwar muss die Anstiftungshandlung per definitionem adäquat kausal sein. Wenn der Nachweis ihrer Kausalität nicht erbracht werden kann, stellt sie aber eine psychische Beihilfe dar, die nicht kausal sein muss (MünchKomm/Wagner § 830, Rn 16; Benicke, Jura 1996, 127, 128). Nach a.A. ist ein kausaler Tatbeitrag des Gehilfen erforderlich, wobei aber eine Beweislastumkehr stattfinden soll: Staudinger/Belling/Eberl-Borges § 830, Rn. 42 ff.; Kreutziger, Die Haftung von Mittätern, Anstiftern und Gehilfen im Zivilrecht, 229, 255.

849 BGHZ 63, 124, 130; 70, 277, 285; vgl. auch 89, 383, 389; a.A. die Rspr. des RGH: RGZ 65, 157, 160; 101, 135, 140.

Theorie also dem strengeren § 823 Abs. 1 BGB. Vor diesem Hintergrund stellt die Tatsache, dass sich der Haftungsumfang des *aider-abettor's* auch auf nur vorhersehbare Akte des Hauptschädigers erstreckt, keine wesentliche Besonderheit dar. Schäden, die aus Rechtsgutsverletzungen durch solche Akte entstanden sind, werden auch nach den deutschen Regeln über den Zurechnungszusammenhang zugerechnet, wenn durch das Verhalten des Beklagten eine besondere Gefahrenlage hervorgerufen worden ist[850].

Zusätzlich zu diesem strengen Kausalitätserfordernis verlangt die *aiding and abetting* Theorie als subjektives Element mindestens *actual knowledge* bezüglich Haupttat und Unterstützungsbeitrag[851]. *Actual knowledge*, also tatsächliche Kenntnis, ist dem dolus directus zweiten Grades vergleichbar. Damit hat die *aiding and abetting* Theorie im Bezug auf das subjektive Element sogar noch strengere Anforderungen als § 830 Abs. 1 S. 1, Abs. 2 BGB, der nur Vorsatz verlangt und damit dolus eventualis ausreichen lässt[852].

Während also nach deutschem Recht strenge Voraussetzungen entweder an das subjektive oder an das objektive Element gestellt werden, stellt die *aiding and abetting* Theorie an beide Elemente strenge Voraussetzungen.

Trotz dieser vergleichsweise engen Haftung fungiert das *aiding and abetting* Institut in der Praxis als wichtige Ergänzung zum Institut der *civil conspiracy*: Kann einem Beteiligten das für die *civil conspiracy* erforderliche *agreement* mit dem Hauptschädiger nicht nachgewiesen werden, haftet er dennoch, wenn er diesen mit Kenntnis von der Haupttat wissentlich und wesentlich unterstützt.

D. Haftung des Geschäftsherrn für Akte seines Gehilfen

I. Einleitung

Neben den beiden *joint tortfeasor* Theorien, *aiding and abetting* und *civil conspiracy*, spielt das System US-amerikanischen Geschäftsherrenhaftung eine große Rolle in der *hate-crimes-litigation*. Dieses System ist ein Bündel aus mehreren Anspruchsgrundlagen und Zurechnungstheorien, die entweder dem *law of agency* i.e.S. oder dem allgemeinen *law of torts* entstammen. Man kann mit dem Re-

850 BGH NJW 1992, 1381, 1382; NJW 1997, 865, 866; MünchKomm/Oetker § 249, Rn. 151 f.; Staudinger/Schiemann § 249, Rn. 61 f.; Erman/Kuckuk vor § 249, Rn. 66; Palandt/Heinrichs Vorbem. v. § 249, Rn. 76; Lüer, Die Begrenzung der Haftung bei fahrlässig begangenen unerlaubten Handlungen, S. 150.

851 Siehe oben, Teil 2. C. II. 3. a. aa. ccc. und ddd.

852 BGHZ 63, 124, 128 f.; 70, 277, 285 f.; Staudinger/Belling/Eberl-Borges § 830, Rn. 426; MünchKomm/Wagner § 830, Rn. 14, 19; Palandt/Sprau § 830 Rn. 4.

statement (second) of Agency[853] dieses System als *law of agency* (i.w.S.) zusammenfassen, denn auch wenn nicht alle Anspruchsgrundlagen bzw. Zurechnungstheorien dieses Systems eine *agency* Beziehung voraussetzen, finden diese doch typischerweise in einer *agency* Beziehung Anwendung[854].

Die *agency* Beziehung ist eine Sonderform des Geschäftsherr – Gehilfen – Verhältnisses. Während unter einem Gehilfen im US-amerikanischen Recht jeder zu verstehen ist, der für einen anderen arbeitet, ist unter dem Begriff *„agent"* nur derjenige zu verstehen, der der Kontrolle seines Geschäftsherren, in diesem Falle seines *principals* unterworfen ist[855]. Da ein Gehilfe in den meisten Fällen zumindest in Bezug auf das Ergebnis der Arbeit der Kontrolle seines Geschäftsherrn unterworfen ist, handelt es sich bei einem Gehilfen fast immer um einen *agent.*

Das *law of agency* i.w.S. ergänzt die beiden *joint tortfeasor* Theorien in zwei wesentlichen Punkten. Zum einen kann eine weitere Einzelperson unabhängig vom Vorliegen der Elemente des *aiding and abetting* oder der *civil conspiracy* in die Haftung einbezogen werden, wenn die Voraussetzungen der verschiedenen Haftungstatbestände des *law of agency* i.w.S. erfüllt sind. Zum anderen erlauben die Regeln des *law of agency* i.w.S. eine Einbeziehung der Organisationen (*hate groups*), die hinter solchen *hate crimes* stehen. Auch *hate groups*, die entweder als *corporations* oder als *unincorporated nonprofit associations* auftreten, können als Organisationen verklagt werden[856]. Da sie keine natürlichen Personen sind, können sie nur durch ihre *agents* handeln mit der Folge, dass die Akte der *agents* die der Organisation sind[857]. Wenn die Haftungsvoraussetzungen des *law of agency* vorliegen, haftet eine Organisation als *principal* entweder dann, wenn einer ihrer *agents* Hauptschädiger ist[858] oder wenn einem ihrer *agents* als *aider-*

853 Restatement (2d.) of Agency, §§ 212 ff.

854 Siehe dazu Teil 2. D. III.

855 Siehe dazu eingehend Teil 2. D. II. 1.

856 *Corporations*: 18 Am. Jur. 2d Corporations, § 2170 m.w.N.; *unincorporated nonprofit associations*: Siehe J. R. Norton Co. v. General Teamsters, Warehousemen & Helpers Union, 256 Cal.Rptr. 246, 254 (Cal. 1989); obwohl *unincorporated nonprofit associations* keine juristische Personen sind, können sie gemäß den *"sue and be sued" statutes*, die in den meisten Staaten gelten, klagen und verklagt werden (Hansmann/Kraakman, 110 Yale L.J. 387, 413 Fn. 36; Besipiel für eine solche *statute*: Tex.Rev.Stat.Ann. Art. 6133 (Texas)). Mittlerweile haben auch mehrere Staaten den Uniform Unincorporated Nonprofit Association Act übernommen, der u.a. die Haftung dieser Organisationen regelt (Besipiel Colorado: C.R.S.A. § 7-30-106).

857 Corporations: Perkins v. Missouri, K. & T.R.R., 55 Mo. 201, 1874 WL 8168, 8 (Mo. 1874); 18 Am. Jur. 2d Corporations, § 1663; *unincorporated nonprofit associations*: J. R. Norton Co. v. General Teamsters, Warehousemen & Helpers Union, 256 Cal.Rptr. 246, 254 (Cal. 1989).

858 So z.B. Keenan v. Aryan Nations, No. CV-99-441 (Idaho Dist. Ct., County of Kootenai 2000), Jury Instructions No. 11.

abettor oder als *civil conspirator* die Handlung des Hauptschädigers zugerechnet wird[859]. Diese Haftungserstreckung auf die Organisationen ist von besonders großer Bedeutung für die *hate crimes litigation*, da dadurch die von den Organisationen ausgehende Rekrutierungs-, Propaganda-, Agitations- und Organisationsarbeit erheblich behindert oder sogar unmöglich gemacht werden kann[860].

Entsprechend der Verschiedenheit der Sachverhalte, in denen eine Verbindung zwischen dem Verhalten des Gehilfen und dem des Geschäftsherrn hergestellt werden kann, kennt das *law of agency* i.w.S. unterschiedliche Zurechnungstheorien bzw. Anspruchsgrundlagen für die Haftung des Geschäftsherrn. Diese Zurechnungsmöglichkeiten bzw. Anspruchsgrundlagen lassen sich in solche aufteilen, die abhängig von einer *agency* Beziehung sind, dazu II., und solche, die zwar unabhängig von einer solchen Beziehung sind, die aber typischerweise in einer solchen anwendbar sind, dazu III.

Wenn eine *agency* Beziehung besteht, existieren drei verschiedene Zurechnungsmöglichkeiten. Zunächst haftet der *principal*, wenn er das Verhalten des *agent* autorisiert[861] hat *(authorization)*, dazu II. 2. Spiegelbildlich dazu ist eine Haftung wegen Ratifizierung[862] des Verhaltens des *agent's* möglich *(ratification)*, dazu II. 3. Schließlich haftet der *principal* i.d.R. dann verschuldensunabhängig, wenn es sich bei dem *agent* um einen *servant* bzw. *employee* handelt, der *within the scope of his employment* gehandelt hat *(respondeat superior)*, dazu II. 4. Letztere Zurechnungsmöglichkeit spielt in *hate crimes* Fällen eine geringere Rolle, da die dortigen Hauptschädiger zu dem *principal* selten in einem *employee – employer* oder *servant – master* Verhältnis stehen[863].

Unabhängig von einer *agency* Beziehung haftet der Geschäftsherr, wenn ihm *negligence* oder *recklessness* bei Auswahl, Überwachung u.ä. des Hauptschädigers als Gehilfen nachgewiesen werden kann (*negligence/ recklessness in hiring, selecting, supervising* etc.), dazu III. 1. Ebenfalls unabhängig von einer *agency* Beziehung haftet der Geschäftsherr, wenn der Hauptschädiger aufgrund von Weisungen des Geschäftsherrn gehandelt hat, und dieser das Verhalten angeordnet hat *(directing conduct of another)*, dazu III. 2.

---

859 So z.B. Berhanu v. Metzger, No. A8911-07007 (Or. Multnomah County Cir. Ct. 1990) , Judgment, Question No. 2.; dazu Teil 3. B. II. 1. b.

860 Siehe oben, Teil 1. A.

861 „Autorisieren" ist die für die Zwecke dieser Arbeit gebrauchte Übersetzung von *„to authorize"*. Das Substantiv „*authorization*" bedeutet etwa „vorherige Zustimmung", bezieht sich aber nicht nur auf Willenserklärungen des *agent's,* sondern auch auf dessen unerlaubte Handlungen, siehe dazu Teil 2. D. II. 2.

862 „Ratifizieren" ist die für die Zwecke dieser Arbeit gebrauchte Übersetzung von *„to ratify"*. Das Substantiv „*ratification*" bedeutet etwa „nachträgliche Zustimmung", siehe dazu Teil 2. D. II. 3.

863 Siehe unten, Teil 2. D. II. 4. a. aa.

Da die in diesem Kapitel erläuterten Haftungstheorien allgemeine Theorien des *law of agency* i.e.S. und des *law of torts* sind, gibt es hierüber eine Fülle von allgemeiner Literatur bzw. Rechtsprechung. Daher werden diese Theorien eher knapp behandelt, wobei die Gesichtspunkte näher untersucht werden, bei denen rassistisch motivierte Gewalttaten zu Besonderheiten führen.

II. Haftung des principal's in Abhängigkeit von einem agency Verhältnis

Grundvoraussetzung der im Folgenden erläuterten Theorien der *authorization, ratification* und des *respondeat superior* ist das Vorliegen eines *agency* Verhältnisses. Daher sollen zunächst kurz dessen Bedeutung sowie die Voraussetzungen für dessen Zustandekommen skizziert werden, dazu 1. Daran schließt sich die Darstellung der *authorization* (dazu 2.) und der *ratification* (dazu 3.) an, die an das Verhalten des *principal's* anknüpfen und daher eine direkte Haftung des *principal's* ermöglichen. Schließlich soll die *vicarious liability* bzw. die *respondeat superior* Theorie untersucht werden, die unabhängig von dem Verhalten des *principal's* entsteht und daher eine abgeleitete Haftung darstellt, dazu 4.

1. Bedeutung und Voraussetzungen für das Zustandekommen des agency Verhältnisses

Das *agency* Verhältnis bzw. die *agency* ist eine *"fiduciary relation which results from the manifestation of consent by one person to another that the other shall act on his behalf and subject to his control and consent by the other so to act"*[864]. Dabei ist unter *fiduciary relation* ein Verhältnis zu verstehen, in dem der eine *for the benefit* des anderen handelt[865]. Derjenige, für den gehandelt werden soll, wird als *principal*[866] und derjenige, der handelt, wird als *agent* bezeichnet[867].

Voraussetzung für die Entstehung einer *agency relation* ist eine Einigung zwischen *principal* und *agent* mit dem oben beschriebenen Inhalt[868]. Die Bezie-

---

864 Arguello v. Conoco, Inc. 207 F.3d 803, 807 (5th Cir. (Tex.) 2000); Merrill Lynch Inv. Managers v. Optibase, Ltd., 337 F.3d 125, 135 (2nd Cir. (N.Y.) 2003); Phelps v. Louisville Water Co., 103 S.W.3d 46, 50 (Ky. 2003); Restatement (2d.) of Agency, § 1 (1); 3 Am. Jur. Agency 2d, § 1.

865 Reuschlein/Gregory, Agency and Partnership, § 4, S. 11.

866 Restatement (2d.) of Agency, § 1 (2).

867 Restatement (2d.) of Agency, § 1 (3).

868 Arguello v. Conoco, Inc. 207 F.3d 803, 807 (5th Cir. (Tex.) 2000); Merrill Lynch Inv. Managers v. Optibase, Ltd., 337 F.3d 125, 135 (2nd Cir. (N.Y.) 2003); Phelps

hung zwischen *agent* und *principal* muss nicht vertraglich sein[869], obgleich in vielen Fällen eine vertragliche Beziehung tatsächlich besteht. Eine *consideration*[870] ist nicht erforderlich[871]. Auf die Voraussetzungen für das Zustandekommen der Einigung über das Bestehen der *agency* soll hier nicht weiter eingegangen werden; sie entsprechen im Übrigen größtenteils denen des deutschen Rechts[872]. Hervorzuheben ist alleine, dass nach Grundsätzen der Vertragsauslegung die für die Einigung erforderliche *manifestation of consent* seitens des *principal's* unabhängig von dessen Willen auch schon durch jede Verhaltensweise geschehen kann, durch die eine objektive Person in der Person des *agent's*[873] zum Glauben an ein solches Angebot veranlasst wird[874]. So kann *acquiescence*[875] des vorherigen Handelns als vermeintlicher *agent* oder sogar bloße Untätigkeit schon als entsprechende Willensbekundung des *principal's* gewertet werden[876]. Die Wertung in letzterem Falle gilt dann, wenn der *principal* es trotz Kenntnis der Sachlage unterlässt, das Tätig-Werden des anderen als *agent* zu unterbinden[877]. Dies erinnert an die Duldungsvollmacht im deutschen Stellvertretungsrecht, obwohl dieser Fall nach US-amerikanischem Recht als Fall einer konkludenten *man-*

---

v. Louisville Water Co., 103 S.W.3d 46, 50 (Ky. 2003); Restatement (2d.) of Agency, § 15; 3 Am. Jur. Agency 2d, § 15; Reuschlein/Gregory, Agency and Partnership, § 12, S. 32.

869 Guardian Life Ins. Co. of America v. Chemical Bank, 705 N.Y.S.2d 553, 557 (N.Y. 2000); Restatement (2d.) of Agency, § 1 comm. b.; 3 Am. Jur. Agency 2d, § 16; Reuschlein/Gregory, Agency and Partnership, § 12, S. 32.

870 Bedeutet Entgelt, Gegenleistung.

871 J.M. Radford Grocery Co. v. Estelline State Bank, 66 S.W.2d 1110, 1111 (Tex. 1933); Thornton v. Budge, 257 P.2d 238, 240 (Idaho 1953); Restatement (2d.) of Agency, § 16; Reuschlein/Gregory, Agency and Partnership, S.32.

872 Vgl. Restatement (2d.) of Agency, § 15 f.; 3 Am. Jur. Agency 2d, §§ 15 ff.

873 Nicht aber der Dritte, also der Vertragspartner des Geschäftsherrn oder der durch ein Delikt Geschädigte: Dessen Vertrauen in den vom *principal* gesetzten Rechtsschein wird geschützt, wenn es um die *(apparent) authority* des *agent* geht (*authority* bedeutet etwa Vollmacht – der Unterschied ist aber, dass ein *agent* auch für nicht rechtsgeschäftliche Handlungen *authority* haben kann, siehe unten; zum Vertrauensschutz des Dritten im Falle der *apparent authority* siehe Restatement (2d.) of Agency, § 27).

874 Leidy v. Taliaferro, 260 S.W.2d 504, 506 f. (Mo. 1953); Manchester Equipment Co., Inc. v. American Way, 60 F.Supp.2d 3, 7 f. (E.D.N.Y. 1999); Restatement (second) of Agency, §§ 15 comm. a. i.V.m. 26 comm. b. und d.; vgl. Vista Verde Farms v. Agricultural Labor Relations Bd., 172 Cal.Rptr. 720, 737 (Cal. 1981).

875 Bedeutet „stillschweigende Einwilligung, Duldung eines Verhaltens".

876 Restatement (2d.) of Agency, §§ 15 comm. a. i.V.m. 26 comm. d.; vgl. Vista Verde Farms v. Agricultural Labor Relations Bd., 172 Cal.Rptr. 720, 737 (Cal. 1981).

877 Restatement (2d.) of Agency, §§ 15 comm. a i.V.m. 26 comm. d.

festation of consent einzuordnen ist[878], und es bei der Frage der Entstehung der *agency* nur auf den *agent*, nicht aber auf den Dritten ankommt[879].

Ein *agency* Verhältnis entsteht folglich unter ähnlich weiten Voraussetzungen wie die Vollmacht im deutschen Recht[880]. Um das Handeln – also nicht nur eine Willenserklärung – des *agent* dem *principal* zurechnen zu können, müssen aber noch weitere Voraussetzungen erfüllt werden, die im Folgenden analysiert werden.

2. Principal autorisiert das Verhalten des agent's

Ein *principal* haftet für die unerlaubte Handlung des *agent's*, wenn er ihn zu dieser autorisiert hat[881]. Diese Regel birgt außer der Frage, wann eine *authorization* vorliegt, keine nennenswerten Probleme. *Authority* ist "*the power of the agent to affect the legal relations of the principal by acts done in accordance with the principal's manifestations of consent to him*"[882]. Alleinige Voraussetzung für das Vorliegen der *authority* ist demnach, dass der *principal* dem *agent* sein Einver-

---

878 Im deutschen Recht geht die h.M. von einer Rechtscheinsvollmacht aus, siehe BGH LM Nr. 15 zu § 167; BGH VersR 1992, 989, 990; Staudinger/Schilken § 167, Rn. 32; Soergel/Leptien § 167, Rn. 17; Simon, Duldungsvollmacht und Konkludenzirrtum, S. 133 m.w.N.; a.A. Flume, BGB AT, Bd. 2 § 49, 3, S. 828 ff., der von einer konkludent erteilten Vollmacht ausgeht.

879 Siehe oben.

880 Zu beachten ist allerdings, dass auch das *agency* Recht zwischen dem Zustandekommen des *agency* Verhältnisses und dem Bestehen der *authority* (bedeutet im weitesten Sinne Vollmacht, siehe oben) des *agent* unterscheidet. An dieser Stelle geht es aber nur um die Entstehung des *agency* Verhältnisses. Da es Fälle gibt, in denen der *principal* auch für den nicht bevollmächtigten *agent* haftet (*vicarious liability*, siehe D. II. 4.), ist die Frage des Entstehens der *agency* von einiger Bedeutung.

881 Larsen Chelsey Realty Co. v. Larsen, 656 A.2d 1009, 1023 f. (Conn. 1995); Gabelmann v. NFO, Inc., 571 N.W.2d 476, 481 (Iowa 1997); Wendelken v. New York, S. & W. R. Co., 86 A. 377 (N.J. 1913); Schramm v. Foster, 341 F.Supp.2d 536, 546 (D.Md. 2004); Restatement (2d.) of Agency, § 215; 6 Am. Jur. 2d Assault and Battery, § 112; Prosser/Keeton, § 70 S. 502; Schwartz, 11 Ariz. J. Int'l & Comp. L. 271, 301; Krohn, 17 Causes of Action 647, § 11; gelegentlich wird die Formulierung verwendet, die Zurechnung erfolge, solange sich der *agent* bei seiner Tätigkeit *within the scope of his authority* bewege (3 Am. Jur. Agency 2d, § 262). Davon ist der Maßstab des *scope of employment* zu trennen, der weiter ist, aber nur bei der Theorie des *respondeat superior* angewendet wird und grundsätzlich nur bei *servant-agents* gilt, siehe unten Teil 2. D. II. 4.

882 Wen Kroy Realty Co. v. Public Nat. Bank & Trust Co. of New York, 183 N.E. 73, 77 (N.Y. 1932); Restatement (2d.) of Agency, § 7; 3 Am. Jur. Agency 2d, § 68; 2A C.J.S. Agency, § 143.

ständnis zur Vornahme gewisser Handlungen für den *principal* mitteilt[883] *(actual authority)*[884]. Eine solche Mitteilung kann auch gegenüber dem Dritten erfolgen *(apparent authority*[885]*)*, was für das Thema dieser Arbeit aber keine Rolle spielt[886].

Die Mitteilung des Einverständnisses seitens des *principal's* kann auf unterschiedlichste Weise erklärt werden[887]. Ob die jeweilige Erklärung als *authorization* anzusehen ist, bestimmt sich wie beim Angebot zur Eingehung eines *agency* Verhältnisses[888] nach den Regeln der Vertragsauslegung[889]. Es kommt also auf die Sicht eines objektiven Empfängers in der Person des *agent's* an[890]. Durch Auslegung kann man daher insbesondere in Fällen der *implied authority*[891], aber auch in Fällen der *express authority*[892] zum Ergebnis kommen, dass eine *authorization* vorliegt, obwohl der *principal* eine solche zu keinem Zeitpunkt beab-

---

883 Restatement (2d.) of Agency, § 26 comm. a.; Reuschlein/Gregory, Agency and Partnership, § 14, S. 35.

884 Reuschlein/Gregory, Agency and Partnership, § 14, S. 34; vgl. Restatement (2d.) of Agency, § 7 comm. a.

885 IOS Capital, LLC v. Allied Home Mortg. Capital Corp., 150 S.W.3d 148, 152 (Mo. 2004); Reuschlein/Gregory, Agency and Partnership, § 14, S. 34; vgl. Restatement (2d.) of Agency, § 8.

886 Analog zu dem im Folgenden beschriebenen kann mittels Auslegung das Vorliegen von *apparent authority* auch entgegen dem Willen des *principal's* angenommen werden (vgl. Restatement (2d.) of Agency, § 27). Auf eine Darstellung der *apparent authority* wird indes verzichtet, weil Fälle der deliktischen Haftung des *principal's* aufgrund *apparent authority* für diese Arbeit nicht von Bedeutung sind. Der Grund ist, dass für die Haftung des *principal's* eine unerlaubte Handlung durchgeführt worden sein muss, deren Durchführung gerade deswegen möglich war, weil der Dritte sich darauf verlassen hat, dass das Verhalten des *agent's* autorisiert ist (vgl. Landvik by Landvik v. Herbert, 936 P.2d 697, 702 f. (Idaho 1997); Restatement (2d.) of Agency, § 265). Eine solche Konstellation ist bei *hate crimes* nicht denkbar.

887 Blake Sand & Gravel, Inc. v. Saxon, 989 P.2d 1178, 1181 (Wash. 1999); Restatement (2d.) of Agency, § 26 comm. b.; Reuschlein/Gregory, Agency and Partnership, § 14, S. 36.

888 Siehe oben, Teil 2. D. II. 1.

889 Restatement (2d.) of Agency, §§ 215 comm. a., 32.

890 Vgl. Laborers' Intern. Union of North America v. Rayburn Crane Service, Inc., 559 So.2d 1219, 1225 (Fla. 1990); Burlington Northern and Sante Fe Ry. Co. v. Burlington Resources Oil & Gas Co., 590 N.W.2d 433, 439 f. (N.D. 1999); Restatement (2d.) of Agency, § 215 comm. a., b.

891 Bedeutet: *Authority*, auf deren Erteilung aus Erklärungen und sonstigen Umständen des Falles rückgeschlossen werden kann (3 Am. Jur. Agency 2d, § 72), also konkludent erteilte *authority*.

892 Bedeutet: Ausdrücklich erteilte *authority* (vgl. 3 Am. Jur. Agency 2d, § 70).

sichtigt hat[893]. Wie oben bei beim Angebot zur Eingehung eines *agency* Verhältnisses[894] dargestellt, kann beispielsweise *failure to object the continuance of the agent's conduct* als konkludent erklärte *authorization* angesehen werden, sofern der *principal* Kenntnis von der Handlung des *agent* gehabt hat[895]. In der Praxis stellt man meistens (zusätzlich) auf die *implied authority* ab, deren Vorliegen anhand des Verhaltens der Parteien und der Umstände des Falles nachgewiesen werden kann[896], da die ausdrückliche Erteilung der *authority* meist schwierig nachzuweisen ist[897].

Durch die soeben dargestellten Auslegungsregeln bzw. durch die Zulässigkeit der *implied authority* erhält die Zurechnungstheorie der *authorization* eine besondere Bedeutung in *hate crimes* Fällen. So lässt sich eine Nichtahndung bekannt gewordener Verfehlungen des *agent's* trotz Kenntnis seitens des *principal's*[898] durchaus nachweisen[899]. Beispielsweise ist die Tatsache, dass die Verfehlung polizeiaktenkundig geworden ist oder ein Opfer Ansprüche gegen den *principal* geltend gemacht hat, ein wichtiges Indiz für die Kenntnis des *principal's* von der Verfehlung[900].

---

893 Diversified Development & Inv., Inc. v. Heil, 889 P.2d 1212, 1221 f. (N.M. 1995); Laborers' Intern. Union of North America v. Rayburn Crane Service, Inc., 559 So.2d 1219, 1225 (Fla. 1990); vgl. Edwards v. Born, Inc. 792 F.2d 387, 391 (3rd Cir. (Virgin Islands) 1986); siehe Restatement (2d.) of Agency, § 215 comm. a.; Reuschlein/Gregory, Agency and Partnership, § 14 S. 36.

894 Siehe oben, Teil 2. D. II. 1.

895 Welsh v. Feyka, 179 A. 810, 812 (Pa. 1935); Ditty v. CheckRite, Ltd., Inc., 973 F.Supp. 1320, 1334 (D.Utah 1997); Restatement (2d.) of Agency, § 26 comm. d.; Reuschlein/Gregory, Agency and Partnership, § 14, S. 36.

896 Siehe oben.

897 Reuschlein/Gregory, Agency and Partnership, § 15, S. 42; vgl. Frey, Preliminary Report: United States Case Law Relating to the Civil Liability of Groups That Promote Violence, S. 30, abrufbar unter www.auslaenderschutz-durch-zivilrecht.de.

898 Diese kann natürlich nur als konkludent erteilte *authorization* bezüglich zünftiger ähnlicher Akte angesehen werden. Zur a.A., nach der dieses Verhalten als *ratification* bereits des nichtgeahndeten Aktes angesehen wird, siehe unten Teil 2. D. II. 3. b. aa.

899 Siehe Berhanu v. Metzger, No. A8911-07007 (Or. Multnomah County Cir. Ct. 1990), Judgment, S. 2, Q. 2 i.V.m. Jury Instructions, S. 13, zum Sachverhalt dieses Falles siehe unten, Teil 3. A.; auch im Fall Keenan v. Aryan Nations, No. CV-99-441 (Idaho Dist. Ct., County of Kootenai 2000) hätte eine Zurechnung wegen *authorization* erfolgen können. Das Gericht hat aber diese Theorie überhaupt nicht geprüft. Siehe zum möglichen Nachweis der *authorization* den Sachverhalt in: Plaintiffs Exhibit Nr. 5, S. 111 ff., zitiert in Memorandum in Support of Plaintiffs Motion to Amend the Complaint to Include a Claim for Punitive Damages, S. 9 f.

900 Vgl. dazu den Sachverhalt in Keenan v. Aryan Nations, No. CV-99-441 (Idaho Dist. Ct., County of Kootenai 2000), Plaintiffs Exhibit Nr. 5, S. 111 ff., zitiert in

Zusammenfassend lässt sich festhalten, dass nach der vorliegenden Zurechnungsgrundlage, die bei Zivilklagen gegen *hate groups* eine wichtige Rolle spielt, ein *principal* bereits an die Akte seines *agent's* gebunden ist, wenn ein objektiver Erklärungsempfänger in der Person des *agent's* von einer Autorisierung ausgehen durfte. Im Unterschied zu dem bezüglich der Voraussetzungen der Vollmacht ähnlichen deutschen Stellvertretungsrecht haftet der *principal* nicht nur für Rechtsgeschäfte, sondern auch für unerlaubte Handlungen.

3. Principal ratifiziert das Verhalten des agent's

Spiegelbildlich zur Haftung aufgrund von *authorization* haftet der *principal* für die unerlaubte Handlung des *agent's*, wenn er dessen Handlung ratifiziert hat. *Ratification* ist die *"affirmance*[901] *by a person of a prior act which did not bind him but which was done...on his account, whereby the act...is given effect as if originally authorized by him"*[902]. Die *ratification* kann somit als nachträglich erklärte *authorization* angesehen werden. Obwohl im Falle der *ratification* der kausale Zusammenhang im Sinne der *but for rule* zwischen Akt des *principal's* und Rechtsgutsverletzung fehlt, ist die Haftung des *principal's* für unerlaubte Handlungen des *agent's* in fast jedem Staat allgemein anerkannt[903].

Die *ratification* einer reinen unerlaubten Handlung[904] kommt indes eher selten vor[905]. Trotzdem gibt es auf diesem Gebiet einen interessanten Aspekt, der gerade bei der Zurechnung der Haftung für Gewalttaten zu *hate groups* Bedeutung erlangen kann. Es handelt sich hierbei um die Tendenz einiger Jurisdiktionen zu einer wenig zögerlichen Herleitung der *ratification* aus dem Verhalten des *principal's*, insbesondere alleine aus der Tatsache der Weiterbeschäftigung des

---

Memorandum in Support of Plaintiffs Motion to Amend the Complaint to Include a Claim for Punitive Damages, S. 9 f.

901 Unter *"affirmance"* ist *"manifestation of election to treat a prior act as authorized"* zu verstehen (Restatement (2d.) of Agency, § 83).

902 Association of Apartment Owners of Maalaea Kai, Inc. v. Stillson, 108 Hawai'i 2, 116 P.3d 644, 655 (Hawai'i 2005); Restatement (2d.) of Agency, § 82; 3 Am. Jur. Agency 2d, § 176.

903 Kraus, 32 Tort & Ins. L.J. 807, 808; 3 Am. Jur. Agency 2d, § 186; 2A C.J.S. Agency, § 68; vgl. Restatement (2d.) of Agency, § 84 (1): hiernach können alle Akte, die autorisiert werden können, auch ratifiziert werden; siehe im Übrigen die Rechtsprechungsnachweise in Teil 2. D. II. 3. b.

904 Hiervon ist eine solche abzugrenzen, die eng verbunden mit der Geschäftsführung für den principal ist. Wenn der *principal* die Geltung des Geschäfts für sich beanspruchen will, muss er das gesamte Handeln ratifizieren – einzelne Teile des Geschäfts können nicht ratifiziert werden (Restatement (2d.) of Agency, § 96; siehe auch Reuschlein/Gregory, Agency and Partnership, § 32, S. 76).

905 Reuschlein/Gregory, Agency and Partnership, § 32, S. 76.

agent's. Nach einem Überblick über die ansonsten unproblematischen Voraussetzungen der *ratification* von unerlaubten Handlungen soll auf dieses Thema eingegangen werden.

a. Die Voraussetzungen der ratification im Überblick

Grundvoraussetzung für eine wirksame Ratifizierung eines Akts des *agent's* ist, dass der *agent* die Handlung zugunsten des *principal's* durchgeführt hat oder der *principal* zumindest hiervon ausgeht[906]. Dies ist Ausdruck des Grundgedankens des Instituts der *ratification*, bei dem davon ausgegangen wird, dass Akte, die für einen anderen, aber ohne dessen vorherige Zustimmung durchgeführt werden, dennoch für und gegen diesen gelten können, wenn er sie ratifiziert[907].

Die Ratifizierung erfolgt durch Erklärung eines entsprechenden Willens nach außen[908].

Bei dieser Erklärung muss der *principal full* bzw. *actual knowledge* von allen für die Ratifizierung relevanten Tatsachen haben[909]. Das *knowledge* Element stellt zwar keine Wirksamkeitsvoraussetzung im eigentlichen Sinn dar, da die *ratification* auch trotz Unkenntnis zunächst gültig bleibt[910]. Allerdings hat der *principal* dann die Möglichkeit, die Ratifizierung zu widerrufen[911].

Des weiteren ist für die Wirksamkeit der *ratification* erforderlich, dass der *principal* auch willentlich die Handlung des *agent's* an sich gezogen hat[912]. Das Vorliegen eines solchen Willens kann aus Indizien hergeleitet werden, was in der Praxis auch üblich ist[913]. Gleichwohl muss bei der Ratifizierung von unerlaubten Handlungen nach weit verbreiteter Ansicht ein klarer Beweis der Zustimmung des *principal's* zum Akt des *agent's* erbracht werden[914]. Ein auf Indizien beru-

---

906 Sharples v. State, 793 P.2d 175, 177 (Hawaii 1990); Fisher v. Hering, 97 N.E.2d 553, 556 (Ohio 1948); Restatement (2d.) of Agency, § 82; Kraus, 32 Tort & Ins. L.J. 807, 812.

907 Vgl. die Definition der *ratification* oben, Teil 2. D. II. 3.

908 Restatement (2d.) of Agency, §§ 82, 83; 2A C.J.S. Agency, § 75.

909 Safeway Stores v. Gibson, 118 A.2d 386, 388 (D.C. 1955); Jameson v. Gavett, 71 P.2d 937, 940 (Cal. 1937); Restatement (2d.) of Agency, § 91 comm. c.; 3 Am. Jur. Agency 2d, § 185; 30 C.J.S. Employer – Employee Relationship, § 185.

910 Vgl. Restatement (2d.) of Agency, § 91 comm. c.; 3 Am. Jur. Agency 2d, § 185.

911 Siehe obige Fn.

912 Stone v. First Wyoming Bank N. A., Lusk, 625 F.2d 332, 344 (10th Cir. (Wyo.) 1980); Checkley v. Boyd, 107 P.3d 651, 666 (Or. 2005); 3 Am. Jur. Agency 2d, § 183; 30 C.J.S. Employer – Employee Relationship, § 185; vgl. Restatement (2d.) of Agency, § 93 (1) comm. a.

913 Siehe obige Fn.

914 Costa v. Able Distribs., Inc., 653 P.2d 101, 105 (Haw. 1982); Iowa State Sav. Bank v. Black, 59 N.W. 283, 284 (Iowa 1894); Turner v. American District Telegraph &

hender Beweis kann danach nicht durch Akte des *principal's* erbracht werden, "which may be readily explained without involving any intention to ratify"[915]. Nach einer in einigen Jurisdiktionen verbreiteten Ansicht reichen für einen solchen Nachweis *"slight acts" of ratification*[916]. Wie sich im folgenden Abschnitt zeigt, kann dieser *split of authority* von gewisser Bedeutung in *hate crimes* sein. Im folgenden Abschnitt wird auf eine besondere Ausprägung dieses Streits eingegangen, die gerade bei der Zurechnung von Gewalttaten zu *hate groups* interessant ist.

b. Sanktionslose Weiterbeschäftigung als Indiz für das Vorliegen des intent to ratify

Als besondere Ausprägung des Streits, wie klar der Beweis für das Vorliegen des *intent to ratify* sein muss, hat sich die Frage herauskristallisiert, ob die sanktionslose Weiterbeschäftigung eines *agent's*, der eine Gewalttat[917] begangen hat, als entscheidendes Indiz für das Vorliegen eines *intent to ratify* angesehen werden kann. Diese Frage wird oft aufgeworfen und ist deswegen gerade für die Haftungseinbeziehung von *hate groups* interessant, da eine *hate group* ihren Prinzipien zuwider handeln würde, sanktionierte sie die fremdenfeindliche Gewalttat ihres *agent's*. Wenn tatsächlich die sanktionslose Weiterbeschäftigung als *agent* bzw. die Beibehaltung der Mitgliedschaft als ausreichendes oder zumindest wichtiges Indiz für einen *intent to ratify* angesehen werden kann, fällt eine große Beweishürde für die Haftungszurechnung zur *hate group* weg. Sollte nämlich eine *ratification* in einer solch einfachen Weise nachgewiesen werden können, kann auf den unter Umständen schwierigen Nachweis einer *authorization* oder *direction*[918] durch die *hate group* verzichtet werden.

Messenger Co., 94 Conn. 707, 716 f. (Conn. 1920); Wolford v. Scott Nickels Bus Co., 257 S.W.2d 594, 596 (Ky. 1953); Absar v. Jones, 833 S.W.2d 86, 89 f. (Tenn. 1992); 30 C.J.S. Employer – Employee Relationship, § 185, siehe zur möglichen Abweichung dieser Enzyklopädie von dieser Linie unten, Teil 2. D. II. 3. b. aa.; vgl. Restatement (2d.) of Agency, § 94, Reporter's Notes.

915 Wolford v. Scott Nickels Bus Co., 257 S.W.2d 594, 596 (Ky. 1953); Absar v. Jones, 833 S.W.2d 86, 89 f. (Tenn. 1992).

916 Bardonaro v. General Motors Corporation, 2000 WL 1062188, 4 (Ohio 2000); Medley v. Boomershine Pontiac-GMC Truck, Inc., 449 S.E.2d 128, 133 (Ga. 1994).

917 Gelegentlich wird zwischen der Weiterbeschäftigung im Falle einer Gewalttat und der im Falle einer sonstigen unerlaubten Handlung unterschieden, siehe 30 C.J.S. Employer – Employee Relationship, § 185. Hier wird nur auf den ersteren Fall eingegangen.

918 Siehe dazu Teil 2. D. III. 2.

aa. Sanktionslose Weiterbeschäftigung als ausreichendes Indiz

Tatsächlich reicht in einigen Jurisdiktionen[919] sowie nach einem Teil der Literatur[920] die sanktionslose Weiterbeschäftigung des *agent's*, der eine Gewalttat begangen hat, als Indiz für den Beweis des Vorliegens des *intent to ratify* aus. Die Beweiskraft dieses Indizes kann freilich dadurch aufgehoben werden, dass andere Gründe für die Weiterbeschäftigung als die Zustimmung zum Verhalten des *agent's* nachgewiesen werden können. Einen solchen Grund stellt etwa die Tatsache dar, dass es sich bei dem Schädiger um einen wegen seiner Fähigkeiten besonders wichtigen *agent* handelt[921].

bb. Sanktionslose Weiterbeschäftigung als unzureichendes Indiz

Die Gerichte der meisten Jurisdiktionen[922] sowie wichtige Vertreter der Literatur[923] erkennen die sanktionslose Weiterbeschäftigung zwar als Indiz an, verlangen aber, dass ein klarer Beweis des Vorliegens des *intent to ratify* durch die Präsentation weiterer Indizien erbracht wird. Als zusätzliche Indizien für den Schluss auf das Vorhandensein des *intent to ratify* kommen beispielweise die nachträgliche Billigung durch den *principal* gegenüber dem *agent*[924] oder die vom Opfer erbetene und vom *principal* verweigerte Entschuldigung in Frage[925].

---

919 Coats v. Construction & Gen. Laborers Local No. 185, 93 Cal.Rptr. 639, 642 (Cal. 1971), m.w.N kalifornischer Gerichte; Robinson v. Superior Rapid-Transit Ry. Co. 68 N.W. 961, 963 (Wis. 1896) zitierend Craker v. Chicago & N.W. Ry. Co., 36 Wis. 657, 1875 WL 6254, 8 (Wis. 1875).

920 30 C.J.S. Employer – Employee Relationship, § 185; Galane, 252 PLI/Pat 263, 282; Witkin, Summary of California Law, Vol. 2 Agency, § 114, S. 108.

921 Coats v. Construction & Gen. Laborers Local No. 185, 93 Cal.Rptr. 639, 642 (Cal. 1971), zitierend Sullivan v. Matt, 278 P.2d 499, 506 (Cal. 1955).

922 Chrysler Corp. v. Wilson Plumbing Co., Inc., 208 S.E.2d 321, 326 (Ga. 1974); Fisher v. Hering, 97 N.E.2d 553, 556 (Ohio 1948); Costa v. Able Distribs., Inc., 653 P.2d 101, 105 (Haw. 1982), zitierend Abraham v. S.E. Onorato Garages, 446 P.2d 821, 827 (Haw. 1968); Frick v. Abell, 602 P.2d 852, 856 (Colo. 1979); Woodard v. City Stores Co., 334 A.2d 189, 191 f. (D.C. 1975) m.w.N. von Gerichten aus D.C.; Safeway Stores v. Gibson, 118 A.2d 386, 389 (D.C. 1955); Turner v. American District Telegraph & Messenger Co., 110 A. 540, 544 (Conn. 1920); Wells v. Robinson Bros. Motor Co., 121 So. 141, 142 f. (Miss. 1929); Draper v. Olivere Paving & Constr. Co., 181 A.2d 565, 568 (Del. 1962); Durand v. Moore, 879 S.W.2d 196, 203 (Tex. 1994), zitierend Home Telephone & Electric Co. v. Branton, 7 S.W.2d 627, 629 f. (Tex. 1928); Checkley v. Boyd, 107 P.3d 651, 666 (Or. 2005).

923 Restatement (2d.) of Agency, § 94 comm. d.; 3 Am. Jur. Agency 2d, § 197; Seavey, 103 U. Pa. L. Rev. 30, 35; 33 Tex. Jur. 3d Employer and Employee § 404.

924 Safeway Stores v. Gibson, 118 A.2d 386, 389 (D.C. 1955).

925 Woodard v. City Stores Co., 334 A.2d 189, 191 f. (D.C. 1975).

cc. Beurteilung der Rechtslage im Hinblick auf ungebundene Gerichte

Es ist davon auszugehen, dass sich die ungebundenen Gerichte fast aller Jurisdiktionen an der zweiten Meinung orientieren werden mit der Folge, dass eine sanktionslose Weiterbeschäftigung des *agent's*, der eine Gewalttat begangen hat, als Indiz für den Beweis des Vorliegens des *intent to ratify* nicht ausreicht.

Für diese Annahme sprechen zwei Gründe. Zum einen orientieren sich ungebundene Gerichte häufig an den Entscheidungen von *leading jurisdictions*[926] oder wichtigen Vertretern der Literatur, insbesondere an den Restatements[927]. Gerichte fast aller Jurisdiktionen, die diese Frage zu entscheiden hatten, sowie das Restatement (second) of Agency vertreten die Ansicht, dass die Weiterbeschäftigung nicht als Indiz für einen *intent to ratify* ausreicht. Dagegen vertreten nur kalifornische Gerichte sowie solche aus Wisconsin die gegenteilige Ansicht. Zuzugeben ist allerdings, dass Kalifornien als generelle *leading jurisdiction* für Staaten im Westen der USA[928] einen gewissen Einfluss auf diese Region ausüben kann.

Zum anderen überzeugen alleine die Gründe gegen die Weiterbeschäftigung als alleiniges Indiz für einen *intent to ratify*. Einzig ein rechtspolitisches Argument wird für diese Ansicht ins Feld geführt: Durch die Interpretation des Akts der Weiterbeschäftigung als *intent to ratify* und die daraus folgende Haftungseinbeziehung des *principal's* werde dieser dazu veranlasst, sich von potentiell gefährlichen *agents* zu trennen[929]. Das hiermit verfolgte Ziel der Gefahrenvorbeugung wird aber bereits durch das Institut der *negligent retention* erreicht, wonach der *principal* für eine weitere Gewalttat desselben *agent's* aufgrund der Tatsache haftet, dass er diesen gefährlichen *agent* weiterbeschäftigt hat, obwohl er von dessen erster Handlung wusste[930]. Letzteres Institut stellt sich dabei als das deutlich ausgewogenere und interessengerechtere heraus. Denn hierbei kann der *principal* auf eigenes Risiko entscheiden, ob er den potentiell gefährlichen *agent* weiterbeschäftigt. Dagegen ist der *principal* nach dem Ansatz der Auslegung des Akts der Weiterbeschäftigung als *intent to ratify* gezwungen, sich von seinem *agent* zu trennen, wenn er nicht für dessen bereits geschehene Gewalttat haften will. Dies kann dazu führen, dass sich der *principal* schon bei einem begründeten Verdacht der Begehung einer Gewalttat durch den *agent* dazu veranlasst sieht, das *agency* Verhältnis aufzukündigen, obwohl sich später die Unschuld des

---

926 Siehe Teil 1. B. III. 1.
927 Siehe Teil 1. B. I.
928 Siehe Teil 1. B. III. 1.
929 Craker v. Chicago & Northwestern Ry. Co., 1875 WL 6254, 8 (Wis. 1875).
930 Siehe dazu unten, Teil 2. D. III. 1. b. aa. bbb.

agent's herausstellen könnte[931]. Folglich ist das Zurückgreifen auf die *ratification* zum Zweck der Prävention von Gewalttaten durch *agents* überflüssig.

Des weiteren ist die Ansicht, bereits die Weiterbeschäftigung genüge als Indiz für den Beweis des *intent to ratify*, aus beweisrechtlicher Sicht höchst bedenklich. Nach dieser Ansicht wird die Tatsache der Weiterbeschäftigung bedenkenlos als *manifestation of the intent to ratify an act of violence* ausgelegt, obwohl für diese Auslegung keine weiteren Gründe sprechen. Dabei sind genauso gut andere Gründe denkbar, die den *principal* möglicherweise zu einer Weiterbeschäftigung des *agent's* bewegt haben, auch wenn diese nicht bewiesen werden können[932]. Beispielsweise kann der *principal* alleine deswegen am *agency* Verhältnis festgehalten haben, weil er trotz allem auf die Dienste des *agent's* angewiesen ist[933], weil er auf die Unschuld des *agent's* vertraut[934] oder bloß, weil er dem *agent* trotz allem einen Gefallen tun will[935]. Wenn also ein solch neutral zu beurteilender Akt im Zweifel zu Lasten des *principal's* ausgelegt wird, liegt darin ein deutlicher Verstoß gegen Beweisregeln vor, die sogar in Jurisdiktionen gelten, die diese weite Auslegung vertreten. So liegt selbst in Kalifornien die Beweislast für das Vorliegen der *ratification* bei dem, der sich auf die *ratification* beruft[936]. Dies ist in Fällen der deliktischen Haftung aufgrund von *ratification* der Geschädigte, nicht der *principal*. Die Regel, dass den die Beweislast trifft, der sich auf die *ratification* beruft, gilt um so mehr, als dass davon ausgegangen werden kann, dass gesetzlich verbotene Akte des *agent's* in der Regel nicht auf die Zustimmung des *principal's* treffen[937].

Folglich ist die Auslegung des Akts der Weiterbeschäftigung als *manifestation* eines *intent to ratify* mit elementaren Beweisregeln nicht vereinbar.

Da ein Großteil der *persuasive authority* in Rechtsprechung und Literatur die Meinung vertritt, dass alleine die sanktionslose Weiterbeschäftigung des *agent's*,

---

931 Home Telephone & Electric Co. v. Branton, 7 S.W.2d 627, 629 f. (Tex. 1928), zitierend Gulf, C. & S. F. Ry. Co. v. Kirkbride, 15 S. W. 495, 496 (Tex. 1891); Southern Ry. Co. v. Grubbs, 80 S.E. 749, 751 (Va. 1914).

932 Turner v. American District Telegraph & Messenger Co., 110 A. 540, 544 (Conn. 1920); siehe auch folgenden Text.

933 Draper v. Olivere Paving & Constr. Co., 181 A.2d 565, 568 (Del. 1962); Home Telephone & Electric Co. v. Branton, 7 S.W.2d 627, 629 f. (Tex. 1928), zitierend Gulf, C. & S. F. Ry. Co. v. Kirkbride, 15 S. W. 495, 496 (Tex. 1891); Kraus, 32 Tort & Ins. L.J. 807, 818.

934 Donivan v. Manhattan Ry. Co., 21 N.Y.S. 457, 460 (N.Y. 1893); Williams v. Pullmans Palace Co., 3 So. 631, 636 (La. 1883); Kraus, 32 Tort & Ins. L.J. 807, 818.

935 Kraus, 32 Tort & Ins. L.J. 807, 818.

936 Gates v. Bank of America Nat. Trust & Savings Ass'n, 261 P.2d 545, 548 (Cal. 1953), m.w.N.

937 Iowa State Sav. Bank v. Black, 59 N.W. 283, 284 (Iowa 1894).

der eine Gewalttat begangen hat, als Indiz für den Beweis des Vorliegens des *intent to ratify* nicht ausreicht und darüber hinaus überzeugende Gründe ausschließlich für diese Meinung sprechen, ist davon auszugehen, dass ungebundene Gerichte sich dieser Meinung anschließen werden.

Möglicherweise werden darüber hinaus Gerichte in Wisconsin der letztgenannten Meinung folgen. Zwar gilt in Wisconsin immer noch die seit über 100 Jahren bestehende Regel, dass die sanktionslose Weiterbeschäftigung als Indiz für einen *intent to ratify* ausreicht. Allerdings ist sie seitdem auch nicht mehr bestätigt worden, so dass es durchaus möglich ist, dass diese Regel aus oben genannten Gründen als nicht mehr zeitgemäß verworfen wird.

c. Ergebnis

Mit der Zurechnungstheorie der *ratification*, die eine nachträglich erteilte *authorization* darstellt, kann der *principal* in die deliktische Haftung einbezogen werden, obwohl er keinen kausalen Beitrag zur Rechtsgutsverletzung geleistet hat. Dieser Vorteil aus Sicht des Geschädigten wird jedoch dadurch weitgehend ausgeglichen, dass in den meisten Jurisdiktionen *the principal's intent to ratify* klar und eindeutig nachgewiesen werden muss[938]. Eine enorme Beweiserleichterung zugunsten des Geschädigten stellt aber die in Wisconsin und Kalifornien geltende Regel dar, dass die sanktionslose Weiterbeschäftigung des *agent's*, der eine Gewalttat begangen hat, bereits ein ausreichendes Indiz für einen solchen intent des *principal's* darstellt[939]. Es ist indes nicht damit zu rechnen, dass ungebundene Gerichte dieser Mindermeinung folgen werden[940].

Die Zurechnungstheorie der *ratification* kann man somit als alternatives Instrument für die Haftungseinbeziehung einer Organisation ansehen, das sich allerdings nur bei günstiger Beweislage oder in gewissen Jurisdiktionen wie Kalifornien, Wisconsin, Ohio oder Georgia[941] als scharfe Waffe erweist.

---

938 Siehe oben, Teil 2. D. II. 3. a.

939 Siehe oben, Teil 2. D. II. 3. b. aa.

940 Siehe oben, Teil 2. D. II. 3. b. cc.

941 In Ohio und Georgia wird zwar die Weiterbeschäftigung nicht als ausreichendes Indiz für einen *intent to ratify* anerkannt, grundsätzlich reicht für den Nachweis dessen aber das Vorhandensein von *„slight acts"* *of ratification*, siehe Teil 2. D. II. 3. a.

4. Strikte Haftung des principal's (vicarious liability)

Nach Regeln der *vicarious liability*[942] haftet der *principal* bereits einzig aufgrund der Tatsache, dass er *principal* ist, insbesondere dass zwischen ihm und dem *agent* eine *employer-employee relationship* besteht[943]. Seine Haftung begründet sich also nicht auf sein eigenes Verhalten wie es bei *authorization, ratification, directing conduct* oder *negligence/recklessness in hiring/selecting* etc. der Fall ist, sondern ist abgeleitet[944]. Die *vicarious liability* ist folglich strikt in dem Sinne, dass der *principal* unabhängig von seinem eigenen Verschulden haftet[945]. Dabei ist die *vicarious liability* etwa im Gegensatz zur verschuldensunabhängigen Haftung gem. § 278 BGB[946] auch außerhalb bestehender Schuldverhältnisse, also bei reinen deliktischen Ansprüchen, anwendbar[947].

---

942 Gelegentlich wird dieser Begriff als Oberbegriff für die Haftung für das Verhalten anderer verstanden (siehe Dees/Bowden, 31-FEB Trial, 22, 24; weitere Beispiele in Donaldson, 51 A.L.R. Fed. 285, § 1 (a)). Richtigerweise bedeutet *vicarious liability* (*vicarius*, lat. bedeutet stellvertretend) allerdings nur Haftung, die unabhängig von einem Verschulden des *principal's* erfolgt (Donaldson, 51 A.L.R. Fed. 285, § 1 (a); Harper/James/Gray, Tort Law, § 26.1, S. 1; vgl. Blacks Law Dictionary; siehe dazu auch Kuehnle, 14 J. Corp. L. 313, 318, Fn. 28).

943 Vgl. Prosser/Keeton, § 69 S. 499; 30 C.J.S. Employer-Employment Relationship, § 181.

944 Rogers v. J.B. Hunt Transport, Inc., 649 N.W.2d 23, 27 (Mich. 2002); Ginger, 93 Dick. L. Rev. 465, 474; Powell, 61 Mo. L. Rev. 155, 157, Fn. 22. Die Tatsache, dass es sich hierbei um eine abgeleitete Haftung handelt, die unabhängig von dem Verschulden des *principal's* entsteht, hat nach einer Meinung Auswirkung auf die Haftung für *punitive damages*. Nach dieser Meinung kann ein *principal* nicht *vicariously* auf *punitive damages* haften, dazu Teil 2. E. I.

945 Vgl. Prosser/Keeton, § 69 S. 499; Malinowski, 3 D.C. L. Rev. 167, 172.

946 Siehe dazu nur BGHZ 4, 1, 3 f.; 58, 207, 212; Staudinger/Löwisch § 278, Rn. 5 f.; MünchKomm/Grundmann § 278, Rn 1 u. 6; Palandt/Heinrichs § 278, Rn. 1 f.

947 Vgl. Nutt v. Norwich Roman Catholic Diocese, 921 F.Supp. 66, 70 (D.Conn. 1995) (Anwendung der *respondeat superior doctrine* im Verhältnis Kirche zu Messdiener); Oki Semiconductor Co. v. Wells Fargo Bank, Nat. Ass'n, 298 F.3d 768, 775 f. 9th Cir. (Or.) 2002) (Anwendung der *respondeat superior doctrine* im Verhältnis Bank, bei der Hehlerei-Beute „gewaschen" wurde, zu Bestohlenem); Bates v. U. S., 517 F.Supp. 1350, 1355 (D.C.Mo. 1981) (Anwendung der *respondeat superior doctrine* im Verhältnis Staat als *employer* eines Soldaten zu Geschädigten, die von diesem Soldaten widerrechtlich verhaftet und später vergewaltigt/ermordet wurden); vgl. auch Restatement (second) of Agency, § 219 comm. a.: Wichtigster Grund für diese Haftung ist, dass der *principal*, insbesondere der *master*, seinen Gehilfen kontrollieren kann (siehe dazu auch unten, Teil 2. D. II. 4. a.). Da diese Kontrollmöglichkeit unabhängig von dem Verhältnis zum geschädigten Dritten besteht, ist die *vicarious liability* konsequenterweise auch außerhalb bestehender Schuldverhältnisse anwendbar. So werden in Restatement (second) of Agency, § 219 die Vor-

Allerdings gilt diese Theorie nur unter engen Voraussetzungen, die in den hier zu untersuchenden *hate crimes* Fällen nicht immer erfüllt werden. Grundsätzlich muss nämlich ein *servant* bzw. *employee within the scope of his employment* gehandelt haben, um den *principal vicariously liable* zu machen[948]. Der begrenzende Faktor ist hierbei die Voraussetzung, dass der Hauptschädiger ein *servant/employee* des *principal's* sein muss, d.h., der *principal* muss nicht nur die Kontrolle über das Resultat der Tätigkeit des *agent's* haben, sondern auch über die Art und Weise der Ausführung[949]. Eine solche Kontrolle über die Tätigkeit ihrer Mitglieder hat eine *hate group*, vertreten durch ihre Anführer, oft nicht[950].

Aus diesem Grund wird die vicarious liability für das Verhalten von servants nur knapp behandelt, dazu a. Die vicarious liability für das Verhalten von non-servant agents spielt in den dieser Arbeit zugrunde liegenden hate crimes Fällen gar keine Rolle. Dies wird im Unterabschnitt b. kurz dargelegt.

a. Haftung für Akte von servants bzw. employees (respondeat superior)

Der *principal* haftet als *master* bzw. *employer*[951] für alle Handlungen seines *servant's* bzw. *employee's*[952], die dieser *within the scope of his employment* begangen hat *(respondeat superior)*[953]. Der *master* kann demnach auch für vorsätzliche Delikte bzw. Gewalttaten des *servant's* in Anspruch genommen werden[954]. Al-

---

aussetzungen der *vicarious liability* abschließend aufgezählt, wobei das Bestehen eines Schuldverhältnisses zwischen den Parteien nicht erwähnt wird; ebenso: 27 Am. Jur. 2d Employment Relationship § 459; ebenso: Krohn, 17 Causes of Action 647, § 4.

948 Siehe unten, Teil 2. D. II. 4. a.

949 Siehe unten, Teil 2. D. II. 4. a. aa.

950 Siehe unten, Teil 2. D. II. 4. a. aa.

951 Die Begriffe *master* und *employer* sind für die Zwecke dieser Arbeit als synonyme Gegenstücke zu den Begriffen *servant* und *employee* zu verstehen. Der Unterschied zwischen beiden ist, dass ein *master* im Gegensatz zum employer nicht unbedingt in einer vertraglichen Beziehung zum *servant* stehen muss (vgl. Blacks Law Dictionary und Reuschlein/Gregory, Agency and Partnership, § 52, S. 106 f.).

952 Zur Bedeutung der Begriffe vgl. obige Fn. und unten, Teil 2. D. II. 4. a. aa.

953 Garrett v. Great Western Distributing Co. of Amarillo, 129 S.W.3d 797, 799 f. (Tex. 2004); Quadrozzi v. Norcem, Inc., 509 N.Y.S.2d 835, 836 (N.Y. 1986); Montgomery v. Petty Management Corp., 752 N.E.2d 596, 598 (Ill. 2001); Seavey, Handbook of the Law of Agency, § 83 A. S. 141; Krohn, 17 Causes of Action 647, § 7; Reuschlein/Gregory, Agency and Partnership, § 52, S. 104.

954 Garrett v. Great Western Distributing Co. of Amarillo, 129 S.W.3d 797, 800 (Tex. 2004); Jenco v. Islamic Republic of Iran, 154 F.Supp.2d 27, 34 (D.D.C. 2001); Switzer v. Rivera, 174 F.Supp.2d 1097, 1106 (D.Nev. 2001); Restatement (2d.) of Agency, § 245; 6 Am. Jur. 2d Assault and Battery § 111; Krohn, 17 Causes of Action 647, § 2.

lerdings ist es umstritten, ob dem schuldlosen *master punitive damages* auferlegt werden können[955].

Dem Prinzip der strikten Haftung des *master's* lag ursprünglich der allgemeine Gedanke des *common law* zugrunde, dass der, der in einer Position ist, in der er generell Kontrolle über eine Situation ausüben kann, diese auch ausüben oder für die Folgen gerade stehen muss[956]. Um eine weitere Haftung des *master's*, wie etwa die Haftung für Vorsatztaten, rechtfertigen zu können, wird der Grund für diese strenge Haftung mittlerweile auch auf den Gedanken der Risikoverteilung gestützt[957]: Der *master* soll die Verantwortung für Rechtsgutsverletzungen übernehmen, *that can fairly be attributable to the nature of the employer's business*[958]. Die Aufbürdung der Verantwortung für solche Rechtsgutsverletzungen erfolgt deswegen, weil der *master* eher als das Opfer dazu in der Lage ist, das Schadensrisiko beispielsweise durch eine Umlage auf den Preis für seine Leistungen zu tragen[959], und weil er derjenige ist, der von der Leistung des *servant's*, die ursächlich für die Schädigung war, profitiert[960].

Im Folgenden wird überblicksweise auf die beiden Voraussetzungen für diese Haftung eingegangen, nämlich die Stellung des *agent's* als *servant* bzw. *employee*, dazu aa., und dessen Handeln *within the scope of his employment*, dazu bb.

aa. Servant bzw. employee

Für den Begriff des *servant* bzw. *employee* gibt es keine exakte Definition[961]. Vielmehr ist auf einige Faktoren abzustellen, mit Hilfe derer man eine *master-servant* bzw. *employer-employee* Beziehung bestimmen kann[962]. Wie oben ange-

---

955 Siehe dazu unten Teil 2. E. I.

956 Krohn, 17 Causes of Action 647, § 2; siehe Prosser/Keeton, § 69, S. 500.

957 Roszkowski/Roszkowski, 14 S. Cal. Rev. L. & Women's Stud. 235, 239; vgl. Krohn, 17 Causes of Action 647, § 2; Harper/James/Gray, Tort Law, § 26.1, S. 7 f.

958 Martinez v. Hagopian, 227 Cal. Rptr. 763, 766 (Cal. 1986); Prosser/Keeton, § 69, S. 500; Krohn, 17 Causes of Action 647, § 2.

959 Martinez v Hagopian, 227 Cal Rptr 763, 766 (Cal. 1986); Prosser/Keeton, § 69, 500 f.; Harper/James/Gray, Tort Law, § 26.1, S. 7 f.; Krohn, 17 Causes of Action 647, § 2; Reuschlein/Gregory, Agency and Partnership, § 52, S. 104; Roszkowski/Roszkowski, 14 S. Cal. Rev. L. & Women's Stud. 235, 239 f.

960 Mary M. v. City of Los Angeles, 285 Cal.Rptr. 99, 101 (Cal. 1991); Seavey, Handbook of the Law of Agency, § 83 A. S. 141.; Oren, 31 Urb. Law. 527, 531; Roszkowski/Roszkowski, 14 S. Cal. Rev. L. & Women's Stud. 235, 237 f.

961 Restatement (2d.) of Agency, § 220 (1), comm. c.; vgl. Calvert Hanson, 5 U. Miami Bus. L.J. 129, 135.

962 Sichc obigc Fn.

deutet, ist Hauptmerkmal einer solchen Beziehung die Ausübung von *control* oder *the right to control* seitens des *principal's* über die Handlungen des *agent's*[963]. Ein *agent* ist demnach *servant*, wenn sein *principal* nicht nur die Kontrolle über das Resultat der Arbeit innehat, sondern auch die Art und Weise der Erledigung der Arbeit vorschreibt, bzw. ein Recht dazu hat[964]. Umgekehrt ist ein *agent* ein bloßer *non-servant agent* oder *independent contractor*[965], wenn er seine eigenen Mittel und Methoden zur Erreichung des vom *principal* vorgegebenen Ziels anwenden darf[966]. Weitere Faktoren, die für das Vorliegen einer *master-servant* Beziehung sprechen und die für das Thema dieser Arbeit interessant sind, sind folgende: Das Innehaben eines Kontrollrechts durch den *principal* in vergleichbaren Situationen[967], die Tatsache, dass die Arbeit keine besonderen Fähigkeiten seitens des *agent's* erfordert[968] und das Stellen des Arbeitsmaterials durch den *principal*[969].

Hate group Mitglieder handeln oft als *non-servant agents*. Das wichtigste Merkmal für die Stellung eines *servant's*, seine Weisungsgebundenheit, liegt nicht vor. Die *hate group* Mitglieder sind meistens bloß autorisiert "to conduct business in the name of (the *hate group*)"[970]. Bezüglich der Art und Weise der Durchführung dieser "business" unterliegen sie nicht der Bindung an Weisungen

---

963 Kane Furniture Corp. v. Miranda, 506 So.2d 1061, 1064 (Fla. 1987); Ross v. Texas One Partnership, 796 S.W.2d 206, 210 (Tex. 1990); Warren v. Williams, 730 N.E.2d 512, 518 (Ill. 2000); Calvert Hanson, 5 U. Miami Bus. L.J. 129, 136; Seavey, Handbook of the Law of Agency, § 84 C. S. 142; vgl. Restatement (2d.) of Agency, § 220 (1) u. 220 (1) comm. c.; Coel, 67-MAR Fla. B.J. 47, 47 f.

964 Woolfolk v. Duncan, 872 F.Supp. 1381, 1392 (E.D.Pa. 1995); Kane Furniture Corp. v. Miranda, 506 So.2d 1061, 1064 (Fla. 1987); Warren v. Williams, 730 N.E.2d 512, 518 (Ill. 2000); Cook v. Nacogdoches Anesthesia Group, L.L.P. 167 S.W.3d 476, 481 (Tex. 2005); Schramm v. Foster, 341 F.Supp.2d 536, 546 (D.Md. 2004); Restatement (2d.) of Agency, § 220 (1) comm. a.; Calvert Hanson, 5 U. Miami Bus. L.J. 129, 136 mwn fn 44; Coel, 67-MAR Fla. B.J. 47, 47 f.; Johnson, 52 Baylor L. Rev. 1, 6.

965 Zu diesem Begriff unten, Teil 2. D. II. 4. b.

966 Ross v. Texas One Partnership, 796 S.W.2d 206, 210 (Tex. 1990); Johnson, 52 Baylor L. Rev. 1, 6.

967 Restatement (2d.) of Agency, § 220 (2) comm. i.; vgl. Prosser/Keeton, § 69, S. 501.

968 Warren v. Williams, 730 N.E.2d 512, 518 (Ill. 2000); Restatement (2d.) of Agency, § 220 (2) comm. i.

969 Warren v. Williams, 730 N.E.2d 512, 518 (Ill. 2000); Cook v. Nacogdoches Anesthesia Group, L.L.P. 167 S.W.3d 476, 481 (Tex. 2005), der an diesem Indiz allerdings das Kontrollrecht des principal's misst; Restatement (2d.) of Agency, § 220 (2), comm. k.

970 Charta des „Unit 900", einer Ortsgruppe des „United Klans of America", verfasst 1973, abgedruckt in Dees/Fiffer, A Season for Justice, S. 237.

seitens der *hate group*, vertreten durch deren Anführer[971]. An diesem Ergebnis ändert auch das Vorliegen des weniger gewichtigen Faktors nichts, nämlich der Umstand, dass die zu verrichtende "business" – die Einschüchterung von Minderheiten – keine besonderen Fähigkeiten seitens des *hate group* Mitgliedes erfordert[972].

Als Zwischenergebnis ist festzuhalten, dass es zwar keine Definition für den Begriff des *servant* bzw. *employee* gibt, dass dessen Hauptmerkmal aber *control* oder *the right to control* des *principal's* über die Art und Weise der Erledigung der Arbeit ist. Dies liegt in den meisten *hate crimes* Fällen jedoch nicht vor.

bb. Scope of the employment

Der Begriff des *scope of the employment* oder *course of the employment* ist sehr vage und kann alleine stehend willkürlich in die gewünschte Richtung gebogen werden[973]. *Within the scope of the employment* können nicht nur autorisierte,

---

971 Dies geht für den ersten wegweisenden Fall der *hate crimes litigation*, Donald v. United Klans of America, Inc., No. 84-0725-C-S (S.D. Ala. 1987) aus der Verfassung des United Klans of America (UKA), dem „Kloran" hervor. Danach ist es der Zweck der Ortsgruppen und ihrer einzelnen Mitglieder, das Ziel der nationalen Organisation, also des UKA zu fördern. Der „Kloran" gibt nur Ziele vor, stellt jedoch keine Direktiven bezüglich der Art und Weise der Akte zur Erreichung dieser Ziele auf. Auch sonst sind in diesem Fall keine Anhaltspunkte für das Vorhandensein von irgendwelchen Direktiven zu erkennen. Zwar gibt es innerhalb dieser Organisation eine Befehlskette von oben nach unten, dies bezieht sich aber nicht auf die Art und Weise der zu verrichtenden „Arbeit", nämlich die Einschüchterung von Minderheiten (siehe hierzu Dees/Fiffer, A Season for Justice, S. 249). Für den zweiten wegweisenden Fall, Berhanu v. Metzger, No. A8911-07007 (Or. Multnomah County Cir. Ct. 1990), gilt ähnliches, siehe unten, Teil 3. B. II. 1. b. dd. Im Fall Keenan v. Aryan Nations, No. CV-99-441 (Idaho Dist. Ct., County of Kootenai 2000) sind die handelnden Personen, Wachmänner der Aryan Nations, als *servants* einzustufen. Denn sie sind im Hinblick auf die Art der Aufgabenerledigung weisungsgebunden. Ihr Anführer wies sie beispielsweise an, verdächtige Personen auch außerhalb des Grundstücks zu verfolgen, siehe Keenan v. Aryan Nations, Affidavit of Floyd Cochran, zitiert in Memorandum in Support of Plaintiffs Motion to Amend the Complaint to Include a Claim for Punitive Damages, S. 5. Zu diesem Ergebnis kommt auch der Klägeranwalt, siehe Keenan v. Aryan Nations, Plaintiff's Pretrial Brief, S. 6 f. Trotzdem hat das Gericht die Theorie des *respondeat superior* nicht angewandt, dazu Teil 2. D. IV.

972 Vgl. hierzu unten, Teil 3. B. II. 1. b. dd.

973 Faragher v. City of Boca Raton, 524 U.S. 775, 796 (1998); Seavey, Studies in Agency, S. 155; Prosser/Keeton, § 70, S. 502; vgl. Roszkowski/Roszkowski, 14 S. Cal. Rev. L. & Women's Stud. 235, 237 f.

sondern auch nicht autorisierte[974] sowie verbotene Akte[975] und sogar Straftaten[976] sein. Der Schwerpunkt der folgenden Darstellung liegt in der Frage, inwiefern vorsätzliche Akte, insbesondere Gewalttaten, noch within the *scope of the employment* liegen können.

aaa. Grundsätzliche Bedeutung des Begriffs ,scope of the employment'

Im Allgemeinen werden die Akte als *within the scope of the employment* angesehen, die so eng mit der dem *servant* aufgetragenen Tätigkeit verbunden sind und in einem solch engen Zusammenhang mit dieser Tätigkeit geschehen, dass man sie als Methoden des Ausübens dieser Tätigkeit ansehen kann, auch wenn sie ziemlich ungeeignet sein mögen[977]. Mittlerweile haben sich drei wesentliche Voraussetzungen herauskristallisiert, bei deren Vorliegen sich die Handlung eines *servant within the scope of the employment* befindet: Die Handlung muss in ihrer Art der aufgetragenen Tätigkeit entsprechen, im Wesentlichen innerhalb der autorisierten Raum- und Zeitgrenzen erfolgen und zumindest teilweise von dem Willen, dem *master* zu dienen, getragen werden[978]. Auch wenn eine Handlung

974 Restatement (2d.) of Agency, § 216 inkl. comm. a.; Malinowski, 3 D.C. L. Rev. 167, 172; vgl. Garrett v. Great Western Distributing Co. of Amarillo, 129 S.W.3d 797, 800 (Tex. 2004)

975 Der Ausgangsfall für diese Fallgruppe der nicht autorisierten, sogar verbotenen Akte bzw. Straftaten ist Limpus v. London General Omnibus Co., 1 H. & C. 526, 158 Eng. Rep. 993 (1862); siehe auch State, Dept. of Admin. v. Schallock, 941 P.2d 1275, 1284 (Ariz. 1997); Davric Maine Corp. v. U.S. Postal Service, 238 F.3d 58, 66 (1st Cir. (Me.) 2001); Restatement (2d.) of Agency, § 230; Malinowski, 3 D.C. L. Rev. 167, 172.

976 State, Dept. of Admin. v. Schallock, 941 P.2d 1275, 1284 (Ariz. 1997); Davric Maine Corp. v. U.S. Postal Service, 238 F.3d 58, 66 (1st Cir. (Me.) 2001); vgl. Garrett v. Great Western Distributing Co. of Amarillo, 129 S.W.3d 797, 800 (Tex. 2004); Restatement (2d.) of Agency, § 231; Malinowski, 3 D.C. L. Rev. 167, 172.

977 Dinkins v. Farley, 434 N.Y.S.2d 325, 329 (N.Y. 1980), zitierend Prosser/Keeton, § 70, S. 502 (The scope of employment standard "refers to those acts which are so closely connected with what the servant is employed to do, and so fairly and reasonably incidental to it, that they may be regarded as methods, even though quite improper ones, or carrying out the objectives of the employment."); Minuti, 13 Del. J. Corp. L. 501, 505; vgl. Garrett v. Great Western Distributing Co. of Amarillo, 129 S.W.3d 797, 800 (Tex. 2004).

978 Davric Maine Corp. v. U.S. Postal Service, 238 F.3d 58, 66 (1st Cir. (Me.) 2001); Faragher v. City of Boca Raton, 524 U.S. 775, 793 (1998); Valles v. Albert Einstein Medical Center, 805 A.2d 1232, 1241 (Pa. 2002); Brown v. Argenbright Sec., Inc., 782 A.2d 752, 758 (D.C. 2001); Montgomery v. Petty Management Corp., 752 N.E.2d 596, 598 (Ill. 2001); Dinkins v. Farley, 434 N.Y.S.2d 325, 329 (N.Y. 1980); Restatement (2d.) of Agency, § 228; Sartor, 62 Wash. & Lee L. Rev. 687, 701.

separat betrachtet nicht in ihrer Art der aufgetragenen Tätigkeit entspricht, ist sie noch *within the scope of the employment*, wenn sie im Zusammenhang mit der Tätigkeit anfällt, zu der der *servant* autorisiert ist[979]. Beispielsweise kann ein *assault* eines *servant's*, der nur dazu beauftragt ist, eine bewegliche Sache zurückzuholen, *within the scope of the employment* sein, wenn das Ausmaß der Gewaltanwendung nicht unvorhersehbar groß ist (h.M.)[980]. Die Gerichte der meisten Staaten[981] sowie einige Vertreter der Literatur[982] sehen die Prüfung, ob der *servant* mit seiner Handlung zumindest teilweise bezweckte, dem *master* zu dienen, als die wesentliche Prüfung für die Zurechnung an, auch wenn hiermit alleine nicht immer ein zufrieden stellendes Ergebnis gefunden werden kann[983]. Hieraus wird ersichtlich, dass ein *hate crime*, begangen durch einen *servant* einer *hate group*, regelmäßig *within the scope of the employment* liegt.

bbb. Verschärfung der scope of the employment Voraussetzungen bei Gewaltanwendung

Im Fall von vorsätzlichen Taten des *servant's*, insbesondere im Fall von Gewalttaten, fügt der bei weitem überwiegende Teil der Staaten eine weitere Zurechnungsvoraussetzung zum ursprünglichen *scope of the employment test* hinzu.

A.A.: Kein Wille, dem *master* zu dienen erforderlich in: Kalifornien (Lisa M. v. Henry Mayo Newhall Memorial Hospital, 48 Cal.Rptr.2d 510, 513 (Cal. 1995)); Minnesota (Fahrendorff ex rel. Fahrendorff v. North Homes, Inc., 597 N.W.2d 905, 910 (Minn. 1999)).

979 Restatement (2d.) of Agency, § 229 (1) ("...conduct must be of same general nature as that authorized or incidental to (it)" und § 229, comm. b. In § 229 (2) werden einige Faktoren genannt, mit Hilfe derer bestimmt werden kann, wann ein Akt noch *incidental to the conduct authorized* ist; vgl. Seavey, Handbook of the Law of Agency, § 83 A. S. 141.

980 Restatement (2d.) of Agency, § 229, comm. a. Siehe zu dieser Einengung des *„within the scope of the employment test"* unten, Teil 2. D. II. 4. a. bb. bbb.

981 So Dalley, 104 W. Va. L. Rev. 517, 544 f. mit zahlreichen Nachweisen in Fn 159; ebenso Malinowski, 3 D.C. L. Rev. 167, 172; siehe beispielsweise Brinkman v. Zuckerman, 159 N.W. 316, 317 f. (Mi. 1916); Schlichte v. Granite Sav. Bank, 662 N.E.2d 238, 241 f. (Mass. 1996); Gaffney v. City of Chicago, 706 N.E.2d 914, 920 f. (Ill. 1998); DiPietro v. Lighthouse Ministries, 825 N.E.2d 630, 633 f. (Ohio 2005); Garrett v. Great Western Distributing Co. of Amarillo, 129 S.W.3d 797, 800 (Tex. 2004). Einige Staaten sehen den Willen des *servant's* als irrelevant an, siehe oben.

982 Seavey, Handbook of the Law of Agency, § 83 A. S. 141; Dalley, 104 W. Va. L. Rev. 517, 544; Harper/James/Gray, Tort Law, § 26.9. S. 51.

983 Dalley, 104 W. Va. L. Rev. 517, 544 f.

Nach ganz h.M. unter den Gerichten[984] und prominenten Vertretern der Literatur[985] erfolgt die Zurechnung von Gewalttaten des *servant's* nur dann, wenn diese *"not unexpectable in view of (his) duties"*[986] sind. Wann dies der Fall ist, sei von Fall zu Fall durch die Jury zu entscheiden[987]. In den hier zu untersuchenden Fällen der *hate crimes* durch *agents* einer *hate group* ist die Gewaltanwendung regelmäßig *not unexpectable in view of their duties*, da ihre Aufgaben beispielsweise in der (gewaltsamen) Einschüchterung von Minderheiten[988], in der Straßenkampfausbildung[989] oder in der Bewachung von Grundstücken[990] oder Märschen als (bewaffnetes) Sicherheitspersonal bestehen.

Da diese Einschränkung des *scope of the employment tests* auf dem Gedanken der Vorhersehbarkeit der Gewaltanwendung durch den *servant* basiert, könnte man versucht sein, eine Parallele zur Haftung aufgrund von *negligence in supervision* zu ziehen, obwohl es sich bei der *respondeat superior* Haftung um eine

---

984 Howard University v. Best, 484 A.2d 958, 987 (D.C. 1984); Harrington v. Chicago Sun-Times, a Div. of Field Enterprises, Inc., 502 N.E.2d 332, 336 (Ill. 1986); Helbig v. City of New York, 622 N.Y.S.2d 316, 318 (N.Y. 1995); GTE Southwest, Inc. v. Bruce, 998 S.W.2d 605, 617 f. (Tex. 1999); Natt v. Labar, 543 A.2d 223, 225 (Pa. 1988); Hern v. Heckert, 679 S.W.2d 322, 323 f. (Mo. 1984); Porter v. Harshfield, 948 S.W.2d 83, 86 (Ark. 1997); folgende Jurisdiktionen formulieren diese Zusatzvoraussetzung ähnlich, verzichten aber auf den Willen des *servant's*, für den *master* tätig zu werden: Kalifornien (Lisa M. v. Henry Mayo Newhall Memorial Hospital, 48 Cal.Rptr.2d 510, 513, 515 (Cal. 1995): "...respondeat superior liability requires that the risk of the tort have been engendered by, "typical of or broadly incidental to," or, viewed from a somewhat different perspective, "a generally foreseeable consequence of," Hospitals enterprise."), Minnesota (Fahrendorff ex rel. Fahrendorff v. North Homes, Inc., 597 N.W.2d 905, 910 (Minn. 1999)).

985 Restatement (2d.) of Agency, § 228 (1) (d) u. comm. a., verweisend auf § 245 als Spezialregel; Seavey, Studies in Agency, S. 254; 27 Am. Jur. 2d Employment Relationship § 465; ebenso: Winter, 30 Tulsa L.J. 375, 391.

986 Restatement (2d.) of Agency, § 245.

987 Restatement (2d.) of Agency, § 245, comm. a.

988 Siehe dazu die Fälle Vietnamese Fishermen's Ass'n v. Knights of Ku Klux Klan, 518 F.Supp. 993, 1001 ff. (D.C.Tex. 1981) (Obwohl die handelnden Personen auch die Knights of Ku Klux Klan vertraten, wurde hier kein *agency law* geprüft. Hier geht es aber auch nur um das Aufzeigen der Sachverhaltskonstellation); vgl. Donald v. United Klans of America, Inc., No. 84-0725-C-S (S.D. Ala. 1987) Composite Complaint, S. 10 ff.; Macedonia Baptist Church v. Christian Knights of the Ku Klux Klan – Invisible Empire, Inc. et al., No. 96 CP-14-217 (S.C. 1998), Amended Complaint, S. 3 ff.

989 Siehe Berhanu v. Metzger, No. A8911-07007 (Or. Multnomah County Cir. Ct. 1990), Fallbericht, unten dargestellt in Teil 3. A.

990 Siehe Keenan v. Aryan Nations, No. CV-99-441 (Idaho Dist. Ct., County of Kootenai 2000), Memorandum in Support of Plaintiffs Motion to Amend the Complaint to Include a Claim for Punitive Damages, S. 5.

verschuldensunabhängige Haftung handelt[991]. *Negligence* des *principal's* liegt dann vor, wenn er einen *breach of duty* begeht, wobei eine *duty* regelmäßig durch die Vorhersehbarkeit des Eintritts einer Rechtsgutsverletzung im Falle des unsorgfältigen Vorgehens kreiert wird[992]. Mit anderen Worten hat der *principal*, der einen *agent* für eine Tätigkeit einsetzt, bei der dieser eine Gewalttat begehen könnte, die Pflicht, diesen *agent* sorgfältig auszuwählen und zu überwachen. Der Unterschied zwischen der hier beschriebenen Meinung und der *negligence* Haftung ist, dass der *principal* nach dieser Meinung gemäß den *respondeat superior* Regeln auch dann haftet, wenn er keine Pflicht zur sorgfältigen Auswahl und Überwachung verletzt hat. Die zusätzliche Voraussetzung der Vorhersehbarkeit ist damit nicht Ausdruck der Haftung für eigenes Verschulden wie bei der *negligence* Haftung, sondern entspringt einzig dem Gedanken der gerechten Risikoverteilung: Der *master* soll nur für dasjenige Verhalten des *servant's* haften, das als ausreichend typisches Risiko des *master's* bei der Beschäftigung einer Hilfsperson angesehen werden kann[993]. Trotz des Merkmals der Vorhersehbarkeit kann diese Meinung folglich nicht mit der *negligence* Haftung verglichen werden.

Einer strengeren Meinung zufolge, vertreten vom Restatement (first) of Agency[994] und Gerichten vereinzelter Staaten[995], ist der *master* nur verantwortlich, wenn er den *servant* autorisiert hat, Handlungen durchzuführen, die die (wi-

---

991 Aus ähnlichem Grund lehnt daher Harper/James/Gray die Einschränkung nach dem Kriterium der Vorhersehbarkeit ab (siehe Harper/James/Gray, Tort Law, § 26.9, S. 53).

992 Siehe dazu unten Teil 2. D. III. 1. b. und b. aa.

993 Dalley, 104 W. Va. L. Rev. 517, 549; dieses Ergebnis folgt auch aus dem generellen Gedanken, der hinter dem *scope of the employment test* steht, siehe Restatement (2d.) of Agency, § 229, comm. a.: „Since the phrase "scope of the employment," is used for the purpose of determining the liability of the master for the conduct of servant's, the ultimate question is whether or not it is just that the loss resulting from the servant's acts should be considered as one of the normal risks to be borne by the business in which the servant is employed."; siehe auch die Gründe für die *respondeat superior* Haftung, oben, Teil 2. D. II. 4. a.

994 Restatement (1st.) of Agency, § 245.

995 Suckney v. Bert P. Williams, Inc., 242 N.E.2d 416, 417 (Mass. 1968); Thompson v. Beliauskas, 167 N.E.2d 163, 166 (Mass. 1960); nach dem Restatement (second) of Agency (§ 245, comm. b.) ist diese Regel in mehreren Staaten gültig. In der Tat ist dies in New Mexico (Miera v. George, 237 P.2d 102, 105 (N.M. 1951)) und Indiana (Moskins Stores v. De Hart, 29 N.E.2d 948, 949 (Ind. 1940)) (noch) der Fall. Allerdings sind die Entscheidungen, in denen diese Regel zuletzt bestätigt wurde, zu einer Zeit ergangen, in denen das Restatement (second) of Agency und damit die neue Regel der h.M. noch gar nicht aufgestellt wurde. Es ist daher gut möglich, das sich Gerichte dieser Staaten künftig an der neuen Fassung des Restatements of Agency orientieren werden.

derrechtliche) Anwendung von Gewalt beinhalten oder die *"of such a nature"* sind, dass sie *"not uncommonly accompanied by the use of force"* sind[996]. Diese Meinung unterscheidet sich zumindest im Hinblick auf die hier zu untersuchenden Fälle der Gewalttaten durch *hate group* Mitglieder nicht wesentlich von der h.M.: Ist der *servant* autorisiert, Gewalttaten zu begehen, handelt es sich erst gar nicht um einen Fall des *respondeat superior*[997]. Auch sind die Aufgaben der Gehilfen in den hier zu untersuchenden Fällen typischerweise *of such a nature that they are not uncommonly accompanied by the use of force.* Wie oben erwähnt, bestehen die Aufgaben der *hate group* Mitglieder nämlich in der (gewaltsamen) Einschüchterung von Minderheiten oder in der Bewachung von Grundstücken o.ä. als (bewaffnetes) Sicherheitspersonal.

Eine dritte Meinung, vertreten in New Jersey[998] und von einem Teil der Literatur[999], stellt kein Zusatzerfordernis für die Zurechnung von Gewalttaten auf und fördert erst recht kein von der h.M. abweichendes Ergebnis zu Tage.

Zusammenfassend ist festzuhalten, dass Gewalttaten nach der ganz h.M. gemäß den Regeln des *respondeat superior* nur dann zugerechnet werden, wenn diese *not unexpectable in view of the servant's duties* sind. Wenn im Restatement (second) of Agency behauptet wird, die Voraussetzungen für die Zurechnungen von Gewalttaten variierten von Staat zu Staat erheblich[1000], kann zumindest im Hinblick auf die hier zu untersuchenden *hate crimes* Fälle nicht festgestellt werden, dass diese Unterschiede irgendwelche Auswirkungen auf die Entscheidung des Falles haben. Auf eine Beurteilung der einzelnen Meinungen wird daher verzichtet.

cc. Zwischenergebnis

Nach Regeln des *respondeat superior* haftet der *principal* als *master* bzw. *employer* für alle Handlungen seines *servant's* bzw. *employee's*, die dieser *within the scope of his employment* begangen hat[1001]. Beide Voraussetzungen sind sehr vage umrissen. Das Hauptmerkmal eines *servant's* ist, dass der *principal control*

---

996 Miera v. George, 237 P.2d 102, 105 (N.M. 1951); Moskins Stores v. De Hart, 29 N.E.2d 948, 949 (Ind. 1940) beide zitierend Restatement (1st.) of Agency, § 245.

997 Siehe oben, Teil 2. D. II. 4.

998 Cosgrove v. Lawrence, 520 A.2d 844, 847 (N.J. 1986).

999 Harper/James/Gray, Tort Law, § 26.9, S. 53.

1000 Restatement (2d.) of Agency, § 245, comm. b. An dieser Stelle wird des weiteren der Gesichtspunkt des *quarrel arising out of the employment* erwähnt. Hierbei handelt es sich aber um eine Sonderfrage der Zurechnung und nicht um eine weitere Meinung in dem hier beschriebenen Zurechnungsstreit, vgl. dazu Harper/James/Gray, Tort Law, § 26.9, S. 54 ff.

1001 Siehe oben, Teil 2. D. II. 4. a.

oder *the right to control* über die Art und Weise der Erledigung von dessen Arbeit hat. Dies liegt in den meisten *hate crimes* Fällen jedoch nicht vor, so dass in diesen Fällen die *respondeat superior* Haftung eher selten anwendbar ist[1002]. *Within the scope of the employment* handelt ein *servant* im Allgemeinen dann, wenn sein Akt der aufgetragenen Tätigkeit entspricht bzw. im Zusammenhang mit dieser durchgeführt wird, im Wesentlichen innerhalb der autorisierten Raum- und Zeitgrenzen erfolgt und zumindest teilweise von dem Willen, dem *master* zu dienen, getragen wird[1003]. Nach h.M. ist eine vorsätzliche Tat des *servant's*, insbesondere eine Gewalttat, nur dann *within the scope of the employment*, wenn sie *not unexpectable in view of his duties* ist. Diese Zusatzvoraussetzung sowie die Zusatzvoraussetzungen nach den anderen Meinungen sind in den hier interessanten *hate crimes* Fällen regelmäßig erfüllt[1004].

b. Haftung für Akte von non-servant agents

Im Gegensatz zur Haftung für das Verhalten von *servants* ist eine *vicarious liability* des *principal's* für das Verhalten von *non-servant agents* jedenfalls im *hate group* Kontext nicht denkbar. Die Grundregel auf dem Gebiet der Haftung für *non-servant agents* bzw. *independent contractors*[1005] ist, dass der *principal* verschuldensunabhängig noch nicht einmal für *negligence* seiner *non-servant agents* haftet[1006]. Der Hauptgrund hierfür ist, dass ein *principal* nicht für Schäden haften

1002 Siehe oben, Teil 2. D. II. 4. a. aa.
1003 Siehe oben, Teil 2. D. II. 4. a. bb. aaa.
1004 Siehe oben, Teil 2. D. II. 4. a. bb. bbb.
1005 Im Unterschied zum reinen *non-servant agent* besteht zwischen einem *independent contractor* und dem *principal* ein Vertragsverhältnis, das auf ein Tätigwerden für den *principal* gerichtet ist (Reuschlein/Gregory, Agency and Partnership, § 52, S. 105). Da weder der *independent contractor* noch der reine *non-servant agent* der Kontrolle bzw. dem Recht auf Kontrolle des *principal's* über die Art und Weise des Tätigwerdens ausgesetzt ist (vgl. oben, Teil 2. D. II. 4. a. aa.), muss bei der Frage der Haftungszurechung nicht zwischen beiden unterschieden werden (Restatement (2d.) of Agency, § 250, comm. a.).
1006 Lacount v. Henzel Phelps Constr. Co., 145 Cal.Rptr. 244, 248 (Cal. 1978); Huddleston by Huddleston v. Union Rural Elec. Ass'n, 841 P.2d 282, 287 (Colo. 1992); Powell v. City and County of Denver, Colo., 973 F.Supp. 1198, 1202 (D.Colo. 1997); Capan v. Divine Providence Hospital, 430 A.2d 647, 648 (Pa. 1980); Hartford Fire Ins. Co. v. Walter Kidde & Co., Inc., 328 N.W.2d 29, 34 (Mich. 1982); Restatement (2d.) of Torts, § 409; 41 Am. Jur. 2d Independent Contractors § 29; 30 C.J.S. Employer – Employee Relationship, § 231; Prosser/Keeton, § 71, S. 509; Harper/James/Gray, Tort Law, § 26.11, S. 60; Pacynski, 72 Mich. B.J. 671, 672.

soll, die jemand verursacht hat, über den der *principal* keine generelle Kontrolle ausübt, und die daher von ihm nicht verhindert werden können[1007].

Zwar werden von dem Grundsatz der Nichthaftung so viele Ausnahmen gemacht, dass deren Anzahl nach Ansicht eines Kommentators ausreicht, um an der Gültigkeit dieses Grundsatzes zu zweifeln[1008]. Gewalttaten im *hate group* Kontext lassen sich indes nicht den beiden Fallgruppen, unter die sich die zahlreichen Ausnahmesituationen gruppieren lassen – *nondelegable duties* und *inherently* bzw. *peculiarly dangerous activities*[1009] – zuordnen.

Fälle der *nondelegable duties* sind dadurch gekennzeichnet, dass zwischen dem *principal* und dem Geschädigten eine bestimmte Beziehung besteht[1010] wie beispielsweise zwischen einem Personenbeförderer und seinen Passagieren oder zwischen einem Grundbesitzer und seinen Besuchern[1011]. In den hier zu behandelnden *hate crimes* Fällen besteht typischerweise keine solche Beziehung.

Inherently bzw. *peculiarly dangerous activities* sind dadurch gekennzeichnet, besonders gefährlich zu sein, wenn nicht spezielle Vorsichtsmaßnahmen getroffen werden[1012]. Die Tätigkeit eines bewaffneten Wachmanns wie im Fall Keenan v. Aryan Nations[1013] kann daher als eine solche *inherently dangerous activity* angesehen werden (str.)[1014]. Aber bereits aus obiger Definition ist zu erkennen, dass die Fallgruppe der *inherently dangerous activities* nicht die Haftung für Vorsatztaten des *non-servant agent's* umfasst, sondern nur Haftung für Verstöße gegen eine Sorgfaltspflicht, also für *negligence*. Wesenseigenes Merkmal dieser Fälle ist nämlich the *peculiar character of the risk and the need for special, unu-*

1007 Hartford Fire Ins. Co. v. Walter Kidde & Co., Inc., 328 N.W.2d 29, 34 (Mich. 1982); Anderson v. Marathon Petroleum Co., 801 F.2d 936, 938 (C.A.7 (Ill.) 1986); Restatement (2d.) of Torts, § 409, comm. b.; 30 C.J.S. Employer-Employment Relationship, § 231.

1008 Prosser/Keeton, § 71, S. 510, zitierend Lacount v. Henzel Phelps Constr. Co., 145 Cal.Rptr. 244, 248 (Cal. 1978); siehe auch Restatement (2d.) of Torts, § 409, comm. b.

1009 Restatement (2d.) of Torts, § 409, comm. b.; Prosser/Keeton, § 71, S. 510 ff (der Übergang zwischen diesen Kategorien ist oft fließend, sodass eine klare Einteilung nicht möglich ist).

1010 Restatement (2d.) of Torts, § 409, comm. b.; Prosser/Keeton, § 71, S. 511.

1011 Siehe Prosser/Keeton, § 71, S. 511 f. mit weiteren Beispielen.

1012 Restatement (2d.) of Torts, § 416; 41 Am. Jur. 2d Independent Contractors § 52; Prosser/Keeton, § 71, S. 512.

1013 Siehe Keenan v. Aryan Nations, No. CV-99-441 (Idaho Dist. Ct., County of Kootenai 2000), Memorandum in Support of Plaintiffs Motion to Amend the Complaint to Include a Claim for Punitive Damages, S. 5.

1014 Pro: Pusey v. Bator, 762 N.E.2d 968, 974 f. (Ohio 2002). Contra: Powell v. City and County of Denver, Colo. 973 F.Supp. 1198, 1203 (D.Colo. 1997); Ross v. Texas One Partnership, 796 S.W.2d 206, 214 (Tex. 1990).

sual care[1015]. Diese spezielle Vorsicht ist allen am Arbeitsablauf beteiligten Personen geboten, also besonders dem *non-servant agent*, der die Arbeit unmittelbar ausführt[1016]. Das Verhalten, für das der *principal* in diesen Situationen zur Verantwortung gezogen wird, ist damit fahrlässiges Verhalten[1017], nicht vorsätzliches[1018].

c. Ergebnis

Als Ergebnis zur *vicarious liability* kann festgehalten werden, dass eine *hate group* bzw. ihr Anführer als *principal* nur dann verschuldensunabhängig haftet, wenn der Hauptschädiger ein *servant* ist, der *within the scope of his employment* handelt[1019]. Während die *scope of the employment* Voraussetzung im *hate group* Kontext regelmäßig erfüllt ist, scheitert die Anwendung der *vicarious liability* meist an der *servant* Voraussetzung[1020]. Da die *vicarious liability* im Falle des Handelns von *non-servant agents* im *hate group* Kontext nicht einschlägig ist[1021], steht somit fest, dass diese strikte Haftung hier nur eine untergeordnete Rolle spielt.

III. Haftung des Geschäftsherrn unabhängig von einem agency Verhältnis

Unabhängig von einer *agency* Beziehung haftet der Geschäftsherr, wenn ihm *negligence* oder *recklessness* bei Auswahl, Überwachung u.ä. des Hauptschädigers als Gehilfen nachgewiesen werden kann *(negligent/reckless hiring/selecting, retaining, instructing, supervising)*, dazu 1. Ebenfalls unabhängig von einer *agency* Beziehung haftet der Geschäftsherr, wenn der Hauptschädiger aufgrund von Wei-

---

1015 Prosser/Keeton, § 71, S. 514.

1016 41 Am. Jur. 2d Independent Contractors § 52.

1017 Pusey v. Bator, 762 N.E.2d 968, 974 f. (Ohio 2002); Huddleston by Huddleston v. Union Rural Elec. Ass'n., 841 P.2d 282, 287 ff. (Colo. 1992); Capan v. Divine Providence Hosp., 430 A.2d 647, 648 (Pa. 1980); Hartford Fire Ins. Co. v. Walter Kidde & Co., Inc., 328 N.W.2d 29, 34 (Mich. 1982); Restatement (2d.) of Torts, §§ 416, 427; Russell, 47 S.C. L. Rev. 431, 452; Calvert Hanson, 5 U. Miami Bus. L.J. 129, 130; 30 C.J.S. Employer – Employee Relationship, § 234.

1018 Powell v. City and County of Denver, Colo., 973 F.Supp. 1198, 1203 (D.Colo.1997); Woolfolk v. Duncan, 872 F.Supp. 1381,1392 (E.D.Pa. 1995); 41 Am. Jur. 2d Independent Contractors § 53.

1019 Vgl. oben, Teil 2. D. II. 4. a.

1020 Siehe oben, Teil 2. D. II. 4. a. aa.

1021 Siehe oben, Teil 2. D. II. 4. b.

sungen des Geschäftsherrn handelt, und dieser das Verhalten oder den Erfolg gewollt hat *(directing conduct of another)*, dazu 2.

1. Negligent/reckless hiring/selecting, retaining, instructing, supervising

Ein Geschäftsherr haftet, wenn er seinen Gehilfen *negligently* bzw. *recklessly* ausgewählt, weiterbeschäftigt oder überwacht hat. Besteht zwischen Geschäftsherr und Gehilfen eine *master – servant* Beziehung, haftet der Geschäftsherr auch für vorsätzliches Verhalten des Gehilfen[1022]. Unklar ist, ob diese Haftung auch gilt, wenn der Gehilfe kein *servant*, sondern *independent contractor* o.ä. ist. Weil für diese Arbeit hauptsächlich Akte von solchen *non-servant* Gehilfen interessant sind, wird zunächst untersucht, ob sich die Haftung des Geschäftsherrn auch auf vorsätzliche Akte eines *non-servant* Gehilfen erstreckt, dazu a. Im Unterabschnitt b. werden die Voraussetzungen der Anspruchsgrundlage des *negligent hiring/selecting, retaining, instructing or supervising* aufgezeigt, wobei die allgemeinen Voraussetzungen der *negligence* nur überblicksweise dargestellt werden. Schließlich werden die Voraussetzungen des *reckless hiring/selecting* etc. kurz dargestellt, dazu c. Letztere Anspruchsgrundlage ist deswegen von besonderer Wichtigkeit, weil nur dem *reckless*, nicht aber dem *negligent* Geschäftsherrn *punitive damages* aufgebürdet werden können[1023].

Da es mit Ausnahme der im Unterabschnitt a. zu untersuchenden Frage für die Haftung des Geschäftsherrn (fast)[1024] bedeutungslos ist, ob es sich bei dem Gehilfen um einen *non-servant* oder um einen *servant* handelt, wird die Haftung für beide Arten von Gehilfen in den Unterabschnitten b. und c. einheitlich dargestellt.

1022 Die diesen Fällen zugrundeliegende Theorie wird oft *negligent hiring* genannt (Minuti, 13 Del. J. Corp. L. 501 m.w.N.), wogegen die Theorie, die der Haftung für Handlungen von *non-servant* Gehilfen zugrunde liegt, oft *negligent selecting* genannt wird (Calvert Hanson, 5 U. Miami Bus. L.J. 129, 138 f. m.w.N.). *Authorities*, die die *negligent hiring doctrine* auf Vorsatztaten von *servants* anwenden, sind: Connes v. Molalla Transport System, Inc., 831 P.2d 1316, 1321 f. (Colo. 1992); Wallace v. Gomez, 745 N.Y.S.2d 16, 17 (N.Y. 2002); Wrenn v. G.A.T.X. Logistics, Inc., 73 S.W.3d 489, 495 (Tex. 2002); Schele v. Porter Memorial Hosp., 198 F.Supp.2d 979, 995 (N.D.Ind. 2001); Maria D. v. Westec Residential Sec., Inc., 102 Cal.Rptr.2d 326, 342 f. (Cal. 2000); Restatement (2d.) of Torts, § 317; Wais, 37 Wayne L. Rev. 237, 249; Minuti, 13 Del. J. Corp. L. 501, 506; Camacho, 14 Whittier L. Rev. 787, 792; Malia, 44 A.L.R.4th 620, § 2 (a) m.w.N.

1023 Siehe unten Teil 2. E. I.

1024 Eine weitere, weniger bedeutende Ausnahme hierzu stellt die *duty to supervise* dar, siehe Teil 2. D. III. 1. b. aa. ddd.

a. Haftung für vorsätzliches Verhalten eines non-servant Gehilfen

Es steht nicht ohne Zweifel fest, ob der fahrlässige Geschäftsherr für vorsätzliches Verhalten seines *non-servant* Gehilfen haftet. Zwar ist zum einen allgemein anerkannt, dass ein fahrlässiger *master* für Vorsatztaten seines *servant's* haftet[1025]. Zum anderen ist ebenso allgemein anerkannt, dass der fahrlässige Geschäftsherr für *negligence* seines *non-servant* Gehilfen haftet[1026]. Indes gibt es kaum Entscheidungen, in denen ausdrücklich zur Haftung des fahrlässigen Geschäftsherrn für Vorsatztaten des *non-servant* Gehilfen Stellung genommen wird. Nur wenige Gerichte haben diese Haftung eindeutig anerkannt[1027], kein Gericht konnte gefunden werden, das diese Haftung ablehnt. Zur Beantwortung der obigen Frage werden daher in erster Linie Entscheidungen ausgewertet, in denen das Thema indirekt angesprochen wird, oder die bloße *(obiter) dicta* sind, sowie Vorschläge der Restatements of the Law, an denen sich ungebundene Gerichte oft orientieren[1028].

Gegen die Anerkennung der Haftung für Vorsatztaten eines *non-servant* Gehilfen spricht, dass gelegentlich die Aussage getroffen wird, der Geschäftsherr sei verantwortlich für *negligence* dieses Gehilfen[1029]. Eine klare Absage an die Haftung für *intent* ist hierin jedoch nicht zu sehen, da den zitierten Quellen nur Sachverhalte zugrunde liegen, in denen der Gehilfe ohnehin nur fahrlässig gehandelt hat, in denen die Frage nach der Verantwortlichkeit für Vorsatztaten also gar nicht aufkommt. Der oben zitierten Aussage kann damit nur die Bedeutung zugemessen werden: „Der Geschäftsherr haftet jedenfalls für *negligence* des Gehilfen", nicht aber: „Der Geschäftsherr haftet nur für *negligence* des Gehilfen".

1025 Siehe oben, Teil 2. D. III. 1.

1026 Davies v. General Tours, Inc., 774 A.2d 1063, 1074 f. (Conn. 2001); Jurgens v. Poling Transp. Corp., 113 F.Supp.2d 388, 401(E.D.N.Y. 2000); Kinsey v. Spann, 533 S.E.2d 487, 493 N.C. 2000); Thomson v. McGinnis, 465 S.E.2d 922, 929 (W.Va. 1995); Bear v. Power Air, Inc., 595 N.E.2d 77, 81 (Ill. 1992); Skelton v. Fekete, 261 P.2d 339, 345 (Cal. 1953); Western Stock Center, Inc. v. Sevit, Inc. 578 P.2d 1045, 1048 (Colo. 1978); 41 Am. Jur. 2d Independent Contractors § 37.

1027 Del Signore v. Pyramid Sec. Services, Inc., 537 N.Y.S.2d 640, 641 f. (N.Y. 1989) ; Read v. Scott Fetzer Co., 990 S.W.2d 732, 739 f. (Tex. 1998) (*independent contractor*, der fahrlässig einen sub-*independent contractor* auswählt, ist haftbar für dessen Vorsatztat); Copithorne v. Framingham Union Hosp., 520 N.E.2d 139, 142 f. (Mass. 1988) (Krankenhaus haftet nach *negligence in retaining* Grundsätzen wegen Weiterbeschäftigens eines Arztes, der als *independent contractor* beschäftigt war).

1028 Siehe oben, Teil 1. B. I.

1029 Bear v. Power Air, Inc., 595 N.E.2d 77, 81 (Ill. 1992); 41 Am. Jur. 2d Independent Contractors § 37, zitierend Skelton v. Fekete, 261 P.2d 339, 345 (Cal. 1953); Western Stock Center, Inc. v. Sevit, Inc. 578 P.2d 1045, 1048 (Colo. 1978).

Weiterhin spricht der Wortlaut in § 411 (a) Restatement (second) of Torts[1030] dafür, dass die Haftung des fahrlässigen Geschäftsherrn nur für *negligence* des Gehilfen anerkannt ist. Die Zusatzformulierung "work which will involve a risk of physical harm unless it is skillfully and carefully done", also Arbeit, der ein Schadensrisiko inhärent ist, wenn sie nicht fachmännisch und vorsichtig ausgeführt wird, gibt Grund zur Annahme, dass in § 411 (a) Restatement (second) of Torts fahrlässiges Verhalten des Gehilfen gemeint ist[1031]. Gegen die Annahme, die Verfasser des Restatement (second) of Torts schlössen die Haftung für Vorsatztaten des fahrlässig ausgesuchten *non-servant* Gehilfen aus, spricht, dass an anderen Stellen der Restatements of the Law die obige Zusatzformulierung weggelassen wird. Es wird vielmehr bloß auf die *incompetence* bzw. *dangerousness* des Gehilfen abgestellt[1032]. Auch nach anderen Quellen ist die *incompetence* oder *dangerousness*, bzw. die Erkennbarkeit dieser durch den Geschäftsherrn der zentrale Gesichtspunkt dieser Anspruchsgrundlage[1033]. Dass auch in § 411 (a) Restatement (second) of Torts keine gefährliche Arbeit vorliegen muss, die vorsichtiges und sorgfältiges Verhalten erfordert, zeigt comm. d. des § 411 (a) Restatement (second) of Torts. Danach bedeutet "work which will involve a risk of physical harm unless it is skilfully and carefully done", nur eine Tätigkeit, die ein Gehilfe an einem Ort ausführt, an dem er auf andere Personen treffen kann[1034]. Aus dem Wortlaut des § 411 (a) Restatement (second) of Torts alleine kann damit nicht gefolgert werden, dass der fahrlässige Geschäftsherr nur für *negligence* des Gehilfen haftet.

Ein in § 411 (a) Restatement (second) of Torts[1035] sowie mehrere in § 213 Restatement (second) of Agency[1036] erwähnte Beispielsfälle zeigen eindeutig,

---

1030 § 411 (a) des Restatement (second) of Torts lautet: „An employer is subject to liability for physical harm to third persons caused by his failure to exercise reasonable care to employ a competent and careful contractor
(a) to do work which will involve a risk of physical harm unless it is skillfully and carefully done,
(b) …

1031 Vgl. dazu die Argumentation in Teil 2. D. II. 4. b.

1032 Restatement (2d.) of Agency, § 213 (b), comm. d.; Restatement (2d.) of Torts, § 877 (b), comm. c.

1033 Vgl. Arkansas Pools, Inc. v. Beavers, 661 S.W.2d 395, 396 (Ark. 1983); Texas American Bank v. Boggess, 673 S.W.2d 398, 400 (Tex. 1984); Vanderhule v. Berinstein, 136 N.Y.S.2d 95, 100 (N.Y. 1954); Calvert Hanson, 5 U. Miami Bus. L.J. 129, 139 ff.; Friedman, 78 A.L.R.3d 910, §§ 2 (a), 3 ff. mit zahlreichen Rechtsprechungsnachweisen.

1034 Restatement (2d.) of Torts, § 411, comm. d.

1035 Restatement (2d.) of Torts, § 411 (a), illus. 1. (Geschäftsherr stellt streitsüchtigen und gewaltbereiten Gehilfen ein, der bei einem Streit das Opfer niederschlägt.)

1036 Restatement (2d.) of Agency, § 213, illus. 2., 3., 4. Der zitierte Text lautet:

dass die Verfasser der Restatements of the Law die Haftung des Geschäftsherrn auch für *intent* des *non-servant* Gehilfen befürworten.

Auch wenn der Wortlaut der übrigen einschlägigen Paragraphen der Restatements, § 213 Restatement (second) of Agency[1037] und § 877 (b) Restatement (second) of Torts[1038], nicht eindeutig den Schluss auf diese Haftung erlaubt, so lässt sich unabhängig von den oben erwähnten Beispielsfällen ein klares Ergebnis zugunsten der Haftung für Vorsatztaten erzielen, wenn man einen Blick in die Kommentierungen zu den jeweiligen Paragraphen wirft. Der Geschäftsherr haftet nach §§ 213, comm. d. Restatement (second) of Agency, 877 (b), comm. c. Restatement (second) of Torts, wenn er fahrlässig einen *incompetent* or *dangerous agent* etc. einstellt. *Incompetent* ist u.a. der, der dazu neigt, lasterhaft oder bösartig zu sein *(vicious diposition/propensity)*[1039]. Gerade jemand, der zur Begehung von Vorsatztaten, insbesondere Gewalttaten tendiert, ist bösartig oder lasterhaft, und damit *incompetent* i.S.d. §§ 213, comm. d. Restatement (second)

"2. P employs A to dispossess T from Ps premises. From facts known to P, a reasonably prudent person would believe that A would use excessive force in the dispossession. A uses such force. P is subject to liability to T.
3. P employs A, whom he knows to be insanely quarrelsome, as gatetender at a railway crossing. T, a traveler, requests A to raise the gates at a time when no train is approaching. A refuses to raise the gates and shoots T. P is subject to liability to T.
4. P entrusts dynamite cartridges to A for blasting purposes. P knows that A is likely to carry the cartridges around with him and to use them for terrorizing purposes. A, in using them to intimidate T, injures him. P is subject to liability to T."

1037 Restatement (2d.) of Agency, § 213 lautet: "A person conducting an activity through servant's or other agents is subject to liability for harm resulting from his conduct if he is negligent or reckless:
(a) in giving improper or ambiguous orders of in failing to make proper regulations; or
(b) in the employment of improper persons or instrumentalities in work involving risk of harm to others:
(c) in the supervision of the activity; or
(d) …"

1038 Restatement (second) of Torts, 877 (b) lautet: "For harm resulting to a third person from the tortious conduct of another, one is subject to liability if he
(a) …
(b) conducts an activity with the aid of the other and is negligent in employing him, or …"

1039 Connes v. Molalla Transport Systems, Inc., 817 P.2d 567, 570 (Colo. 1991), zitierend Restatement (2d.) of Agency, § 213, comm. d.

of Agency, 877 (b), comm. c. Restatement (second) of Torts[1040]. Ebenso ist ein solcher Gehilfe *dangerous*.

Als Zwischenergebnis ist festzuhalten, dass jedenfalls die Restatements of the Law trotz teilweise undeutlicher Formulierungen die Haftung des fahrlässigen Geschäftsherrn für Vorsatztaten des Gehilfen zweifelsfrei anerkennen.

Ebenso kann man aus der gerichtlichen Anwendung der *negligent hiring/selecting* Theorie auf Fälle der vorsätzlichen Schädigung durch *non-servant* Gehilfen den Schluss auf die Möglichkeit der Haftung in diesen Fällen ziehen[1041]. Bei den Entscheidungen, in denen diese Theorie geprüft wurde, handelt ist sich allerdings nur um *dicta*, weil es mangels Vorliegens der Voraussetzungen dieser Theorie nicht auf die Möglichkeit der Haftung für Vorsatztaten ankam[1042].

Ebenfalls kann man aus der Erklärung von Gerichten aus einigen Jurisdiktionen, man folge der Regelung des § 213 Restatement (second) of Agency[1043], auf eine Anerkennung der Haftung für Vorsatztaten des *non-servant* Gehilfen schließen, auch wenn diesen Entscheidungen regelmäßig keine Vorsatztat eines *non-servant* Gehilfen zugrunde liegt. Denn wenn die Gerichte bezüglich der Haftung für Taten eines *servant's* § 213 Restatement (second) of Agency übernehmen, werden sie sich konsequenterweise auch hieran orientieren, wenn sie über die Haftung für eine Vorsatztat eines *non-servant* Gehilfen zu entscheiden haben.

Schließlich spricht für die Anerkennung dieser Haftung durch die Gerichte, dass zahlreiche Jurisdiktionen die Theorie des *negligent hiring* auch auf *non-servant* Gehilfen angewendet haben[1044], wobei auch hier die wenigsten Gerichte den Fall einer von einem *non-servant* Gehilfen begangenen Vorsatztat zu ent-

---

1040 Dieses Ergebnis bestätigt Connes v. Molalla Transport Systems, Inc., 817 P.2d 567, 570 (Colo. 1991), in dem diese Wertung auf einen gewalttätigen Truckfahrer angewandt wurde; für weitere Nachweise siehe unten, Teil 2. D. III. 1. b. aa. aaa.

1041 Siehe beispielsweise Jiggetts v. Lancaster, 531 S.E.2d 851, 852 f. (N.C. 2000); Brown v. Argenbright Sec., Inc., 782 A.2d 752, 760 (D.C. 2001).

1042 Siehe obige Fn.

1043 Ponticas v. K.M.S. Investments, 331 N.W.2d 907, 911 (Minn. 1983); Bryant v. Noether, 2001 WL 274852, 1 (D.N.H. 2001); Haney v. Castle Meadows, Inc., 868 F.Supp. 1233, 1239 (D.Colo. 1994); Evan F. v. Hughson United Methodist Church, 10 Cal.Rptr.2d 748, 753 (Cal. 1992); Flick v. Blount, 1978 WL 705, 2 (Pa. 1978).

1044 Siehe Evans v. Morsell, 395 A.2d 480, 484 Fn. 3 (Md. 1978), verweisend auf Bennett v. T & F Distributing Co., 285 A.2d 59, 62 (N.J. 1971); Sibley v. Kaiser Foundation Health Plan of Texas, 998 S.W.2d 399, 403 (Tex. 1999); Chen v. Street Beat Sportswear, Inc., 226 F.Supp.2d 355, 361 (E.D.N.Y. 2002); Chapman ex rel. Chapman v. Mutual Service Cas. Ins. Co., 35 F.Supp.2d 699, 707 (E.D.Wis. 1999); Mavrikidis v. Petullo, 707 A.2d 977, 986 (N.J. 1998); zahlreiche weitere Rechtsprechungsnachweise in Friedman, 78 A.L.R.3d 910, §§ 3ff; a.A., jedoch ohne weitere Begründung: Minuti, 13 Del. J. Corp. L. 501, 513.

scheiden hatten. Die Theorie des *negligent hiring* entspricht damit im Prinzip der des *negligent selecting*[1045], obwohl erstere ursprünglich im Rahmen des *master – servant* Verhältnisses und Letztere im Rahmen des *principal – independent contractor* Verhältnisses entwickelt wurde[1046]. Da sich nach der *negligent hiring* Theorie die Haftung des fahrlässigen Geschäftsherrn auch auf Vorsatztaten erstreckt[1047], werden Gerichte, die diese Theorie auf *non-servant* Gehilfen anwenden, auch die Haftung des Geschäftsherrn für Vorsatztaten von *non-servant* Gehilfen bejahen. Dieser Schritt ist von einigen Vertretern der Literatur bereits unternommen worden[1048].

Es steht somit als Zwischenergebnis fest, dass die gerichtliche Anerkennung einer Haftung des Geschäftsherrn für Vorsatztaten seines *non-servant* Gehilfen sehr wahrscheinlich ist. Dennoch ist aufgrund der anfangs erwähnten Formulierungen einiger Gerichte und der American Jurisprudence (second) nicht ausgeschlossen, dass einige Gerichte diese Haftung nicht anerkennen werden.

b. *Voraussetzungen der Haftung für negligent hiring/selecting, instructing or supervising*

Die Voraussetzungen der Haftung des Geschäftsherrn für *negligent hiring/selecting* etc. richten sich nach den allgemeinen Prinzipien der *negligence* Haftung[1049]. Sie setzen sich also aus dem Erfordernis des *negligent conduct* und den Erfordernissen einer dadurch verursachten Rechtsgutsverletzung sowie eines dadurch verursachten Schadens zusammen[1050]. *Negligent conduct* ist auch im US-amerikanischen Zivilrecht als Verletzung einer Sorgfaltspflicht *(breach of duty)* definiert[1051]. In diesem Abschnitt werden daher zunächst mögliche Sorgfaltspflichten eines Geschäftsherrn analysiert, der gewaltbereite Gehilfen beschäftigt, dazu aa. Anschließend wird kurz erläutert, wann eine Verletzung einer solchen Sorgfaltspflicht vorliegt, dazu bb. Im Unterabschnitt cc. wird knapp das Erfordernis der *causation* behandelt, das gegenüber dem allgemeinen US-amerikani-

---

1045 Da somit kein Unterschied mehr zwischen beiden Theorien besteht, werden sie im Folgenden als einheitliche Theorie dargestellt.

1046 Siehe oben, Teil 2. D. III. 1.

1047 Siehe oben, Teil 2. D. III. 1.

1048 Siehe Davis, 41 S.D. L. Rev. 411, 455; Gamboli, 44-NOV R.I. B.J. 13.

1049 Prosser/Keeton, § 70, S. 502; Restatement (2d.) of Agency, § 213, comm. a.

1050 Coughlin v. Titus & Bean Graphics, Inc., 767 N.E.2d 106, 110 f. (Mass. 2002); Wyczalek v. Rowe Constr. Serv. Co., 773 N.E.2d 560, 565 (Ohio 2001); Poe v. City of Detroit, 446 N.W.2d 523, 526 (Mich. 1989); Camacho, 14 Whittier L. Rev. 787, 795; Schendel, 28 Val. U. L. Rev. 419, 430 f. u. 452.

1051 57A Am. Jur. 2d Negligence § 6; Leavitt, 37 Idaho L. Rev. 603, 611; Cavico/Cavico, 43 Clev. St. L. Rev. 557, 563.

schen Deliktsrecht keine wesentlichen Besonderheiten aufweist. Auf die Elemente *injury* und *damages* wird in dieser Arbeit nicht eingegangen, weil es sich hierbei gänzlich um eine Fragestellung des allgemeinen US-amerikanischen Deliktsrechts handelt und insofern keine Besonderheiten im Hinblick auf das Thema dieser Arbeit bestehen.

aa. Sorgfaltspflichten (duties) eines Geschäftsherrn

Die Sorgfaltspflichten, die im Kontext der *hate crimes litigation* von besonderer Bedeutung sind, sind *the duty to select/hire carefully, the duty only to retain competent persons, the duty to supervise carefully* und *the duty to instruct carefully*. Die hier und in den Restatements[1052] aufgelisteten Sorgfaltspflichten sind nicht abschließend. Vielmehr liegt generell dann eine Pflicht *"to use reasonable care to avoid injury to the other person"*[1053] vor, wenn im Falle des Verstoßes gegen eine mögliche Pflicht vernünftigerweise mit dem Eintritt einer Rechtsgutsverletzung gerechnet werden kann[1054]. Die Vorhersehbarkeit *(foreseeability)* einer Rechtsgutsverletzung taucht damit nicht nur bei der Frage der Kausalität und Zurechenbarkeit auf, sondern schafft neben anderen Faktoren eine Sorgfaltspflicht des Geschäftsherrn[1055]. *Foreseeable* ist hierbei jedes Ergebnis, mit dem eine vernünftige und sorgfältige Person wahrscheinlich rechnen würde, wenn sie vorsichtig handeln müsste[1056].

Aus dem Begriff *"duty to use reasonable care to avoid injury to the other person"*[1057] wird deutlich, dass es sich hierbei um eine Pflicht gegenüber jeder-

1052 Siehe Restatement (2d.) of Agency, § 213; Restatement (2d.) of Torts, §§ 410 ff.

1053 Doe v. Garcia, 961 P.2d 1181, 1184 (Idaho 1998); Kirby v. Sonville, 594 P.2d 818, 821 (Or. 1979).

1054 Siehe obige Fn. und Di Cosala v. Kay, 450 A.2d 508, 516 f. (N.J. 1982); Prosser/Keeton, § 71, S. 510; Leavitt, 37 Idaho L. Rev. 603, 611.

1055 Doe v. Garcia, 961 P.2d 1181, 1184 (Idaho 1998). Nach diesem Gericht sind die anderen Faktoren the closeness of the connection between the defendants conduct and the injury suffered, the moral blame attached to the defendants conduct, the policy of preventing future harm, the extent of the burden to the defendant and consequences to the community of imposing a duty to exercise care with resulting liability for breach, and the availability, cost, and prevalence of insurance for the risk involved, dazu unten D. III. 1. b. aa. aaa.

1056 Doe v. Garcia, 961 P.2d 1181, 1184 (Idaho 1998), "Foreseeability includes whatever result is likely enough in the setting of modern life that a reasonably prudent person would take such into account in guiding reasonable conduct"; Southland Corp. v. Superior Court, 250 Cal.Rptr. 57, 64 (Cal. 1988); Cavico/Cavico, 43 Clev. St. L. Rev. 557, 563.

1057 Doe v. Garcia, 961 P.2d 1181, 1184 (Idaho 1998); Kirby v. Sonville, 594 P.2d 818, 821 (Or. 1979).

mann handelt. Auch die oben genannten speziellen Pflichten bestehen gegenüber jedermann[1058].

aaa. Duty to select/hire carefully

Die *duty to select/hire carefully* hat den Inhalt, nur solche Personen auszusuchen, von deren Kompetenz bzw. Fähigkeit der Geschäftsherr ausgehen kann[1059]. Anders ausgedrückt verletzt der Geschäftsherr diese Pflicht, wenn er solche Gehilfen auswählt, von deren *incompetence* oder *dangerousness* er weiß oder gegebenenfalls durch Nachforschung wissen muss. Wann ein Gehilfe *incompetent* oder *dangerous* ist, ergibt sich bereits aus dem Wortsinn dieser Termini. Somit ist derjenige *incompetent* bzw. *dangerous*, der ungeeignet ist, die ihm zugeteilte Aufgabe ohne Gefährdung fremder Rechtsgüter zu erledigen[1060]. Die *incompetence/dangerousness* kann insbesondere in dem Hang des Gehilfen zur Begehung von Gewalttaten liegen[1061].

Hinsichtlich der Art und dem Umfang der *duty to select/hire carefully* stellen sich zwei Fragen: (1) Auf welche Weise kann der Geschäftsherr bei der Auswahl des Gehilfen dessen mögliche *incompetence/dangerousness* erkennen? (2) Welchen Umfang müssen die Nachforschungen des Geschäftsherrn über die Eignung des Gehilfen haben?

1058 Di Cosala v. Kay, 450 A.2d 508, 516 f. (N.J. 1982); Usrey, 6 Causes of Action 2d 745, § 4; siehe Restatement (2d.) of Agency, § 213 (b) ("to others"), bezogen auf die Pflicht *to select/hire/retain carefully*; Minuti, 13 Del. J. Corp. L. 501, 510, ebenso.

1059 McClure v. Denham, 162 S.W.3d 346, 354 (Tex. 2005); Plains Resources, Inc. v. Gable, 682 P.2d 653, 662 (Kan. 1984); Lee v. Pulitzer Pub. Co., 81 S.W.3d 625, 634 (Mo. 2002); Sievers v. McClure, 746 P.2d 885, 891 (Alaska 1987); Usrey, 6 Causes of Action 2d 745, § 5; vgl. Connes v. Molalla Transport Systems, Inc., 817 P.2d 567, 570 (Colo. 1991); Ross v. Texas One Partnership, 796 S.W.2d 206, 216 (Tex. 1990).

1060 Restatement (2d.) of Agency, § 213, comm. d.; Minuti, 13 Del. J. Corp. L. 501, 514.

1061 Vgl. Connes v. Molalla Transport Systems, Inc., 817 P.2d 567, 570 (Colo. 1991), zitierend Restatement (2d.) of Agency, § 213, comm. d. *("vicious disposition/propensity")*; Valdez v. Warner, 742 P.2d 517, 520 (N.M. 1987); Easley v. Apollo Detective Agency, Inc., 387 N.E.2d 1241, 1249 (Ill. 1979); 30 C.J.S. Employer – Employee Relationship, § 187.

(1) Anhaltspunkte für die incompetence/dangerousness des Gehilfen

Im Kontext der *hate crimes* Fälle, in denen eine *hate group* Gehilfen z.B. als bewaffnetes Sicherheitspersonal[1062] oder Straßenkampfausbilder[1063] einstellt, bieten sich insbesondere der Ruf und die Erfahrung des Gehilfen als Anhaltspunkte an, anhand derer man dessen Kompetenz bereits zum Zeitpunkt der Auswahl erkennen kann.

So kann ein Geschäftsherr bei der Auswahl von Sicherheitspersonal von dessen Kompetenz ausgehen, wenn feststeht, dass der jeweils einzustellende Gehilfe bereits zuvor zuverlässig bei einem anderen Geschäftsherrn tätig war[1064]. Wenn es sich bei dem Kandidaten dagegen um einen unerfahrenen, nicht weisungsgebundenen Gehilfen handelt, darf man zumindest bei einer schadensnahen Tätigkeit wie den oben erwähnten nicht auf dessen Kompetenz vertrauen[1065].

Auch das Vorliegen einer Lizenz des Gehilfen zur Ausübung der in Frage stehenden Tätigkeit spricht für seine Kompetenz[1066], wobei dieses Indiz alleine allerdings nicht als ausreichend angesehen wird[1067]. Ähnlich verhält es sich mit vom Gehilfen selbst beigebrachten Informationen im Rahmen eines Vorstellungsgesprächs oder einer Informationsbroschüre. Grundsätzlich darf man solche Informationen verwerten, wenn man sie z.B. im Rahmen eines Interviews kritisch hinterfragt und etwaige Unstimmigkeiten durch Nachforschungen überprüft[1068].

1062 Siehe Keenan v. Aryan Nations, No. CV-99-441 (Idaho Dist. Ct., County of Kootenai 2000), Memorandum in Support of Plaintiffs Motion to Amend the Complaint to Include a Claim for Punitive Damages, S. 5.

1063 So in Berhanu v. Metzger, No. A8911-07007 (Or. Multnomah County Cir. Ct. 1990), siehe dazu unten, Teil 3 A., Fallbericht.

1064 Ross v. Texas One Partnership, 796 S.W.2d 206, 216 (Tex. 1990); vgl. Cooper v. Metropolitan Government of Nashville and Davidson County, 628 S.W.2d 30, 31 f. (Tenn. 1981), es handelt sich bei diesem Fall zwar nicht um die Tätigkeit eines Wachdienstes, aber um eine andere schadensnahe Tätigkeit; Calvert Hanson, 5 U. Miami Bus. L.J. 129, 140.

1065 Vgl. Watsontown Brick Co. v. Hercules Powder Co., 265 F.Supp. 268, 274 f. (D.C.Pa. 1967) (Umgang mit Sprengstoff); Felder, 11 Am. Jur. P.O.F. 2d 499, § 4; Friedman, 78 A.L.R.3d 910, § 8 c.; zu der Schadensnähe der oben erwähnten Tätigkeiten siehe unten, Teil 2. D. III. 1. b. aa. aaa. (2).

1066 Ross v. Texas One Partnership, 796 S.W.2d 206, 216 (Tex. 1990); Calvert Hanson, 5 U. Miami Bus. L.J. 129, 139.

1067 Easley v. Apollo Detective Agency, Inc., 387 N.E.2d 1241, 1249 (Ill. 1979); Joiner v. Mitchell County Hospital Authority, 186 S.E.2d 307, 309 (Ga. 1971).

1068 Harty/Foley, 39 Drake L. Rev. 3, 63.

Auf diese Informationen alleine kann sich der Geschäftsherr aber zumindest bei schadensnahen Tätigkeiten nicht verlassen[1069].

Für die Inkompetenz eines Gehilfen spricht die Tatsache, dass er zuvor in der Ausübung derselben Tätigkeit mehrmals zumindest fahrlässig gehandelt hat[1070]. Das gleiche gilt für einen Wachmann o.ä., wenn er bereits eine einzige Gewalttat in Ausübung seiner Tätigkeit verübt hat[1071]. Ein einziger fahrlässiger Akt reicht dagegen regelmäßig nicht für den Schluss auf die Inkompetenz des Gehilfen aus[1072].

(2) Umfang der Nachforschungspflicht des Geschäftsherrn

Der Umfang der vom Geschäftsherrn durchzuführenden Nachforschungspflicht hinsichtlich der Kompetenz des Gehilfen hängt von den Umständen des Einzelfalles ab. Zur Bestimmung des Umfanges dieser Pflicht werden regelmäßig vier Faktoren herangezogen. Dies sind (1) die Art der Gefahr, der andere ausgesetzt sein können, falls der Gehilfe fehlerhaft handelt[1073], (2) der Charakter der zu erledigenden Arbeit – d.h. die Frage, ob diese nur von speziell ausgebildeten Gehilfen oder von jedermann durchgeführt werden kann[1074] –, (3) die Existenz einer

---

1069 Philip Morris, Inc. v. Emerson, 368 S.E.2d 268, 278 (Va. 1988); vgl. Harty/Foley, 39 Drake L. Rev. 3, 63; siehe unten D. III. 1. b. aa. aaa. (2).

1070 L. B. Foster Co. v. Hurnblad, 418 F.2d 727, 730 (9th Cir. (Wash.) 1969); Sullivan v. St. Louis Station Associates, 770 S.W.2d 352, 357 (Mo. 1989) ("...dangerous proclivities...which denotes a course of conduct..."); Calvert Hanson, 5 U. Miami Bus. L.J. 129, 142; Felder, 11 Am. Jur. P.O.F. 2d 499, § 3.

1071 Calvert Hanson, 5 U. Miami Bus. L.J. 129, 139; vgl. Del Signore v. Pyramid Sec. Services, Inc., 537 N.Y.S.2d 640, 642 (N.Y. 1989), hier konnte aber eine vorherige Gewalttat nicht nachgewiesen werden.

1072 L. B. Foster Co. v. Hurnblad, 418 F.2d 727, 730 (9th Cir. (Wash.) 1969); Sullivan v. St. Louis Station Associates, 770 S.W.2d 352, 357 (Mo. 1989); Calvert Hanson, 5 U. Miami Bus. L.J. 129, 141 f.

1073 Connes v. Molalla Transport Systems, Inc., 817 P.2d 567, 570 (Colo. 1991); Welsh Mfg., Div. of Textron, Inc. v. Pinkertons, Inc., 474 A.2d 436, 440 (R.I. 1984); Lutz v. Cybularz, 607 A.2d 1089, 1092 f. (Pa. 1992); Suarez v. Gonzalez, 820 So.2d 342, 345 (Fla. 2002); Or v. Edwards, 818 N.E.2d 163, 173 (Mass. 2004); Moore v. St. Joseph Nursing Home, Inc., 459 N.W.2d 100, 102 (Mich. 1990), bezieht sich nicht auf Auswahlpflicht sondern auf Aufklärungspflicht; Restatement (2d.) of Torts, § 411, comm. c.; Restatement (2d.) of Agency, § 213, comm. d.; Usrey, 6 Causes of Action 2d 745, § 5; 41 Am. Jur. 2d Independent Contractors § 37.

1074 Lutz v. Cybularz, 607 A.2d 1089, 1092 f. (Pa. 1992); Suarez v. Gonzalez, 820 So.2d 342, 345 (Fla. 2002); Restatement (2d.) of Torts, § 411, comm. c.; 41 Am. Jur. 2d Independent Contractors § 37.

besonderen Beziehung zwischen den Parteien[1075] und (4) der Grad der Wahrscheinlichkeit einer Rechtsgutsverletzung[1076].

Faktor (2) legt in den typischen Fällen der *hate crimes* mit Involvierung von *hate groups* nicht das Vorliegen einer umfangreichen Nachforschungspflicht nahe. Sowohl die gefahrlose Durchführung einer bewaffneten Überwachung einer Demonstration oder eines Grundstücks[1077] als auch die einer Ausbildung von Gesinnungsgenossen im Straßenkampf[1078] hängt weniger davon ab, ob der mit dieser Tätigkeit betraute Gehilfe eine Spezialausbildung erhalten hat, sondern vielmehr von seiner charakterlichen Fähigkeit, Konfrontationen mit Dritten ohne Gewaltanwendung zu begegnen.

Auch Faktor (3) wirkt sich in den hier interessanten Fällen der *hate crimes* nicht zugunsten einer ausgedehnten Nachforschungspflicht aus, da in diesen Fällen keine besonderen Beziehungen zwischen der *hate group* als Geschäftsherr und den Opfern bestehen.

Allerdings spricht in den hier interessanten Fällen regelmäßig Faktor (1) – Art der Gefahr – für das Vorliegen einer umfangreichen Nachforschungspflicht. Danach erfordern Tätigkeiten, die zu besonders schwerwiegenden Rechtsgutsverletzungen führen können, eine besonders gründliche Nachforschung des Geschäftsherrn bei der Auswahl seines Gehilfen[1079]. Aufgaben, die Gehilfen einer *hate group* typischerweise ausführen, wie die bewaffnete Überwachung oder wie die Straßenkampfausbildung, resultieren in Verletzungen des Rechts auf körperliche Unversehrtheit oder gar des Rechts auf Leben und führen daher zu besonders schwerwiegenden Rechtsgutsverletzungen, wenn sie durch unzuverlässige Personen ausgeführt werden[1080].

1075 Lutz v. Cybularz, 607 A.2d 1089, 1092 f. (Pa. 1992); Suarez v. Gonzalez, 820 So.2d 342, 345 (Fla. 2002); Restatement (2d.) of Torts, § 411, comm. c.; Usrey, 6 Causes of Action 2d 745, § 5.

1076 Connes v. Molalla Transport Systems, Inc., 817 P.2d 567, 570 (Colo. 1991), Bear v. Power Air, Inc., 595 N.E.2d 77, 81 (Ill.App. 1992); Welsh Mfg., Div. of Textron, Inc. v. Pinkertons, Inc., 474 A.2d 436, 440 (R.I. 1984); Restatement (2d.) of Agency, § 213, comm. d.; Usrey, 6 Causes of Action 2d 745, § 5.

1077 Siehe Keenan v. Aryan Nations, No. CV-99-441 (Idaho Dist. Ct., County of Kootenai 2000), Memorandum in Support of Plaintiffs Motion to Amend the Complaint to Include a Claim for Punitive Damages, S. 5.

1078 Vgl. Berhanu v. Metzger, No. A8911-07007 (Or. Multnomah County Cir. Ct. 1990), unten, Teil 3. A., Fallbericht.

1079 Or v. Edwards, 818 N.E.2d 163, 173 (Mass. 2004); Restatement (2d.) of Torts, § 411, comm. c.; Restatement (2d.) of Agency, § 213, comm. d.; 41 Am. Jur. 2d Independent Contractors § 37.

1080 Der Gehilfe als Ausbilder im Straßenkampf mag direkt nicht Rechtsgüter Dritter verletzen, wenn seine gleichgesinnten Schüler losschlagen. Aber deren Handlung kann ihm im Wege des *aiding and abetting* oder der *civil conspiracy* zugerechnet

Ebenso spricht Faktor (4) – Grad der Wahrscheinlichkeit einer Rechtsgutsverletzung – für das Vorliegen einer weitreichenden Nachforschungspflicht. Die Wahrscheinlichkeit einer Rechtsgutsverletzung ist bei solchen Tätigkeiten besonders hoch, bei denen der Kontakt des Gehilfen zu Dritten in einer solchen Weise erfolgt, dass eine vernünftige Person den Eintritt einer Rechtsgutsverletzung als Resultat dieser Tätigkeit vorhersehen würde[1081]. Gerade Sicherheitspersonal, aber auch Straßenkampfausbilder stehen wegen ihrer Arbeit, die auf die körperliche Konfrontation mit Dritten ausgerichtet ist, in einem Kontakt zu Dritten, der den Eintritt einer Rechtsgutsverletzung wahrscheinlich werden lässt[1082], wenn die Aufgabe fehlerhaft ausgeführt wird.

Jedoch ist auch ein hohes Interesse an einer umfangreichen Nachforschung mit den Interessen des Geschäftsherrn, des Gehilfen und der Allgemeinheit in Einklang zu bringen[1083]. Solche Interessen sind der Schutz des Geschäftsherrn vor zeit- und kostenintensiven Nachforschungen[1084], der Schutz der Privatsphäre des Gehilfen[1085] und das Interesse der Allgemeinheit (und des Gehilfen) an einer Rehabilitation eines Vorbestraften[1086].

Unter Beachtung der aufgeführten Interessenlagen ist dem Geschäftsherrn in erster Linie das Befragen von ehemaligen Geschäftsherrn des Gehilfen möglich und zumutbar[1087], wobei er sich an den oben dargestellten Anhaltspunkten für die

---

werden und über die Theorie des *negligent hiring/selecting* damit auch dem Geschäftsherrn, vgl. unten, Teil 3. B. II.

1081 Connes v. Molalla Transport Systems, Inc., 817 P.2d 567, 571 (Colo. 1991); Usrey, 6 Causes of Action 2d 745, § 5; Minuti, 13 Del. J. Corp. L. 501, 517.

1082 Straßenkampfausbilder stehen mittelbar durch ihre gleichgesinnten Schüler im Kontakt zu Dritten, vgl. oben.

1083 Connes v. Molalla Transport Systems, Inc., 817 P.2d 567, 570 (Colo. 1991); Usrey, 6 Causes of Action 2d 745, § 5; Harty/Foley, 39 Drake L. Rev. 3, 62 f.; vgl. die im Folgenden aufgeführten Fälle.

1084 Connes v. Molalla Transport Systems, Inc., 817 P.2d 567, 570 (Colo. 1991); Stevens v. Lankard, 297 N.Y.S.2d 686, 688 (N.Y. 1968); Evans v. Morsell, 395 A.2d 480, 484 (Md. 1978); Usrey, 6 Causes of Action 2d 745, § 5; Harty/Foley, 39 Drake L. Rev. 3, 63.

1085 Harty/Foley, 39 Drake L. Rev. 3, 62.

1086 Yunker v. Honeywell Inc, 496 N.W.2d 419, 423 (Minn App 1993); Evans v. Morsell, 395 A.2d 480, 484 (Md. 1978), m.w.N., darauf verweisend, dass dieses Interesse unter den Gerichten allgemein anerkannt sei; Minuti, 13 Del. J. Corp. L. 501, 517, ebenso.

1087 Ross v. Texas One Partnership, 796 S.W.2d 206, 216 (Tex. 1990); 41 Am. Jur. 2d Independent Contractors § 38; Harty/Foley, 39 Drake L. Rev. 3, 63; Minuti, 13 Del. J. Corp. L. 501, 527; vgl. Welsh Mfg., Div. of Textron, Inc. v. Pinkertons, Inc., 474 A.2d 436, 441 (R.I. 1984); Williams v. Feather Sound, Inc., 386 So.2d 1238, 1240 f. (Fla. 1980).

incompetence/dangerousness des Gehilfen[1088] orientieren sollte. Falls man sich aus den Informationen der ehemaligen Geschäftsherren noch kein ausreichendes Bild machen kann, ist es möglich und zumutbar, sich von dem Bewerber mehrere Personen aus dessen sozialem Umfeld nennen zu lassen, die man über dessen Charaktereigenschaften befragen kann[1089]. Bei der Befragung der ehemaligen Geschäftsherren und der sonstigen Kontaktpersonen sollten die Fragen nicht zu allgemein gefasst sein, sondern konkret auf die Frage nach der Eignung für die vorgesehene Tätigkeit abzielen, wobei die Befragten auf die mit der Arbeit verbundenen Gefahren hingewiesen werden sollten[1090]. Erhält der Geschäftsherr von den befragten Personen eine positive Einschätzung über die Eignung des Bewerbers, sollte er nach dem Grund und möglichen Belegen für diese positive Einschätzung fragen[1091].

Der Konflikt zwischen dem Schutz der Privatsphäre des Gehilfen und dem Interesse an einer besonders sorgfältigen Nachforschung kann ferner dadurch gelöst werden, dass sich der Geschäftsherr vom Gehilfen eine schriftliche Einverständniserklärung einholt, in der Art und Umfang der Nachforschungen genau beschrieben sind[1092].

Zusammenfassend lässt sich feststellen, dass der Umfang der Nachforschungspflicht des Geschäftsherrn in den hier interessanten *hate crimes* Fällen maßgeblich von der Schwere der zu erwartenden Rechtsgutsverletzung und der Wahrscheinlichkeit von deren Eintritt abhängt. Regelmäßig hat dies zur Folge, dass der Umfang dieser Pflicht hoch ist. Allerdings ist das Interesse an einer umfangreichen Nachforschung mit Interessen des Geschäftsherrn, des Gehilfen und der Allgemeinheit in Einklang zu bringen. Grundsätzlich kann danach vom Geschäftsherrn verlangt werden, dass er seine Vorgänger über die Kompetenz des Gehilfen befragt und sich vom Gehilfen eine detaillierte Einverständniserklärung hinsichtlich seiner Nachforschungen einholt, um Verletzungen der Privatsphäre des Gehilfen zu vermeiden.

bbb. Duty only to retain competent persons

Die *duty only to retain competent persons* hat den Inhalt, nur kompetente Gehilfen weiterzubeschäftigen. Anders ausgedrückt ist es die Pflicht des Geschäfts-

---

1088 Siehe oben, Teil 2. D. III. 1. b. aa. aaa. (1).

1089 Vgl. Welsh Mfg., Div. of Textron, Inc. v. Pinkertons, Inc., 474 A.2d 436, 442 (R.I. 1984).

1090 Welsh Mfg., Div. of Textron, Inc. v. Pinkertons, Inc., 474 A.2d 436, 442 (R.I. 1984); Minuti, 13 Del. J. Corp. L. 501, 528.

1091 Siehe obige Fn.

1092 Harty/Foley, 39 Drake L. Rev. 3, 63.

herrn, einen inkompetenten Gehilfen von der Arbeit zu suspendieren, ihm gar zu kündigen, oder ihm eine ungefährlichere Aufgabe zuzuteilen[1093]. Diese Pflicht fungiert damit als eine fortlaufende *duty to select/hire carefully*[1094]. Dabei kann vom Geschäftsherrn allerdings keine ständige Wiederholung der oben dargestellten[1095], teilweise aufwändigen Nachforschungen verlangt werden. Vielmehr muss der Geschäftsherr, will er sich vom Vorwurf des Kennenmüssens der *incompetence* frei machen, dann nähere Untersuchungen durchführen, wenn Anhaltspunkte hierfür bestehen[1096]. Der Umfang der vorliegenden Untersuchungspflicht hängt dann wieder insbesondere von den oben genannten Faktoren der Schwere der zu erwartenden Rechtsgutsverletzung und der Wahrscheinlichkeit von deren Eintritt ab[1097], da es sich bei dieser Pflicht ja um eine fortlaufende *duty to select/hire carefully* handelt.

Diese Pflicht ergänzt damit die *duty to select/hire carefully* in der Hinsicht, dass der Geschädigte im Prozess frei zwischen den Zeitpunkten wählen kann, zu denen den Geschäftsherrn nachweislich der Vorwurf des Kennenmüssens der *incompetence* trifft. Ist der Nachweis des Kennenmüssens zum Zeitpunkt der Einstellung des Gehilfen schwierig *(negligent selecting/hiring)*, kann der Kläger alternativ den Beweis des Kennenmüssens während der Beschäftigung des Gehilfen antreten *(negligent retention)* und umgekehrt.

ccc. Duty to instruct carefully

Die *duty to instruct carefully*[1098] hat im *hate crimes* Kontext keine herausragende Bedeutung. Dies rührt daher, dass die Aufgaben der Gehilfen einer *hate group* selten so kompliziert sind, als dass Instruktionen im größeren Umfang nötig wä-

---

1093 Kresko v. Rulli, 432 N.W.2d 764, 770 (Minn. 1988); Plains Resources, Inc. v. Gable, 682 P.2d 653, 662 (Kan. 1984); 27 Am. Jur. 2d Employment Relationship § 476; Usrey, 6 Causes of Action 2d 745, §§ 4, 10.

1094 Smith v. Orkin Exterminating Co., Inc., 540 So.2d 363, 366 (La. 1989); Welsh Mfg., Div. of Textron, Inc. v. Pinkertons, Inc., 474 A.2d 436, 441 (R.I. 1984); 27 Am. Jur. 2d Employment Relationship § 476; Usrey, 6 Causes of Action 2d 745, § 4; Oft wird daher gar nicht zwischen beiden Pflichten unterschieden, siehe Plains Resources, Inc. v. Gable, 682 P.2d 653, 662 (Kan. 1984); Brown v. National Football League, 219 F.Supp.2d 372, 380 S.D.N.Y. 2002).

1095 Siehe oben, Teil 2. D. III. 1. b. aa. aaa.

1096 Garcia v. Duffy, 492 So.2d 435, 438 f. (Fla. 1986); 27 Am. Jur. 2d Employment Relationship § 476; Usrey, 6 Causes of Action 2d 745, § 4.

1097 Siehe oben, Teil 2. D. III. 1. b. aa. aaa. (2).

1098 Monnin v. Fifth Third Bank of Miami Valley, N.A., 658 N.E.2d 1140, 1147 (Ohio 1995); Johnson v. Lamb, 161 S.E.2d 131, 137 (N.C. 1968); Restatement (2d.) of Agency, § 213 (a), comm. c. und g.

ren. So erübrigen sich die meisten Instruktionen dadurch, dass bereits die nötige Sorgfalt bei der Auswahl des Gehilfen ausgeübt wurde. Beispielsweise bedarf es bei der Auswahl von kompetentem Sicherheitspersonal nicht mehr der Direktive, Schusswaffen zu anderen Zwecken als zur Selbstverteidigung zu benutzen, weil sich ein kompetenter Wachmann darüber ohnehin im Klaren ist.

Wenn die zu verrichtende Arbeit ausnahmsweise von der routinemäßigen abweicht und wegen gewissen Besonderheiten komplizierter ist – etwa die Arbeit als Sicherheitspersonal bei einer Kundgebung auf öffentlichen Flächen – kann an die Existenz einer *duty to instruct carefully* gedacht werden. Hier liegt die Sorgfaltspflicht darin, klare, unmissverständliche Anweisungen zu geben, die den zu erwartenden besonderen Umständen und der Fähigkeit des jeweiligen Gehilfen Rechnung tragen[1099].

ddd. Duty to supervise carefully

Die *duty to supervise carefully*[1100] hat den Inhalt, die Aktivitäten des Gehilfen zu überwachen und dann einzugreifen, wenn von seinem Verhalten die Gefahr der Begehung unerlaubter Handlungen ausgeht, und für den Geschäftsherrn die Möglichkeit des Eingreifens besteht[1101]. Der Umfang der Überwachungspflicht hängt einerseits ähnlich der *duty to select/hire* von den Faktoren der Art der Gefahr und der Wahrscheinlichkeit der Rechtsgutsverletzung ab[1102]. Andererseits hängt der Umfang dieser Pflicht von der Möglichkeit der Kontrolle über den Gehilfen durch den Geschäftsherrn ab. Die Pflicht ist umso umfangreicher, je größer die Möglichkeit der Kontrolle über Art und Weise der Durchführung der Arbeit ist[1103].

1099 Restatement (2d.) of Agency, § 213 (a), comm. c.

1100 Bokodi v. Foster Wheeler Robbins, Inc., 728 N.E.2d 726, 736 (Ill. 2000); Rausch v. Julius B. Nelson & Sons, Inc., 149 N.W.2d 1, 6 f. (Minn. 1967); Restatement (2d.) of Torts, § 414; Restatement (2d.) of Agency, § 213 (c); Prosser/Keeton, § 71, S. 510; Rousseau Belbruno 410 PLI/Lit 341, 381 ff.; 27 Am. Jur. 2d Employment Relationship § 477; 30 C.J.S. Employer – Employee Relationship, § 189.

1101 Bokodi v. Foster Wheeler Robbins, Inc., 728 N.E.2d 726, 736 (Ill. 2000); Restatement (2d.) of Torts, § 414, comm. b.; Prosser/Keeton, § 71, S. 510.

1102 Doe v. Garcia, 961 P.2d 1181, 1184 (Idaho 1998); Houser v. Smith, 968 S.W.2d 542, 544 (Tex. 1998); vgl. Rousseau Belbruno 410 PLI/Lit 341, 383, zitierend Kendall v. Gore Property, 236 F. 2d 673, 680 f. (D.C. Cir. 1956).

1103 Vgl. Bokodi v. Foster Wheeler Robbins, Inc., 728 N.E.2d 726, 733 ff. (Ill. 2000); Rausch v. Julius B. Nelson & Sons, Inc., 149 N.W.2d 1, 6 f. (Minn. 1967); Restatement (2d.) of Torts, § 414, comm. c.

Diese Kontrollmöglichkeit ist insbesondere bei *non-servant* Gehilfen eingeschränkt, denn Hauptmerkmal eines solchen Gehilfen ist es ja gerade, dass der Geschäftsherr nicht Einfluss auf die Art und Weise der Arbeitsausführung nehmen kann[1104]. Wie oben gezeigt[1105], hat eine *hate group*, vertreten durch ihre Anführer, nur selten diese Möglichkeit, so dass hier eine *duty to supervise* eher selten oder nur sehr beschränkt besteht.

Dem Geschäftsherrn eines *servant* Gehilfen obliegt dagegen eine *duty to supervise* von gewissem Umfange, da er ja Einfluss auf die Art und Weise der Arbeitsausführung nehmen kann[1106]. Hierbei ist aber zu beachten, dass nach einer Ansicht[1107] zwar grundsätzlich eine *duty to supervise* besteht, sie aber nur soweit reicht, wie der *servant within the scope of the employment* handelt. Folgt man dieser Ansicht, ist das Abstellen auf die *negligence in supervising* überflüssig, da der Geschäftsherr nach der *respondeat superior* Theorie auch ohne Verletzung einer Sorgfaltspflicht haftet. Erforderlich hierfür sind nur eine *master – servant* Beziehung und das Handeln *within the scope of the employment*[1108]. Die *duty to supervise* hat nach dieser Ansicht nur dann eine eigenständige Bedeutung, wenn dem Geschäftsherrn der Vorwurf der *recklessness in supervising* gemacht werden kann, da ihm dann nach allgemeiner Ansicht *punitive damages* auferlegt werden können[1109], während dies bei der *respondeat superior* Haftung umstritten ist[1110].

Ein Grund für diese restriktive Handhabung der *duty to supervise* wird nicht genannt. Es entsteht aber der Eindruck, dass damit die Haftungseinbeziehung eines Geschäftsherrn verhindert werden soll, der nicht die Möglichkeit zur Überwachung gehabt hat[1111]. Die Tatsache, dass der *servant out of the scope of the employment* gehandelt hat, bedeutet aber nicht unbedingt, dass der *principal* keine Überwachungsmöglichkeit gehabt hat. Wie oben gezeigt[1112] ist eines der Hauptmerkmale des „*scope* – Tatbestandsmerkmals" der Wille des *servant's*, für den *master* tätig zu werden. Eine solche Einstellung des *servant's* wirkt sich aber

1104 Siehe oben, Teil 2. D. II. 4. a. aa.

1105 Teil 2. D. II. 4. a. aa.

1106 Siehe oben, Teil 2. D. II. 4. a. aa.

1107 Slaydon v. Hansford, 830 So.2d 686, 689 (Miss. 2002); McKenzie v. Lunds, Inc., 63 F.Supp.2d 986, 1006 (D.Minn. 1999); Iglesia Cristiana La Casa Del Senor, Inc. v. L.M., 783 So.2d 353, 360 (Fla. 2001); Tichenor v. Roman Catholic Church of Archdiocese of New Orleans, 32 F.3d 953, 960 (5th Cir. (La.) 1994); 27 Am. Jur. 2d Employment Relationship § 477.

1108 Siehe oben, Teil 2. D. II. 4. a.

1109 Siehe unten, Teil 2. E. I.

1110 Siehe unten, Teil 2. E. I.

1111 Siehe Usrey, 6 Causes of Action 2d 745, § 9, zitierend Williams v. United States Fidelity & Guaranty Co, 854 F2d 106, 109 (5th Cir. 1988).

1112 Siehe oben, Teil 2. D. II. 4. a. bb. aaa.

nicht auf die Möglichkeit der Überwachung aus. Dieses Argument ist nur dann überzeugend, wenn der *servant out of the scope of the employment* handelt, weil er außerhalb der autorisierten Raum- und Zeitgrenzen tätig wird[1113].

Nach überzeugender Ansicht[1114] besteht die *duty to supervise* auch dann, wenn sich der *servant out of the scope of the employment* bewegt hat. In diesem Fall hat die *duty to supervise* eine eigenständige Bedeutung, weil die Voraussetzungen des *respondeat superior* nicht vorliegen.

Zusammenfassend ist festzuhalten, dass die *duty to supervise carefully* den Inhalt hat, die Aktivitäten des Gehilfen zu überwachen und dann einzugreifen, wenn von seinem Verhalten die Gefahr der Begehung unerlaubter Handlungen ausgeht. Ihr Umfang hängt einerseits insbesondere von den Faktoren der Art der Gefahr und der Wahrscheinlichkeit der Rechtsgutsverletzung ab, andererseits von der Möglichkeit der Kontrolle über den Gehilfen durch den Geschäftsherrn.

bb. Breach of duty

Hat man den Umfang der jeweiligen duty wie oben festgelegt, ergeben sich für die Prüfung der Sorgfaltspflichtverletzung *(breach of duty)* keine Probleme mehr.

So verletzt der Geschäftsherr seine *duty to select/hire carefully* bzw. seine *duty only to retain competent persons*, wenn er einen inkompetenten Gehilfen auswählt bzw. weiterbeschäftigt, obwohl er von dessen Inkompetenz Kenntnis hat oder haben muss[1115]. Ob der Geschäftsherr von der Inkompetenz Kenntnis haben muss, hängt von dem oben dargestellten Umfang der Nachforschungspflicht ab[1116].

Ein Geschäftsherr verletzt seine *duty to instruct carefully*, wenn er unklare Anweisungen gibt oder solche, die den zu erwartenden Umständen und der Fähigkeit des Gehilfen nicht gerecht werden[1117].

1113 Siehe oben, Teil 2. D. II. 4. a. bb. aaa.; zu diesem Ergebnis kommt auch das Gericht in Yunker v. Honeywell, Inc., 496 N.W.2d 419, 422 (Minn. 1993), das zwar auch auf das "*scope* Erfordernis" abstellt, aber als ausschlaggebende Faktoren hierfür nur *acting on master's premises or using his chattels* heranzieht.

1114 International Distributing Corp. v. American Dist. Tel. Co., 569 F.2d 136, 139 (D.C. Cir. 1977); Continued Care, Inc. v. Fournet, 979 S.W.2d 419, 420 (Tex. 1998); Dairy Road Partners v. Island Ins. Co., Ltd., 992 P.2d 93, 122 (Hawai'i 2000), nach diesem Court ist das *acting outside the scope* sogar Voraussetzung für die Haftung nach der *negligent supervision* Theorie; 30 C.J.S. Employer – Employee Relationship, § 189.

1115 Plains Resources, Inc. v. Gable, 682 P.2d 653, 662 (Kann. 1984); Perkins v. Spivey, 911 F.2d 22, 31 (8th Cir. (Mo.) 1990).

1116 Siehe dazu oben, Teil 2. D. III. 1. b. aa. aaa. (2)

1117 Vgl. oben, Teil 2. D. III. 1. b. aa. ccc.

Die Verletzung einer *duty to supervise* liegt entweder dann vor, wenn der Geschäftsherr seinen Gehilfen trotz Überwachungsmöglichkeit nicht im gebotenen Umfang überwacht oder dann, wenn der Geschäftsherr seinen Gehilfen zwar überwacht, aber trotz Eingriffsmöglichkeit nicht eingreift[1118].

cc. Causation of the injury through breach of duty

Auch das Erfordernis der *causation of the injury through breach of duty*[1119] birgt kaum Besonderheiten gegenüber dem allgemeinen US-amerikanischen Deliktsrecht, so dass auch dieser Abschnitt nur die Darstellung der wesentlichen Punkte enthält.

Wie bei der allgemeinen *negligence action* und ähnlich dem *substantial assistance* Erfordernis beim *aiding and abetting* muss die Pflichtverletzung für den Eintritt der Rechtsgutsverletzung ursächlich im Sinne der *but for rule*[1120] sein und einen *proximate cause*[1121] bzw. einen *substantial factor*[1122] für den Eintritt der Rechtsgutsverletzung darstellen. Diese beiden Begriffe unterscheiden sich in ihrer Bedeutung nur unwesentlich und bedeuten, dass der eingetretene Verletzungserfolg einer ursächlichen Handlung auch zurechenbar sein muss[1123]. Die Prüfung, ob die Sorgfaltspflichtverletzung einen *proximate cause* bzw. einen *substantial factor* darstellt, ist eng mit dem *foreseeability test* verbunden[1124]. Es ist mithin zu prüfen, ob die schädigende Handlung des Gehilfen *a reasonably*

1118 Vgl. oben, Teil 2. D. III. 1. b. aa. ddd.

1119 Brooks v. Logan, 903 P.2d 73, 80 (Idaho 1995); Connes v. Molalla Transport Systems, Inc., 817 P.2d 567, 570 (Colo. 1991); Janice v. Hondzinski, 439 N.W.2d 276, 279 (Mich. 1989); Harty/Foley, 39 Drake L. Rev. 3, 9; Wais, 37 Wayne L. Rev. 237, 244; Leavitt, 37 Idaho L. Rev. 603, 617.

1120 Die *but for rule* entspricht der conditio sine qua non-Formel (Hay, Law of the United States, Rn. 380).

1121 Brooks v. Logan, 903 P.2d 73, 80 (Idaho 1995); Connes v. Molalla Transport Systems, Inc., 817 P.2d 567, 570 (Colo. 1991); Janice v. Hondzinski, 439 N.W.2d 276, 279 (Mich. 1989); Leavitt, 37 Idaho L. Rev. 603, 617; Wais, 37 Wayne L. Rev. 237, 244 f.

1122 Restatement (2d.) of Torts, §§ 430, 431.

1123 Vgl. Restatement (2d.) of Torts, §§ 430 ff.; Prosser/Keeton, §§ 41 f. Da der *proximate cause* bzw. *substantial factor test* zur allgemeinen Materie des US–amerikanischen Deliktsrechts gehört, sei für Einzelheiten auf die oben zitierten Werke verwiesen.

1124 Brooks v. Logan, 903 P.2d 73, 80 (Idaho 1995); Watson v. City of Hialeah, 552 So.2d 1146, 1149 (Fla. 1989); Usrey, 6 Causes of Action 2d 745, § 7; Leavitt, 37 Idaho L. Rev. 603, 617.

foreseeable[1125] oder *a probable, natural and predictable consequence*[1126] der Sorgfaltspflichtverletzung des Geschäftsherrn gewesen ist. Dabei muss weder die genaue Art der Verletzung, noch der genaue Geschehensablauf vorhersehbar sein[1127]. Es reicht bereits aus, wenn irgendeine Rechtsgutsverletzung als Resultat der Sorgfaltspflichtverletzung in irgendeiner Weise vorhersehbar eintritt[1128]. In den Fällen des *negligent hiring/selecting or retaining* eines zu Gewalttaten neigenden Gehilfen ist die *foreseeability* leicht herzuleiten: Wenn der Geschäftsherr gerade deswegen fahrlässig handelt, weil er erkennen muss, dass Dritte durch die Gewaltbereitschaft des Gehilfen einer Gefahr ausgesetzt sind[1129], folgt daraus notwendigerweise, dass die durch die Gewalttat verursachte Rechtsgutsverletzung vorhersehbar ist[1130].

Ausnahmsweise haftet auch derjenige nicht, dessen Handlung einen *proximate cause* für die Rechtsgutsverletzung darstellt, wenn ein *superseding cause* den Kausalverlauf unterbricht[1131]. Insbesondere vorsätzliche oder kriminelle Schädigungen durch eine weitere Person – hier durch den Gehilfen – können einen solchen *superseding cause* darstellen[1132]. Ein *superseding cause* liegt aber nicht vor, wenn eine solche vorsätzliche Schädigung vorhersehbar gewesen ist[1133]. Dies ist, wie oben gezeigt, aber gerade in den Konstellationen der Fall, in denen der Geschäftsherr deswegen *negligent* ist, weil er einen gewaltbereiten

---

1125 Siehe obige Fn.

1126 Usrey, 6 Causes of Action 2d 745, § 7.

1127 Tallahassee Furniture Co., Inc. v. Harrison, 583 So.2d 744, 757 (Fla. 1991); Valdez v. Warner, 742 P.2d 517, 520 (N.M. 1987); Usrey, 6 Causes of Action 2d 745, § 7; Restatement (2d.) of Torts, § 435 (1).

1128 Tallahassee Furniture Co., Inc. v. Harrison, 583 So.2d 744, 757 (Fla. 1991); Valdez v. Warner, 742 P.2d 517, 520 (N.M. 1987).

1129 Siehe oben, Teil 2. D. III. 1. b. aa. aaa. und bbb., sowie bb.

1130 Vgl. Restatement (2d.) of Torts, §§ 448, comm. c. und 449, comm. a.

1131 Brooks v. Logan, 903 P.2d 73, 80 (Idaho 1995); Copithorne v. Framingham Union Hosp., 520 N.E.2d 139, 141 (Mass. 1988); Soule v. General Motors Corp., 34 Cal.Rptr.2d 607, 621 Fn. 9 (Cal. 1994); Restatement (2d.) of Torts, § 440; Leavitt, 37 Idaho L. Rev. 603, 618; Harty/Foley, 39 Drake L. Rev. 3, 12.

1132 Vgl. Ponticas v. K.M.S. Investments, 331 N.W.2d 907, 915 (Minn. 1983); McLean v. Kirby Co., a Div. of Scott Fetzer Co., 490 N.W.2d 229, 242 (N.D. 1992); Copithorne v. Framingham Union Hosp., 520 N.E.2d 139, 141 (Mass. 1988); Restatement (2d.) of Torts, § 448; Wais, 37 Wayne L. Rev. 237, 245; Usrey, 6 Causes of Action 2d 745, § 7.

1133 Brooks v. Logan, 903 P.2d 73, 80 (Idaho 1995); Ponticas v. K.M.S. Investments, 331 N.W.2d 907, 915 (Minn. 1983); McLean v. Kirby Co., a Div. of Scott Fetzer Co., 490 N.W.2d 229, 242 (N.D. 1992); Copithorne v. Framingham Union Hosp., 520 N.E.2d 139, 141 (Mass. 1988); Restatement (2d.) of Torts, § 448; Harty/Foley, 39 Drake L. Rev. 3, 12; Wais, 37 Wayne L. Rev. 237, 245.

Gehilfen ausgesucht hat[1134]. Auch wenn mit der (Un)Vorhersehbarkeit das Hauptmerkmal des *superseding cause* dem des *proximate cause* entspricht, werden beide Prüfungen getrennt, da auch jemand, dessen Handlung einen *proximate cause* darstellt, wegen des Eintritts eines *superseding cause* nicht haftet[1135].

Als Resultat ist zu bemerken, dass das Element der *causation* in den *hate crimes* Fällen keine größeren Probleme bereitet. Sobald die Ursächlichkeit der Sorgfaltspflichtverletzung im Sinne der *but for rule* festgestellt ist, lässt sich die Zurechenbarkeit der Rechtsgutsverletzung zur Sorgfaltspflichtverletzung schon aus Letzterer selbst herleiten: Weil der Geschäftsherr einen für ihn erkennbar gewaltbereiten Gehilfen ausgewählt hat (Sorgfaltspflichtverletzung), ist die Begehung von Gewalttaten durch den Gehilfen für ihn vorhersehbar im Sinne des *proximate cause* und des *superseding cause* Tests gewesen.

dd. Damages resulting from the injury

Bei der Voraussetzung der *damages resulting from the injury* ergeben sich keine Unterschiede zum allgemeinen US-amerikanischen Deliktsrecht.

c. Voraussetzungen der Haftung für reckless hiring/selecting etc.

Wie oben erwähnt, ist die Anspruchsgrundlage des *reckless hiring/selecting etc.* in der *hate crimes litigation* von besonderer Bedeutung, weil einem *reckless* Geschäftsherrn, im Gegensatz zu einem *negligent* Geschäftsherrn, *punitive damages* aufgebürdet werden können[1136]. Die Voraussetzungen des *reckless hiring/selecting etc.* entsprechen bis auf das Element der Sorgfaltspflichtverletzung denen des *negligent hiring/selecting etc*[1137]. Hierbei ist zu untersuchen, ob die Pflicht

---

1134 Ponticas v. K.M.S. Investments, 331 N.W.2d 907, 915 f. (Minn. 1983); Restatement (2d.) of Torts, §§ 448, comm. c. und 449, comm. a.; vgl. oben.

1135 Soule v. General Motors Corp., 34 Cal.Rptr.2d 607, 621 Fn. 9 (Cal. 1994); vgl. Brooks v. Logan, 903 P.2d 73, 80 (Idaho 1995); Restatement (2d.) of Torts, § 440; a.A. Ponticas v. K.M.S. Investments, 331 N.W.2d 907, 915 f. (Minn. 1983); Wais, 37 Wayne L. Rev. 237, 245. Der Streit hat aber keine praktischen Auswirkungen.

1136 Siehe unten, Teil 2. E. I.

1137 Vgl. Easley v. Apollo Detective Agency, Inc., 387 N.E.2d 1241, 1248 f. (Ill. 1979), in dem teilweise die Voraussetzungen für *wanton und wilful misconduct* geprüft werden, die aber denen der *recklessness* entsprechen; Restatement (2d.) of Agency, § 213: Das Restatement (second) of Agency prüft die Voraussetzungen für *negligent/reckless hiring/selecting etc.* einheitlich, ohne zwischen *reckless*ness und *negligence* zu unterscheiden; Restatement (2d.) of Torts, § 501 (1).

nicht nur *negligently*, sondern *recklessly* verletzt worden ist[1138]. Da für diese Prüfung das allgemeine US-amerikanische Deliktsrecht maßgeblich ist, und sich für die Frage der Haftung für (rassistische) Gewalttaten anderer keine Besonderheit ergibt, werden die Voraussetzungen der *recklessness* nur überblicksweise behandelt.

Recklessly oder auch *wantonly and wilfully*[1139] handelt derjenige, der (1) *intentionally* eine Handlung vornimmt oder *intentionally* die Vornahme einer solchen Handlung pflichtwidrig unterlässt und (2) dabei Tatsachen kennt oder auf sie schließen kann, die einer vernünftigen Person den Schluss ermöglichen, dass dieses Verhalten ein nicht hinnehmbares Risiko des Eintritts eines *physical harm* für Dritte schafft, das wesentlich größer als das ist, welches für die *negligence* Haftung erforderlich ist[1140]. Wesentliche Charakteristika der *recklessness* sind damit die Erfordernisse des willentlichen Handelns/Unterlassens und des Bewusstseins der Schaffung eines besonders großen Risikos einer Rechtsgutsverletzung.

Im Gegensatz hierzu handelt der Anspruchsgegner bloß *negligently*, wenn er entweder ungewollt bzw. unbewusst vorgeht – etwa wegen Unfähigkeit oder mangelnder Aufmerksamkeit –, oder wenn das durch ihn hervorgerufene Risiko nicht besonders groß ist[1141]. Wie bereits in der obigen Definition angedeutet, muss der Anspruchsgegner nicht unmittelbar wissen, dass er durch sein Vorgehen ein besonders großes Risiko schafft. Es reicht aus, wenn er von Tatsachen

---

1138 Vgl. Easley v. Apollo Detective Agency, Inc., 387 N.E.2d 1241, 1248 f. (Ill. 1979); Restatement (2d.) of Agency, § 213

1139 Zahlreiche Jurisdiktionen und ein Teil der Literatur unterscheiden nicht zwischen diesen beiden Begriffen (65 C.J.S. Negligence, § 104): Siehe Bryant v. Livigni, 619 N.E.2d 550, 558 (Ill. 1993); Dyals v. Hodges, 659 So.2d 482, 485 (Fla. 1995); Stanulonis v. Marzec, 649 F.Supp. 1536, 1543 (D.Conn. 1986); 57A Am. Jur. 2d Negligence, § 290.

1140 Die genaue Definition lautet: "The actor's conduct is in reckless disregard of the safety of another if he does an act or intentionally fails to do an act which it is his duty to the other to do, knowing or having reason to know of facts which would lead a reasonable man to realize, not only that his conduct creates an unreasonable risk of physical harm to another, but also that such risk is substantially greater than that which is necessary to make his conduct negligent" (Restatement (2d.) of Torts, § 500). Ebenso: Hall v. Jackson, 788 A.2d 390, 403 (Pa. 2001); Fisher v. Huck, 624 P.2d 177, 184 (Or. 1981); Schick v. Ferolito, 767 A.2d 962, 969 (N.J. 2001); Hunter v. Columbus, 746 N.E.2d 246, 252 (Ohio 2000); Dyals v. Hodges, 659 So.2d 482, 484 (Fla. 1995); 57A Am. Jur. 2d Negligence, § 290; 65 C.J.S. Negligence, § 105.

1141 Schick v. Ferolito, 767 A.2d 962, 969 (N.J. 2001); Prosser/Keeton, § 34, S. 212.

Kenntnis hat, aus denen ein vernünftiger Dritter[1142] den Schluss ziehen kann, dass ein solches Risiko geschaffen wird[1143]. Darüber hinaus reicht es aus, wenn er zwar nicht diese Tatsachen kennt, aber solche, aus denen ein vernünftiger Dritter wiederum den Schluss auf das Vorliegen dieser Tatsachen ziehen kann *(actor must have "reason to know" of facts...)*[1144]. Es genügt also, wenn ein vernünftiger Dritter in der Situation des Anspruchsgegners aus einer Schlussfolgerung die nächste Schlussfolgerung ziehen kann, um sich der Schaffung eines besonders großen Risikos bewusst zu werden. Indes muss dieses Risiko nach wie vor leicht erkennbar sein[1145]. Von einem solchen Bewusstsein kann nicht mehr gesprochen werden, wenn der Anspruchsgegner von den entsprechenden Tatsachen bloß Kenntnis haben muss *(should know)*, er sie aber tatsächlich nicht hat, etwa weil er sich unsorgfältigerweise unzureichend über die Situation aufgeklärt hat[1146]. Im Gegensatz zum Kennenmüssen *(should know)* hat der Anspruchsgegner, der ein *reason to know* hat, zumindest Kenntnis von den Hilfstatsachen, aus denen auf die Haupttatsachen geschlossen werden kann.

Ein besonders großes Risiko liegt vor, wenn die Gefahr des Todes oder einer wesentlichen Sachbeschädigung oder Körperverletzung besteht, und die Wahrscheinlichkeit des Eintritts dieser Rechtsgutsverletzungen wesentlich größer ist als es für die *negligence* Haftung erforderlich ist[1147]. Diese schwammige Definition zeigt, dass die Gerichte an dieser Stelle einen gewissen Entscheidungsspielraum haben und daher die Beantwortung der Frage, ob im Einzelfall ein besonders großes Risiko erkennbar ist, unterschiedlich ausfallen kann.

Gelegentlich wird von der Regel Gebrauch gemacht, dass auf das Vorliegen der *recklessness*, d.h. auf die hierfür erforderliche innere Einstellung geschlossen werden kann, wenn der Anspruchsgegner so *grossly negligent* vorging, dass einem vernünftigen Dritten die gesteigerte Wahrscheinlichkeit des Eintritts einer Rechtsgutsverletzung bewusst gewesen wäre[1148]. So hat beispielsweise das Ge-

---

1142 Diese Prüfung richtet sich mithin nach objektiven Maßstäben und nicht nach den Fähigkeiten des Geschäftsherrn, siehe Fisher v. Huck, 624 P.2d 177, 184 (Or. 1981); Schick v. Ferolito, 767 A.2d 962, 969 (N.J. 2001).

1143 Vgl. die Definition oben, i.Ü. Restatement (2d.) of Torts, § 500, comm. c.

1144 Restatement (2d.) of Torts, § 500, comm. a. i.V.m. § 12 (1).

1145 Hall v. Jackson, 788 A.2d 390, 403 (Pa. 2001); Townsend v. Whatton, 521 P.2d 1014, 1018 (Ariz. 1974); Fisher v. Huck, 624 P.2d 177, 184 (Or. 1981).

1146 Restatement (2d.) of Torts, § 500, comm. a. i.V.m. § 12 (2).

1147 Hall v. Jackson, 788 A.2d 390, 403 (Pa. 2001); Fisher v. Huck, 624 P.2d 177, 184 (Or. 1981); Townsend v. Whatton, 521 P.2d 1014, 1018 (Ariz. 1974); Restatement (2d.) of Torts, § 500, comm. a.

1148 Siehe Wilson v. Duke Power Co., 258 S.E.2d 101, 104 (S.C. 1979); 57A Am. Jur. 2d Negligence, § 290; vgl. Easley v. Apollo Detective Agency, Inc., 387 N.E.2d 1241, 1249 (Ill. 1979).

richt in Easley v. Apollo Detective Agency, Inc.[1149] nicht geprüft, ob der Geschäftsherr bewusst gegen seine *duty to select/hire carefully* verstoßen hat. Vielmehr schloss es aus der Tatsache, dass sich der Geschäftsherr so gut wie gar nicht über die Kompetenz des einzustellenden Gehilfen informierte und daraus, dass von der Arbeit dieses Gehilfen, einem bewaffneten Wachmann mit Schlüssel zur Wohnung des Opfers, eine besondere Gefahr ausging, auf die *recklessness* des Geschäftsherrn[1150].

Subsummiert man den Sachverhalt, der vielen Fällen von rassistisch orientierten Gewalttaten unter Involvierung von *hate groups* gemeinsam ist, unter diese Voraussetzungen, bedeutet dies, dass die einzige zu bewältigende Schwierigkeit der Nachweis des *intent* bezüglich der Sorgfaltspflichtverletzung ist. Auf das Vorliegen des *intent* kann aber schlussgefolgert werden, wenn die *hate group* besonders *grossly negligent* ihre Pflicht verletzte, in dem sie etwa wider besseres Wissen einen gewalttätigen Gehilfen einstellte oder eine Nachforschung gänzlich unterließ. Die zweite Voraussetzung, das Bewusstsein der Schaffung eines besonders großen Risikos einer Rechtsgutsverletzung, dürfte aufgrund der Natur der zu erledigenden Arbeit regelmäßig erfüllt sein[1151].

Festzuhalten ist damit, dass für das *reckless hiring/selecting etc.* bis auf das Erfordernis der Sorgfaltspflichtverletzung dieselben Voraussetzungen gelten wie für das *negligent hiring/selecting etc.* Die beiden besonderen Merkmale der *recklessness* sind das willentliche Handeln/Unterlassen und das Bewusstsein der Schaffung eines besonders großen Risikos einer Rechtsgutsverletzung. Oft werden die Voraussetzungen der *recklessness* nicht penibel geprüft, sondern es wird auf die für die *recklessness* erforderliche innere Einstellung geschlossen, wenn der Anspruchsgegner besonders *grossly negligent* vorging. Diese Anspruchsgrundlage ist von großer Bedeutung in der *hate crimes litigation*, da die Erfüllung ihrer Voraussetzungen in diesen Fällen nicht unwahrscheinlich ist und einem *reckless* Geschäftsherrn *punitive damages* auferlegt werden können.

d. Ergebnis

Nach der Doktrin des *reckless/negligent hiring/selecting etc.* haftet der Geschäftsherr auch für Vorsatztaten seines *servant's* bzw. *employee's*. Es ist sehr wahrscheinlich, aber kaum gerichtlich geklärt, dass gleiches auch für Vorsatzta-

---

1149 Easley v. Apollo Detective Agency, Inc., 387 N.E.2d 1241, 1249 (Ill. 1979).

1150 Siehe obige Fn.

1151 Vgl. oben, Teil 2. D. III. 1. b. aa. aaa. (2).

ten eines *non-servant* Gehilfen gilt[1152]. Bezüglich beider Arten von Gehilfen gelten vorbehaltlich der *duty to supervise* dieselben Voraussetzungen[1153].

Die Elemente der Haftung des *negligent* Geschäftsherrn für Akte seines Gehilfen sind das Bestehen einer Sorgfaltspflicht *(duty)*[1154], deren Verletzung *(breach of duty)*[1155], die zurechenbare Verursachung einer Rechtsgutsverletzung durch diese Sorgfaltspflichtverletzung *(causation)*[1156] und ein dadurch entstandener Schaden *(damages)*[1157]. Interessant für diese Arbeit ist hauptsächlich das Merkmal der Sorgfaltspflicht, insbesondere die *duties to select/hire* und *to retain carefully*, die Gegenstand der meisten Fälle sind. Bemerkenswert ist hier, dass deren Umfang insbesondere von der Schwere der zu erwartenden Rechtsgutsverletzung (Art der Gefahr) und der Wahrscheinlichkeit des Eintritts der Rechtsgutsverletzung abhängt. Da die Arbeit der Gehilfen einer *hate group* regelmäßig sowohl eine besonders schwerwiegende Rechtsgutsverletzung mit sich bringen kann als auch die Wahrscheinlichkeit von deren Eintritt hoch ist, sind die *duties* einer *hate group to select/hire* und *to retain carefully* regelmäßig sehr umfangreich[1158]. Die diesen *duties* immanenten Nachforschungspflichten können in gewissem Umfang aufgrund der Kollision mit Interessen des Geschäftsherrn, des Gehilfen und der Allgemeinheit beschränkt werden[1159].

Verletzt der Geschäftsherr seine Sorgfaltspflicht *recklessly*, hat der Geschädigte einen Anspruch auf Zahlung von *punitive damages*. Die Voraussetzungen der *recklessness* sind willentliches Handeln/Unterlassen und das Bewusstsein der Schaffung eines besonders großen Risikos einer Rechtsgutsverletzung. In *hate crimes* Fällen sind diese Voraussetzungen oft erfüllt, so dass diese Anspruchsgrundlage von großer Bedeutung in der *hate crimes litigation* ist[1160].

Die in diesem Kapitel gefundenen Ergebnisse lassen erahnen, dass der Nachweis der *negligence/recklessness in hiring/selecting und retaining* in *hate crimes* Fällen regelmäßig keine großen Schwierigkeiten bereitet. Denn ein Wachmann oder Straßenkampfausbilder ist bereits als *incompetent* anzusehen, wenn er nur in einem vorherigen Fall gewalttätig wurde[1161]. Solche Gewaltausbrüche lassen sich durch das Opfer eines solchen Zwischenfalls oder im günstigsten Fall dadurch

---

1152 Siehe oben, Teil 2. D. III. 1. a.
1153 Siehe oben, Teil 2. D. III. 1.
1154 Dazu Teil 2. D. III. 1. b. aa.
1155 Dazu Teil 2. D. III. 1. b. bb.
1156 Dazu Teil 2. D. III. 1. b. cc.
1157 Dazu Teil 2. D. III. 1. b. dd.
1158 Siehe oben, Teil 2. D. III. 1. b. aa. aaa. (2).
1159 Siehe obige Fn.
1160 Siehe oben, Teil 2. D. III. 1. c.
1161 Siehe oben, Teil 2. D. III. 1. b. aa. aaa. (1).

nachweisen, dass dieser Zwischenfall bei der Polizei aktenkundig geworden ist[1162]. Eine *hate group* oder die hinter ihr stehenden Führungspersonen als Geschäftsherrn haben eine umfangreiche Nachforschungspflicht hinsichtlich der *incompetence* des einzustellenden Wachmanns o.ä.[1163]. Wenn die Gewaltbereitschaft eines Gehilfen aktenkundig ist, und der Geschäftsherr diesen trotzdem einstellt, lässt sich schlussfolgern, dass der Geschäftsherr gegen seine umfangreiche Nachforschungspflicht verstoßen hat, so dass eine *negligence* Haftung gut denkbar ist. Aber auch ein *reckless conduct* seitens des Geschäftsherrn lässt sich oft nachweisen: Wenn der Gehilfe schon im Rahmen des bestehenden *agency* Verhältnisses gewalttätig geworden, und dieser Fall an die Öffentlichkeit gekommen ist, lässt sich der Schluss ziehen, dass auch der Geschäftsherr Kenntnis von diesem Vorfall erlangt hat. Wenn er den Gehilfen dann mit einer weiteren, ähnlich gefährlichen Aufgabe betraut oder ihn dieselbe gefährliche Aufgabe – z.B. Sicherheitsdienst – weiterhin ausführen lässt, ist der Nachweis des *reckless hiring/selecting* bzw. *retaining* leicht zu erbringen[1164].

2. Directing conduct of another[1165]

Ein Geschäftsherr haftet des weiteren außerhalb eines *agency* Verhältnisses für Akte seines Gehilfen, wenn ein Fall des *directing conduct of another* vorliegt[1166].

1162 Siehe beispielsweise Keenan v. Aryan Nations, No. CV-99-441 (Idaho Dist. Ct., County of Kootenai 2000), Plaintiffs Exhibit Nr. 5, S. 111 ff., zitiert in Memorandum in Support of Plaintiffs Motion to Amend the Complaint to Include a Claim for Punitive Damages, S. 9 f.

1163 Siehe oben, Teil 2. D. III. 1. b. aa. aaa. (2).

1164 Vgl. Keenan v. Aryan Nations, No. CV-99-441 (Idaho Dist. Ct., County of Kootenai 2000), Memorandum in Support of Plaintiffs Motion to Amend the Complaint to Include a Claim for Punitive Damages, S. 6, 9 f. und Special Verdict, S. 5, Q. 12. i.V.m. Jury Instructions, Nr. 12, 12A.; Berhanu v. Metzger, No. A8911-07007 (Or. Multnomah County Cir. Ct. 1990), Judgment, S. 3, Q. 4, zum Sachverhalt dieses Falles siehe unten Teil 3. A.

1165 Eine einheitliche Bezeichnung für diese Haftungstheorie existiert nicht. Es wird daher auf den in Restatement (2d.) of Torts, § 877 verwendeten Terminus zurückgegriffen, der diese Theorie am besten beschreibt. Eine andere Bezeichnung wird im Restatement (2d.) of Agency, § 212 verwendet, die *"principal intends conduct or cosequences"* lautet.

1166 Acme Delivery Service, Inc. v. U.S., 817 F.Supp. 889, 893, (D.Colo. 1993); Restatement (2d.) of Torts, § 877; Restatement (2d.) of Agency, §§ 212 und 250, in § 250 wird diese Regel als Ausnahmetatbestand zur Nichthaftung des Geschäftsherrn eines *independent contractor's* erwähnt; 30 C.J.S. Employer – Employee Relationship, § 184; siehe auch Reece v. Ebersbach, 9 So.2d 805, 806 (Fla. 1942); National Iranian Gas Co. v. Basco Industries, Inc., 507 F.Supp. 563, 566 (D.C.La. 1981).

Voraussetzungen dieser Haftungstheorie sind die Erteilung einer Anordnung *(direction/order)* durch den Geschäftsherrn, eine aufgrund der Anordnung begangene unerlaubte Handlung durch den Gehilfen, Kenntnis des Geschäftsherrn von den Tatumständen sowie *intent* bezüglich des Verhaltens seines Gehilfen oder bezüglich dessen Folgen[1167].

Die praktische Bedeutung dieser Theorie ist allerdings gering[1168]. Der Grund liegt vor allem darin, dass in den meisten Fällen bereits die Voraussetzungen der Theorie der *authorization* erfüllt sind[1169]. Denn die einzigen beiden Elemente der *authorization* sind das Vorliegen einer *agency* Beziehung zwischen Geschäftsherrn und Gehilfen und die *authorization* des Gehilfen, also das Vorliegen des Einverständnisses des Geschäftsherrn im Hinblick auf die Handlung des Gehilfen[1170]. Wenn also eine *agency* Beziehung besteht, liegt in Fällen des *directing conduct* immer ein Fall der *authorization* vor, da eine Anordnung notwendigerweise ein Einverständnis beinhaltet, und die weiteren Voraussetzungen des *directing conduct* bei der *authorization* nicht erfüllt sein müssen.

Folglich hat die Theorie des *directing conduct* nur dann eine eigenständige Bedeutung, wenn keine *agency* Beziehung besteht. Gerade in den Fällen des *directing conduct* besteht aber regelmäßig eine *agency* Beziehung. Denn es kommt selten vor, dass jemand auf einen Befehl eines anderen hin tätig wird, ohne für diesen und *subject to his control* – also gemäß der *agency* Definition als *agent*[1171] – handeln zu wollen.

Auch entsprechen die Erfordernisse des *directing conduct* (fast) denen des *abetting*, da auch für das *abetting* eine Veranlassungshandlung *(inciting* oder *encouraging), knowledge of* bzw. *intending the tortious conduct* sowie die zurechenbare Verursachung des Erfolges durch die Veranlassungshandlung verlangt

---

1167 Acme Delivery Service, Inc. v. U.S., 817 F.Supp. 889, 893, (D.Colo. 1993); Restatement (2d.) of Agency, § 212; 30 C.J.S. Employer – Employee Relationship, § 184.

1168 Aus diesem Grunde können auch kaum Entscheidungen gefunden werden, in denen sich ein Gericht auf diese Theorie stützt. In 30 C.J.S. Employer – Employee Relationship, § 184 werden zwar einige Entscheidungen zitiert. Aus diesen ist aber nicht ersichtlich, ob mit *„directing"* eine eigene Theorie gemeint ist oder ob sich das Gericht auf die Theorie der *authorization* oder des *respondeat superior* bezieht, siehe Reece v. Ebersbach, 9 So.2d 805, 806 (Fla. 1942); National Iranian Gas Co. v. Basco Industries, Inc., 507 F.Supp. 563, 566 (D.C.La. 1981).

1169 So zitiert das Restatement (2d.) of Agency, § 212 in den Case Citations Fälle, in denen das Gericht statt der Theorie des *directing conduct* die Theorie der *authorization* herangezogen hat: Siehe die dort zitierten Fälle Larsen Chelsey Realty Co. v. Larsen, 656 A.2d 1009, 1023 (Conn. 1995) und Pesio v. Sherman, 172 N.W.2d 748, 750 (Minn. 1969).

1170 Siehe oben, Teil 2. D. II. 2.

1171 Siehe oben, Teil 2. D. II. 1.

wird[1172]. Zwar gehen einige Gerichte und ein Teil der Literatur davon aus, dass sich diese Begriffe gegenseitig ausschließen[1173] mit der Folge, dass entweder die Theorie des *abetting* oder die des *directing conduct* anwendbar ist. Es läuft im Ergebnis aber ohnehin auf die Prüfung fast identischer Voraussetzungen hinaus, so dass eine Unterscheidung zwischen diesen Begriffen überflüssig ist.

IV. Ergebnis zur Haftung des Geschäftsherrn für Akte seines Gehilfen

Die Haftung des Geschäftsherrn für das Verhalten seines Gehilfen lässt sich aufgrund von fünf verschiedenen, nebeneinander anwendbaren[1174] Theorien herleiten, nämlich aufgrund von *authorization, ratification, respondeat superior, reckless/negligent hiring/selecting etc.* und *directing conduct*. Wie in der Einleitung zu D. erwähnt, ergänzen diese fünf Theorien die zuvor dargestellten Institute der *civil conspiracy* und des *aiding and abetting* in zweierlei Hinsicht: Zum einen kann eine weitere Einzelperson unabhängig vom Vorliegen der Elemente des *aiding and abetting* oder der *civil conspiracy* in die Haftung einbezogen werden, wenn die Voraussetzungen einer dieser fünf Theorien des *law of agency* i.w.S. erfüllt sind. Zum anderen erlauben die Regeln des *law of agency* i.w.S. eine Einbeziehung der Organisationen (*hate groups*), die hinter solchen *hate crimes* stehen[1175].

Aber auch untereinander ergänzen sich die in diesem Kapitel vorgestellten Theorien weitgehend, wie folgende Zusammenfassung zeigt:

Zunächst kann ein Geschäftsherr aufgrund von *authorization* haften[1176]. Hierfür muss der Geschäftsherr *principal* sein – es muss also ein *agency* Verhältnisses vorliegen –, und er muss vor Begehung der schädigenden Handlung seine Zustimmung zu einer solchen Vorgehensweise erteilt haben. Das Vorliegen einer solchen Zustimmung ist im Wege der Auslegung aus der Sicht eines objektiven Erklärungsempfängers in der Person des *agent's* zu ermitteln und kann auch kon-

---

1172 Siehe oben, Teil 2. C. II.

1173 Krudwig v. Koepke, 277 N.W. 670, 672 (Wis. 1938); Frey, Preliminary Report: United States Case Law Relating to the Civil Liability of Groups That Promote Violence, S. 30, abrufbar unter www.auslaenderschutz-durch-zivilrecht.de.

1174 Vgl. Restatement (2d.) of Agency, § 213, comm. h., § 215, comm. b.; siehe beispielsweise Berhanu v. Metzger, No. A8911-07007 (Or. Multnomah County Cir. Ct. 1990), Judgment, S. 3 f., Q. 2 und 4. In einigen Jurisdiktionen werden *respondeat superior* und *negligent* -nicht aber *reckless- hiring/selecting etc.* als exklusiv zueinander angesehen, siehe Malia, 44 A.L.R.4th 620, § 2 (b), zitierend Arringtons Estate v. Fields, 578 S.W.2d 173, 178 f. (Tex. 1979).

1175 Siehe oben, Teil 2. D. I.

1176 Dazu oben, Teil 2. D. II. 2.

kludent erfolgen *(implied authority)*[1177]. Hieraus ist ein großer Vorteil dieser Theorie ersichtlich, nämlich der, dass eine *authorization* in *hate crimes* Fällen relativ unproblematisch hergeleitet werden kann, beispielsweise aus dem Vorverhalten des *principal's*[1178]. Damit eng verbunden ist ein weiterer Vorteil dieser Theorie, nämlich die verhältnismäßig gute Nachweisbarkeit eines solchen Vorverhaltens wie etwa die Nichtahndung polizeiaktenkundiger Verfehlungen des *agent's*[1179].

Die zweite Theorie des *agency law* i.w.S. ist die der *ratification*[1180]. Sie ergänzt die Theorie der *authorization* dahingehend, dass der *principal* auch aufgrund nachträglicher Zustimmung in die Haftung miteinbezogen wird. Allerdings ist diese Theorie in den meisten Staaten von geringem Nutzen, da ein *principal* eine reine unerlaubte Handlung nur selten genehmigt und der hierfür erforderliche *intent to ratify* schwer nachzuweisen ist[1181]. Dies gilt nicht für den Staat Kalifornien, in dem die sanktionslose Weiterbeschäftigung des *agent's*, der eine Gewalttat begangen hat, bereits ein ausreichendes Indiz für einen solchen *intent* des *principal's* angesehen wird[1182].

Die beiden zuvor genannten Theorien werden durch die Theorie des *respondeat superior* ergänzt[1183]. Danach haftet der *principal* im Rahmen eines *agency* Verhältnisses auch für nicht autorisierte bzw. ratifizierte Gewalttaten, wenn sein *agent* als *servant within the scope of the employment* gehandelt hat und diese Tat für den *principal* vorhersehbar war (ganz h.M.)[1184]. Während ein *hate crime,* begangen durch einen *agent* einer *hate group* regelmäßig *within the scope of the employment* liegt und auch vorhersehbar ist[1185], liegt in *hate crimes* Fällen das Element der *master – servant* Beziehung seltener vor[1186]. Daher, und weil sich die Haftung gem. *respondeat superior* in einigen Jurisdiktionen nicht auf *punitive damages* erstreckt[1187], ist diese Theorie in *hate crimes* Fällen nur von eingeschränktem Nutzen[1188].

1177 Siehe oben, Teil 2. D. II. 2.
1178 Siehe obige Fn.
1179 Siehe obige Fn.
1180 Dazu oben, Teil 2. D. II. 3.
1181 Siehe oben, Teil 2. D. II. 3. a.
1182 Siehe oben, Teil 2. D. II. 3. b. aa.
1183 Dazu oben, Teil 2. D. II. 4. a.
1184 Siehe oben, Teil 2. D. II. 4. a. aa. und bb.
1185 Siehe oben, Teil 2. D. II. 4. a. bb. aaa. und bbb.
1186 Siehe oben, Teil 2. D. II. 4. a. aa.
1187 Siehe unten, Teil 2. E. I.
1188 In Keenan v. Aryan Nations, No. CV-99-441 (Idaho Dist. Ct., County of Kootenai 2000), lag eine solche *master – servant* Beziehung vor, siehe oben, Teil 2. D. II. 4. a. aa. Trotzdem hat das Gericht diese Theorie nicht angewandt, was darauf hin-

Ein Geschäftsherr haftet nach der Theorie des *negligent/reckless hiring/selecting etc.* sogar für Taten außerhalb *the scope of the employment* und damit für alle vorhersehbaren Taten seines Gehilfen[1189], wenn ihm der Vorwurf der *negligence* bzw. *recklessness in hiring/selecting, retaining, instructing* oder *supervising* gemacht werden kann[1190]. Diese Haftung ist nicht nur außerhalb einer *master – servant-*, sondern auch außerhalb einer *agency* Beziehung möglich[1191]. Das entscheidende Element dieser Theorie ist der Nachweis einer Verletzung der *duty to select/hire, retain, instruct* oder *supervise*[1192]. Damit eine Haftung des Geschäftsherrn auch auf *punitive damages* möglich ist, muss diese Verletzung zudem *recklessly* erfolgen[1193]. Trotzdem ist diese Theorie von großer praktischer Bedeutung in *hate crimes* Fällen[1194], weil auch die *reckless* Pflichtverletzung oft beweisbar ist. Diese lässt sich zum Beispiel wie bei der *authorization* durch die Nichtahndung polizeiaktenkundiger Verfehlungen des *agent's* nachweisen[1195].

Von eher untergeordneter Bedeutung ist schließlich die Theorie des *directing conduct of another*[1196], weil in den meisten Fällen, in denen diese Theorie anwendbar ist, bereits die Voraussetzungen der Theorie der *authorization* erfüllt sind[1197]. Oft sind in diesen Fällen auch die Voraussetzungen des *aiding and abetting* erfüllt[1198].

Zusammenfassend lässt sich feststellen, dass insbesondere die Theorien der *authorization* und des *negligent/reckless hiring/selecting etc.* eine wertvolle Ergänzung zu den Theorien des *aiding and abetting* und der *civil conspiracy* darstellen. Ein großer Vorteil dieser Theorien ist der relativ unproblematische Nachweis des Vorliegens der Voraussetzungen. Dieses Kapitel zeigt zudem einen weiteren Vorteil nicht nur dieser beiden, sondern aller fünf Theorien des *agency law* i.w.S. auf: Aufgrund der festen Verankerung dieser Theorien im *agency law*

---

deutet, dass es von der Exklusivität des *negligent hiring/selecting etc.* gegenüber dem *respondeat superior* ausgeht, siehe dazu weiter oben.

1189 Siehe zur Haftung für Vorsatztaten eines *non-servant* Gehilfen Teil 2. D. III. 1. a.

1190 Dazu oben, Teil 2. D. III. 1.

1191 Wobei in Fällen des *negligent/reckless hiring/selecting etc.* regelmäßig eine *agency* Beziehung besteht.

1192 Dazu oben, Teil 2. D. III. 1. b. aa. und bb.

1193 Siehe unten, Teil 2. E. I.

1194 Sie wurde beispielsweise in Keenan v. Aryan Nations und Berhanu v. Metzger erfolgreich angewandt, siehe Keenan v. Aryan Nations, No. CV-99-441 (Idaho Dist. Ct., County of Kootenai 2000), Special Verdict, S. 3, Q. 5, 6, S. 5, Q. 10, 12 i.V.m. Jury Instructions Nr. 11A, 11B, 12, 12A und Berhanu v. Metzger, No. A8911-07007 (Or. Multnomah County Cir. Ct. 1990), Judgment, S. 3, Q. 4.

1195 Siehe oben, Teil 2. D. III. 1. d.

1196 Dazu oben, Teil 2. D. III. 2.

1197 Siehe oben, Teil 2. D. III. 2.

1198 Siehe obige Fn.

bzw. im *law of torts* und der damit verbundenen Fülle von Rechtsprechung zu diesen Theorien lässt sich die rechtliche Entscheidung des Richters gut voraussagen und daher ein auf diese Theorien gestützter Rechtsstreit gut planen.

E. Haftung des Sekundärschädigers auf Zahlung von punitive damages

Da die finanzielle Schädigung eines Sekundärschädigers, also einer *hate group* oder eines führenden Hintermannes, besonders von der Verurteilung zur Zahlung von *punitive damages* abhängt, wird in diesem Kapitel kurz auf zwei Sonderprobleme eingegangen, die in diesem Zusammenhang auftreten.

Es stellt sich zunächst die Frage, unter welchen Umständen ein Sekundärschädiger auf Zahlung von *punitive damages* haftet, insbesondere, ob *punitive damages* auch dem schuldlosen Geschäftsherrn aufgebürdet werden können, der dem Geschädigten nur *vicariously* verantwortlich ist, dazu I. Des weiteren ist kurz zu untersuchen, ob die Beklagten bei Erfüllung der Voraussetzungen für die Aufbürdung von *punitive damages jointly and severally*[1199] auf Zahlung von *punitive damages* haften oder ob jedem einzelnen ein individueller Betrag aufgebürdet wird, dazu II.

I. Voraussetzungen für die Verhängung von punitive damages gegen einen Sekundärschädiger

Man muss bei der Einbeziehung eines Sekundärschädigers in die Haftung auf *punitive damages* unterscheiden, ob er gem. den hier dargestellten *joint tortfeasor* Theorien haftet (*aiding and abetting* und *civil conspiracy*), oder ob er als Geschäftsherr gem. den Theorien des *agency law* i.w.S. handelt.

Conspirators und *aider-abettors* haften regelmäßig auf Zahlung von *punitive damages*. Denn ein *conspirator* muss die Tat geplant[1200] und ein *aider-abettor* muss nach h.M. den Haupttäter in Kenntnis von der Haupttat und seiner eigenen Rolle bei deren Durchführung unterstützt haben[1201]. Damit sind die Voraussetzungen für die Aufbürdung von *punitive damages*, nämlich *intentional* oder *wanton and wilful* oder *reckless conduct*, bei solchen *joint tortfeasors* erfüllt[1202].

1199 Die *joint and several liability* ähnelt der gesamtschuldnerischen Haftung. Sie besteht regelmäßig, wenn mehrere Beklagte zur Zahlung von *compensatory damages* verurteilt werden, siehe oben, Teil 2.

1200 Siehe oben, Teil 2. B. III. 1. a.

1201 Siehe oben, Teil 2. C. II. 3. d.

1202 Siehe oben, Teil 1. B. V.

Weitgehend unumstritten ist, dass zumindest derjenige Geschäftsherr auf Zahlung von *punitive damages* haftet, bei dem die im Restatement (second) of Torts bzw. des Restatement (second) of Agency genannten Voraussetzungen vorliegen. Danach haftet ein Geschäftsherr auf Zahlung von *punitive damages*, wenn er das Verhalten autorisiert bzw. ratifiziert hat oder er *reckless in hiring/selecting etc.* gewesen ist[1203].

Umstritten ist, ob ein Geschäftsherr über die oben genannten Haftungsfälle hinausgehend auch dann haftet, wenn sein *servant/employee* die unerlaubte Handlung *within the scope of the employment* begangen hat, wenn also nur die Voraussetzungen der *vicarious liability* bzw. des *respondeat superior* erfüllt sind.

Die in den meisten Jurisdiktionen übernommene Ansicht erkennt eine solche Haftung an[1204]. Weit verbreitet ist aber auch die von den Restatements vertretene Ansicht, dass ein schuldloser Geschäftsherr über die eingangs erwähnten Fälle hinaus nicht auf *punitive damages* haftet[1205].

Eine Prognose, wie sich ungebundene Gerichte entscheiden werden, erübrigt sich hier. Zum einen ist nicht davon auszugehen, dass es untere Gerichte gibt, die noch nicht in ihrer Entscheidung gebunden sind, weil dieses Problem schon seit

---

1203 Restatement (2d.) of Torts, § 909 = Restatement (2d.) of Agency, § 217C.; ebenso: Townsend v. Catalina Ambulance Co., Inc., 857 S.W.2d 791, 797 f. (Tex. 1993); Johnson v. Rogers, 763 P.2d 771, 777 f. (Utah 1988); Enright v. Lubow, 493 A.2d 1288, 1301 (N.J. 1985); im übrigen siehe die Vertreter beider Ansichten unten: Die M.M. verlangt die hier dargestellten engen Voraussetzungen und die h.M. lässt über diese Voraussetzungen hinaus sogar eine *vicarious liability* für *punitive damages* zu.

1204 American Soc. of Mechanical Engineers, Inc. v. Hydrolevel Corp., 456 U.S. 556, 575 Fn. 14 (1982); siehe beispielsweise: Stroud v. Dennys Restaurant, Inc., 532 P.2d 790, 793 f. (Or. 1975); Johnson v. Allen, 613 S.E.2d 657, 663 f. (Ga. 2005); Thorne v. Contee, 565 A.2d 102, 110 (Md. 1989); Pullman Palace-Car Co. v. Lawrence, 22 So. 53, 58 (Miss. 1897); Standard Oil Co. of Kentucky v. Gunn, 176 So. 332, 334 (Ala. 1937); Echols v. Beauty Built Homes, Inc., 647 P.2d 629, 633 (Ariz. 1982); Johnson v. Allen, 448 S.W.2d 265, 269 f. (Mo. 1969); Campen v. Stone, 635 P.2d 1121, 1133 f. (Wyo. 1981).

1205 Restatement (2d.) of Torts, § 909 = Restatement (2d.) of Agency, § 217C.; ebenso: Lake Shore & M.S. Ry. Co. v. Prentice, 147 U.S. 101, 107 ff. (1893), aufgehoben aus anderen Gründen durch American Soc. of Mechanical Engineers, Inc. v. Hydrolevel Corp., 456 US 556 (1982); Hartman v. Shell Oil Co., 137 Cal.Rptr. 244, 250 (Cal. 1977); Townsend v. Catalina Ambulance Co., Inc., 857 S.W.2d 791, 797 f. (Tex. 1993); Lohrenz v. Country Mut. Ins. Co., 545 N.E.2d 761, 763 (Ill. 1989); Stewart v. Potter, 104 P.2d 736, 740 (N.M. 1940); Muratore v. M/S Scotia Prince, 845 F.2d 347, 355 f. (1st Cir. (Me.) 1988); Enright v. Lubow, 493 A.2d 1288, 1301 (N.J. 1985); Manning v. Twin Falls Clinic & Hosp., Inc., 830 P.2d 1185, 1191 (Idaho 1992); Ellis, 56 S. Cal. L. Rev. 1, 71.

langer Zeit regelmäßig auftaucht und es insofern nicht an *precedents* mangelt[1206]. Zum anderen ist es unwahrscheinlich, dass ein ungebundenes höchstes Gericht von seiner Rechtsprechung abweichen wird, weil sie erstens aus den oben genannten Gründen gefestigt sein dürfte und zweitens sowohl für die eine als auch für die andere Ansichten gute und nachvollziehbare Argumente existieren.

Für die Ansicht, die eine Haftung auf *punitive damages* alleine nach den Grundsätzen des *respondeat superior* nicht zulässt, spricht das Wesen der *punitive damages*: Durch diese soll vornehmlich derjenige bestraft werden, der besonders verwerflich gehandelt hat[1207]. Ein schuldloser *master* hat aber gerade nicht verwerflich gehandelt. Es sei daher ungerecht, den schuldlosen *master* nach *respondeat superior* Regeln zur Zahlung von *punitive damages* zu verurteilen[1208].

Für die gegenteilige Ansicht spricht zum einen der abschreckende bzw. warnende Effekt, den *punitive damages* auf *masters* ausüben und der auch Zweck der *punitive damages* ist: Drohe die Aufbürdung von *punitive damages*, bestehe ein größerer Anreiz, die Arbeit der *servant's* genauer zu überwachen, um solche Handlungen zu verhindern, die eine Haftung auf *punitive damages* begründen könnten[1209]. Handelt es sich bei dem *master* um eine *corporation*, kann diese Meinung darüber hinaus gut mit dem Wesen einer solchen begründet werden: *Corporations* können nur durch ihre *agents* handeln – der Akt eines *agent's within the scope of the employment* ist immer auch ein Akt der *corporation*[1210]. Unter diesem Aspekt ist es konsequent, davon auszugehen, dass die *corporation* selbst besonders verwerflich gehandelt und damit die Voraussetzungen für die Haftung auf *punitive damages* erfüllt hat.

Zusammenfassend ist festzuhalten, dass neben dem regelmäßig haftenden *aider-abettor* und *conspirator* ein Geschäftsherr zur Zahlung von *punitive damages* jedenfalls dann verpflichtet ist, wenn er das Verhalten autorisiert bzw. ratifiziert

---

1206 Vgl. die obigen Fundstellen.

1207 Siehe oben, Teil 1. B. V.

1208 Lake Shore & M.S. Ry. Co. v. Prentice, 147 U.S. 101, 108 (1893); Stewart v. Potter, 104 P.2d 736, 740 (N.M. 1940); Muratore v. M/S Scotia Prince, 845 F.2d 347, 355 f. (1st Cir. (Me.) 1988); Enright v. Lubow, 493 A.2d 1288, 1301 (N.J. 1985); Restatement (2d.) of Torts, § 909, comm. b.; Ellis, 56 S. Cal. L. Rev. 1, 71; siehe auch Schwartz, 56 S. Cal. L. Rev. 133, 136.

1209 Thorne v. Contee, 565 A.2d 102, 110 (Md. 1989); Campen v. Stone, 635 P.2d 1121, 1134 (Wyo. 1981); siehe auch Schwartz, 56 S. Cal. L. Rev. 133, 136 und Prosser/Keeton, § 2, S. 13.

1210 Siehe oben, Teil 2. D. I.; diese Argumentation findet sich bei: Pullman Palace-Car Co. v. Lawrence, 22 So. 53, 58 (Miss. 1897); Stroud v. Dennys Restaurant, Inc., 532 P.2d 790, 793 f. (Or. 1975); Johnson v. Allen, 448 S.W.2d 265, 269 f. (Mo. 1969); Campen v. Stone, 635 P.2d 1121, 1134 (Wyo. 1981).

hat oder er *reckless in hiring/selecting etc.* gewesen ist. Umstritten ist die Frage, ob ein *master* auch nach *respondeat superior* Regeln auf *punitive damages* haften kann. Bezüglich dieser Frage ist die Rechtsprechung in der jeweiligen Jurisdiktion regelmäßig so gefestigt, dass von einer Orientierung der Gerichte an der in ihrer Jurisdiktion geltenden Meinung ausgegangen werden kann.

II. Individuelle Haftung contra joint and several liability

Ebenfalls umstritten ist, ob den Beklagten, bei denen die Voraussetzungen für die Aufbürdung von *punitive damages* vorliegen, ein individueller Haftungsbetrag zugemessen wird oder ob sie *jointly and severally* auf *punitive damages* haften.

Gerichte der meisten Jurisdiktionen messen jedem einzelnen Schädiger individuell einen Betrag zu[1211]. Gerichte einiger anderer Jurisdiktionen bürden dagegen *punitive damages* allen Schädigern *jointly and severally* auf[1212].

Dieser *split of authority* ist nicht von großer Bedeutung und wird daher knapp dargestellt. Bedeutung kann dieser Streit deswegen erlangen, weil nach der Ansicht von der *joint and several liability* im Gegensatz zu der der individuellen Zumessung keiner der Beklagten auf *punitive damages* haftet, wenn bei nur einem von ihnen die Voraussetzungen für die Aufbürdung von *punitive damages* nicht vorliegen[1213]. Allerdings kann der Kläger diesem Nachteil aus seiner Sicht begegnen, wenn er seine Ansprüche gegen die jeweiligen Beklagten getrennt geltend macht und Ansprüche auf Zahlung von *punitive damages* nur gegen den Beklagten verfolgt, bei dem die Voraussetzungen für die Aufbürdung von *punitive damages* vorliegen[1214].

1211 Braden, 28 Cumb. L. Rev. 65, 70 f.; Christensen, 25 Ariz. L. Rev. 579, siehe beispielsweise: Roberts v. Ford Aerospace & Communications Corp., 274 Cal.Rptr. 139, 145 (Cal. 1990); Huckeby v. Spangler, 563 S.W.2d 555, 560 (Tenn. 1978); Embrey v. Holly, 442 A.2d 966, 973 (Md. 1982); Ajay Sports, Inc. v. Casazza, 1 P.3d 267, 279 (Colo. 2000); Security State Bank v. Valley Wide Elec. Supply Co., Inc., 752 S.W.2d 661, 667 f. (Tex. 1988); Shields v. Martin, 706 P.2d 21, 27 (Idaho 1985); Pfeifer v. Copperstone Restaurant and Lounge, Inc., 693 P.2d 644, 651 (Or. 1985).

1212 CP & B Enterprises, Inc. v. Mellert, 762 So.2d 356, 361 (Ala. 2000); Litras v. Litras, 681 N.Y.S.2d 545, 546 (N.Y. 1998); Huberth v. Holly, 462 S.E.2d 239, 244 (N.C. 1995); Allred v. Demuth, 890 S.W.2d 578, 581 (Ark. 1994); vgl. MacHolme v. Cochenour, 167 A. 647, 649 (Pa. 1933).

1213 Chupp v. Henderson, 216 S.E.2d 366, 369 (Ga. 1975); MacHolme v. Cochenour, 167 A. 647, 649 (Pa. 1933); 22 Am. Jur. 2d Damages § 802.

1214 Siehe obige Fn.

Zumindest theoretisch wird dieser Streit auch dann relevant, wenn die einem Beklagten individuell aufgebürdete Summe nicht ausreicht, um ihn finanziell zu ruinieren, die *jointly and severally* zu zahlende Summe aber ausreichen würde, um allen Beklagten den finanziellen Boden zu entziehen[1215]. Dieser Fall dürfte jedoch in der Praxis eher selten vorkommen, weil in nicht wenigen Jurisdiktionen solche *punitive damages awards* unzulässig sind, durch die ein Schädiger finanziell ruiniert wird[1216]. In den Jurisdiktionen, in denen aber solche ruinösen *awards* zugelassen werden, ist es oft möglich, dass bereits die individuell zugemessenen Summen den jeweiligen Beklagten finanziell zu Grunde richten, was die bisher untersuchten Fälle der *hate crimes litigation* gezeigt haben[1217].

Für die Ansicht von der *joint and several liability* für *punitive damages* spricht, dass diese Haftung eine konsequente Fortführung der Haftungsregel für *compensatory damages* ist. Dagegen spricht aber, dass *punitive damages* eine Sonderposition darstellen, mit der nicht der Geschädigte kompensiert, sondern vielmehr der Schädiger bestraft und abgeschreckt werden soll[1218]. Eine Strafe ist aber nur dann angemessen, wenn sie sich an dem Grad der Schuld der zu bestrafenden Person orientiert. Da bei einer gemeinsam begangenen Tat eine Person mehr Unrecht auf sich geladen haben kann als die andere, muss auch der *punitive damages* Betrag individuell zugemessen werden[1219].

1215 Beispielsweise ist folgender Fall denkbar: Die hinter dem Verbrechen stehende *corporation* wird zu *punitive damages* i.H.v. nur $100.000 verurteilt (Vermögen: $200.000), der vermögende Anführer der Organisation (Vermögen $2 mio.) wird zu *punitive damages* i.H.v. $1 mio. verurteilt, ein weiterer vermögensloser Schädiger wird zu *punitive damages* i.H.v. $3 mio. verurteilt. In diesem Fall sind die finanziell leistungsstarken Schädiger zwar geschwächt, aber nicht bankrott und könnten weiterhin eine Infrastruktur des Rassenhasses aufrecht erhalten. Dagegen gingen allen Beteiligten bankrott, wenn sie *jointly and severally* auf die Summe hafteten, die dem Schädiger mit dem größten Unrechtsvorwurf zugemessen worden wäre (hier also $3 mio.). Dies wird auch teilweise so gehandhabt (22 Am. Jur. 2d Damages § 802).

1216 Siehe oben, Teil 1. B. V.

1217 Siehe Keenan v. Aryan Nations, No. CV-99-441 (Idaho Dist. Ct., County of Kootenai 2000), Judgment; Berhanu v. Metzger, No. A8911-07007 (Or. Multnomah County Cir. Ct. 1990), Judgment; Donald v. United Klans of America, Inc., No. 84-0725-C-S (S.D. Ala. 1987), Judgment; Macedonia Baptist Church v. Christian Knights of the Ku Klux Klan – Invisible Empire, Inc. et al., No. 96 CP-14-217 (S.C. 1998), Judgment.

1218 Siehe oben, Teil 1. B. V.

1219 Diese Argumentation findet sich in: Roberts v. Ford Aerospace & Communications Corp., 274 Cal.Rptr. 139, 145 (Cal. 1990); Embrey v. Holly, 442 A.2d 966, 973 (Md. 1982); Ajay Sports, Inc. v. Casazza, 1 P.3d 267, 279 (Colo. 2000).

Es sprechen somit die besseren Gründe für die herrschende Meinung der individuellen Zumessung. Da auch dieser Streit schon lange existiert und die Rechtsprechung dementsprechend gefestigt ist, kann man kaum davon ausgehen, dass es noch ungebundene Gerichte gibt, für deren Entscheidung sich eine Prognose erstellen ließe. Zwar ist es denkbar, dass sich ungebundene höchste Gerichte angesichts der besseren Argumente für die Meinung der individuellen Zumessung zu Gunsten dieser umentscheiden. Eher ist es aber denkbar, dass sie an ihrer gefestigten Rechtsprechung festhalten werden.

Zusammenfassend kann notiert werden, dass Gerichte der meisten Jurisdiktionen jedem Beklagten, bei dem die Voraussetzungen der Haftung auf *punitive damages* vorliegen, individuell einen *punitive damages* Betrag zumessen. Auch wenn für diese Ansicht die besseren Argumente sprechen, muss berücksichtigt werden, dass Gerichte anderer Jurisdiktionen infolge gegenteiliger gefestigter Rechtsprechung der Meinung der *joint and several liability* für *punitive damages* folgen.

Teil 3. Anwendung des gefundenen Rechts auf den Fall Berhanu v. Metzger

Dieser dritte Teil der Arbeit soll anhand des Falles Berhanu v. Metzger[1220] aufzeigen, wie die oben dargestellten Theorien in der Praxis angewandt werden können. Es handelt sich hierbei um einen *landmark case* im Recht der *hate crimes litigation*, der im Jahre 1990 entschieden wurde. Dieser Fall ist deswegen besonders anschaulich, weil sein Sachverhalt die Anwendung einer Vielzahl von Zurechnungstheorien zulässt. So hat das Gericht eine Haftungszurechnung gemäß den Theorien der *concerted action*, der *civil conspiracy*, des *aiding and abetting*, der *authorization*, des *directing conduct of another* sowie des *reckless hiring/selecting or retaining* bejaht. Darüber hinaus hat sich die Prüfung der Anspruchsgrundlage des 42 U.S.C. § 1985(3) und der Zurechnungstheorie des *respondeat superior* zumindest angeboten. In den beiden weiteren *landmark cases*, Keenan v. Aryan Nations aus dem Jahre 2000[1221] und Donald v. United Klans of America, Inc. aus dem Jahre 1987[1222], haben sich die Gerichte ebenfalls auf die meisten in dieser Arbeit vorgestellten Theorien gestützt. Weil diese Fälle aber keine wesentlichen Aspekte enthalten, die nicht schon im Fall Berhanu v. Metzger aufgetaucht sind[1223], erübrigt sich eine Analyse dieser Fälle.

1220 Berhanu v. Metzger, No. A8911-07007 (Or. Multnomah County Cir. Ct. 1990).

1221 Keenan v. Aryan Nations, No. CV-99-441 (Idaho Dist. Ct., County of Kootenai 2000).

1222 Donald v. United Klans of America, Inc., No. 84-0725-C-S (S.D. Ala. 1987).

1223 In Donald v. United Klans of America, Inc., No. 84-0725-C-S (S.D. Ala. 1987) hat sich der Kläger zum einen auf die Anspruchsgrundlage des 42 U.S.C. § 1985(3) berufen, welche eine *civil conspiracy* voraussetzt (siehe oben, Teil 2. B. IV.). Zum anderen hat er sich auf die Zurechnungstheorie der *authorization* gestützt. Ein neuer, aber nicht zentraler Gesichtspunkt ist, dass der Kläger zusätzlich 42 U.S.C. § 1986 herangezogen hat, gemäß dessen ein Beklagter aufgrund bloßer Kenntnis von der Begehung einer *civil conspiracy* i.S.v. 42 U.S.C. § 1985(3) haftet. Zum Nachweis der Anwendung dieser Institute siehe Donald v. United Klans of America, Inc., No. 84-0725-C-S (S.D. Ala. 1987), Composite Complaint, S. 20 ff. und Dees/Fiffer, A Season for Justice, S. 219 ff.
In Keenan v. Aryan Nations, No. CV-99-441 (Idaho Dist. Ct., County of Kootenai 2000) hat das Gericht nur die Theorien des *negligent* sowie *reckless hiring/selecting, retaining, training* und *supervising* und der *concerted action* angewandt, siehe Keenan v. Aryan Nations, No. CV-99-441 (Idaho Dist. Ct., County of Kootenai 2000), Special Verdict, S. 3, Q. 5, 6, S. 5, Q. 10, 12 und Jury Instructions Nr. 10B, 11A, 11B, 12, 12A.

Ein Problem bei der Auswertung aller für diese Arbeit interessanten *hate crimes cases* besteht darin, dass sie unveröffentlicht sind und daher keine *opinion* enthalten, in der auf die Zurechnungstheorien eingegangen wird. Allerdings geht aus den gerichtlichen Dokumenten – *judgment* und *jury instructions* – im Wesentlichen hervor, was das Gericht als geltendes Recht angesehen hat. Da das Gericht in diesen Dokumenten seine Entscheidungen nicht begründet hat, sollen diese Dokumente nun aufgearbeitet und das Urteil und dessen Gründe erklärt werden. Angesichts der Tatsache, dass das Gericht nicht auf alle in Frage kommenden Theorien eingegangen ist, sollen diese, gekennzeichnet durch die Überschrift „Anmerkung", auf den Fall angewandt werden.

A. Fallbericht[1224]

Am 22.10.1990 sprach die Jury dem Kläger Engedaw Berhanu, dem *representative of the estate* des getöteten Mulugeta Seraw, *compensatory damages* i.H.v. $ 975.469 und *punitive damages* i.H.v. $ 10.000.000 zu[1225]. Dabei hafteten die Beklagten Tom Metzger, John Metzger und White Aryan Resistance (W.A.R.) – vom Gericht als die California defendants bezeichnet – sowie Kyle Brewster und Kenneth Mieske – vom Gericht als die Oregon defendants bezeichnet – *jointly and severally* auf Zahlung von *compensatory damages* und individuell auf Zahlung von *punitive damages* wie folgt:

- Tom Metzger:	$ 5.000.000
- John Metzger:	$ 1.000.000
- White Aryan Resistance:	$ 3.000.000
- Kyle Brewster	$ 500.000
- Kenneth Mieske:	$ 500.000[1226].

1224 Hauptsächlich basierend auf Nachforschungen durch Polizeibeamte und private Rechercheure sowie auf Zeugenaussagen und Parteivernehmungen, zusammengefasst in Dees/Fiffer, Hate on Trial. Siehe dort insbesondere die Aussagen der Zeugen und Parteien vor Gericht S. 182 ff., 191 ff., 201 ff., 232 ff. Im Übrigen siehe S. 3ff., 13, 20, 43 ff., 51 ff., 63 ff., 72 ff., 87, 101. Für Einzelheiten zu den Quellen siehe folgende Fußnoten.

1225 Berhanu v. Metzger, No. A8911-07007 (Or. Multnomah County Cir. Ct. 1990), Judgment, S. 4 (Die ursprünglich von der *jury* zugesprochene Summe von $ 2.000.000 an *noneconomic damages* wurden gem. O.R.S. § 18.560(1) vom Gericht auf § 500.000 reduziert. Diese Norm ist mittlerweile für verfassungswidrig erklärt worden, dazu unten, Teil 3. B. III. 2.

1226 Gegen die *agents* der Metzgers und der White Aryan Resistance, Dave Mazella und Michael Barrett, hat der Kläger nicht Klage erhoben. Der Grund hierfür ist,

Tom Metzger war zur Zeit der Schädigung Präsident der White Aryan Resistance (W.A.R.), John Metzger der Präsident von Aryan Youth Movement (A.Y.M.) bzw. W.A.R. Youth, der Jugenddivision der White Aryan Resistance. Die White Aryan Resistance veranstaltete u.a. Konzerte und sonstige Festivals, auf denen Tom Metzger regelmäßig die dort anwesenden Gäste zur Gewaltanwendung gegen Juden und Farbige[1227] aufrief.

Im Oktober 1988 kontaktierte John Metzger in seiner Funktion als Präsident von W.A.R. Youth schriftlich den Beklagten Mieske und die Skinheadgruppe East Side White Pride (E.S.W.P.) aus Portland, Oregon, zu der auch Steve Strasser und der Beklagte Brewster gehörten. In diesem Schreiben kündigte er die Ankunft u.a. von David Mazzella, einem Mitglied der White Aryan Resistance an, durch den East Side White Pride einen Eindruck gewinnen sollte, wie die White Aryan Resistance arbeitet. Ziel dieses Kontakts war es, eine Zusammenarbeit dieser beiden Gruppen zu ermöglichen.

Wenige Tage später sandten Tom und John Metzger u.a. Dave Mazzella und Michael Barrett nach Portland, um die East Side White Pride nach Vorstellung der Metzgers zu organisieren. Mazzella hatte sich zu diesem Zeitpunkt zum Vizepräsidenten der W.A.R. Youth hochgearbeitet. Diesen Posten erhielt er als Belohnung für mehrere Gewaltakte gegenüber Minderheiten. Bereits zuvor nahm Tom Metzger ihn auf eine Fernsehshow mit, in der er wie ein Star behandelt wurde, um ihn für seine Gewalttaten zu belohnen. Auch Barrett hatte zum Zeitpunkt der Entsendung nach Portland bereits mehrere rassistisch motivierte Gewalttaten begangen und nahm innerhalb der White Aryan Resistance den Posten des Präsidenten von W.A.R. Skins ein, einer Untergruppe der White Aryan Resistance. Unmittelbar nach Ankunft Mazzellas und Barretts rief Mazzella Tom Metzger an und gab das Gespräch an Mieske weiter, der es kaum erwarten konnte, mit seinem Vorbild zu sprechen.

Die Arbeit Mazzellas und Barretts bestand zum einen in der Verteilung von Propagandamaterial der Metzgers an die Skinheads und zusammen mit den Skinheads an die Öffentlichkeit. Dieses Material hatte in ständiger Wiederholung Aufforderungen, Minderheiten zu töten, zum Inhalt[1228]. Zum anderen erzogen sie

---

dass diese beiden ohnehin mittellosen *agents* dazu bewegt werden sollten, als dessen Zeugen aufzutreten.

1227 Der sprachlich korrektere Ausdruck ‚Afroamerikaner' ist hier unpassend, da die White Aryan Resistance auch ‚nonwhites' anderer Völker bzw. ethnischer Gruppen bekämpft. Der deutsche Ausdruck für ‚nonwhite population' ist ‚farbige Bevölkerung' (LEO Onlinewörterbuch, abrufbar unter dict.leo.org).

1228 Berhanu v. Metzger, No. A8911-07007 (Or. Multnomah County Cir. Ct. 1990), Plaintiffs Exhibits Nr. 56 und 59, abgedruckt in Dees/Fiffer, Hate on Trial, Fotos die East Side White Pride, zuvor noch eine unorganisierte, undisziplinierte und ziellose Gruppe, dazu, ihren Worten auch Taten folgen zu lassen. Dabei lehrten sie die Skinheads u.a., Juden und Farbige seien die Feinde der arischen Rasse, und es sei die wichtigste Aufgabe, "physical trouble for blacks and jews" zu verursachen, jede Gelegenheit zur Gewaltanwendung auszunutzen und dabei sicher zu stellen, "to beat the hell out of the enemy". Dieses Gedankengut wurde ihnen zuvor von beiden Metzgers beigebracht. Diese instruierten Mazzella und Barrett auch, die Skinheads auf diese Weise zu organisieren um das Ziel der Metzgers, Juden und Farbige zu schädigen, zu verwirklichen. Während ihres Aufenthaltes in Portland unterhielten Mazzella und Barrett regelmäßigen telefonischen Kontakt zu den Metzgers, um diese über ihre Organisationsarbeit – darunter auch mehrere brutale rassistisch motivierte Gewalttaten – zu unterrichten und um Ratschläge zu erhalten. Auch am Abend der Tötung Seraws, am 13.11.1988, trafen sich Barrett und Mazzella mit der East Side White Pride, darunter Mieske, Brewster und Strasser. Barrett und Mazzella "got them (the East Side White Pride members) all fired up on W.A.R. and Tom Metzger's hate filled beliefs", damit die Skinheads die Ziele der White Aryan Resistance und der Metzgers verwirklichten[1229].

Bevor es zu der Situation kam, in der Seraw getötet wurde, verließen Mazzella und Barrett die Skinheadgruppe und gingen nach Hause. Später am Abend unterhielten sich einige Mitglieder der East Side White Pride, darunter Steve Strasser und die Beklagten Mieske und Brewster, auf der Straße. Dabei bemerkte Mieske, es hielten sich einige "monkeys" hinter der nächsten Straßenecke auf. Als auch die übrigen Skinheads den Geschädigten Mulugeta Seraw und einige weitere Äthiopier entdeckten, stiegen alle in ein Auto und fuhren auf die Gruppe der Äthiopier zu. Dabei sagte Brewster die Worte: „Lets go f... 'em up"[1230]. Sie hielten bei den Äthiopiern und griffen nach einigen Verbalattacken Seraw körperlich an. Dabei schlug zunächst der Beklagte Brewster unter Verwendung eines Schlagringes mit der Faust gegen Seraws Brust. Strasser und/oder der Beklagte Mieske schlugen zunächst den seinem Freund Seraw zu Hilfe kommenden Äthio-

hinter S. 142; siehe auch zwei weitere Dokumente des Aryan Youth Movements, abgedruckt in Dees/Fiffer, Hate on Trial, S. 182 f.

1229 Informationen dieses Abschnittes sind u.a. entnommen aus: Berhanu v. Metzger, No. A8911-07007 (Or. Multnomah County Cir. Ct. 1990), Affidavit of Michael Barrett, S. 1 f. Auszüge dessen finden sich auch in Dees/Fiffer, Hate on Trial, S. 87. Diese Aussage deckt sich im Wesentlichen mit der Mazzellas, abgedruckt ebenfalls in Dees/Fiffer, Hate on Trial, S. 201 ff. (Zeugenaussage vor Gericht) und 72 ff., insbes. 74.

1230 „To f... sth. up" ist ein Slangausdruck für etwas „kaputt machen" (LEO Onlinewörterbuch, abrufbar unter dict.leo.org).

pier Tesfaye zu Boden und beschädigten das Auto eines der Äthiopier mit Baseballschlägern und Springerstiefeln. Brewster schlug noch immer mit seinem Schlagring auf Seraw ein, als Mieske diesen heftig von hinten mit einem Baseballschläger schlug. Der erste Schlag traf Seraw am Hinterkopf, nach zwei weiteren ähnlichen Schlägen fiel er mit dem Gesicht auf den Boden. Dabei ging Mieske nicht davon aus, dass ein Mensch durch solche Schläge sterben kann. Ca. 6 Stunden nach Einlieferung in ein Krankenhaus starb Mulugeta Seraw an den durch die Schläge erlittenen massiven Kopfverletzungen[1231].

Einige Zeit später wurden die Hauptschädiger verhaftet. Mieske rief Tom Metzger aus dem Gefängnis insgesamt zwei mal an und unterhielt sich mit ihm insgesamt über eine halbe Stunde.

B. Analyse

Die Analyse dieses Urteils gliedert sich in Orientierung an dessen Aufbau in drei Abschnitte. Im ersten Abschnitt wird die Haftung der Primärschädiger Kenneth Mieske und Kyle Brewster untersucht, dazu I. Sodann werden die einzelnen Theorien aufgearbeitet, mit denen die Handlung der Primärschädiger den Sekundärschädigern Tom Metzger, John Metzger und White Aryan Resistance zugerechnet wurde, dazu II. Schließlich wird die Zusprechung der *compensatory damages* und *punitive damages* analysiert, dazu III.

I. Wrongful death claim gegen die Primärschädiger Mieske und Brewster

Die Jury hat befunden, dass die Primärschädiger Kenneth Mieske und Kyle Brewster den Tod von Mulugeta Seraw (zurechenbar) verursachten[1232], mit der Folge, dass der Kläger gegen sie einen Anspruch auf Zahlung von *damages*[1233] aufgrund von *wrongful death* hat[1234]. Der Beklagte Mieske hat die Voraussetzun-

---

1231 Die Sachinformationen dieses Abschnitts sind entnommen aus Dees/Fiffer, Hate on Trial, S. 3 f. und 47 ff. Die Darstellung dort setzt sich aus von der Polizei zusammengestellten Zeugenaussagen zusammen.

1232 Berhanu v. Metzger, No. A8911-07007 (Or. Multnomah County Cir. Ct. 1990), Judgment, S. 2, Q. 1.

1233 Auf die einzelnen Positionen der *damages* wird dem Aufbau des Urteils entsprechend erst unten in Teil 3. B. III. eingegangen.

1234 Vgl. Berhanu v. Metzger, No. A8911-07007 (Or. Multnomah County Cir. Ct. 1990), Jury Instructions, S. 11. Die Jury Instructions sind nicht in der Gerichtsakte enthalten. Sie wurden diktiert und sind im Transcript zu finden, welches der Court Reporter i.d.R. archiviert.

gen eines *wrongful death claim* direkt erfüllt, dazu 1. Dem Beklagten Brewster hat das Gericht bzw. die Jury die Handlung Mieskes im Wege der *concerted action* zugerechnet, dazu 2.

1. Erfüllung der Voraussetzungen eines wrongful death claim durch Mieske

Das Gericht hat die Jury instruiert, dass ein Beklagter die Voraussetzungen eines *wrongful death claim* dann erfüllt, wenn er *voluntarily and with the intent to bring about a harmful contact with the victim* handelt und der Tod des Opfers *a natural and direct consequence* dessen Handlung ist[1235]. Da Mieske mit seinen Freunden plante, Seraw zusammenzuschlagen und der Tod Seraws auch eine natürliche und direkte Folge von mehreren heftigen Schlägen auf den Kopf mit einem Baseballschläger war, hat die Jury mit Recht entschieden, dass Mieske die Voraussetzungen eines *wrongful death claim* erfüllt hat.

2. Zurechnung der Handlung Mieskes zu Brewster im Wege der concerted action

Dem Beklagten Brewster, der ebenfalls *voluntarily and with the intent to bring about a harmful contact* handelte, kann nach Ansicht des Gerichts die Handlung Mieskes zugerechnet werden, wenn beide *in concert* handelten[1236]. Was das Gericht unter einer *concerted action* versteht, geht aus den *jury instructions* nicht genau hervor, weil man unter der dortigen Definition sowohl die in dieser Arbeit vorgestellte Theorie der *concerted action*[1237] als auch die großzügigere *civil conspiracy* verstehen könnte[1238]. Diese Unklarheit bleibt aber folgenlos, da hier eine

---

1235 Berhanu v. Metzger, No. A8911-07007 (Or. Multnomah County Cir. Ct. 1990), Jury Instruction, S. 11.

1236 Siehe Berhanu v. Metzger, No. A8911-07007 (Or. Multnomah County Cir. Ct. 1990), Jury Instructions, S. 11.

1237 Siehe dazu oben, Teil 2. A.

1238 Zur *civil conspiracy* siehe oben, Teil 2. B. Dafür, dass das Gericht unter dem Begriff *‚concerted action'* die hier (Teil 2. A.) vorgestellte Theorie versteht, spricht die Verwendung des Begriffs '*concerted action*' bei der Zurechnung zu einem Schädiger, der einen Verwirklichungsbeitrag geleistet hat wie hier Brewster mit seinen Faustschlägen, während das Gericht bei der Zurechnung der Handlung Mieskes zu den Sekundärschädigern/Hintermännern Tom und John Metzger sowie White Aryan Resistance die Theorie der *civil conspiracy* benutzt hat (vgl. Jury Instructions, S. 11 mit Jury Instructions, S. 14). Dafür, dass das Gericht unter der Theorie der *concerted action* aber im Ergebnis nichts anderes versteht als eine *civil conspiracy*, spricht die in Jury Instructions, S. 11 gebrauchte Definition: *„Persons are acting in concert when they* ***agree*** *to join together to pursue a particular line of conduct or to accomplish a particular result"* (Fettdruck hinzugefügt). Nach dieser Definition müssen die Schädiger, genau wie bei der *civil con-*

Zurechnung nach beiden Theorien möglich ist. Einziger Unterschied zwischen einer *civil conspiracy* und einer (*intentional) concerted action* ist nämlich, dass ein *conspirator* im Gegensatz zum Beteiligten an einer *concerted action* nach h.M. keinen Verwirklichungsbeitrag leisten muss[1239]. Der Beklagte Brewster hat einen Verwirklichungsbeitrag geleistet, in dem er mit seinem Schlagring auf Seraw einschlug, so dass beide Theorien einschlägig sind.

Die übrigen Voraussetzungen der *concerted action* bzw. der *civil conspiracy* liegen ebenfalls vor, so dass die Jury richtigerweise auch für den Beklagten Brewster das Vorliegen der Voraussetzungen eines *wrongful death claim* bejaht hat:

Es liegt ein *agreement* zwischen zwei Personen, Mieske und Brewster vor. Das Gericht hat die Jury instruiert, dass man aus dem Verhalten und den gewechselten Worten der Schädiger auf das Vorliegen eines *agreement* schließen kann[1240]. In diesem Fall rechtfertigt die Tatsache, dass beide Beklagte gemeinsam am Ort der Verletzungshandlung handelten und sich gegenseitig unterstützten, den Schluss auf ein solches *agreement*[1241]. Während Brewster nämlich mit den Fäusten auf Seraw einschlug, schlug Mieske Letzteren von hinten mit dem Baseballschläger nieder. Darüber hinaus spricht für ein *agreement*, dass Brewster nach Erblicken Seraws und dessen Freunde ausrief: "Lets go f... 'em up!", woraufhin beide einen Moment später das Auto verließen und Seraw angriffen.

Das *agreement* war auch auf ein bestimmtes Ziel gerichtet, nämlich auf die Körperverletzung eines Farbigen[1242]. Das *agreement* muss dabei weder die konkrete Handlung noch den konkreten Verletzungserfolg umfassen[1243]. Daher ist

---

spiracy die Zusammenarbeit nur planen, wobei nur ein Schädiger tätig werden muss.

1239 Siehe oben, Teil 2. A.

1240 Berhanu v. Metzger, No. A8911-07007 (Or. Multnomah County Cir. Ct. 1990), Jury Instructions S. 11; zur Frage des Nachweises eines *agreements* siehe oben, Teil 2. B. III. 1. b. aa. Die Abhandlung dort bezieht sich zwar auf die *civil conspiracy*, allerdings sind deren Voraussetzungen mit denen der *concerted action* fast identisch, siehe oben.

1241 Siehe dazu Teil 2. B. III. 1. b. aa. aaa.

1242 Vgl. Berhanu v. Metzger, No. A8911-07007 (Or. Multnomah County Cir. Ct. 1990), Jury Instructions S. 11 sowie Teil 2. B. III. 3.

1243 Dies geht nicht direkt aus den Jury Instructions, S. 11 hervor. Das Gericht hat aber bei der Frage, ob eine *civil conspiracy* zwischen Mieske und Brewster einerseits und Tom und John Metzger, sowie White Aryan Resistance andererseits vorliegt, auch nur auf eine der Gattung nach bestimmte Handlung abgestellt, siehe Berhanu v. Metzger, No. A8911-07007 (Or. Multnomah County Cir. Ct. 1990), Jury Instructions, S. 14. Diese Auffassung entspricht auch der vorzugswürdigen h.M., näheres dazu unten, Teil 3. B. II. 2. a.

die Tatsache, dass die Angreifer nicht mit dem Tod Seraws rechneten und ihn möglicherweise auch nicht wollten, irrelevant.

Die Schläge mit dem Baseballschläger durch den Hauptschädiger Mieske sind auch ein *overt act causing injury and damages,* der *in furtherance of the agreement* erfolgte[1244].

Schließlich können auch die tödlichen Schläge mit dem Baseballschläger in vollem Umfang dem Beklagten Brewster zugerechnet werden[1245]. Für den Umfang der Zurechnung von Akten des einen Verschwörers zum anderen existieren mehrere Ansätze. Das Gericht hat die Jury im Rahmen seiner Ausführungen zur *concerted action* nicht über den von ihm vertretenen Ansatz instruiert. Allerdings lässt sich an anderer Stelle – nämlich bei der Frage, ob eine *civil conspiracy* zwischen Mieske und Brewster einerseits und Tom und John Metzger, sowie White Aryan Resistance andererseits vorliegt[1246] – eine gerichtliche Stellungnahme hierzu finden. Nach Ansicht des Gerichts wird ein Akt des einen Verschwörers bereits immer dann seinem Mitverschwörer zugerechnet, wenn er *in furtherance of the agreed upon object* erfolgte[1247]. Mieske schlug nach den Worten "lets go f... 'em up" zusammen mit Brewster auf Seraw ein, förderte also den Plan, Farbige zusammenzuschlagen.

Auch nach den beiden strengeren Ansätzen würde Mieskes Handlung Brewster vollumfänglich zugerechnet werden. Mieskes Akt war vorhersehbar im Sinne des zweiten Ansatzes[1248], da Schläge mit einem Baseballschläger – die Standardwaffe von Skinheadgruppen wie der East Side White Pride[1249] – gegen den Kopf eine besonders effiziente Methode sind, den vorher gefassten Plan "to f... 'em up" oder das den Skinheads aufgegebene Ziel "to beat the hell out of the enemy" zu verwirklichen. Hieraus ist auch ersichtlich, dass Mieskes Schläge nicht nur vorhersehbar waren, sondern auch im Rahmen des Geplanten blieben und damit das Zurechnungserfordernis des dritten Ansatzes erfüllen[1250].

1244 Siehe zu diesem Erfordernis Teil 2. B. III. 4.

1245 Siehe zu diesem Erfordernis Teil 2. B. III. 5.

1246 Siehe dazu unten, Teil 3. B. II. 2. An dieser Stelle soll auch eine kurze Analyse der gerichtlichen Entscheidung für diesen Ansatz stattfinden, siehe Teil 3. B. II. 2. c.

1247 Vgl. Berhanu v. Metzger, No. A8911-07007 (Or. Multnomah County Cir. Ct. 1990), Jury Instructions, S. 14 f., diese Ansicht entspricht auch der h.M., siehe oben, Teil 2. B. III. 5. b. aa.

1248 So eine M.M., siehe Teil 2. B. III. 5. b. bb.

1249 Siehe Berhanu v. Metzger, No. A8911-07007 (Or. Multnomah County Cir. Ct. 1990), Affidavit of Michael Barrett, S. 1.

1250 So eine weitere M.M., siehe Teil 2. B. III. 5. b. cc.

3. Zwischenergebnis

Als Zwischenergebnis kann festgehalten werden, dass das Gericht bzw. die Jury im Einklang mit dem in Teil 2. herausgearbeiteten Recht befunden hat, dass die Beklagten Mieske und Brewster einen *wrongful death* begingen, bzw. dass die Tötungshandlung Mieskes auch Brewster nach der Theorie der *concerted action* zugerechnet wird.

II. Zurechnung der Handlung Mieskes und Brewsters zu Tom und John Metzger und White Aryan Resistance

In diesem Abschnitt wird untersucht, auf welche Art und Weise das Gericht die Tötung Seraws durch die Primärschädiger Mieske und Brewster den Sekundärschädigern Tom und John Metzger sowie White Aryan Resistance zugerechnet hat, so dass auch sie dem Kläger auf Zahlung von *damages* haften. Zunächst wird der Ansatz untersucht, die Sekundärschädiger hätten die Primärschädiger durch ihre *agents* Mazzella und Barrett wesentlich unterstützt oder ermutigt, so dass ihnen die Handlung der Primärschädiger im Wege des *aiding and abetting* kombiniert mit den *agency* Theorien der *authorization* oder des *directing conduct* zugerechnet werden könne, dazu 1. Unter Beachtung der (nicht ganz nachvollziehbaren) Prüfungsreihenfolge des Gerichts wird dann auf den Ansatz eingegangen, die Sekundärschädiger hätten sich zudem direkt, also unabhängig von der Einschaltung der *agents*, mit den Primärschädigern verschworen, Gewaltakte gegen Farbige zu verüben, so dass ihnen die Handlung der Primärschädiger nach der *civil conspiracy* Theorie zugerechnet werden könne, dazu 2. In einem dritten Schritt wird der Ansatz geprüft, die den *agents* Mazzella und Barrett im Wege des *aiding and abetting* zugerechnete Handlung der Primärschädiger sei den Sekundärschädigern auch deswegen zuzurechnen, weil sie *reckless in selecting or retaining* ihrer *agents* gewesen seien, dazu 3.

1. Aiding and abetting durch die agents Mazzella und Barrett, zugerechnet im Wege der authorization und des directing conduct

Die Jury hat befunden, dass die California defendants Tom und John Metzger sowie White Aryan Resistance durch ihre *agents* die Primärschädiger Mieske und Brewster wesentlich unterstützt oder ermutigt haben[1251], mit der Folge, dass das

1251 Berhanu v. Metzger, No. A8911-07007 (Or. Multnomah County Cir. Ct. 1990), Judgment, S. 2., Q. 2.

Gericht ihnen die Handlung Letzterer im Wege des *aiding and abetting* zugerechnet hat[1252].

Das Gericht hat die Jury hierbei instruiert, zuerst zu prüfen, ob die *agents* der California defendants die in den *jury instructions* genannten Voraussetzungen des *aiding and abetting* verwirklicht haben (dazu a.), um dann zu prüfen, ob die Voraussetzungen der *authorization* oder des *directing conduct* vorliegen, mit denen den California defendants die Handlungen ihrer *agents* zugerechnet werden können, dazu b.[1253].

Vorab ist zu bemerken, dass das Gericht an keiner Stelle bemerkt, wer als *agents* der California defendants in Frage kommt. Hier handelt es sich nicht um Mieske und Brewster, denn sonst wäre oben zitierte Question 2 des Judgments – „Unterstützten... die California defendants durch ihre *agents* die Oregon defendants (Mieske und Brewster)?“ – unsinnig. Damit kommen nur noch Dave Mazzella und Michael Barrett als mögliche *agents* in Frage. Dies wird auch im ‚Amended Complaint for Wrongful Death' des Klägeranwalts bestätigt, in dem Dave Mazzella und Michael Barrett (neben dem hier nicht weiter interessanten Mike Gagnon) als *agents* der California defendants genannt werden[1254].

a. Aiding and abetting durch die agents Mazzella und Barrett

Die Jury hat entschieden, dass Mazzella und Barrett die Voraussetzungen des *aiding and abetting* verwirklicht haben[1255]. Dabei hat sie sich an den im Folgenden analysierten entsprechenden *jury instructions*[1256] orientiert.

aa. Abetting als Unterstützungshandlung

Gem. den *jury instructions*[1257] sowie nach geltendem *aiding and abetting law*[1258] müssen Mazzella und Barrett entweder den Hauptschädigern im Vorfeld oder bei

1252 Vgl. Berhanu v. Metzger, No. A8911-07007 (Or. Multnomah County Cir. Ct. 1990), Jury Instructions S. 12 f.

1253 Vgl. Berhanu v. Metzger, No. A8911-07007 (Or. Multnomah County Cir. Ct. 1990), Jury Instructions, S. 12 f.

1254 Berhanu v. Metzger, No. A8911-07007 (Or. Multnomah County Cir. Ct. 1990), Amended Complaint for Wrongful Death, S. 3.

1255 Berhanu v. Metzger, No. A8911-07007 (Or. Multnomah County Cir. Ct. 1990), Judgment, S. 2., Q. 2.

1256 Siehe Berhanu v. Metzger, No. A8911-07007 (Or. Multnomah County Cir. Ct. 1990), Jury Instructions, S. 12 f.

1257 Berhanu v. Metzger, No. A8911-07007 (Or. Multnomah County Cir. Ct. 1990), Jury Instructions, S. 12.

1258 Siehe oben, Teil 2. C. II. 2.

Ausführung der Handlung Hilfe geleistet *(aiding)* oder sie zur Begehung einer solchen Handlung ermutigt haben *(abetting)*. Mazzella und Barrett begingen ein *abetting*, da sie die Hauptschädiger lehrten, ihren von Rassenhass geprägten Worten auch Taten folgen zu lassen, nämlich jede Gelegenheit zur Gewaltanwendung auszunutzen und dabei sicher zu stellen "to beat the hell out of the enemy".

bb. Intent bezüglich der Begehung einer rassistisch motivierten Gewalttat

Weiterhin verlangt das Gericht für die Zurechnung nach *aiding and abetting* Regeln, dass Mazzella und Brewster *intent* bezüglich der Begehung einer rassistisch motivierten Gewalttat durch die Hauptschädiger hatten[1259]. Diese Voraussetzung ist unter zwei Aspekten zu untersuchen. Zum einen stellt sich die Frage, ob das Gericht durch diese *jury instruction* vom Maßstab der h.M. abweicht, wenn es statt *actual knowledge* bzw. *general awareness* hier *criminal intent* verlangt. Zum anderen soll kurz die Frage beantwortet werden, aus welchem Grund sich der *intent* nach Ansicht des Gerichts nur auf eine der Gattung nach bestimmte Haupttat, nicht aber auf die konkret geschehene Tat richten muss. Auf den im Rahmen des subjektiven *aiding and abetting* Elements regelmäßig auftauchenden dritten Problemkreis, nämlich auf den des Nachweises des *intent/knowledge* durch Indizien, muss hier nicht eingegangen werden, weil Brewster und Mazzella zugegeben haben, mit *criminal intent* die Hauptschädiger ermutigt zu haben[1260].

Scheinbar entgegen der h.M.[1261] hat das Gericht nicht auf den Grad des *actual knowledge* bzw. der *general awareness*, also Kenntnis von der Begehung einer unerlaubten Handlung, abgestellt, sondern auf den Grad des *criminal intent*[1262]. Bei genauerer Betrachtung fällt aber auf, dass es in reinen *abetting* Fällen im Ergebnis keinen Unterschied zwischen diesen Maßstäben gibt. Denn ein *abettor*, der weiß, dass der Hauptschädiger im Falle der Anstiftung bzw. Ermunterung tätig werden wird, und diesen trotzdem ermuntert, wird dieses Tätig-Werden auch wollen i.S.d. *criminal intent*[1263].

1259 Berhanu v. Metzger, No. A8911-07007 (Or. Multnomah County Cir. Ct. 1990), Jury Instructions, S. 12 f.

1260 Siehe Berhanu v. Metzger, No. A8911-07007 (Or. Multnomah County Cir. Ct. 1990), Affidavit of Michael Barrett, S. 1 f., Auszüge dessen finden sich auch in Dees/Fiffer, Hate on Trial, S. 87.; Zeugenaussage Mazzellas, abgedruckt ebenfalls in Dees/Fiffer, Hate on Trial, S. 201 ff. (Zeugenaussage vor Gericht) und 72 ff., insbes. 74.

1261 Siehe oben, Teil 2. C. II. 3. a. aa. ddd. und a. bb.

1262 Siehe Berhanu v. Metzger, No. A8911-07007 (Or. Multnomah County Cir. Ct. 1990), Jury Instructions, S. 12 f.

1263 Siehe oben, Teil 2. C. II. 3. a. bb.

Das Gericht kommt ferner zu dem Ergebnis, dass Mazzella und Barrett schon dann die subjektiven Voraussetzungen des *aiding and abetting* erfüllen, wenn sie *intent* bezüglich irgendeiner rassistisch motivierten Gewalttat hatten[1264]. Sie müssen nach dieser Ansicht also nicht *intent* bezüglich des konkreten Angriffs auf Seraw und seine Freunde gehabt haben. Dieser Maßstab, nach dem sich der *knowledge/intent* nur auf eine der Gattung nach bestimmte Haupttat beziehen muss, entspricht dem der h.M.[1265], deren wichtiger Vertreter auch der Halberstam-Court ist[1266].

Die Tatsache, dass die h.M., insbesondere der Halberstam-Court, diesen Ansatz vertritt, kommt durchaus als Grund für die Entscheidung des Berhanu-Courts in Betracht. Denn es hat sich immer wieder gezeigt, dass Gerichte ohne Angaben von (weiteren) Gründen einer gewichtigen *authority* folgen, auch wenn sie nicht bindend ist[1267].

Darüber hinaus sprechen auch sachliche Gründe klar für den hier vertretenen Ansatz, dass sich der *knowledge/intent* nur auf eine der Gattung nach bestimmte Haupttat beziehen muss. Zweck des subjektiven Elements der *aiding-abetting* Theorie ist es nur, eine „automatische Haftung"[1268] derer zu verhindern, die nur unbewusst bzw. in fahrlässiger Verkennung der Tatsachen eine Tat gefördert haben. Diejenigen, denen die Haupttat im Allgemeinen bekannt ist, fördern diese gerade nicht unbewusst, so dass sie gerade nicht von einer „automatischen Haftung" erfasst werden. Also erfüllt der großzügigere Maßstab bereits den Zweck des subjektiven Erfordernisses. Würde man nun trotzdem mit dem strengeren Ansatz auf die konkret geschehene Tat und auf das konkret geschädigte Opfer abstellen, verfehlte man den Zweck der *aiding and abetting* Haftung, nämlich die Einbeziehung derjenigen Personen in die Haftung, deren indirekte Involvierung sie ansonsten von einer deliktischen Inanspruchnahme freistellen würde[1269].

Da das Ziel des von Mazzella und Barrett durchgeführten Trainings es war, die East Side White Pride zu Gewalttaten gegen Farbige und Juden zu ermutigen, und die Tötung Seraws eine Gewalttat gegen Farbige darstellt, ist auch die Vor-

---

1264 Berhanu v. Metzger, No. A8911-07007 (Or. Multnomah County Cir. Ct. 1990), Jury Instructions, S. 12 f.

1265 Siehe oben, Teil 2. C. II. 3. c. Zwar kann man strenggenommen angesichts der wenigen Entscheidungen, die zu diesem Problem ergangen sind, nicht von einer h.M. sprechen. Andererseits konnte bisher noch kein Vertreter des strengeren Ansatzes gefunden werden. Das ändert aber nichts daran, dass dessen Heranziehung denkbar ist.

1266 Halberstam v. Welch, 705 F.2d 472, 488 (D.C. Cir. 1983).

1267 Vgl. Teil 1. B. III. 1; Teil 2. B. III., siehe als Beispiele Teil 2. B. III. 5. b. aa. und Teil 2. B. III. 5. b. cc.

1268 Ruder, 120 U. Pa. L. Rev. 597, 631.

1269 Zu beiden Argumenten, siehe oben, Teil 2. C. II. 3. c.

aussetzung erfüllt, dass sich der *intent* auf eine der Gattung nach bestimmte Haupttat beziehen muss.

Als Zwischenergebnis lässt sich vermerken, dass das Gericht aus guten Gründen der in Teil 2 dargestellten h.M. folgt, wenn es *intent* bezüglich der Begehung einer rassistisch motivierten Gewalttat fordert. Die Jury hat auch richtig entschieden, das Mazzella und Barrett diese Voraussetzung erfüllten.

cc. Substantial assistance or encouragement

Das Gericht hat des weiteren verlangt, dass die Unterstützungshandlung einen *substantial factor in causing the conduct of the Oregon defendants* bzw. einen *proximate cause* dessen darstellen muss[1270]. Die später durchgeführte Tötungshandlung Mieskes und Brewsters muss also durch das Ermutigen dieser durch Mazzella und Barrett verursacht worden sein i.S.d. *but-for-rule* und muss *reasonably foreseeable* gewesen sein[1271]. Die hierzu erlassene *instruction* des Gerichts bedarf keiner weiteren Erklärung, weil sie im Einklang mit der übrigen *authority*[1272] steht.

Zu erwähnen ist nur kurz, dass das Gericht die Jury nicht über die Möglichkeit der Heranziehung der 5 bis 6 Faktoren zur Bewertung der *substantiality (five factors test)*[1273] der Unterstützungshandlung instruiert hat[1274]. Dies ist in diesem Fall auch nicht nötig gewesen, da die Jury – sofern sie den Zeugen des Klägers glaubte – ohne weiteres feststellen konnte, dass das Ermuntern der Hauptschädiger durch Mazzella und Barrett kausal und die Tötung Seraws vorhersehbar war. Denn Mazzella und Barrett haben als Zeugen ausgesagt, sie hätten East Side White Pride von einer unorganisierten und undisziplinierten Gruppe, deren Mitglieder nur Lippenbekenntnisse zustande brachten, zu einer schlagkräftigen Gruppe geformt, deren Mitglieder infolge des Trainings öfters Gewalttaten begingen. Außerdem haben sie ausgesagt, sie hätten Mieske, Brewster und die anderen Skinheads noch am selben Abend dazu bewegt, rassistisch motivierte Gewalttaten zu begehen ("got them all fired up on W.A.R. and Tom Metzgers hate filled beliefs").

1270 Berhanu v. Metzger, No. A8911-07007 (Or. Multnomah County Cir. Ct. 1990), Jury Instructions, S. 13.
1271 Vgl. oben, Teil 2. C. II. 4. a. aa. und Teil 2. D. III. 1. b. cc.
1272 Siehe oben, Teil 2. C. II. 4. a. aa. und bb.
1273 Siehe oben, Teil 2. C. II. 4. b.
1274 Siehe Berhanu v. Metzger, No. A8911-07007 (Or. Multnomah County Cir. Ct. 1990), Jury Instructions, S. 13.

dd. Foreseeability (Haftungsumfang)

Schließlich muss die Tötung Seraws nach Auffassung des Gerichts *a foresseable result* der Ermutigung durch Mazzella und Barrett gewesen sein[1275]. Dieses Erfordernis, das sich mit dem Vorhersehbarkeitserfordernis aus der Prüfung der *substantiality* deckt[1276], muss nach allgemeiner Auffassung erfüllt sein, damit dem *aider-abettor* auch weitere Akte des Hauptschädigers noch zugerechnet werden können, die ersterer nicht wissentlich bzw. willentlich unterstützt hat[1277]. Es handelt sich hierbei also um ein Frage des Haftungsumfangs. Weil Mazzella und Barrett aber bereits die Tötungshandlung willentlich unterstützten, ist diese *jury instruction* hier überflüssig.

ee. Kein Entgegenstehen des First Amendments

Das Gericht hat die Jury instruiert, dass das First Amendment *(freedom of speech)* nicht der Haftungszurechnung gemäß *aiding and abetting* entgegensteht, wenn der *aider-abettor* durch seinen verbalen Beitrag jemanden auf die Begehung von Gewalttaten vorbereitet und ihn zu einer solchen Begehung in der nahen Zukunft anspornt[1278]. Dagegen stehe das First Amendment einer solchen Zurechnung entgegen, wenn sich die Handlung nur auf eine abstrakte Befürwortung von Gewaltanwendung beschränke[1279].

Diese Zusatzprüfung taucht in der *hate crimes litigation* regelmäßig auf, wenn die *aiding and abetting* Haftung eines Sekundärschädigers wegen einer Ermutigungshandlung geprüft werden soll. Die *freedom of speech* gem. dem First Amendment ist in den USA sehr ausgeprägt. Wie in den *jury instructions* erwähnt, ist die abstrakte Befürwortung von Gewaltanwendung wie zum Beispiel die Tötung von Ärzten, die Abtreibungen vornehmen[1280], durch das First Amend-

---

1275 Berhanu v. Metzger, No. A8911-07007 (Or. Multnomah County Cir. Ct. 1990), Jury Instructions, S. 13.

1276 Siehe oben, Teil 2. C. II. 5.

1277 Siehe oben, Teil 2. C. II. 5.

1278 Berhanu v. Metzger, No. A8911-07007 (Or. Multnomah County Cir. Ct. 1990), Jury Instructions, S. 13 f.

1279 Siehe obige Fn.

1280 So entschieden in Planned Parenthood of Columbia/Willamette, Inc. v. American Coalition of Life Activists, 244 F.3d 1007, 1014 f. (9th. Cir. (Or.) 2001). In diesem Fall hatten Abtreibungsgegner eine Webseite betrieben, die „Nuremberg Files“ hieß. Auf dieser wurden Abtreibungsärzte mit Kriegsverbrechern verglichen, die Adressen, Namen und Fotos der Ärzte veröffentlicht und die Namen der Ärzte durchgestrichen, die bereits von Abtreibungsgegnern verletzt oder getötet wurden. Dieses Durchstreichen suggerierte, dass in diesen Fällen die „Aufgabe“

ment geschützt[1281]. Es entspricht dem geltenden Recht, wenn das Gericht die Jury wie im vorliegenden Fall instruiert, das First Amendment schütze denjenigen nicht, der einen anderen (verbal) auf eine Gewalttat vorbereite[1282]. Unter (verbalem) Vorbereiten ist insbesondere eine Anstiftung, gerichtet auf die Begehung eines kurz bevorstehen Aktes zu verstehen[1283].

Die Jury hat sich zu Recht dafür entschieden, dass hier eine solche Vorbereitung und Anstiftung zur Begehung eines Gewaltaktes in unmittelbarer Zukunft vorliegt. Mazzella und Barrett haben nämlich die Hauptschädiger Mieske und Brewster angestiftet, in unmittelbarer Zukunft Gewalt anzuwenden. Denn sie brachten diesen bei, tatsächlich Gewalt anzuwenden, statt nur darüber zu reden. Sie haben sie noch am Tatabend angestachelt, eine Gewalttat zu begehen.

ff. Zwischenergebnis

Als Zwischenergebnis kann festgehalten werden, dass das Gericht bzw. die Jury im Einklang mit dem in Teil 2. herausgearbeiteten Recht und mit guten Gründen befunden hat, dass Mazzella und Barrett die Tötung Seraws durch Mieske und Brewster im Wege des *aiding and abetting* zugerechnet wird. Einzig problematisch war hier die Frage, ob sich der *knowledge/intent* Mazzellas und Barretts nur allgemein darauf beziehen musste, dass irgendeine rassistisch motivierte Gewalttat zu Lasten irgendeines Opfers begangen wird, oder ob er sich auf die konkrete Tötung Seraws beziehen musste. Das Gericht hat sich mit guten Gründen für den ersten Ansatz entschieden.

gg. Anmerkung: Civil conspiracy als Ergänzung zum aiding and abetting

Das Gericht hätte der Jury zusätzlich die Frage vorlegen können, ob Mazzella und Barrett die Handlung Mieskes und Brewsters deswegen nach der Theorie der *civil conspiracy* zugerechnet werden kann, weil sie mit diesen eine Absprache trafen, Gewalt gegen Farbige und Juden auszuüben. Es ist davon auszugehen, dass das Gericht auf diese ergänzende Theorie nicht abgestellt hat, weil auch der Kläger dies unterlassen hat. Er dürfte auf das Vortragen einer *civil conspiracy* zwischen Mazzella/Barrett und Mieske/Brewster verzichtet haben, weil er auf das

---

bereits erledigt sei. Ob hierin wirklich nur eine abstrakte Befürwortung der Gewaltanwendung liegt, dürfte strittig sein.

1281 Noto v. U.S., 367 U.S. 290, 298 (1961); Brandenburg v. Ohio, 395 U.S. 444, 447 f. (1969).

1282 Noto v. U.S., 367 U.S. 290, 298 (1961); Brandenburg v. Ohio, 395 U.S. 444, 447 f. (1969); Dees/Bowden, 31-FEB Trial, 22, 27 f.

1283 Brandenburg v. Ohio, 395 U.S. 444, 448 f. (1969).

Vorliegen einer *civil conspiracy* zwischen den California defendants direkt und Mieske/Brewster hat abstellen können[1284].

Die ersatzweise Heranziehung einer *civil conspiracy* zwischen Mazzella/Barrett und Mieske/Brewster ist jedenfalls möglich gewesen. Es lag eine Absprache zur Begehung rassistisch motivierter Gewalttaten zwischen Mazzella/Barrett und Mieske/Brewster vor[1285]. Diese kann dadurch nachgewiesen werden, dass Mazzella und Barrett die beiden Hauptschädiger noch am Abend für das Ziel der Gewaltanwendung gegen Minderheiten begeisterten. Für das Vorliegen eines Einverständnisses hinsichtlich der Gewaltanwendung – in Abgrenzung zu einer bloßen Ermutigung oder Anstiftung i.S.d. *aiding and abetting* – spricht die Tatsache, dass die betreffenden Personen vorher schon gemeinschaftlich ihr gemeinsames Ziel der Gewaltanwendung gegen Minderheiten verfolgt hatten.

Diese Absprache erfolgte damit auch zwischen mehreren Personen[1286] und war auf die Verfolgung eines rechtswidrigen Ziels, das nur im allgemeinen Umfang geplant sein muss, gerichtet[1287].

Das Schlagen Seraws mit einem Baseballschläger war schließlich auch ein *overt act causing injury and damages*[1288] und geschah *in furtherance of the agreement*, bzw. war *foreseeable*, bzw. war sogar von Mazzella und Barrett mitgeplant[1289]. Zwar haben Mazzella und Barrett keinen Mitwirkungsakt begangen. Ein solcher wird in Oregon jedoch nicht für die Zurechnung nach *civil conspiracy* Regeln verlangt[1290].

b. Zurechnung der Handlung Mazzellas und Barretts zu den California defendants

Die Jury hat auch entschieden, dass die California defendants durch ihre *agents* Mazzella und Barrett ein *aiding and abetting* begangen haben[1291]. Sie hat mit anderen Worten entschieden, dass die Ermutigungshandlung der *agents* Mazzella

1284 Siehe dazu Berhanu v. Metzger, No. A8911-07007 (Or. Multnomah County Cir. Ct. 1990), Opposition to Motion to Dismiss, S. 13 und Amended Complaint for Wrongful Death, S. 2 f. In Dees/Fiffer, Hate on Trial, S. 97 und 145 f. schreibt der Klägeranwalt Morris Dees jedoch, er hätte auf eine *civil conspiracy* zwischen Mazzella/Barrett und Mieske/Brewster abgestellt.

1285 Vgl. zu diesem Erfordernis oben, Teil 3. B. I. 2. und Teil 2. B. III. 1.

1286 Vgl. zu diesem Erfordernis oben, Teil 2. B. III. 2.

1287 Vgl. zu diesem Erfordernis oben, Teil 3. B. I. 2. und Teil 2. B. III. 3.

1288 Vgl. zu diesem Erfordernis oben, Teil 2. B. III. 4.

1289 Vgl. zu diesem Erfordernis oben, Teil 3. B. I. 2. und Teil 2. B. III. 5.

1290 Siehe Still v. Benton, 445 P.2d 492, 494 (Or. 1968).

1291 Berhanu v. Metzger, No. A8911-07007 (Or. Multnomah County Cir. Ct. 1990), Judgment, S. 2, Q. 2.

und Barrett den California defendants als *principals* zugerechnet werden kann. Gem. den *jury instructions* erfolgt eine Zurechnung der Handlung Mazzellas und Barretts zu den California defendants dann, wenn diese erstere zu dieser Handlung autorisierten, dazu aa., oder diese Handlung anordneten i.S.d. *directing conduct,* dazu bb.[1292].

aa. Authorization

Wenn das Gericht auf die Theorie der *authorization* für die Zurechnung der Handlung Mazzellas und Barretts zu den California defendants abstellt, so entspricht dies dem allgemein anerkannten *law of agency* i.e.S.[1293].

Voraussetzung für eine Zurechnung nach dieser Theorie ist nach Ansicht des Gerichts zunächst das Vorliegen eines *agency* Verhältnisses[1294]. Im Einlang mit dem allgemein anerkannten *law of agency*[1295] fordert das Gericht hierfür, dass der *agent* im Einverständnis mit dem *principal* für diesen und *subject to his control* tätig wird[1296]. Ob die Jury entschieden hat, dass hier eine *agency* Beziehung vorliegt, lässt sich nicht feststellen. Es steht nur fest, dass die Jury die Handlung Mazzellas und Barretts den California defendants aufgrund von *authorization* oder *directing conduct* oder beidem zugerechnet hat. Weil eine Zurechnung wegen *directing conduct* keine *agency* Beziehung voraussetzt, lässt sich also nicht feststellen, ob die Jury von dem Bestehen einer *agency* Beziehung ausgegangen ist. Dafür spricht aber, dass die Voraussetzungen einer solchen Beziehung eindeutig vorliegen. Denn die Metzgers schickten Mazzella als Vizepräsidenten von W.A.R. Youth und Barrett als Präsidenten von W.A.R. Skins nach Portland und beabsichtigten damit ein Tätigwerden Mazzellas und Barretts für die California defendants und *subject to their control.* Diese Handlung der Metzgers wird dann auch der White Aryan Resistance zugerechnet, weil diese als Präsidenten der White Aryan Resistance bzw. von W.A.R. Youth ebenfalls als autorisierte[1297] *agents* handelten.

Das zweite Erfordernis für die Zurechnung nach der Theorie der *authorization* beschreibt das Gericht in den *jury instructions* nicht näher. Allerdings ist be-

---

1292 Berhanu v. Metzger, No. A8911-07007 (Or. Multnomah County Cir. Ct. 1990), Jury Instructions, S. 13.

1293 Siehe oben, Teil 2. D. II. 2.

1294 Berhanu v. Metzger, No. A8911-07007 (Or. Multnomah County Cir. Ct. 1990), Jury Instructions, S. 13.

1295 Siehe oben, Teil 2. D. II. 1.

1296 Vgl. Berhanu v. Metzger, No. A8911-07007 (Or. Multnomah County Cir. Ct. 1990), Jury Instructions, S. 17.

1297 Siehe dazu folgenden Text.

reits der Wortbedeutung dieser Theorie zu entnehmen, dass *authorization* Einverständnis zur Vornahme der in Frage stehenden Handlungen bedeutet[1298]. Auch hier lässt sich aus oben genannten Gründen nicht feststellen, ob die Jury von dem Vorliegen eines Einverständnisses hinsichtlich der Anspornungen der East Side White Pride Mitglieder ausgegangen ist. Dies ist aber sehr wahrscheinlich, da die California defendants Mazzella und Barrett nach deren eigenen Angaben sogar instruierten, die East Side White Pride Mitglieder zur Begehung von Gewalttaten zu bewegen. Ein Indiz für das Vorliegen einer *authorization* ist auch der Brief von John Metzger an East Side White Pride, in dem dieser ankündigte, East Side White Pride werde u.a. durch Mazzellas Tätigkeit in Portland einen Einblick in die Arbeitsweise der White Aryan Resistance erhalten. Darüber hinaus reicht alleine die Tatsache aus, dass Tom und John Metzger die vorherigen Gewalttaten Mazzellas und Barretts trotz Kenntnis nicht nur nicht ahndeten, sondern sogar belohnten, um auf das Vorliegen der *authorization* zu schließen[1299].

bb. Directing conduct

Ebenso entspricht das Abstellen auf die Theorie des *directing conduct* dem allgemein anerkannten Recht[1300]. Die Voraussetzungen des *directing conduct* beschreibt das Gericht nicht näher. Auch in diesem Fall kann man der Wortbedeutung entnehmen, dass *directing* die Erteilung einer Instruktion bedeutet[1301]. Es muss noch nicht einmal eine *agency* Beziehung vorliegen[1302]. Aus den oben genannten Gründen lässt sich nicht klären, ob die Jury hier von der Erteilung einer Anordnung ausgegangen ist. Hierfür spricht aber, dass die California defendants Mazzella und Barrett nach deren eigenen Angaben instruierten, Gewalttaten zu begehen.

cc. Zwischenergebnis

Als Zwischenergebnis kann festgehalten werden, dass das Gericht bzw. die Jury im Einklang mit dem in Teil 2. herausgearbeiteten Recht und mit guten Gründen befunden hat, dass den California defendants die Ermutigungshandlung Mazzellas und Barretts entweder durch die Theorie der *authorization* oder durch die des *directing conduct* oder durch beide Theorien zugerechnet wird.

1298 Siehe oben, Teil 2. D. II. 2.
1299 Vgl. oben, Teil 2. D. II. 2.
1300 Siehe oben, Teil 2. D. III. 2.
1301 Siehe obige Fn.
1302 Siehe obige Fn.

dd. Anmerkung: Zurechnung der Handlung Mazzellas und Barretts gem. respondeat superior

Alternativ zur Zurechnung wegen *authorization* und *directing conduct* könnte man an eine verschuldensunabhängige Zurechnung gem. *respondeat superior* denken. Voraussetzung hierfür ist nach dem in Teil 2. dargestellten Recht, dass es sich bei Mazzella und Barrett um *servants* oder *employees* der California defendants handelt, dass sie *within the scope of their employment* handelten und dass deren Handlung *not unexpectable in view of their duties* war[1303]. Die letzten beiden Voraussetzungen sind erfüllt, da Mazzella und Barrett *within the scope of their authorization*[1304] und sogar *within the scope of their directions*[1305] handelten.

Allerdings handelt es sich bei Mazzella und Barrett nicht um *servants* bzw. *employees* der California defendants, sondern um *non-servant agents*. Zwar informierten Mazzella und Barrett regelmäßig die California defendants über ihre Fortschritte, was für eine gewisse Weisungsgebundenheit i.S.d. des *servant* Merkmals sprechen könnte. Die Art und Weise der Erledigung der Arbeit, also der Rekrutierung und Organisierung der East Side White Pride blieb aber den *agents* selbst überlassen. Es wurden nämlich keine Direktiven bezüglich der Art und Weise der Verrichtung der Arbeit erteilt, sondern nur Tipps, wie man sich beispielsweise im Falle der Verhaftung zu verhalten habe und dass man möglichst eine Notwehrsituation provozieren solle, um dann unter dem Deckmantel der Notwehr losschlagen zu können[1306].

Der Kläger hat daher zu Recht nicht auf die Theorie des *respondeat superior* abgestellt mit der Folge, dass das Gericht sie auch nicht in Erwägung gezogen hat.

2. Civil conspiracy zwischen den California defendants und den Oregon defendants

Die Jury hat befunden, dass die California defendants Tom und John Metzger sowie White Aryan Resistance mit den Oregon defendants Mieske und Brewster

1303 Siehe oben, Teil 2. D. II. 4 a.

1304 Siehe oben, Teil 3. B. II. 1. b. aa., dies ist ein engerer Begriff als ‚*within the scope of the employment*', siehe oben Teil 2. D. II. 4. a. bb.

1305 Siehe oben, Teil 3. B. II. 1. b. bb., dieser Begriff ist noch enger als ‚*within the scope of the authorization*' (siehe oben, Teil 2. D. III. 2.).

1306 Siehe Dees/Fiffer, Hate on Trial, S. 72.

eine *civil conspiracy* eingegangen sind[1307] mit der Folge, dass das Gericht den California defendants die Handlung der Oregon defendants nach der *civil conspiracy* Theorie zugerechnet hat[1308]. Bei dieser Entscheidung hat sich die jury an den im Folgenden analysierten *jury instructions* orientiert.

Abweichend vom Aufbau der *jury instructions* und der Darstellung in Teil 2. werden die Punkte „Vorliegen eines *agreement*" und „Inhalt des *agreement*" unter Punkt aa. zusammengefasst, um die Darstellung des Nachweises des *agreement* zu erleichtern. Die Analyse der übrigen Elemente der *civil conspiracy* erfolgt dann in derselben Reihenfolge wie in Teil 2.

a. Agreement zwischen den California defendants und den Oregon defendants

Grundvoraussetzung für die Bejahung einer *civil conspiracy* ist nach Ansicht des Gerichts[1309] und nach allgemeinem *civil conspiracy law*[1310] das Vorliegen eines *agreement* zwischen mindestens zwei Personen. Bei diesem Prüfungspunkt stellen sich im vorliegenden Fall zwei Fragen. Zum einen ist – wie auch beim *aiding and abetting*[1311] – die rechtliche Frage zu klären, warum es dem Gericht bloß auf die Einigung bezüglich der Begehung einer nur der Gattung nach bestimmten Haupttat ankam. Eine Einigung, gerichtet auf die konkret geschehene Tötung Seraws, lag nämlich nicht vor. Zum anderen ist in tatsächlicher Hinsicht zu untersuchen, ob die Jury hier zu Recht von einem *agreement* zwischen den California defendants selbst und den Oregon defendants ausgegangen ist. Das oben ausführlich behandelte Problem der Beteiligung von mindestens zwei Personen[1312] stellt sich hier nicht, da hier keine *conspiracy* innerhalb einer Körperschaft vorliegt.

Nach Ansicht des Gerichts[1313] und auch der übrigen *authority*[1314] muss sich das für die *civil conspiracy* erforderliche *agreement* nicht auf die Begehung des konkret durchgeführten Aktes, also der Tötung Seraws oder der Tötung eines Mitglieds aus der Gruppe um Seraw beziehen, sondern nur auf eine der Gattung

1307 Berhanu v. Metzger, No. A8911-07007 (Or. Multnomah County Cir. Ct. 1990), Judgment, S. 2 f., Q. 3.

1308 Vgl. Berhanu v. Metzger, No. A8911-07007 (Or. Multnomah County Cir. Ct. 1990), Jury Instructions S. 14.

1309 Berhanu v. Metzger, No. A8911-07007 (Or. Multnomah County Cir. Ct. 1990), Jury Instructions, S. 14.

1310 Siehe oben, Teil 2. B. III. 1. u. 2.

1311 Siehe oben, Teil 3. B. II. 1. a. bb.

1312 Vgl. dazu oben, Teil 2. B. III. 2.

1313 Berhanu v. Metzger, No. A8911-07007 (Or. Multnomah County Cir. Ct. 1990), Jury Instructions, S. 14.

1314 Siehe oben, Teil 2, B. III. 3.

nach bestimmten Handlung. So hat das Gericht die Jury instruiert, das *agreement* müsse sich auf die Begehung rassistisch motivierter Gewalttaten beziehen[1315].

Eine Begründung für diesen weiten Maßstab führt das Gericht nicht an. Wie oben zum *aiding and abetting* erwähnt[1316], stellt alleine die Tatsache, dass prominente *persuasive authority* wie der Halberstam-Court[1317] einen gewissen Standpunkt vertritt, für ungebundene Gerichte einen ausreichenden Grund dar, diesen Standpunkt zu übernehmen. Dies ist hier der Fall.

Für den hier vertretenen Maßstab sprechen aber auch sachliche Argumente. Stellte man auf den Maßstab des konkreten Akts ab, könnte man nicht die Hintermänner erfassen, die nicht nur den konkreten Akt, sondern ganze Serien von Akten planen, wie es bei *hate groups* der Fall ist. Nach diesem strengen Maßstab könnten Hintermänner den wichtigsten Teil der Durchführung eines Verbrechens mitplanen und sich trotzdem der Haftung für ihren Beitrag entziehen, wenn sie den letzten Schritt der Planung, nämlich den der Konkretisierung eines Opfers, Zeitpunkts und Ortes dem Hauptschädiger selbst überließen. Ein Mitverschwörer haftete dann also nicht, obwohl er gerade einen Gruppenzwang schaffen würde, der zögerlichen Hauptschädigern den Rückweg in die Legalität oft abschneidet. Stellt man also auf diesen Maßstab ab und nicht auf den hier vertretenen, verfehlt man gerade den Zweck der *civil conspiracy*, nämlich den der Begegnung der *group danger* in Form von Gruppenzwang[1318]. Dieser Aspekt wird gerade im vorliegenden Fall besonders deutlich, in dem die California defendants die Oregon defendants von bloßen Lippenbekennern in aktive Kämpfer umerzogen.

Die Jury ist auch zu Recht davon ausgegangen, dass zwischen den California defendants und den Oregon defendants ein *agreement* getroffen wurde, rassistisch motivierte Gewalttaten zu begehen. Das Gericht hat die Jury hierbei im Einklang mit dem allgemein anerkannten Recht instruiert, dass ein *agreement* durch Indizien nachgewiesen werden kann[1319]. Wie in den meisten Fällen ist auch in diesem Fall der direkte Nachweis eines *agreement* kaum möglich, da die California defendants räumlich weit entfernt von den Oregon defendants agierten.

Das Gericht hat die Jury darauf hingewiesen, dass man auf das Vorliegen eines *agreement* schließen kann, wenn feststeht, dass die California defendants und die Oregon defendants auf das Erreichen desselben Ziels hinarbeiteten – wobei die einen Beklagten einen Teil und die anderen Beklagten einen anderen Teil

---

1315 Berhanu v. Metzger, No. A8911-07007 (Or. Multnomah County Cir. Ct. 1990), Jury Instructions, S. 14.

1316 Siehe oben, Teil 3. B. II. 1. a. bb.

1317 Vgl. Halberstam v. Welch, 705 F.2d 472, 486 (D.C. Cir. 1983).

1318 Siehe dazu oben, Teil 2. B. II.

1319 Berhanu v. Metzger, No. A8911-07007 (Or. Multnomah County Cir. Ct. 1990), Jury Instructions, S. 15.

durchführen könnten –, mit der Folge, dass beide Handlungen den Anschein hatten, aufeinander abgestimmt zu sein[1320]. Dies gelte unabhängig davon, ob alle Beklagten am selben Ort handelten oder nicht[1321]. Damit hat das Gericht auf eines der gängigen Indizien für den Nachweis eines *agreement* im Rahmen der *civil conspiracy* abgestellt, nämlich auf das Indiz des Verfolgens eines gemeinsamen Ziels bei Bestehen von gegenseitigem Kontakt[1322].

In der Tat arbeiteten sowohl die California defendants – darunter White Aryan Resistance, wirksam vertreten durch ihre autorisierten *agents* Tom und John Metzger[1323] – als auch die Oregon defendants auf dasselbe Ziel hin, nämlich Gewaltanwendung gegen Farbige und Juden. Während die California defendants eher die Arbeit im Hintergrund erledigten, nämlich Rekrutierung von Skinheads und Verbreitung von einschlägigem Propagandamaterial, begingen die Oregon defendants die eigentlichen Gewaltakte. Auch das in den *jury instructions* nur angedeutete Erfordernis für den Schluss auf ein *agreement*, nämlich die Kontaktunterhaltung zwischen den Konspiratoren, liegt hier vor. Die California defendants wandten sich mit einem Brief an die Oregon defendants, in dem sie die Ankunft von Mazzella und Barrett zum Zwecke der Abstimmung der beiden Gruppen ankündigten. Später telefonierte Mieske mit Tom Metzger. Außerdem hielten die California defendants die Oregon defendants durch ihre ständig neu aufgelegten Flugblätter über die Pflichten eines White-Aryan-Resistance-Anhängers auf dem Laufenden. Wenn aber wie hier die Konspiratoren zu verschiedenen Zeitpunkten an verschiedenen Orten handeln, ist meist ein weiteres Indiz als das Verfolgen eines gemeinsamen Zwecks bei gegenseitigem Kontakt erforderlich[1324]. Ein solches Indiz ist beispielsweise eine Zusammenarbeit über einen längeren Zeitraum[1325]. Im vorliegenden Fall spielte sich diese Zusammenarbeit von Anfang Oktober bis Mitte November 1988 ab, so dass man von einem längeren Zeitraum sprechen kann.

Zusammenfassend ist zu bemerken, dass das Gericht aus guten Gründen dem in Teil 2. dargestellten Maßstab gefolgt ist, nach dem sich das *agreement* nur auf eine der Gattung nach bestimmte Haupttat beziehen muss, hier also auf die Begehung rassistisch motivierter Gewalttaten. Die Jury hat auch richtigerweise aus den Indizien auf das Vorliegen eines solchen *agreement* zwischen den California defendants und den Oregon defendants geschlossen.

1320 Siehe obige Fn.

1321 Siehe obige Fn.

1322 Siehe oben, Teil 2. B. III. 1. b. aa. ccc.

1323 Siehe oben, Teil 3. B. II. 1. b. aa.

1324 Siehe oben, Teil 2. B. III. 1. b. aa. ccc.

1325 Siehe oben, Teil 2. B. III. 1. b. aa. ccc. und ddd.

b. *Tötung Seraws als (unlawful) act in furtherance of the agreed upon object causing (injury and) damages*

Weiterhin hat das Gericht verlangt, dass die Tötung Seraws durch die Oregon defendants ein *act in furtherance of the agreed upon object* gewesen sein muss, durch den *damages* verursacht wurden[1326]. Dieses Erfordernis entspricht dem oben erläuterten, allgemein anerkannten Erfordernis des *unlawful act in furtherance of the conspiracy causing injury and damages*[1327]. Gleichzeitig stellt diese *jury instruction* klar, in welchem Umfang die Akte der Oregon defendants den California defendants zugerechnet werden können[1328], dazu später, c.

Die Jury ist richtigerweise von dem Vorliegen des oben aufgezeigten Erfordernisses ausgegangen. Denn die Tötung Seraws ist ein *unlawful act*, den die Oregon defendants zur Förderung des oben beschriebenen *agreement* ausführten, also *in furtherance of the agreed upon object* begingen. Dadurch verursachten sie auch zurechenbar *economic* und *non economic damages*, auf die hier nicht näher eingegangen werden soll.

Das Gericht hat es als ausreichend erachtet, dass dieser *unlawful act* der Tötung Seraws nur von den Oregon defendants durchgeführt wurde[1329]. Die California defendants mussten sich noch nicht einmal in irgendeiner Weise an diesem Akt beteiligen[1330]. Damit orientiert es sich an einem *dictum* des Oregon Supreme Courts[1331], welches im Einklang mit der h.M. steht[1332]. Auch wenn das Gericht nicht an ein *dictum* gebunden ist, ist nach oben erwähntem[1333] davon auszugehen, dass ein wichtiger Grund für die hier getroffene Entscheidung die Tatsache gewesen ist, dass der Oregon Supreme Court und eine wichtiger Teil der *persuasive authority* ebenfalls keinen Verwirklichungsbeitrag des Mitverschwörers verlangen.

Für die hier vertretene Ansicht spricht auch ein wichtiger sachlicher Grund: Durch die *civil conspiracy* soll der Gefahr begegnet werden, die alleine aufgrund der Verabredung zu einem Verbrechen entsteht, nämlich der des Gruppenzwangs, aufgrund dessen ein zögerlicher Hauptschädiger nicht mehr von der Durchfüh-

---

1326 Berhanu v. Metzger, No. A8911-07007 (Or. Multnomah County Cir. Ct. 1990), Jury Instructions, S. 14.

1327 Siehe oben, Teil 2. B. III. 4.

1328 Vgl. oben, Teil 2. B. III. 5. a. und b. aa.

1329 Siehe Berhanu v. Metzger, No. A8911-07007 (Or. Multnomah County Cir. Ct. 1990), Jury Instructions, S. 14 f.

1330 Siehe obige Fn.

1331 Siehe Still v. Benton, 445 P.2d 492, 494 (Or. 1968).

1332 Siehe oben, Teil 2. B. III. 4. a.

1333 Siehe oben, Teil 3. B. II. 1. a. bb.

rung des geplanten Aktes ablassen kann[1334]. Danach liegt der ausreichende Beitrag des Mitverschwörers bereits in der Verabredung zum Verbrechen, und ein Beitrag zur Verwirklichung des geplanten Aktes ist gar nicht mehr erforderlich.

Es lässt sich zusammenfassend festhalten, dass das Gericht im Einklang mit dem allgemeinen *civil conspiracy law* auf das Vorliegen eines *act in furtherance of the agreed upon object causing damages* abgestellt hat. Es hat aus guten Gründen auf einen Verwirklichungsbeitrag der California defendants verzichtet. Die Jury hat auch richtigerweise das Vorliegen eines *act in furtherance of the agreed upon object causing damages* bejaht.

c. Act in furtherance of the agreed upon object (Haftungsumfang)

Wie soeben angedeutet, richtet sich die Frage, für welche Akte die Mitverschwörer – also die California defendants – haften, nach Ansicht des Gerichts danach, ob die Tötungshandlung der Oregon defendants *in furtherance of the agreed upon object* erfolgte[1335]. Damit haften die California defendants bereits für jeden Akt, den die Oregon defendants zur Erreichung des gemeinsamen Ziels durchführten. Dies gilt unabhängig davon, ob sie von der bevorstehenden Durchführung eines solchen Akts Kenntnis hatten und sogar unabhängig davon, ob ein solcher Akt vorhersehbar war.

Dieser weite Maßstab entspricht dem der h.M.[1336] und dem des Oregon Supreme Court[1337]. Da dessen Entscheidung in diesem Falle bindend ist, konnte das Gericht gar nicht hiervon abweichen, auch wenn gute Gründe für einen strengeren Maßstab sprechen, wie etwa für den der Vorhersehbarkeit der Verletzungshandlung[1338] oder den der Kenntnis der Mitverschwörer von der Verletzungshandlung[1339]. Für diese beiden strengeren Maßstäbe spricht folgende Überlegung: Ein Mitverschwörer haftet unabhängig davon, ob er einen zurechenbar kausalen Beitrag für die Schädigung geleistet hat. Diese Abweichung von dem Grundsatz im US-amerikanischen Deliktsrecht, nach dem ein Schädiger nur dann haftet, wenn sein Beitrag einen *proximate cause* darstellt, sollte durch ein Plus auf der subjektiven Seite ausgeglichen werden. Danach müsste sich die Planung des Mitverschwörers entweder auf alle durchgeführten Akte erstrecken, oder die durchgeführten Akte müssten zumindest vorhersehbar sein.

1334 Siehe oben, Teil 2. B. II.

1335 Vgl. Berhanu v. Metzger, No. A8911-07007 (Or. Multnomah County Cir. Ct. 1990), Jury Instructions, S. 14 f.

1336 Siehe oben, Teil 2. B. III. 5. b. aa.

1337 Siehe Granewich v. Harding, 985 P.2d 788, 794 (Or. 1999).

1338 Siehe dazu oben, Teil 2. B. III. 5. b. bb.

1339 Siehe dazu oben, Teil 2. B. III. 5. b. cc.

Auf diesen *split of authority* soll aber nicht weiter eingegangen werden, da die Handlung der Oregon defendants nach jedem Maßstab den California defendants zugerechnet werden kann. Die Oregon defendants führten die Schläge mit dem Baseballschläger, die zum Tode Seraws führten, durch, um das gemeinsame Ziel der Gewaltanwendung gegen Minderheiten zu verwirklichen, handelten also *in furtherance of the agreed upon object* i.S.d. Maßstabs des Gerichts. Da es der Doktrin der California defendants entspricht, dass ihre Straßenkämpfer sicher stellen sollen "to beat the hell out of the enemy" und da ein Baseballschläger die Standardwaffe von Skinheads ist, war es für die California defendants nicht nur vorhersehbar, dass die Oregon defendants mit Baseballschlägern zuschlagen würden. Vielmehr kann man aus diesen Indizien schließen, dass die California defendants von dem Gebrauch von Baseballschlägern als Waffe wussten.

Festzuhalten ist damit, dass das Gericht mit dem Erfordernis des *act in furtherance of the agreed upon object* einen großzügigen Standard für den Umfang der Haftung der California defendants vertritt. Auch wenn die besseren Argumente für die strengeren Standards sprechen, hat sich das Gericht wegen der Gebundenheit an einen *precedent* des Oregon Supreme Court für den zuerst erwähnten Standard entscheiden müssen. Auf die Entscheidung dieser Streitfrage kommt es aber nicht an, weil alle Ansätze zur vollumfänglichen Haftung der California defendants führen.

d. Zwischenergebnis

Das Gericht bzw. die Jury hat im Einklang mit dem in Teil 2. herausgearbeiteten Recht und mit meist guten Gründen befunden, dass die California defendants Tom und John Metzger sowie White Aryan Resistance für die Akte der Oregon defendants Mieske und Brewster im Wege der *civil conspiracy* haften.

e. Anmerkung: Berufung auf eine civil conspiracy gem. 42 U.S.C. § 1985(3)

Es stellt sich an dieser Stelle die Frage, warum sich der Kläger nicht auch auf eine *civil conspiracy* gem. 42 U.S.C. § 1985(3) berufen hat. Eine Berufung auf 42 U.S.C. § 1985(3) hätte dazu führen können, dass das Gericht gem. 42 U.S.C. § 1988(b) die Anwaltsgebühren in vernünftiger Höhe als Teil des Schadens festsetzt. Gegen die Berufung auf diese Anspruchsgrundlage sprechen aber mehrere Gründe.

Zum einen war zu erwarten, dass die Jury dem Kläger im Falle des Obsiegens eine Ersatzsumme zusprechen würde, die die finanziellen Möglichkeiten der Beklagten ohnehin weit übersteigen würde[1340], so dass die Beklagten den Mehrbetrag für die Anwaltsgebühren nicht hätten aufbringen können.

Außerdem hätte man hier eine Verletzung des Rechts auf *intrastate travel* als von 42 U.S.C. § 1985(3) geschütztes Recht konstruieren müssen[1341]. Dies wäre mit erheblichen Problemen verbunden gewesen, da die Oregon defendants Seraw nicht am Weiterfahren hinderten, sondern nur daran, in seine Wohnung zu gelangen.

Schließlich wäre für eine auf 42 U.S.C. § 1985(3) gestützte Klage ein Bundesgericht gem. 28 U.S.C. § 1331 zuständig. Im vorliegenden Fall brachte die Klage vor einem Staatengericht aber einen wichtigen Vorteil für den Kläger mit sich. Von großer Bedeutung war nämlich für den Klägeranwalt, dass die Pflicht zur Bekanntgabe von für den Rechtsstreit bedeutsamen Tatsachen und Urkunden nach den *rules of discovery* des Staates Oregon einen weitaus geringeren Umfang hatte als dieselbe Pflicht nach Bundesrecht[1342]. Dies war deswegen von großer Bedeutung, weil die Bekanntmachung der Tatsache, dass Dave Mazzella als Hauptzeuge des Klägers auftreten würde, den Metzgers die Möglichkeit geben würde, Behauptungen zur Entkräftung der Aussage Mazzellas aufzustellen oder ihn einzuschüchtern[1343].

3. *Recklessness in selecting or retaining der agents Mazzella und Barrett, die ein aiding and abetting begangen haben*

Die Jury hat befunden, dass die California defendants Tom und John Metzger sowie White Aryan Resistance den Tod Seraws dadurch verursachten, dass sie ihre *agents* Mazzella und Brewster – welche die Hauptschädiger wesentlich zur Tötung Seraws ermutigten i.S.d. *aiding and abetting – recklessly* auswählten und weiterbeschäftigten[1344]. Dies hat zur Folge, dass sie wegen *reckless hiring/selecting* bzw. *retaining* für die durch die Tötung entstandenen Schäden haften[1345].

1340 Siehe dazu unten, Teil 3. B. III.
1341 Siehe oben, Teil 2. B. IV. 2. b. bb.
1342 Dees/Fiffer, Hate on Trial, S. 78.
1343 Siehe obige Fn.
1344 Berhanu v. Metzger, No. A8911-07007 (Or. Multnomah County Cir. Ct. 1990), Judgment, S. 3, Q. 4; siehe auch Berhanu v. Metzger, No. A8911-07007 (Or. Multnomah County Cir. Ct. 1990), Jury Instructions, S. 15 f.
1345 Berhanu v. Metzger, No. A8911-07007 (Or. Multnomah County Cir. Ct. 1990), Jury Instructions, S. 15 f.

Wie oben erwähnt, hat die Jury zu Recht entschieden, dass Mazzella und Barrett die Voraussetzungen der Zurechnungstheorie des *aiding and abetting* verwirklicht haben[1346].

Im Folgenden ist daher nur die gerichtliche Anwendung der Theorie des *reckless hiring/selecting* bzw. *retaining* zu analysieren sowie zu beurteilen, ob die Jury von der Erfüllung der Voraussetzungen dieser Theorie ausgehen durfte.

a. Vorüberlegung: Haftung der California defendants für das vorsätzliche Verhalten ihrer non-servant agents Mazzella und Barrett

Das Gericht ist davon ausgegangen, dass die California defendants als Geschäftsherren auch für eine vorsätzliche Tat ihrer *non-servant agents* Mazzella und Barrett, nämlich die Ermutigung zu einer Gewalttat wegen *reckless hiring/selecting* bzw. *retaining* haften können[1347]. Ob die Haftung aufgrund von *reckless hiring/selecting* bzw. *retaining* auch Vorsatztaten eines *non-servant agent's* umfasst, steht in den meisten Jurisdiktionen, darunter auch Oregon, nicht eindeutig fest, da bisher kaum ein Gericht diese Frage in seiner *ratio decidendi* entschieden hat[1348]. Trotzdem lassen sich einige gute Gründe finden, die das Gericht dazu bewogen haben können, eine solche Haftung anzunehmen.

Zum einen haben sich die Restatements (second) of Torts und Agency für eine solche Haftung entschieden, was aus den dort aufgeführten Beispielsfällen unmissverständlich hervorgeht[1349]. Wie in der Einleitung erwähnt[1350], richten sich Gerichte oft nach den Restatements, wenn wie hier die vorliegende Frage durch die bindenden Vorentscheidungen nicht beantwortet wurde. Ebenso wie die Restatements gehen zudem zahlreiche Gerichte davon aus, dass der *principal* auch für Vorsatztaten eines *non-servant agent's* haftet. Auch wenn die meisten dieser Entscheidungen nur *dicta* sind, könnte dies nach oben Erwähntem[1351] ebenfalls ein wichtiger Grund für das Gericht gewesen sein, sich dieser Meinung anzuschließen, zumal kein Nachweis einer ausdrücklichen Ablehnung dieser Haftung gefunden werden kann[1352].

Als sachliches Argument für diese Auffassung kann folgende Überlegung herangezogen werden: Die *negligence* bzw. *recklessness* eines *principal's* ist

1346 Siehe oben, Teil 3. B. II. 1. a.
1347 Vgl. Berhanu v. Metzger, No. A8911-07007 (Or. Multnomah County Cir. Ct. 1990), Jury Instructions, S. 16.
1348 Siehe oben, Teil 2. D. III. 1. a.
1349 Siehe obige Fn.
1350 Teil 1. B. I.
1351 Vgl. oben, Teil 3. B. II. 1. a. bb., siehe auch Teil 1. B. 1.
1352 Siehe oben Teil 2. D. III. 1. a.

durch die Einstellung bzw. Weiterbeschäftigung eines *incompetent or dangerous agent's* begründet. Gerade jemand, der zur Begehung von Vorsatztaten, insbesondere Gewalttaten tendiert, ist *incompetent* und *dangerous*[1353]. Dies gilt insbesondere für solche Arbeiten des *agent's*, bei denen eine Konfrontation anderer Personen durch den *agent* vorherzusehen ist, wie dies bei der den *agents* Mazzella und Barrett aufgetragenen Arbeit der Fall ist.

Das Gericht hat sich folglich aus guten Gründen dafür entschieden, dass die California defendants als *principals* für Vorsatztaten ihrer *non-servant agents* Mazzella und Barrett wegen *reckless hiring/selecting/retaining* haften können.

b. Duty to select/hire bzw. retain carefully

Allgemein anerkannte Voraussetzung für eine Haftung aufgrund von *negligence* bzw. *recklessness* ist ein *breach of a duty*[1354]. Das Gericht hat die Jury hierüber aber nicht instruiert, sondern ist nur auf die Frage eingegangen, wann eine solche Sorgfaltspflichtverletzung *reckless* ist. Möglicherweise hat es eine entsprechende Instruktion unterlassen, weil es diese Voraussetzung für selbstverständlich gehalten hat. Auch wenn die *jury instructions* insoweit lückenhaft sind, ist davon auszugehen, dass das Gericht sich an das allgemeine *law of negligence* (bzw. *recklessness*) gehalten hat.

Zunächst ist nach allgemeinem Recht Voraussetzung für das *reckless hiring/selecting or retaining*, dass den California defendants als *principals* eine *duty to select/hire or to retain carefully* oblag[1355]. Eine *duty to select/hire carefully* eines *principal's* besteht darin, seine *agents* sorgfältig auszusuchen[1356]; eine *duty to retain carefully* besteht darin, die *agents* nur dann weiterzubeschäftigen, wenn sie *competent* bleiben[1357]. Dabei besteht für einen *principal*, der Ausbilder für Straßenkämpfe wie in diesem Fall einstellt, eine umfangreiche Pflicht zur Nachforschung, ob von den einzustellenden *agents* eine Gefahr für andere Personen ausgeht[1358].

c. Reckless breach of duty

Wie oben angesprochen, müssen die *principals*, also die California defendants Tom und John Metzger sowie White Aryan Resistance, Letztere vertreten durch

1353 Siehe obige Fn.
1354 Siehe oben, Teil 2. D. III. 1. b. und c.
1355 Siehe oben, Teil 2. D. III. 1. b. aa. aaa. und bbb.
1356 Siehe oben, Teil 2. D. III. 1. b. aa. aaa.
1357 Siehe oben, Teil 2. D. III. 1. b. aa. bbb.
1358 Siehe oben, Teil 2. D. III. 1. b. aa. aaa. (2).

ihre autorisierten *agents* Tom und John Metzger[1359], nach allgemeinem Recht entweder ihre *duty to select/hire carefully* oder ihre *duty to retain carefully in a reckless manner* verletzt haben[1360]. Ein solcher *breach of duty to select/hire* bzw. *retain* liegt dann vor, wenn der *principal* einen *incompetent agent* aussucht bzw. weiterbeschäftigt, obwohl er von dessen *incompetence* wissen muss[1361].

Recklessly und nicht nur *negligently* handeln die California defendants als *principals* dabei nach Ansicht des Gerichts, wenn sie sich zum Zeitpunkt der Auswahl ihrer *agents* eines besonders großen und nicht zu rechtfertigenden Risikos bewusst sind, dass ihre *agents* die East-Side-White-Pride-Mitglieder unterstützen bzw. diese ermutigen würden, rassistisch motivierte Gewalttaten zu begehen, und wenn sie dieses Risiko bewusst ignorieren[1362]. Diese Definition der *recklessness* ist damit im Wesentlichen deckungsgleich mit der allgemein anerkannten Definition der *recklessness*[1363]. Der einzige Unterschied besteht darin, dass sie konkret auf den vorliegenden Fall angewendet wird, so dass es nicht bei einer allgemeinen Formulierung bleibt.

Die Jury hat auch zu Recht entschieden, dass die California defendants die ihnen obliegende *duty to select/hire* bzw. *retain carefully recklessly* verletzt haben. Denn die California defendants, die Mazzella und Barrett für frühere Gewalttaten u.a. durch hohe Posten innerhalb der Organisation belohnten, wussten bereits zum Zeitpunkt der Beauftragung Mazzellas und Barretts, dass diese zur Begehung von Gewalttaten gegen Farbige und Juden neigten. Nicht nur trotzdem, sondern deswegen haben sie diese für die Aufgaben der Organisierung der East Side White Pride ausgewählt.

d. Zwischenergebnis

Das Gericht hat zwar nicht bestimmt, was die Grundvoraussetzung für die Haftung aufgrund von *recklessness* ist, nämlich ein *breach of duty*. Im Übrigen hat es aber im Einklang mit dem in Teil 2. herausgearbeiteten Recht und mit guten Gründen die Voraussetzungen des *reckless hiring/selecting* bzw. *retaining* sowie dessen Rechtsfolgen, nämlich Haftung auch für vorsätzliche Taten eines *non-servant agent's*, festgelegt. Die Jury ist zu Recht von der Erfüllung der oben genannten Voraussetzung für die Haftung aufgrund von *recklessness* ausgegangen.

1359 Siehe oben, Teil 3. B. II. 1. b. aa.

1360 Siehe oben, Teil 2. D. III. 1. b. bb. und c.

1361 Siehe oben, Teil 2. D. III. 1. b. bb.

1362 Berhanu v. Metzger, No. A8911-07007 (Or. Multnomah County Cir. Ct. 1990), Jury Instructions, S. 16.

1363 Vgl. oben, Teil 2. D. III. 1. c.

III. Haftung der Beklagten für compensatory und punitive damages

In diesem Abschnitt soll untersucht werden, nach welchen Regeln das Gericht und die Jury *compensatory damages*, darunter *economic* (dazu 1.) und *non-economic damages* (dazu 2.), sowie *punitive damages* (dazu 3.) zugesprochen und auf die einzelnen Schädiger verteilt haben.

1. Haftung für economic damages

Die Jury hat $ 475.469 als *economic damages* festgesetzt[1364]. Das Gericht hat entschieden, dass die fünf Beklagten Mieske, Brewster, Tom Metzger, John Metzger und White Aryan Resistance für diesen Betrag *jointly and severally* haften[1365]. Die *joint and several liability* für *economic damages* entspricht dem zum Zeitpunkt der Entscheidung gültigen Recht Oregons[1366] und dem der meisten übrigen Jurisdiktionen[1367]. Mittlerweile wird indes in Oregon jedem einzelnen Schädiger individuell ein *economic damages* Betrag zugemessen, wobei sich die Höhe des Betrages nach dem in Verschuldensgrad des jeweiligen *joint tortfeasor's* richtet[1368].

2. Haftung für non-economic damages

Überdies hat die Jury die Höhe der *non-economic damages*[1369] auf $ 2 Mio. festgesetzt[1370], wobei das Gericht diese dann gem. O.R.S. 18.560 (1) a.F. auf $ 500.000 reduziert hat[1371]. Das Gericht hat außerdem bestimmt, dass die Be-

1364 Berhanu v. Metzger, No. A8911-07007 (Or. Multnomah County Cir. Ct. 1990), Judgment, S. 4., Q. 6.

1365 Berhanu v. Metzger, No. A8911-07007 (Or. Multnomah County Cir. Ct. 1990), Judgment, S. 5.

1366 Siehe Stovall v. Perius, 659 P.2d 393, 400 (Or. 1983).

1367 Siehe oben, Teil 2. (vor A.).

1368 Tenbusch v. Linn County, 18 P.3d 419, 421 (Or. 2001), zitierend O.R.S. § 18.485 (1), (2).

1369 *Non-economic damages* sind Nichtvermögensschäden wie etwa körperliche und mentale Schmerzen, vgl. O.R.S. § 18.560 (2) (b).

1370 Berhanu v. Metzger, No. A8911-07007 (Or. Multnomah County Cir. Ct. 1990), Judgment, S. 4., Q. 6.

1371 Berhanu v. Metzger, No. A8911-07007 (Or. Multnomah County Cir. Ct. 1990), Judgment, S. 4. Der Oregon Supreme Court hat O.R.S. 18.560 (1) in Lakin v. Senco Products, Inc. 987 P.2d 463, 468 ff. (Or. 1999) mittlerweile für *unconstitutional* erklärt, so dass *non-economic damages awards* nicht mehr gesetzlich beschränkt werden dürfen. Der Grund ist, dass durch ein solches gesetzliches *cap* das verfassungsmäßige Recht auf ein *jury trial* unzulässigerweise beschränkt wird, klagten hierfür nicht *jointly and severally* haften, sondern individuell abhängig vom jeweiligen Verschuldensgrad[1372]. Die Jury hat diesen Grad für jeden Beklagten auf 20 % festgelegt[1373]. Die Tatsache der individuellen Haftung für *non-economic damages* im Gegensatz zur *joint and several liability* für *economic damages* verwundert zumindest aus damaliger Sicht. Denn zum Zeitpunkt der Entscheidung dieses Falles (Oktober 1990) ist die *joint and several liability* geltendes Recht in Oregon gewesen[1374], und es lässt sich bis dahin kein Fall finden, in dem *non-economic damages* individuell zugeteilt worden sind. Die Entscheidung ist in dieser Hinsicht daher rechtsfehlerhaft, was aber in diesem Fall folgenlos geblieben ist, da alle Beklagten bereits die hohen *punitive damages awards* – dazu unten, c. – bei weitem nicht aufbringen konnten, so dass sie einen *non-economic damages* Betrag ohnehin nicht mehr leisten konnten.

3. Haftung für punitive damages

Die Jury hat für jeden Beklagten *punitive damages* individuell in der eingangs aufgeführten Höhe festgesetzt[1375]. Hinsichtlich dieser Entscheidung über die Aufbürdung von *punitive damages* soll eine kurze Auseinandersetzung mit den vom Gericht aufgestellten Voraussetzungen für einen *punitive damages award* und mit der individuellen im Gegensatz zur *joint and several* Aufbürdung von *punitive damages* erfolgen.

Das Gericht hat die Jury instruiert, dass sie denjenigen Beklagten *punitive damages* nach ihrem Ermessen auferlegen kann, die *wantonly* den Kläger schädigten[1376]. *Wanton misconduct* hat das Gericht als gesteigerte, bewusste Missachtung der Rechte anderer definiert[1377]. Durch das Abstellen auf das Erfordernis des *wanton misconduct*, das oft mit *reckless misconduct* gleichgesetzt wird[1378],

---

siehe im einzelnen dazu Lakin v. Senco, S. 468 ff. Interessanterweise hat bereits im Fall Berhanu v. Metzger der Klägeranwalt die Verfassungswidrigkeit des O.R.S. 18.560 (1) moniert – das Gericht hat diese *motion* aber zurückgewiesen (Berhanu v. Metzger..., Judgment, S. 4).

1372 Berhanu v. Metzger, No. A8911-07007 (Or. Multnomah County Cir. Ct. 1990), Judgment, S. 4.

1373 Berhanu v. Metzger, No. A8911-07007 (Or. Multnomah County Cir. Ct. 1990), Judgment, S. 3, Q. 5.

1374 Siehe oben, Teil 3. B. III. 1.

1375 Berhanu v. Metzger, No. A8911-07007 (Or. Multnomah County Cir. Ct. 1990), Judgment, S. 4, Q. 6.

1376 Berhanu v. Metzger, No. A8911-07007 (Or. Multnomah County Cir. Ct. 1990), Jury Instructions, S. 24.

1377 Siehe obige Fn.

1378 Siehe oben, Teil 2. D. III. 1. c.

befindet sich das Gericht im Einklang mit dem allgemein anerkannten Recht. Denn hiernach haftet ein *principal* u.a. dann auf *punitive damages*, wenn er *reckless* handelte[1379].

Unverständlich ist indes, dass das Gericht nicht auch auf die alternativen, allgemein anerkannten Voraussetzungen für die Haftung eines *principal's* auf *punitive damages* eingegangen ist, nämlich *authorized* oder *directing conduct*[1380]. Denn eine Jury sollte über alle alternativ in Frage kommenden Haftungstheorien instruiert werden, da es denkbar ist, dass sie die Voraussetzungen der einen Theorie für nicht gegeben hält, während sie das Vorliegen der Voraussetzung einer anderen bejaht. So ist in diesem Falle eine Entscheidung der Jury, dass die California defendants ihre *agents* Mieske und Brewster zwar autorisierten oder deren schädigendes Verhalten anordneten i.S.d. *directing conduct*, dass sie ihre *agents* aber nicht *recklessly* aussuchten, durchaus denkbar.

Die Jury hat das Vorliegen der Voraussetzungen für die Haftung eines *principal's* zu Recht bejaht. Wie oben festgestellt, handelten die Oregon defendants Mieske und Brewster *intentionally* und damit auch *wantonly*. Die California defendants autorisierten ihre *agents* Mazzella und Barrett, die die Hauptschädiger ermutigten i.S.d. *aiding and abetting*. Darüber hinaus ordneten sie das Verhalten der *agents* i.S.d. *directing conduct* an und suchten diese auch *recklessly* aus. Schließlich handelten sie als *civil conspirators intentionally* und damit *wantonly*[1381].

Aus den *jury instructions* geht hervor, dass das Gericht sich für die individuelle Aufbürdung von *punitive damages* im Gegensatz zur *joint and several liability* aller Beklagten hinsichtlich der *punitive damages* entschieden hat[1382]. Es folgt damit dem Recht des Staates Oregon[1383] und der in den meisten Jurisdiktionen vertretenen Meinung[1384]. Abgesehen davon, dass das Gericht damit in seiner Entscheidung gebunden gewesen ist, sprechen auch die besseren Gründe für diese Auffassung: Durch *punitive damages* soll keine Kompensation für den Geschädigten, sondern eine Bestrafung und Abschreckung des Schädigers erreicht werden. Eine Strafe ist aber nur dann angemessen, wenn sie sich an dem Grad der Schuld der zu bestrafenden Person orientiert[1385].

1379 Siehe oben, Teil 2. D. III. 1. c.

1380 Siehe dazu oben, Teil 2. E. I.

1381 Vgl. dazu oben, Teil 2. E. I.

1382 Vgl. Berhanu v. Metzger, No. A8911-07007 (Or. Multnomah County Cir. Ct. 1990), Jury Instructions, S. 25.

1383 Pfeifer v. Copperstone Restaurant and Lounge, Inc., 693 P.2d 644, 651 (Or. 1985).

1384 Siehe oben, Teil 2. E. II.

1385 Siehe obige Fn.

4. Zwischenergebnis

Das Gericht hat die Beklagten im Einklang mit dem geltenden Recht in Oregon und der h.M. *jointly and severally* zur Zahlung von *economic compensatory damages* verurteilt. Dagegen haften die Beklagten individuell zu je 20 % auf Zahlung von *non-economic compensatory damages*. Weil in Oregon zum Zeitpunkt der Entscheidung die Regel der *joint and several liability auch* für *non-economic compensatory damages* galt, liegt hierin ein Rechtsfehler, welcher aber in Anbetracht der hohen Haftungssumme für *punitive damages* unbeachtlich ist. Bei der Aufstellung der Voraussetzungen für die Haftung auf *punitive damages* folgt das Gericht dem allgemein gültigen Recht, wenn es *wanton conduct* verlangt, was der *recklessness* gleichkommt. Mit der individuellen Aufbürdung der *punitive damages* wendet das Gericht das in Oregon geltende Recht an, welches der h.M. entspricht. Für die individuelle Aufbürdung der *punitive damages* sprechen auch die besseren Gründe.

C. Ergebnis

Zusammengefasst kann man die Haftungszurechnung zu den California defendants – Tom und John Metzger und White Aryan Resistance – in zwei grobe Ansätze unterteilen:

Zum einen ist die Haftungszurechnung durch Rückgriff auf die *agents* Mazzella und Barrett konstruierbar. Danach wird als erster Schritt die Tat der Hauptschädiger – Mieske und Brewster – im Wege des *aiding and abetting* Mazzella und Barrett zugerechnet[1386]. Möglich wäre statt des *aiding and abetting* auch die Zurechnung über die *civil conspiracy*[1387]; das Gericht hat dies aber nicht in Erwägung gezogen. Weil Mazzella und Barrett als *agents* bzw. Gehilfen der California defendants auftraten, kann als zweiter Schritt Letzteren das Verhalten ihrer *agents* gem. den Regeln des *agency law* i.w.S. zugerechnet werden. Als eine solche Regel ist hier zunächst die der *authorization* einschlägig, weil die California defendants ihre *agents* Mazzella und Barrett instruierten, die East Side White Pride Mitglieder zur Begehung von Gewalttaten zu bewegen[1388]. Aus dem selben Grund ist auch die Regel des *directing conduct* einschlägig[1389]. Schließlich haften die California defendants als *principals* bzw. Geschäftsherrn deswegen für

---

1386 Siehe dazu Teil 3. B. II. 1. a.
1387 Siehe dazu Teil 3. B. II. 1. a. gg.
1388 Siehe dazu Teil 3. B. II. 1. b. aa.
1389 Siehe dazu Teil 3. B. II. 1. b. bb.

die *aiding and abetting* Handlung ihrer *agents*, weil sie diese trotz Kenntnis von deren Neigung zur Begehung von Gewalttaten für die Aufgabe auswählten, die East Side White Pride im Straßenkampf gegen Minderheiten auszubilden *(reckless hiring/selecting* bzw. *retaining)*[1390].

Zum anderen ist im vorliegenden Fall auch eine direkte Zurechnung der Gewalttat Mieskes und Brewsters zu den California defendants möglich, also ohne Rückgriff auf deren *agents*. Hier hat das Gericht auf eine *civil conspiracy* zwischen den California defendants und Mieske/Brewster abgestellt[1391]. Die Jury hat auch das Vorliegen der Voraussetzungen einer solchen *civil conspiracy* bejaht, wobei der Nachweis eines *agreements* nicht einfach war. Die Indizien des Hinarbeitens auf ein gemeinsames Ziel, der gelegentlichen Kontaktunterhaltung und der Zusammenarbeit über einen längeren Zeitraum haben einen Schluss auf das Vorliegen eines *agreements* zwischen den California defendants und Mieske/Brewster indes zugelassen[1392].

Abschließend ist zur Aufbürdung der *punitive damages* zu bemerken, dass das Gericht hier auf den Standard des *wanton conduct* abgestellt hat, welcher dem der *recklessness* entspricht[1393]. Es ist hierbei nicht nachvollziehbar, warum es nicht alternativ auf den Standard der *authorization* abgestellt hat, denn schließlich hat es auch diese Theorie für die Zurechnung der *compensatory damages* herangezogen. Die Zumessung des *punitive damages* Betrages ist individuell und nicht *jointly and severally* erfolgt[1394].

Bei der Anwendung der soeben genannten Zurechnungstheorien hat sich das Gericht im Wesentlichen an dem in Teil 2. herausgearbeiteten Recht orientiert. Es hat sich dabei nicht mit rechtlichen Argumenten auseinandergesetzt, sondern ist ohne Angabe von Gründe entweder *precedents* oder der meist herrschenden *persuasive authority* gefolgt.

1390 Siehe dazu Teil 3. B. II. 3.
1391 Siehe dazu Teil 3. B. II. 2.
1392 Siehe oben, Teil 3. B. II. 2. a.
1393 Siehe oben, Teil 3. B. III. 3.
1394 Siehe oben, Teil 3. B. III. 3.

Teil 4. Faktische Probleme und Auswirkungen der hate crimes litigation

Freilich stoßen auch rechtlich noch so ausgefeilte Maßnahmen immer wieder in tatsächlicher Hinsicht an ihre Grenzen. Diese Grenzen gilt es aufzuzeigen und es muss ihnen auf der tatsächlichen Ebene entgegengewirkt werden, um ein möglichst optimales Funktionieren des oben beschriebenen Sanktionsapparates zu gewährleisten, dazu A. Die möglichen tatsächlichen Auswirkungen dieses Sanktionsapparates auf das Phänomen rassistisch motivierter Gewalttaten sollen in B. kurz beleuchtet werden.

A. Faktische Probleme bei der hate crimes litigation

Bei einem zivilrechtlichen Verfahren nach oben dargestellten Grundsätzen stellen sich regelmäßig zwei faktische Probleme. Dies sind der große Aufwand für den Nachweis der Involvierung einer *hate group* sowie ihres Anführers und das Problem der Auffindung und Sicherstellung pfändbaren Vermögens der verurteilten Personen.

Zum einen bringen zwar einige Haftungstheorien wie die *authorization*[1395] und das *negligent/reckless hiring/selecting*[1396] grundsätzlich keine besonderen Beweisprobleme mit sich. Da *hate groups* indes sehr auf Geheimhaltung bedacht sind[1397], muss oft eine aufwändige Recherche betrieben werden, um den Nachweis der Involvierung einer *hate group* zu erbringen. Um etwa deren Kenntnis von einschlägigen Vortaten des Gehilfen[1398], ein *agreement*[1399] oder *actual*

1395 Siehe oben, Teil 2. D. II. 2.

1396 Siehe oben, Teil 2. D. III. 1. d.

1397 Chaudhry, Hate Sites Bad Recruiting Tools, abrufbar unter www.wired.com/news/print/0,1294,36478,00.html; siehe Art. 5 des „Aryan Fighting Code" der White Aryan Resistance: „...As a racial political Prisoner of war, I will answer only with my age, name and address when questioned. I will make no oral or written statements disloyal to my race", abgedruckt in Dees/Fiffer, Hate on Trial, Bildteil hinter S. 142.

1398 Dies ist ein wesentliches Indiz für das Vorliegen einer *authorization* oder eines *reckless hiring/selecting*, siehe oben, Teil 2. D. II. 2. und III. 1. d.

1399 Dies ist wesentliches Element der *civil conspiracy*, siehe oben, Teil 2. B. III. 1.

knowledge[1400] bezüglich der zu begehenden Gewalttat nachzuweisen, muss als Indiz oft eine Reihe von vorherigen Gewalttaten oder die wiederholte Anstachelung zur Begehung von früheren Gewalttaten bewiesen werden[1401]. Diese Hürde nimmt das Southern Poverty Law Center, das sich auf diese Klagen spezialisiert hat, indem es die nötigen Recherchen durch eine eigene Detektivabteilung vornimmt[1402]. Als erfolgreich hat sich auch die Methode erwiesen, Kontakte zu Insidern zu kultivieren, die sich von ihrem bisherigen intoleranten Leben lossagen wollen[1403]. Als Anreiz kann dabei das Versprechen dienen, sie zumindest von der zivilrechtlichen Haftung für deren Taten zu verschonen.

Zum anderen taucht, sobald der eigentliche Rechtsstreit gewonnen ist, ein Folgeproblem auf: *Hate groups*, bzw. deren Anführer, versuchen regelmäßig, der Pfändung ihres Vermögens zu entgehen, indem sie es unbemerkt Dritten übertragen[1404]. Hier ist eine intensive Recherche zur Auffindung dieses Vermögens erforderlich, die oft in einen weiteren Prozess mündet[1405].

B. Faktische Auswirkungen der hate crimes litigation auf das Phänomen rassistisch motivierter Gewalttaten

Trotz dieser Probleme kann das Übel rassistisch motivierter Gewalttaten in den USA durch die *hate crimes litigation* tatsächlich eingedämmt werden. Wie intensiv diese Eindämmung sein wird, bleibt aber noch abzuwarten.

Durch das Mittel der (Straf-)Schadensersatzklagen ist es in den USA gelungen, die verantwortlichen Organisationen im Hintergrund einer rassistisch motivierten Gewalttat unschädlich zu machen[1406] und auch den Einfluss ihrer Anführer erheblich zu schwächen[1407]. So konnten neben anderen Organisationen die besonders aktiven und gefährlichen Organisationen "United Klans of America", "White Aryan Resistance", "Christian Knights of the Ku Klux Klan" sowie "Ary-

1400 Dies ist wesentliches Element des *aiding and abetting*, siehe oben Teil 2. C. II. 3. ddd. und eee.

1401 Vgl. Dees/Bowden, 31-FEB Trial, 22, 28.

1402 Dees/Bowden, 31-FEB Trial, 22, 28.

1403 Dees/Bowden, 31-FEB Trial, 22, 28; Dees/Fiffer, Hate on Trial, S. 20 und 33.

1404 Dees/Bowden, 31-FEB Trial, 22, 28.

1405 Siehe obige Fn.

1406 Hellwege, 37-JAN Trial 14, 14 und 16; siehe auch den Artikel „Courtroom Victories" auf www.splcenter.org/legal/publications/pub.jsp.

1407 Bezüglich Tom Metzger siehe Bierich/Potok, 40 to Watch, abrufbar auf www.splcenter.org/intel/intelreport/article.jsp?pid=208, die anderen Anführer der oben genannten Organisationen werden gar nicht mehr in der Liste „40 (leaders) to Watch" erwähnt.

an Nations“ zerschlagen werden[1408]. Auch zeigt sich, dass von diesen zivilrechtlichen Klagen eine deutlich abschreckende Wirkung auf andere *hate groups* ausgeht[1409]. Beispielsweise haben andere *hate groups* es aufgegeben, ihre Internetseiten zu Rekrutierungszwecken zu nutzen, obwohl dies eine durchaus kosteneffiziente Rekrutierungsmethode ist[1410]. Sie befürchten nämlich, der Gefahr der zivilrechtlichen Haftung deswegen ausgesetzt zu werden, weil ihre auf diese Weise angeworbenen Mitglieder *hate crimes* begehen könnten[1411].

1408 Siehe den Artikel „Case Docket“ auf www.splcenter.org/legal/docket/docket.jsp?sortID=4&agendaID=1. Die White Aryan Resistance existiert zwar noch, ist aber nur noch ein Schatten ihrer früheren selbst.

1409 Vgl. diese Aussage mit dem Hauptzweck der *punitive damages*, welcher in der Abschreckung des Schädigers und Dritter liegt, siehe oben, Teil 1. B. V.

1410 Romero, 33 Colum. Hum. Rts. L. Rev. 1, 10.

1411 Romero, 33 Colum. Hum. Rts. L. Rev. 1, 10; vgl. Chaudhry, Hate Sites Bad Recruiting Tools, abrufbar unter www.wired.com/news/print/0,1294,36478,00.html. Ob diese *hate groups* tatsächlich für die *hate crimes* der auf diese Weise angeworbenen Mitglieder verantwortlich gemacht werden können, muss im Einzelfall anhand der oben beschriebenen Theorien entschieden werden. Die bloße Mitgliedschaft in einer *hate group* reicht aber nicht für deren zivilrechtliche Haftungseinbeziehung aus.

Teil 5. Zusammenfassung und Schluss

Schwerpunkt der Arbeit ist die Frage gewesen, wie die Eindämmung des Problems rassistisch motivierter Gewalttaten in den USA durch das Zivilrecht erfolgen kann. Die Antwort auf diese Frage soll im Folgenden zusammengefasst werden:

Die Einbeziehung der Personen im Hintergrund erfolgt oft durch eine Kombination der hier analysierten Zurechnungstheorien. Oft werden dabei *joint tortfeasor* Theorien (*civil conspiracy* und *aiding and abetting*) mit Theorien des *agency law* i.w.S. (Haftung des Geschäftsherrn) kombiniert, um insbesondere eine Organisation, welche nur durch *agents* handeln kann, in die Haftung einzubeziehen. Möglich ist aber auch, nur auf Theorien des *agency law* i.w.S. abzustellen, etwa auf *reckless hiring/selecting* kombiniert mit *authorization.* In *hate crimes* Fällen können diesen Personen im Hintergrund regelmäßig auch *punitive damages* auferlegt werden.

Im Einzelnen lassen sich folgende Ergebnisse festhalten:

(1) Die gelegentlich in der Rechtsprechung und Literatur herangezogene *joint tortfeasor* Theorie der *concerted action* hat im Falle vorsätzlicher Schädigungen keine eigenständige Bedeutung, da sie einen Verwirklichungsakt des Sekundärschädigers verlangt[1412]. Damit ist sie nur ein Unterfall der *civil conspiracy* Theorie, die bei ansonsten identischen Voraussetzungen nach h.M.[1413] keinen Verwirklichungsakt des Sekundärschädigers verlangt. Mitunter wird der Begriff ‚*concerted action*' auch als Oberbegriff für die Theorien des *aiding and abetting* und der *civil conspiracy* gebraucht[1414].

(2) Die *joint tortfeasor* Theorie der *(common law) civil conspiracy* ist hingegen häufig Bestandteil der *hate crimes litigation*[1415]. Der Hauptvorteil dieser Theorie sind ihre weiten Voraussetzungen. Über den von der h.M. befürwor-

---

1412 Siehe oben, Teil 2. A.

1413 Dazu Teil 2. B. III. 4. a. Zu den anderen Ansätzen siehe Teil 2. B. III. 4. b. bis d.

1414 Siehe oben, Teil 2. A.

1415 Zum Nachweis der Anwendung dieser Theorie siehe Berhanu v. Metzger, No. A8911-07007 (Or. Multnomah County Cir. Ct. 1990), Judgment, S. 2., Q. 3. (dazu Teil 3. B. II. 2.); Donald v. United Klans of America, Inc., No. 84-0725-C-S (S.D. Ala. 1987) Composite Complaint, S. 20 ff.; Macedonia Baptist Church v. Christian Knights of the Ku Klux Klan – Invisible Empire, Inc. et al., No. 96 CP-14-217 (S.C. 1998), Plaintiff's Pre-Trial Brief, S. 3 f.

teten und gut vertretbaren[1416] Verzicht auf einen Verwirklichungsakt des Mitverschwörers hinausgehend ist auch dessen Kenntnis von den Details des Planes, insbesondere von dem konkreten Verletzungsakt entbehrlich[1417]. Weiterhin trägt zum obigen Befund bei, dass der Mitverschwörer nach h.M.[1418] für jede Tat des Hauptschädigers haftet, die dieser *in furtherance of the common scheme* begangen hat – unabhängig davon, ob diese Tat vom Vorsatz des Mitverschwörers umfasst war[1419] oder zumindest vorhersehbar war[1420], wie es zwei Mindermeinungen mit den besseren Argumenten fordern. Das Merkmal *(agreement) between two persons* bereitet in *der hate crimes litigation* auch im Falle einer *intracorporate conspiracy* keine Probleme, da eine solche nach allen Ansichten ausnahmsweise möglich ist, wenn es sich bei der Körperschaft um eine *hate group* handelt[1421]. Der Nachteil dieser Theorie ist das Problem der Beweisbarkeit der subjektiven Tatbestandselemente, insbesondere des *agreement.* In mehreren Fällen musste der Klägeranwalt hierfür intensive Detektivarbeit durchführen und ehemalige *hate group* Mitglieder zur Aussage gegen ihre ehemaligen Verbündeten überreden[1422]. Der Auffassung, durch die *civil conspiracy* könne die Haftung für das Verhalten anderer nach freiem Ermessen des Richters „zugeschneidert" werden[1423], kann nicht gefolgt werden. Denn die Elemente dieser Theorie sind mittlerweile bis auf wenige Ausnahmen einigermaßen klar durch umfangreiche *authority* definiert[1424]. Auch wenn diese *authority* nicht immer bindend ist, hat sich gezeigt, dass ungebundene Gerichte sich regelmäßig an dieser orientieren[1425].

(3) Zusätzlich zur *common law civil conspiracy* kann sich ein Kläger im Falle rassistisch motivierter Gewalttaten auf die *civil conspiracy* gem. 42 U.S.C. § 1985(3) berufen[1426], was weitere Vorteile mit sich bringt wie etwa die Haftungseinbeziehung unbeteiligter Mitwisser gem. 42 U.S.C. § 1986[1427]. Deren

---

1416 Siehe oben, Teil 2. B. III. 4. a.

1417 Siehe oben, Teil 2. B. III. 3.

1418 Siehe oben, Teil 2. B. III. 5. b. aa.

1419 So die eine M.M., siehe Teil 2. B. III. 5. b. cc.

1420 So die andere M.M., siehe Teil 2. B. III. 5. b. bb.

1421 Siehe Teil 2. B. III. 2. b. aa. bbb. (2) und bb.

1422 Vgl. dazu Teil 4. A.

1423 So Saccuzzo, 37 Cal. W. L. Rev. 395, 417.

1424 Siehe oben Teil 2. B. VI. 2.

1425 Vgl. Teil 1. B. III. 1; Teil 2. B. III., siehe als Beispiele Teil 2. B. III. 5. b. aa. und Teil 2. B. III. 5. b. cc.

1426 Siehe oben, Teil 2. B. IV.

1427 Siehe dazu Teil 2. B. IV. 3. und V. Zum Nachweis der Anwendung dieser Normen siehe Donald v. United Klans of America, Inc., No. 84-0725-C-S (S.D. Ala. 1987) Composite Complaint, S. 20 ff.

Anwendungsbereich ist aber wegen des Erfordernisses des verfassungsmäßigen Schutzes gegenüber Handlungen Privater fast ausschließlich auf Fälle von Sachgewalt beschränkt[1428].

(4) Oftmals stützt sich ein Kläger auch auf die *aiding and abetting* Theorie[1429]. Sie ergänzt die *civil conspiracy* dahingehend, dass auch derjenige in die Haftung einbezogen wird, der nicht am *agreement* beteiligt gewesen ist, der aber wissentlich (h.M.)[1430] einen zurechenbar kausalen Unterstützungsakt geleistet hat[1431]. Damit sind ihre Voraussetzungen enger als die der *civil conspiracy.* Der Vorteil dieser Theorie im Vergleich zur *civil conspiracy* liegt in der einfacheren Nachweisbarkeit des Vorliegens der Voraussetzungen. Eine äußere Tatsache wie ein Unterstützungsakt lässt sich nämlich besser nachweisen als eine innere Tatsache wie ein *agreement.* Die für das *aiding and abetting* erforderliche innere Tatsache der Kenntnis von der unerlaubten Handlung kann aus dem Unterstützungsakt, insbesondere aus dessen Art und Umständen schlussgefolgert werden[1432]. Darüber hinaus muss der Beteiligte ähnlich der *civil conspiracy* keine Kenntnis von der konkreten Handlung haben[1433]. Der Auffassung, die *aiding and abetting* Theorie sei auf diesem Gebiet noch unterentwickelt, was zu einem großen Ermessensspielraum der Richter und damit zu einer Unsicherheit bei der Planung von Rechtsstreiten führe[1434], kann im Wesentlichen nicht gefolgt werden. Durch die weitverbreitete Übernahme der in Restatement (second) of Torts, § 876 (b) festgehaltenen Regelung existiert ein gefestigter Grundstock an *precedents*, der zumindest die Grundvoraussetzungen des *aiding and abetting* klar definiert[1435]. Zuzugestehen ist dieser Auffassung aber, dass es bei den Einzelheiten der Zurechnungsvoraussetzungen noch Ungewissheiten gibt[1436].

1428 Siehe oben, Teil 2. B. IV. 2. b. dd. und d.

1429 Zum Nachweis der Anwendung dieser Theorie siehe Berhanu v. Metzger, No. A8911-07007 (Or. Multnomah County Cir. Ct. 1990), Judgment, S. 2., Q. 2. (dazu Teil 3. B. II. 1.); Macedonia Baptist Church v. Christian Knights of the Ku Klux Klan – Invisible Empire, Inc. et al., No. 96 CP-14-217 (S.C. 1998), Plaintiff's Pre-Trial Brief, S. 3., Amended Complaint, S. 5; siehe auch Boim v. Quranic Literacy Institute, 127 F.Supp.2d 1002, 1018 (N.D. Ill. 2001), in dem der Beklagte eine palästinensische Terrororganisation finanziell unterstützte.

1430 Siehe oben, Teil 2. C. II. 3. a. aa. ddd.

1431 Siehe oben, Teil 2. C. I. 1.

1432 Siehe dazu Teil 2. C. II. 3. b.

1433 Siehe oben, Teil 2. C. II. 3. c.

1434 So Willis, 51 S.C. L. Rev. 1045, 1046, Fn. 9. und 1050; siehe auch Central Bank of Denver v. First Interstate Bank of Denver, 511 U.S. 164, 181 (1994).

1435 Siehe oben, Teil 2. C. III. 1.

1436 Siehe obige Fn.

(5) Wie der in dieser Arbeit analysierte Fall Berhanu v. Metzger[1437] deutlich zeigt, müssen ergänzend zu den *joint tortfeasor* Theorien oft die Theorien des *agency law* i.w.S. angewandt werden, die die Haftung des Geschäftsherrn für seinen Gehilfen regeln. Sie ergänzen die *joint tortfeasor* Theorien in zweierlei Hinsicht: Zum einen kann eine weitere Einzelperson unabhängig vom Vorliegen der Elemente des *aiding and abetting* oder der *civil conspiracy* in die Haftung einbezogen werden. Zum anderen erlauben die Regeln des *law of agency* i.w.S. eine Einbeziehung der *hate groups*, die hinter solchen *hate crimes* stehen.

(6) Unter den Theorien des *agency law* i.w.S. ist die Theorie des *negligent/ reckless hiring/selecting, retaining, instructing or supervising* von besonderem Gewicht[1438]. Auch wenn es kaum *precedents* zu dieser Frage gibt, kann man davon ausgehen, dass Gerichte der meisten Jurisdiktionen eine Haftung des *negligent* bzw. *reckless* Geschäftsherrn auch für vorsätzliche Akte des Gehilfen anerkennen werden[1439]. Dieses Ergebnis wird durch mehrere unveröffentlichte Entscheidungen in der *hate crimes litigation* bestätigt[1440]. Voraussetzung für diese Haftung ist *negligence* bzw. *recklessness* hinsichtlich der Auswahl, Weiterbeschäftigung, Anweisung oder Kontrolle des Gehilfen durch den Geschäftsherrn, welche zurechenbar kausal für die Rechtsgutsverletzung sein muss[1441]. Zurechenbar ist dabei schon jede vorhersehbare Verletzung, die durch einen vorhersehbaren Akt des Gehilfen entstanden ist[1442]. Kann dem Geschäftsherrn der Vorwurf der *recklessness* gemacht werden, welche durch ein willentliches Handeln/Unterlassen und das Bewusstsein der Schaffung eines besonders großen Risikos einer Rechtsgutsverletzung gekennzeichnet ist[1443], ist die Jury ermächtigt, dem Geschäftsherrn *punitive damages* aufzubürden[1444]. Im Vergleich zum Nachweis eines *agreement* i.S.d. *civil conspiracy* ist nicht nur der Nachweis der *negligence*, sondern auch der der *recklessness* leichter zu erbringen. Das Vorliegen eines *reckless hiring/se-*

1437 Berhanu v. Metzger, No. A8911-07007 (Or. Multnomah County Cir. Ct. 1990), siehe Teil 3. B.

1438 Zum Nachweis der Anwendung dieser Theorie siehe Berhanu v. Metzger, No. A8911-07007 (Or. Multnomah County Cir. Ct. 1990), Judgment, S. 3., Q. 4. (dazu Teil 3. B. II. 3.); Keenan v. Aryan Nations, No. CV-99-441 (Idaho Dist. Ct., County of Kootenai 2000), Special Verdict, S. 3, Q. 5, 6, S. 5, Q. 10,12 und Jury Instructions Nr. 11A, 11B, 12, 12A.

1439 Dazu Teil 2. D. III. 1. a.

1440 Siehe vorvorherige Fn.

1441 Siehe oben, Teil 2. D. III. 1.

1442 Siehe oben, Teil 2. D. III. 1. b. cc.

1443 Siehe oben, Teil 2. D. III. 1. c.

1444 Siehe oben, Teil 2. E. I.

lecting und vor allem *retaining* lässt sich beispielsweise aus dem Vorverhalten wie etwa der Nichtahndung aktenkundiger Verfehlungen herleiten[1445]. Dies ist allerdings oft mit einer intensiven Recherche seitens des Klägeranwalts verbunden[1446].

(7) Von ähnlichem Gewicht ist die Theorie der *authorization*[1447], nach der der *principal* für die Akte des *agent's* haftet, auf die sich sein Einverständnis erstreckt. Diese Theorie ist zwar nur innerhalb einer *agency* Beziehung anwendbar. Eine *agency* Beziehung liegt indes immer schon vor, wenn Einigkeit darüber besteht, dass der *agent* für den *principal* weisungsgebunden tätig werden soll. Dabei muss sich die Weisungsgebundenheit nur auf das Resultat der Arbeit beziehen, nicht auch die Art und Weise von deren Erledigung, wie es für die *master – servant-* bzw. *employer – employee* Beziehung charakteristisch ist. Das Vorliegen einer *authorization* ist im Wege der Auslegung aus der Sicht eines objektiven Erklärungsempfängers in der Person des *agent's* zu ermitteln und kann auch konkludent erfolgen. Dies bedeutet, dass man wie beim *reckless hiring/selecting/retaining* aus dem Vorverhalten des *principal's* den Schluss auf eine *authorization* ziehen kann[1448]. Ein solches Vorverhalten lässt sich durch intensive Recherche durchaus nachweisen[1449].

(8) Auf das ebenfalls in einer *agency* Beziehung anwendbare und mit der *authorization* korrespondierende Zurechnungsinstitut der *ratification*, also der nachträglichen Zustimmung zu einer unerlaubten Handlung, ist bisher in der *hate crimes litigation* nicht zurückgegriffen worden. Der Grund hierfür liegt darin, dass ein *principal* selten eine reine unerlaubte Handlung nachweislich genehmigt[1450]. Das Problem einer solchen Nachweisbarkeit besteht indes nicht im Staat Kalifornien. In diesem Staat wird trotz Entgegenstehens gewichtiger Argumente die sanktionslose Weiterbeschäftigung des *agent's*, der

---

1445 Siehe oben, Teil 2. D. III. 1. d.

1446 Siehe oben, Teil 4. A.

1447 Zum Nachweis der Anwendung dieser Theorie siehe Berhanu v. Metzger, No. A8911-07007 (Or. Multnomah County Cir. Ct. 1990), Judgment, S. 2, Q. 2, Jury Instructions, S. 13 (dazu Teil 3. B. II. 1. b. aa.); Donald v. United Klans of America, Inc., No. 84-0725-C-S (S.D. Ala. 1987), Composite Complaint, S. 21 und Dees/Fiffer, A Season for Justice, S. 219 ff.; Macedonia Baptist Church v. Christian Knights of the Ku Klux Klan – Invisible Empire, Inc. et al., No. 96 CP-14-217 (S.C. 1998), Plaintiff's Pre-Trial Brief, S. 3 ff.

1448 Siehe oben, Teil 2. D. II. 2.

1449 Siehe oben zur *negligence/recklessness*, Punkt (6).

1450 Siehe oben, Teil 2. D. II. 3.

eine Gewalttat begangen hat, bereits als ausreichendes Indiz für eine (gewollte und bewusste) Genehmigung angesehen[1451].

(9) Von geringerer Bedeutung ist ferner das im *agency law* verankerte Institut des *respondeat superior*. Hiernach haftet der *principal* zwar verschuldensunabhängig auch für nicht autorisierte bzw. ratifizierte Gewalttaten, sofern ein *servant-agent* sie *within the scope of his employment* begangen hat und sie nicht unvorhersehbar gewesen sind. Hauptmerkmal für das *scope of the employment* Erfordernis ist der Wille des *agent's*, dem *master* zu dienen[1452]. In den meisten *hate crimes* Fällen scheitert die Anwendung dieser Theorie jedoch an der *servant* bzw. *employee* Eigenschaft des handelnden *agent's*. Denn Hauptmerkmal hierfür ist dessen Weisungsgebundenheit auch hinsichtlich der Art und Weise der zu erledigenden Arbeit, welche in vielen *hate crimes* Fällen nicht vorliegt[1453].

(10) Schließlich kennt das *agency law* i.w.S. die Theorie des *directing conduct of another*. Sie wird zwar gelegentlich in der *hate crimes litigation* angewandt[1454], hat aber kaum eigenständige Bedeutung. Denn im Falle der Anweisung eines *agent's* ist regelmäßig auch eine *authorization* zu sehen. Oft sind in einem solchen Falle auch die Voraussetzungen des *aiding and abetting* erfüllt[1455].

(11) *Punitive damages* können dem Sekundärschädiger zum einen aufgebürdet werden, wenn er gem. *aiding and abetting* oder *civil conspiracy* bzw. *concerted action* in die Haftung einbezogen wird. Denn bei einem solchen *joint tortfeasor* sind die Grundvoraussetzungen für die Aufbürdung von *punitive damages* erfüllt, nämlich *intentional, reckless* oder *wanton and wilful conduct*[1456]. Daneben ist ein Geschäftsherr zur Zahlung von *punitive damages* jedenfalls dann verpflichtet, wenn er *reckless in hiring/selecting etc.* gewesen ist, oder er das Verhalten des *agent's* autorisiert oder ratifiziert hat[1457]. Umstritten ist die Frage, ob ein *master* bzw. *employer* auch nach *respondeat*

1451 Siehe oben, Teil 2. D. II. 3. b. aa.; zur Gegenmeinung und zum Ausblick siehe Teil 2. D. II. 3. b. bb. und cc.

1452 Siehe oben, Teil 2. D. II. 4. a. bb.

1453 Siehe oben, Teil 2. D. II. 4. a. aa.

1454 Zum Nachweis der Anwendung dieser Theorie siehe Berhanu v. Metzger, No. A8911-07007 (Or. Multnomah County Cir. Ct. 1990), Judgment, S. 2, Q. 2, Jury Instructions, S. 13 (dazu Teil 3. B. II. 1. b. bb.).

1455 Siehe oben, Teil 2. D. III. 2.

1456 Siehe oben, Teil 2. E. I.

1457 Siehe obige Fn.

superior Regeln auf Zahlung von *punitive damages* haften kann. Bezüglich dieser Frage ist die Rechtsprechung in der jeweiligen Jurisdiktion regelmäßig so gefestigt, dass von einer Orientierung der Gerichte an der in ihrer Jurisdiktion geltenden Meinung ausgegangen werden kann[1458].

(12) Bürdet die Jury mehreren Beklagten *punitive damages* auf, muss sie nach dem Recht der meisten Jurisdiktionen jedem Beklagten individuell einen Betrag zumessen. Auch wenn für diese Meinung die besseren Argumente sprechen, muss berücksichtigt werden, dass Gerichte anderer Jurisdiktionen infolge gegenteiliger gefestigter Rechtsprechung der Meinung der *joint and several liability* für *punitive damages* folgen. Dieser *split of authority* hat aber keine große Bedeutung[1459].

Die hier analysierte zivilrechtliche Haftungseinbindung von Organisationen und Führungspersonen kann das Problem rassistisch motivierter Gewalttaten in den USA tatsächlich eindämmen. Denn durch die mit den ruinösen Haftungssummen verbundene Zerschlagung der verantwortlichen Organisationen und die Schwächung des Einflusses ihrer Führungspersonen kann ein Rückgang (zumindest) der (schwerwiegenden) Gewalttaten erwartet werden[1460]. Jedoch muss oft ein erheblicher Aufwand für den Nachweis der Involvierung einer *hate group* und ihres Anführers betrieben werden[1461].

Demgegenüber bestehen in der Bundesrepublik Deutschland geringere Aussichten auf einen solchen Erfolg: Zum einen existieren in Deutschland nicht so enge Beziehungen zwischen den Primärschädigern und den rechtsextremen Organisationen und Führungspersonen[1462]. Zum anderen gibt es im Deutschen Recht nicht das Institut der *punitive damages*, mit dem diese ruinösen Haftungssummen in Millionenhöhe erreicht werden können.

Allerdings ist der Kontakt zwischen den Skinheads als Einzeltätern und der Nationaldemokratischen Partei Deutschlands (NPD) als Organisation im Hintergrund in den letzten Jahren immerhin so eng geworden, dass der Bayerische Innenminister bereits davon spricht, die NPD spiele eine zentrale Rolle für den gewaltbereiten Rechtsextremismus[1463]. Wenn man beispielsweise nachweisen kann, dass sie und private Geldgeber gewaltbereite Personen in Schulungszentren aus-

---

1458 Siehe obige Fn.

1459 Siehe oben, Teil 2. E. II.

1460 Siehe oben, Teil 4. B.

1461 Siehe oben, Teil 4. A.

1462 Siehe oben, Teil 1. A.

1463 Hogrefe u.a., Der Spiegel 32/2000, S. 22 ff., zitierend Günther Beckstein, Bayerischer Innenminister der Legislaturperiode 2003/2008, abrufbar unter www.spiegel.de/spiegel/0,1518,88034,00.html.

bilden und daraufhin solche Personen Gewalttaten begehen, ist eine deliktische Einbeziehung der NPD und des Geldgebers denkbar[1464].

Zu beachten ist auch, dass das deutsche Schadensrecht Entwicklungstendenzen in Richtung einer Präventions- oder gar Sanktionsfunktion des Ausgleichsanspruchs aufweist, und sich damit nicht mehr strikt auf die reine Schadenskompensation beschränkt[1465]. So hat der BGH in der Caroline I – Entscheidung[1466] ausdrücklich die Ansicht des Berufungsgerichts zurückgewiesen, nach der der Gedanke der Prävention bei der Bemessung der Geldentschädigung außer Betracht bleiben müsse. Der BGH hat vielmehr gefordert, dass von der Höhe der Geldentschädigung ein echter Hemmungseffekt für die Verletzung von Persönlichkeitsrechten auszugehen habe[1467]. Einen entsprechenden Gedanken könnte man auch zukünftig zum Zweck der Eindämmung rassistischer Gewalttaten auf den Ersatzanspruch des Opfers solcher Taten heranziehen[1468]. Der Präventionsgedanke liegt auch Art. 15 der EG-Richtlinie 2000/43/EG zur Anwendung des Gleichbehandlungsgrundsatzes ohne Unterschied der Rasse oder der ethnischen Herkunft zugrunde. Gem. Art. 15 dieser Richtlinie sollen die Sanktionen, welche auch Schadensersatzleistungen an die Opfer von Diskriminierungen umfassen können, wirksam und abschreckend sein[1469]. Weil aber das BVerfG trotz entgegenstehender guter rechtspolitischer Argumente[1470] die Heranziehung des Präventionsgedankens nur auf Verletzungen des Persönlichkeitsrechts beschränkt hat[1471], bleibt die weitere Entwicklung in dieser Frage abzuwarten[1472].

1464 Siehe oben, Teil 1. A.

1465 Rosengarten, NJW 1996, 1935, 1936 f.; Behr, 78 Chi.-Kent. L. Rev. 105, 130 ff. und 140; vgl. auch Ebbing, ZGS 2003, 223, 229 f.; für einen Überblick über Situationen, in denen deutsche Gerichte den Augleichsanspruch nicht auf die reine Kompensation begrenzt haben, siehe Müller, Punitive damages und deutsches Schadensersatzrecht, S. 101 ff.

1466 BGHZ, 128, 1, 15 f.

1467 Siehe obige Fn.

1468 Zustimmend: Ebbing, ZGS 2003, 223, 229 f.

1469 Diese Richtlinie ist abgedruckt in Palandt, Anh. nach § 319. Die Bundesrepublik Deutschland hat diese Richtlinie aber noch nicht umgesetzt und muss gem. Art 15 dieser Richtlinie nicht unbedingt einen Ausgleichsanspruch mit Sanktionscharakter kreieren.

1470 Hauptargument ist die hier angesprochene Prävention von rassistisch motivierten Gewalttaten oder anderen vorsätzlichen Schädigungen durch Abschreckung des Schädigers und Dritter, siehe im Einzelnen Ebbing, ZGS 2003, 223, 229 f.

1471 BVerfG NJW 2000, 2187 f.; vgl. auch BGHZ 128, 1, 15 f.

1472 Ebbing, ZGS 2003, 223, 230; Behr, 78 Chi.-Kent. L. Rev. 105, 140.

Schrifttumsverzeichnis

Abrahamson, Shirley S.: Refreshing Institutional Memories: Wisconsin and the American Law Institute, the Fairchild Lecture, 1995 Wis. L. Rev. 1.

Althouse, Ann: The Use of Conspiracy Theory to Establish In Personam Jurisdiction: A Due Process Analysis, 52 Fordham L. Rev. 234.

American Law Institute, Hrsg.: Restatement of the Law (second), Agency 2d, Vol. 1 (§§ 1 – 283), St. Paul, Minn., 1958, current through April 2005,
Restatement of the Law (second), Torts 2d, Vol. 2 (§§ 281 – 503), St. Paul, Minn., 1965, current through April 2005,
Restatement of the Law (second), Torts 2d, Vol. 4 (§§ 708 – End), St. Paul, Minn., 1979, current through April 2005.

Aranson, Allison F.: Note: The United States Percentage Contingent Fee System: Ridicule and Reform From an International Perspective, 27 Tex. Int'l L.J. 755.

Bancroft-Whitney Company, Hrsg.: Texas Jurisprudence 3d, Vol. 33, Employer and Employee, database updated March 2005.

Baum, David J.: Comment: The Aftermath of Central Bank of Denver: Private Aiding and Abetting Liability under Section 10(b) and Rule 10b-5, 44 Am. U. L. Rev. 1817.

Behr, Volker: Symposium: Punitive Damages in American and German Law--Tendencies Towards Approximation of Apparently Irreconcilable Concepts, 78 Chi.-Kent L. Rev. 105.

Benicke, Christoph: Deliktische Haftung mehrerer nach § 830 BGB, Jura 1996, 127.

Bierich, Heidi/Potok Mark: 40 to Watch, abrufbar unter http://www.splcenter.org/intel/ intelreport/article.jsp?pid=208.

Blakey, G. Robert/Roddy, Kevin P.: Reflections On Reves v. Ernst & Young: Its Meaning and Impact on Substantive, Accessory, Aiding Abetting and Conspiracy Liablity Under RICO, 33 Am. Crim. L. Rev. 1345.

Braden, Deborah S.: Article: Has the Time Come for Apportionment of Punitive Damages in Alabama?, 28 Cumb. L. Rev. 65.

Brickey, Kathleen F.: Symposium: White Collar Crime Conspiracy, Group Danger and the Corporate Defendant, 52 U. Cin. L. Rev. 431.

Brilmayer, Lea/Paisley, Kathleen: Personal Jurisdiction and Substantive Legal Relations: Corporations, Conspiracies, and Agency, 74 Calif. L. Rev. 1.

Bromberg, Alan R./Lowenfels, Lewis D.: Aiding and Abetting Securities Fraud: A Critical Examination, 52 Alb. L. Rev. 637.

Bundesamt für Verfassungsschutz, Hrsg.: Verfassungsschutz gegen Rechtsextremismus, abrufbar unter www.verfassungsschutz.de.

Bundesministerium des Innern, Hrsg.: Verfassungsschutzbericht 1998,
Verfassungsschutzbericht 1999,
Verfassungsschutzbericht 2000,
Verfassungsschutzbericht 2001,
Verfassungsschutzbericht 2002,
Verfassungsschutzbericht 2003,
Verfassungsschutzbericht 2004, jeweils abrufbar unter www.verfassungsschutz.de.

Burman, John M.: Wyoming's New Comparative Fault Statute, 31 Land & Water L. Rev. 509.

Burnham, William: Introduction to the Law and Legal System of the United States, 2d ed., St. Paul, Minn., 1999, zit.: Burnham, Introduction to the Law and Legal System.

Byrd, Edwin H. III: Comment: Reflections on Willful, Wanton, Reckless, and Gross Negligence, 48 La. L. Rev. 1383.

Calvert Hanson, Linda S.: Employers Beware! Negligence in the Selection of an Independent Contractor Can Subject you to Legal Liability, 5 U. Miami Bus. L.J. 129.

Camacho, Rodolfo A.: How to Avoid Negligent Hiring Litigation, 14 Whittier L. Rev. 787.

Carter, Geoff Lundeen: Comment: Agreements Within Government Entities and Conspiracies Under § 1985(3) – A New Exception to the Intracorporate Conspiracy Doctrine?, 63 U. Chi. L. Rev. 1139.

Cavico, Nancy M./Cavico, Frank J.: The Nursing Profession in the 1990's: Negligence and Malpractice Liability, 43 Clev. St. L. Rev. 557.

Chaudhry, Lakshmi: Hate Sites Bad Recruiting Tools, abrufbar unter http://www.wired.com/news/print/0,1294,36478,00.html.

Christensen, Tom: Note: The Apportionment of Punitive Damages Among Joint Tort-Feasors, 25 Ariz. L. Rev. 579.

Coel, Mark A.: Note: Distinguishing Independent Contractors from Employees, 67-MAR Fla. B.J. 47.

Cohen, Morris L./Berring, Robert C./Olson, Kent C.: Finding the Law, St. Paul, Minn., 1989

Colby, Thomas B.: Article Beyond the Multiple Punishment Problem: Punitive Damages as Punishment for Individual, Private Wrongs, 87 Minn. L. Rev. 583.

Combs, Nathan Isaac: Civil Aiding and Abetting Liability, 58 Vand. L. Rev. 241.

Cook, Joseph G./Sobieski, John L. Jr.: Civil Rights Actions Vol. 3, Newark, N.J., San Francisco, Ca., 1998, current through May 2005.

Dalley, Paula J.: All in a Day's Work: Employers' Vicarious Liability for Sexual Harassment, 104 W. Va. L. Rev. 517.

Davis, Martha S.: Rape in the Workplace, 41 S.D. L. Rev. 411.

Dees, Morris/Fiffer, Steve: A Season for Justice: The Life and Times of Civil Rights Lawyer Morris Dees, New York, N.Y., 1991.

–: Hate on Trial: The Case against America's Most Dangerous Neo-Nazi, New York, N.Y., 1993.

Donaldson, Russell G.: Vicarious Liability of Superior under 42 U.S.C.A. § 1983 for Subordinate's Acts in Deprivation of Civil Rights, 51 A.L.R. Fed. 285.

Dooley, James A.: Selecting the Forum – Plaintiff's Position, 3 Am. Jur. Trials 553.

Ebbing, Frank: Ausgleich immaterieller Schäden, ZGS 2003, 223.

Ellis, Dorsey D. Jr.: Fairness and Efficiency in the Law of Punitive Damages, 56 S. Cal. L. Rev. 1.

Emcke, Carolin/Maegerle, Anton/Mestmacher, Christoph: Druck von der Straße, Der Spiegel 12/2000, S. 32, abrufbar unter www.spiegel.de/spiegel/0,1518,71277,00. html.

Erman, Walter, Hrsg.: Kommentar zum Bürgerlichen Gesetzbuch, Bd. 1 und 2, 11. Auflage, München 2004, zit.: Erman/Bearbeiter.

Felder, Frederick E.: Lack of Care in Selecting Independent Contractor, 11 Am. Jur. P.o.F. 2d 499, database updated September 2005.

Finch, Michael: Governmental Conspiracies to Violate Civil Rights: A Theory Reconsidered, 57 Mont. L. Rev. 1.

Fisher, Linda E.: Anatomy of an Affirmative Duty to Protect: 42 U.S.C. Section 1986, 56 Wash. & Lee L. Rev. 461.

Flume, Werner: Allgemeiner Teil des bürgerlichen Rechts, Bd. 2, 3. Aufl., Berlin 1979.

Foner, Eric: Reconstruction: America's Unfinished Revolution 1863- 1877, (1988).

Frey, Scott: Preliminary Report: United States Case Law Relating to the Civil Liability of Groups That Promote Violence, gefunden auf www.auslaender-schutz-durch-zivilrecht.de.

Friedman, Reuben I.: When is Employer Chargeable with Negligence in Hiring Careless, Reckless, or Incompetent Independent Contractor, 78 A.L.R.3d 910.

Galane, Morton R.: Libel: Proof of Compensatory and Punitive Damages, 252 PLI/Pat 263.

Gamboli, Michael A.: Negligent Hiring – Caveat Employer, 44-NOV R.I. B.J. 13.

Garner, Brian A., Hrsg.: Black's Law Dictionary, 2d pocket ed., St. Paul, Minn. 2001.

Georgia Law Review Association, Hrsg.: Intracorporate Conspiracies Under 42 U.S.C. § 1985 (c): The Impact of Novotny v. Great American Federal Savings & an Association, 13 Ga. L. Rev. 591.

Ginger, Laura: Using Rico to Reach into the Corporate Pocket: Vicarious Civil Liability of the Business Entity under the Racketeer Influenced and Corrupt Organizations Act, 93 Dick. L. Rev. 465.

Ginnow, Arnold O./Nikolic, Milorad, Hrsg.: Corpus Juris Secundum,
Vol. 2A, Agency, database updated June 2005,
Vol. 6A, Assault & Battery, database updated June 2005,
Vol. 15A, Conspiracy, database updated June 2005,
Vol. 30, Employer – Employee Relationship, database updated June 2005,
Vol. 65, Negligence, database updated June 2005,
Vol. 86, Torts, database updated June 2005.

Green, Leon: The Causal Relation Issue in Negligence Law, 60 Mich. L. Rev. 543.

Haag, Jeffrey: Comment: If Words Could Kill: Rethinking Tort Liability in Texas for Media Speech that Incites Dangerous or Illegal Activity, 30 Tex. Tech L. Rev. 1421.

Harper, Fowler V./James, Fleming, Jr./Gray, Oscar S.: The Law of Torts, 2d ed., Boston, Mass., 1986.

Harty, Frank B./Foley, Thomas W.: Employment Torts: Emerging Areas of Employer Liability, 39 Drake L. Rev. 3.

Harvard Law Review Association, Hrsg.: Civil Remedy for Terrorism – Seventh Circuit Recognizes Implied Action for Aiding and Abetting Terrorism. – Boim v. Quranic Literacy Institute, 291 F.3d 1000 (7th cir. 2002), 116 Harv. L. Rev. 713.

–: Note: Intracorporate Conspiracies Under 42 U.S.C. § 1985(c), 92 Harv. L. Rev. 470.

Hay, Peter: Law of the United States – An Overview –, Munich, Athens, Brussels, Paris, Milan, Basle, Vienna 2002.

Hellwege, Jean: Hate in the Crosshairs: Lawyers, Legislators Battle Hate Crime, 37-JAN Trial 14.

Henn, Harry G./Alexander, John R.: Laws of Corporations (and Other Business Enterprises), 3rd ed., St. Paul, Minn. 1983.

Hicks, William B.: Vandevender v. Sheetz, Inc.: A Closer Look at the Framework for Review of Punitive Damages Awards 101 W. Va. L. Rev. 523.

Hoffman, Paul L./Zaheer, Daniel A.: The Rules of the Road: Federal Common Law and Aiding and Abetting under the Alien Tort Claims Act, 26 Loy. L.A. Int'l & Comp. L. Rev. 47.

Hogrefe, Jürgen/Mascolo, Georg/Repke, Irina/Rust, Achim/Winter, Steffen/Mestmacher, Christoph/Schimmöller, Heiner: Jetzt sind Macher gefragt, Der Spiegel 32/2000, S. 22, abrufbar unter www.spiegel.de/spiegel/0,1518, 88034,00. html.

Informatik der Technischen Universität München, Hrsg.: LEO, Deutsch-Englisches Wörterbuch, abrufbar unter dict.leo.org, zit.: LEO Onlinewörterbuch.

Jauernig, Othmar, Hrsg.: Kommentar zum Bürgerlichen Gesetzbuch, 11. Auflage, München 2004, zit.: Jauernig/Bearbeiter.

Johnson, David F.: Employers' Liability for Independent Contractors' Injuries, 52 Baylor L. Rev. 1.

Johnson, Vincent R./Gunn, Alan: Studies in American Tort Law, 2d ed., Durham, N.C., 1999.

Jones Lord, Denise: Beyond Social Host Liability: Accomplice Liability, 19 Cumb. L. Rev. 553.

Kailitz, Steffen: Aktuelle Entwicklungen im deutschen Rechtsextremismus, Sankt Augustin 2000

Katyal, Neal Kumar: Conspiracy Theory, 112 Yale L.J. 1307.

Kionka, Edward J.: Torts in a Nutshell, 3d ed., St. Paul, Minn., 1999.

Kraakman, Reinier/Hansmann, Henry: The Essential Role of Organizational Law, 110 Yale L.J. 387.

Kraus, Anthony W.: Ratification of Torts: An Overview and Critique of the Traditional Doctrine and its Recent Extension to Claims of Workplace Harassment, 32 Tort & Ins. L.J. 807.

Kreutziger, Stefan: Die Haftung von Mittätern, Anstiftern und Gehilfen im Zivilrecht – zugleich ein Beitrag zur deliktischen Haftung von Teilnehmern an unfriedlichen Demonstrationen, Frankfurt a.M., Bern, New York 1985.

Krohn, Lauren: Cause of Action Against Employer to Recover Under Doctrine of Respondeat Superior for Intentional Torts Committed by Employee, 17 Causes of Action 647, database updated October 2004.

Kuehnle, William H.: Secondary Liability under the Federal Securities Laws--Aiding and Abetting Conspiracy, Controlling Person, and Agency: Common-Law Principles and the Statutory Scheme, 14 J. Corp. L. 313.

Lawyers Co-operative Publishing Company, Hrsg.: American Jurisprudence 2d, Vol. 3, Agency, database updated May 2005,

Vol. 6, Assault and Battery, database updated May 2005,
Vol. 15, Civil Rights, database updated May 2005,
Vol. 16, Civil Conspiracy, database updated May 2005,
Vol. 18, Corporations, database updated May 2005,
Vol. 22, Damages, database updated May 2005,
Vol. 27, Employment Relationship, database updated May 2005,
Vol. 29, Evidence, database updated May 2005,
Vol. 41, Independent Contractors, database updated May 2005,
Vol. 57A, Negligence, database updated May 2005,
Vol. 61A, Pleading, database updated May 2005,
Vol. 74, Torts, database updated May 2005.

Lazar, Nancy L.: Aiding and Abetting Fraudulent Transfers and Breaches of Fiduciary Duties, 804 PLI/Comm 273.

Leach, Thomas J.: Article: Civil Conspiracy: What's the Use?, 54 U. Miami L. Rev. 1.

Leavitt, Michael F.: Casenote: Keenan v. Aryan Nations: Making Hate Groups Liable for the Torts of their Members, 37 Idaho L. Rev. 603.

Leventhal, Markham R.: Note: Conspiracy – Aiding – Abetting – Civil Liability – Civil Conspiracy and Aiding-Abetting: Discussing the Structure of the Theories and Related Principles of Legal Causation, 14 Seton Hall L. Rev. 627.

Levin, Jack/McDevitt, Jack: Hate crimes: The Rising Tide of Bigotry and Bloodshed, New York, N.Y., 1993.

Lockhart, James: Cause of Action for Civil Conspiracy, 4 Causes of Action 2d 517, database updated June 2005.

Lüer, Hans-Jochem: Die Begrenzung der Haftung bei fahrlässig begangenen unerlaubten Handlungen, Karlsruhe 1969.

Malia, Thomas R.: Security Guard Company's Liability for Negligent Hiring, Supervision, Retention, or Assignment of Guard, 44 A.L.R.4th 620.

Malinowski, Shana L.: Note: A Matter of Trust: Imposing Employer Vicarious Liability for the Intentional Torts of Employees, 3 D.C. L. Rev. 167.

Martin Christofferson, Jennifer: Note: Obstacles to Civil Rights: The Intracorporate Conspiracy Doctrine Applied to 42 U.S.C. § 1985(3), 1995 U. Ill. L. Rev. 411.

McDermott, Don J. Jr.: Liability for Aiding and Abetting Violations of Rule 10b-5: The Recklessness Standard in Civil Damage Actions, 62 Tex. L. Rev. 1087.

McNulty, Patrick J./Hanson, Daniel J.: Liability for Aiding and Abetting by Silence or Inaction: An Unfounded Doctrine, 29 Tort & Ins. L.J. 14.

Menninger, Karl, II.: Hate Crimes and Liability for Bias-Motivated Acts, 57 Am. Jur. P. o. F. 3d 1.

Minuti, Mark: Employer Liability Under the Doctrine of Negligent Hiring: Suggested Methods for Avoiding the Hiring of Dangerous Employees, 13 Del. J. Corp. L. 501.

Molnar, Isaac: Comment: Resurrecting the Bad Tendency Test to Combat Instructional Speech: Militias Beware, 59 Ohio St. L.J. 1333.

Morrison, Alan B., Hrsg.: Fundamentals of American Law, Oxford, GB, New York, N.Y., 1996.

Mörsdorf-Schulte, Juliana: Funktion und Dogmatik US – amerikanischer punitive damages: Zugleich ein Beitrag zur Diskussion um die Zustellung und Anerkennung in Deutschland, Tübingen, 1999.

Müller, Peter: Punitive Damages und deutsches Schadensersatzrecht, Berlin, New York, 2000.

Münchener Kommentar: Kommentar zum Bürgerlichen Gesetzbuch,
Bd. 2a, Schuldrecht Allgemeiner Teil (§§ 241-432), 4. Auflage, München 2003,
Bd. 5, Schuldrecht Besonderer Teil III (§§ 705-853), 4. Auflage, München 2004,
zit.: MünchKomm/Bearbeiter.

Murray, Scott M.: Comment Central Bank of Denver v. First Interstate Bank of Denver: The Supreme Court Chops a Bough from the Judicial Oak: There is no Implied Private Remedy to Sue for Aiding and Abetting under Section 10(b) and Sec Rule 10b-5, 30 New Eng. L. Rev. 475.

Oren, Laura: If Monell Were Reconsidered: Sexual Abuse and the Scope-of-Employment Doctrine in the Common Law, 31 Urb. Law. 527.

Pacynski, Rick A.: Legal Challenges in Using Independent Contractors, 72 Mich. B.J. 671.

Palandt, Otto, Hrsg.: Kommentar zum Bürgerlichen Gesetzbuch, 64. Auflage, München 2005, zit.: Palandt/Bearbeiter.

Peterson, Ken M./Moore, Tim J.: Idea Litigation: The Next „Hot“ Commercial Tort, 10 Causes of Action 2d 217, database updated June 2005.

Pietrusiak, Stanley, Jr.: Comment: Changing The Nature of Corporate Representation: Attorney Liability for Aiding and Abetting the Breach of Fiduciary Duty, 28 St. Mary's L.J. 213.

Polinsky, A. Mitchell/Shavell, Steven: Punitive Damages: An Economic Analysis, 111 Harv. L. Rev. 869.

Powell, Brent: Note: Submitting Theories of Respondeat Superior and Negligent Entrustment/Hiring, 61 Mo. L. Rev. 155.

Prosser, William L./Keeton, W. Page: On the Law of Torts, 5th ed., St. Paul, Minn. 1984, zit.: Prosser/Keeton.

Reichard, Elizabeth T.: Catching the Money Train: Using the Alien Tort Claims Act to Hold Private Banks Liable for Human Rights Abuses, 36 Case W. Res. J. Int'l L. 255.

Reisberg, Steven H.: In Defense of Punitive Damages, 55 N.Y.U. L. Rev. 303.

Reuschlein, Harold G./Gregory, William A.: The Law of Agency and Partnership, 3d ed., St. Paul, Minn., 2001, zit.: Reuschlein/Gregory, Agency and Partnership.

Romero, Victor C.: Article Restricting Hate Speech Against „Private Figures": Lessons in Power-Based Censorship from Defamation Law, 33 Colum. Hum. Rts. L. Rev. 1.

Rosengarten, Joachim: Der Präventionsgedanke im deutschen Zivilrecht, NJW 1996, 1935.

Rosenthal, Judith L.: Comment: Aiding and Abetting Liability for Civil Violations of Rico, 61 Temp. L. Rev. 1481.

Roszkowski, Mark E./Roszkowski, Christie L.: Making Sense of Respondeat Superior: An Integrated Approach for both Negligent and Intentional Conduct, 14 S. Cal. Rev. L. & Women's Stud. 235.

Rotunda, Ronald D./Nowak, John E.: Treatise on Constitutional Law – Substance & Procedure, 3d ed., 1999, gefunden auf Westlaw unter dem Zitat: 4 Treatise on Const. L. § 19.6, zit.: Rotunda/Nowak, 4 Treatise on Const. L.

Ruder, David S.: Multiple Defendants in Securities Law Fraud Cases: Aiding and Abetting, Conspiracy, In Pari Delicto, Indemnification, and Contribution, 120 U. Pa. L. Rev. 597.

Russell, Hamilton E., III. McWilliams, Martin C., Jr.: Hospital Liability for Torts of Independent Contractor Physicians, 47 S.C. L. Rev. 431.

Rustad, Michael L.: Nationalizing Tort Law: The Republican Attack on Women, Blue Collar Workers and Consumers, 48 Rutgers L. Rev. 673.

Saccuzzo, Jason Paul: Bankrupting the First Amendment: Using Tort Litigation to Silence Hate Groups, 37 Cal. W. L. Rev. 395.

Sager, Elizabeth: Comment, The Recognition of Aiding and Abetting in the Federal Securities Laws, 23 Hous. L. Rev. 821 (1986).

Saks, Michael J.: Do we Really Know Anything about the Behavior of The Tort Litigation System--and why not?, 140 U. Pa. L. Rev. 1147.

Sanders, Claudia: Die NPD als Sammelbecken für Neo-Nazis, abrufbar unter www.dradio.de/dlf/sendungen/zeitfunk/000916.html.

Sartor, Michael J.: Respondeat Superior, Intentional Torts, and Clergy Sexual Misconduct: The Implications of Fearing v. Bucher, 62 Wash. & Lee L. Rev. 687.

Schendel, Jean: Note: Patients as Victims--Hospital Liability for Third-Party Crime, 28 Val. U. L. Rev. 419.

Schkade, David A.: Erratic by Design: A Task Analysis of Punitive Damages Assessment, 39 Harv. J. on Legis. 121.

Schwartz, Gary T.: Deterrence and Punishment in the Common Law of Punitive Damages: A Comment, 56 S. Cal. L. Rev. 133.

Schwartz, Rachael E.: „And Tomorrow?“ The Torture Victim Protection Act, 11 Ariz. J. Int'l & Comp. L. 271.

Seavey, Warren A.: Handbook of the Law of Agency, St. Paul, Minn., 1964.

–: Studies in Agency, St. Paul, Minn., 1949.

–: Principles of Torts, 56 Harv. L. Rev. 72.

–: Ratification by Silence, 103 U. Pa. L. Rev. 30.

Shapiro, Stephen M.: Validity, Construction, and Application of Federal Civil Rights Statute Dealing with Property Rights of Citizens (42 USC § 1982)--Federal cases, 20 L. Ed. 2d 1768.

Siegel, William L.: Attorney Liability: Is this the New Twilight Zone?, 27 U. Mem. L. Rev. 13.

Simon, Dietrich V.: Duldungsvollmacht und Konkludenzirrtum, in: Festschrift für Hans G. Leser, Tübingen 1998.

Sisk, Gregory C.: Interpretation of the Statutory Modification of Joint and Several Liability: Resisting the Deconstruction of Tort Reform, 16 U. Puget Sound L. Rev. 1.

Smith, Douglas G.: Comment: The Intracorporate Conspiracy Doctrine and 42 U.S.C. S 1985(3): The Original Intent, 90 Nw. U. L. Rev. 1125.

Smolla, Rodney A.: Federal Civil Rights Acts Vol. 2, 3rd ed., St. Paul, Minn., 2001.

Soergel, Hans-Theodor, Hrsg.: Kommentar zum Bürgerlichen Gesetzbuch,
Allgemeiner Teil I (§§ 104-240), 13. Auflage, Stuttgart Berlin 1999,
Schuldrecht IV/2 (§§ 823-853), 12. Auflage, Stuttgart Berlin Köln 1998,
zit.: Soergel/Bearbeiter.

Speiser, Stuard M./Krause, Charles F./Gans, Alfred W.: The American Law of Torts, Vol. 1, Rochester, N.Y., 1983.

Spiegel Verlag, Hrsg.: Braune Immobilien, gefunden auf www.spiegel.de/sptv/magazin/0,1518,265568,00.html.

Spitzer, Frida Fanny: Teilnahme an unerlaubten Handlungen, Berlin 1931.

Staudinger, Julius von, Hrsg.: Kommentar zum Bürgerlichen Gesetzbuch,
Erstes Buch, Allgemeiner Teil, §§ 164-240, 13. Bearbeitung (Neubearbeitung), Berlin 2004,
Zweites Buch, Recht der Schuldverhältnisse, §§ 249-254, 13. Bearbeitung (Neubearbeitung), Berlin 2005,

Zweites Buch, Recht der Schuldverhältnisse, §§ 255-304, 13. Bearbeitung (Neubearbeitung), Berlin 2004,
Zweites Buch, Recht der Schuldverhältnisse, §§ 830-838, 13. Bearbeitung (Neubearbeitung), Berlin 2002,
zit.: Staudinger/Bearbeiter.

Strauss, Debra M.: Enlisting the U.S. Courts in a New Front: Dismantling the International Business Holdings of Terrorist Groups through Federal Statutory and Common-Law Suits, 38 Vand. J. Transnat'l L. 679.

Swanson, Richard P.: Accountants' Liability: Theories of Liability, SF65 ALI-ABA 1.

Taylor Wall, Susan/Weston, Joseph R.: An Analysis of Current Theories of Liability, 45 S.C. L. Rev. 851.

Taylor, Damon Henderson: Civil Litigation Against Hate Groups Hitting the Wallets of the Nation's Hate-Mongers, 18 Buff. Pub. Interest L.J. 95.

Usrey, Kyle B.: Cause of Action for Injury or Loss Caused by Negligent Hiring, Supervision, or Retention of Employee, 6 Causes of Action 2d 745, database updated June 2005.

Wais, Michael F.: Note: Negligent Hiring--Holding Employers Liable when their Employees' Intentional Torts Occur outside of the Scope of Employment, 37 Wayne L. Rev. 237.

Washington Lawyers' Committee for Civil Rights and Urban Affairs, Hrsg.: Civil and Criminal Remedies for Hate Motivated Violence: Federal and State Law, abrufbar unter www.equalrightscenter.org/resources/Civil&Criminal.pdf.

Whitson, Jerry: Civil Conspiracy: A Substantive Tort?, 59 B.U. L. Rev. 921.

Wilkins, Herbert P.: Foreword (to the Spring 1998 Symposium on the American Law Institute), 26 Hofstra L. Rev. 567.

Williams, John R.: Representing Plaintiffs in Civil Rights Litigation Under Section 1983, 596 PLI/Lit 117.

Williamson, T. Raworth, Jr.: The Resulting Confusion from the Varied Development of Civil Conspiracy, 23 Ga. B.J. 48.

Willis, Josephine T.: To (b) or not to (b): The Future of Aider and Abettor Liability in South Carolina, 51 S.C. L. Rev. 1045.

Winter, Robert J.: Rodebush: Finding the Road to Strict Liability for the Intentional Torts of Employees, 30 Tulsa L.J. 375.

Witkin, Bernard E.: Summary of California Law, Vol. 2 Agency, 9th ed., San Francisco, CA., 1987 (current through 2003).

Wolfram, Charles W.: Bismarck's Sausages and the ALI's Restatements, 26 Hofstra L. Rev. 817.

Wright, Richard W.: The Efficiency Theory of Causation and Responsibility: Unscientific Formalism and False Semantics, 63 Chi.-Kent L. Rev. 553.

Entscheidungsregister

Entscheidungen US-amerikanischer Gerichte

Abraham v. S.E. Onorato Garages, 446 P.2d 821 (Haw. 1968).
Abrams v. 11 Cornwell Co., 718 F.2d 22 (2nd Cir. (N.Y.) 1983).
Absar v. Jones, 833 S.W.2d 86 (Tenn. 1992).
Accurate Products, Inc. v. Snow, 408 P.2d 1 (Wash. 1965).
Acme Delivery Service, Inc. v. U.S., 817 F.Supp. 889 (D.Colo. 1993).
Adcock v. Brakegate Ltd., 645 N.E.2d 888 (Ill. 1994).
Adoks A.S. v. Gazda, 1994 WL 87987 1 (Mass. 1994).
Aetna Cas. and Sur. Co. v. Leahey Const. Co., 219 F.3d 519 (6th. Cir. (Ohio) 2000).
AFL-CIO v. Scott, 463 U.S. 825 (1983).
Ajay Sports, Inc. v. Casazza, 1 P.3d 267 (Colo. 2000).
Alleco, Inc. v. Harry & Jeanette Weinberg Foundation, Inc., 639 A.2d 173 (Md. 1994).
Alleco, Inc. v. Harry & Jeanette Weinberg Foundation, Inc., 665 A2d 1038 (Md.1995).
Allred v. Demuth, 890 S.W.2d 578 (Ark. 1994).
Allstate Indemnity Company Inc., v. Lewis, 985 F.Supp. 1341 (M.D.Ala., 1997).
American Mutual Life Insurance Co. v. Grim, 440 P.2d 621 (Kan. 1968).
American Soc. of Mechanical Engineers, Inc. v. Hydrolevel Corp., 456 U.S. 556 (1982).
Anderson v. Marathon Petroleum Co., 801 F.2d 936 (C.A.7 (Ill.) 1986).
An-Ti Chai v. Michigan Technological University, 493 F.Supp. 1137 (D.C.Mich. 1980).
Applied Equipment Corp. v. Litton Saudi Arabia Ltd., 869 P.2d 454 (Cal. 1994).
Arguello v. Conoco, Inc. 207 F.3d 803 (5th Cir. (Tex.) 2000).
Arkansas Pools, Inc. v. Beavers, 661 S.W.2d 395 (Ark. 1983).
Arringtons Estate v. Fields, 578 S.W.2d 173 (Tex. 1979).
Asbestos School Litigation, 1991 WL 137128 3 (E.D.Pa. 1991).
Association of Apartment Owners of Maalaea Kai, Inc. v. Stillson, 108 Hawai'i 2, 116 P.3d 644 (Hawai'i 2005).
A.T. Stearns Lumber Co. v. Howlet, 157 N.E. 82 (Mass. 1927).
Attorney General of Maryland v. Dickson, 717 F.Supp. 1090 (Md. 1989).

Aucoin v. Kennedy, 355 F.Supp.2d 830 (E.D.La. 2004).
Baker ex rel. Hall Brake Supply, Inc. v. Stewart Title & Trust of Phoenix, Inc., 5 P.3d 249 (Ariz. 2000).
Baker v. Henderson, Franklin, Sternes & Holt, 797 F.2d 490 (7th Cir. (Ill.) 1987).
Baker v. McDonald's Corp., 686 F. Supp. 1474 (S.D.Fla. 1987).
Baker v. State Bank of Akron, 44 N.E.2d 257 (Ind. 1942).
Baker v. Stuart Broadcasting Co., 505 F.2d 181 (8th Cir. (Neb.) 1974).
Baliko v. Stecker, 645 A.2d 1218 (N.J. 1994).
Ballantine v. Ferretti, 28 N.Y.S.2d 668 (N.Y. 1941).
Banco Popular North America v. Gandi, 876 A.2d 253 (N.J. 2005).
Bardonaro v. General Motors Corporation, 2000 WL 1062188 4 (Ohio 2000).
Barron v. United States, 5 F.2d 799 (1st Cir. (Mass.) 1925).
Bates v. U. S., 517 F.Supp. 1350 (D.C.Mo. 1981).
Beard v. Worldwide Mortgage Corp., 354 F.Supp.2d 789 (W.D.Tenn. 2005).
Bear v. Power Air, Inc., 595 N.E.2d 77 (Ill. 1992).
Bell v. City of Milwaukee 746 F.2d 1205 (C.A.Wis. 1984).
Bennett v. T & F Distributing Co., 285 A.2d 59 (N.J. 1971).
Berhanu v. Metzger, No. A8911-07007 (Or. Multnomah County Cir. Ct. 1990).
Bierczynski v. Rogers, 239 A.2d 218 (Del. 1968).
Bird v. Lynn, 49 Ky. 422 (Ky. 1850).
Black v. City & County of Honolulu, 112 F.Supp.2d 1041 (D.Hawaii 2000).
Blake Sand & Gravel, Inc. v. Saxon, 989 P.2d 1178 (Wash. 1999).
BMW of North America, Inc. v. Gore, 517 U.S. 559 (1996).
Board of Education v. Hoek, 183 A.2d 633 (N.J. 1962).
Boim v. Quranic Literacy Institute, 127 F.Supp.2d 1002 (N.D. Ill. 2001).
Boim v. Quranic Literacy Institute, 291 F.3d 1000 (7th Cir. (Ill.) 2002).
Boim v. Quranic Literacy Institute, 340 F.Supp.2d 885 (N.D.Ill. 2004).
Bokodi v. Foster Wheeler Robbins, Inc., 728 N.E.2d 726 (Ill. 2000).
Bonds v. Landers, 566 P.2d 513 (Or. 1977).
Bowers v. National Collegiate Athletic Ass'n, 151 F.Supp.2d 526 (D.N.J.2001).
Boykin v. Bennett, 118 S.E.2d 12 (N.C. 1961).
Bradley v. Ray, 904 S.W.2d 302 (Mo. 1995).
Brandenburg v. Ohio, 395 U.S. 444 (1969).
Brandon v. Lotter, 157 F.3d 537 (8th Cir. (Neb.) 1998).
Bray v. Alexandria Women's Health Clinic, 506 U.S. 263 (1993).
Brewer v. Rockwell, Int'l Corp., 40 F.3d 1119 (10th Cir. 1994).
Brink v. Purnell, 127 N.W. 322 (Mich. 1910).
Brinkman v. Zuckerman, 159 N.W. 316 (Mi. 1916).
Briscoe v. LaHue, 460 U.S. 325 (1983).

Brooks v. Logan, 903 P.2d 73 (Idaho 1995).
Brown v. Argenbright Sec., Inc., 782 A.2d 752 (D.C. 2001).
Brown v. National Football League, 219 F.Supp.2d 372 (S.D.N.Y. 2002).
Browning-Ferris Industries of Vermont, Inc. v. Kelco Disposal, Inc., 492 U.S. 257 (1989).
Brumley v. Chattanooga Speedway & Motordrome Co., 198 S.W. 775 (Tenn. 1917).
Bryant v. Livigni, 619 N.E.2d 550 (Ill. 1993).
Bryant v. Noether, 2001 WL 274852, 1 (D.N.H. 2001).
Burlington Northern and Sante Fe Ry. Co. v. Burlington Resources Oil & Gas Co., 590 N.W.2d 433 (N.D. 1999).
Burnett v. Al Baraka Inv. and Development Corp. 274 F.Supp.2d 86 (D.D.C. 2003).
Buschi v. Kirven, 775 F.2d 1240 (4th Cir. (Va.) 1985).
Byrd v. Brandenburg, 922 F.Supp. 60 (N.D.Ohio 1996).
Cabello v. Fernandez-Larios, 402 F.3d 1148 (11th Cir. (Fla.) 2005).
Cadlo v. Owens-Illinois, Inc., 23 Cal.Rptr.3d 1 (Cal. 2004).
Calcutt et al. v. Gerig, 271 F. 220 (6th Cir. (Tenn.) 1921).
Callanan v. U.S., 364 U.S. 587 (1961).
Campen v. Stone, 635 P.2d 1121 (Wyo. 1981).
Capan v. Divine Providence Hosp., 430 A.2d 647 (Pa. 1980).
Capocy v. Kirtadze, 1997 WL 643000 2 (Ill. 1997).
Carney v. Dewees, 70 A.2d 142 (Conn. 1949).
Cecil v. Hardin, 575 S.W.2d 268 (Tenn. 1978).
Cenco Inc. v. Seidman & Seidman, 686 F.2d 449 (7th Cir. (Ill.) 1982).
Central Bank of Denver v. First Interstate Bank of Denver, 511 U.S. 164 (1994).
Chambers v. Omaha Girls Club, 629 F.Supp. 925 (D.Neb. 1986).
Channer v. Hall, 112 F.3d 214 (La. 1997).
Chapman v. Mutual Service Cas. Ins. Co., 35 F.Supp.2d 699 (E.D.Wis. 1999).
Checkley v. Boyd, 107 P.3d 651 (Or. 2005).
Chen v. Street Beat Sportswear, Inc., 226 F.Supp.2d 355 (E.D.N.Y. 2002).
Chrysler Corp. v. Wilson Plumbing Co., Inc., 208 S.E.2d 321 (Ga. 1974).
Chupp v. Henderson, 216 S.E.2d 366 (Ga. 1975).
Cipolla v. County of Rensselaer, 129 F.Supp.2d 436 (N.D.N.Y. 2001).
City of Memphis v. Greene, 451 U.S. 100 (1981).
City Stores Co. v. Mazzaferro, 342 So.2d 827 (Fla. 1977).
Clark v. Clabaugh, 20 F.3d 1290 (3rd Cir. (Pa.) 1994).
Coats v. Construction & Gen. Laborers Local No. 185, 93 Cal.Rptr. 639 (Cal. 1971).
Cobb v. Indian Springs, Inc., 522 S.W.2d 383 (Ark. 1975).

Cole v. University of Hartford 391 F.Supp. 888 (D.C.Conn. 1975).
Coley v. M & M Mars Inc., 461 f. Supp. 1073 (D.C.Ga., 1978).
Collins v. Eli Lilly Co., 342 N.W.2d 37 (Wis. 1984).
Collins v. Hardyman, 341 U.S. 651 (1951).
Collyer v. Darling, 98 F.3d 211 (6th Cir. (Ohio) 1996).
Connes v. Molalla Transport System, Inc., 831 P.2d 1316 (Colo. 1992).
Connes v. Molalla Transport Systems, Inc., 817 P.2d 567 (Colo. 1991).
Consolidated Welfare Fund Erisa Litig., 856 F.Supp. 837 (S.D.N.Y. 1994).
Continued Care, Inc. v. Fournet, 979 S.W.2d 419 (Tex. 1998).
Cook v. Nacogdoches Anesthesia Group, L.L.P. 167 S.W.3d 476 (Tex. 2005).
Cooper v. Metropolitan Government of Nashville and Davidson County, 628 S.W.2d 30 (Tenn. 1981).
Cooper v. O'Connor, 99 F.2d 135 (D.C. Cir. 1938).
Copithorne v. Framingham Union Hosp., 520 N.E.2d 139 (Mass. 1988).
Copperweld Corp. v. Independence Tube Corp., 467 U.S. 752 (1984).
Copsey v. Swearingen, 36 F.3d 1336 (5th Cir. 1994).
Costa v. Able Distribs., Inc., 653 P.2d 101 (Haw. 1982).
Coughlin v. Titus & Bean Graphics, Inc., 767 N.E.2d 106 (Mass. 2002).
Courtney v. Courtney, 413 S.E.2d 418 (W. Va. 1991).
CP & B Enterprises, Inc. v. Mellert, 762 So.2d 356 (Ala. 2000).
Craker v. Chicago & N.W. Ry. Co., 36 Wis. 657, 1875 WL 6254 8 (Wis. 1875).
Crawford by & Through Crawford v. City of Kansas City, 952 F.Supp. 1467 (D. Kan. 1997).
Cross v. General Motors Corp., 721 F. 2d 1152 (8th Cir. (Mo.) 1983).
Crowder v. Morris, 721 So.2d 972 (La. 1998).
Curtin v. Lataille, 527 A.2d 1130 (R.I. 1987).
Dairy Road Partners v. Island Ins. Co., Ltd., 992 P.2d 93 (Hawai'i 2000).
Dasho v. Susquehanna Corp., 380 F. 2d., 262 (7th Cir. (Ill.) 1967).
Davidson v. Simmons, 280 N.W.2d 645 (Neb. 1979).
Davidson v. U.S., 274 F. 285 (Ohio 1921).
Davies v. General Tours, Inc., 774 A.2d 1063 (Conn. 2001).
Davric Maine Corp. v. U.S. Postal Service, 238 F.3d 58 (1st Cir. (Me.) 2001).
Deere & Co. v. Zahm, 837 F.Supp. 346 (Kan. 1993).
Del Signore v. Pyramid Sec. Services, Inc., 537 N.Y.S.2d 640 (N.Y. 1989).
DeVries v. Brumback, 349 P.2d 532 (Cal., 1960).
Di Cosala v. Kay, 450 A.2d 508 (N.J. 1982).
Diamond Woodworks, Inc. v. Argonaut Ins. Co., 135 Cal.Rptr.2d 736 (Cal. 2003).
Dickens v. Puryear, 276 S.E.2d 325 (N.C. 1981).
Dinkins v. Farley, 434 N.Y.S.2d 325 (N.Y. 1980).

DiPietro v. Lighthouse Ministries, 825 N.E.2d 630 (Ohio 2005).
Dirks v. SEC, 681 F.2d 824 (D.C. Cir. 1982).
Distinctive Printing and Packaging Co. v. Cox, 443 N.W.2d 566 (Neb. 1989).
Ditty v. CheckRite, Ltd., Inc., 973 F.Supp. 1320 (D.Utah 1997).
Diversified Development & Inv., Inc. v. Heil, 889 P.2d 1212 (N.M. 1995).
Doe v. Garcia, 961 P.2d 1181 (Idaho 1998).
Doherty v. American Motors Corp., 728 F.2d 334 (6th Cir. (Mich.) 1984).
Dombrowski v. Dowling, 459 F.2d 190 (7th Cir. (Ill.) 1972).
Donald v. United Klans of America, Inc., Case No. 84-0725-C-S (S.D. Ala. 1987).
Donivan v. Manhattan Ry. Co., 21 N.Y.S. 457 (N.Y. 1893).
Dorman v. Dorman, 1993 WL 742662 4 (Del. 1993).
Draper v. Olivere Paving & Constr. Co., 181 A.2d 565 (Del. 1962).
Duke v. Feldman, 226 A.2d 345 (Md. 1967).
Dupree v. Hertz Corp, 419 F.Supp. 764 (E.D.Pa. 1976).
Durand v. Moore, 879 S.W.2d 196 (Tex. 1994).
Dussouy v. Gulf Coast Inv. Corp., 660 F.2d 594 (5th Cir. (La.) 1981).
Dussouy v. Gulf Coast Investment Corp., 660 F.2d 594 (5th Cir. (La.) 1981).
Dyals v. Hodges, 659 So.2d 482 (Fla. 1995).
Easley v. Apollo Detective Agency, Inc., 387 N.E.2d 1241 (Ill. 1979).
Eastern Trading Co. v. Refco, Inc., 229 F.3d 617 (7th Cir. (Ill.) 2000).
Echols v. Beauty Built Homes, Inc., 647 P.2d 629 (Ariz. 1982).
Edwards & Hanly v. Wells Fargo Sec. Clearance Corp., 602 F.2d 478 (2d Cir. (N.Y.) 1979).
Edwards v. Born, Inc. 792 F.2d 387 (3rd Cir. (Virgin Islands) 1986).
Egervary v. Young, 159 F.Supp.2d 132 (E.D.Pa. 2001).
Elliot v. Tilton, 89 F.3d 260 (5th Cir. (Tex.) 1996).
Ellis v. Colorado Nat. Bank, 269 P. 997 (Colo. 1928).
Emanuel v. Barry, 724 F. Supp. 1096 (E.D.N.Y. 1989).
Embrey v. Holly, 442 A.2d 966 (Md. 1982).
Engstrom v. First Nat. Bank of Eagle Lake, 936 S.W.2d 438 (Tex. 1996).
Enright v. Lubow, 493 A.2d 1288 (N.J. 1985).
Erie R. Co. v. Tompkins, 304 U.S. 64 (1938).
Evan F. v. Hughson United Methodist Church, 10 Cal.Rptr.2d 748 (Cal. 1992).
Evans v. Morsell, 395 A.2d 480 (Md. 1978).
Ezzone v. Riccardi, 525 N.W.2d 388 (Iowa 1994).
Facchini v. Miller, 2000 WL 175580 2 (Conn. 2000).
Fahrendorff ex rel. Fahrendorff v. North Homes, Inc., 597 N.W.2d 905 (Minn. 1999).
Faragher v. City of Boca Raton, 524 U.S. 775 (1998).

Fassett v. Delta Kappa Epslion, 807 F.2d 1150 (3rd Cir. (Pa.) 1986).
Ferguson v. OmniMedia, Inc., 469 F.2d 194 (1st Cir. Mass. 1972).
Fidelity Funding of California, Inc. v. Reinhold, 79 F.Supp.2d 110 (E.D.N.Y. 1997).
Fiol v. Doellstedt, 58 Cal.Rptr.2d 308 (Cal. 1996).
Fisher v. Hering, 97 N.E.2d 553 (Ohio 1948).
Fisher v. Huck, 624 P.2d 177 (Or. 1981).
Fisher v. Shamburg, 624 F.2d 156 (10th Cir. (Kan.) 1980).
Flick v. Blount, 1978 WL 705 2 (Pa. 1978).
Frankovis v. State, 287 N.W.2d 791 (Wis. 1980).
Frick v. Abell, 602 P.2d 852 (Colo. 1979).
Frosty v. Textron, Inc., 891 F.Supp. 551 (D.Or. 1995).
Gabelmann v. NFO, Inc., 571 N.W.2d 476 (Iowa 1997).
Gaffney v. City of Chicago, 706 N.E.2d 914 (Ill. 1998).
Gardenhire v. New Jersey Mfrs. Ins. Co., 754 A.2d 1244 (N.J. 2000).
Garrett v. Great Western Distributing Co. of Amarillo, 129 S.W.3d 797 (Tex. 2004).
Garza v. City of Omaha , 814 F. 2d 553 (8th Cir. (Neb.) 1987).
Gates v. Bank of America Nat. Trust & Savings Ass'n, 261 P.2d 545 (Cal. 1953).
Gaulding v. Celotex Corp., 772 S.W.2d 66 (Tex. 1989).
GCM, Inc. v. Kentucky Central Life Ins. Co., 947 P.2d 143 (N.M. 1997).
Geiger v. E.I. DuPont de Nemours & Co., 1997 U.S. Dist. LEXIS 2049 1 (S.D.N.Y. 1997).
General Advertising Agency, Inc. v. Komer, 60 Cal.Rptr. 10 (Cal. 1967).
Gerard v. Ross, 251 Cal.Rptr. 604 (Cal. 1988).
Gertz v. Robert Welch, Inc., 418 U.S. 323 (1974).
GES, Inc. v. Corbitt, 21 P.3d 11 (Nev. 2001).
Gettings v. Farr, 41 S.W.3d 539 (Mo. 2001).
Gilbert H. Moen Co. v. Island Steel Erectors, Inc., 912 P.2d 472 (Wash. 1996).
Girard v. 94th Street & 5th Avenue Corp., 530 F.2d 66 (2d Cir. (N.Y.) 1976).
Governors Grove Condominium Asso. v. Hill Developpment Corp., 414 A.2d 1177 (Conn. 1980).
Granewich v. Harding, 945 P.2d 1067 (Or. 1997).
Granewich v. Harding, 985 P.2d 788 (Or. 1999).
Grass v. Big Creek Development Co., 84 S.E. 750 (W.Va. 1915).
Greenberg Traurig of New York, P.C. v. Moody, 161 S.W.3d 56 (Tex. 2004).
Griffin v. Breckenridge in 403 U.S. 88 (1971).
Grimshaw v. Ford Motor Co., 174 Cal.Rptr. 348 (Cal. 1981).
GTE Southwest, Inc. v. Bruce, 998 S.W.2d 605 (Tex. 1999).

Guardian Life Ins. Co. of America v. Chemical Bank, 705 N.Y.S.2d 553 (N.Y. 2000).

Gulf, C. & S. F. Ry. Co. v. Kirkbride, 15 S. W. 495 (Tex. 1891).

Gymnastics USA v. McDougal, 758 P.2d 881 (Or. 1988).

Halberstam v. Welch, 705 F.2d 472 (D.C. Cir. 1983).

Hall Brake Supply, Inc. v. Stewart Title & Trust of Phoenix, Inc., 5 P.3d 249 (Ariz. 2000).

Hall v. Jackson, 788 A.2d 390 (Pa. 2001).

Hanauer v. Doane, 79 U.S. 342 (1870).

Haney v. Castle Meadows, Inc., 868 F.Supp. 1233 (D.Colo. 1994).

Harrington v. Chicago Sun-Times, a Div. of Field Enterprises, Inc., 502 N.E.2d 332 (Ill. 1986).

Hartford Fire Ins. Co. v. Walter Kidde & Co., Inc., 328 N.W.2d 29 (Mich. 1982).

Hartman v. Board of Trustees of Community College District No. 508, 4 F.3d 465 (7th Cir. (Ill.) 1993).

Hartman v. Shell Oil Co., 137 Cal.Rptr. 244 (Cal. 1977).

Hawes Office Systems, Inc. v. Wang Laboratories, Inc., 537 F.Supp. 939 (D.C.N.Y. 1982).

Helbig v. City of New York, 622 N.Y.S.2d 316 (N.Y. 1995).

Hemphill v. Schott, 141 F.3d 412 (2d Cir. (N.Y.) 1998).

Henderson v. Fields, 68 S.W.3d 455 (Mo. 2001).

Herman v. Coastal Corp., 791 A. 2d 238 (N.J. 2002).

Hern v. Heckert, 679 S.W.2d 322 (Mo. 1984).

Hillman v. Nationwide Mut. Fire Ins. Co., 855 P.2d 1321 (Alaska 1993).

Hodgin v. Jefferson, 447 F.Supp. 804 (D.Md. 1978).

Hogan v. McDaniel, 319 S.W.2d 221 (Tenn. 1958).

Hollins v. Powell, 773 F.2d 191 (8th Cir. (Mo.) 1985).

Holmes v. Young, 885 P.2d 305 (Colo. 1994).

Home Quest Mortg. LLC v. American Family Mut. Ins. Co. 340 F.Supp.2d 1177 (D.Kan. 2004).

Home Telephone & Electric Co. v. Branton, 7 S.W.2d 627 (Tex. 1928).

Hooks v. Hooks, 771 F.2d 935 (6th Cir. (Tenn.) 1985).

Hortman v. Farris, 725 N.E.2d 698 (Ohio 1999).

Hothem v. Fallsview Psychiatric Hosp., 573 N.E.2d 803 (Ohio 1989).

Houser v. Smith, 968 S.W.2d 542 (Tex. 1998).

Huang v. Sentinel Government Securities, 709 F. Supp. 1290 (S.D.N.Y. 1989).

Huberth v. Holly, 462 S.E.2d 239 (N.C. 1995).

Huckeby v. Spangler, 521 S.W. 2d 568 (Tenn. 1975).

Huddleston by Huddleston v. Union Rural Elec. Ass'n, 841 P.2d 282 (Colo. 1992).

Hull v. Cuyahoga Valley Joint Vocational School Dist. Bd. of Educ., 926 F.2d 505 (6th Cir. (Ohio) 1991).

Hull v. Shuck 501 U.S. 1261 (1991).

Hunter v. Columbus, 746 N.E.2d 246 (Ohio 2000).

Hurley v. Atlantic City Police Dept., 174 F.3d 95 (3d Cir. (N.J.) 1999).

Iglesia Cristiana La Casa Del Senor, Inc. v. L.M., 783 So.2d 353 (Fla. 2001).

IIT v. Cornfeld, 619 F.2d 909 (2d Cir. (N.Y.) 1980).

Industrial Chemical & Fiberglass Corp. v. Chandler, 547 So.2d 812 (Ala. 1988).

In re McMullen, 386 F.3d 320 (1st Cir. (Mass.) 2004).

In re Terrorist Attacks on September 11, 2001, 349 F.Supp.2d 765 (S.D.N.Y. 2005).

International Distributing Corp. v. American Dist. Tel. Co., 569 F.2d 136 (D.C. Cir. 1977).

International Telecommunications Satellite Organization v. Colino, 1992 WL 93129 1 (D.D.C. 1992).

IOS Capital, LLC v. Allied Home Mortg. Capital Corp., 150 S.W.3d 148 (Mo. 2004).

Iowa State Sav. Bank v. Black, 59 N.W. 283 (Iowa 1894).

J. R. Norton Co. v. General Teamsters, Warehousemen & Helpers Union, 256 Cal.Rptr. 246 (Cal. 1989).

J.M. Radford Grocery Co. v. Estelline State Bank, 66 S.W.2d 1110 (Tex. 1933).

Jacobs v. Board of Regents of Division of Universities of Dept. of Ed. of State of Fla., 473 F.Supp. 663 (S.D.Fla. 1979).

Jaffray v. Hill, Essex Liquors, Inc., et al., 191 N.E.2d 399 (Ill. 1963).

James v. Evans, 149 F. 136 (3rd Cir. (Pa.) 1906).

Jameson v. Gavett, 71 P.2d 937 (Cal. 1937).

Janice v. Hondzinski, 439 N.W.2d 276 (Mich. 1989).

Jenco v. Islamic Republic of Iran, 154 F.Supp.2d 27 (D.D.C. 2001).

Jiggetts v. Lancaster, 531 S.E.2d 851 (N.C. 2000).

Johnson v. Allen, 448 S.W.2d 265 (Mo. 1996).

Johnson v. Allen, 613 S.E.2d 657 (Ga. 2005).

Johnson v. Rogers, 763 P.2d 771 (Utah 1988).

Johnson v. Smith, 810 F.Supp. 235 (N.D.Ill. 1992).

Joiner v. Lane, 508 S.E.2d 203 (Ga. 1998).

Joiner v. Mitchell County Hospital Authority, 186 S.E.2d 307 (Ga. 1971).

Jones v. Alfred H. Mayer Co., 392 U.S. 409 (1968).

Juhl v. Airington, 936 S.W.2d 640 (Tex. 1996).

Jurgens v. Poling Transp. Corp., 113 F.Supp.2d 388 (E.D.N.Y. 2000).

K & S Partnership v. Continental Bank, N. A., 952 F.2d 971 (8th Cir. (Neb.) 1991).

Kammerer v. Western Gear Corp., 635 P.2d 708 (Wash. 1981).
Kane Furniture Corp. v. Miranda, 506 So.2d 1061 (Fla. 1987).
Keenan v. Aryan Nations, No. CV-99-441 (Idaho Dist. Ct., County of Kootenai 2000).
Kendall v. Gore Property, 236 F. 2d 673 (D.C. Cir. 1956).
Kidron v. Movie Acquisition Corp., 47 Cal.Rptr.2d 752 (Cal.App. 1995).
King v. Macri, 993 F.2d 294 (2nd Cir. (N.Y.) 1993).
King v. New Rochelle Municipial Housing Authority, 442 F. 2d 646 (2nd Cir. (N.Y.) 1971).
Kinsey v. Spann, 533 S.E.2d 487 (N.C. 2000).
Kirby v. Sonville, 594 P.2d 818 (Or. 1979).
Kirkwood v. Miller, 37 Tenn. 455 (= 1858 WL 2769 2) (Tenn. 1858).
Klimek v. Hitch, 464 N.E.2d 1272 (Ill. 1984).
Kolbeck v. Lit. Am., 939 F.Supp 240 (S.D.N.Y. 1996).
Kolbeck-Court Nye & Nissen v. United States, 336 US 613 (1949).
Kranzdorf v. Green, 582 F.Supp. 335 (D.C.Pa. 1983).
Krudwig v. Koepke, 277 N.W. 670 (Wis. 1938).
Kurker v. Hill, 689 N.E.2d 833 (Mass. 1998).
L. B. Foster Co. v. Hurnblad, 418 F.2d 727 (9th Cir. (Wash.) 1969).
Laborers' Intern. Union of North America v. Rayburn Crane Service, Inc., 559 So.2d 1219 (Fla. 1990).
Lacount v. Henzel Phelps Constr. Co., 145 Cal.Rptr. 244 (Cal. 1978).
Lake Shore & M.S. Ry. Co. v. Prentice, 147 U.S. 101 (1893).
Lake v. Arnold, 112 F.3d 682 (3d Cir. (Pa.) 1997).
Lakin v. Senco Products, Inc. 987 P.2d 463 (Or. 1999).
Landvik by Landvik v. Herbert, 936 P.2d 697 (Idaho 1997).
Larsen Chelsey Realty Co. v. Larsen, 656 A.2d 1009 (Conn. 1995).
Lee v. Pulitzer Pub. Co., 81 S.W.3d 625 (Mo. 2002).
Leidy v. Taliaferro, 260 S.W.2d 504 (Mo. 1953).
Lepley v. Dresser, 681 F.Supp. 418 (W.D.Mich. 1998).
Limpus v. London General Omnibus Co., 158 Eng. Rep. 993 (1862).
Linde v. Arab Bank, PLC, 2005 WL 2108690 (E.D.N.Y. 2005).
Lindsay v. Lockwood, 625 N.Y.S.2d 393 (N.Y. 1994).
Lisa M. v. Henry Mayo Newhall Memorial Hospital, 48 Cal.Rptr.2d 510 (Cal. 1995).
Liste: Cooper Industries, Inc. v. Leatherman Tool Group, Inc., 532 U.S. 424 (2001).
Litras v. Litras, 681 N.Y.S.2d 545 (N.Y. 1998).
Litton Bionetics, Inc. v. Glen Const. Co., Inc., 437 A.2d 208 (Md. 1981).
Lloyd v. Jefferson, 53 F.Supp.2d 643 (D.Del. 1999).

Lohrenz v. Country Mut. Ins. Co., 545 N.E.2d 761 (Ill. 1989).
Lowden v. William M. Mercer, Inc., 903 F. Supp. 212 (D.Mass. 1995).
Lowell v. Massachusetts Bonding & Ins. Co., 47 N.E.2d 265 (Mass. 1943).
Lucero v. Operation Rescue, 954 F.2d 624 (11th Cir. (Ala.) 1992).
Lutz v. Cybularz, 607 A.2d 1089 (Pa. 1992).
Lynch v. Scheininger, 744 A. 2d 113 (N.J. 2000).
Macedonia Baptist Church v. Christian Knights of the Ku Klux Klan – Invisible Empire, Inc. et al., Case No. 96 CP-14-217 (S.C. 1998).
MacHolme v. Cochenour, 167 A. 647 (Pa. 1933).
Magin v. DVCO Fuel Systems, Inc., 981 P.2d 673 (Colo. 1999).
Manchester Equipment Co., Inc. v. American Way, 60 F.Supp.2d 3 (E.D.N.Y. 1999).
Manikhi v. Mass Transit Admin., 758 A.2d 95 (Md. 2000).
Manning v. Twin Falls Clinic & Hosp., Inc., 830 P.2d 1185 (Idaho 1992).
Maria D. v. Westec Residential Sec., Inc., 102 Cal.Rptr.2d 326 (Cal. 2000).
Martinez v Hagopian, 227 Cal Rptr 763 (Cal. 1986).
Mary M. v. City of Los Angeles, 285 Cal.Rptr. 99 (Cal. 1991).
Mavrikidis v. Petullo, 707 A.2d 977 (N.J. 1998).
McClure v. Denham, 162 S.W.3d 346 (Tex. 2005).
McClure v. Owens Corning Fiberglas Corp., 720 N.E.2d 242 (Ill. 1999).
McKenzie v. Lunds, Inc., 63 F.Supp.2d 986 (D.Minn. 1999).
McLean v. Kirby Co., a Div. of Scott Fetzer Co., 490 N.W.2d 229 (N.D. 1992).
McClellan v. Cantrell, 217 F.3d 890 (7th Cir. (Ill.) 2000).
Meadow Limited Partnership v. Heritage Savings and Loan Assn., 639 F.Supp. 643 (E.D.Va. 1986).
Medina v. Lanabi Inc., 855 S.W.2d 161 (Tex. 1993).
Medley v. Boomershine Pontiac-GMC Truck, Inc., 449 S.E.2d 128 (Ga. 1994).
Merrill Lynch Inv. Managers v. Optibase, Ltd., 337 F.3d 125 (2nd Cir. (N.Y.) 2003).
Metge v. Baehler 762 F.2d 621 (8th Cir. (Iowa) 1985).
Miera v. George, 237 P.2d 102 (N.M. 1951).
Mininsohn v. United States, 101 F.2d 477 (3rd Cir. (N.J.) 1939).
Fahrendorff ex rel. Fahrendorff v. North Homes, Inc., 597 N.W.2d 905 (Minn. 1999).
Minnesota Breast Implant Litig. v. McGhan Med. Corp., 36 F.Supp.2d 863 (D. Minn. 1998).
Mohawk v. Kahn, 1987 WL 30121 1 (E.D.Pa. 1988).
Mommand v. Universal Film Exchange, 72 F.Supp. 469 (Mass. 1947).
Monnin v. Fifth Third Bank of Miami Valley, N.A., 658 N.E.2d 1140 (Ohio 1995).

Montgomery v. Petty Management Corp. 752 N.E.2d 596 (Ill. 2001).
Moore v. St. Joseph Nursing Home, Inc., 459 N.W.2d 100 (Mich. 1990).
Morrison v. California, 291 U.S. 82 (1934).
Moses v. Morganton, 133 S.E. 421 (N.C. 1926).
Moskins Stores v. De Hart, 29 N.E.2d 948 (Ind. 1940).
Moss v. Columbus Bd. of Educ., 2001 WL 1681117, 6 (S.D.Ohio 2001).
Mox Inc. v. Woods, 262 P. 302 (Cal. 1927).
Mox Incorporated v. Woods, 262 P. 302 (Cal. 1927).
Multi-Channel TV Cable Co. v. Charlottesville Quality Cable Operating Co., 108 F.3d 522 (4th Cir. 1997).
Muratore v. M/S Scotia Prince, 845 F.2d 347 (1st Cir. (Me.) 1988).
Natt v. Labar, 543 A.2d 223 (Pa. 1988).
Nelson Radio & Supply Co. v. Motorola, Inc., 200 F.2d 911 (5th Cir. (Ala.) 1952).
Noble v. National American Life Ins. Co., 624 P.2d 866 (Ariz. 1981).
Norflo Holding Corp., Inc. v. City of Chicago, 2002 WL 453605, 9 (N.D.Ill. 2002).
North Dakota Personal Injury Asbesthos Litigation No.1, 737 F.Supp. 1087 (D.N.D. 1990).
Noto v. U.S., 367 U.S. 290 (1961).
Novotny v. Great American Federal Savings & Loan Ass´n, 584 F.2d 1235 (3rd Cir. (Pa.) 1978).
Nutt v. Norwich Roman Catholic Diocese, 921 F.Supp. 66 (D.Conn. 1995).
Oki Semiconductor Co. v. Wells Fargo Bank, Nat. Ass'n, 298 F.3d 768 (9th Cir. (Or.) 2002).
Oksanen v. Page Memorial Hosp., 945 F.2d 696 (4th Cir. (Va.) 1991).
Or v. Edwards, 818 N.E.2d 163 (Mass. 2004).
Pacific Mut. Life Ins. Co. v. Haslip, 499 U.S. 1 (1991).
Pacific Tel. & Tel. Co. v. MCI Telekommunications Corp., 649 F.2d 1315 (9th Cir. (Cal.) 1981).
Padway v. Palches, 665 F.2d 965 (9th Cir. (Cal.) 1982).
PaineWebber Inc. v. Ras, 767 F.Supp. 930 (N.D. Ill. 1991).
Park v. City of Atlanta, 120 F.3d 1157 (11th Cir. (Ga.) 1997).
Patton v. Simone, 1992 WL 183064, 10 (Del. 1992).
Payne v. Bracher, 582 F.2d 17 (5th Cir. (Tex.) 1978).
People by Abrams v. 11 Cornwell Co., 695 F.2d 34 (2nd Cir. (N.Y.) 1982).
Peoples Loan Co. v. Allen 34 S.E.2d 811 (Ga. 1945).
Performance Nutrition, Inc., 239 B.R. 93 (N.D.Tex. 1999).
Perkins v. Missouri, K. & T.R.R., 55 Mo. 201, 1874 WL 8168, 8 (Mo. 1874).
Perkins v. Spivey, 911 F.2d 22 (8th Cir. (Mo.) 1990).

Pesio v. Sherman, 172 N.W.2d 748 (Minn. 1969).
Peterson v. Cruickshank, 300 P.2d 915 (Cal. 1956).
Petro-Tech, Inc. v. Western Co. of North America, 824 F.2d 1349 (3rd. Cir. (Pa.) 1987).
Pfeifer v. Copperstone Restaurant and Lounge, Inc., 693 P.2d 644 (Or. 1985).
Phelps v. Louisville Water Co., 103 S.W.3d 46 (Ky. 2003).
Philip Morris, Inc. v. Emerson, 368 S.E.2d 268 (Va. 1988).
Pinkerton v. U.S., 328 U.S. 640 (1946).
Plains Resources, Inc. v. Gable, 682 P.2d 653 (Kan. 1984).
Planned Parenthood of Columbia/Willamette, Inc. v. American Coalition of Life Activists, 244 F.3d 1007 (9th. Cir. (Or.) 2001).
Poe v. City of Detroit, 446 N.W.2d 523 (Mich. 1989).
Ponticas v. K.M.S. Investments, 331 N.W.2d 907 (Minn. 1983).
Porter v. Harshfield, 948 S.W.2d 83 (Ark. 1997).
Powell v. City and County of Denver, Colo., 973 F.Supp. 1198 (D.Colo. 1997).
Press, Inc. v. Verran, 569 S.W.2d 435 (Tenn. 1978).
Price v. Aztec, 701 P.2d 294 (Idaho 1985).
Prout v. Sears, Roebuck and Co., 772 P.2d 288 (Mont. 1989).
Pullman Palace-Car Co. v. Lawrence, 22 So. 53 (Miss. 1897).
Pusey v. Bator, 762 N.E.2d 968 (Ohio 2002).
Quadrozzi v. Norcem, Inc., 509 N.Y.S.2d 835 (N.Y. 1986).
Rackin v. University of Pennsylvania, 386 F. Supp. 992 (D.C.Pa 1974).
Rael v. Cadena, 604 P.2d 822 (N.M. 1979).
Ramey v. General Petroleum Corp., 173 Cal.App.2d 386 (Cal. 1959).
Rausch v. Julius B. Nelson & Sons, Inc., 149 N.W.2d 1 (Minn. 1967).
Read v. Scott Fetzer Co., 990 S.W.2d 732 (Tex. 1998).
Resolution Trust Corp. v. Heisermann, 898 P.2d 1049 (Colo. 1995).
Reynolds v. Bement, 32 Cal.Rptr.3d 483 (Cal. 2005).
Rice v. Paladin Enterprises, Inc., 128 F.3d 233 (4th Cir. (Md.) 1997).
Richard B. LeVine, Inc. v. Higashi, 32 Cal.Rptr.3d 244 (Cal. 2005).
Rivas v. State Bd. for Community Colleges, 517 F. Supp. 467 (D.Colo. 1981).
Roberts v. Ford Aerospace & Communications Corp., 274 Cal.Rptr. 139 (Cal. 1990).
Robertson v. First Union Nat. Bank, 565 S.E.2d 309 (S.C. 2002).
Robinson v. Superior Rapid-Transit Ry. Co. 68 N.W. 961 (Wis. 1896).
Rogers v. J.B. Hunt Transport, Inc., 649 N.W.2d 23 (Mich. 2002).
Rogers v. R.J. Reynolds Tobacco Co., 761 S.W.2d 788 (Tex. 1988).
Rooney Pace, Inc. v. Reid, 605 F.Supp. 158 (S.D.N.Y. 1985).
Ross v. Texas One Partnership, 796 S.W.2d 206 (Tex. 1990).
Rotermund v. United States Steel Corp., 474 F. 2d 1139 (8th Cir. (Mo.) 1973).

Russel v. Marboro Books, 183 N.Y.S.2d 8 (N.Y. 1959).
Rutledge v. Elec. Hose & Rubber Co., 327 F.Supp. 1267 (Cal. 1971).
Ryder v. Bamberger, 158 P. 753 (Cal. 1916).
Safeway Stores v. Gibson, 118 A.2d 386 (D.C. 1955).
Santiago v. Fenton, 891 F.2d 373 (1st Cir. (Mass.) 1989).
Satham v. Muffle, 135 N.W. 797 (N.D. 1912).
Schele v. Porter Memorial Hosp., 198 F.Supp.2d 979 (N.D.Ind. 2001).
Schick v. Bach, 238 Cal. Rptr. 902 (Cal. 1987).
Schick v. Ferolito, 767 A.2d 962 (N.J. 2001).
Schiller v. Strangis, 540 F.Supp. 605 (D. Mass. 1982).
Schlichte v. Granite Sav. Bank, 662 N.E.2d 238 (Mass. 1996).
Schramm v. Foster, 341 F.Supp.2d 536 (D.Md. 2004).
Schreiber v. Jacobs, 128 F.Supp. 44 (D.C.Mich. 1955).
Scott v. Township of Bristol, 1990 U.S. Dist. Lexis 15313, 21 (E.D.Pa. 1990).
SEC v. Coffey, 493 F.2d 1304 (6th. Cir. (Ohio) 1974).
Securities Investor Protection Corp. v. Vigman, 908 F. 2d 1461 (9th Cir. (Cal.) 1990).
Security State Bank v. Valley Wide Elec. Supply Co., Inc., 752 S.W.2d 661 (Tex. 1988).
Seidel v. Greenberg 260 A.2d 863 (N.J. 1969).
Setchko v. Township of Lower Southampton, 2001 WL 229625, 3 (E.D.Pa. 2001).
Shades Ridge Holding Co., Inc. v. Cobbs, Allen & Hall Mortg. Co., Inc., 390 So.2d 601 (Ala. 1980).
Shapiro v. Thompson, 394 U.S. 618 (1969).
Sharples v. State, 793 P.2d 175 (Hawaii 1990).
Shields v. Martin, 706 P.2d 21 (Idaho 1985).
Shinn v. Allen, 984 S.W.2d 308 (Tex. 1998).
Sibley v. Kaiser Foundation Health Plan of Texas, 998 S.W.2d 399 (Tex. 1999).
Sievers v. McClure, 746 P.2d 885 (Alaska 1987).
Skelton v. Fekete, 261 P.2d 339 (Cal. 1953).
Skipworth by Williams v. Lead Industries Ass'n, Inc., 690 A.2d 169 (Pa. 1997).
Skipworth v. Lead Industries, Inc., 665 A.2d 1288 (Pa. 1995).
Sklan v. Smolla 420 N.E.2d 575 (Ill. 1981).
Slaydon v. Hansford, 830 So.2d 686 (Miss. 2002).
Sloggy v. Dilworth, 36 N.W. 451 (Minn. 1888).
Smith v. Berg, 247 F.3d 532 (3rd Cir. (Pa.) 2001).
Smith v. Orkin Exterminating Co., Inc., 540 So.2d 363 (La. 1989).
Smith v. Thompson, 655 P.2d 116 (Idaho 1982).
Smithson v. Garth, 83 Eng.Rep. 711 (1691).

Soule v. General Motors Corp., 34 Cal.Rptr.2d 607 (Cal. 1994).
Southern Ry. Co. v. Grubbs, 80 S.E. 749 (Va. 1914).
Southern Union Co. v. Southwest Gas Corp., 165 F.Supp.2d 1010 (Ariz. 2001).
Southland Corp. v. Superior Court, 250 Cal.Rptr. 57 (Cal. 1988).
Spencer v. Casavilla, 903 F. 2d 171 (2nd Cir. (N.Y.) 1990).
Stackhouse v. De Sitter, 566 F.Supp. 856 (D.C.Ill. 1983).
Standard Oil Co. of Kentucky v. Gunn, 176 So. 332 (Ala. 1937).
Stanulonis v. Marzec, 649 F.Supp. 1536 (D.Conn. 1986).
State ex rel. M. Douglas Mays, Securities Commissioner of the State of Kansas v. Ridenhour, et al., 811 P.2d 1220 (Kan. 1991).
State Farm Mut. Auto. Ins. Co. v. Campbell, 123 S.Ct. 1513 (2003).
State of Washington v. American Pipe & Consruction, 280 F. Supp. 802 (D.C.Or. 1968).
State –Tech Liquidating Trust v. Fenster, 981 F.Supp. 1325 (D. Colo. 1997).
State v. Gazerro, 420 A.2d 816 (R.I. 1980).
State, Dept. of Admin. v. Schallock, 941 P.2d 1275 (Ariz. 1997).
Stathos v. Bowden, 514 F.Supp. 1288 (D.C.Mass., 1981).
Stephens v. Bail Enforcement of Louisiana, 690 So.2d 124 (La. 1997).
Stevens v. Lankard, 297 N.Y.S.2d 686 (N.Y. 1968).
Stevens v. Tillman, 568 F. Supp. 289 (D.C.Ill. 1993).
Stewart v. Potter, 104 P.2d 736 (N.M. 1940).
Still v. Benton, 445 P.2d 492 (Or. 1968).
Stillinger & Napier v. Central States Grain Company, Inc., 82 N.W.2d 637 (Neb. 1957).
Stirgus v. Benoit, 720 F. Supp. 119 (N.D.Ill. 1989).
Stone v. First Wyoming Bank N. A., Lusk, 625 F.2d 332 (10th Cir. (Wyo.) 1980).
Storage Technology Corp. Sec. Litig. (Levit v. Aweida), 630 F.Supp. 1072 (D. Colo. 1986).
Stovall v. Perius, 659 P.2d 393 (Or. 1983).
Stroud v. Dennys Restaurant, Inc., 532 P.2d 790 (Or. 1975).
Stroud v. Lints, 790 N.E.2d 440 (Ind. 2003).
Suarez v. Gonzalez, 820 So.2d 342 (Fla. 2002).
Suckney v. Bert P. Williams, Inc., 242 N.E.2d 416 (Mass. 1968).
Sullivan v. Little Hunting Park, Inc., 396 U.S 229 (1969).
Sullivan v. Matt, 278 P.2d 499 (Cal. 1955).
Sullivan v. St. Louis Station Associates, 770 S.W.2d 352 (Mo. 1989).
Supreme Court of Texas in Juhl v. Airington, 936 S.W.2d 640 (Tex. 1996).
Swift v. Tyson, 41 U.S. 1 (1842).
Switzer v. Rivera, 174 F.Supp.2d 1097 (D.Nev. 2001).

Tabb v. Norred, 277 So. 2d. 223 (La. 1973).
Tallahassee Furniture Co., Inc. v. Harrison, 583 So.2d 744 (Fla. 1991).
Taxin v. Food Fair Stores, Inc., 287 F.2d 448 (3rd Cir. 1961).
Tenbusch v. Linn County, 18 P.3d 419 (Or. 2001).
Terrell v. Childers, 920 F.Supp. 854 (N.D.Ill. 1996).
Texas American Bank v. Boggess, 673 S.W.2d 398 (Tex. 1984).
The Dow Chemical Company v. Mahlum, 970 P.2d 98 (Nev. 1998).
Thompson v. Beliauskas, 167 N.E.2d 163 (Mass. 1960).
Thompson v. Glenmede Trust Co., 1993 WL 197031, 7 (E.D.Pa. 1993).
Thompson v. Paasche, 950 F.2d 306 (6th Cir. (Mich.) 1991).
Thomson v. McGinnis, 465 S.E.2d 922 (W.Va. 1995).
Thorne v. Contee, 565 A.2d 102 (Md. 1989).
Thornton v. Budge, 257 P.2d 238 (Idaho 1953).
Tichenor v. Roman Catholic Church of Archdiocese of New Orleans, 32 F.3d 953 (5th Cir. (La.) 1994).
Tilton v. Richardson, 6 F.3d 683 (10th Cir. (Okl.) 1993).
TMJ Implants Products Liability Litigation, 113 F.3d 1484 (8th Cir. (Minn.) 1997).
Townsend v. Catalina Ambulance Co., Inc., 857 S.W.2d 791 (Tex. 1993).
Townsend v. Whatton, 521 P.2d 1014 (Ariz. 1974).
Travis v. Gary Community Mental Health Ctr., Inc., 921 F.2d 108 (7th Cir. (Ind.) 1990).
Triplex Communications v. Riley, 900 S.W.2d 716 (Tex. 1995).
Turner v. American District Telegraph & Messenger Co., 110 A. 540 (Conn. 1920).
Turner v. Randolph County, 912 F.Supp, 182 (M.D.N.C. 1995).
Turner v. Washington Suburban Sanitary Commission, 158 A.2d 125 (Md. 1960).
TXO Production Corp. v. Alliance Resources Corp., 509 U.S. 443 (1993).
U.S. v. America Oil Co., 291 F.Supp. 968 (N.J. 1968).
U.S. v. National City Lines, Inc., 186 F. 2d 562 (7th Cir. (Ill.) 1951).
U.S. v. Peoni, 100 F.2d 401 (2d. Cir. (N.Y.) 1938).
U.S. v. Zafiro, 945 F.2d 881 (7th Cir. (Ill.) 1991).
Ungar v. Islamic Republic of Iran, 211 F.Supp.2d 91 (D.D.C. 2002).
Ungaro v. Desert Palace, Inc., 732 F.Supp. 1522 (Nev. 1989).
Unger v. Hacker, 578 F.Supp. 143 (D.C.Pa. 1983).
United Brotherhood of Carpenters & Joiners of America, Local 610, AFL-CIO v. Scott, 463 U.S. 825 (1983).
United Mine Workers v. Gibbs, 383 U.S. 715 (1966).
United States v. Guest, 383 U.S. 745 (1966).

United States v. Kemmel, 160 F. Supp. 718 (E.D.Pa. 1958).
United States v. Kozminski, 487 U.S. 931 (1988).
Valdez v. Warner, 742 P.2d 517 (N.M. 1987).
Valles v. Albert Einstein Medical Center, 805 A.2d 1232 (Pa. 2002).
Vanderhule v. Berinstein, 136 N.Y.S.2d 95 (N.Y. 1954).
Vietnamese Fishermen's Ass'n v. Knights of Ku Klux Klan, 518 F.Supp. 993 (D.C.Tex. 1981).
Vista Verde Farms v. Agricultural Labor Relations Bd., 172 Cal.Rptr. 720 (Cal. 1981).
Volk v. Coler, 845 F.2d 1422 (7th Cir. (Ill.) 1988).
Wallace v. Gomez, 745 N.Y.S.2d 16 (N.Y. 2002).
Walthers v. Gossett, 941 P.2d 575 (Or. 1996).
Warren v. Williams, 730 N.E.2d 512 (Ill. 2000).
Washington Public Power Supply System Securities Litigation 1988 WL 158948 1 (W.D.Wash. 1988).
Washington v. Duty Free Shoppers, 696 F. Supp. 1323 (N.D.Cal. 1988).
Watson v. Borough of Darby, 1997 WL135701, 2 (Pa. 1997).
Watson v. City of Hialeah, 552 So.2d 1146 (Fla. 1989).
Watsontown Brick Co. v. Hercules Powder Co., 265 F.Supp. 268 (D.C.Pa. 1967).
Weaver v. Gross, 605 F.Supp. 210 (D.D.C. 1985).
Weaver v. Stafford, 8 P.3d 1234 (Idaho 2000).
Welch v. Epstein, 536 S.E.2d 408 (S.C. 2000).
Wells Fargo Bank v. Arizona Laborers, Teamsters and Cement Masons Local No. 395 Pension Trust Fund, 38 P.3d 12 (Ariz. 2002).
Wells v. Robinson Bros. Motor Co., 121 So. 141 (Miss. 1929).
Wells v. Rockefeller, 728 F.2d 209 (3rd Cir. (Virgin Islands) 1984).
Welsh Mfg., Div. of Textron, Inc. v. Pinkertons, Inc., 474 A.2d 436 (R.I. 1984).
Welsh v. Feyka, 179 A. 810 (Pa. 1935).
Wen Kroy Realty Co. v. Public Nat. Bank & Trust Co. of New York, 183 N.E. 73 (N.Y. 1932).
Wendelken v. New York, S. & W. R. Co., 86 A. 377 (N.J. 1913).
Western Stock Center, Inc. v. Sevit, Inc. 578 P.2d 1045 (Colo. 1978).
White v. White 111 N.W. 1116 (Wis. 1907).
Williams v. Aetna Fin. Co., 700 N.E.2d 859 (Ohio 1998).
Williams v. Brown, 2003 WL 21513086, 6 (N.D.Ill. 2003).
Williams v. County of Santa Barbara, 272 F.Supp.2d 995 (C.D.Cal. 2003).
Williams v. Feather Sound, Inc., 386 So.2d 1238 (Fla. 1980).
Williams v. Fedor, 69 F.Supp.2d 649 (Pa. 1999).
Williams v. Hall 683 F.Supp. 639 (Ky. 1988).

Williams v. Lead Industries Ass'n, Inc., 690 A.2d 169 (Pa. 1997).
Williams v. Pullmans Palace Co., 3 So. 631 (La. 1883).
Williams v. United States Fidelity & Guaranty Co, 854 F2d 106 (5th Cir. 1988).
Wilson v. DiCaprio, 717 N.Y.S.2d 174 (N.Y. 2000).
Wilson v. Duke Power Co., 258 S.E.2d 101 (S.C. 1979).
Wilson v. State, 929 P.2d 448 (Wash. 1996).
Winslow v. Brown, 371 N.W.2d 417 (Wis. 1985).
Witzman v. Lehrman, Lehrman & Flom, 601 N.W.2d 179 (Minn. 1999).
Wolf v. Liberis, 505 N.E.2d 1202 (Ill. 1987).
Wolford v. Scott Nickels Bus Co., 257 S.W.2d 594 (Ky. 1953).
Wong v. Stripling, 881 F.2d 200 (5th Cir. 1989).
Woodard v. City Stores Co., 334 A.2d 189 (D.C. 1975).
Woods v. Barnett Bank, 765 F.2d 1004 (11th Cir. (Fla.) 1985).
Woolfolk v. Duncan, 872 F.Supp. 1381 (E.D.Pa. 1995).
Wrenn v. G.A.T.X. Logistics, Inc., 73 S.W.3d 489 (Tex. 2002).
Wyatt v. Union Mortgage Co., 598 P.2d 45 (Cal. 1979).
Wyczalek v. Rowe Constr. Serv. Co., 773 N.E.2d 560 (Ohio 2001).
Yaeger v. Murphy, 354 S.E.2d 393 (S.C. 1987).
Yamaha Motor Corp., U.S.A. v. Tri-City Motors and Sports, Inc., 429 N.W.2d 871 (Mich. 1988).
York v. InTrust Bank, N.A., 962 P.2d 405 (Kan. 1998).
Youngstown Osteopathic Hosp. Ass´n, 280 B.R. 400 (N.D.Ohio 2002).
Yunker v. Honeywell Inc, 496 N.W.2d 419 (Minn App 1993).
Zernial v. U.S., 714 F.2d 431 (5th Cir. (Tex.) 1983).

Entscheidungen deutscher Gerichte

RGH, Urteil vom 2.2.1907, RGZ 65,157.
RGH, Urteil vom 18.12.1920, RGZ 101,135.

BGH, Urteil vom 25.10.1951, BGHZ 4, 1.
BGH, Urteil vom 17.1.1968, BGH LM Nr. 15 zu § 167.
BGH, Urteil vom 7.3.1972, BGHZ 58, 207.
BGH, Urteil vom 29.10.1974, BGHZ 63, 124.
BGH, Urteil vom 31.1.1978, BGHZ 70, 277.
BGH, Urteil vom 24.1.1984, BGHZ 89, 383.
BGH, Urteil vom 13.5.1992, BGH VersR 1992, 989.
BGH, Urteil vom 15.11.1994, BGHZ 128, 1.

BVerfG, Beschluss vom 8.3.2000, NJW 2000, 2187.

Annex

1. Amendment XIII (to the Constitution of the United States of America)

Section 1. Neither slavery nor involuntary servitude, except as a punishment for crime whereof the party shall have been duly convicted, shall exist within the United States, or any place subject to their jurisdiction.

Section 2. Congress shall have power to enforce this article by appropriate legislation.

2. Amendment XIV (to the Constitution of the United States of America)

Section 1. All persons born or naturalized in the United States, and subject to the jurisdiction thereof, are citizens of the United States and of the State wherein they reside. No State shall make or enforce any law which shall abridge the privileges or immunities of citizens of the United States; nor shall any State deprive any person of life, liberty, or property, without due process of law; nor deny to any person within its jurisdiction the equal protection of the laws.

Section 2. …

3. 42 U.S.C.A. § 1985 (3) Depriving persons of rights or privileges

If two or more persons in any State or Territory conspire or go in disguise on the highway or on the premises of another, for the purpose of depriving, either directly or indirectly, any person or class of persons of the equal protection of the laws, or of equal privileges and immunities under the laws; or for the purpose of preventing or hindering the constituted authorities of any State or Territory from giving or securing to all persons within such State or Territory the equal protection of the laws; or if two or more persons conspire to prevent by force, intimidation, or threat, any citizen who is lawfully entitled to vote, from giving his support or advocacy in a legal manner, toward or in favor of the election of any lawfully qualified person as an elector for President or Vice President, or as a Member of Congress of the United States; or to injure any citizen in person or property on account of such support or advocacy; in any case of conspiracy set forth in this section, if one or more persons engaged therein do, or cause to be done, any act in furtherance of the object of such conspiracy, whereby another is injured in his person or property, or deprived of having and exercising any right or privilege of a citizen of the United States, the party so injured or deprived may have an action for the recovery of damages occasioned by such injury or deprivation, against any one or more of the conspirators.

4. 42 U.S.C.A. § 1986 Action for neglect to prevent

Every person who, having knowledge that any of the wrongs conspired to be done, and mentioned in section 1985 of this title, are about to be committed, and having power to prevent or aid in preventing the commission of the same, neglects or refuses so to do, if such wrongful act be committed, shall be liable to the party injured, or his legal representatives, for all damages caused by such wrongful act, which such person by reasonable diligence could have prevented; and such damages may be recovered in an action on the case; and any number of persons guilty of such wrongful neglect or refusal may be joined as defendants in the action; and if the death of any party be caused by any such wrongful act and neglect, the legal representatives of the deceased shall have such action therefor, and may recover not exceeding $5,000 damages therein, for the benefit of the widow of the deceased, if there be one, and if there be no widow, then for the benefit of the next of kin of the deceased. But no action under the provisions of this section shall be sustained which is not commenced within one year after the cause of action has accrued.

STUDIEN ZUM VERGLEICHENDEN UND INTERNATIONALEN RECHT

Herausgeber: Bernd von Hoffmann, Erik Jayme und Heinz-Peter Mansel

- Band 1 Ferdinand Henke: Die Datenschutzkonvention des Europarates. 1986.
- Band 2 Peter Czermak: Der express trust im internationalen Privatrecht. 1986.
- Band 3 Peter Kindler: Der Ausgleichsanspruch des Handelsvertreters im deutsch-italienischen Warenverkehr. Eine rechtsvergleichende und kollisionsrechtliche Untersuchung. 1987.
- Band 4 Wilhelm Denzer: Stellung und Bedeutung des Engineers in den FIDIC-Bauvertragsbedingungen. 1988.
- Band 5 Marijan-Maximilian Lederer: Die internationale Enteignung von Mitgliedschaftsrechten unter besonderer Berücksichtigung der französischen Enteignungen 1982. 1989.
- Band 6 Rainer Esser: Klagen gegen ausländische Staaten. 1990.
- Band 7 Chang Jae-Ok: Auf dem Weg zu einer Materialisierung des Immateriellen? Personen-, Persönlichkeitsschutz und Geldersatz des immateriellen Schadens in rechtsvergleichender Hinsicht am Beispiel des koreanischen und japanischen Zivilrechts unter besonderer Berücksichtigung des deutschen Rechts. 1990.
- Band 8 Paul-Frank Weise: Lex mercatoria. Materielles Recht vor der internationalen Handelsschiedsgerichtbarkeit.1990.
- Band 9 Werner Born: Der Auftrittsvertrag für Musikgruppen im Bereich der Rock- und Popmusik. 1990.
- Band 10 Ralf Erich Jürgens: IPR und Verfassung in Italien und in der Bundesrepublik Deutschland. 1990.
- Band 11 Rainer Gildeggen: Internationale Schieds- und Schiedsverfahrensvereinbarungen in Allgemeinen Geschäftsbedingungen vor deutschen Gerichten. 1991.
- Band 12 Klaus Grabinski: Die kollisionsrechtliche Behandlung des Durchgriffs bei rechtlich verselbständigten Unternehmen in privater oder öffentlicher Hand. 1991.
- Band 13 Dieter Stummel: Konkurs und Integration. Konventionsrechtliche Wege zur Bewältigung grenzüberschreitender Insolvenzverfahren. 1991.
- Band 14 Joachim Güntzer: Die Rechtsstellung des Geschäftsführers im spanischen Aktienrecht. Die Neuregelung des spanischen Aktienrechts nach dem Beitritt Spaniens zur EG. 1991.
- Band 15 Sabine Isenburg-Epple: Die Berücksichtigung ausländischer Rechtshängigkeit nach dem Europäischen Gerichtsstands- und Vollstreckungsübereinkommen vom 27.9.1968. Untersuchungen zum Anwendungsbereich von Art. 21 EuGVÜ unter schwerpunktmäßiger Behandlung der Frage nach der Bestimmung eines europäischen Streitgegenstandsbegriffs. 1992.
- Band 16 Ulrich Nickl: Die Qualifikation der culpa in contrahendo im Internationalen Privatrecht. 1992.
- Band 17 Theo Rauh: Leistungserschwerungen im Schuldvertrag. Eine rechtsvergleichende Untersuchung des englischen, US-amerikanischen, französischen und deutschen Rechts unter besonderer Berücksichtigung der gerichtlichen Praxis. 1992.
- Band 18 Bernadette Chaussade-Klein: Vorvertragliche "obligation de renseignements" im französischen Recht. 1992.
- Band 19 Josef Sievers: Verbraucherschutz gegen unlautere Vertragsbedingungen im französischen Recht. Vom Code civil zum "Code de la consommation" – die Entstehung eines Sonderprivatrechts für Verbraucher. 1993.

Band 20 Achim Schäfer: Grenzüberschreitende Kreditsicherung an Grundstücken, unter besonderer Berücksichtigung des deutschen und italienischen Rechts. 1993.

Band 21 Eugenio Hernández-Breton: Internationale Gerichtsstandsklauseln in Allgemeinen Geschäftsbedingungen. Unter besonderer Berücksichtigung des deutsch-südamerikanischen Rechtsverkehrs (dargestellt am Beispiel Argentinien, Brasilien und Venezuela). 1993.

Band 22 Ingo Reng: Unterhaltsansprüche aufgrund nichtehelicher Lebensgemeinschaft – Internationales Privatrecht und ausländisches materielles Recht. 1994.

Band 23 Stefanie Roloff: Die Geltendmachung ausländischer öffentlicher Ansprüche im Inland. 1994.

Band 24 Katharina Ludwig: Der Vertragsschluß nach UN-Kaufrecht im Spannungsverhältnis von Common Law und Civil Law. Dargestellt auf der Grundlage der Rechtsordnungen Englands und Deutschlands. 1994.

Band 25 Malte Diesselhorst: Mehrparteienschiedsverfahren. Internationale Schiedsverfahren unter Beteiligung von mehr als zwei Parteien. 1994.

Band 26 Manfred Kost: Konsensprobleme im internationalen Schuldvertragsrecht. 1995.

Band 27 Wolff-Heinrich Fleischer: Das italienische Wettbewerbsrecht und die Probleme des selektiven Parfümvertriebs unter Berücksichtigung der Rechtslage in Frankreich und Deutschland. 1995.

Band 28 Angelika Fuchs: Lateinamerikanische Devisenkontrollen in der internationalen Schuldenkrise und Art. VIII Abschn. 2 b) IWF-Abkommen. 1995.

Band 29 Jacques Matthias Aull: Der Geltungsanspruch des EuGVÜ: "Binnensachverhalte" und Internationales Zivilverfahrensrecht in der Europäischen Union. Zur Auslegung von Art. 17 Abs. 1 S. 1 EuGVÜ. 1996.

Band 30 Hartmut Ost: EVÜ und fact doctrine. Konflikte zwischen europäischer IPR-Vereinheitlichung und der Stellung ausländischen Rechts im angelsächsischen Zivilprozeß. 1996.

Band 31 Stefan Wagner: Die Testierfähigkeit im Internationalen Privatrecht. 1996.

Band 32 Wolfgang Jakob Hau: Positive Kompetenzkonflikte im Internationalen Zivilprozeßrecht. Überlegungen zur Bewältigung von *multi-fora disputes*. 1996.

Band 33 Markus Schütz: UN-Kaufrecht und *Culpa in contrahendo*. 1996.

Band 34 Volker Geyrhalter: Das Lösungsrecht des gutgläubigen Erwerbers. Ein "vergessener" Kompromiß und die Auswirkungen auf das heutige deutsche Recht unter besonderer Berücksichtigung des internationalen Sachenrechts. 1996.

Band 35 Andreas Kramer: Abwicklungsstörungen bei Kaufverträgen. Die Lieferung vertragswidriger Sachen im deutschen und italienischen Recht. 1996.

Band 36 Petra Krings: Erfüllungsmodalitäten im internationalen Schuldvertragsrecht. 1997.

Band 37 Tonja Gaibler: Der rechtsgeschäftliche Irrtum im französischen Recht. 1997.

Band 38 Dirk Otto: Rechtsspaltung im indischen Erbrecht. Bedeutung und Auswirkungen auf deutsch-indische Nachlaßfälle. 1997.

Band 39 Gregor W. Decku: Zwischen Vertrag und Delikt. Grenzfälle vertraglicher und deliktischer Haftung dargestellt am Beispiel der Berufs- und Expertenhaftung zum Schutze des Vermögens Dritter im deutschen und englischen Recht. 1997.

Band 40 Ulrike Höpping: Auswirkungen der Warenverkehrsfreiheit auf das IPR unter besonderer Berücksichtigung des Internationalen Produkthaftungsrechts und des Internationalen Vertragsrechts. 1997.

Band 41 Andreas Bartosch: Die vermögensrechtlichen Beziehungen der Ehegatten bei bestehender Ehe im englischen Recht – Eigentum, Besitz, Schuldvertrag. 1997.

Band 42 Helene Boriths Müller: Die Umsetzung der europäischen Übereinkommen von Rom und Brüssel in das Recht der Mitgliedstaaten. Dargestellt am Beispiel Deutschlands und Dänemarks. 1997.

Band 43 Bernd von Hoffmann / Myong-Chang Hwang (eds.): The Public Concept of Land Ownership. Reports and Discussions of a German-Korean Symposium held in Seoul on October 7-9, 1996. 1997.

Band 44 Oliver Heeder: Fraus legis. Eine rechtsvergleichende Untersuchung über den Vorbehalt der Gesetzesumgehung in Deutschland, Österreich, der Schweiz, Frankreich und Belgien unter besonderer Berücksichtigung des Internationalen Privatrechts. 1998.

Band 45 Heinrich Schütt: Deliktstyp und Internationales Privatrecht. Dargestellt an grenzüberschreitenden Problemen der Arzthaftung. 1998.

Band 46 Axel Steiner: Die stillschweigende Rechtswahl im Prozeß im System der subjektiven Anknüpfungen im deutschen Internationalen Privatrecht. 1998.

Band 47 Martina Schulz: Der Eigentumsvorbehalt in europäischen Rechtsordnungen. Rechtsvergleichende Untersuchung des deutschen, englischen und französischen Rechts unter besonderer Berücksichtigung von Erweiterungen und Verlängerungen. 1998.

Band 48 Karin Dreher: Die Rechtswahl im internationalen Erbrecht. Unter besonderer Berücksichtigung des italienischen IPR-Reformgesetzes N. 218 vom 31. Mai 1995. 1999.

Band 49 Giuliano Gabrielli: Das Verhältnis zwischen der Anfechtung wegen Eigenschaftsirrtums und den Gewährleistungsansprüchen im deutschen, österreichischen und italienischen Recht. 1999.

Band 50 Bernd von Hoffmann / Myong-Chan Hwang (eds.): Developments in Land Law. Reports and Discussions of a German-Korean Symposium held in Berlin and Trier on July 21-24, 1997. 1999.

Band 51 Volker Heidbüchel: Das UNCITRAL-Übereinkommen über unabhängige Garantien und Standby Letters of Credit. Vergleiche mit den Richtlinien der Internationalen Handelskammer, dem deutschen, englischen und US-amerikanischen Recht. 1999.

Band 52 Jan Christoph Nordmeyer: Pflichtteilsansprüche und Wiedervereinigung. Eine systematische Analyse der Ausgleichsansprüche nach BGB-Pflichtteilsrecht unter besonderer Berücksichtigung der durch den Wiedervereinigungsprozeß eingetretenen Wertveränderungen. 1999.

Band 53 Bettina Linder: Vertragsabschluß beim grenzüberschreitenden Verbraucherleasing. 1999.

Band 54 Almontasser Fetih: Die zivilrechtliche Haftung bei Vertragsverhandlungen. Eine rechtsvergleichende Studie zum deutschen, französischen, ägyptischen und islamischen Recht. 2000.

Band 55 Sona Rajani: Die Geltung und Anwendung des Gemeinschaftsrechts im Vereinigten Königreich von Großbritannien und Nordirland. Der Grundsatz der Parlamentssouveränität im Wandel. 2000.

Band 56 Joachim Kayser: Gegenmaßnahmen im Außenwirtschaftsrecht und das System des europäischen Kollisionsrechts. Eine Analyse der EU-Abwehrverordnung gegen die Auswirkungen extraterritorialer Rechtserstreckung eines Drittlandes. 2001.

Band 57 Albrecht Conrad: Qualifikationsfragen des Trust im Europäischen Zivilprozeßrecht. 2001.

Band 58 Bernd Borgmann: Die Entsendung von Arbeitnehmern in der Europäischen Gemeinschaft. Wechselwirkungen zwischen Kollisionsrecht, Grundfreiheiten und Spezialgesetzen. 2001.

Band 59 Aleksandar Jaksic: Arbitration and Human Rights. 2002.

Band 60 Islamisches und arabisches Recht als Problem der Rechtsanwendung. Symposium zu Ehren von Professor Emeritus Dr. iur. Omaia Elwan. Veranstaltet vom Institut für ausländisches und internationales Privat- und Wirtschaftsrecht der Universität Heidelberg und der Gesellschaft für Arabisches und Islamisches Recht e.V. Herausgegeben von Herbert Kronke, Gert Reinhart und Nika Witteborg. 2001.

Band 61 Patrick Fiedler: Stabilisierungsklauseln und materielle Verweisung im internationalen Vertragsrecht. 2001.

Band 62 Werner Mangold: Die Abtretung im Europäischen Kollisionsrecht. Unter besonderer Berücksichtigung des spanischen Rechts. 2001.

Band 63 Eike Dirk Eschenfelder: Beweiserhebung im Ausland und ihre Verwertung im inländischen Zivilprozess. Zur Bedeutung des US-amerikanischen discovery-Verfahrens für das deutsche Erkenntnisverfahren. 2002.

Band 64 Bernd Ehle: Wege zu einer Kohärenz der Rechtsquellen im Europäischen Kollisionsrecht der Verbraucherverträge. 2002.

Band 65 Heiko Lehmkuhl: Das Nacherfüllungsrecht des Verkäufers im UN-Kaufrecht. 2002.

Band 66 Jochen Nikolaus Schlotter: Erbrechtliche Probleme in der Société Privée Européenne. IPR-Harmonisierung im einheitlichen Europäischen Rechtsraum. 2002.

Band 67 Konrad Ost: Doppelrelevante Tatsachen im Internationalen Zivilverfahrensrecht. Zur Prüfung der internationalen Zuständigkeit bei den Gerichtsständen des Erfüllungsortes und der unerlaubten Handlung. 2002.

Band 68 Tobias Bosch: Die Durchbrechungen des Gesamtstatuts im internationalen Ehegüterrecht. Unter besonderer Berücksichtigung deutsch-französischer Rechtsfälle. 2002.

Band 69 Ursula Philipp: Form im amerikanischen Erbrecht. Zwischen Formalismus und harmless error. 2002.

Band 70 Christian Stefan Wolf: Der Begriff der wesentlich engeren Verbindung im Internationalen Sachenrecht. 2002.

Band 71 André Fomferek: Der Schutz des Vermögens Minderjähriger. Ein Vergleich des deutschen und des englischen Rechts unter Berücksichtigung des schottischen und irischen Rechts. 2002.

Band 72 nicht erschienen

Band 73 Markus Dreißigacker: Sprachenfreiheit im Verbrauchervertragsrecht. Der Verbraucher im Spannungsfeld zwischen kultureller Identität und Privatautonomie. 2002.

Band 74 Vassiliki Myller-Igknay: Auskunftsansprüche im griechischen Zivilrecht. Auswirkungen im deutsch-griechischen Rechtsverkehr sowie im deutschen internationalen Privat- und Verfahrensrecht. 2003

Band 75 Stefan Bruinier: Der Einfluss der Grundfreiheiten auf das Internationale Privatrecht. 2003.

Band 76 Nika Witteborg: Das gemeinsame Sorgerecht nichtverheirateter Eltern. Eine Untersuchung im soziologischen, rechtsgeschichtlichen, verfassungsrechtlichen, rechtsvergleichenden und internationalen Kontext. 2003.

Band 77 Peter Stankewitsch: Entscheidungsnormen im IPR als Wirksamkeitsvoraussetzungen der Rechtswahl. 2003.

Band 78 Jan Wilhelm Ritter: Euro-Einführung und IPR unter besonderer Berücksichtigung nachehelicher Unterhaltsverträge. Eine Untersuchung mit Blick auf das deutsche, französische und schweizerische Recht. 2003.

Band 79 Wolf Richard Herkner: Die Grenzen der Rechtswahl im internationalen Deliktsrecht. 2003.

Band 80 Ira Ditandy: Internationale Zuständigkeit. Neuregelung durch die LOPJ 1985. Vergleich mit dem europäischen Vorbild und Auswirkungen auf das spanische internationale Zivilverfahrensrecht. 2003.

Band 81 Andrea Verena Schefold: Werbung im Internet und das deutsche Internationale Privatrecht. 2004.

Band 82 Klaus Herkenrath: Die Umsetzung der Richtlinie 93/13/EWG über missbräuliche Klauseln in Verbraucherverträgen in Deutschland, dem Vereinigten Königreich, Frankreich und Italien. Auswirkungen nationaler Umsetzungstechniken auf dem Harmonisierungserfolg. 2003.

Band 83 Alexander Thünken: Das kollisionsrechtliche Herkunftslandprinzip. 2003.

Band 84 Barbara v. Daumiller: Die Rechtswahl im italienischen internationalen Erbrecht: und ihre Auswirkungen im deutsch-italienischen Rechtsverkehr. 2003.

Band 85 Robert Mödl: Macht, Verantwortlichkeit und Zurechnung im Konzern. Eine rechtsvergleichende Untersuchung auf der Grundlage des deutschen, spanischen und US-amerikanischen Rechts. 2003.

Band 86 Ursula Kerpen: Das Internationale Privatrecht der Persönlichkeitsrechtsverletzungen. Eine Untersuchung auf rechtsvergleichender Grundlage. 2003.

Band 87 Barbara Ploeckl: Umgangsrechtsstreitigkeiten im deutsch-französischen Rechtsverkehr. Bestehende internationale und nationale Regelungen und der geplante *europäische Besuchstitel*. 2003.

Band 88 Katrin Wannemacher: Die Außenkompetenzen der EG im Bereich des Internationalen Zivilverfahrensrechts. Der räumliche Anwendungsbereich des Art. 65 EGV am Beispiel der EuGVO und der EheVO. 2003.

Band 89 Maren B. Eilinghoff: Das Kollisionsrecht der ungerechtfertigten Bereicherung nach dem IPR-Reformgesetz von 1999. 2004.

Band 90 Patrick Niehr: Die zivilprozessuale Dokumentenvorlegung im deutsch-englischen Rechtshilfeverkehr nach der deutschen und der englischen Prozessrechtsreform. 2004.

Band 91 Anna Christina Gördes: Internationale Zuständigkeit, Anerkennung und Vollstreckung von Entscheidungen über die elterliche Verantwortung. Die VO(EG) Nr. 1347/2000, ihre geplanten Änderungen und das Verhältnis beider zum Minderjährigen- und Kinderschutzabkommen. 2004.

Band 92 Martin Rädler: Rechtsbehelfe des Käufers eines Unternehmens oder einer unternehmerischen Beteiligung gegen den Verkäufer im deutschen und französischen Recht. 2004.

Band 93 Marc-Yngve Dietrich: Rechtsstellung und Beteiligung der Gläubiger im französischen Insolvenzverfahren. 2004.

Band 94 Katia Niemann: Die rechtsgeschäftliche und organschaftliche Stellvertretung und deren kollisionsrechtliche Einordnung. Deutschland und England im Vergleich. 2004.

Band 95 Daniel Ludwig: Neuregelungen des deutschen Internationalen Insolvenzverfahrensrechts. Eine Untersuchung unter vergleichender Heranziehung der Europäischen Insolvenzverordnung. 2004.

Band 96 Cordelia Faulenbach: Der gemeinschaftsrechtliche Vorbehalt im europäischen Wettbewerbsrecht. Die Herkunftslandanknüpfung der E-Commerce-Richtlinie unter dem Einfluss der Grundfreiheiten. 2004.

Band 97 Ulf Dörner: Der Vertragsgerichtsstand nach dem Protokoll von Buenos Aires. 2004.

Band 98 Martin Schmidhuber: Verhaltenskodizes im nationalen und grenzüberschreitenden elektronischen Geschäftsverkehr. Zur Frage der Integration der Selbstregulierung durch Private in die staatliche Rechtsordnung. 2004.

Band 99 Florian Kienle: Die fehlerhafte Banküberweisung im internationalen Rechtsverkehr. Unter besonderer Berücksichtigung des Artikels 4A US Uniform Commercial Code. 2004.

Band 100 Thomas Alexander Brandt: Die Adoption durch eingetragene Lebenspartner im internationalen Privat- und Verfahrensrecht. 2004.

Band 101 Florian Pulkowski: Subunternehmer und Internationales Privatrecht. Der Subunternehmer als Quasi-Verbraucher im Europäischen Kollisionsrecht. 2004.

Band 102 Ulrich Becker: Grundrechtsschutz bei der Anerkennung und Vollstreckbarerklärung im europäischen Zivilverfahrensrecht. Bestimmung der Grenzen für die Einführung eines europäischen Vollstreckungstitels. 2004.

Band 103 Thomas Badelt: Aufrechnung und internationale Zuständigkeit unter besonderer Berücksichtigung des deutsch-spanischen Rechtsverkehrs. 2005.

Band 104 Florian D. Wagner: Vorvertragliche Aufklärungspflichten im internationalen Franchising. Zur Harmonisierung von Delikts- und Vertragsstatut im internationalen Privatrecht unter besonderer Berücksichtigung der Franchise-Gesetzgebung des US-Bundesstaates Kalifornien. 2005.

Band 105 Vera Heine: Die Umsetzung der *EG-Richtlinie über missbräuchliche Klauseln in Verbraucherverträgen* im englischen und deutschen Recht. 2005.

Band 106 Alexander Franz: Überregionale Effektentransaktionen und anwendbares Recht. Eine kollisionsrechtliche Untersuchung unter besonderer Berücksichtigung der Vorschrift des § 17 a DepotG. 2005.

Band 107 Hanna-Maria Uhlenbrock: Gesetzliche Regelungen für nichteheliche Lebensgemeinschaften in Deutschland und Frankreich. Ein Vergleich des Unterhaltsrechts bei der eingetragenen Lebenspartnerschaft und beim Pacte civil de Solidarité. 2005.

Band 108 Katrin Stieß: Anknüpfungen im internationalen Urheberrecht unter Berücksichtigung der neuen Informationstechnologien. 2005.

Band 109 Hendrik Otto: Der gesetzliche Abschlussprüfer im italienischen Recht. Eine rechtsvergleichende Untersuchung unter besonderer Berücksichtigung der zivilrechtlichen Haftung. 2005.

Band 110 Frauke Stuphorn: Bankhaftung für Kreditauskünfte im deutschen und französischen Recht. 2005.

Band 111 Nina Fürer: Die zivilrechtliche Haftung für Raucherschäden. 2005.

Band 112 Giovanni B. Barillà: *Contratto autonomo di garanzia* e *Garantievertrag*. Categorie civilistiche e prassi del commercio. 2005.

Band 113 Timo Torz: Gerichtsstände im Internationalen Insolvenzrecht zur Eröffnung von Partikularinsolvenzverfahren. 2005.

Band 114 Martina Schmid: Die Grenzen der Auslegungskompetenz des EuGH im Vorabentscheidungsverfahren nach Art. 234 EG. Dargestellt am Beispiel der überschießenden Richtlinienumsetzung. 2005.

Band 115 Stephan Lesage-Mathieu: Dispositives Kollisionsrecht im prozessualen Kontext. 2005.

Band 116 Jürgen Görtz: Die subjektiven Grenzen der Rechtskraft US-amerikanischer Urteile. 2005.

Band 117 Vera Hoppe: Die Einbeziehung ausländischer Beteiligter in US-amerikanische class actions. Unter Berücksichtigung des Class Action Fairness Act 2005. 2005.

Band 118 Silke Pütz: Parteiautonomie im internationalen Urhebervertragsrecht – Eine rechtsdogmatische und rechtspolitische Betrachtung der Grenzen freier Rechtswahl im internationalen Urhebervertragsrecht unter besonderer Berücksichtigung des neuen deutschen Urhebervertragsrechts. 2005.

Band 119 Alice Nieroba: Die europäische Rechtshängigkeit nach der EuGVVO (Verordnung (EG) Nr. 44/2001) an der Schnittstelle zum nationalen Zivilprozessrecht. 2006.

Band 120 Jan Kayser: Alternative Formen gerichtlicher und außergerichtlicher Streitbeilegung im deutschen und französischen Zivilprozess. Les modes alternatifs judiciaires et extrajudiciaires de résolution des conflits en procédure civile allemande et française. 2006

Band 121 Mirko Ehrich: Der internationale Anwendungsbereich des deutschen und französischen Rechts gegen irreführende Werbung. Freie Wahl von Form und Mittel, Rom II und Herkunftslandprinzip. 2006.

Band 122 Daniel Thelen: Die Haftung des Sekundärschädigers für Gewalttaten anderer im US-amerikanischen Deliktsrecht ausgehend von dem Problem rechtsextremistisch motivierter Gewalttaten. 2006.

Band 123 Anne Winterling: Die Entscheidungszuständigkeit in Arbeitssachen im europäischen Zivilverfahrensrecht. 2006.

Band 124 Sarah Gerling: Die Gleichstellung ausländischer mit inländischen Vollstreckungstiteln durch die Verordnung zur Einführung eines Europäischen Vollstreckungstitels für unbestrittene Forderungen. Im Vergleich zum bisherigen Recht und zur Rechtslage in den USA. 2006.

Band 125 Christian Bank: Präventivmaßnahmen börsennotierter Gesellschaften zur Abwehr feindlicher Übernahmeversuche in Deutschland und Großbritannien. Eine rechtsvergleichende Untersuchung des deutschen und britischen Rechts unter Berücksichtigung der Europäischen Übernahmerichtlinie. 2006.

Band 126 Christian Weis: Kaufrechtliche Gewährleistung und Garantievergabe in Deutschland und Spanien. Unter besonderer Berücksichtigung des Unternehmenskaufs. 2006.

www.peterlang.de

Kolibri 360 GmbH
Ferdinand-Jühlke-Straße 7
99095 Erfurt, Deutschland
produktsicherheit@kolibri360.de

Druck:
CPI Druckdienstleistungen GmbH
im Auftrag der
Kolibri 360 GmbH
Ferdinand-Jühlke-Str. 7
99095 Erfurt

Selbstverantwortliches Handeln bei Mitarbeitern in der deutschen und russischen Kreditwirtschaft

Berufliche Bildung im Wandel

Herausgegeben von Jürgen van Buer

Band 4

PETER LANG

Frankfurt am Main · Berlin · Bern · Bruxelles · New York · Oxford · Wien

Hans-Peter Benedikt

Selbstverantwortliches Handeln bei Mitarbeitern in der deutschen und russischen Kreditwirtschaft

Eine komparative Länderstudie

PETER LANG
Europäischer Verlag der Wissenschaften

Bibliografische Information Der Deutschen Bibliothek
Die Deutsche Bibliothek verzeichnet diese Publikation in der Deutschen Nationalbibliografie; detaillierte bibliografische Daten sind im Internet über <http://dnb.ddb.de> abrufbar.

Zugl.: Berlin, Humboldt-Univ., Diss., 2003

ISSN 1617-2884
ISBN 3-631-51969-9

www.peterlang.de

Ein Kaufmann wollte auf Reisen gehen und stellte einen Gesellen für seinen Laden ein. Im ersten Jahr hörte er, wie der Geselle zu einem Kunden sagte: „So billig kann es mein Herr nicht abgeben." Der Kaufmann entschied sich, nicht zu reisen. Im zweiten Jahr hörte er, wie der Geselle zu einem Kunden sagte: „So billig können wir es Ihnen nicht abgeben." Der Kaufmann reiste nicht. Im dritte Jahr sagte der Geselle: „So billig kann ich es nicht hergeben." Jetzt trat der Kaufmann seine Reise an, da er sah, dass der Geselle Verantwortung für sein Handeln übernommen hatte.

Chassidische Geschichte

Inhaltsverzeichnis

1 **Einleitung** ... 10

1.1 Zur Problemstellung ... 10

1.2 Zur Zielsetzung der vorliegenden Forschungsarbeit ... 14

1.2.1 Zur Forderung nach mehr selbstverantwortlichem Handeln von Mitarbeitern als Folge der verstärkten Veränderungen in der Unternehmensumwelt durch Globalisierung und Technisierung der Wirtschaft ... 16

1.2.2 Zum Bedürfnis nach mehr Selbstentfaltung als Folge sozialpsychologischer Veränderungsprozesse in der Unternehmensumwelt ... 21

1.2.2.1 Zum Ansatz der eindimensionalen Werteverschiebung nach Inglehart ... 22

1.2.2.2 Zum Wertewandel als Verfall bürgerlicher Tugenden ... 22

1.2.2.3 Zur Forderung nach mehr selbstverantwortlichem Handeln als Folge des Wertewandels ... 28

1.2.3 Zur Notwendigkeit an selbstverantwortlich handelnden Mitarbeitern in russischen Kreditinstituten der postkommunistischen Realität ... 31

1.2.3.1 Zu den sozial-ökonomischen Transformationsprozessen in der postkommunistischen Gesellschaft Russlands ... 32

1.2.3.2 Zur Forderung nach mehr selbstverantwortlichem Handeln von Mitarbeitern als Folge sozialpsychologischer Veränderungsprozesse in der russischen Gesellschaft ... 36

1.3 Zum theoretischen Bezugsrahmen und methodischen Vorgehen . 39

1.4 Zum Aufbau der Arbeit ... 40

1.5 Vorläufiges Fazit ... 42

2 Theoretische Überlegungen zum psychologischen Konzept der Selbstverantwortung ... 44

2.1 Zu verantwortlichem Handeln in Organisationen ... 45

2.1.1 Zum Konzept der Aufgabenverantwortung ... 46

2.1.2 Zu verantwortlichem Handeln als pflichterfülltes Handeln ... 49

2.2 Zu selbstverantwortlichem Handeln in Organisationen ... 52

2.2.1 Zu Selbstverantwortung versus Pflichterfüllung ... 53

2.2.2 Zu möglichen Ausprägungen von selbstverantwortlichem Handeln ... 57

2.2.2.1 Zu überobligatorischem Engagement als freiwilliges Handeln ohne direkten Aufgabenbezug ... 58

2.2.2.2 Zu innovativem Handeln als abweichendes Verhalten ... 63

2.3 Zur Abgrenzung zum Konzept des unternehmerischen Handelns von Mitarbeitern ... 66

2.3.1 Der Begriff des Unternehmers als Orientierungsmodell unternehmerischen Handelns ... 66

2.3.2 Zum Begriff des Mitunternehmers ... 72

2.3.3 Zum Intrapreneur als interner Unternehmer ... 74

2.4 Zur Konsensfähigkeit verschiedener Intensitätsstufen selbstverantwortlichen Handelns in Unternehmen 76

2.5 Zur Beschreibung eines erweiterten Prozessmodells selbstverantwortlichen Handelns 82

2.5.1 Zur Grundkonzeption und theoretischen Einordnung des erweiterten Prozessmodells selbstverantwortlichen Handelns...... 83

2.5.2 Zu den Effizienzerwartungen selbstverantwortlich handelnder Mitarbeiter.. 88

2.5.2.1 Zum Selbstkonzept eines selbstverantwortlich handelnden Mitarbeiters 88

2.5.2.2 Zu Attributionen und Kontrollüberzeugungen............................ 92

2.5.3 Zu den Konsequenzerwartungen selbstverantwortlich handelnder Mitarbeiter.. 96

2.5.3.1 Zur Risikobereitschaft selbstverantwortlich handelnder Mitarbeiter 97

2.5.3.2 Zu den Wertvorstellungen als Orientierungs- und Steuerungsgröße selbst-verantwortlichen Handelns 99

2.5.4 Zur Anstrengung und Motivation selbstverantwortlich handelnder Mitarbeiter.. 102

2.5.4.1 Zum Leistungsmotiv als Ausdruck von ausgeprägtem Extrarollenverhalten 103

2.5.4.2 Zum Autonomiestreben selbstverantwortlich handelnder Mitarbeiter.. 105

2.5.4.3 Zum Machtstreben selbstverantwortlich handelnder Mitarbeiter 107

2.5.5 Zu den Fähigkeiten selbstverantwortlich handelnder Mitarbeiter 111

2.5.5.1 Zur fachlichen Eignung und Qualifikation 113

2.5.5.2 Zu den Schlüsselqualifikationen selbstverantwortlich handelnder Mitarbeiter 115

2.5.5.2.1 Zur Gestaltungskompetenz 117

2.5.5.2.2 Zur Umsetzungskompetenz 119

2.5.5.2.3 Zur Methodenkompetenz 123

2.5.5.2.4 Zur Sozialkompetenz 124

2.6 Zu den situationsbedingten Umweltfaktoren selbstverantwortlichen Handelns 128

2.7 Zusammenfassung und Synthese der theoretischen Überlegungen zum Konzept des selbstverantwortlichen Handelns 130

3 Zur Operationalisierung des Konstruktes Selbstverantwortung 134

3.1 Zur Entwicklung eines Erhebungsinstrumentes zur Erfassung von selbstverantwortlichem Handeln 135

3.1.1 Zur Ableitung geeigneter Skalen aus den typischen Handlungsfeldern selbstverantwortlichen Handelns und Itemformulierung 135

3.1.1.1 Zur Formulierung des Abbildungssatzes gemäß der Facettentheorie von Borg 136

3.1.1.1.1 Zur Variable „Verhaltensdimension“ 137

3.1.1.1.2 Zur Variable „Aufforderungscharakter der Situation“ 140

3.1.1.1.3 Zur Variable der „sozialen Zustimmung“ 142

3.1.1.1.4 Zum Abbildungssatz 144

3.1.1.2 Zur Formulierung der Items 144

3.1.1.3 Zur Durchmischung der Items und Gewichtung der Antworten. 155

3.1.1.4 Zur Expertenbefragung und Konstruktion eines verkürzten Fragebogens zur Erfassung von selbstverantwortlichem Handeln 156

3.2 Zur Kombination mit bereits bewährten Verfahren und zum Aufbau einer Testbatterie 163

3.2.1 Zur Skala zum eigenverantwortlichen Handeln (EVH-Skala) von Koch/Kaschube 164

3.2.2 Zum revidierten Deutschen California Psychological Inventory (CPI) von Weinert/Scheffer 168

3.2.3 Zum Bochumer Inventar zur berufsbezogenen Persönlichkeitsbeschreibung (BIP) von Hossiep/Paschen 169

3.2.4 Vorläufiges Fazit zur Sichtung vorhandener Messinstrumente und Entwicklung eines geeigneten Erhebungsverfahrens selbstverantwortlichen Handelns 172

3.3 Operationalisierung weiterer, mit selbstverantwortlichem Handeln im Zusammenhangstehender Persönlichkeitsdispositionen 174

3.3.1 Zur Selbstwirksamkeit 174

3.3.2 Zu Kontrollüberzeugungen 177

3.3.3 Zur Ungewissheitstoleranz ... 180

3.4 Zur Erfassung des Einflusses subjektiver Normen auf die Ausprägung von selbst-verantwortlichem Handeln ... 183

3.5 Zu den forschungsleitenden Thesen ... 187

3.5.1 Zu den Zusammenhängen mit ausgewählten Merkmalen der persönlichen Ebene ... 188

3.5.2 Zur Erfassung des Einflusses ausgewählter Bereiche der Mesosystemebene auf die Ausprägung von selbstverantwortlichem Handeln ... 190

3.5.3 Zur Erfassung des Einflusses ausgewählter Bereiche der Exosystemebene auf die Ausprägung von selbstverantwortlichem Handeln ... 192

3.5.4 Zur Erfassung des Einflusses ausgewählter Bereiche der Makrosystemebene auf die Ausprägung von selbst-verantwortlichem Handeln ... 194

3.6 Zur empirischen Überprüfung der forschungsleitenden Thesen. 197

3.6.1 Zur inhaltlichen und instrumentellen Voruntersuchung ... 197

3.6.2 Zur Beschreibung der Grundgesamtheit ... 203

3.6.3 Zur Häufigkeitsverteilung in den Teilstichproben der Hauptuntersuchung ... 207

3.6.4 Zur Durchführung der Untersuchung ... 211

3.7 Zur Darstellung der Untersuchungsergebnisse und Auswertung der forschungs-leitenden Thesen ... 212

3.7.1 Zur teststatistischen Auswertung der verwendeten Skalen 212

3.7.2 Zur Auswertung der ersten forschungsleitenden These 221

3.7.3 Zur Auswertung der zweiten forschungsleitenden These 222

3.7.4 Zur Auswertung der dritten forschungsleitenden These 223

3.7.5 Zur Auswertung der vierten forschungsleitenden These 224

3.7.6 Zur Auswertung der fünften forschungsleitenden These 226

3.7.7 Zur Auswertung der sechsten forschungsleitenden These 230

3.7.8 Zur Auswertung der siebten forschungsleitenden These 231

3.7.9 Zur Auswertung der achten forschungsleitenden These 233

3.7.10 Zu weiterführenden Analysen 236

3.8 Zur Bewertung des Stufenmodells selbstverantwortlichen Handelns 242

3.9 Zur Gesamtzusammenfassung der Befunde 243

4 Zu den Vorschlägen zur Förderung von selbstverantwortlichem Handeln in der Unternehmenspraxis 247

4.1 Zu den Vorschlägen zur Beeinflussung der arbeitsplatzbezogenen Umweltfaktoren der Mesosystemebene 248

4.1.1 Zur Einräumung subjektiv als ausreichend wahrgenommener Handlungsräume 252

4.1.2 Zur Übertragung ganzheitlicher und herausfordernder Arbeitsaufgaben 256

4.2 Zur Gestaltung der unternehmensbezogenen Umweltfaktoren der Exosystemebene 258

4.2.1 Zur Gestaltung der Unternehmensstrukturen und -prozesse 259

4.2.2 Zur Entwicklung einer selbstverantwortliches Handeln fördernden Unternehmenskultur 263

4.2.3 Zur Gestaltung der betrieblichen Anreiz- und Beteiligungssysteme 273

4.2.4 Zum Einsatz gezielter Personalauswahlverfahren zur Ermittlung der Ausgangsbasis für selbstverantwortliches Handeln 276

4.2.5 Zur Förderung von Selbstverantwortung über das eingesetzte Bewertungs- bzw. Potentialanalysesystem der Mitarbeiter 277

4.2.6 Zur Förderung selbstverantwortlichen Handelns über die Einführung eines betrieblichen Vorschlagswesens 278

4.3 Zur Einflussnahme auf gesellschaftsbezogene Umweltfaktoren der Makrosystemebene zur Förderung selbstverantwortlichen Handelns 281

4.4 Zusammenfassende Bewertung der Vorschläge zur Förderung von selbst-verantwortlichem Handeln in Organisationen 285

5 Ausblick und weiterer Forschungsbedarf 289

Literaturverzeichnis 291

Abbildungs- und Tabellenverzeichnis 324

1 Einleitung

1.1 Zur Problemstellung

Kreditinstitute stehen als offene soziotechnische Systeme über intensive Austauschprozesse mit der Umwelt in Verbindung, wobei der Umfang und die Stärke dieser wechselseitigen Beziehungen von der relativen Marktstellung, der vorherrschenden Marktform und der temporären Marktsituation abhängen (*Staehle,* 1994, 596). Für Banken und Sparkassen nehmen mit der zunehmenden Globalisierung und Verflechtung der nationalen wie internationalen Finanzmärkte dabei die Umweltfaktoren, die sich nicht ausschließlich auf die unmittelbar die Unternehmung umgebenden Märkte beschränken, stark an Bedeutung zu.

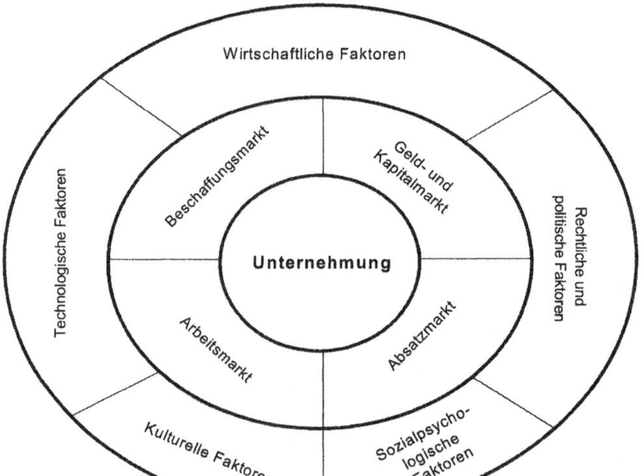

Abbildung 1: Mögliche Umweltsysteme eines Unternehmens nach *Staehle* (1994, 596)

Nach dem klassischen Modell von *Farmer/Richman* (1965) kann das Umweltsystem von Kreditinstituten in eine kulturelle, sozialpsychologische, rechtlich-politische und wirtschaftliche Sphäre aufgeteilt werden. Die wirtschaftliche Sphäre beschreibt die Interaktionen und wechselseitigen Verbindungen, die ein Kreditinstitut zu anderen Wirtschaftssubjekten unterhält. Diese werden beeinflusst vom Rechtsrahmen, von der volkswirtschaftlichen Konjunkturlage, den ökonomisch relevanten Restriktionen und Regelungen der Politik. Daneben spielt durch die fortschreitende technische Entwicklung der technologische Bereich eine zunehmend wichtige Rolle (*Fischges/Heiß/Krafcyk*, 2001). So wird auch im St. Galler Management-Modell der technische Umweltbereich als separate Einflusssphäre herausgestellt (*Ulrich*, 1990, 67ff).

Diese fünf im Modell von *Farmer/Richman* (1965) beschriebenen Umweltsysteme sind in den vergangenen Jahren weltweit für Kreditinstitute vernetzter, komplexer und vor allem dynamischer geworden (*Kremin-Buch/Unger/Walz*, 2002). Aufgrund der zunehmenden Veränderungen können zwar generelle Trends beschrieben werden, jedoch sind exakte Prognosen immer schwerer formulierbar. Banken und Sparkassen sind dadurch verstärkt gezwungen, unter zunehmenden Unsicherheiten bei unvollständiger Information zu handeln. Beschleunigte Transformations-prozesse in der Unternehmensumwelt verlangen nach Lösungsansätzen, die es Kreditinstituten erlauben, die notwendigen Anpassungsprozesse in Zeiten schneller Veränderungen erfolgreich zu meistern. Insbesondere Veränderungen im technischen Bereich und die fortschreitende Globalisierung der Wirtschaft zwingen die Banken und Sparkassen, sich immer schneller an die sich verändernden Realitäten anzupassen und „arbeitsorganisatorische Optionen disponibel zu halten“ (*Seeber*, 19/20). Auf die zunehmende Bedeutung von Transformationsprozessen in der Wirtschaft reagieren diese mit einer verstärkten Flexibilisierung ihrer Organisationsstrukturen und -prozesse. Durch die Reduzierung von Hierarchieebenen und die Etablierung von marktwirtschaftlich ausgerichteten Strukturen sind Kreditinstitute bestrebt, entscheidende Wettbewerbsvorteile zu generieren.

> „Ganzheitliche Konzepte der Unternehmensführung, Ablösung des Taylorismus, Dezentralisierung von Entscheidungen, Abflachung von Hierarchien, veränderte Karrierechancen, Wiederbelebung der Prinzipien Leistung, Verantwortung, Subsidiarität und Solidarität haben in der Literatur zur Unternehmensführung Konjunktur“ (*Becker*, 1995, 305).

Die hohe Planungs- und Steuerungsunsicherheit der Aktivitäten versuchen Kreditinstitute vermehrt mit flexiblen und dezentralen Organisationsstrukturen, verschlankten Ablaufprozessen und der verstärkten Förderung von internem Unternehmertum zu reduzieren. Die dazu notwendige Veränderungsfähigkeit stellt hohe Anforderungen an Mitarbeiter[1] und Führungskräfte gleichermaßen.

> „Unternehmen, die Bedeutung erlangten, weil sie neue Technologien entwickelten und sich die gesellschaftlichen Trends des vergangenen Jahrhunderts zu Nutze machten, werden dies erneut tun müssen. Jedoch mit völlig anderen Methoden" (*White*, 2000, K4).

Mit der Flexibilisierung ist ein tendenzieller Wegfall normativer Bestimmungen verbunden, wodurch die Anforderungen an den einzelnen Mitarbeiter und insbesondere an die verbleibenden Führungskräfte steigen. Die Forderung nach mehr Selbstverantwortung bei Mitarbeitern wird lauter, wobei insbesondere den Führungskräften hierbei verstärkt die Aufgabe eines Change-Agents zukommt, die diese Veränderungsprozesse begleiten und vorantreiben *(Benedikt*, 2003, 73). Dabei können in der Führungsforschung zwei Tendenzen abgeleitet werden:

- Zum einen rückt die Frage in den Vordergrund, welche Führungsstile in einer dynamischen Arbeitsumwelt zu effizienten Ergebnissen führen. Zahlreiche Untersuchungen versuchen die Kausalzusammenhänge zu erklären, auf welche Weise Entwicklungen wie Globalisierung und Internationalisierung der Wirtschaft oder die zunehmende Dynamik in der Entwicklung technischer Neuerungen Einfluss auf den Führungsprozess nehmen. Gerade aus der Führungspraxis wird dabei der Ruf nach „charismatischen" Führungspersönlichkeiten laut, die in Zeiten zunehmender Transformation die Unternehmensgeschicke sicher in die Hand nehmen (*Bryman,* 1993, 289). Charismatische Führer begründen ihren „Herrschaftsanspruch" auf besondere, einmalige Persönlichkeitszüge und sind in Krisen- oder Notsituationen besonders gefragt, in denen der „Glaube an eine Rettung durch den Führer" die Zuversicht zu rationalen Problemlösungsstrategien verdrängt hat (*Shamir/House/Arthur*, 1993, 577-595). Hierauf begründet sich auch die Popularität von zahlreichen Führungsansätzen, die den charismatischen Führer zum anzustrebenden Ideal erheben (*Hauser*, 1999, 1007ff).

---

[1] Im folgenden Text beziehen sich alle männlichen Angaben auch auf weibliche Personen.

- Zum anderen werden angesichts der zunehmenden Komplexität der wirtschaftlichen Rahmenbedingungen und der Dynamik des gesellschaftlichen Wandels tendenziell autoritäre Führungsformen nach und nach abgelöst und durch neuere Führungsansätze ersetzt, die mehr Entscheidungsräume sowie Beteiligung der Mitarbeiter am Zielfindungsprozess betonen. Im heutigen Wettbewerb werden hohe Anforderungen an die Reaktionsfähigkeit von Wirtschaftssubjekten auf Veränderungen gestellt. Bei vielen Autoren setzt sich die Erkenntnis durch, dass selbstverantwortliches Handeln bei den meisten Mitarbeitern ausgeprägt sein muss und sich nicht nur auf das Management beschränken darf (*Greiffenberger,* 1996, 184-188). *Drucker* (1985, 357) postuliert in diesem Zusammenhang eine Unternehmergesellschaft, in der unternehmerisches Handeln zum Normalfall wird. Deshalb werden unternehmerische Kompetenzen wie Selbstverantwortung, Innovationsvermögen, aber auch Risikobereitschaft und Durchsetzungsfähigkeit nicht mehr ausschließlich dem etablierten Management, sondern zunehmend auch den Fachkräften und Mitarbeitern unterhalb der mittleren Hierarchieebene abverlangt (*Pieper,* 1995, 76). In zahlreichen Beiträgen wird dabei eine höhere Eigensteuerung der Mitarbeiter gefordert (*Wunderer,* 1999; *Fischer,* 1999, 328ff; *Steffens-Duch/Fischer*, 2000, 550-554). Durch ausgeprägtere Selbstverantwortung im Handeln sollen noch vorhandene starre Strukturen in deutschen Banken und Sparkassen aufgebrochen werden. Der unternehmerisch agierende Mitarbeiter wird als Garant ökonomischen Erfolges betrachtet. In diesem Zusammenhang erlangt er auch in Kreditinstituten osteuropäischer Transformationsstaaten zunehmend Vorbildfunktion, da dort die Wandlungsprozesse in Wirtschaft und Gesellschaft deutlich intensiver vollzogen werden.

Insbesondere in Russland kam es seit dem Zusammenbrechen der UdSSR zu gewaltigen wirtschaftlichen und gesellschaftlichen Umwälzungen. Über Jahrzehnte aufgebaute sozialistische Strukturen brachen weg und wurden „über Nacht“ durch marktwirtschaftliche Mechanismen ersetzt.

> „Die postkommunistische Welt befindet sich in einem fluiden Zustand, wo soziale Schichten, Staatsinstitutionen, politische Kräfte und auch Ideen ihre klaren Konturen verlieren. Das Alte ist nicht ganz überwunden, das Neue hat sich noch nicht voll entwickelt. Das ist eine besondere, hybride Gesellschaft, keine totalitäre Diktatur, aber auch keine vollentwickelte Demokratie, keine Planwirtschaft, aber auch keine genuine Marktwirtschaft“ (*Ignatov*, 2000, 15-16).

Da sich diese Prozesse parallel zu den auch in Russland zu beobachtenden Auswirkungen der Globalisierung von Wirtschaft und Gesellschaft vollziehen, sind russische Kreditinstitute in verstärktem Maße gefordert, flexibel auf die sich mit zunehmender Dynamik verändernden Umweltsysteme zu reagieren. Obwohl die Ausgangslage sich unterscheidet, sind Banken und Sparkassen in beiden Wirtschaftsgebieten gleichermaßen gezwungen, ihre Strukturen und Geschäftsprozesse zunehmend zu flexibilisieren. Die daraus resultierende Notwendigkeit, mehr Selbstverantwortung im Handeln von Mitarbeitern nicht nur zuzulassen, sondern einzufordern, ist daher kein ausschließliches Phänomen der westlichen Wirtschaftskultur.

1.2 Zur Zielsetzung der vorliegenden Forschungsarbeit

Die heutige Wirtschaft ist von steigender Dynamik und Komplexität gekennzeichnet. Um die internationale Wettbewerbsfähigkeit zu sichern, wird zunehmend in Wirtschaft und Gesellschaft die Forderung nach mehr Innovationsfähigkeit und selbstverantwortlichem Handeln bei einem Großteil der Belegschaft erhoben (*Lumpkin*, 1996, 135).

> „Im globalen Wettbewerb in der Wirtschaftstriade (Europa, USA, Asien) beklagen viele entwickelte Industrieländer Europas extrem hohe Arbeitskosten, relativ geringes freiwilliges Engagement, sowie schwach ausgeprägte unternehmerische Schlüsselqualifikationen" (*Wunderer,* 1999, 22).

Da im Zusammenhang mit der Forderung nach mehr internem Unternehmertum und selbstverantwortlichem Handeln von Mitarbeitern die Veränderungen insbesondere in der sozialpsychologischen, wirtschaftlichen und technischen Umweltsphäre von Banken und Sparkassen eine bedeutende Rolle einnehmen, werden zunächst diese Veränderungsprozesse im Rahmen der vorliegenden Arbeit näher beschrieben (Abschnitt 1.2). Damit wird für Kreditinstitute in Deutschland und Russland die Notwendigkeit herausgearbeitet, Mitarbeiter zu selbstverantwortlichem Handeln zu bewegen. Die getroffenen Aussagen beziehen sich zunächst auf deutsche Kreditinstitute und auf Veränderungen in deren Umweltsystemen. Die Rahmenbedingungen für russische Banken stellen sich in vielen Bereichen gänzlich different dar, wobei die Veränderungsprozesse in Wirtschaft und Gesellschaft durch den in den 90er Jahren vollzogenen gesellschaftspolitischen Systemwechsel von noch deutlicheren Zäsuren gezeichnet sind (*Wischnewskij,* 1998). Dabei fällt es gegenwärtig nicht leicht, die Tragweite der beschriebenen globalen Wandlungsprozesse und des mit dem Zusammenbruch des Sowjetsystems verbundenen Systemwechsels für Unternehmen und Mitarbeiter exakt einzuschätzen. Auch die neuerlich verstärkt erhobene Forderung nach mehr Selbstverantwortung und unternehmerischem Denken bei Mitarbeitern verweilt oftmals in „nebulösen Wunschformulierungen".

Die vorliegende Arbeit soll einen Beitrag leisten, diese in der Regel nicht weiter operationalisierte, daher vage Wunschvorstellung nach selbstverantwortlich handelnden Mitarbeitern zu konkretisieren. Dabei sollen im ersten Teil der vorliegenden Arbeit zunächst die Notwendigkeit zu mehr Selbstverantwortung im Handeln von Mitarbeitern abgeleitet (Abschnitt 1.2) und das psychologische Konstrukt „Selbstverantwortung" definitorisch abgegrenzt bzw. für eine empirische Untersuchung „fassbar" gemacht werden (Abschnitt 2). Im empirischen Teil werden anschließend mögliche Indikatoren benannt und auf ihre Wechselwirkungen mit verwandten Persönlichkeitsdispositionen hin überprüft (Abschnitt 3). Anhand einer komparativen Länderstudie wird der unterschiedliche kulturelle Handlungskontext, d.h. die unterschiedliche Ausgangslage für selbstverantwortliches Handeln bei Mitarbeitern des Kreditgewerbes in beiden Ländern (Deutschland und Russland) beschrieben. Dabei trägt die vorliegende Arbeit den Charakter einer Pilotstudie mit dem Ziel, erste Hinweise auf Trends und Zusammenhangsstrukturen zu liefern. Im Sinne eines vorgelagerten Input- Controllings (*Lehmann,* 2000, 71-86) wird somit durch die genauere Einschätzung der jeweiligen Ausgangslage eine gezieltere Vorbereitung von Maßnahmen zur Förderung selbstverantwortlichen Handelns in deutschen und russischen Banken ermöglicht. Für den Bereich der Erwachsenenqualifizierung können für die Unternehmenspraxis somit Handlungsempfehlungen zur gezielten Förderung der Bereitschaft und Fähigkeit zu selbstverantwortlichem Handeln bei Mitarbeitern abgeleitet werden (Abschnitt 4).

1.2.1 Zur Forderung nach mehr selbstverantwortlichem Handeln von Mitarbeitern als Folge der verstärkten Veränderungen in der Unternehmensumwelt durch Globalisierung und Technisierung der Wirtschaft

Zu der technischen Sphäre der Unternehmensumwelt von Kreditinstituten gehören die Entwicklungen neuer Technologien und Materialien. In dieser Sphäre haben sich im Vergleich zu den anderen Umweltbereichen besonders starke Veränderungen vollzogen. Einige Autoren gehen sogar davon aus, dass gerade die Finanzdienstleistungsbranche von allen Wirtschaftszweigen am stärksten von technischen Neuerungen betroffen *ist (Locarek-Junge/Walter*, 2000; *Britzelmaier/Geberl*, 2000). Der Wandel im technischen Bereich entwickelt sich so für viele Kreditinstitute zum wichtigsten Umweltfaktor und beeinflusst in zunehmendem Maße auch die anderen Bereiche der Unternehmensumwelt.

> „Es dürfte nicht übertrieben sein, zu vermuten, dass die Aktivitäten moderner Volkswirtschaften zu mehr als 80 Prozent aus Information und Kommunikation besteht“ (*Picot*, 2000, 29).

Im Internetzeitalter arbeiten virtuelle Teams über Online-Konferenzen weltweit zusammen. Wissen avanciert immer mehr zum wichtigsten „Rohstoff“ und verdrängt die klassischen Produktionsfaktoren Boden und Anlagekapital wie Maschinen. Materielle Wirtschaftsgüter verlieren ihre Bedeutung (*White*, 2000, K4). Nach *Picot* (2000, 29) hat sich der Anteil der Informations- und Kommunikationskosten an der volkswirtschaftlichen Wertschöpfung im Zeitraum von 1870 bis 1970 von etwa 25 Prozent auf über 50 Prozent erhöht. Durch die enormen informations- und kommunikationstechnischen Fortschritte der vergangenen Jahre dürfte sich dieser Anteil bei konservativer Schätzung auf weit mehr als 60 Prozent erhöht haben. Dieser enorme Anstieg des Transaktionskostenanteils am Bruttosozialprodukt ermöglichte deutliche Produktivitätsfortschritte und damit eine Vervielfachung der Wertschöpfung insgesamt (*Picot,* 2000, 29). Insbesondere Unternehmen der Finanzdienstleistungsbranche werden sich daher immer mehr über immaterielle Güter wie das Qualifikationsniveau der Mitarbeiter definieren. Trotz dieses Trends zu insgesamt höheren Transaktionskosten lässt sich dagegen mit zunehmender Technisierung ein deutlicher Rückgang der Kosten für die einzelne Transaktion feststellen.

Neue Wettbewerber in Form von reinen Internetbanken drängen auf den Markt, und die Existenzberechtigung von Kreditinstituten mit klassischem Filialvertrieb wird mehr und mehr in Frage gestellt. Banken und Sparkassen verlieren ihre Eindeutigkeit, sie werden vernetzt und können leicht in neue Wirtschaftsgebiete vordringen. Die finanziellen Markteintrittsbarrieren werden geringer, da Kreditinstitute zur Befriedigung der Kundenbedürfnisse immer weniger Kapital benötigen. Für *White* (2000, K4) stellt sich sogar die Frage, ob zukünftig nicht diejenigen Unternehmen am überlebensfähigsten sind, die ohne Vermögenswerte auskommen und nur aus immateriellen Ressourcen bestehen. Beispiel hierfür sind die genannten Internet-Banken, die ausschließlich virtuell ihre Finanzdienstleistungsprodukte anbieten (*Locarek-Junge/Walter*, 2000). Dabei gehen für *Meffert* (1994, 519ff) von diesen weitreichenden technischen Innovationsprozessen entscheidende Gestaltungskräfte aus, welche die etablierten Marktstrukturen nachhaltig verändern und für die nationalen und internationalen Dienstleistungsmärkte deutliche Wachstumsimpulse auslösen werden. Technische Entwicklungen wie das Internet verbessern die Informations- und Kommunikationsmöglichkeiten und ermöglichen neue Wege des Handels und neue Formen der Arbeit.

Die zunehmende technische Entwicklung wird nach *Picot* (2000, 29) die Unternehmen der Finanzdienstleistungsbranche vor neue Herausforderungen stellen. Zudem wird das ökonomische und soziale Umfeld durch Nachfrageschwankungen, Abhängigkeit von schwer prognostizierbaren Entwicklungen an internationalen Finanzmärkten und Globalisierung zur Begegnung des wachsenden Kostendrucks immer instabiler. Da Kreditinstitute von solchen Entwicklungen abhängig sind, müssen sie in kürzester Zeit auf Veränderungen der Umwelt reagieren können (*Eder/Kailer*, 1995, 269).

> „In den modernen Industriegesellschaften verändern sich durch technische und wirtschaftliche Entwicklungsprozesse die Rahmenbedingungen für Arbeit massiv und in zunehmend kürzeren zeitlichen Dimensionen. Die ständige Anpassung und Erweiterung von Wissen, Können und Verhaltensweisen wird zu einem zentralen Wettbewerbsfaktor“ (*Seeber*, 1997, 26).

Dabei erkennen immer mehr Kreditinstitute in Deutschland, dass herkömmliche Linienorganisationen aufgrund ihrer starren Strukturen weniger geeignet sind, selbstverantwortliches Handeln bei Mitarbeitern zu fördern. Günstiger erscheinen vielmehr Organisationsformen, die auf flexibel verknüpften Netzwerken basieren und dem Einzelnen die Möglichkeit der aktiven Gestaltung seiner Aufgaben ermöglichen, ohne langwierige Abstimmungsprozesse einleiten zu müssen. Insbesondere das Zulassen von einem höchstmöglichen Maße an Autonomie bei gleichzeitig konsentischer Zielorientierung im Handeln hat eine hohe Bedeutung für die Ausprägung von selbstverantwortlichem Handeln (*Gomez,* 1990; *Deci/Ryan*, 1987, 1024-1037). Ziel ist es daher, soweit wie möglich Aufgaben und Kompetenzen auf marktnahe Subsysteme zu verlagern oder gänzlich aus der Bank oder Sparkasse auszulagern. Die Dezentralisierung auf Organisationsebene in mehr oder weniger autonome Subunternehmen (strategische Dezentralisierung) soll nach *Faust/Jauch/Brünnecke/Deutschmann* (1995, 23ff) die Möglichkeit der Einflussnahme auf die Gestaltung der Tätigkeit auch für den einzelnen Mitarbeiter erhöhen (operative Dezentralisierung).

Hierarchisch strukturierte Organisationen werden von Netzwerken abgelöst, in denen Mitarbeiter projektbezogen miteinander verbunden sind. Kreditinsitute beschränken sich daher immer deutlicher auf ihre Kernkompetenzen (*Davis/Meyer*, 1998, 20f) und versuchen verstärkt in der Auslagerung ganzer Unternehmensteile mehr Flexibilität und Anpassungsfähigkeit zu finden. Der Abbau von Unternehmensfunktionen wie der Ausgliederung und Ausgründung von Teilbereichen führt dazu, dass sich die „kapitalistische Unternehmung zusehends zu einer Organisationsform in Liquidation entwickelt“ *(Bekker*, 1995, 305). Schlagworte wie „virtuelle Organisation“ oder „virtuelle Bank“ kennzeichnen die gegenwärtige Diskussion (*Drumm,* o.J., 8).

Auch die Forcierung der bereits in den 80er Jahren mit der japanischen Kaizenbewegung angestoßene „Leanwelle“ (*Imai,* 1998), bei der immer öfter ganze Unternehmensteile, die nicht im Kerngeschäftsfeldbereich liegen, „outgesourced“ werden, ist in diesem Zusammenhang zu sehen.

> „In den Unternehmen wird mit der ‚Lean-Philosophie‘ das Ziel verfolgt, die Kosten zu senken, die Wertschöpfung zu erhöhen, die Aktionsfähigkeit des Unternehmens zu verbessern und insgesamt mit einem ‚Management of

speed' sicherzustellen, die berühmte Nase vor dem Wettbewerb am Markt zu haben" (*Becker,* 1995, 304).

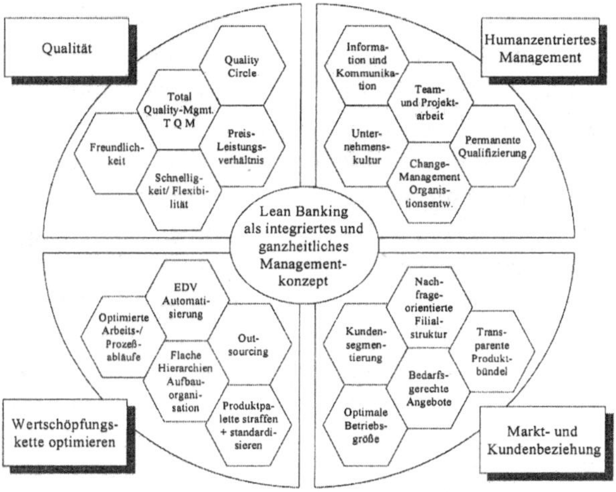

Abbildung 2: Elemente des Lean Banking (*Große-Peclum*, 1994)

Bei der Ausgliederung von Organisationsteilen bleiben auch zentrale Unternehmensfunktionen von Kreditinstituten nicht verschont. Durch die gezielte Reorganisation von zentralen Stabsbereichen wie dem Personalwesen soll deren interne Marktorientierung ausgebaut und mit der Schaffung von dezentralen Kompetenzzentren der Vorwurf der mangelnden Effizienz und Effektivität der Personalabteilung entkräftet werden (*Mauser*, 1995, 331; *Becker,* 1999, 395-412). Durch die Schaffung dezentraler Leistungszentren und der veränderten Aufteilung zwischen zentraler und dezentraler Personalarbeit verfolgen Banken und Sparkassen das Ziel, die Selbstverantwortung der Unternehmensbereiche zu fördern. Die Ausgliederungsentscheidungen zu selbständigen Wertschöpfungszentren oder die Übertragung von Personalarbeit auf Marktbereiche sollten dabei jedoch nicht ausschließlich unter Kostengesichtspunkten erfolgen, da hierdurch eine Möglichkeit zur zentralen Steuerung der Unternehmenskultur verloren gehen könnte.

> „Wird die Personalarbeit als wichtiger Faktor zur Schaffung und Erhaltung einer unverwechselbaren Unternehmenskultur angesehen, dann muss die Personalarbeit – insbesondere die Personalentwicklung – eine zentrale Unternehmungsfunktion bleiben“ (*Becker,* 1995, 333).

Lean-Management sollte jedoch nicht ausschließlich mit Kostensenkungs- und Rationalisierungsprogrammen in Verbindung gebracht werden (*Grote,* 2000, 41f). Vielmehr stellt der Lean-Ansatz einen fundamentalen Paradigmenwechsel dar, der über die Einstellung der Mitarbeiter auf die Optimierung der Geschäftsprozesse und auf eine Verbesserung der horizontalen und lateralen Kooperation in Organisationen zielt (*Schrempp*, 1992). Auch darf dabei nicht verkannt werden, dass Lean-Management ein langfristig angelegtes Organisationsentwicklungskonzept darstellt und somit der Fokus der Aufmerksamkeit nicht auf kurzfristigen Neuausrichtungen von Kreditinstituten liegt (*Deppe,* 1993). Die Lean-Management-Konzeption ist daher für *Schneider* (1996) die Ursache für zahlreiche ernsthafte Bemühungen in Kreditinstituten, Mitarbeiter zu Mitunternehmern zu entwickeln und Selbstverantwortung zu fördern.

Mit Hilfe der beschriebenen oder ähnlich gelagerten innerbetrieblichen Restrukturierungs-maßnahmen, die in immer kürzeren Abständen angestoßen werden (*Luttwak,* 1994), versuchen Banken und Sparkassen Verbesserungen bei wichtigen Leistungskennzahlen wie Qualität, Service, Kosten oder Geschwindigkeit zu erzielen. Auch radikalere Vorgehensweisen wie die Reengineering-Idee werden von vielen Kreditinstituten, insbesondere bei privaten Großbanken, umgesetzt (*Osterloh/Frost,* 1993, 356-363). Die von *Hammer/Champy* (1996) vorgelegte Methode strebt eine Umkehrung der industriellen Revolution an, indem Unternehmensabläufe fundamental umstrukturiert werden. Dabei werden Unternehmensabläufe und wichtige Arbeitsprozesse vollkommen neu entworfen, anstatt von den bereits bestehenden Strukturen auszugehen. Am Anfang des Reengineering-Prozesses steht sinnbildlich ein leeres, unbeschriebenes Blatt Papier (*Dixon/Arnold/Heieke/Kim/Mulligan,* 1995, 106). Der Anspruch dieser „Alles-oder-Nichts-Philosophie“ (*Becker,* 1995, 329) ist in den Unternehmen sehr hoch, und man erwartet durch diese grundlegenden Veränderungen in den bestehenden Geschäftsprozessen deutlichere Verbesserungen der unternehmerischen Wertschöpfung als durch kontinuierliche Verbesserungen der Strukturen (*Miller/Kim/Puddicombe,* 1992).

Zusammenfassend lässt sich daher feststellen, dass Banken und Sparkassen in Deutschland aufgrund der Veränderungen in der Unternehmensumwelt nur begrenzt vorhersagen können, welche Anforderungen zukünftig zu bewältigen sind. Dieser Entwicklung begegnen Kreditinstitute mit einer verstärkten Flexibilisierung und Dynamisierung ihrer Prozesse und Strukturen (*Parks/Kidder*, 1994, 111ff). Die Strukturen werden flüchtiger und in immer kürzeren Abständen umstrukturiert. Damit erhöht sich jedoch die Unsicherheit für das Unternehmen selbst und vor allem für die Mitarbeiter. Die skizzierten Ansätze des Lean-Managements und des Reengineering sind Ausdruck dieser Entwicklung. Aus der mit dem Prozess der Flexibilisierung verbundenen Reduzierung der Regelungsdichte resultiert die Notwendigkeit zu innovativem und selbstverantwortlichem Handeln (*Katz*, 1964, 131ff). Insbesondere Führungskräfte sind daher gezwungen, immer öfter in den Bereich des selbstverantwortlichen Handelns vorzustoßen (*Rousseau,* 1997, 515ff; *Müller,* 1995, 319-329). Durch das Fehlen normativer Regelungen müssen sie sich verstärkt auf eigene Werte und Überzeugungen verlassen. Selbstverantwortliches Handeln kann daher dazu beitragen, dass sich das Kreditinstitut zu einer lernenden Organisation hinentwickelt, wenn Mitarbeiter hemmende Strukturen und Prozesse erkennen und nach eigenen Standards selbstverantwortlich optimieren (*Sattelberger,* 1996; *Schuller*, 1998, 14-18).

1.2.2 Zum Bedürfnis nach mehr Selbstentfaltung als Folge sozialpsychologischer Veränderungsprozesse in der Unternehmensumwelt

Die sozialpsychologische Sphäre umfasst die Summe der Normen und Werthaltungen einer Gesellschaft, in der ein Unternehmen eingebunden ist. Seit Ende der 60er Jahre vermehrten sich in den Sozialwissenschaften Stimmen, die einen nachhaltigen Wertewandel in den westlichen Industrienationen beschrieben. Seither ist ein verstärktes Forschungsinteresse festzustellen, das sich auf Fragen eines möglichen Wertewandels bzw. -verfalls konzentriert (*Duncker*, 1997; *Janssen,* 1996). Da in Banken und Sparkassen das vorhandene „Humankapital" auch im Internetzeitalter den strategischen Erfolgsfaktor darstellt, spielen gerade in dieser Branche Veränderungen im Wertesystem von Mitarbeitern eine zentrale Rolle.

1.2.2.1 Zum Ansatz der eindimensionalen Werteverschiebung nach Inglehart

Bereits in den 70er Jahren stellte *Inglehart* (1977; 1979) in sechs westeuropäischen Ländern und den USA eine Werteverschiebung in den Generationen fest. Auch in Deutschland war eine Veränderung des gesellschaftlichen Wertesystems zu beobachten, wobei die Untersuchungen von *Inglehart* (1977; 1979) einen Trend von materialistischen zu postmaterialistischen Werthaltungen mit wissenschaftlichen Befunden unterlegen. In seiner vielzitierten Studie „The Silent Revolution" liefert er aufgrund von demoskopischen Umfragen, die er in Europa sowie den USA durchführte, den empirischen Beleg, dass Werte wie Sicherheit und Ordnung immer mehr von postmateriellen Werten wie beispielsweise Selbstverwirklichung verdrängt werden (*Inglehart*, 1977). In den 70er Jahren geht der Haupttrend weg von Werten wie Verantwortlichkeit und Zuverlässigkeit, wirtschaftliche Sicherheit und auf Leistung beruhender Erfolg hin zu Werten wie intellektuelle Entfaltungsmöglichkeiten, Akzeptanz seitens sozialer Gruppen und Internationalismus (*Inglehart*, 1997).

1.2.2.2 Zum Wertewandel als Verfall bürgerlicher Tugenden

Entgegen der beschriebenen Theorie der Wertesubstitution, die als zentrale These eine Werteverschiebung postuliert, geht die Theorie des Werteverfalls in Anlehnung an *Kmieciak* (1976) oder *Noelle-Neumann* (1979) von einem eruptiven Verlust historisch verbindlicher Werte aus. Dabei handelt es sich nicht um einen kontinuierlichen Wandlungsprozess, sondern um einen abrupten Umbruch innerhalb einer zeitlich kurzen Periode, bei dem traditionelle Werte wie Pflichterfüllung oder Gehorsam an Bedeutung verlieren (*Stengel*, 1999, 835). Gleichzeitig erleben postmaterialistische Werte wie Partizipation und Autonomie einen Aufschwung (*Klages/Franz/Herbert*, 1986; *Klages/Hippler/Herbert*, 1992). *Kmieciak* (1974, 133) beschreibt vier Problemzonen, die zu starken Wertunsicherheiten und Konflikten führen:

- „Der Bedeutungsverlust traditioneller Berufs- und Leistungsorientierung zugunsten einer privatistisch-genussorientierten Haltung (und damit verstärkte Orientierung auf die in problematischer Weise häufig nicht eindeutig ‚sinnbesetzte' und oft als ‚unausgefüllt' erlebte Freizeit);
- die Veränderung der Geschlechtsrollenbilder und damit des Verhältnisses der Geschlechter – im Zeichen des Vordringens partnerschaftlicher und egalitärer Haltungen generell;
- die Bedeutungserhöhung der Umweltorientierung (z.B. im Zusammenhang mit der Befürchtung von Gesundheitsschäden);
- die Veränderung von Erziehungsmaximen und -zielen" (*Kmieciak*, 1974, 133).

Durch das höhere Qualifizierungsniveau und Problembewusstsein von Mitarbeitern werden allgemein akzeptierte Werteordnungen von pluralistischen Werteprinzipien abgelöst, die vom Einzelnen ständig hinterfragt und nach Nützlichkeit überprüft werden (*Morel*, 1975, 221ff). In einer umfangreichen amerikanischen Studie bezeichnen Arbeitnehmer die folgenden acht Eigenschaften eines Arbeitsplatzes als besonders wünschenswert:

1. „Interessante Arbeit,Genügende Unterstützung und Arbeitsmittel zum Ausführen der Arbeit,
2. Ausreichende Information,
3. Genügend Selbständigkeit am Arbeitsplatz,
4. Gute Bezahlung,
5. Möglichkeit zum Aneignen von Spezialkenntnissen und -fähigkeiten,
6. Sicherheit des Arbeitsplatzes,
7. Das Resultat der eigenen Arbeit sehen" (*Wunderer/Grunwald*, 1980, 4-5).

Neuere Untersuchungen bestätigen eine Fortführung dieses Trends *(von Rosenstiel/ Djarrahzeadeh/Einsiedler/Streich*, 1993; *Klages/Gensicke*, 1997; *von Rosenstiel/Nerdinger*, 2000, 146ff). Auch *Baethge et al* (1988, 188) kommen zu dem Schluss, dass sich das Arbeitsverständnis von Jugendlichen weg von materiell-reproduktionsbezogenen Ansprüchen hin zu sinnhaft-subjektbezogenen Wertvorstellungen verschoben hat. Besonders ausgeprägt ist der Wandel der Werthaltungen bei der Gruppe der unter 30-Jährigen mit akademischer Ausbildung, aus denen viele Unternehmen bevorzugt ihre

Nachwuchsführungskräfte rekrutieren (*Stengel*, 1999, 837; *von Rosenstiel/Nerdinger/Spiess/Stengel,* 1989). Bei einer von *von Rosenstiel* (1983, 214-220) durchgeführten Studie über Werthaltungen bei Führungskräften sowie Führungsnachwuchskräften zeigt sich, dass bei den letztgenannten nur 21% als karriereorientiert eingestuft werden können, bei 31% eine freizeitorientierte Schonhaltung dominiert und 46% sogar eine eher skeptische Grundhaltung haben. Viele gerade jüngere Menschen leiden nach dieser Untersuchung unter Motivationsverlust und Sinn- und Orientierungslosigkeit. Bei denjenigen, die jedoch im Berufsleben integriert sind, steigt auch die Karriereorientierung (75% der Führungskräfte) und die Freizeit- bzw. Konsumorientierung lassen nach (7%).

Von Rosenstiel/Nerdinger (2000, 146ff) können auch in Folgeuntersuchungen diesen Trend bestätigen. Jedoch kann heute nicht mehr von einer eindimensionalen Werteverschiebung hin zu postmaterieller Orientierung gesprochen werden. So streben etablierte Führungskräfte nach wie vor nach beruflichem Erfolg, jedoch tritt bei Nachwuchsführungskräften die Karriereorientierung gleichgewichtig zur Freizeitorientierung in Erscheinung. Entgegen der öffentlichen Diskussion weisen empirische Studien nicht auf eine grundsätzliche Distanz junger Menschen zu traditionellen Werthaltungen hin (*Klein,* 1994, 207-230; *Deutscher Sparkassen- und Giroverband*, 2001). In einer Befragung kaufmännischer Auszubildender von *Döhm/Jungkunz* (1977, 469) betonen diese ihre Bereitschaft zu arbeitsbezogener Leistung, aber auch zu Selbständigkeit und eigenverantwortlichem Handeln. Dabei nimmt nach *van Buer/Neben* (1999, 166) die Heterogenität von Jugendlichen, die über eine berufliche Ausbildung in Unternehmen integriert werden, bezüglich deren Einstellungen und Werthaltungen immer mehr zu. Ein Grund kann unter anderem darin liegen, dass der Einfluss von Cliquen (peer groups), d.h. selbst gegründeter Freundschaftsgruppen Gleichaltriger, seit den sechziger Jahren deutlich zugenommen hat. So sind noch 1962 weniger als zwanzig Prozent der Jugendlichen festes Mitglied solcher Gruppierungen und bereits 1987 fast neunzig Prozent, wobei der Einfluss von Schule und Elternhaus an Bedeutung stark verloren hat (*Rolf*, 1993, 64). Eine wertebezogen immer einflussschwächere Elterngeneration kann zur Desorientierung bei Jugendlichen, allgemeinem Unzufriedenheitsgefühl und zu einer abnehmenden Bildungsbereitschaft führen. Der damit verbundene Autoritätsverlust relativiert die Prägekraft der Familie und öffnet eine Distanz, welche insbesondere in Ostdeutschland anzutreffen ist. Gerade hier ist eine Generationskluft zwischen den Prägungen der Elterngeneration, die sich aus dem abgeschlossenen Gesellschaftssystem der DDR ergeben haben und den Erfahrungen, die Jugendliche seit der politischen Wende außerhalb der Familie machen, festzustellen (*Meyer*, 2000, 11-44).

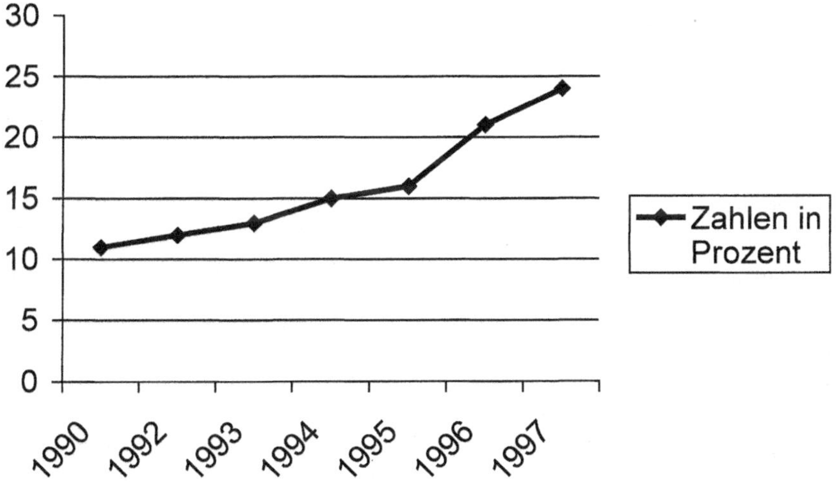

Abbildung 3: Entwicklung der Generationskluft in Ostdeutschland seit 1990 nach *Noelle-Neumann/Köcher* (1997, 134)

Der Anteil der Jugendlichen unter 30 Jahren, die angeben, dass sich ihre Wertvorstellungen nicht mit denen der Eltern decken, steigt seit Anfang der 90er Jahre kontinuierlich auf 24 Prozent in 1997 an. Auch in einer Befragung unter Berliner Jugendlichen wird zwar insgesamt eine auf das individuelle Leben hin orientierte Wertehierarchie sichtbar. Jedoch zeige sich, dass die Vorstellungen der Jugendlichen gleichsam von eher traditionellen Werten geprägt sind. Es ist daher anzunehmen,

> „dass der Wertewandel sich auf verschiedenen inhaltlichen Dimensionen und dies simultan in unterschiedlicher Stärke bei den verschiedenen Gruppen von Jugendlichen vollzieht" (*van Buer/Neben*, 1999, 171).

Werte	**Kumulierte Häufigkeiten**
Gesundheit	99,0
Soziale Sicherheit	98,5
Partnerschaft	98,4
Freie Meinungsäußerung	98,2
Arbeit	98,2
Finanzielle/materielle Sicherheit	97,5
Beruflicher Erfolg	95,9
Bildung	95,7
Familie	95,4
Sex/Erotik	94,0
Öffentliche Sicherheit	92,9
Freie Wahlen	89,5
Eigene Familie und Kinder	87,5
Anderen helfen, für sie da sein	87,5
Demokratie	84,5
Gesunde Umwelt/Umweltschutz	78,3

Tabelle 1: Wertehierarchie bei Berliner Jugendlichen (n=617), (zitiert nach *van Buer/Neben*, 1999, 193)

Folgt man der Sozialisationshypothese, wonach die Erfahrungen aus der Kindheit die soziale Entwicklung nachhaltig prägen, so sind vor allem die Werte entscheidend, die vom Elternhaus übermittelt werden. Hier zeigt sich, dass in den letzten vierzig Jahren Selbständigkeit als Erziehungsziel deutlich an Bedeutung gewinnt, Gehorsam und Unterordnung hingegen einen immer geringeren Stellenwert einnehmen. Man sieht, dass sich die Gewichte innerhalb weniger Jahrzehnte deutlich verlagern konnten und „Selbständigkeit" von fast zwei Drittel der Eltern und „Gehorsam" von nur noch vier Prozent zum obersten Erziehungsziel auserkoren werden (*Noelle-Neumann,* 1979, 11ff; *Stengel*, 1999, 834).

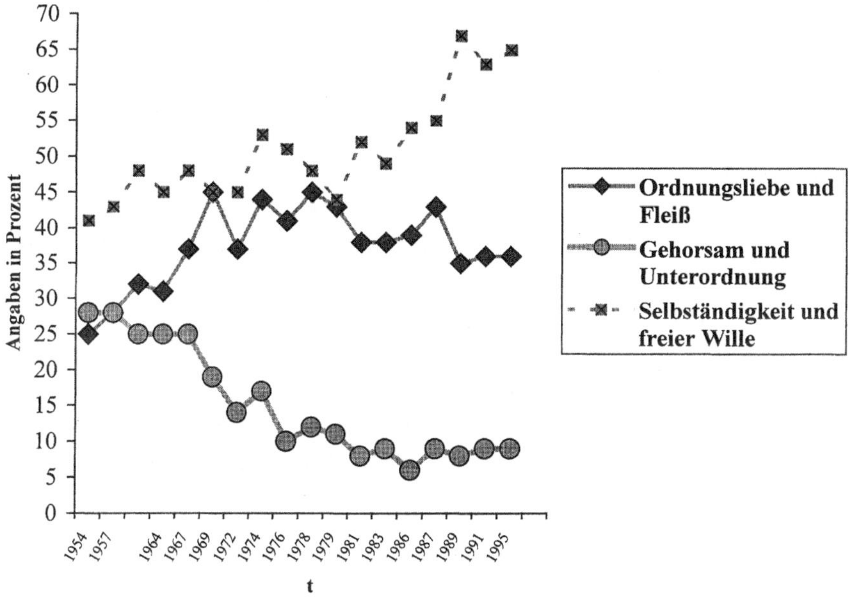

Abbildung 4: Erziehungsziele in der BRD/alte Länder 1951- 1995 (*von Rosenstiel,* 1995, 75-146)

Die Überstrahlung von durch die private Sphäre (z.B. Freizeit und Elternhaus) geprägten Wertvorstellungen auf den Arbeitsbereich und umgekehrt führt zu einer Wertesynthese und der Integration der einzelnen Wertebereiche zu einem ganzheitlichen Wertekonzept (*Opaschowski,* 1996, 140ff; *Pätzold./Lang*, 1999, 35ff). Die zunehmende Bedeutung des Erziehungszieles zu mehr Autonomie und Selbständigkeit unterstützt die Forderung nach mehr selbstverantwortlichem Handeln im beruflichen Kontext. Die Berücksichtigung bzw. Übertragung zentraler Wertvorstellungen der privaten Sphäre auf einzelne Elemente der Unternehmenskultur enwickelt sich daher für Unternehmen zu einer immer wichtigeren Aufgabe.

Dies gilt ebenso für einen zweiten Trend, der sich insbesondere bei Führungskräften herauskristallisiert und der mit alternativer Orientierung umschrieben werden kann (*von Rosenstiel/Nerdinger*, 2000, 146ff). Darunter ist eine hohe Leistungsbereitschaft zu verstehen, über die ein Mitarbeiter sich die Möglichkeit zu Selbstverwirklichung und Selbstbestimmung eröffnet. Im Vordergrund steht demnach ein ausgeprägtes Bedürfnis nach Unabhängigkeit und Autonomie, das mit der Bereitschaft zu selbstverantwortlichem und innovativem Handeln verknüpft ist. Das Bedürfnis, selbstverantwortlich zu handeln, führt jedoch nicht zu einer grundsätzlichen Ignoranz der gegebenen Werte und Normen des Unternehmens und ist vor allem bei jungen Menschen festzustellen (*Gensicke,* 1998, 19-30). Die Schlussfolgerungen, die aus den vorgelegten Befunden gezogen werden, sind als äußerst kontrovers zu bezeichnen.

> „Einige Autoren interpretieren diesen fundamentalen Bewusstseinswandel, mit dem sich auch Menschen-, Wirtschafts- und Gesellschaftsbilder verändern, als fortschrittliches Wertetransformationsphänomen, mit dem sich metaökonomische, post-materialistische Auffassungen im Zuge eines notwendigen Anpassungsprozesses an veränderte Lebensbedingungen ankündigen" (*Staehle,* 1994, 599).

An anderer Stelle werden diese Entwicklungen als bedrohlich beschrieben und der Zerfall kulturtragender Elemente heraufbeschworen (*Staehle*, 1994, 599).

1.2.2.3 Zur Forderung nach mehr selbstverantwortlichem Handeln als Folge des Wertewandels

Zwar sind die Auswirkungen dieser konsequenzenreichen Prozesse aus der heutigen Befundlage nicht abschließend prognostizierbar, jedoch spielen sie für die Unternehmenspraxis eine bedeutende Rolle (*Härle*, 1991). Die beschriebenen gesellschaftlichen Werteverschiebungen können beim Einzelnen zu persönlichen Verunsicherungen und erheblichen Dissonanzen führen (*Schlundt/McFall*, 1985, 23), allerdings sind gerade der Bedeutungsgewinn der traditionellen Leistungsorientierung und die zunehmende Werteorientierung nach Selbstverantwortung in der jüngeren Generation eine gute Möglichkeit für Unternehmen, mehr Selbstverantwortung zuzulassen und gezielt zu fördern. Mögliche Werteunsicherheiten und -konflikte sind aufzugreifen und in eine Führungs- und Unternehmenskultur zu integrieren, die gezielt Selbstverantwortung erlaubt.

In diesem Zusammenhang werden in jüngerer Zeit vermehrt Ansätze diskutiert, die die klassischen Formen der Fremdorganisation grundsätzlich in Frage stellen. Sie bestreiten, dass es überhaupt möglich ist, die bestehenden Ordnungen in Unternehmen als Resultat von Fremdorganisation zu beschreiben (*Probst,* 1987). Vielmehr gehen neuere systemtheoretische Ansätze davon aus, dass jedes Handeln von Systemteilnehmern strukturbildenden Charakter hat. Die Ordnung in Organisationen ist daher in erster Linie das Resultat von Selbstorganisation aller Beteiligten und kann nicht auf die Handlungen von Managern und Organisatoren beschränkt werden. Der Organisator kann lediglich den Selbstorganisationsprozess steuern, jedoch nicht ersetzen. Aus dieser Sichtweise heraus ist die Existenz einer Fremdorganisation grundsätzlich in Frage zu stellen (*Probst,* 1987, 88).

Auch wenn man dieser systemtheoretischen Auffassung nicht zustimmt, verbleiben jedoch einige Argumente, die für eine Förderung des Selbstorganisationspotentials der Organisationsteilnehmer sprechen (*Jung,* 1985, 46ff): Zum einen kann ein noch so qualifizierter Organisator aufgrund der Komplexität und Kurzlebigkeit der betrieblichen Rahmenbedingungen nicht mehr alle relevanten Sachverhalte organisatorisch abbilden und steuern. In Zeiten zunehmender Veränderungsprozesse wird er in quantitativer, aber auch in qualitativer Hinsicht an seine Grenzen stoßen. Zum anderen werden auch gut ausgearbeitete Fremdsteuerungssysteme Widerstände bei den Beteiligten hervorrufen. Der beschriebene Prozess der Werteverschiebung fördert ein Zurückweisen jeglicher Instrumente der Fremdsteuerung. Gerade das zunehmende Bedürfnis nach Autonomie und Selbststeuerung verlangt nach Organisationsformen, bei denen Mitarbeiter selbstverantwortlich und selbstbestimmt zusammenarbeiten können. *Kieser* (1994, 199-228) geht jedoch davon aus, dass jede Form der Selbstkoordination auf einen fremdorganisierten Rahmen angewiesen ist:

> „Voraussetzungen der Selbstkoordination müssen durch Fremdorganisation geschaffen werden“ (*Kieser*, 1994, 218).

In der Unternehmenspraxis wurden nach *Kanter* (1984) in den vergangenen Jahren zahlreiche Formen der Selbstkoordination eingeführt. Beispiele hierfür sind teilautonome Arbeitsgruppen, Qualitätszirkel oder Job-Rotation-Programme. Das Konzept der Selbstorganisation geht in seinen Ursprüngen auf die Human-Resources-Schule der frühen 60er Jahre zurück.[2] Vertreter dieser Richtung wie *Argyris* (1957) oder *Bennis* (1959, 259-300) betonen schon damals die innerpsychischen Bedürfnisse als entscheidende Determinante des menschlichen Verhaltens, und widersprechen damit dem ökonomischen Modell menschlichen Handelns, das davon ausgeht, dass Individuen ihr Verhalten nur dann ändern, wenn sie durch extrinsische Motive dazu gebracht werden (*Frey,* 1990; *Kirchgässner,* 1991).

> „Ökonomen bestreiten nicht, dass Menschen in ihrem Handeln zuweilen durch ‚Gefühle' oder durch intrinsische Motivation geleitet werden. Diesem Faktor wird aber wenig Bedeutung zugeschrieben. Ein Grund dafür ist, dass Ökonomen nicht am genauen Inhalt der individuellen Nutzenfunktion interessiert sind. Sie betrachten Änderungen der von außen kommenden Anreize als bedeutend wichtiger als Änderungen der Nutzenfunktion" (*Frey,* 1997, 20).

Die durch die humanistische Psychologie geprägte Auffassung dagegen geht davon aus, dass

> „menschliches Verhalten selten eine direkte Antwort auf die objektive Realität, sondern eher eine Antwort auf die subjektive Wahrnehmung dieser Realität durch das Individuum" (*McGregor,* 1966, 216) ist.

Menschen streben von extrinsischer zu intrinsischer Verhaltensmotivation. Sie wollen sich selbst entfalten und die passive Rolle eines Befehlsempfängers durch aktive Ausnutzung von Verhaltensspielräumen ersetzen. Sie sind bereit, sich im Arbeitsprozess persönlich zu entwickeln und sich selbst zu kontrollieren bzw. zu motivieren. Sie passen sich flexibel an die sich verändernden Arbeitsbedingungen an und erleben Kontrolle als Bedrohung ihrer Autonomie. Wenn eine von Fremdbestimmung und Abhängigkeit gekennzeichnete Arbeitsumwelt besteht, dann halten Mitarbeiter ihre Kreativität und insbesondere ihre Eigeninitiative zurück und entwickeln kaum innere Identifikation mit dem Unternehmen (*Likert,* 1972, 98f). Die Möglichkeit zur Selbstkontrolle fördert dagegen die Arbeitszufriedenheit. Besondere Popularität in der Unternehmenspraxis erlangt im Rahmen der Human-Resources-Bewegung das Modell der Bedürfnishierarchie, welches von *Maslow* (1981)

---

[2] Das Konzept der intrinsischen Motivation geht in seinen Ursprüngen auf *DeCarms* und *Deci* zurück (*DeCarms,* 1968; *Deci,* 1975, 105-115)

bereits in den 40er Jahren konzipiert und anschließend mehrfach weiterentwickelt wurde. Danach sind die menschlichen Bedürfnisse hierarchisch strukturiert, d.h. wenn Bedürfnisse der untersten Ebene (einfache Bedürfnisse nach Überleben und Sicherheit) befriedigt wurden, werden Menschen durch höhere Bedürfnisse angetrieben (*Baumgarten*, 1974, 86f).

Durch die Annahme des Modells des nach Selbstentfaltung strebenden Mitarbeiters verändern sich die Anforderungen an die Führungskraft. Diese sollte in der Lage sein, den Selbstentwicklungsprozess des Mitarbeiters zuzulassen und die dafür erforderlichen Rahmenbedingungen zu schaffen. Ihr Eingreifen sollte weniger manipulativ, sondern eher partizipativ sein. Nach *McGregor* (1960) ist es die wesentliche Aufgabe des Managements,

> „organisatorische Bedingungen und Arbeitsmethoden so anzubieten, dass die Leute ihre eigenen Ziele am besten dadurch erreichen können, dass sie ihre eigenen Anstrengungen auf organisatorische Ziele richten“ (*McGregor*, 1960, 15).

Mit Zunahme der Globalisierung der Wirtschaft und der wachsenden Technisierung seit Beginn der 80er Jahre wird dieser Ansatz der Selbststeuerung verstärkt als Lösungsmöglichkeit zur Steuerung von Mitarbeitern in Zeiten sich immer schneller verändernder Umweltbedingungen gesehen. Da Unternehmen und deren Führungskräfte immer weniger in der Lage sind, mit Hilfe der klassischen Führungsinstrumente Mitarbeiter wirksam zu leiten, sollen Selbstkontrollmechanismen die traditionellen Formen der Fremdsteuerung ersetzen. Der Rückzug des Leiters auf koordinierende Führungstätigkeiten soll die Mitarbeiter zu mehr Selbstverantwortung herausfordern und damit für Veränderungsprozesse flexibler machen.

1.2.3 Zur Notwendigkeit an selbstverantwortlich handelnden Mitarbeitern in russischen Kreditinstituten der postkommunistischen Realität

Das in der ehemaligen UdSSR bestehende sozioökonomische System des Staatssozialismus war durch eine fast totale Verstaatlichung der Produktion gekennzeichnet (*Teckenberg*, 1989, 28-75). Durch das massive Eindringen des Staates in viele Bereiche der Privatsphäre und dem wirtschaftlichen Handeln der Menschen kam es zu einer Verschmelzung von Eigentums- und

Machtbeziehungen, wobei die Sozialstruktur sich nach *Tichonova* (1999, 7ff) hauptsächlich an zwei Kriterien orientiert:

- Der Platz des Einzelnen im Umverteilungsprozess richtete sich danach, inwieweit er Weisungs- und Distributionsfunktionen wahrnahm und zur „politischen Nomenklatura" oder zur Gruppe der „normalen" Beschäftigten gehörte. Da nahezu alle im Dienste des Staates waren, wurden die Zugangschancen zu Privilegien durch den Besitz von Weisungsressourcen bestimmt. Innerhalb der Gruppe der weisungsgebundenen Beschäftigten bestanden dagegen nur geringe Unterschiede, so dass beispielsweise hochqualifizierte Ärzte nicht viel besser entlohnt wurden als einfache Arbeiter in Produktionsbetrieben (*Tichonova,* 1999, 11).
- Das zweite Kriterium zur Bestimmung des Status war die Zugehörigkeit zu einer privilegierten Branche. In diesen bevorzugten Zweigen wurden mehr Ressourcen gebunden, und die Beschäftigten erhielten ein höheres Einkommen, Zugang zu Privilegien und damit einen höheren Lebensstandard (*Tichonova,* 1999, 12).

Mit dem Verbot der Kommunistischen Partei der Sowjetunion (KPdSU) und dem Zerfall der kommunistisch geprägten staatlichen Strukturen hat in der Geschichte Russlands seit 1990 eine neue Epoche begonnen. Im Folgenden werden zunächst der ökonomisch-soziale und anschließend der sozialpsychologische Wandel dargestellt. Es soll verdeutlicht werden, dass sich die Transformationen in der russischen Gesellschaft anders und teilweise in noch höherem Tempo vollzogen haben als in Deutschland, sich jedoch auch in russischen Kreditinstituten die Notwendigkeit nach selbstverantwortlich handelnden Mitarbeitern ableiten lässt.

1.2.3.1 Zu den sozial-ökonomischen Transformationsprozessen in der post-kommunistischen Gesellschaft Russlands

Die postkommunistische Gesellschaft Russlands ist geprägt von einer hohen Dynamik in den Transformationsprozessen und zahlreichen ökonomischen und politischen Reformen. Der Übergang zu einer marktwirtschaftlichen Ordnung hat sich deutlich konfliktreicher als in der ehemaligen DDR vollzogen und ist bis heute nicht vollständig verwirklicht (*Schützler*, 1998, 31ff; *Schröder,* 1995, 936-945).

> „Was in Ostdeutschland kurzerhand als kapitalistische Wirtschafts- und Gesellschaftsordnung mittels ‚Institutionen-Transfer' ‚von außen eingeführt', ‚inkorporiert', ‚kolonialisiert' – oder wie auch immer bezeichnet – wurde, vollzieht sich in Russland als außerordentlich konfliktreicher Umgestaltungsprozess ‚aus sich heraus'. Und trotz der Geschichte, Größe, inneren Vielgestaltigkeit und ‚äußeren Interessen' verläuft diese Transformation noch ungleich komplizierter und schmerzhafter als in der Mehrzahl der anderen osteuropäischen Staaten" (*Steiner*, 1999, 11).

Für *Ignatow* (2000, 17) ist aufgrund der Vielschichtigkeit der Umbrüche „das gleichzeitige Vorhandensein von verschiedenen Epochen und soziokulturellen Welten eine Tatsache". Dementsprechend stellt sich die russische Gesellschaft als äußerst hybride dar und weist heute marktwirtschaftliche Elemente westlicher Prägung, aber genauso noch planwirtschaftlich gesteuerte Bereiche auf:

- Die russische Volkswirtschaft unterliegt nach zahlreichen Reformen und Privatisierungsbemühungen heute kaum größeren staatlichen Reglements als in westeuropäischen Ländern. Der Kapitalmarkt wurde in vielen Bereichen liberalisiert und nur sieben Prozent aller Waren und Dienstleistungen werden preislich kontrolliert (*Dynkin*, 1998, 127).
- Andererseits wurde nicht wie in Deutschland, wo man viele ehemalige DDR-Funktionäre ersetzte, die politische Elite ausgewechselt. Nicht wenige Funktionäre der ehemaligen Sowjetunion begleiten auch heute noch hohe Ämter in staatlichen Behörden oder sind in leitender Stellung in privatisierten Wirtschaftsbetrieben. Daher lässt sich die russische Gesellschaft heute wohl am treffendsten mit dem Begriff des „Nomenklatura-Kapitalismus" umschreiben (*Ignatow*, 2000, 16).

Begleitet wurden die gesellschaftspolitischen und wirtschaftlichen Umbrüche von einer kontinuierlichen Verschlechterung aller makroökonomischen Kennziffern. So dokumentiert das Absinken des gesellschaftlichen Gesamtprodukts um fast 50% (bezogen auf die Basiswerte des Jahres 1989) und ein Schrumpfen der Industrieproduktion um fast 60% den sozial-ökonomischen Absturz Russlands (*Steiner,* 1999, 13; *Götz,* 2001, 366ff). Zur gleichen Zeit entzogen sich viele Bereiche der Wirtschaft der staatlichen Kontrolle und es entwickelte sich eine zunehmende Kriminalisierung der russischen Gesellschaft aufgrund einer „nicht zivilisierten Liebe der einheimischen Eliten zur Macht“ (*Lapin,* 1999, 27). Das Institut „Informationen für die Demokratie“ (Indem) hat in einer Studie für die Weltbank ermittelt, dass in Russland jährlich 33,5 Mrd US$ an Bestechungsgeldern ausgegeben werden. Dies entspricht knapp einem Zehntel des Bruttoinlandsprodukts (*Brüggmann,* 2003, 23). Allein für die „gewöhnliche Korruption“ wie dem Schmieren von Passämtern und Polizei oder für den Erhalt von Schulnoten würden demnach in Russland mehrere Mrd US$ aufgewendet.

„Nach Angaben von Transparency International liegt Russland auf dem Korruptionsindex auf Platz 71 von 102 Staaten, gehört also zum bestechlichsten Drittel“ (*Brüggmann*, 2003, 8).

Die Unfähigkeit der Nomenklatura, selbst die eigenen Machtfunktionen zu beschränken und Bedingungen für die Überwachung der eigenen Tätigkeit zu respektieren, mündet in einer konfrontativen Haltung gegenüber Opponenten und der Bevölkerung sowie in einem Unwillen, Kompromisslösungen einzugehen (*Vogel,* 1995, 11-18).

> „Die ungünstigen ökonomischen, politischen, rechtlichen und sozialen Bedingungen der Formierung eines russischen Unternehmertums geben diesem Prozess nicht selten hässliche Züge: der nichtlegitime Weg der Herausbildung der meisten großen und mittleren Kapitale, die massenhafte Korruption staatlicher Organe, die Dominanz der Finanzdienstleistungen statt produktiver Kapitalanlagen, die Schwäche juristischer Kontrolle über die wirtschaftliche Tätigkeit. Es breiten sich tätliche Auseinandersetzungen zwischen Gruppen von Geschäftsleuten aus, terroristische Aktionen machen aus Unternehmertum eine eher kriminelle Sphäre und eine hauptsächliche Quelle der Kriminalität der Gesellschaft insgesamt“ (*Saslawskaja*, 1999, 131).

Wesentliche gesellschaftspolitische Entscheidungen und Weichenstellungen werden somit direkt oder indirekt von den Interessen der Finanzlobbies bestimmt. Große Unternehmensgruppen und Finanzmagnaten sind an dem komplexen, vielfach widersprüchlichen Prozess der Entscheidungsfindung beteiligt und beeinflussen maßgeblich die Richtung der russischen Politik (*Schröder,* 2001, 392ff). Kleine und mittlere Unternehmen werden zunehmend von staatlichen Behörden benachteiligt und von den großen Finanzkonglomeraten verdrängt.

„Das größte Problem der kleinen Firmen, so ergab eine eigene OECD-Erhebung, sei ihre Belästigung oder gar Erpressung durch die verschiedenen Behörden" (Watzlawek, 2002, 5).

Barometer dafür ist die Entwicklung des Mittelstandes, die seit Mitte der 90er Jahre stagniert. Infolgedessen werden soziale Unterschiede vergrößert und weite Teile der politischen und geschäftlichen Aktivitäten in die Schattenwirtschaft abgedrängt. Dadurch erstaunt es nicht, dass Russlands wirtschaftlicher Rückstand dabei geringer ist als in offiziellen Statistiken ausgewiesen. So rückt in neuesten Sozialproduktberechnungen der Weltbank Russland in der Liste der wirtschaftlich stärksten Länder auf den zehnten Platz und überrundet Spanien oder Kanada (*World Bank*, 2000). Als problematisch erweist sich jedoch die höchst ungleichmäßige Umverteilung des Produktivvermögens (*Dynkin*, 1998, 127).

„Bei privaten Verbrauchsausgaben von durchschnittlich rund 4.000 US$ pro Kopf ist Russland keineswegs ein ‚reiches Land armer Leute', wie Präsident Putin formuliert, sondern ein Land, in dem die Früchte des Reichtums höchst ungleich verteilt werden" (*Götz,* 2000, 6).

Aufgrund der ungleichen Verteilungsdisparitäten befindet sich ein Großteil der Bevölkerung in materieller Not, und Armut stellt ein Massenphänomen dar (*Boeckh*, 1997, 15ff). Besonders hart trifft es Rentner und Menschen, die im Zuge der wirtschaftlichen und gesellschaftlichen Umbrüche ihren Arbeitsplatz verloren haben und auf nur geringe staatliche Unterstützung hoffen können (*Gulo*, 1994). Im Gegensatz zu Westeuropa, wo Arbeitslosigkeit häufig mit geringer Bildung einhergeht, sind in Russland auch hochqualifizierte Spezialisten und vor allem Frauen betroffen.

„While in the EU the unemployed comprise a high proportion of older persons or young people with low levels of education or qualification, or member of certain ‚academic' professions, in Russia two-thirds of those officially registered as unemployed are women, many of them with a university education or advanced vocational training who are usually specialists with technical profile" (*Tichonova,* 1998, 2).

Diese ungleich erlebten Verteilungspatritäten führen nach *Mühleck/Wegener* (2002) tendenziell zu einer sinkenden Unterstützung der kapitalistischen Wirtschaftsordung. So zeigt die auf Umfragen basierende empirische Gerechtigkeitsforschung des International Social Jusstice Project (ISJP), dass die Akzeptanz der Marktwitschaft

> „nicht nur von deren materiellen Attraktivität für den Einzelnen abhängt, sondern darüber hinaus von der Überzeugung über die prinzipielle Gerechtigkeit des dahinter stehenden Wirtschaftsprozesses" *(Mühleck/ Wegener,* 2002, 30).

1.2.3.2 Zur Forderung nach mehr selbstverantwortlichem Handeln von Mitarbeitern als Folge sozialpsychologischer Veränderungsprozesse in der russischen Gesellschaft

Soziale und gesellschaftliche Übergangsperioden zeichnen sich durch soziale Unbestimmtheit und Vielschichtigkeit soziokultureller Veränderungsprozesse aus. So ist die gegenwärtige Sozialstruktur der russischen Gesellschaft durch starke Instabilität gekennzeichnet (*Nies*, 2002, 17). Dies betrifft sowohl die Prozesse zwischen den sozialen Gruppen als auch das Individuum selbst (*Golenkowa/Igitchanjan*, 1999, 118).

> „Eine instabile Übergangszeit, die den Menschen mit harten und zugleich mit nicht immer deutlichen (d.h. normativ-werthaft nicht ausgeformten) Forderungen konfrontiert, löst komplizierte und widersprüchliche persönlichkeitsinterne Prozesse aus" (*Naumowa,* 1999, 40).

Verstärkend kommt hinzu, dass durch den Wechsel des politischen Systems grundlegende Wertvorstellungen der Gesellschaft in ihr Gegenteil verkehrt wurden. Was im „paternalistischen" Sowjetstaat als klassenfeindliche Vorstellungen jahrzehntelang verworfen wurde, etabliert sich jetzt als Gestaltungsalternative. Dass dadurch gesellschaftliche, ideologische und soziale Konflikte geschürt werden und mit einer vehementen Dynamik aufeinandertreffen, braucht daher nicht zu verwundern (*Boeckh,* 1997, 16). Menschen reagieren bei Veränderungen unter existenzieller Unbestimmtheit zwar häufig mit Instabilität ihrer Verhaltensmuster, jedoch auch mit regulativer Beständigkeit im Wertesystem (*Naumowa*, 1999, 42). So sind im Bereich des Freizeitverhaltens bei Jugendlichen deutliche Veränderungen festzustellen, jedoch haben sich die Wertorientierungen im Vergleich zu früheren Untersuchungen nur marginal verändert.

> „Man sollte meinen, dass sich in solch stürmisch entwickelnden Zeiten auch die Wertvorstellungen radikal verändern, doch dem ist nur bedingt so, denn ein beschleunigter Wandel von Werten erfolgt vor allem durch neue soziale Bewegungen, und an diesen fehlt es in Russland seit einigen Jahren wieder" (*Heckmann,* 1997, 130).

Fundierte empirische Untersuchungsergebnisse unter Verwendung anerkannter interkultureller methodischer Erhebungsverfahren sind trotz zahlreicher Literaturhinweise hierzu nur selten zu finden (*Balla/Sterbling*, 1996, 7). So merkt *Lapin* (1999, 31) an, dass „die Lage Russlands im soziokulturellen Raum Europas ungenügend erforscht" ist und in der Presse „publizistisch-emotionale Wertungen" überwiegen. Die Feststellung von *Beyme* (1994, 16ff), die sozialwissenschaftliche Forschung sei weitgehend unvorbereitet und konzeptionslos von diesen Wandlungsprozessen überrascht worden, ist somit nicht übertrieben.

Ausgehend von den beschriebenen gesellschaftspolitischen Umbrüchen kommen die wenigen vorhandenen Untersuchungen zu dem Schluss, dass sich die russische Gesellschaft auf dem Weg zu einem modernen Wertesystem befindet, wenngleich eine Werteverschiebung hin zu einer postmaterialistischen Orientierung noch ausstehe (*Andrejenkowa*, 1994, 75). Auf der Ebene des Individuums hat sich eine wesentliche Veränderung des einzelnen Menschen in Bezug auf seine Stellung in der Gesellschaft vollzogen. Das Individuum hört auf,

> „ein Produkt der institutionalisierten Umwelt zu sein. Es wird immer mehr zum Subjekt in seinen Wechselwirkungen mit den Mächten, erlangt eine vielseitige Freiheit, eine individualisierte Mehrdimensionalität" (*Lapin*, 1999, 21).

So fühlte sich noch 1990 die Mehrheit der russischen Bevölkerung erst nachrangig selbstverantwortlich für die Lösung der eigenen Lebensprobleme und sah die Verantwortung hierfür eher bei externalen Machtinstanzen wie der Regierung oder dem Kombinatsdirektor. 1994 vertrauten schon 55% der

Befragten auf sich selbst, wobei diese Werteverschiebung zum einen auf eine Enttäuschung über die traditionellen Machtorgane zurückzuführen ist, zum anderen aber auch auf Erfahrungen der Menschen, durch eigenes Handeln schwierige Anforderungen selbst bewältigen zu können (*Lapin*, 1999, 30). Obwohl Familie und bewährte soziale Beziehungen gerade in Zeiten der Unsicherheit nach wie vor eine hohe Bedeutung haben, nehmen Initiative und das Streben nach Unabhängigkeit in der Wertehierarchie der Russen deutlich an Wichtigkeit zu (*Slepzow/Rewenko*, 1993, 83ff).

Werte	Rang 1990	Aktueller Rang 1994 (Veränderung gegenüber 1990)
Gesetzlichkeit	1	1 (+/- 0)
Soziale Kontakte	2	2 (+/- 0)
Familie	3	3 (+/- 0)
Arbeit	4	8 (- 4)
Sittlichkeit	5	7 (- 2)
Freiheit	6	4 (+ 2)
Menschenleben	7	6 (+ 1)
Selbstaufopferung	8	11 (- 3)
Traditionalität	9	10 (- 1)
Unabhängigkeit	10	5 (+ 5)
Initiative	11	9 (+ 2)
Freier Wille	12	13 (- 1)
Wohlstand	13	12 (+ 1)
Autorität	14	14 (+/- 0)

Tabelle 2: Wertehierarchie in der russischen Bevölkerung (*Lapin*, 1999, 30)

Das selbstverantwortliche Lösen anstehender Probleme ist insbesondere für ein erfolgreiches Agieren im Wirtschaftsleben notwendig. In der liberalisierten Wirtschaft Russlands, die sich durch eine hohe Instabilität der rechtlichen und politischen Rahmenbedingungen und einer Spaltung der traditionellen wirtschaftlichen Beziehungen auszeichnet, stehen Unternehmer und Manager von privaten, aber auch staatlichen Banken vor täglich neuen Herausforderungen. Durch die damit verbundene Notwendigkeit zum Treffen eigenständiger Entscheidungen wird gerade von dieser Gruppe ein selbstverantwortliches Agieren in normativ unzureichend definierten Bereichen abverlangt (*Saslawskaja*, 1999, 139). Gleichwohl die ökonomischen, kulturellen und gesellschaftlichen Rahmenbedingungen sich von denen in Deutschland deutlich unterscheiden, erwächst auch in russischen Kreditinstituten die Forderung, dass Mitarbeiter verstärkt selbstverantwortlich handeln sollten.

Ziel dieser Arbeit ist es, die Bedingungen selbstverantwortlichen Handelns einer empirischen Fundierung zu unterziehen. Mit Hilfe einer komparativen Länderstudie sollen mögliche Unterschiede in der Bereitschaft zu selbstverantwortlichem Handeln in Kreditinstituten beider Länder untersucht werden. Die Untersuchungsergebnisse können somit Ansatzpunkte liefern, um Maßnahmen zur Förderung dieser Verhaltensdisposition zu optimieren.

1.3 Zum theoretischen Bezugsrahmen und methodischen Vorgehen

Aus wissenschaftstheoretischer Sicht kann die vorliegende Arbeit als anwendungsorientierter Beitrag zur Wirtschaftspädagogik verstanden werden. Der konzeptionelle Teil der Arbeit ist das Ergebnis intensiver Literaturrecherchen. Inhaltlich steht die Auseinandersetzung mit dem psychologischen Konstrukt der „Selbstverantwortung“ bzw. mit selbstverantwortlichem Handeln bei Mitarbeitern im Vordergrund. Zur Untermauerung der Aussagen bzw. der definitorischen Eingrenzung werden insbesondere organisationspsychologische Studien ausgewählt. Hieraus wird deutlich, dass ein interdisziplinäres Vorgehen sinnvoll erscheint und eine theoretische Fundierung aus unterschiedlichen Fachdisziplinen der Sozialwissenschaft hilfreich ist. Die Vorgehensweise im konzeptionellen Teil der Arbeit ist dabei empirisch induktiv.

Während der theoretisch-konzeptionelle Teil (Kapitel 2) zur begrifflichen Klarheit der in der Unternehmenspraxis meist nur vage umrissenen Zielvorstellung eines selbstverantwortlich handelnden Mitarbeiters beitragen will, soll im empirisch-analytischen Teil der Arbeit (Kapitel 3) mit Hilfe eines Fragebogenverfahrens die unterschiedliche Ausgangslage in Kreditinstituten der beiden Ländern untersucht werden. Somit beschränken sich die Aussagen hauptsächlich auf Mitarbeiter des öffentlich-rechtlichen Kreditgewerbes und erheben keinen Anspruch auf eine repräsentative Beschreibung der gesamten Bevölkerung. Als Ergebnis wird für die Unternehmenspraxis ein Instrument zur Operationalisierung der unterschiedlichen Ausprägungsintensität von selbstverantwortlichem Handeln zur Verfügung gestellt. Damit wird es möglich, konkrete Fördermaßnahmen unter Berücksichtigung der unternehmenskulturellen Unterschiede zu konzipieren. Da ein umsetzbares Verfahren zur

Operationalisierung des Nutzens von selbstverantwortlichem Handeln weder in der Forschungstheorie noch in der Unternehmenspraxis bislang vorliegt, kann die Arbeit als angewandtes Forschungsprojekt der Wirtschaftspädagogik beschrieben werden.

1.4 Zum Aufbau der Arbeit

Im Rahmen dieser Arbeit werden kulturbedingte Unterschiede im selbstverantwortlichen Handeln von Mitarbeitern in deutschen und russischen Kreditinstituten untersucht. Dazu wird ein für die Unternehmenspraxis umsetzbares Konzept vorgelegt, kultur- und unternehmensspezifische Besonderheiten zu erfassen, um damit mögliche Entwicklungsmaßnahmen zur Förderung selbstverantwortlichen Verhaltens dem jeweiligen kulturellen Kontext anzupassen.

Im Einzelnen wurde zunächst in **Kapitel 1** eine Ableitung der praktischen Relevanz dieser Arbeit vorgenommen. Dabei wurden neuere Entwicklungen der Unternehmensumwelt von Kreditinstituten in Deutschland und Russland beschrieben. Insbesondere wurde dargestellt, wie die Transformation der Wirtschaft in eine globalisierte Informationsgesellschaft in immer kürzeren Zeitabständen Vertriebswege, Dienstleistungen und die Formen der Zusammenarbeit in Kreditinstituten verändert. Organisationen in beiden Ländern sind gezwungen, die internen Prozesse und Strukturen zu flexibilisieren und an die Veränderungen in der Unternehmensumwelt rasch anzupassen. Es wurde dargestellt, wie starre Regeln und Strukturen aufgelöst und Mitarbeiter aufgefordert werden, über eine ständige Veränderungsbereitschaft diese Prozesse aktiv zu begleiten. Aus dem Verlust exakter Handlungsanleitungen, die auf eine veränderte Werthaltung bei den Mitarbeitern trifft, erwächst die vermehrte Forderung der Unternehmenspraxis nach mehr Selbstverantwortung im Handeln von Mitarbeitern.

In **Kapitel 2** erfolgt eine Exploration des psychologischen Konstrukts „Selbstverantwortung“. Bezug nehmend auf die in Kapitel 1 beschriebenen Erweiterungen organisatorischer Freiheiten werden Verhaltenstendenzen diskutiert, die über die reine Pflichterfüllung hinausgehen. Es werden wissenschaftliche Erklärungsansätze vorgestellt, die unter dem Oberbegriff Extrarollenverhalten oder unternehmerisches Verhalten zusammengefasst werden. Ergänzend werden Ausprägungsformen typischer Verhaltensweisen beschrieben, die aus der Übernahme von Selbstverantwortung folgen können. So werden Untersuchungen diskutiert, die einen theoretischen Zusammenhang zwischen Extrarollenverhalten sowie innovativem Verhalten und Selbstverantwortung belegen. Im Vordergrund steht die Frage, was unter einem Intrapreneur als extremste Ausprägungsform selbst- oder eigenverantwortlichen Handelns in Unternehmen zu verstehen ist. Dabei werden sinnverwandte Begriffe wie Entrepreneurship oder Mitunternehmertum systematisch diskutiert und abgegrenzt. Intrapreneurship wird dabei als die intensivste Variante selbstverantwortlichen Handelns dargestellt, die jedoch in Unternehmen deutlich weniger konsensfähig ist als die gemäßigteren Formen wie Pragmatismus oder Idealismus.

Kapitel 3 beschreibt als empirisch-analytischer Teil der Studie die Entwicklung eines Erhebungsverfahrens zur Erfassung der Ausprägungsintensität selbstverantwortlichen Verhaltens. Ziel ist es dabei, ein eigenständiges Verfahren zur Erhebung selbstverantwortlichen Handelns zu entwickeln. Dabei wird zum einen auf bereits bewährte Verfahren zurückgegriffen und diese auf das Untersuchungsziel hin angepasst. Zum anderen wird ein eigener Fragebogen entwickelt, der den situativen Kontext selbstverantwortlichen Handelns berücksichtigt. Das mittels einer Vorstudie optimierte Verfahren diente dazu, vermutete Unterschiede zwischen Mitarbeitern in deutschen und russischen Kreditinstituten wissenschaftlich darzustellen. Da fundierte empirische Untersuchungsergebnisse und interkulturelle Vergleichsstudien mit Russland trotz zahlreicher Hinweise in der soziologischen Forschungsliteratur nur selten zu finden sind, liefert die vorgelegte Arbeit in diesem Bereich weitere Erkenntnisgewinne. Aufgrund des Charakters einer Pilotstudie werden hierzu keine Forschungshypothesen formuliert, sondern die forschungsleitenden Fragestellungen in Leitthesen gekleidet.

In **Kapitel 4** erfolgt eine Konkretisierung der Möglichkeiten, wie Unternehmen im Rahmen gezielter Organisations- bzw. Personalentwicklungsmaßnahmen eine Ermöglichung von selbstverantwortlichem Handeln umsetzen können. Es wird anhand empirischer Untersuchungsergebnisse verdeutlicht, welche Bedeutung die konkreten Arbeitsbedingungen in der Organisation auf die Ausprägung von Selbstverantwortung bei Mitarbeitern haben und dass die Höhe der Selbstverantwortung zu einem beträchtlichen Grad durch Handlungsspielraum, wahrgenommene Verantwortlichkeit und die Ganzheitlichkeit der übertragenen Aufgaben bestimmt wird. Aufgrund der hohen Bedeutung des direkten Führungsverhaltens auf die Ausprägung von Selbstverantwortung werden insbesondere die Einwirkungsmöglichkeiten der direkten Führungskraft und Gestaltungsmöglichkeiten von Kreditinstituten zur Etablierung einer förderlichen Führungskultur diskutiert.

1.5 Vorläufiges Fazit

Die Unternehmensumwelt von Kreditinstituten im neuen Millennium ist geprägt von Veränderungen mit zunehmender Dynamik. Durch die voranschreitende Globalisierung und Technisierung der Wirtschaft entsteht ein sich ständig veränderndes Umfeld, welches Banken und Sparkassen zwingt, eine hohe Flexibilität und Anpassungsfähigkeit zu gewährleisten. Durch neue Kommunikations- und Informationstechnologien ergeben sich für Kreditinstitute neue Marktchancen, aber auch erhöhte Anforderungen an die Strukturen im Wertschöpfungsprozess. Organisationen sind durch die zunehmenden Globalisierungstendenzen in der Wirtschaft gezwungen, die internen Prozesse und Strukturen zu flexibilisieren und an die Veränderungen in der Unternehmensumwelt beständig anzupassen. Durch diese Dynamisierung werden formelle Regeln, feste Strukturen und Hierarchien eher als hemmend empfunden und neue Formen der Arbeitsgestaltung eingeführt (*Parks/Kidder*, 1994, 11-136). Die permanenten Veränderungsprozesse erzeugen die Forderung nach einer ständigen Veränderungsbereitschaft in breiten Schichten der Mitarbeiter. Der Verlust exakter Handlungsanleitungen bedeutet im Gegenzug höhere Anforderungen an große Teile der Belegschaft (*Nerdinger/von Rosenstiel*, 1996, 295-323). Durch die Flexibilisierung der Arbeitsumwelt wird es für Kreditinstitute immer schwerer, zukünftige Marktchancen exakt zu prognostizieren und mit den klassischen Managementinstrumenten Mitarbeiter effizient zu steuern. Die Umsetzung der von *Drucker* (1974) beschriebenen fünf Grundprinzipien des Managements (Ziele setzen, organisieren, motivieren und kommunizieren, Leistung messen, Menschen fördern und entwickeln) gestaltet sich durch die sich beständig verändernden Umweltbedingungen deutlich schwieriger. Der Anteil der expliziten Vertragsbestandteile zwischen Unternehmen und Mitarbeiter nimmt ab und die Bedeutung der impliziten, d.h. nicht ausdrücklich geregelten Vereinbarungen nimmt zu. Das heißt für den Mitarbeiter, dass er immer stärker in die Verpflichtung genommen wird, für sich und für seinen Beitrag für das Unternehmen verstärkt Verantwortung zu übernehmen. Das Fehlen konkreter Handlungsanweisungen erfordert von den Mitarbeitern zunehmend selbstverantwortliches Handeln. Diese nicht durch formelle Verpflichtungen motivierten Verhaltensweisen rücken verstärkt auch in das Blickfeld des Interesses der Erwachsenenpädagogik und der Organisationspsychologie.

Im Rahmen der Diskussion um mehr Selbstverantwortung in Organisationen wird der Gedanke der Selbststeuerung aufgegriffen und auf unternehmerisches Handeln fokussiert. Es geht hierbei nicht nur darum, Selbstkoordinationspotentiale bei den Mitarbeitern zu entfalten, sondern diese auch zielgerichtet zum Nutzen des Unternehmens einzusetzen. Daneben führen Veränderungen in der sozialpsychologischen Sphäre zu möglichen Werteunsicherheiten und -konflikten, die ebenfalls ein Gegensteuern in den Unternehmen verlangen. Um Mitarbeiter zu mehr selbstverantwortlichem Handeln zu bewegen, bedarf es daher einer fördernden Führungs- und Unternehmenskultur. Zwar spielt das Verhalten der direkten Führungskraft und verschiedene Persönlichkeitsdispositionen des Mitarbeiters eine maßgebliche Rolle, jedoch kann die Ausprägung von selbstverantwortlichem Handeln nicht als isoliertes Phänomen zwischen Leiter und Mitarbeiter betrachtet werden, sondern als integrierter Bestandteil der Unternehmenskultur.

Mit dem Zusammenbruch des Sowjetsystems stehen auch in Russland Kreditinstitute vor der Herausforderung, sich rasch verändernden Umweltbedingungen anzupassen. Neben den globalen Entwicklungen kommen noch die mit dem Systemwechsel verbundenen nationalen Transformationsprozesse hinzu. Auch in russischen Banken wird daher die Forderung nach selbstverantwortlich agierenden Mitarbeitern gestellt.

Nachfolgend wird zunächst das Konstrukt Selbstverantwortung definitorisch erfasst und von verwandten Konstrukten begrifflich abgegrenzt. Anschließend wird ein Verfahren zur Operationalisierung des im Rahmen dieser Arbeit beschriebenen Persönlichkeitskonstruktes vorgestellt. Dadurch wird es möglich, kultur- und unternehmensspezifische Unterschiede zu erfassen und als Input-Controlling-Variable zur Ausgestaltung von gezielten Fördermaßnahmen zur Verfügung zu stellen.

2 Theoretische Überlegungen zum psychologischen Konzept der Selbstverantwortung

In Kapitel 1.2.1 wird beschrieben, dass Globalisierung und zunehmender Fortschritt in den Informationstechnologien zunehmend dynamische Transformationsprozesse in der Wirtschaft ausgelöst haben und Unternehmen gezwungen sind, in immer kürzeren Zeiträumen sich verändernden Marktbedingungen anzupassen. Nach *Rousseau* (1997, 515-546) reagieren Unternehmen darauf mit einer verstärkten Flexibilisierung der formellen Strukturen und Prozesse, d.h. Organisationen verändern sich derzeit dahingehend, dass Mitarbeiter ein höheres Maß an individueller Verantwortung übernehmen und unter Abwägung formeller Pflichten ihr Handeln weitgehend selbst bestimmen.[3] Durch die Reduzierung der formalen Regeln erweitern sich die individuellen Handlungsräume, und Mitarbeiter werden verstärkt aufgefordert, selbstverantwortlich einen Beitrag zur Erreichung der Organisationsziele beizutragen (*Hiltrop*, 1995, 286-294). Verhalten, welches Mitarbeiter aus eigenem Antrieb zeigen, wird in der Forschung dadurch charakterisiert, dass es weniger durch traditionelle äußere Vorgaben reguliert wird, sondern jeder Einzelne von sich aus einen Beitrag zur Wertschöpfung leistet. Durch diese Individualisierung der Verantwortungsübernahme ergeben sich insbesondere für gut ausgebildete Fachspezialisten und hierarchisch höhergestellte Führungskräfte erweiterte Handlungsfreiräume, aber auch erhöhte Anforderungen wie verstärkter Erfolgsdruck (*Nerdinger/von Rosenstiel*, 1996, 295-323). Im Kontext erweiterter organisatorischer Freiheiten steigt die Erwartungshaltung an den einzelnen Mitarbeiter dahingehend, dass Pflichterfüllung[4] durch selbstverantwortliches Handeln und selbstbestimmtes Engagement ergänzt werden sollte (*Nerdinger*, 1997, 43-62). Aus unterschiedlichen Bereichen der Sozialwissenschaft werden aus diesen selbstbestimmten Normen verschiede-

---

[3] In der Literatur wird der Begriff des Verhaltens meist durch seine Umweltdeterminiertheit charakterisiert. Handeln wird dagegen vorwiegend durch persönliche Merkmale wie den individuellen Werten und Normen, dem vorhandenen Qualifikationspotential, der persönlichen Zielstellung und den Motiven beeinflusst (*Hacker*,1988, 275ff). In der vorliegenden Arbeit soll eine interaktionistische Zwischenposition vertreten und Handeln als zielgerichtetes, intentionales Verhalten verstanden werden (*Wittmann*, 2000, 55).

[4] Unter dem Begriff Pflichterfüllung wird im Rahmen dieser Arbeit das Handeln eines Mitarbeiters verstanden werden, welches aufgrund einer sujektiven Verpflichtung gegenüber Normen aus dem Arbeitsumfeld erfolgt. Ein Mitarbeiter sieht es demnach als eine Verpflichtung an zu handeln, da er glaubt, dass Normen des Unternehmes es von ihm fordern.

ne Erklärungsansätze entwickelt, welche sich allerdings kaum grundlegend unterscheiden und unter dem Oberbegriff Extrarollenverhalten, unternehmerisches oder selbstverantwortliches Verhalten zusammengefasst werden (*van Dyne/Cummings/Parks*, 1995, 215-285). Dabei soll im Rahmen dieser Arbeit unter einer „selbstbestimmten" Norm eine Zielvorstellung oder „Richtschnur" eines Mitarbeiters verstanden werden, aus der er konkrete Handlungsanleitungen ableitet. Soziale Normen des Unternehmens, welche sich in ausgesprochenen oder aber auch in impliziten Regeln niederschlagen, bleiben dabei unberücksichtigt, da das Unternehmen noch keine konkreten Erwartungen über ein angemessenes Rollenverhalten für diese Handlungsbereiche formuliert hat bzw. nicht formulieren wollte.

Im Wesentlichen handelt es sich um die Konzeptualisierung von Verhaltensweisen, die weder unmittelbar vorgeschrieben, noch aufgrund einer Beauftragung durch einen Dritten gezeigt werden. Selbstverantwortliches Verhalten wird nicht direkt und unmittelbar durch andere belohnt und hat Auswirkungen auf den Erfolg der Organisation. Dieses Verhalten von Mitarbeitern ist notwendig, da sich Kreditinstitute immer wieder unter neuen Umständen bewähren müssen, welche noch nicht in ihren formellen Organisationsstrukturen berücksichtigt sind (*Nerdinger*, 1998, 21-38). Banken und Sparkassen versprechen sich durch eine erhöhte Selbstverantwortung in allen Ebenen der Belegschaft eine effiziente Ausnutzung der Handlungsräume und damit eine Verbesserung der geforderten Flexibilität.

In der Literatur sind für diese Verhaltensweisen unterschiedliche Begriffe zu finden, so dass zunächst eine Abgrenzung und Konkretisierung erfolgen soll. Insbesondere werden verschiedene Formen von Verantwortungsübernahme diskutiert und daraus ein Konzept von selbst-verantwortlichem Handeln abgeleitet.

2.1 Zu verantwortlichem Handeln in Organisationen

Verantwortung lässt sich durch drei Charakteristika beschreiben:

> "Sie liegt immer bei jemandem, sie wird für etwas übernommen und sie besteht gegenüber jemandem" (*Walter*, 1998, 438-439).

Auf das Arbeitsleben übertragen heißt das: Die Verantwortung für die Erfüllung einer Aufgabe liegt zunächst bei dem Mitarbeiter selbst und beinhaltet die Pflicht und Bereitschaft, für seine Handlungen einzustehen und die daraus resultierenden Konsequenzen zu übernehmen (*Neubauer*, 1998, 222). Hierunter fallen in erster Linie Verhaltensweisen, die in den Bereich der regulären Aufgabenerfüllung fallen und bei denen eine eindeutige Zuordnung der Verantwortung möglich ist (*Schlenker*, 1997, 241-301).

Darüber hinaus beinhaltet der Begriff auch die mit bestimmten Aufgaben verbundene Verpflichtung, mit anvertrauten Gegenständen oder Arbeitsgeräten sorgfältig umzugehen, das Notwendigste und Beste dafür zu tun und Schaden möglichst abzuwenden bzw. gering zu halten (*Wahrig*, 1997). Daraus lässt sich ableiten, dass Verantwortungsübernahme im direkten Zusammenhang mit der Erfüllung von bestimmten Pflichten steht, die sich aus Normen oder Anweisungen ergeben. Der normative Rahmen, der das Erscheinungsbild des Unternehmens nach außen (Marktorientierung) und nach innen (Unternehmensorientierung) absteckt, kann in situative Einzelanweisungen und in langfristige Dauervorgaben unterschieden werden.

> „Dauerhafte Vorgaben sind Strategiepapiere, Unternehmensleitbild, Führungs- und Personalgrundsätze, konzeptionelle Verankerung personalwirtschaftlicher Teilbereiche, z.B. als Personal-entwicklungskonzeption. Zu den langfristig angelegten Vorgaben gehören auch Organisationshandbücher, Organigramme, Stellenbeschreibungen, Betriebsvereinbarungen und langfristige Leistungszusagen. Ebenfalls zu diesen strukturellen Elementen gehören die Arbeitszeit- und die Betriebsordnung“ (*Becker*, 1995, 314).

Die Übernahme von Verantwortung in Unternehmen wird demnach maßgeblich durch das elaborierte Normensystem gesteuert, das von bürokratisch genauen Verhaltensanweisungen bis hin zu allgemeinen, oftmals ungeschriebenen Regeln der Zusammenarbeit reicht. Das systemkonforme Verhalten von Organisationsmitgliedern stellt den Regelfall in den Unternehmen dar.

2.1.1 Zum Konzept der Aufgabenverantwortung

Verantwortliches Handeln geht über die „reine Pflichterfüllung“ hinaus, da nur derjenige sich für bestimmte Handlungen verantwortlich fühlen kann, dem es gestattet ist, freiwillig und ohne äußeren Zwang zu agieren (*Kauf-*

mann, 1995, 83). Die Zuschreibung von Verantwortung setzt nach der Attributionstheorie von *Weiner* (1995) voraus, dass eine Handlung beabsichtigt ist und der Handelnde sein Verhalten selbst kontrollieren kann. Ein Mitarbeiter, der beispielsweise über das Direktionsrecht seiner unmittelbaren Führungskraft zur Ausführung einer bestimmten Tätigkeit aufgefordert ist, wird diese Aufgabe ggf. „erledigen", obwohl er innerlich von deren Sinnhaftigkeit nicht überzeugt ist. Er fürchtet bei Zuwiderhandeln um den Verlust seines Arbeitsplatzes oder weiß, dass eine Diskussion mit der Führungskraft nicht erfolgversprechend sein wird. Daher fühlt er sich in diesem Falle für die Ausführung der Aufgabe an sich nicht verantwortlich. Anders verhält es sich mit der Art und Weise, wie die Aufgabe ausgeführt wird. Hier kann der Mitarbeiter bei mangelhafter Arbeitslleistung normativ verantwortlich gemacht werden.

> „Daraus folgt, dass die soziale Konstruktion von Verantwortung und zugleich der Verantwortungsbegriff abhängig von situativen, normativen oder historischen Kontexten wandelbar ist. Verantwortung ist immer subjektiv und abhängig von Perspektiven und Interpretationen" (*Koch*, 2000, 14).

Dies bedeutet, dass Personen, die im Rahmen eines abgesteckten Tätigkeitsfeldes bestimmte Handlungen ausführen und dabei bekannte Normen verletzen, dafür moralisch zur Verantwortung gezogen werden können (Auhagen, 1999). *Koch* (2000, 14ff) stellt der klassischen Handlungsfolgenverantwortung, bei der eine Person für bestimmte Handlungen in der Vergangenheit zur Verantwortung gezogen werden kann, die sogenannte Aufgabenverantwortung gegenüber. Hierbei erfolgt die normative Orientierung an den angestrebten, d.h. in der Zukunft liegenden Zielen.

	Handlungsfolgenverantwortung	**Aufgabenverantwortung**
Konzept der Verantwortung	Klassisch	Nicht-klassisch
Fokus	Eingetretene Ereignisse	Zu erledigende Aufgaben
Normativer Gegenstand	Negative Folgen	Positive Zustände
Perspektive	Retrospektive	Prospektive

Tabelle 3: Konzeptioneller Vergleich von Handlungsfolgen und Aufgabenverantwortung (*Koch*, 2000, 17)

Gerade im Kontext der zunehmenden Technisierung und Dynamisierung der wirtschaftlichen Prozesse erweist sich die klassische Zuschreibung von Verantwortung als ausgesprochen schwierig. Bei komplexen wirtschaftlichen Systemen und technisch anspruchsvollen Prozessen lassen sich direkte Verantwortlichkeiten schwer ableiten. Daher erscheint das von *Koch* (2000) vorgelegte Konzept der Aufgabenverantwortung, bei der eine Person für die angestrebte Zielerreichung verantwortlich ist, in Zeiten dynamischer Wandlungsprozesse angemessener.

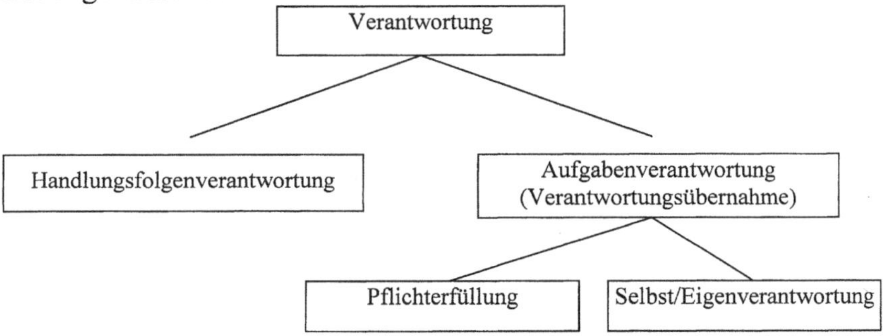

Abbildung 5: Begriffliche Unterscheidung zwischen verschiedenen Konzepten der Verantwortung (*Koch*, 2000, 19)

Insbesondere bei Aufgabenstellungen, die sich weder über genaue Regeln noch über vorgegebene Anweisungen umsetzen lassen, erweist sich der Ansatz der Handlungsfolgenverantwortung als unbrauchbar (*Bayertz*, 1995, 3-71). Personen handeln demnach dann verantwortlich, wenn sie Willens und in der Lage sind, einen bestimmten Zielzustand zu erreichen. Werden dabei die normativen Regeln berücksichtigt und strikt eingehalten, so äußert sich das verantwortliche Handeln in Form der Pflichterfüllung. Wird dabei ein vorgegebener Handlungsspielraum nach eigenen Maßstäben ausgefüllt oder der normative Kontext verlassen, d.h. eine Handlung in einem normativ vom Unternehmen nicht besetzten Raum durchgeführt, so beginnt der Bereich der Selbstverantwortung. Pflichterfüllung und Selbstverantwortung stellen somit Teilbereiche der Aufgabenverantwortung dar, wobei das Unterscheidungskriterium das Vorhandensein von klaren Regeln und Pflichten auf dem Wege der Zielerreichung ist (*Koch*, 2000, 18ff).

2.1.2 Zu verantwortlichem Handeln als pflichterfülltes Handeln

Neben der Bedeutung von Normen und Regeln spielt auch die Frage der motivationalen Determinanten von verantwortlichem Handeln eine entscheidende Rolle. *Schlenker* (1997, 241-301) analysiert in seinem Modell verschiedene Konstellationen von Verantwortungsübernahme in Organisationen. Dabei erarbeitete er Bedingungen, auf deren Grundlage einer Person von anderen Personen die Verantwortung für ein Ereignis, eine Handlung oder einen Sachverhalt zugeschrieben wird.

In seiner Arbeit verweist er in Anlehnung an das Modell des reziproken Determinismus (*Gerig*, 1998, 70) auf die gegenseitige Beeinflussung von individuellen Faktoren (Person), situativen Umständen (Fall) und den Vorschriften durch das Unternehmen (Vorgabe). In diesem Zusammenhang bedeutet Verantwortung, wenn eine Person in einem vorliegenden Fall für Ereignisse oder Handlungen, die sie selbst beeinflussen kann, sich selbst oder von anderen verantwortlich gemacht wird und wenn eine bestimmte Vorgabe in Hinblick auf diesen Fall beachtet werden muss (*Schlenker/Britt/Pennington/Murphy/Doherty*, 1994, 632-652).

> „In einem sozial-psychologischen Kontext beschreibt das Modell Bedingungen, auf deren Grundlage einer Person von anderen Personen die Verantwortung für ein Ereignis, eine Handlung oder einen Sachverhalt zugeschrieben wird“ (*Koch/Kaschube*, 2000, 8).

Graphisch stellt sich das Dreiecksmodell der Verantwortung wie folgt dar:

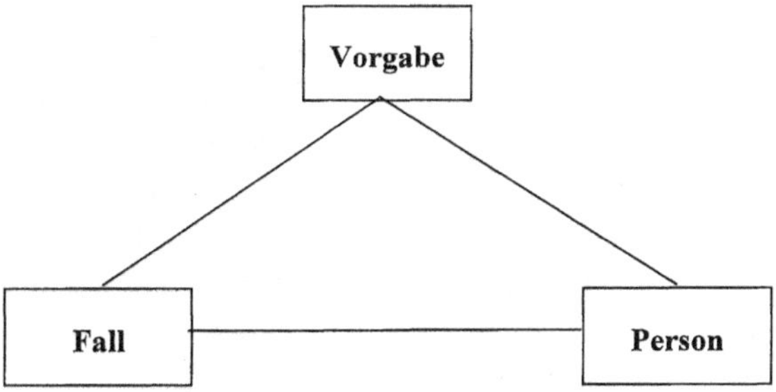

Abbildung 6: Das Dreiecksmodell der Verantwortung nach *Schlenker* (1997, 245)

Mit dem Begriff „Personen" (Abbildung 6) umschreibt *Schlenker* (1997, 245) alle im Unternehmen tätigen Mitarbeiter. Der „Fall" stellt für ihn ein bestimmtes Ereignis beziehungsweise eine bestimmte Handlung im Zusammenhang mit der gewöhnlichen Arbeitstätigkeit einer Person dar. Dabei können sich der Umfang und die Komplexität der betrachteten Fälle erheblich unterscheiden. Die Spanne reicht hierbei von kurzen und einfachen Handlungen, wie der Kontrolle einer Prüflampe an einer Maschine, bis hin zu langwierigen und komplexen Aufgaben wie dem Erstellen einer neuen Marketingstrategie oder der Reorganisation einer Geschäftseinheit. „Vorgaben" umfassen alle verbindlichen Handlungsvorschriften, die vom Unternehmen festgelegt werden und bei der Erfüllung einer Aufgabe zur Anwendung kommen. Diese können explizit in schriftlicher Form vorgegeben sein. Solche Vorgaben manifestieren sich in Kreditinstituten typischerweise in Arbeitsanweisungen, Kompetenzrahmen oder verbindlichen Rundschreiben, bestimmte gesetzliche Regelungen einzuhalten. Daneben spielen ungeschriebene, implizite Anweisungen wie unausgesprochene Erwartungshaltungen an bestimmte Funktionsträger oder informelle Regeln der Zusammenarbeit eine gewichtige Rolle (*Koch/Kaschube*, 2000, 5ff).

Entscheidend für die Übernahme von Verantwortung sind neben der Ausprägung der drei genannten Bereiche die Interaktionsbeziehungen zwischen den einzelnen Determinanten. Die Art und Weise beziehungsweise die Güte und Intensität der vorliegenden Beziehungen zwischen den drei Elementen Person, Fall und Vorgabe werden dabei von der handelnden Person oder einer außenstehenden Instanz, wie einem Vorgesetzten, bewertet.

- Die Person-Fall-Bindung besteht dann, wenn die Person im gegebenen Fall aktiv eingreifen will und ihr auch die Möglichkeiten dazu gegeben sind. Dies setzt voraus, dass die Person die notwendigen Informationen und Fähigkeiten besitzt, um die Handlung ausführen zu können. Die subjektive Erwartungshaltung, die notwendigen Ressourcen zur Aufgabenbewältigung vorhalten zu können (hohe Selbstwirksamkeitserwartung), führt nach *Bandura* (1977, 191ff) dazu, dass eine Person diese Situation als Herausforderung erlebt und mit noch mehr Anstrengung und Engagement die Aufgabe zu lösen versucht. Im umgekehrten Fall wird sie bei niedriger Selbstwirksamkeitserwartung Überforderung und Stress erleben. Dies bedeutet, dass die Arbeitsaufgabe für den Mitarbeiter als Stressor erlebt wird, „die sein Gleichgewicht stören und seine Fähigkeiten zur Bewältigung strapazieren oder überschreiten“ (*Zimbardo/Gerrig*, 1999, 370). Ferner muss die Person das angestrebte Ziel erreichen wollen und nicht aus Zwang oder durch Druck von Dritten heraus agieren (*Schlenker/Weigold*, 1989, 21ff). Verantwortliches Handeln lässt sich primär bei freiwilligen und selbstbestimmten Handlungen zeigen. Bei zufälligen und unbeabsichtigten Handlungsfolgen aufgrund eines Missgeschickes oder eines Unfalls liegt keine Person-Fall-Bindung vor (*Schlenker*, 1997, 241ff).

- Die Person-Vorgabe-Bindung entsteht, wenn der Person die Ausführung der Vorgabe obliegt. Dies ist dann der Fall, wenn eine Handlungsvorschrift einer bestimmten Person zugeordnet und für diese auch verbindlich ist. Das entscheidende Kriterium ist demnach, dass die Anweisung dem Handelnden bekannt und auf ihn bezogen ist. In den meisten Fällen geht dieser Bezug auf eine schriftliche Stellenbeschreibung oder Kompetenzvereinbarung zurück, kann aber auch von in einer Organisation allgemeinen, unausgesprochenen Regeln und Normen ausgehen. Die Stärke dieser Bindung kann dadurch erhöht werden, dass ein Mitarbeiter sich mit den Vorgaben bzw. Zielen identifiziert (*Deci/Ryan*, 1990, 237ff).

- Die Vorgabe-Fall-Bindung entsteht, wenn eine bestimmte Vorgabe eine für einen konkreten Fall anzuwendende Handlungsvorschrift bestimmt. Die Vorgabe muss demnach eindeutig auf den betreffenden Fall anwendbar sein. Dies ist dann gegeben, wenn die Vorgabe ausreichend spezifiziert wird und nicht im Widerspruch zu anderen Regeln der Organisation steht (*Schlenker*, 1997, 241ff).

  „In der Vorgabe ist eine für den jeweiligen Fall anzuwendende Strategie oder Vorgehensweise verankert, die unabhängig von einer bestimmten Person allgemeine Geltung in der Organisation hat“ (*Koch/Kaschube*, 2000, 9).

Ein Höchstmaß an Verantwortung ist gegeben, wenn keine der drei Bindungen verletzt wird. Dieser Zustand besteht, wenn eine Person eine mit ihr abgestimmte Aufgabe erledigt und dabei die vorgesehenen Ressourcen verwendet sowie die Rahmenbedingungen beachtet. Auch die Ausführung befehlsartiger, detaillierter Vorgaben fällt in diesen Bereich. Die persönliche Verantwortung geht somit in diesem Modell kaum über die Erfüllung zugewiesener Pflichten hinaus und entspricht weitestgehend einem pflichterfüllten und organisationskonformen Verhalten. Verantwortung reduziert sich auf die persönliche Verpflichtung, eine konkrete Vorgabe zu befolgen.

> „Der Regelfall des Dreiecksmodells sieht vor, dass eindeutig feststeht, welche Pflichten eine Person prospektiv zu erfüllen hat bzw. unter welchen Umständen eine Person retrospektiv für ihre Handlungen zur Verantwortung gezogen werden kann. Unter den genannten Bedingungen kommt es zur Selbst- oder Fremdzuschreibung eines hohen Maßes von Verantwortung“ (*Koch*, 2000, 31).

Verschiedene empirische Studien belegen, dass die kognitive Bewertung dieser drei Relationen eine entscheidende Rolle spielt, inwieweit eine Person sich für bestimmte Handlungen verantwortlich fühlt.

> „The amount of responsibility an individual feels on any given occasion is a direct function of the strength of the links between the elements and the impotance of the elements to the individual. The identity-event link is the most extensively studied link in the past analyses of responsibility and reflects the extent to which the individual has personal control over the event, such as beeing able to foresee the consequences of the event and intentionally producing the outcome"(*Britt*, 1999, 696).

2.2 Zu selbstverantwortlichem Handeln in Organisationen

Eingangs wurden die Veränderungen in der Unternehmensumwelt von deutschen und russischen Kreditinstituten skizziert, wobei insbesondere die dynamischen Wandlungsprozesse der technischen und sozialpsychologischen Sphäre beschrieben wurden. Die hohe Geschwindigkeit dieser Transformationsprozesse erfordert von den Banken und Sparkassen ein erhöhtes Maß an Flexibilität im Wertschöpfungsprozess und ein rasches Reagieren auf die sich verändernden Bedingungen. Dies führt zwangsläufig dazu, dass Mitarbeiter in unerwarteten Situationen handeln müssen, ohne dass auf bestehende Regeln und Anweisungen zurückgegriffen werden kann oder diese keine ausreichende Lösungshilfe darstellen. Da Kreditinstitute zur Erhöhung der Flexibilität etablierte Regelwerke verstärkt reduzieren, sind normativ wenig reglementierte Situationen in vielen Unternehmensbereichen heute schon der Regelfall (*Steffens-Duch/Fischer*, 2000, 550).

„Was Einzelne zur Erfüllung des Organisationszwecks beitragen, wird immer weniger durch traditionelle äußere Vorgaben reguliert. Vielmehr müssen die Mitarbeiter aus eigenem Antrieb dafür sorgen, dass ihr persönlicher Beitrag zur Wertschöpfung stimmt. Die Verantwortung geht von der Organisation als System auf ihre einzelnen Mitglieder über" (*Koch/Kaschube*, 2000, 6).

Auch kann die zunehmende Komplexität der zu bewältigenden Arbeitsaufgaben zu Normdiffusionen führen, wenn Mitarbeiter widersprüchliche Regelwerke vorfinden. Um in diesen Situationen nicht passiv und untätig zu bleiben, sind Mitarbeiter verstärkt gefordert, selbstverantwortlich zu handeln (*Farr/Ford*, 1990, 63ff). Synonym für Selbstverantwortung findet hier der Begriff der „Eigenverantwortung" Verwendung.

2.2.1 Zu Selbstverantwortung versus Pflichterfüllung

Auch *Wunderer* (1995b, 91) differenziert zwischen pflichterfülltem und selbstverantwortlichem Handeln. Pflichterfüllt-verantwortliches Handeln lässt sich meist als Verpflichtung zur Ausführung beziehungsweise Unterlassung bestimmter Handlungen verstehen, die sich auf allgemeine Handlungsprinzipien zurückführen lassen, welche vom Unternehmen vorgegeben werden. Pflichterfülltes Handeln ergibt sich aus dem psychologischen Kontrakt des Mitarbeiters und orientiert sich demnach ausschließlich am normativen Kontext des Unternehmens (*Rousseau/Parks*, 1993, 1ff).

Wird der Begriff Selbstverantwortung in seine Bestandteile Selbst und Verantwortung aufgespalten, impliziert er in erster Linie Verantwortung gegenüber einem selbst. Eigen oder Selbst bezeichnet die eigene Person, wobei auf persönliche Interessen, Werte und Antriebe Bezug genommen wird (*Wahrig*, 1997, 1124). Die Orientierung an den eigenen Werten ist gerade dann notwendig, wenn, wie eingangs skizziert, der Mitarbeiter in einem normativ vom Unternehmen nur schwach oder nicht besetzten Raum agieren muss. Dabei nimmt der Mitarbeiter durchaus Bezug zu dem allgemeinen normativen Rahmen und den Zielen des Unternehmens, entscheidet jedoch selbst, an welchen konkreten Normen er sich orientiert.[5] In diesem Fall spielen die allgemeinen Ziele des Unternehmens bei der Konstruktion des eigenen normativen Kontextes eine Rolle.

---

[5] Zur definitorischen Abgrenzung der Begriffe Normen und Werte vgl. Kapitel 2.5.3.2

„Der persönliche normative Kontext, der schließlich handlungsleitend wird, besteht aus der Gesamtheit aller Vorgaben, bei denen Bindungen sowohl zur Person als auch zum Fall als gegeben anerkannt oder aber konstruiert wurden. Dieser Satz von Vorgaben enthält Zutaten des Individuums und der Organisation. Er dient gleichermaßen der Konkretisierung des Ziels, das mit dem Handeln und der Planung der Handlungsführung angestrebt wird. Der beschriebene Konstruktionsprozess läuft bewusst ab“ (*Koch*, 2000, 45).

Damit ist selbstverantwortliches Handeln von reaktiver Autonomie zu unterscheiden, bei der sämtliche Normen und Regeln der Organisation kategorisch abgelehnt werden (*Koestner/Losier*, 1996, 851ff).

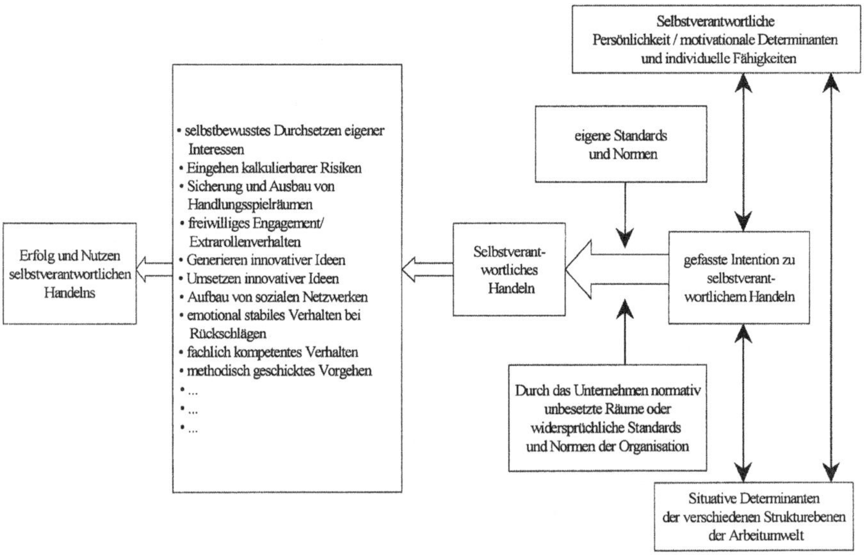

Abbildung 7: vorläufiges Modell selbstverantwortlichen Handelns

Stattdessen werden bei selbstverantwortlichem Handeln Normen und Werte des Unternehmens mit in das persönliche normative Konzept eingebaut. Jedoch werden diese im Gegensatz zum pflichterfüllten Handeln, wo sie ausschließlich handlungsbestimmend werden, nochmals bewusst auf deren Adaptionsfähigkeit hin überprüft. Dabei kann es sich um persönliche Vorstellungen handeln, die dem Erfolg des Unternehmens zugute kommen und mit den übergeordneten Unternehmenszielen in Einklang stehen. Einmal gefasste Intentionen werden durch persönliche Normen und der wahrgenommenen Verhaltenskontrolle bestimmt und regelmäßig in Handlungen umgesetzt. Dieser Zusammenhang wird in der nachfolgenden Graphik dargestellt.

Selbstverantwortung ist somit auf die Realisierung von Zielen gerichtet.[6] Diese zielgerichtete Orientierung führt zur Bildung von Intentionen, die in bestimmten situativen Kontexten in selbstverantwortlichem Handeln münden. Die durch das selbstverantwortliche Handeln angestrebten Ziele sind somit das Ergebnis der eigenen normativen Standards und Wertvorstellungen. Wenn Mitarbeiter ihre Arbeitsrolle verlassen, wenn sie über die an sie gestellten Erwartungen hinausgehen und Initiative ergreifen, dann tun sie das, was sie persönlich für richtig und erstrebenswert halten. Diese Ziele sind beim selbstverantwortlichen Handeln nicht losgelöst von den Unternehmenszielen zu betrachten und beinhalten somit einen intendierten positiven Effekt für die Organisation. Wenn der Mitarbeiter selbstbestimmt handelt, so tut er dies also aus eigenem Antrieb heraus (*Deci/Ryan*, 1987, 1024ff). Die Verantwortung dafür, die Aufgabe zu erfüllen, hat der Mitarbeiter dabei sowohl gegenüber sich selbst als auch gegenüber seinen Kollegen, seinem Vorgesetzten und dem gesamten Unternehmen. Damit kann man Selbstverantwortung interpretieren als Verpflichtung, für sich selbst Sorge zu tragen und für die Konsequenzen eigenen Handelns einzustehen (*Walter*, 1998, 438).

Widersprechen sich dagegen die persönlichen Wertvorstellungen mit den normativen Vorgaben des Unternehmens, entsteht eine Konfliktsituation, in der der Mitarbeiter das pflichterfüllte Handeln als unsinnig betrachten wird (*Staw/Boettger*, 1990, 534ff). Der Mitarbeiter wird in diesem Fall abklären, ob er seine persönlichen Vorstellungen gegen mögliche organisatorische Wi-

---

[6] *Hacker* geht davon aus, dass ein wesentlicher Teil menschlichen Verhaltens zielgerichtet ist und somit den Normalfall darstellt (*Hacker*, 1998, 17-37)

derstände durchsetzen kann oder ob er die aus Unternehmenssicht vorzuziehende alternative Handlung gegen seine individuellen Interessen ausführt. Entscheidend hierbei ist die Einschätzung der eigenen Selbstwirksamkeit, d.h. inwieweit der Mitarbeiter glaubt, genügend Energie und Reserven mobilisieren zu können (*Bandura*, 1977, 191ff). Selbstwirksame Personen empfinden die möglichen organisatorischen Widerstände als herausfordernd und glauben, die damit verbundenen Konfliktsituationen erfolgreich bewältigen zu können. Weniger selbstwirksame Personen befürchten dagegen, dass sie die möglichen Widerstände nicht überwinden können.[7] Diese subjektiven Überzeugungen bezüglich der eigenen Kompetenzen müssen sich jedoch nicht mit den tatsächlichen Fähigkeiten decken. So kann es durchaus vorkommen, dass sich Menschen über- bzw. unterschätzen (*Schwarzer/Born*, 1997, 177-190).

Das Selbstwirksamkeitserleben hat somit einen wichtigen Einfluss auf die Intentionsbildung: Selbstverantwortliches Handeln wird nur dann gezeigt, wenn der Mitarbeiter die anvisierten Ziele glaubt umsetzen zu können. Selbstverantwortung geht daher über die im Dreiecksmodell (vgl. Abbildung 6, Seite 36) beschriebenen Verhaltensweisen hinaus. Sie besteht darin, dass eine Person auf eigene Verantwortung, d.h. unabhängig von durch die Unternehmung vorgegebenen Vorschriften, handelt. Die Einzelnen orientieren sich bei ihrem Handeln an Vorgaben beziehungsweise Zielen, die sie selbst gewählt haben. Es besteht also in der Terminologie von *Schlenke*r (1997, 250ff) eine aufgrund persönlicher Normen konstruierte starke Person-Fall-Bindung. Dagegen sind die Person-Vorgabe-Bindung und/oder die Vorgabe-Fall-Bindung nur unklar ausgeprägt. Der Mitarbeiter ist sich demnach unsicher, ob die Aufgabe in den ihm zugewiesenen Kompetenzbereich fällt, d.h. ob er die Aufgabe überhaupt ausführen darf oder soll und ob die vorliegenden Regeln und Vorgaben auf den Fall angewendet werden können. Er übernimmt hierfür demnach keine persönliche Verantwortung, da keine Verpflichtung besteht, eine vorgegebene Handlungsanweisung zu befolgen. Situationen, in denen keine Vorgabe-Fall-Bindung vorliegt, können auch als Präzedenzfälle beschrieben werden, die mit routinemäßigem Handeln nicht gelöst werden können. Selbstverantwortung bedeutet, dass ein Mitarbeiter auch bei diesen unklaren Vorgaben Verantwortung übernimmt und ohne Anweisung in einem normativ vom Unternehmen unzureichend besetzten Raum handelt.

---

[7] Vgl Kapitel 3.3.1

Der Mitarbeiter schafft sich durch die Konstruktion eigener, persönlicher Normen eine situativ geeignete Handlungsbasis und handelt auf „eigene Faust". Die Auseinandersetzung mit dem eigenen, individuellen Normenkonzept stellt die Grundlage für die Übernahme von Verantwortung im normativ wenig reglementierten Raum dar. Selbstverantwortliches Handeln erfolgt daher in erster Linie aufgrund persönlicher Werte und weniger aufgrund der organisationalen Normen und Regeln des Unternehmens.

Entgegen der subjektiven Auffassung, wonach selbstverantwortliches Handeln im selbständigen Ausnutzen eines vorgegebenen Handlungsspielraumes besteht, fällt dieser Fall unter verantwortliche Pflichterfüllung. Auch wenn Mitarbeiter innerhalb eines Rahmens frei entscheiden können und die alleinige Verantwortung für ihr Tun übernehmen, so stellt dies nach dem Modell von *Schlenker* (1997) noch keine Form von selbstverantwortlichem Handeln dar (*Koch/Kaschube*, 2000, 24/25). Selbstverantwortung bedeutet vielmehr, selbstbestimmt die Handlungsziele auszuwählen, und besteht aus drei Bestandteilen:

1. Selbstverantwortung ist selbststartend: Man agiert in einem normativ vom Unternehmen unzureichend besetzten Raum und tut etwas, ohne dass es von außen aufgetragen wurde oder Bestandteil der Tätigkeitsbeschreibung ist.

2. Selbstverantwortung ist proaktiv: Man löst Probleme so, dass sie nicht immer wieder auftauchen, oder so, dass sie weniger störend sind (*Crant*, 2000, 435-462; *Bateman/Crant*, 1993, 103-118).

3. Selbstverantwortung hilft Barrieren zu überwinden: Man gibt nicht auf, wenn während der selbstverantwortlichen Handlung Probleme entstehen, sondern man versucht, sie zu überwinden. Selbstverantwortung geht damit über die eigentliche Arbeitsrolle und die Arbeitsaufgaben hinaus. (*Süsmuth-Dyckerhoff*, 1995, 59)

2.2.2 Zu möglichen Ausprägungen von selbstverantwortlichem Handeln

Selbstverantwortliches Handeln führt in der Regel zu einer aktiven Bewältigung der (Arbeits-) Anforderungen und zu aktivem Herangehen an das (Arbeits-)Leben. Personen mit einer hohen Selbstverantwortung können dadurch charakterisiert werden, dass sie ihre Karriere stärker planen und diese

Planungen auch stärker ausführen. Darüber hinaus gehen sie mit Stressbedingungen aktiver um, das heißt, sie versuchen Stress durch Handeln zu bewältigen und wenden seltener passive, emotionsbezogene Bewältigungsstrategien an. Personen mit höherer Selbstverantwortung sind selbständiger, können besser mit Schwierigkeiten und Problemen umgehen, wissen genauer, was sie erreichen wollen bzw. setzen dies auch um (*Weber*, 1998, 180).

Dies legt nahe, dass Selbstverantwortung mit dem Erfolg und der Produktivität eines Individuums, einer Arbeitsgruppe und sogar einer Gesamtorganisation zusammenhängt (*Thom/Jörg*, 1999, 219). Personen mit hoher Selbstverantwortung verändern ihren bestehenden Arbeitsplatz nebst Arbeitsaufgaben so, dass insbesondere ihr Handlungsspielraum über die Zeit zunimmt. Dies bedeutet, dass sich Personen mit hoher Selbstverantwortung diejenigen Arbeitsplätze suchen, die für sie abwechslungsreicher, verantwortungsvoller und herausfordernder sind, die mehr Entwicklungsmöglichkeiten bieten und damit Selbstverantwortung stärker stimulieren (*Weber*, 1998, 211).

Dabei werden bewusst Aufgabenbereiche beschritten, die das Unternehmen noch nicht normativ besetzen konnte und ggf. wollte. Durch dieses Handeln in einem vom Unternehmen normativ nur unzureichend besetzten Raum wird passives Abwarten durch freiwilliges und innovatives Verhalten ersetzt. Damit verhindern selbstverantwortlich handelnde Mitarbeiter möglichen Schaden durch das Verpassen von Marktchancen und tragen somit zur Steigerung der Wertschöpfung im Unternehmen bei. Freiwilliges und innovatives Handeln steht damit im engen Zusammenhang mit selbstverantwortlichem Verhalten. Nachfolgend sollen daher Befunde und Untersuchungen aus der Organisationsforschung beleuchtet werden, die diesen Zusammenhang beschreiben.

2.2.2.1 Zu überobligatorischem Engagement als freiwilliges Handeln ohne direkten Aufgabenbezug

Verhalten, das Organisationsmitglieder aus eigenem Antrieb zeigen und das über den zugeordneten Aufgabenbereich hinausgeht, kann als überobligatorisches Engagement oder Extrarollenverhalten bezeichnet werden. Diese über die explizite Rollenerwartung hinausgehenden Handlungsweisen lassen sich dadurch charakterisieren, dass sie

- nicht unmittelbar vorgeschrieben sind und freiwillig, d.h. nicht durch andere beauftragt, gezeigt werden,
- nicht direkt belohnt und vergütet werden,
- und Auswirkungen auf den Gesamterfolg des Unternehmens haben (*Nerdinger*, 1998, 21ff).

Schon *Barnard* (1938) hat das freiwillige und über das geforderte Maß hinausgehende Engagement von Mitarbeitern als Grundvoraussetzung für den Erfolg eines Unternehmens bezeichnet. Auch *Katz* (1964, 131ff) hat darauf hingewiesen, dass Organisationen vom Markt verschwinden, wenn Mitarbeiter nur die vorgeschriebenen und belohnten Verhaltensweisen in der täglichen Arbeit zeigen würden. Der sogenannte „Dienst nach Vorschrift" entspricht weitestgehend den durch Stellenbeschreibungen und Kompetenzrahmen definierten Handlungsweisen und kann insofern als systemkonform beschrieben werden. Gerade in Zeiten zunehmender Transformationsprozesse in der Unternehmensumwelt werden jedoch Verhaltensweisen von Mitarbeitern, die über die verabredete Arbeitsleistung hinausgehen, immer wichtiger. So konnte in einigen Untersuchungen nachgewiesen werden, dass das Vorhandensein von überobligatorischem Engagement nachhaltige positive Auswirkungen auf den Unternehmenserfolg hat (*Katz/Kahn*, 1978). Diese Ausprägung selbstverantwortlichen Handelns orientiert sich an den Werten der Organisation und führt zu mehr Flexibilität und Innovationsfähigkeit im Unternehmen (*von Rosenstiel*, 1999, 84). Ebenso fällt eine besonders sorgfältige und gewissenhafte Erledigung der anstehenden Aufgaben in den Bereich des Extrarollenverhaltens. Dies ist beispielsweise dann der Fall, wenn ein Kreditsachbearbeiter in einem Kreditinstitut zusätzliche Kreditprüfungen vornimmt, bevor er seine Zustimmung zur Kreditausreichung gibt. Umgekehrt führte das Ausbleiben dieser Verhaltenstendenz, indem sich Mitarbeiter passiv oder zögerlich verhielten, zu spürbaren Nachteilen für das untersuchte Unternehmen (*George/Bettenhausen*, 1990, 698ff).

In der Literatur werden mit dem Begriff des überobligatorischen Engagements oder Extrarollen-verhaltens ähnlich gelagerte Konzepte in Verbindung gebracht. Dabei handelt es sich insbesondere um das „Organizational Citizenship Behaviour",[8] unter dem man Verhaltensweisen von Mitgliedern einer Organisation versteht, die weder durch formale Rollenverpflichtungen erwartet werden, noch über vertragliche Regelungen direkte finanzielle Vorteile versprechen (*Organ*, 1988). Diese Verhaltensweisen werden demnach freiwillig und mit Ziel ausgeführt, etwas Positives für die Organisation zu bewirken. Organizational Citizenship Behaviour beschreibt demnach ein über formelle Vorgaben hinausgehendes Verhalten, denen zufolge sich das Handeln des Einzelnen im Sinne einer freiwilligen Erfüllung von Bürgerpflichten stets am allgemeinen Wohl des Staates beziehungsweise der Unternehmung zu orientieren hat. Das Konstrukt des Organizational Citizenship Behaviour ist mehrdimensional ausgeprägt, wobei die Dimensionen Altruismus (Hilfsbereitschaft unter Kollegen) und Compliance (Gewissenhaftigkeit bei der Ausführung von Arbeitsaufgaben) die stärkste Gewichtung aufweisen (*Organ*, 1997, 85-97).

Ein weiteres mit Extrarollenverhalten in Verbindung stehendes Konstrukt ist das der Eigeninitiative (*Frese*, 1993, 53-59). Der von *Frese/Kring/Soose/Zempel (1996)* in den 90er Jahren wiederbelebte und in die Diskussion eingebrachte Begriff lässt sich durch fünf Aspekte charakterisieren. Demnach ist Eigeninitiative

- „consistent with the organization's mission,
- has a long term focus
- is goal directed and action orientated,
- is persistent in the face of barriers and setbacks, and
- is selfstarting and proactive" (*Frese/Kring/Soose/Zempel*, 1996, 38).

Ein Mitarbeiter entfaltet vor allem dann Eigeninitiative, wenn kein Zwang von seiner Umgebung ausgeübt wird und er selbständig, d.h. ohne Vorgaben, Ziele für einen längeren Zeitrahmen entwickelt und proaktiv gegen Widerstände durchsetzt (*Frese/Fay/Hilburger/Leng/Tag*, 1997, 139-161).

Weitere ähnlich gelagerte Konzepte, die mit Extrarollen-Verhalten in Verbindung stehen, sind das prosoziale Verhalten in Organisationen (*Brief/Motowidlo*, 1986, 710-725; *McNeely/Meglino*, 1994, 836ff) und das der organisationalen Spontaneität (*George/Brief*, 1992, 310-329; *George/Jones*, 1997, 153ff). Dabei besteht bei allen vorgelegten Konzepten das

---

[8] Vgl. Kapitel 2.3.2

grundsätzliche Definitionsproblem, wann ein bestimmtes Verhalten als freiwillig klassifiziert werden kann oder ob nicht doch die betrachteten Handlungen von Erwartungshaltungen oder Vorschriften determiniert wurden. Wenn beispielsweise ein Mitarbeiter wiederholt für einen Kollegen einspringt, so kann diese Handlungsweise auf den ersten Blick als freiwilliges Agieren erscheinen, jedoch auch aus inoffiziellen Erwartungen resultieren (*Organ/Paine*, 1999, 337ff; *Müller/Bierhoff*, 1994, 367-379). Besonders bei Führungskräften besteht das Problem, dass deren Aufgabenbeschreibungen in der Praxis häufig sehr weit gefasst sind. Dies hat zur Folge, dass Extrarollenverhalten und Engagement implizit erwartet werden. Daher kann freiwilliges Handeln bei dieser Personengruppe kaum noch abgegrenzt werden (*Pond/Nacoste/Mohr/Rodriguez*, 1997, 1527ff). Auch bei anderen Mitarbeitergruppen ist eine Unterscheidung in der täglichen Praxis schwer möglich. So könnte das aktive Ansprechen von Neukunden eines Kundenberaters als freiwilliges Engagement des Mitarbeiters interpretiert werden. Um diese Vermutung zu bestätigen, ist allerdings auch hier zu prüfen, inwieweit dieses Verhalten implizit von der Organisation vorausgesetzt oder von der Führungskraft explizit als Zielerwartung ausgesprochen wurde. Die Organisationsforschung konzentriert sich daher auf Mitarbeiter mit einfachen Aufgabenbereichen, da die Verrichtung eintöniger Tätigkeiten die Gefahr der Abstumpfung beherbergt und daher freiwilliges Handeln besonders auffällig ist (*Hunt*, 1996, 51ff).

Um eine Abgrenzung von Extrarollenverhalten zu verantwortlichem Handeln abzuleiten, erscheint das vorgelegte Konzept von *Schlenker* (1997, 241ff) am geeignetsten. Das Modell umfasst primär Verhaltensweisen im Unternehmen, die unter die reguläre Aufgabenerfüllung fallen, also Situationen, in denen einer Person Verantwortung eindeutig zugeschrieben werden kann. Extrarollenverhalten charakterisiert sich jedoch durch die Kriterien Freiwilligkeit und Abwesenheit formeller Vorschriften. Offensichtlich besteht keine Übereinstimmung darüber, dass solches Verhalten in die Verantwortung der betreffenden Person fällt (*Koch/Kaschube*, 2000, 8/9). Zwar besteht ein Zusammenhang mit der konkreten Arbeitstätigkeit des Mitarbeiters, jedoch lässt sich das Verhalten nicht direkt daraus ableiten. Vielmehr werden diese Verhaltensweisen zusätzlich zur vereinbarten Aufgabenerfüllung gezeigt und tragen über das erwartete Maß zur Steigerung der Wertschöpfung des Unternehmens bei.

Auf der Grundlage des Dreiecksmodells kann daher ein Bezug zum Extrarollenverhalten hergestellt werden. Nachdem sich die meisten Konzepte des Extrarollenverhaltens auf konkrete Verhaltensweisen beziehen, können diese leicht als die in Frage stehenden Fälle identifiziert werden, in denen eine der Unternehmung angehörige Person agiert. Als Vorgabe sind ganz allgemein diejenigen formellen, allgemein bekannten und verbindlich festgelegten Vorschriften des Unternehmens zu betrachten, die für den jeweiligen Fall relevant sind. Nachdem Extrarollenverhalten freiwillig und nicht vorgeschrieben ist, wird vorausgesetzt, dass die Person dieses Verhalten nicht nur ausführen kann, sondern auch ausführen will. Zwischen Person und Fall besteht eine eindeutige und starke Beziehung. Die anderen Verbindungen im Extrarollenverhalten sind jedoch unvollständig ausgeprägt, da die Bedingung des verlässlichen Rollenverhaltens nicht gegeben ist.

In das Dreiecksmodell von *Schlenker* (1997, 241ff) übersetzt heißt das, dass mindestens eine Bindung nicht eindeutig gegeben ist. Da formelle Vorschriften im Modell einer Vorgabe entsprechen, wird deutlich, dass hier zwei Bindungen betroffen sein können. Einerseits können Person und Vorgabe unverbunden sein. Andererseits jedoch besteht auch die Möglichkeit, dass die Vorgabe-Fall-Bindung fehlt, oder beides zugleich auftritt. Extrarollenverhalten zeigt beispielsweise ein Ausbilder, der nach Dienstschluss noch neue Folien für den Unterricht erstellt, um ganz aktuelle Ereignisse einzuarbeiten oder didaktisch noch besser die Unterrichtsinhalte vermitteln zu können. Zudem bereitet er die Lehrinhalte nach und stellt den Schülern weiterführende Unterlagen zur Verfügung. Ein so agierender Ausbilder hat deutlich höhere persönliche Ansprüche an seine Unterrichtsführung als es ihm vorgegeben wurde. Durch sein Engagement wird die Qualität und der Umfang der von ihm geforderten Tätigkeit deutlich überschritten und somit die bestehende Vorgabe-Fall-Bindung aufgelöst und durch eine selbst definierte Bindung ersetzt. Auch ein Mitarbeiter, der seine Arbeit bereits erledigt hat und einem Kollegen bei einem unvorhersehbaren Arbeitsanfall hilft, stellt eine Neudefinition einer bestehenden Bindung dar. In diesem Fall existiert gar keine konkrete Person-Vorgabe-Bindung und somit auch keine Verantwortung im *Schlenkerschen* Sinne. Da die Aufgaben des Kollegen nicht in den Tätigkeitsbereich des Mitarbeiters fallen, handelt es sich nicht um eine durch das Unternehmen vorgegebene, sondern um eine von dem Mitarbeiter selbst definierte Bindung.

Damit fallen Verhaltensweisen wie Extrarollenverhalten nicht in den Bereich persönlicher Verantwortung. Das Modell von *Schlenker* (1997, 241ff) reduziert Verantwortung auf die persönliche Verpflichtung, eine bestehende eindeutige Vorgabe zu befolgen. Aus diesen Überlegungen kann Extrarollenverhalten als Handlungen beschrieben werden, welche dadurch gekennzeichnet sind, dass eine konkrete Person-Vorgabe- oder eine Vorgabe-Fall-Bindung fehlt und aus eigenem Antrieb, d.h. freiwillig, erfolgt. Freiwilliges Verhalten wird demnach nicht aufgrund von Normen oder Erwartungen des Unternehmens gezeigt.

Von Rosenstiel (1990, 90) zerlegt das Extrarollenverhalten in vier Bestandteile. Neben Selbstverantwortung nimmt die Fähigkeit mit anderen zu kooperieren und eine ausreichende Risikobereitschaft bzw. Innovationsfähigkeit, in Bezug auf Extrarollenverhalten eine entscheidende Funktion wahr. In Zeiten eines härter werdenden Wettbewerbs braucht ein Unternehmen Mitarbeiter und Führungskräfte, die keine Angst vor Veränderungen haben, neue Herausforderungen mutig annehmen und damit kaum kalkulierbare Risiken eingehen (*Thom/Jörg*, 1999, 219. Auch die Verhaltenstendenz zu risikobehaftetem und innovativem Handeln steht in einem engen Zusammenhang mit einer hohen Ausprägung von Selbstverantwortung und soll daher im folgenden Kapitel näher beleuchtet werden.

2.2.2.2 Zu innovativem Handeln als abweichendes Verhalten

Selbstverantwortlich handelnde Mitarbeiter können dadurch charakterisiert werden, dass sie in einem vom Unternehmen normativ nur unzureichend besetzten Raum Initiative zeigen. Dabei streben sie eine innovative Verbesserung an und ziehen es auch in Betracht, bestehende Regeln des Unternehmens zu ignorieren bzw. die Räume mittels neuer Regeln zu besetzen (*Moorman/Blakely*, 1995, 127ff). Dabei soll nachfolgend der Begriff der Innovation im *Schumpeterschen* Sinne Verwendung finden (*Schumpeter*, 1926).

> „Joseph Schumpeter is often thought of as the first economist to draw attention to the importance of innovation. He defined, in the 1930s, five types of innovation:
>
> - Introduction of a new product or a qualitative change in an existing product

- Process innovation new to an industry
- The opening of a new market
- Development of a new source of supply for raw materials or other inputs
- Change in industrial organisation" (*Rogers*, 1998, 6).

Übersetzt auf die Situation eines „internen Unternehmers“ (Intrapreneur) bedeutet dies, dass im Rahmen dieser Arbeit dann von einem innovativen Handeln gesprochen werden soll, wenn ein Mitarbeiter

- neue Produkte oder Dienstleistungen gestaltet oder die Qualität bestehender Produkte oder Dienstleistungen deutlich verbessert,
- im Unternehmen bereits bestehende Prozesse neu gestaltet,
- für das Unternehmen neue Geschäftsfelder öffnet oder
- organisorische Rahmenbedingungen im Unternehmen umgestaltet.

Dies impliziert, dass es entweder keine normativen Regeln des Unternehmens in einem bestimmten Bereich gibt bzw. diese keine brauchbare Handlungsanleitung bieten oder solche vorhanden sind und der Mitarbeiter diese bewusst umgeht bzw. verändert. Dabei geht der Mitarbeiter kalkulierbare Risiken ein. Der Begriff des Risikos wird allgemein als die Wahl zwischen Alternativen verstanden, die durch Verlust- und Gewinnmöglichkeiten gekennzeichnet sind. Die Entscheidung selbst wird bei subjektiver Unsicherheit gefällt, wobei sich der Handelnde der Risikoübernahme bewusst ist. Risikobereite Mitarbeiter unterscheiden sehr wohl zwischen Situationen, auf die sie keinen Einfluss haben und die sie daher ablehnen, und Gewinn- und Verlustsituationen, in denen sie glauben, durch ihr eigenes Handeln den Verlust unwahrscheinlicher und den Gewinn wahrscheinlicher machen zu können (*von Rosenstiel*, 1999, 92). Durch die Verletzung von Organisationsnormen entsteht für den Mitarbeiter Unsicherheit, ob und wann diese Verhaltensweisen durch das Unternehmen sanktioniert werden (*MacCrimmon/Wehrung*, 1986). Es werden daher starke Interpretationsleistungen von Seiten des Mitarbeiters notwendig. Dabei kann es vorkommen, dass das selbstverantwortliche Handeln vom Mitarbeiter anders interpretiert wird als von anderen Organisationsmitgliedern. Selbstverantwortung kann daher als interpretationsgebunden betrachtet werden, da eine Bewertung der daraus resultierenden Verhaltensweisen von den jeweils zugrunde liegenden normativen Standards abhängt (*Bayertz*, 1995). Eine gleiche Interpretation setzt das Zugrundelegen identischer Normen voraus. Dies ist jedoch bei selbstverantwortlichem Handeln, das durch das Konstruieren eigener Standards in einem durch das Unternehmen normativ nur unzureichend besetzten Raum charakterisiert wurde, im Vorfeld nicht absehbar. Vielmehr handeln Personen über gegebene Standards hinaus, so dass lediglich eine nachträgliche Interpretation durch andere Organisationsmitglieder möglich ist.

Diese Risikoüberlegungen treten insbesondere bei innovativem Handeln in Erscheinung. Innovativität als die Bereitschaft, die vorgegebene Rolle zu verlassen und Neues zu wagen, stellt nach *von Rosenstiel* (1992, 92) den zweiten Handlungsbereich von Extrarollenverhalten dar. Innovatives Handeln lässt sich dabei als die Gesamtheit der Aktivitäten einer Person zusammenfassen, die geeignet sind, positive Veränderungen unter dem Aspekt ihrer Effektivität herbeizuführen. Dabei ist dem Mitarbeiter bewusst, dass durch sein innovatives Handeln in der Organisation Konflikte ausgelöst werden können und er durch die Übertretung bestehender Normen mit Sanktionen rechnen muss. Es ist wesentlich risikobehafteter, sich in Organisationen innovativ zu verhalten, als durch freiwilliges Handeln aufzufallen. Freiwilliges Handeln kann daher als die konsensfähigere Ausprägung von Selbstverantwortung betrachtet werden,[9] da dieses in der Regel eine positive Auswirkung auf die Organisation hat (*Borman/Motowidlo*, 1993, 71f). Innovatives Verhalten ist dagegen risikobehafteter, da zwar eine positive Auswirkung auf die Organisation intendiert ist, dies jedoch erst nachträglich und teilweise mit einem größeren zeitlichen Abstand nachgewiesen werden kann. Bis dahin unterliegt innovatives Handeln der Interpretation des Betrachters.

Dabei kann jedoch wie auch bei anderen Verhaltensweisen nicht die Schlussfolgerung abgeleitet werden, dass jedes freiwillige oder innovative Handeln das Resultat ausgeprägter Selbstverantwortung ist. So konnten *Morrison* und *Phelps* (1999, 403ff) regressionsanalytisch nachweisen, dass die Bereitschaft von Mitarbeitern, bestehende Arbeitsprozesse zu verändern, vor allem durch die wahrgenommene Selbstwirksamkeitserwartung und die empfundene persönliche Verantwortlichkeit bestimmt ist und weniger durch die Normen und Regeln des Unternehmens. Die Bereitschaft zu Veränderung und Innovation ist demnach überwiegend durch die Ausprägung von Selbstverantwortung determiniert.

---

[9] Vgl. Kapitel 2.2.3

2.3 Zur Abgrenzung zum Konzept des unternehmerischen Handelns von Mitarbeitern

Aufgrund der hervorgehobenen Stellung des Unternehmers insbesondere in der marktwirtschaftlich geprägten Gesellschaft, finden sich in der Literatur unzählige Beiträge zu diesem Thema. Trotz oder gerade wegen der häufigen Verwendung des Unternehmerbegriffs im Alltagssprachgebrauch finden sich auch in wissenschaftlichen Beiträgen unterschiedliche Definitionen (*Brockhaus/Horwitz*, 1986, 25-48). Nachfolgend soll daher zunächst der Begriff des Unternehmers als Orientierungsmodell unternehmerischen Handelns exploriert werden. Es soll verdeutlicht werden, dass eine Entscheidung darüber, ob unternehmerisches Handeln selbstverantwortlich erfolgt, nur im Kontext der konkreten Situation getroffen werden kann. Anschließend erfolgt eine Abgrenzung der Begriffe Mitunternehmertum und Intrapreneurship.

2.3.1 Der Begriff des Unternehmers als Orientierungsmodell unternehmerischen Handelns

Die organisationspsychologische Forschung zum Thema Unternehmertum untersucht Gemeinsamkeiten und Unterschiede in der Persönlichkeitsstruktur und im Verhalten von Unternehmern (*Müller*, 2000). Dabei zeigen wissenschaftliche Publikationen eine verwirrende Menge an Definitionen, insbesondere weil sich unterschiedliche Fachdisziplinen mit dem Begriff des Unternehmers auseinandersetzen und dies aus unterschiedlichen Blickwinkeln tun (*Herron/Sapienza/Smith-Cook*, 1992, 5-11). Dabei hat die Auseinandersetzung mit dem Begriff des Unternehmers eine lange Tradition und lässt sich bis ins 18. Jahrhundert zurückverfolgen. So unterscheidet beispielsweise *Cantillon* (1952, 28) bereits 1755 zwischen „Grundbesitzern", „Lohnarbeitern" und „Unternehmern", wobei letztere sich durch ihre Risikoneigung hervorheben, indem sie Land von den Grundbesitzern bei unsicherer Ertragslage pachten.

Im Gegensatz zu *Gutenberg* (1983, 497f), der den Unternehmer allein durch die Vereinigung von Eigentum und Leitung charakterisierte und damit menschliche Eigenschaften und Motive nicht berücksichtigte, wird heute in der Literatur der Unternehmer vorwiegend **personalistisch**, d.h. insbesondere über sein Verhalten, seine Charaktereigenschaften oder seine Fähigkeiten, definiert (*Chell/Haworth/Brearley*, 1991, 1ff). Die Persönlichkeit und das Handeln eines idealtypischen Unternehmers stehen im Vordergrund und werden als Vorbild für einen unternehmerisch handelnden Mitarbeiter beschrieben. Dabei werden häufig seine Wesensmerkmale auf wenige Schlüsselkompetenzen reduziert (*Bygrave*, 1995, 255-280). Insbesondere im angelsächsischen Raum wurden zu diesem Themenfeld in den vergangenen Jahren zahlreiche Publikationen veröffentlicht. Die zentrale Frage jedoch, welche typischen Charaktereigenschaften oder Persönlichkeitsdispositionen einen erfolgreichen Unternehmer ausmachen oder Personen in die berufliche Selbständigkeit führen, wird nach wie vor widersprüchlich beantwortet; es kann sogar von einer Diffusion in Theorie und Empirie gesprochen werden (Robinson/Stimpson/Huefner/Hunt, 1991, 13-31).

Auch im deutschsprachigen Raum gibt es eine Zahl an Veröffentlichungen, die sich der beruflichen Selbständigkeit und dem Unternehmertum widmen (*Bögenhold*, 1989, 263-281). So kommt beispielsweise *Claus* (1996, 3-19) in einer empirischen Analyse von Existenzgründern in Sachsen-Anhalt zu dem Ergebnis, dass diese vor allem durch das Streben nach selbstverantwortlichem Handeln und Selbstverwirklichung den Sprung in die Selbständigkeit gewagt haben. Eine rein personalistische Betrachtung kann jedoch zu einer voreingenommenen Wahrnehmung führen, wenn unterstellt wird, dass sich erfolgreiches Unternehmertum unabhängig von situativen Variablen immer auf dieselben Persönlichkeitsmerkmale zurückführen lässt (*Nerdinger*, 1999, 12).

Neben der personalistischen Betrachtung des Unternehmers kann auch eine **positionale** Einteilung vorgenommen werden. Diese berücksichtigt die Stellung oder Hierarchie des Unternehmers in einer Organisation. Dabei wird vor allem im angelsächsischen Bereich der Entrepreneur mit dem Gründer oder Eigentümer eines Unternehmens gleichgesetzt (*Schmölders*, 1973, 65ff; *Drucker*, 1985). Andere Autoren schlagen in diesem Zusammenhang vor, sich von der Person oder Position des Unternehmers zu lösen und stattdessen den „unternehmerischen Prozess" in den Vordergrund zu stellen (*Low/MacMillan*, 1988, 139-161). Dieser beinhaltet alle Phasen, die zur Gründung eines Unternehmens oder einer selbständigen Existenz führen und schließt somit alle Prozesse von der Entwicklung einer Geschäftsidee, dem Erkennen und Aufgreifen von Marktchancen bis hin zur Eintragung des Unternehmens im Handelsregister mit ein (*Bygrave/Hofer*, 1991, 14).

Die **funktionale** Sichtweise betrachtet die wichtigsten Handlungsmerkmale des Unternehmers. *Bretz* (1988, 37ff), der in einer Analyse 36 Definitionen auswertete, kam zu dem Ergebnis, dass sich der Begriff des Unternehmers über zwei Hauptfunktionen darstellen lässt:

1. Zum einen stellt er die Risikoübernahmefunktion des eingesetzten Eigenkapitals heraus. Die Ausrichtung auf die Risikoübernahme wird bereits in den traditionellen Theorien der Nationalökonomie betont, wobei der Unternehmer als Kapitalist bezeichnet wird, der durch den Einsatz finanzieller Mittel die Erschließung neuer Absatzmärkte ermöglicht (*Schmoller*, 1919, 460ff; *Wetzel*, 1995).

2. Die zweite Hauptfunktion sieht er in der Ausnutzung von Chancen im Sinne von innovativem Handeln. *Chell, Haworth* und *Brearley* (1991, 70ff) unterscheiden hierbei vier mögliche Typen von Unternehmern. Der Entrepreneur bearbeitet aktiv die Märkte, ergreift von sich aus die Initiative und stellt deshalb die innovativste Form des Unternehmers dar. Er ist „besessen“ von seinen Zielen und Visionen und handelt im festen Glauben an seine Fähigkeiten, auch ohne die notwendigen materiellen Ressourcen vorhalten zu können. Weniger abenteuerlustig und damit weniger innovativ lassen sich der Quasi-Entrepreneur und der Administrator beschreiben. Beide achten sehr wohl darauf, ob ihnen die notwendigen Ressourcen in absehbarer Zeit zur Verfügung stehen und wägen daher deutlich intensiver und genauer die Chancen und Risiken ihres Handelns ab. Die passivste Ausprägung in dieser Typologie von Unternehmern ist der so genannte Caretaker, dem eher eine abwartende Rolle zufällt. Er ist dabei weniger flexibel für Veränderungen und neigt zu konservativen und bewährten Methoden der Problemlösung. Seine Handlungsweisen fallen daher tendenziell in den Bereich der Pflichterfüllung.

Auch *Schumpeter* (1926, 100) maß dem Unternehmer eine hervorgehobene Bedeutung zu, indem er ihn als Individuum bezeichnete, das mit seiner wirtschaftlichen Erfahrung die gewohnte Routine durch neue Kombinationen der Produktionsfaktoren verlässt und durch innovatives Handeln wirtschaftlichen Fortschritt und Wachstum erst ermöglicht. Er charakterisiert ihn als „kreativen Zerstörer“, der erprobte Wege verlässt und mit innovativen Ideen die Bedürfnisse der Marktteilnehmer verändert und damit das ökonomische Gleichgewicht auf ein höheres Niveau hebt (*Schumpeter*, 1926, 93ff). Damit unterscheidet er den Unternehmer vom bloßen Erfinder, der zwar neue Ideen hervorbringt, es jedoch nicht versteht, diese erfolgreich zu vermarkten.

Der Unternehmer dagegen realisiert in fünf Bereichen die Durchsetzung seiner Neuerungen, wobei diese nicht auf wirtschaftliche und technische Kategorien beschränkt sind, sondern auch im sozialen oder gesellschaftlichen Bereich erfolgen können:

1. Herstellung eines neuen oder qualitativ besseren Produktes,
2. Implementierung einer neuen Produktionsmethode,
3. Erschließung neuer Absatzmärkte,
4. Nutzung neuer Rohstoffquellen,
5. Neustrukturierung einer Organisation (*Schumpeter*, 1926, 100f).

Bei der Umsetzung seiner innovativen Ideen begegnet der dynamische Unternehmer zahlreichen inneren und äußeren Widerständen. Er muss gesellschaftliche Barrieren überwinden, die entstehen, wenn durch Innovationen neue Wege beschritten werden und dadurch Wirtschaftssubjekte ihr Verhalten ändern sollen. Der dynamische Unternehmer überwindet den entstehenden Gegendruck durch das beharrliche Festhalten an seinen Visionen. *Schumpeter* (1926, 134) beschreibt sein Handeln hierbei als extrem rücksichtslos, da er getrieben von eigennützigen Motiven bestehende Traditionen und Bindungen weitestgehend ignoriert. Ein ausgeprägtes Maß an egozentrischem Denken sei jedoch notwendig, um die erforderliche Beharrlichkeit zu entwickeln, Innovationen gegen die vielfältigen externen Widerstände durchzusetzen. Dabei meistert er auch die inneren Widerstände, die in Form von Selbstzweifeln oder mangelndem Selbstvertrauen in die eigenen Visionen auftreten können (*Schumpeter*, 1926, 126). Das Vorgehen des *Schumpeterschen* dynamischen Unternehmers entspricht dabei in keiner Weise einem rational handelnden homo oeconomicus. Nach dem Menschenbild des homo oeconomicus versucht der Unternehmer durch rationale Verhaltensweisen seinen Gewinn zu maximieren. Rationales Handeln liegt dann vor, wenn Vor- und Nachteile der einzelnen Handlungsoptionen systematisch abgewogen werden und der Unternehmer die besten Alternativen nach seinen Wertvorstellungen auswählt (*Kirchgässner*, 1991, 66f). Da ihm nicht in jeder Situation alle relevanten Informationen vorliegen, handelt er häufig nur zu seinem relativen Vorteil und trifft lediglich suboptimale Entscheidungen. Der *Schumpetersche* dynamische Unternehmer dagegen handelt instinktiv und unbewusst, ohne die möglichen Konsequenzen bzw. Chancen und Risiken genau abzuwägen. Dieser Verhaltenstypus findet sich nach *Schumpeter* (1926) idealerweise bei einem Pionierunternehmer, der zur Durchsetzung seiner Ideen ein eigenes Unternehmen gründet. Jedoch lässt sich dieses unternehmerische Verhaltensmodell auch auf andere Personengruppen übertragen, wobei es *Schumpeter* (1926) auf Menschen mit Führungsverantwortung beschränkt (Wunderer, 1995b, 89). Durch die zunehmende Dynamik der Veränderungsprozesse in der Wirtschaft wird auch heute noch die Bedeutung der Innovationsfunktion des Unternehmers hervorgehoben (*Lehmkuhl*, 1994, 178ff).

Neben der Übernahme von Risiko und dem innovativen Ausnutzen von Chancen besteht die dritte Funktion des Unternehmers nach *Bretz* (1988) in der Kombination von Produktionsfaktoren. Durch die Entdeckung und Durchsetzung neuer Kombinationen wird der Unternehmer zum Promoter innovativer Veränderungsprozesse (*Nerdinger*, 1999, 5). Andere Autoren betonen noch die Leitungs- und Koordinationsfunktion des Unternehmers (*Kets de Fries*, 1995, 7).

> „Letztlich wird der Unternehmer in der ökonomischen Tradition immer über seine Funktion definiert: Er übernimmt Koordinationsaufgaben, verringert durch sein Handeln Unsicherheit, entdeckt neue Gewinnmöglichkeiten, setzt Innovationen durch. (...) Die ökonomische Theorie hebt die Person des Unternehmers hervor und lässt sie gleichzeitig als unwichtig erscheinen" (*Nerdinger*, 1999, 6).

Ausgehend von der klassischen Nationalökonomie, die den Unternehmer als rational handelnden homo oeconomicus beschreibt, soll auch hier die Annahme eines vorwiegend egoistischen Verhaltens aufrecht gehalten werden. Dies bedeutet, dass der Unternehmer weniger durch altruistische Motive geleitet wird, sondern sehr wohl auf seinen eigenen Vorteil oder Nutzen bedacht ist. Jedoch schließt dies kooperatives Handeln nicht aus, insbesondere dann, wenn dem Unternehmer soziale Nachteile wie Image- oder Vertrauensverlust drohen. Dabei wird davon ausgegangen, dass nicht alleinig die Gewinnmaximierungsabsicht im Vordergrund steht, sondern dass auch nichtmaterielle Ziele eine Rolle spielen (*Kirchgässner*, 1991, 45f).

Die soeben dargestellte funktionalistische Betrachtung des Unternehmers konzentriert sich auf die Beschreibung typischer Handlungsfelder und verdeutlicht, dass es eine Überschneidung mit dem Konzept des selbstverantwortlichen Handelns gibt, dies jedoch nur mit Blick auf die konkrete Situation beurteilt werden kann. Dies bedeutet, dass unternehmerisches Handeln selbstverantwortlich erfolgen kann, jedoch nicht automatisch unter diese Dimension fallen muss. So implizieren zahlreiche Studien eine höhere persönliche Einsatzbereitschaft und freiwilliges Arbeitsverhalten von Unternehmern (*Bygrave/Hofer*, 1991). Diese zusätzliche Initiative zielt auf die effizientere Gestaltung von Produkten und Prozessen und hat somit einen positiven Effekt für das Unternehmen. Dieses proaktive Verhalten von Unternehmern ist somit konsensfähig, beinhaltet jedoch nicht zwangsläufig selbstverantwortliches Handeln. Insbesondere wenn durch das Extrarollenverhalten im Sinne einer „contextual performance" lediglich bestehende Prozesse weiter optimiert werden sollen (*Borman/Motowidlo*, 1993, 73ff).

Das für Unternehmer typische innovative Ausnutzen von Chancen erfordert dagegen häufig ein Verlassen normativer Standards, so dass hier das für selbstverantwortliches Handeln charakteristische Agieren im normativ schwach reglementierten Raum vorliegt. Der Unternehmer beschreitet neue Handlungswege und konstruiert diese in Erwartung einer Effizienzsteigerung nach subjektiven, eigenen Vorstellungen. Inwieweit dieses abweichende Arbeitsverhalten letztendlich zu einer positiven Auswirkung im Unternehmen führt, ist nicht a priori abgesichert. Es unterliegt einer subjektiven Einschätzung und ist daher weniger konsensfähig als die contextual performance. Freiwilliges Extrarollenverhalten, dessen Folgen nicht eindeutig abzusehen sind, kann zu einem Normenkonflikt mit dem Unternehmen führen und erfordert mehr selbstverantwortliches Handeln. Somit stellt unternehmerisches Handeln in Form von innovativem Ausnutzen von Chancen eine Form des abweichenden Arbeitsverhaltens dar, bei der vorgefundene Standards ergänzt bzw. durch eigene Normen ersetzt werden. Diese unternehmerische Orientierung ist Kennzeichen von Intrapreneuren, wenn Mitarbeiter gemäß ihrer eigenen Normen und persönlichen Standards handeln. Studien dazu, welche Verhaltenskategorien von Unternehmern eindeutig als selbstverantwortlich beschrieben werden können, liegen nur sporadisch vor (*Morrison/Phleps*, 1999, 403-419).

2.3.2 Zum Begriff des Mitunternehmers

Während sich der klassische Unternehmerbegriff am selbständigen Unternehmer orientiert, beziehen sich die Definitionen des Mitunternehmers auf den „angestellten Unternehmer". Dabei charakterisiert sich ersterer nach *Gutenberg* (1983, 497ff) durch die seinen Einfluss sichernden Kriterien Eigentum und Leitung und der zweite eben durch das fehlende Eigentum am Unternehmen (*Schmölders*, 1973, 65ff). Daraus ergeben sich eingeschränktere Handlungsräume für den Mitunternehmer, dessen formelle Macht eindeutig schwächer ausgeprägt ist. Er ist dem Unternehmer weisungsgebunden und deshalb auf dessen Unterstützung angewiesen. Zur Sicherung seiner Position muss er sich im unternehmensinternen Verteilungskampf durchsetzen, was besondere Anforderungen an seine kommunikativen Fähigkeiten, aber auch an seine Überzeugungskraft stellt. Zur Durchsetzung seiner Interessen und Ziele ist er gezwungen, mit anderen Organisationsmitgliedern zu kooperieren, während der Unternehmer seine Vorhaben auch durch selbständiges und autonomes Agieren umsetzen kann (*Bitzer*, 1991, 22ff).

Jedoch lassen sich bis heute zwischen einem „angestellten" und einem „selbständigen" Unternehmer keine deutlichen Unterschiede, die aus diesen verschiedenen Rollenanforderungen resultieren, empirisch eindeutig belegen. Beide zeichnen sich durch ein starkes Leistungs- und Unabhängigkeitsmotiv aus, und beiden ist sehr wohl bewusst, dass der langfristige Erfolg des Unternehmens nur über eine ausreichende Gewinnhöhe erzielt werden kann.

Das Konzept des Mitunternehmers hängt eng mit dem Begriff der sozialen Kooperation zusammen, welcher in der Organisation sowohl kognitive als auch motivationale und emotionale Komponenten hat (*Spieß*, 1996). Zu den letztgenannten zählt das, was einen wesentlichen Teil des Organizational Citizenship Behaviour darstellt, der Altruismus. Hierunter fällt die Hilfsbereitschaft von Mitarbeitern gegenüber Kollegen und anderen Mitgliedern der Organisation (*Wunderer*, 1995b, 93).

Organizational Citizenship Behaviour ist das über formelle Vorgaben hinausgehende Verhalten als freiwillige Erfüllung von Bürgerpflichten, denen zufolge sich das Handeln des Einzelnen stets am allgemeinen Wohl des Staates beziehungsweise der Unternehmung zu orientieren hat. Organizational Citizenship Behaviour bildet kein einheitliches Konzept, sondern besteht aus fünf Verhaltensbereichen:

- Altruismus,
- Gewissenhaftigkeit,
- Gelassenheit,
- rücksichtsvoller Höflichkeit und den
- allgemeinen Bürgertugenden (*Organ*, 1989).

Altruismus bedeutet in dem hier thematisierten Zusammenhang Hilfsbereitschaft gegenüber anderen Personen und Unternehmensmitgliedern, was konkret heißt, ihnen im Sinne einer Unterstützung des Gesamtziels der Unternehmung beizustehen. Dazu zählt das Aushelfen bei Überlastungen oder Engpässen oder die Unterstützung bei der Einarbeitung von Kollegen. Organizational Citizenship Behaviour umfasst also Verhaltensweisen, welche die positive Grundhaltung einer Person gegenüber der Unternehmung, den zu ihr gehörenden Personen und der eigenen Tätigkeit ausdrücken und die eine Vielzahl von kleinen Beiträgen zur meist indirekten Unterstützung des Arbeitsprozesses liefern (*Koch/Kaschube*, 2000, 7). Das Konzept des Organizational Citizenship Behaviour konnte vielfach empirisch bestätigt werden, wobei sich die Dimensionen Altruismus und Compliance, die die Gewissenhaftigkeit und Umsichtigkeit bei der Erledigung der anstehenden Aufgaben beschreiben, als wichtigste, empirisch bestätigte Handlungsdimensionen herauskristallisiert haben (*Nerdinger*, 1998). Das Organizational Citizenship Behaviour erweist sich daher als brauchbares Konstrukt, das in unmittelbarem Zusammenhang mit Mitunternehmertum steht (*Wunderer*, 1995b, 93).

Dieses Überzeugen und Beeinflussen von anderen Organisationsmitgliedern erfordert nicht zwangsläufig selbstverantwortliches Handeln. Dies hängt davon ab, inwieweit ein Mitunternehmer vorgefundene Standards lediglich weiterentwickelt oder im Sinne einer revolutionären Neuorientierung durch eigene, abweichende Standards ersetzen möchte. Dies hängt ab von der persönlichen Risikobereitschaft des Mitunternehmers, da er für den Fall eines Misserfolges ein persönliches Risiko eingeht. Die bisher betrachteten Verhaltensweisen des Mitunternehmers bewirken einen positiven und unterstützenden Einfluss auf das Unternehmen, wobei in der Managementforschung nur vereinzelt ein konkreter positiver Beitrag nachgewiesen werden konnte. Jedoch wurde auch bereits das Verhalten in die andere Richtung thematisiert, aus dem negative Folgen oder Konflikte zu erwarten sind (*Organ/Peine*, 1999, 337-368). Insoweit erfordert Mitunternehmertum, je nachdem inwieweit vorhandene Standards verlassen werden und ein normativ wenig reglementierter Raum betreten wird, ein erhöhtes Maß an selbstverantwortlichem Handeln. Dieses wird im Konzept des Intrapreneurs jedoch noch deutlicher in den Vordergrund gestellt.

2.3.3 Zum Intrapreneur als interner Unternehmer

Der Begriff „Intrapreneurship" wurde von *Pinchot* (1998, 10) künstlich geschaffen und setzt sich nach seiner Definition aus dem Begriffspaar „intracorporate" und „Entrepreneurship" zusammen. Es handelt sich nach *Pinchot* (1988) um unbewusste Entscheidungen des Mitarbeiters, die durch motivationale, situative und qualifikatorische Faktoren beeinflusst werden. Beispielsweise werden zu Gunsten der eigenen Aufgaben Investitionsstops umgangen, wichtige Projekte auch mit unsauberen Tricks durchgesetzt, Dienstvorschriften im Einzelfall missachtet oder auch geheim gehaltene Organisationspläne im Interesse der Untergebenen offen gelegt. Nach *Bitzer* ist Intrapreneurship

> „ein Konzept zur Ermöglichung unternehmerischen Verhaltens auf allen Ebenen einer bestehenden, großen Organisation, welches zum Ziel hat, Innovationen zu stimulieren und zu realisieren, sowie der sinnentleerten und neuerungsfeindlichen Atmosphäre am Arbeitsplatz entgegenzuwirken. Dabei beinhaltet das Intrapreneurship neben der Identifikation und Ermöglichung der Intrapreneure, auch die Schaffung der entsprechenden innovationsfördernden Struktur, sowie die unternehmenskulturellen Voraussetzungen, deren es zur Realisation des Konzeptes bedarf" (*Bitzer*, 1991, 17).

Damit besteht der Grundgedanke des Intrapreneurship darin, visionäre und willensstarke Mitarbeiter dahingehend zu fördern und zu entwickeln, dass sie als eigene Unternehmer in der Unternehmung handeln (*Walz/Bertes*, 1995, 160). Der Intrapreneur sucht auch gegen vorhandene Widerstände aus eigener Initiative Erfolgschancen für das Unternehmen, übernimmt die Verantwortung für potenzielle Innovationen und trägt das mit deren Scheitern verbundene Risiko (*Süssmuth-Dyckerhoff*, 1995, 59). Der Intrapreneur zeichnet sich also insbesondere durch die Bereitschaft zur Risikoübernahme aus, wobei das persönliche Risiko auf die Gefährdung der Karriere beschränkt ist (*Yates*, 1992, 1-25). Im Gegensatz zum Mitunternehmer, der wie beschrieben eine langfristige und auf gegenseitigem Vertrauen basierende Kooperation im sozialen Netzwerk anstrebt, ist der Intrapreneur durchaus auch an kurzfristigen Erfolgen interessiert (*Wunderer*, 1999, 46).

Nachfolgend soll diese Verhaltensqualität als Alternative zur Unternehmerrolle gesehen werden, die in Hinblick auf die Ermöglichung selbstverantwortlichen Handelns von möglichst vielen Mitarbeitern unabhängig von deren hierarchischer Eingliederung in einem Unternehmen erreicht werden kann und soll (*Servatius*, 1988). In Abgrenzung zu *Pinchot* (1998, 64ff) sollte diese jedoch grundsätzlich in allen Organisationsformen auftreten können und nicht wie bei ihm vorwiegend auf Großunternehmen beschränkt sein. Damit wird die Auffassung von *Bitzer* (1991, 9) unterstützt, der Intrapreneuring als unternehmerisches Handeln versteht, welches von allen Mitarbeitern gewählt werden kann. Auch soll Intrapreneurship abweichend von der *Pinchotschen* Auffassung als dauerhafte und unbewusste Disposition verstanden werden, die durch situationsunabhängige motivationale und qualifikatorische Handlungsdeterminanten unterstützt wird. Demnach handelt es sich beim Intrapreneuring um kein situatives Phänomen, zu dem der Mitarbeiter je nach den anzutreffenden Umständen motiviert ist, sondern um eine besondere Verhaltensqualität, die von einem ausgeprägten Leistungswillen und einer starken Identifikation mit der Arbeitsumwelt getragen wird (*Pinchot*, 1998, 56ff). Intrapreneurship wird nachfolgend als internes Unternehmertum verstanden. Aufgrund der großen Bedeutung der Person des Unternehmers im Zusammenhang mit internem Unternehmertum soll der Unternehmerbegriff als Orientierungsmodell eingeführt und ausführlich diskutiert werden. Die Persönlichkeit eines idealtypischen Unternehmers fungiert als Modell für unternehmerisches Handeln von Mitarbeitern und beschreibt somit einen Mitarbeitertypus, bei dem der Bereich des selbstverantwortlichen Handelns am weitesten ausgeprägt ist und somit zahlreiche Chancen, aber auch Risiken für das Unternehmen birgt.

Selbstverantwortung wurde als Handlungsdisposition beschrieben, bei der Personen Verantwortung unter unklaren oder erschwerten Bedingungen übernehmen, auch wenn damit Gefahren und Unsicherheiten verbunden sind. Dabei werden gewohnte und abgesicherte Handlungsräume verlassen, so dass

Selbstverantwortung durch die Aspekte Risikobereitschaft und Handeln ohne Vorgaben gekennzeichnet werden kann. Insbesondere im Konzept des Intrapreneurship werden mögliche negative Konsequenzen und nachteiliges Handeln explizit mit einkalkuliert. Dabei soll im Rahmen dieser Arbeit Intrapreneurship als unternehmerisches Handeln und der Intrapreneur als angestellter Unternehmer verstanden werden (*Wunderer*, 1995c, 31). Nachfolgend wird daher der Intrapreneur mit dem internen Unternehmer und Intrapreneuring mit internem Unternehmertum gleichgesetzt,[10] wobei hier selbstverantwortliches Handeln am häufigsten in Erscheinung tritt.

2.4 Zur Konsensfähigkeit verschiedener Intensitätsstufen selbstverantwortlichen Handelns in Unternehmen

Selbstverantwortung äußert sich nach *Koch* (2001) in drei verschiedenen Stufen von selbstverantwortlichem Handeln:

1. **Stufe: Pragmatismus** wird gezeigt, wenn im Arbeitsalltag schwierige oder verfahrene Situationen auftreten, die von einer Führungskraft mit unkonventionellen Mitteln gelöst werden. Zu Pragmatismus zählen das Improvisieren bei unklaren Vorgaben der Führungskraft, die Nutzung von inoffiziellen Netzwerken neben dem vorgegebenen Dienstweg und eigenmächtige Änderungen von Arbeitsabläufen aus subjektiv wichtigen Gründen (*Koch/Benedikt*, 2001, 60/61).

2. **Stufe: Idealismus** als nächste Stufe selbstverantwortlichen Handelns beinhaltet in einer wenig alltäglichen Situation eine riskante oder angreifbare Handlung auszuführen, die dem Unternehmen zum Vorteil dienen oder Schaden von ihm abwenden soll. Es werden eigenmächtig neue Geschäftsfelder betreten oder Fehlentscheidungen des Vorgesetzten nach Kräften ausgebügelt.

3. **Stufe: Intrapreneurship** kristallisiert sich als dritte Stufe selbstverantwortlichen Handelns heraus und bedeutet, dass sich ein Mitarbeiter in einer konfliktträchtigen Situation bewusst gegen die im Unternehmen vorgesehenen Handlungsweisen entscheidet, um eine nach eigener Überzeugungs-

[10] Die Gleichsetzung beider Begriffe wird nicht in jeder Literaturquelle vollzogen. So ist beispielsweise für Pinchot Intrapreneuring ein zeitpunktbezogenes Phänomen, das vorwiegend in Großunternehmen zu finden ist und von Mitarbeitern bewusst vollzogen wird. Unternehmerisches Handeln ist für ihn dagegen ein unbewusstes und beständiges Handeln, das unabhängig von jeder Betriebsgröße zu finden ist. Vgl. *Pinchot* (1998, 56ff)

kraft bessere Lösung herbeizuführen (*Hisrich*, 1990, 217-219). Im Gegensatz dazu ist selbstverantwortliches Handeln unmittelbar auf das Individuum selbst und seine Wertmaßstäbe bezogen. Der Einzelne setzt sich über die vorgegebenen Regeln der Unternehmung hinweg, ergreift die Initiative und führt Innovationen in der Weise herbei, dass das Gesamtsystem nicht Schaden nimmt, sondern letztlich davon profitiert (*von Rosenstiel*, 1999, 91). Der "Unternehmer" im Unternehmen orientiert sein Handeln nicht nur an dem, was das Unternehmen als Prinzipien vorgibt, sondern auch an dem, was er selbst für förderlich und hilfreich für die Unternehmensziele erachtet (*von Rosenstiel*, 1999, 92). Diese Verhaltensweisen sind damit dem in anderer Literatur verwendeten Ausdruck des unternehmerischen Handelns im Unternehmen gleichzusetzen. Nach der Terminologie des Dreiecksmodells von *Schlenker* (1997, 241ff) ist Intrapreneurship dadurch gekennzeichnet, dass eine Person-Vorgabe- und eine Vorgabe-Fall-Bindung nicht vorhanden ist und vom Mitarbeiter nach seinen eigenen Wertvorstellungen konstruiert wird. Der Mitarbeiter schöpft selbstverantwortlich ungeregelte Freiräume aus, wobei er im Modell des Mitunternehmertums von *Wunderer* (1999, 25ff) die Ziele und Normen des Unternehmens berücksichtigt. Dies bedeutet, dass er zwar selbst bestimmt, wann und wo er Verantwortung übernimmt, aber jederzeit mit seinem Handeln die Wertschöpfung des Unternehmens zu mehren versucht.

Im Konzept des Intrapreneurship wird diese selbstauferlegte Orientierung an den Unternehmenszielen weitgehend verlassen. Der Intrapreneur im *Pinchotschen* Sinne agiert nicht ausschließlich im Rahmen vorgefundener Freiräume, sondern schafft sich diese wie der Mitunternehmer bisweilen auch selbst. Im Gegensatz zum Mitunternehmer dagegen umgeht er dabei auch bewusst bekannte normative Regelungen des Unternehmens. Zur Durchsetzung seiner innovativen Ideen orientiert er sich größtenteils an eigenen Wertmaßstäben und überschreitet auch gezielt, wenn es ihm notwendig erscheint, vorgegebene Kompetenzrahmen (*Pinchot*, 1988). Auch im Konzept der unternehmerischen Orientierung (*Sagie/Elizur*, 1999, 375-387) und der so genannten Innovationschampions (*Howell/Higgins*, 1990, 317-341) steht das innovative oder unternehmerische Handeln von Mitarbeitern im Vordergrund.

Differenziert betrachtet ergeben sich in Unternehmen hinsichtlich der Zustimmung zu den beschriebenen Intensitätsstufen von selbstverantwortlichem Handeln deutliche Unterschiede. Zu diesem Ergebnis gelangt *Koch* (2000), der in einer empirischen Studie 295 Führungskräfte in deutschen Großunternehmen verschiedener Branchen, mit Mitarbeiterzahlen von ca. 1.500 bis 20.000, über ihre Einstellung zu verantwortlichem Handeln und verschiedenen Formen von Selbstverantwortung befragt hat. Die nachfolgende Abbildung zeigt, wie unterschiedlich die persönliche Neigung von Führungskräften zu Verantwortung und Selbstverantwortung ausgeprägt ist. Die drei Aspekte von Verantwortung finden durchschnittlich hohe Zustimmung.[11] Die beiden Aspekte der Selbstverantwortung werden dagegen tendenziell abgelehnt.

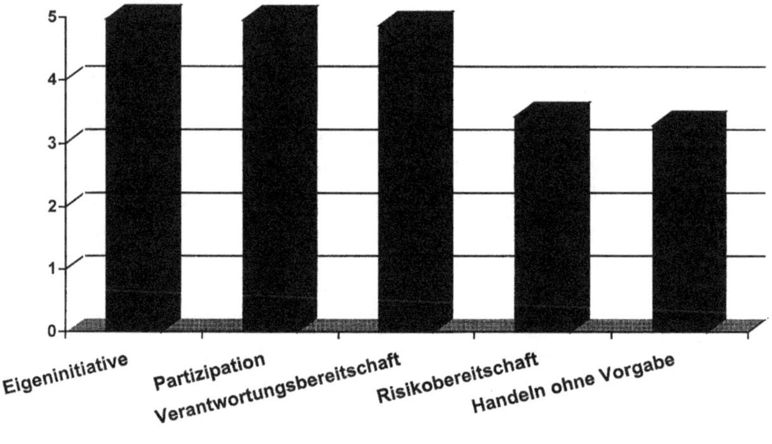

Abbildung 8: Persönliche Neigung von Führungskräften zu verschiedenen Aspekten von Verantwortungsübernahme (*Koch/Benedikt*, 2001, 60)

Zwischen der persönlichen Neigung zur Verantwortung bzw. zur Selbstverantwortung lässt sich kein signifikanter Zusammenhang ermitteln, das heißt, Personen mit hoher Verantwortung neigen nicht automatisch zu hoher Selbstverantwortung und umgekehrt.

[11] Ein Wert von 6 gibt eine sehr hohe Zustimmung an, ein Wert von Null entspricht einer hohen Ablehnung

Pragmatismus	• Improvisieren bei unklaren Vorgaben von Vorgesetzten • Inoffizielle Kontakte neben dem Dienstweg nutzen • Bei akutem Anlass Arbeitsabläufe eigenmächtig ändern
Idealismus	• Improvisieren bei unklaren Vorgaben von Vorgesetzten • Inoffizielle Kontakte neben dem Dienstweg nutzen • Bei akutem Anlass Arbeitsabläufe eigenmächtig ändern
Intrapreneurship	• Zugunsten der eigenen Aufgabe einen Investitionsstop umgehen • Wichtige Projekte auch mit unsauberen Tricks durchsetzen • Dienstvorschriften im Einzelfall missachten • Offenlegen geheimgehaltener Organisationspläne im Interesse der Untergebenen

Abbildung 9: Gruppierung der Situationen zu den drei Stufen von EVH

Aus den Betrachtungen geht hervor, dass Intrapreneurship Verhaltensweisen thematisiert, die Personen aus eigenem Antrieb zeigen. Das Konzept des selbstverantwortlichen Handelns verfolgt das Ziel, diese heterogenen Verhaltensweisen in ein einheitliches Schema einzuordnen. Dies soll unter dem Aspekt der Übernahme von Verantwortung geschehen.

Verantwortung findet also in den untersuchten Unternehmen allgemeine Zustimmung und ist insofern politisch korrekt. Für Selbstverantwortung sind die Hürden dagegen höher: Die Führungskräfte müssen mit Unsicherheiten bezüglich der Folgen ihres Handelns (Risiko) leben und können sich nicht mehr einfach auf die Erfüllung von Aufgaben und Pflichten berufen. Wer selbstverantwortlich handelt, setzt sich der Gefahr aus, den allgemeinen Konsens darüber zu verlassen, was richtig ist. Die stark steigende Ablehnung der Stufen des selbstverantwortlichen Handelns von Pragmatismus zu Intrapreneurship kann mit der abnehmenden Konsensfähigkeit erklärt werden.

In der zitierten Untersuchung wird auch getestet, welches Klima in den einzelnen Unternehmen gegenüber selbstverantwortlichem Handeln besteht. Als Ergebnis wird festgestellt, dass die Führungskräfte der Ansicht sind, dass selbstverantwortliches Handeln von ihnen selbst und von ihren Kollegen auf dem 5%-Niveau signifikant positiver bewertet wird als von ihren Vorgesetzten und insbesondere von ihrem Unternehmen.

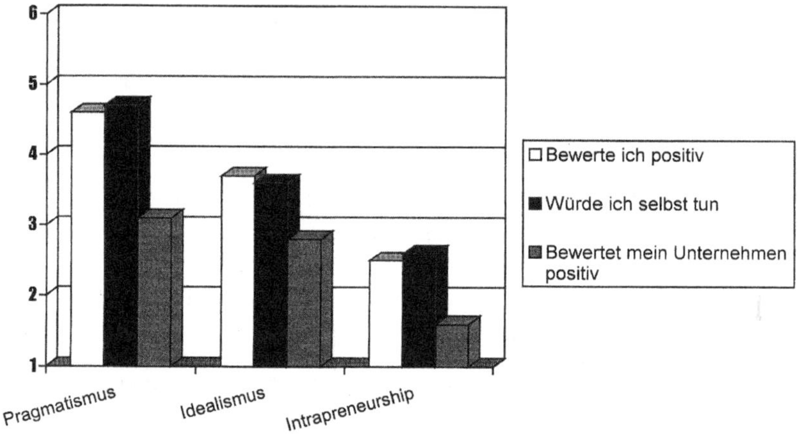

Abbildung 10: Bewertung von EVH durch die Führungskräfte (*Koch/Benedikt*, 2001, 61)

Die Führungskräfte äußern in den untersuchten Unternehmen die Überzeugung, dass sie und ihre Kollegen mit ihrer relativ positiven Einstellung zum selbstverantwortlichen Handeln im Unternehmen eher allein stehen. Bei den Vorgesetzten im Gesamtunternehmen wird – im Vergleich zur eigenen Bewertung – eine erheblich geringere Zustimmung bzw. größere Ablehnung vermutet. In allen Unternehmen kanne also eine mehr oder weniger stark ausgeprägte allgemeine Ablehnung von selbstverantwortlichem Handeln beobachtet werden. Die befragten Führungskräfte nehmen diese Ablehnung übereinstimmend wahr, geben aber zugleich an, dass sie diese persönlich nicht teilen. Die wahrgenommene Ablehnung muss offenbar nicht unbedingt mit der tatsächlichen Position der Unternehmensführung übereinstimmen. Bereits seinem eigenen Vorgesetzten wird zu Unrecht eine größere Ablehnung von selbstverantwortlichem Handeln unterstellt, als sie tatsächlich der Fall ist. Ähnliches kann auch im Hinblick auf die Unternehmensführung vermutet werden (*Koch*, 2000, 12).

Eine nahe liegende Erklärung wäre, dass in den Unternehmen bezüglich selbstverantwortlichen Handelns eine beträchtliche Intransparenz herrscht –

die Führungskräfte wissen offensichtlich nicht, wie ihre Vorgesetzten und die Unternehmensführung über selbstverantwortliches Handeln denken. Sie gelangen daher zu einer unzutreffenden Vorstellung davon, wie selbstverantwortliches Handeln im jeweiligen Unternehmen bewertet wird. Es liegt die Vermutung nahe, dass selbstverantwortliches Handeln in seiner Bedeutung für die Überlebensfähigkeit des Unternehmens mit zunehmender Hierarchiestufe erkannt wird, jedoch wird das Thema eher tabuisiert statt offen kommuniziert. Gäbe es also eine offene Kommunikation, wäre die Haltung des Unternehmens geklärt. In diesem Fall könnten die beobachteten Bewertungsunterschiede kaum auftreten. So entsteht dagegen Unsicherheit bei den Mitarbeitern und Führungskräften, die sich mit ihrer Haltung zum selbstverantwortlichen Handeln allein gelassen fühlen.

> „Die Ergebnisse müssen jedoch vor dem Hintergrund gesehen werden, dass eigenverantwortliches Handeln in den untersuchten Unternehmen eher ein tabuisiertes Thema war und das allgemeine Klima als ablehnend empfunden wurde. Unter diesen Umständen wagen möglicherweise nur die Personen eigenverantwortliches Handeln, die sich mit außergewöhnlichem Einsatz für ihre höheren Aufgaben qualifizieren und um fast jeden Preis auffallen wollen. Wahrscheinlich würden andere Personen mit einer anderen Motivation eigenverantwortlich handeln, wenn sie im Unternehmen ein anderes Klima vorfinden würden" (*Koch/Benedikt*, 2001, 63).

In der empirischen Untersuchung von *Koch* (2000) wird somit bestätigt, dass die drei Stufen von selbstverantwortlichem Handeln von Führungskräften unterschiedlich bewertet werden. Während Pragmatismus mehrheitlich auf Zustimmung stößt, halten sich beim Idealismus Zustimmung und Ablehnung die Waage. Intrapreneurship wird dagegen eindeutig abgelehnt. Pragmatismus ist also die am einfachsten zu realisierende Stufe, Intrapreneurship die am schwierigsten zu realisierende (*Koch/Benendikt*, 2001, 59ff). Zwischen den Ausprägungsformen des Idealismus und des Intrapreneurship lässt sich das Konzept des Mitunternehmers einreihen.

Es ergibt sich das nachfolgende Konzept der verschiedenen Intensitätsstufen selbstverantwortlichen Handelns:

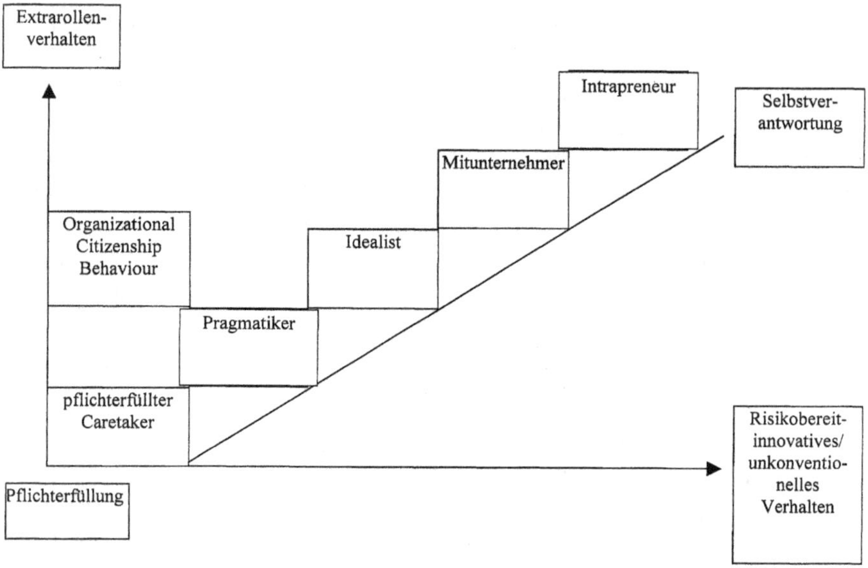

Abbildung 11: Ausprägungsstufen selbstverantwortlichen Verhaltens

2.5 Zur Beschreibung eines erweiterten Prozessmodells selbstverantwortlichen Handelns

Unternehmerisches Handeln in der Ausprägungsform des selbstverantwortlichen Handelns wird in der vorliegenden Arbeit als dauerhaft realisierbare Verhaltensqualität verstanden, die unabhängig vom Zeitpunkt alltäglich in Erscheinung treten kann. Es wird damit der Auffassung verschiedener Autoren widersprochen, die unternehmerisches Handeln als eine rein zeitpunktverhaftete und auf ein konkretes Ziel hin orientiertes Handeln verstehen (*Lehmkuhl*, 1994, 178ff). Da selbstverantwortliches Handeln gerade ein unternehmerisches Agieren in normativ schwach besetzten Bereichen beschreibt, wird in der vorliegenden Arbeit davon ausgegangen, dass bestimmte Persönlichkeitseigenschaften selbstverantwortliches Handeln beeinflussen. Es ist daher anzunehmen, dass es auch für selbstverantwortliches Handeln eine persönliche Disposition gibt, die Mitarbeiter über verschiedene Situationen hinweg zu dieser Handlungsstendenz motiviert.

Neben personalen Determinanten werden auch situative Kontextvariablen zur Bewertung selbstverantwortlichen Handelns berücksichtigt. Die wechselseitige Beeinflussung von personellen Eigenschaften, situativen Umweltreizen und der konkreten Handlung wird in der Literatur als reziproker Determinismus beschrieben (*Fisseni*, 1990, 218ff). Um selbstverantwortliches Handeln zu verstehen, werden diese Prozesse nachfolgend ermittelt und deren wechselseitigen Verknüpfungen beschrieben.

Dieser allgemeine Zusammenhang kann in Anlehnung an *Fisseni* (1990, 126ff) in der Formel V= f (P, U) zum Ausdruck gebracht werden, wonach Verhalten als Funktion von Persönlichkeits- und Umweltvariablen zu verstehen ist. Es kann daher angenommen werden, dass einerseits individuelle Persönlichkeitsfaktoren eine entscheidende Rolle bei selbstverantwortlichem Handeln spielen. Andererseits hängt selbstverantwortliches Handeln auch vom Umfeld ab, welches diese Persönlichkeitsfaktoren anregt oder begünstigt. Dieser allgemeine Zusammenhang wird bereits in Kapitel 2.2.1 in einem ersten allgemeinen Prozessmodell selbstverantwortlichen Handelns beschrieben.

Zum besseren Verständnis wird nachfolgend das prozessuale Geschehen, d.h. der Prozess bis zur Entstehung der Intention zu selbstverantwortlichem Handeln (präintentionale Phase) näher betrachtet. Da wie beschrieben selbstverantwortliches Handeln nicht unabhängig vom organisatorischen Umfeld erfasst werden kann, werden auch situative Umweltfaktoren, insbesondere arbeitsplatzbezogene Faktoren, mit berücksichtigt. Anhand eines erweiterten Prozessmodells wird verdeutlicht, dass dem Umsetzungsprozess von der Handlungsintention in tatsächliches Handeln (postintentionale Phase) eine besondere Bedeutung zukommt, da hemmende Einflüsse der Arbeitsumwelt selbstverantwortliches Handeln trotz guter motivationaler Voraussetzungen verhindern können.

2.5.1 Zur Grundkonzeption und theoretischen Einordnung des erweiterten Prozessmodells selbstverantwortlichen Handelns

Bei selbstverantwortlichem Handeln, insbesondere in der intensivsten Ausprägungsform des Intrapreneurships, setzen sich Mitarbeiter, wenn nötig, auch über bestehende Restriktionen des Unternehmens hinweg (*Glumin-*

ski/Wottawa, 1995, 216ff). Eine Aufgabe oder Verfahrensweise wird in der Regel nicht blind übernommen, sondern der Mitarbeiter überlegt sich, wie er diese verbessern und optimieren kann. Selbstverantwortung kann auch einen Eingriff in Bestehendes bedeuten, da sie Aufgaben oder Verfahrensweisen verändert, und sie hat oft einen innovativen Anteil (*Kubel*, 1998, 30). Selbstverantwortliches Handeln ist demnach für den Mitarbeiter mit Risiken verbunden, da für ihn auch Nachteile entstehen können. So können Veränderungen Probleme verursachen, die zu Beginn der Handlung nicht absehbar waren oder es stellen sich soziale Barrieren in den Weg, wenn die Arbeitsumwelt das selbstverantwortliche Handeln nicht unterstützt oder zu verhindern versucht. Kollegen können sich beispielsweise gegen die Veränderungen wehren, weil das Aufgeben von Routinen mit zusätzlicher Mühe verbunden ist. Es stellt sich daher die Frage, was Mitarbeiter zu selbstverantwortlichem Handeln motiviert.

Der Begriff der Motivation wird dabei oft mit anderen Faktoren wie Bedürfnis, Wert, Einstellung, Interesse, Bestreben oder Ansporn verbunden und beschreibt nach *Gage/Berliner* (1986, 387) die Energie, die dem Menschen die Intensität für sein Tun verleiht und die Ausrichtung seines Handelns bestimmt. Auch *Wiswede* (2000, 195) knüpft an das prozessuale Geschehen der Motivation an, indem er unter Motivation einen „aktivierenden Prozess mit richtungsgebender Tendenz" versteht. Diese Definition bildet den Ausgangspunkt des von ihm entwickelten Prozessmodells zur Arbeitsmotivation, welches im Rahmen der vorliegenden Arbeit auch zur weiteren Beschreibung von selbstverantwortlichem Handeln verwendet wird. Dies erscheint sinnvoll, da das in der nachfolgenden Graphik abgebildete Prozessmodell zur Arbeitsmotivation differenziertere Aussagen zum motivationalen Geschehen von selbstverantwortlichem Handeln zulässt.

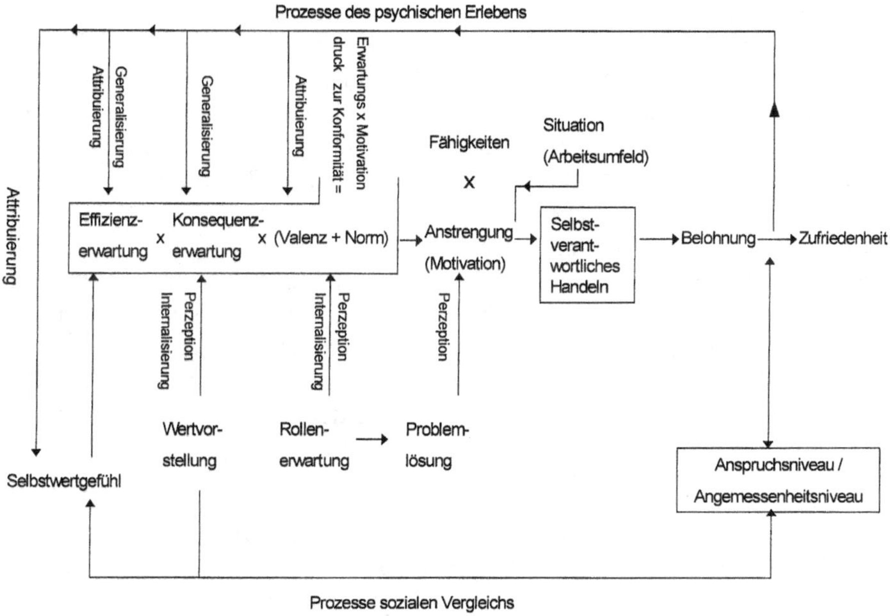

Abbildung 12: Prozessmodell selbstverantwortlichen Handeln in Anlehnung an *Wiswede* (1980)

Wiswede (1980, 135 ff.) verwendet das Modell von *Lawler* (1971) als Grundlage für sein eigenes modifiziertes Wert-Erwartungs-Modell. Ziel ist es, zusätzliche Begriffe einzubeziehen, die das Modell substantieller gestalten sollen und es vor allem mit sozialen Komponenten anzureichern. Das dargestellte Modell folgt daher in wesentlichen Zügen dem Konzept von *Lawler* (1971), stellt jedoch noch stärker die auch für selbstverantwortliches Handeln relevanten sozialen Normen der Arbeitsumwelt heraus.

> „Nach unserer Auffassung sind die bisher vorgelegten Theorien der Arbeitsmotivation in starkem Maße individualpsychologisch konzipiert; dies gilt sowohl für die Instrumentalitätstheorie wie auch für die Theorie der Lei-

> stungsmotivation. Damit solche Konzeptionen nicht zu sehr ins individualistisch-hedonistische Abseits geraten, sollten die Frage sozialer Verleichsprozesse sowie die Wirkung von Gruppeneinflüssen stärker berücksichtigt werden“ (*Wiswede*, 2000, 196).

Der Ansatz von *Lawler* (1971) unterscheidet dabei zwei Erwartungstypen und lässt sich inhaltsthematisch den Modellen der Instrumentalitätstheorie zuordnen. Demnach können sich Erwartungen zum einen auf die Frage beziehen, ob bei ausreichender Anstrengung ein bestimmtes Ziel auch erreicht werden kann. Im vorliegenden Modell wird diese interne Erwartungshaltung eines Mitarbeiters als Effizienzerwartung bezeichnet. Auch für selbstverantwortliches Handeln spielt die persönliche Einschätzung eines Mitarbeiters, inwieweit die eigenen Ressourcen ausreichen, gestellte Aufgaben erfolgreich bewältigen zu können, eine entscheidende Rolle. Dieses Abwägen wird insbesondere in neuartigen oder normativ vom Unternehmen nicht besetzten Räumen handlungsrelevant und dürfte somit eine hohe Bedeutung haben, ob die Bereitschaft zu selbstverantwortlichem Handeln auch in eine tatsächliche Handlung umgesetzt wird.

Die zweite wichtige Erwartungshaltung wird im vorliegenden Modell als Konsequenzerwartung bezeichnet. Ein Mitarbeiter wird demnach im Vorfeld die Frage stellen, zu welchen Konsequenzen das selbstverantwortliche Handeln führen könnte. Neben den individuellen Wertvorstellungen eines Mitarbeiters (Valenzen) werden insbesondere die aus Sicht des Mitarbeiters möglichen Reaktionen des Arbeitsumfelds (subjektive Normen) handlungsrelevant. In der vorliegenden Arbeit wird daher der Einfluss des Arbeitsumfelds differenziert untersucht, indem die subjektiv wahrgenommene Befürwortung der verschiedenen Strukturebenen zu selbstverantwortlichem Handeln erhoben wird (vgl. Kapitel 3).

> „*Lawler* (1977) weist darauf hin, dass das vielleicht wichtigste Feld psychologischer Beeinflussung im Organisationsbereich in der Beeinflussung der Konsquenz-Erwartungen (P → O) liegt. Diese lassen sich relativ leicht kontrollieren und beeinflussen. Dies geschieht schon bei Arbeitsplatzbeschreibungen im Zuge von Neueinstellungen, indem Erwartungsmöglichkeiten und Ergebnisverknüpfungen explizit gemacht werden, sodass „der Richtige an den richtigen Platz“ gelangt“ (*Wiswede*, 2000, 196).

Da nach *Wiswede* (2000, 196) die aktuellen Normen des Arbeitsumfelds die individuellen Valenzen eines Mitarbeiters kompensieren können, schlägt er vor, die normativen Komponenten mit den Valenzen additiv zu verknüpfen. Gleichwohl diese additive Verknüpfung kritisch zu beurteilen ist, spielt jedoch diese Besonderheit des Modells im Rahmen dieser Untersuchung eine eher untergeordnete Rolle, da selbstverantwortliches Handeln sich gerade dadurch auszeichnet, dass für eine bestimmte Handlung noch keine normativen Vorgaben durch das Unternehmen bestehen. Es ist jedoch davon auszugehen, dass in den Valenzen eines Mitarbeiters bereits normative Faktoren der Arbeitsumwelt enthalten sind, da diese über Sozialisationsprozesse in der Regel internalisiert wurden, und somit bereits Bestandteil der individuellen Valenzen sind.

Zusammenfassend kann selbstverantwortliches Handeln in Anlehung an das vorgelegte Prozessmodell von *Wiswede* (1980) damit als eine Funktion der eigenen internen Effizienzerwartungen sowie der erwarteten Konsequenzen verstanden werden. Selbtverantwortlich handelnde Mitarbeiter werden demnach als „kalkulierende Hedonisten" betrachtet, die Alternativen gezielt abwägen und dann Wege gehen, die ihnen den größten Vorteil versprechen. Erstrebenswert erscheint insbesondere für selbstverantwortlich handelnde Intrapreneure vor allem eine größere Entscheidungs- und Handlungsfreiheit (Autonomie) zu sein. Auch eine Vermehrung von Macht ist für den Intrapreneur in der Regel erstrebenswert, da dadurch wiederum mehr Autonomie erreicht werden kann. Neben der daraus resultierenden Bereitschaft zu selbstverantwortlichem Handeln spielen die zur Verfügung stehenden Fähigkeiten eines Mitarbeiters und situative Kontextfaktoren eine wichtige Rolle, inwieweit selbstverantwortliches Handeln auch tatsächlich gezeigt wird.

Neben den Fähigkeiten und dem Problemlösungsansatz, die in der Regel abhängig von der stimmigen Wahrnehmung der Arbeitsanforderungen und Rollenerwartungen eines Mitarbeiters sind, fügt *Wiswede* (1980, 137) einen Situationsparameter ein. Hierbei merkt er jedoch gleichzeitig an, dass dadurch das Modell gegen Falsifikation weitgehend immunisiert wird, da man so das Nichteintreffen einer Prognose immer der Situation anlasten kann.

Nachfolgend werden einzelne Determinanten des vorgelegten Modells näher besprochen und insbesondere im Hinblick auf deren Bedeutung für selbstverantwortliches Handeln untersucht.

2.5.2 Zu den Effizienzerwartungen selbstverantwortlich handelnder Mitarbeiter

Wiswede (1980) übernimmt wie beschrieben aus *Lawlers* (1971) Modell die beiden Erwartungsvariablen, die er kurz als Anstrengungserwartung (in späteren Veröffentlichungen auch Effizienzerwartung genannt) und Konsequenzerwartung bezeichnet. Effizienzerwartung und Konsequenzerwartung aus *Wiswedes* (1980) Modell lassen sich dabei nur bedingt mit den Erwartungstypen nach *Heckhausen* (1977) vergleichen. Vielmehr entspricht das Produkt aus beiden in seiner Bedeutung in etwa der resultierenden Handlungs-Ergebnis-Erwartung nach *Heckhausen* (1980).

Soziale Vergleichsprozesse bestimmen dabei zum einen die Effizienzerwartung und das Anspruchsniveau (im Sinne der Leistungsmotivationstheorie) eines Mitarbeiters und beeinflussen zum zweiten seine Selbsteinschätzung (Selbstkonzept, Selbstwertgefühl). Die Effizienzerwartung ist u.a. abhängig von diesem Selbstbild sowie von den "generalisierten Erfahrungen aus früheren Belohnungserlebnissen" (*Wiswede*, 1980, 138). Auch die Attribuierungsneigung beeinflusst die Effizienzerwartung, je nachdem welchen Umständen (extern/intern; stabil/labil) das Individuum den Erfolg zuschreibt. Nachfolgend werden diese für selbstverantwortliches Handeln bedeutsamen Bereiche näher beschrieben.

2.5.2.1 Zum Selbstkonzept eines selbstverantwortlich handelnden Mitarbeiters

Die in der Literatur vorgelegten Selbstkonzepttheorien zeichnen sich nach Ansicht von *Ewert* (1978, 136) durch Heterogenität und begrifflicher Vielfalt aus. *Meyer* (1984) versteht beispielsweise unter dem Selbstkonzept eines Menschen

> „Einstellungen oder Auffassungen, die ein Individuum gegenüber der eigenen Person entwickelt hat und zusammen mit anderen Persönlichkeitsfaktoren das eigene Erleben und Verhalten beeinflussen“ (*Meyer*, 1984, 14).

Es wird im Laufe der individuellen Sozialisation erlernt und resultiert hauptsächlich aus der Reflexion der Einschätzungen, die von anderen bezüglich der eigenen Person direkt oder indirekt abgegeben werden und dem Gewicht, das eine Person diesen Bewertungen beimisst.

Während nach *Gergen* (1979, 76) die traditionelle Selbstkonzeptforschung noch von einem globalen und relativ stabilen Selbstkonzept ausgeht, finden sich heute in der Literatur Auffassungen, die von mehreren spezifischen Selbstkonzepten mit unterschiedlicher Bedeutung ausgehen. So gibt es nach diesem Ansatz Selbstkonzeptbereiche, die dem Individuum wichtiger sind und eine zentrale Stellung einnehmen und solche von eher „peripherem" Charakter, welche leichter zu verändern sind. Da die eigene Leistungsfähigkeit in unserer Gesellschaft eine bedeutende Rolle einnimmt, ist davon auszugehen, dass auch das Selbstkonzept einer Person zu diesem Bereich einen zentralen Status belegt (*Deusinger*, 1985, 11ff).

Ein weiterer wichtiger Teilbereich des Selbstkonzeptes ist für *Bandura* (1976, 334-358) die persönliche Einschätzung der eigenen Kompetenzen. Die Hypothese, dass Selbstkonzeptvariablen auch im beruflichen Kontext eine wichtige handlungsregulative Bedeutung haben, ist Thema einschlägiger Forschungsarbeiten (*Markus/Wurf*, 1987, 299-337). In der täglichen Auseinandersetzung mit Schwierigkeiten und beruflichen Leistungsanforderungen stellen diese Selbstwirksamkeitserwartungen nach *Schwarzer* (1992) eine bedeutende personale Ressource dar.

> „Dementsprechend sollten berufsbezogene Orientierungen und Verhaltensweisen auf Merkmale individueller Selbstkonzepte rückführbar sein. Allerdings erweist sich eine Perspektive, die Selbstkonzeptmerkmalen allein den Status unabhängiger Variablen zuschreibt als verkürzt. Da Aufbau und Veränderung selbstbezogenen Wissens in einem lebenslangen Prozess eingebettet sind, verwundert es nicht, dass umgekehrt berufliche Tätigkeit und Erfahrungen eine wichtige Quelle selbstbezogener Informationen darstellen und insbesondere das Selbstwertgefühl einer Person beeinflussen" (*Scheller/Fillip*, 1995, 288).

Anders formuliert bedeutet dies, dass das Selbstwertgefühl die subjektive Einschätzung eines Menschen beschreibt, wie er sich auf der konzeptuellen Ebene (Selbstkonzept) platziert sieht. Dieses Abwägen der eigenen Kompetenzen mit den an uns gestellten Anforderungen ist gerade in mehrdeutigen und neuartigen Situationen handlungsrelevant und steht somit im engen Zusammenhang mit selbstverantwortlichem Handeln.

Das Selbstwertgefühl eines Menschen steht im engen Zusammenhang mit dessen Einschätzung der eigenen Selbstwirksamkeit. Diese bringt die persönlichen Einschätzungen eines Individuums zum Ausdruck, inwieweit die eigenen Kompetenzen ausreichen, schwierige Anforderungen bewältigen zu können. In der Literatur sind zahlreiche Untersuchungen zu finden, die sich insbesondere mit dem Selbstwirksamkeitskonzept von Unternehmern beschäftigen. Es ist festzustellen, dass diese im Vergleich zu anderen Personengruppen tendenziell ein höheres Selbstvertrauen aufweisen. Durch dieses überdurchschnittlich starke Vertrauen in die Fähigkeiten der eigenen Person sind sie in der Lage, Fehlschläge schneller zu verarbeiten und können Krisen besser meistern. Gerade bei der Umsetzung innovativer Ideen können sich Widerstände ergeben, die nicht selten neben der Kritik an der Idee an sich auch persönliche Anfeindungen nach sich ziehen. Durch das robuste Selbstvertrauen sind sie bei solchen Angriffen weniger irritierbar und sie tendieren in solchen Situationen sogar dazu, ihre Leistungsanstrengungen zu verstärken und noch härter und effizienter zu arbeiten. Der Zusammenhang zwischen der Ausprägung eines positiven Selbstkonzepts, der individuellen Leistungsmotivation und dem tatsächlichen Verhalten kann am folgenden Prozessmodell verdeutlicht werden (*Benedikt*, 1993, 56):

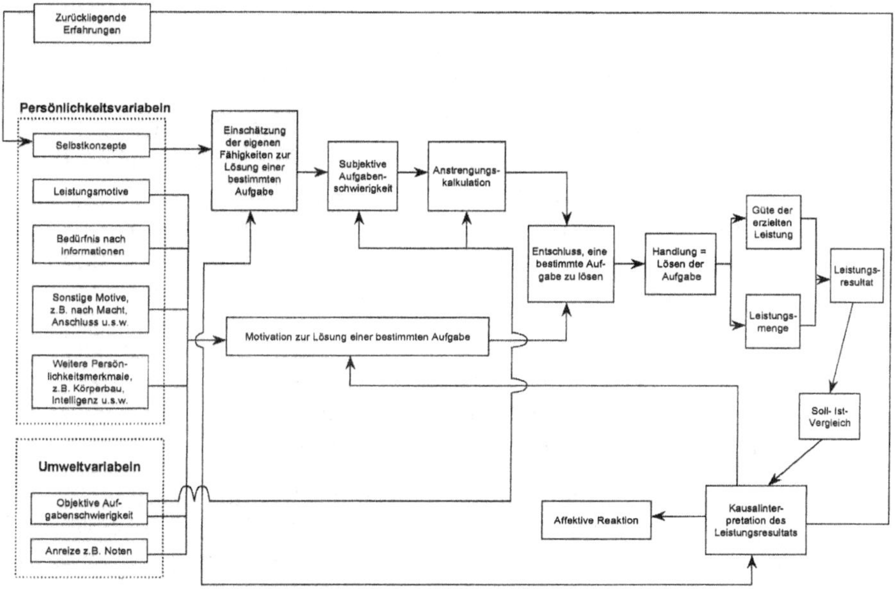

Abbildung 13: Prozessmodell zur Verdeutlichung des angenommenen Zusammenhangs von Leistungsmotivation, Selbstkonzept und tatsächlichem Verhalten nach *Benedikt* (1993, 56)

Dieses Selbstwirksamkeitsgefühl ist nach einer Untersuchung von *Jennings/Cox/Cooper* (1994, 133ff) auch mit einer positiveren Lebenseinstellung verknüpft. Solche Personen weisen in der Regel eine höhere Frustrationstoleranz auf und sind eher in der Lage, Druck von außen ohne größere Ängste zu ertragen.

> „Obwohl eine solche Person enttäuscht und durch spezifische Erfahrungen deprimiert sein kann, ist sie zu schneller Erholung fähig“ (*Epstein*, 1979, 19).

Ein hohes Selbstwirksamkeitsgefühl ist aufgrund der stärkeren positionalen Abhängigkeit gerade für den Intrapreneur von Bedeutung. Da dieser im Vergleich zum Unternehmer noch mehr auf die Mitwirkung und Unterstützung anderer Mitarbeiter angewiesen ist, erweist es sich gerade für ihn als überaus vorteilhaft, eine gewisse Immunität gegenüber sachlichen und persönlichen Angriffen vorzuweisen.

2.5.2.2 Zu Attributionen und Kontrollüberzeugungen

Eng mit dem Selbstkonzept eines Menschen sind im Modell von *Wiswede* (1980) dessen Kontrollüberzeugungen verbunden. Diese stellen generalisierte Erwartungen dar und beschreiben die Einschätzung einer Person, inwieweit Ereignisse im Lebensraum von ihr beeinflusst werden können (*Krampen*, 1989). Das Konstrukt der Kontrollüberzeugungen spielt in neuen und mehrdeutigen Situationen eine bedeutsame Rolle, da

> „subjektive Valenzen und Erwartungen nur dann für die Vorhersage und Rekonstruktion von Verhalten und Erleben hinreichen, wenn sich die Person in einer subjektiv wohlbekannten, eindeutigen, kognitiv relativ gut strukturierten Handlungssituation befindet" (*Krampen*, 1989, 6).

In von dem Unternehmen normativ nicht oder nur schwach besetzten Räumen konnten vom Mitarbeiter in der Regel noch keine Ergebnis-Folge-Erwartungen aufgebaut werden, so dass er sich in diesem Bereich an generalisierten Erwartungshaltungen orientiert.

> „Ist eine Position eindeutig definiert, klar abgegrenzt, bestehen sowohl klare Rollen- als auch klare Arbeitserwartungen an den Positionsinhaber und dominieren Routineaufgaben, so dürften situations- und handlungsspezifische Kontrollerwartungen wichtiger sein als mehr oder weniger generalisierte Kontrollorientierungen. Ist all dies nicht oder nur im beschränktem Ausmaß gegeben, d.h. wenn die Arbeitssituation komplex und/oder ambiguid ist und Handlungsfreiräume lässt, so werden generalisierte Kontrollüberzeugungen diagnostisch relevant" (*Krampen/Heil*, 1995, 298).

Kontrollüberzeugungen stehen nach *Klandt* (1984, 189ff) auch im engen Zusammenhang mit der Leistungsmotivation einer Person. Zahlreiche empirische Belege deuten darauf hin, dass eine hohe Leistungsorientierung mit einer internalen Kausalattribuierung verknüpft ist. Dabei wird die erfolgreiche Bewältigung von Aufgaben eher der eigenen Leistungsfähigkeit zugeschrieben, statt diese als Resultat externaler Faktoren wie Glück oder dem Zufall zu bewerten. Personen mit internaler Kontrollüberzeugung fühlen sich selbst als der bestimmende Faktor ihres „Schicksals" und glauben, durch einen hohen Leistungseinsatz auch mehr im Leben erreichen zu können. Im beruflichen Kontext bedeutet dies nach *Furnham* (1986, 29-43), dass Personen mit internaler Kontrollüberzeugung Arbeitsresultate und Erfolge am Arbeitsplatz primär auf ihr eigenes Engagement und ihre Fähigkeiten zurückführen.

Die dieser Auffassung von Leistungsmotivation zugrundeliegenden Theorien gehen insbesondere auf Untersuchungen von *Rotter* (1954) zurück. In seiner sozialen Lerntheorie geht *Rotter* (1975, 56-67) davon aus, dass Verhalten zielgerichtet erfolgt und von subjektiven Erwartungen, ob ein Ziel durch geeignetes Verhalten erreicht werden kann, abhängt. Die zentrale Kernaussage der sozialen Lerntheorie besagt, dass

> „die Wahrscheinlichkeit für ein bestimmtes Verhalten in einer gegebenen Handlungssituation von dem subjektiven Wert der möglichen Verstärker und von der subjektiven Erwartung des Handlungssubjekts abhängt, ob in der gegebenen Situation durch das in Frage kommende Verhalten der Verstärker erreicht wird" (*Krampen*, 1982, 15).

Damit ist die soziale Lerntheorie inhaltlich und strukturell den Erwartungs-Wert-Theorien zuzuordnen, die davon ausgehen, dass subjektive Erwartungen und subjektive Werthaltungen bzw. Zielpräferenzen die entscheidenden handlungssteuernden Variablen darstellen (*Heckhausen*, 1980).

Den zweiten theoretischen Bezugsrahmen bildet die Attributionstheorie *Heiders* (1958). Diese geht davon aus, dass Menschen bestrebt sind, ihren Erfolg oder Misserfolg eine systematische Ursache-Wirkungsstruktur zuzuordnen und internalen oder externalen Ursachen zuzuschreiben. Dabei darf die Unterscheidung in interne und externe Kausalattribution jedoch nicht mit der *Rotterschen* Differenzierung nach interner und externer Kontrollüberzeugung verwechselt werden, da mit der Ursachenzuschreibung noch keine Aussage über die Beeinflussbarkeit einer Situation getroffen wird.

> „Kontrollüberzeugungen betreffen dagegen subjektive Erwartungen über die Kontrollierbarkeit (internal) vs. Nichtkontrollierbarkeit (external) von Ereignissen in der Zukunft – gleichgültig, ob sie auf personinterne oder -externe Faktoren zurückgehen" (*Krampen*, 1989, 10).

Grundlage des Konzeptes der Kontrollüberzeugungen bildet das von *Atkinson* (1964) bereits in den 60er Jahren vorgelegte Risiko-Wahl-Modell, in dem das Konstrukt der Leistungsmotivation durch das relativ stabile und situationsunabhängige Motiv, Erfolg zu erzielen, und der Motivtendenz, Misserfolg zu vermeiden, erfasst wird (*Offe*, 1977, 16ff). *Atkinson* (1964) geht davon aus, dass durch das Motiv „Hoffnung auf Erfolg" Menschen leistungsorientierte Situationen mit Zuversicht erleben und eher dazu neigen, Aufgaben mit mittlerem Schwierigkeitsgrad zu wählen. Menschen mit einer ausgeprägten Motivtendenz „Furcht vor Misserfolg" erleben leistungsthematische Situationen als bedrohlich, da sie die befürchteten Folgen ihrer Handlung als selbstwertmindernd einschätzen (*Benedikt*, 1993, 8). *Rotter* (1975) erweitert diesen Ansatz, indem er davon ausgeht, dass Menschen sich nicht damit begnügen, Erfolg bzw. Misserfolg zu registrieren, sondern bestrebt sind die Ursachen solcher Ereignisse zu analysieren. Jeder Mensch sucht demnach nach den Ursachen von Handlungsergebnissen und richtet durch solche Kausalattribuierungen sein zukünftiges Verhalten aus (*Schneider/Schmalt*, 1981, 200).

Weiner (1975) ergänzt die *Rottersche* Unterscheidung zwischen internalen und externalen Faktoren um eine weitere Differenzierung nach der Stabilität der Dimension. Hierbei beschreibt er Begabung und die Schwierigkeit der Aufgabe als zeitlich stabile, die Stärke der Anstrengung und den Zufall als zeitlich variable Dimensionen. Der Mensch begründet mit einem dieser vier Faktoren seinen Erfolg oder Misserfolg und leitet auch Prognosen für den Ausgang zukünftiger Handlungen ab (*Weiner/Heckhausen/Meyer/Cook*, 1970, 1ff). Dieses zweidimensionale taxonomische System der Kausalattribuierung lässt sich wie folgt grafisch abbilden:

Stabilität	**Lokation**	
	internal	**external**
stabil	Fähigkeit	Aufgabenschwierigkeit
variabel	Anstrengung	Zufall

Tabelle 4: Klassifikationsschema für wahrgenommene Misserfolgsursachen von Erfolg und Misserfolg nach *Weiner* (1975)

Im vorgelegten Modell von *Wiswede* (1980) sind attributionstheoretische Überlegungen bereits enthalten. Die unterschiedlichen Attributionsstile der „Erfolgssucher" und der „Mißerfolgsvermeider" führen zu unterschiedlichen

Konsequenzen, die sich wiederum in zukünftigen leistungsbezogenen Situationen auswirken. In einer Reihe von empirischen Untersuchungen zeigt beispielsweise *Furnham* (1986, 29-43), dass leistungsmotivierte Personen stärker dazu tendieren, Erfolg internalen Faktoren zuzuordnen und Misserfolg durch externale Attribuierung abzuschwächen oder sogar zu leugnen (*Bonnet/Furnham*, 1991, 465-478).

> „Personen mit internaler Kontrollüberzeugung sind proaktiv ausgerichtet und legen Wert darauf, Angelegenheiten, die sie selbst betreffen, selbst in die Hand zu nehmen. Für entsprechend disponierte Personen ist es charakteristisch, dass sie berufliche Erfolge internal stabil (eigene Fähigkeiten), Misserfolge hingegen internal variabel (unzureichende Anstrengungen) zuschreiben" (*Müller*, 2000, 107).

Eine derartige Attribuierungsstrategie dient zum Schutz des Selbstwertgefühls vor unerwünschten Störungen und außergewöhnlichen Belastungen (*Zuckerman*, 1979, 245ff). Dies führt dazu, dass Personen selbst aktiv werden und die Initiative ergreifen, um zu verhindern, von anderen gesteuert oder sogar manipuliert zu werden. Dies könnte beispielsweise einen Vertriebsleiter, der aufgrund seines Erfolges zahlreiche Privilegien genießt, jedoch die Abläufe in der Unternehmensorganisation als einengend empfindet, dazu zu bewegen, sich mit geringerem Einkommen selbständig zu machen. Einflussnahme und Kontrolle sind demnach wichtige Aspekte von Selbstführung und selbstverantwortlichem Handeln (*Stewart*, 2000, 97). Das Konzept der Kontrollwahrnehmung eignet sich daher gut, um das Verhalten von selbstverantwortlich handelnden Mitarbeitern zu beschreiben. Dabei darf jedoch nicht eine in der Literatur beispielsweise bei *Schneewind/Lubesch* (1978, 190-205) häufig zu findende Gleichsetzung von internaler Kontrollüberzeugung und der Übernahme von Selbstverantwortung vorgenommen werden. Auch entspricht eine geringe Ausprägung von Selbstverantwortung nicht einer externalen Kontrollüberzeugung. Wenngleich in einigen empirischen Studien eine korrelative Beziehung beider Bereiche festgestellt werden kann, so handelt es sich doch um zwei unterschiedliche Konstrukte: Im Falle der Kontrollüberzeugung steht die Einschätzung einer Person im Mittelpunkt, ob ein Ergebnis durch das eigene Verhalten beeinflusst werden kann, d.h. kontrollierbar ist. Selbstverantwortung beschreibt dagegen nicht, ob jemand eine Handlungsfolge verursacht hat, sondern ob jemand aus eigenem Antrieb heraus agiert und sich hierfür verantwortlich fühlt. Wenn beispielsweise ein Angestellter aufgrund eines Softwarefehlers eine Falschbuchung auslöst, so hat er einen etwaigen Schaden zwar verursacht, fühlt sich jedoch für ihn in der Regel nicht verantwortlich. Wenn er jedoch den Softwarefehler kennt und dennoch handelt, so ist er Verursacher und trägt auch die Verantwortung.

> „Handlungsfolgen, die beabsichtigt und vorhersagbar sind, werden also von der handelnden Person sowohl verursacht als auch verantwortet. Wenn dagegen nicht von der Person erwartet werden kann, dass sie die Handlungsfolgen vorhersagen konnte, liegt zwar eine Verursachung durch die Person vor, sie ist dafür aber nicht verantwortlich. Es bleibt also festzuhalten, dass Selbstverantwortlichkeit im allgemeinen Sinne und internale Kontrollüberzeugung begrifflich nicht gleichgesetzt werden können, wenngleich beide Konzepte Beziehungen aufweisen, die in einigen Studien bestätigt werden konnten“ (*Krampen*, 1982, 56).

Wenn dagegen ein Mitarbeiter in einem normativ durch das Unternehmen noch nicht besetzten Raum freiwillig agiert und eine Handlungsfolge verursacht, so ist anzunehmen, dass sowohl internale Kontrollüberzeugung als auch selbstverantwortliches Handeln vorliegen.

2.5.3 Zu den Konsequenzerwartungen selbstverantwortlich handelnder Mitarbeiter

In Abänderung des "klassischen" Erwartung-mal-Wert-Ansatzes ist der Valenzfaktor im vorgelegten Modell von *Wiswede* (1980) additiv mit einem Normparameter verknüpft.

> "Es handelt sich um den Sachverhalt, dass Ergebnisse nicht nur vom Individuum gewünscht werden, sondern dass wünschbare Ergebnisse von anderen Personen an das Individuum herangetragen werden, und zwar in Form von Arbeitsanforderungen bzw. Rollenerwartungen" (*Wiswede* 1980, 135).

Norm und Valenz werden dann ununterscheidbar, wenn ein Individuum genau das anstrebt, was von ihm gefordert wird. Dabei bleibt nach *Wiswede* (1980) offen, ob dies durch eine Vorstellung der Angemessenheit geschieht, durch Konformität und Gehorsam oder einfach durch Habitualisierung – nämlich durch Gewöhnung, die Dinge zu tun, die von einem erwartet werden.

Zwar wird in der vorliegenden Arbeit selbstverantwortliches Handeln dadurch charakterisiert, dass ein Mitarbeiter freiwillig normativ vom Unternehmen noch unbesetzte Räume betritt und somit keine expliziten Rollenerwartungen vorfindet, jedoch ist anzunehmen, dass ein Mitarbeiter bereits im Vorfeld einer solchen Handlung mögliche Konsequenzen oder Risiken abschätzt. Mit der Konsequenzerwartung wird demnach vom Mitarbeiter angenommen, dass selbstverantwortliches Handeln im Unternehmen geeignet ist, angestrebte Ziele zu erreichen. Der instrumentelle Charakter selbstverantwortlichen Handels wird dadurch verdeutlicht. Dabei stellen die individuellen Wertvorstellungen eines Mitarbeiters wichtige Orientierungs- und Steuerungsgrößen dar.

2.5.3.1 Zur Risikobereitschaft selbstverantwortlich handelnder Mitarbeiter

Bezüglich des Risikoverhaltens von Unternehmern sind in der Literatur zum Teil widersprüchliche Auffassungen zu finden. Teilweise deuten die Befunde darauf hin, dass sich der Unternehmer insbesondere in der Gründungsphase seines Unternehmens durch eine überdurchschnittliche Risikobereitschaft auszeichnet. Dabei stehen zwar monetäre Risiken im Vordergrund, jedoch dürfen die Risiken bezüglich Karriere, Familie, der psychischen Stabilität und einer intakten gesundheitlichen Verfassung nicht vernachlässigt werden (*Bretz*, 1988, 41).

Andere Untersuchungen gehen von einer mittleren Risikoneigung von Unternehmern aus. Insbesondere, wenn Unternehmen sich bereits erfolgreich am Markt positioniert und ihre Stellung ausgebaut haben, scheinen Unternehmer weniger geneigt zu sein, über das erforderliche Maß hinausgehende Risiken einzugehen. Die Gründe hierfür liegen in den deutlich höheren finanziellen Verlustmöglichkeiten, der Verantwortung für Mitarbeiter und der möglichen Beschädigung des Lebenswerkes des Unternehmers (*Jennings/Cox/Cooper*, 1994, 18ff). Die Vorteile einer mittleren Risikobereitschaft kommen dabei insbesondere in risikobehafteten Situationen zum Ausdruck. Statt sich in riskante Aktionen zu stürzen oder ängstlich in Passivität zu verharren, wählen Personen in solchen Situationen in der Regel Wege des kalkulierbaren bzw. kontrollierbaren Risikos. Unternehmerisch handelnde Personen zeichnen sich nach *Chell/ Haworth/ Brearley* (1991, 42ff) daher durch eine mittlere Risikobereitschaft aus.

Auch das selbstverantwortliche Handeln eines Intrapreneurs orientiert sich nach Auffassung von *Yates* (1992, 1-25) am *Schumpeterschen* (1926) Konzept des selbständigen Unternehmers, wobei insbesondere die Risikobereitschaft, d.h. die Übernahme des mit einem möglichen Scheitern verbundenen persönlichen Risikos, als typische Verhaltensweise angesehen wird. Empirisch lässt sich zeigen, dass gerade risikobehaftete und unkonventionelle Handlungsweisen, bei denen bestehende Normen und Regeln verletzt werden, in einem engen Zusammenhang mit selbstverantwortlichem Handeln stehen (*Koch*, 2000, 210).

Die Risiken des selbstverantwortlich handelnden Intrapreneurs sind im Vergleich zum klassischen Unternehmer in finanzieller Hinsicht eher begrenzt und reduzieren sich hauptsächlich auf persönliche Risiken, wie dem möglichen Abbruch der Karriere, dem Ausfall von Lohn und den gesundheitlichen Risiken bei verstärktem Leistungseinsatz (*Gibb*, 1990, 33-67). Diese Humankapitalrisiken haben nach *Wunderer* (1999, 26) oftmals eine deutliche Beeinträchtigung der Lebensqualität zur Folge. Daneben geht der Intrapreneur bei dem Durchsetzen seiner Ideen das soziale Risiko ein, andere Gruppenmitglieder gegen sich aufzubringen und sich dadurch zu isolieren. Da er im verstärkteren Maße als der Unternehmer auf die Unterstützung seiner Arbeitsumwelt angewiesen ist, wird er in der Regel versuchen, die zwangsläufig mit Veränderungsprozessen verbundenen Widerstände möglichst gering zu halten und den Verlust von persönlichen Beziehungen und Bindungen zu vermeiden. Der Umgang mit den Ängsten und Verunsicherungen der Betroffenen ist für ihn weitaus bedeutender als für den Unternehmer, der durch seine formelle Macht und Autorität mit anderen Bewertungsmustern vorgehen kann. Selbstverantwortliches Handeln insbesondere in seiner extremsten Ausprägungsform birgt daher ein hohes persönliches Risiko und Konfliktpotential.

Neuere Untersuchungen belegen, dass gerade Mitarbeiter in russischen Unternehmen weniger bereit sind, persönlich Risiken einzugehen, als ihre westlichen Kollegen. Nach *Naumov/Puffer* (2000, 709-718) zeichnen sie sich vielmehr durch eine hoch ausgeprägte Unsicherheitsvermeidungstendenz aus.

> „On average, responses showed that Russian culture in the mid-1990s appeared to be moderate in individualism, masculinity, and power distance, and fairly high in paternalism and uncertainty avoidance“ (*Naumov/Puffer*, 2000, 709).

Während in Untersuchungen aus den 80er Jahren noch keine nennenswerten Unterschiede festgestellt werden können (*Hofstede*, 1980), so zeigen sich in den Jahren des politischen Umsturzes Anfang der 90er Jahre doch gravierende Unterschiede zu den Werten aus Erhebungen in westeuropäischen Ländern (*Veiga/Yanouzas/Buchholtz*, 1995, 20-27). Zwar haben sich seitdem diese deutlichen Unterschiede reduziert, jedoch kann noch immer eine geringe Bereitschaft in der russischen Bevölkerung, persönliche Risiken einzugehen, festgestellt werden. Eine höhere Unsicherheitsvermeidungstendenz ist nach der zitierten Studie von *Naumov/Puffer* (2000) gerade bei Angestellten in Unternehmen zu sehen:

> „Individuals employed in business had higher uncertainty avoidance than people in the university sector“ (*Naumov/Puffer*, 2000, 709).

2.5.3.2 Zu den Wertvorstellungen als Orientierungs- und Steuerungsgröße selbst-verantwortlichen Handelns

Je nach Wissenschaftsdisziplin erfährt der Wertebegriff in der Literatur eine unterschiedliche Bedeutung, wobei im Rahmen dieser Arbeit eine soziologische Verwendung des Begriffs im Mittelpunkt steht. Im soziologischen Kontext können Werte als Orientierungsgrößen menschlichen Verhaltens verstanden werden und dienen dem Einzelnen als Maßstab zur Beurteilung von Handlungen. In diesem Sinne wirken Werte als Standards und besitzen für das Individuum Verhaltensrelevanz. So versteht beispielsweise *Bihl* (1995, 8) unter einem Wert eine Auffassung vom Wünschenswerten, welche die Wahl der Handlungsalternativen- und ziele beeinflusst. An anderer Stelle wird der Begriff des Wertes als ein

> „sozialdeterminiertes, dynamisches, ichzentriertes, selbstkonstruiertes Ordnungskonzept sowie eine Orientierungsleitlinie, die den Systeminput einer Person (Wahrnehmung) selektiv organisiert und akzentuiert sowie ihren Output (Verhalten) reguliert, mithin eine ichdirigierte, aktive Planung und Aus-

richtung des Verhaltens über verschiedene Situationen hinweg ermöglicht" (*Rothenberger*, 1992, 20)

in ähnlicher Weise definitorisch umrissen. Im Kontext des *Schlenkerschen* (1997) Dreiecksmodells der Verantwortung kann dabei Verankerung von eigenen Wertvorstellungen in bestimmte Zielobjekte zu einer starken Identifikation, d.h. zu einer ausgeprägten Person-Fall-Bindung führen und in überdurchschnittliche Leistungsanstrengungen münden.[12] Wenn sich der selbstverantwortlich handelnde Intrapreneur stark mit seinen Zielen identifiziert, kann dies Handlungsanstrengungen begründen, die über das normale Leistungsverhalten weit hinausgehen (*Bretz*, 1988, 110).

Im Gegensatz zu **Einstellungen** eines Individuums, die nach *Staehle* (1994, 158) auf ganz konkrete Personen, Objekte oder Situationen ausgerichtet sind, beschreiben Werte umfassende und situationsübergreifende Orientierungsgrößen, die als generelle Wegweiser selbstverantwortlichen Handelns dienen. Werte sind nach *Rothenberger* (1992, 21) daher den Einstellungen vorgelagert und stellen somit ein übergeordnetes Gebilde im Wert- Einstellungssystem eines Menschen dar.

Unter **Normen** werden dagegen im Kontext dieser Arbeit allgemein geltende Vorschriften verstanden, die sich direkt oder indirekt an verbreiteten Wertvorstellungen orientieren und mittelbare Vorschriften für menschliches Handeln darstellen (*Schäffers*, 1986, 217). Normen stellen demnach Regeln und Vorschriften für Handlungen dar und können nach *Gudjons* (2001) als „pragmatische Form von Werten" aufgefasst werden. Als Verhaltensanforderungen an die Mitglieder einer Gruppe übernehmen Normen eine wichtige Funktion bei der Gestaltung der Zusammenarbeit oder des Zusammenlebens von Menschen. Dabei kommt es nach *Rothenberger* (1992, 23) zu einer gegenseitigen Beeinflussung von Werten und Normen, wenn beispielsweise bestimmte Werte bei mehreren Organisationsmitgliedern übereinstimmen und sich hieraus Gruppennormen entwickeln oder in einem Anpassungsprozess individuelle Werte an bestimmte Normen annähern.

Die Werthaltungen eines Individuums werden durch spezifische Sozialisationsbedingungen geprägt, die nach *Rothenberger* (1992, 27) in drei Ebenen unterschieden werden können.

---

[12] Vgl. Kapitel 2.1.2

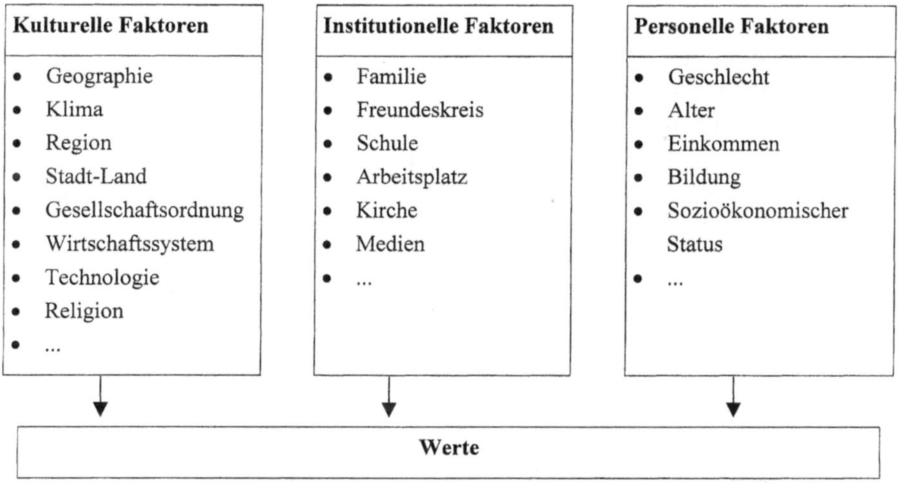

Abbildung 14: Sozialisationsfaktoren und Werte nach *Rothenberger* (1992)

Aus der Abbildung ist ersichtlich, dass biografische Faktoren die Werthaltungen einer Person beeinflussen. Dabei ist die Sozialisation nie abgeschlossen, sondern stellt nach *Rothenberger* (1992) einen lebenslangen Prozess dar. Am stärksten wirkt die Sozialisation in der Kindheit und der Adoleszenz, wobei insbesondere die soziale Herkunft und die Erziehung durch die Eltern eine bedeutende Rolle spielen. So werden nach einer empirischen Erhebung von *Jennings/Cox/Cooper* (1994) Kinder durch die fehlende Sicherheit in der Familie, verursacht durch Tod oder Trennung der Eltern und andere unglückliche Ereignisse, bereits früh zur Übernahme von Verantwortung gedrängt und zeichnen sich auch im späteren Leben durch stärker ausgeprägte Selbstverantwortung aus. Der Erziehungsstil der Eltern und inwieweit diese in der Lage waren unternehmertypische Normen und Wertvorstellungen an ihre Kinder weiterzugeben, beeinflussen nach *Klandt* (1990, 94) die spätere Ausprägung der Selbstverantwortung. Insbesondere wenn Eltern durch eine eigene selbständige Tätigkeit als prägendes Vorbild dienen können, liegt für *Carroll/Mosakowski* (1987, 570-589) die Vermutung nahe, dass sich bereits in der frühen Jugend für selbstverantwortliches Handeln wichtige Werthaltungen herausbilden können (*Cooper/Dunkelberg*, 1987, 1-20). In einer Gesellschaft, in der sich die allgemeinen Umweltbedingungen im verstärkten Maße verändern, findet auch im Erwachsenenalter eine Transformation in den

Wertvorstellungen der einzelnen Individuen statt. Der starke Einfluss zentraler Wertvorstellungen der privaten Sphäre auf die Ausprägung von selbstverantwortlichem Verhalten in Organisationen wird bereits an anderer Stelle ausführlich beschrieben (Kapitel 1.2.2) und führt dazu, dass objektive Gegebenheiten der Organisation und deren Sinnhaftigkeit je nach Werthaltung anders interpretiert werden können. Daher spielen die beschriebenen Sozialisationsbedingungen und die Werteverschiebungen in der Unternehmensumwelt gleichsam eine große Rolle bei der Ausprägung von unternehmerischem und selbstverantwortlichem Verhalten (*Kets de Fries*, 1996, 853-883).

Zusammenfassend kann daher selbstverantwortliches Handeln als zielgerichtetes Verhalten beschrieben werden, wobei sich Mitarbeiter im normativ wenig reglementierten Raum vorwiegend an eigenen Standards orientieren. Diese persönlichen Normen bilden die wichtigste Orientierungsgröße für selbstverantwortliche Handlungen. Zwar spielen auch die normativen Standards, d.h. die normativen Werte der Organisation oder Gruppe eine Rolle, jedoch werden diese vorwiegend im normativen Raum, d.h. im Rahmen pflichterfüllter Verantwortungsübernahme handlungsrelevant. Im normativ wenig reglementierten Raum ist ein Mitarbeiter gezwungen über die etablierten Normen hinaus eigene Bezugsmaßstäbe zu konstruieren (*Carver*, 1996, 645-672). Das Vorhandensein bzw. die Konstruktion ist Voraussetzung für die Bildung von Intentionen und damit der Setzung konkreter Handlungsziele. So sind es neben den situativen Rahmenbedingungen

> „besonders die subjektiven Wahrnehmungen, Urteile, die Gefühle und Motivationen des betroffenen Individuums, die sein Handeln steuern und diese objektiven Gegebenheiten ihre je spezifische Bedeutung verleihen“ (*van Buer/Neben*, 1999, 166).

2.5.4 Zur Anstrengung und Motivation selbstverantwortlich handelnder Mitarbeiter

Die „klassische“ Leistungsmotivationstheorie und die Wert-Erwartungs-Modelle haben nach *Heckhausen* (1980, 385) einen gemeinsamen Ursprung, da sie beide auf *Lewin et al. (1944)* zurückgehen. Er bezeichnet das Risikowahlmodell als "Sproß" aus der Familie der Erwartungs-mal-Wert-Theorien. Dabei enthält die Theorie von *Lewin et al.* (1944) zur Erklärung der Anspruchsniveau-Setzung bereits für jede Aufgabe zwei werthaltige Ereignisse bzw. Valenzen, nämlich Erfolg und Mißerfolg und für beide die entsprechenden subjektiven Wahrscheinlichkeiten.

In der vorliegenden Arbeit wird davon ausgegangen, dass selbstverantwortliches Handeln neben einem überdurchschnittlichen Leistungswillen eng mit einem ausgeprägten Machtmotiv und dem Streben nach Autonomie verbunden ist (*McClelland/Burnham*, 1976, 100ff).

2.5.4.1 Zum Leistungsmotiv als Ausdruck von ausgeprägtem Extrarollenverhalten

Das Leistungsmotiv wird häufig in der Literatur als das „eigentliche" Motiv des erfolgsorientierten Unternehmers dargestellt (*Klandt*, 1990). Es ist nach *Klandt* (1990, 88-98) eng mit dem bereits eingeführten Begriff des Extrarollenverhaltens verknüpft. So wird die Person des Unternehmers in der Forschungsliteratur häufig durch seinen überdurchschnittlich ausgeprägten Willen charakterisiert, sich mit herausfordernden Aufgaben auseinander zusetzen (*Langham-Fox/Roth*, 1995, 209-218). Angetrieben von dem Bedürfnis mehr leisten zu wollen, strebt der Unternehmer nach mehr Effizienz und kann somit als „ergebnisorientierter Macher" beschrieben werden (*Klandt*, 1990, 88).

Angetrieben von dem Wunsch, etwas besser oder effizienter zu gestalten als andere, sucht auch der selbstverantwortlich handelnde Intrapreneur häufig nach neuen Herausforderungen. Dabei präferiert er in der Regel kalkulierbare Risiken und Situationen, die er steuern und beeinflussen kann (*Steiner/Miner*, 1986). Obwohl teilweise recht unterschiedliche Motivkomplexe eine Rolle spielen, ist es nach *Miner* (1997, 54-67) vorwiegend die Aufgabe selbst, die Unternehmer und Intrapreneure gleichermaßen anspornen. So wird das Erzielen von Leistungsresultaten häufig zum Hauptmotivator und weniger irgendeine Form der extrinsischen Belohnung. Es ist zu vermuten, dass selbstverantwortliches Handeln durch ein ausgeprägtes Leistungs- und Unabhängigkeitsmotiv unterlegt ist. Im Vordergrund stehen dabei eine ausgeprägte Ergebnisorientierung und ein Streben nach wirtschaftlicher Effizienz (*Miner*, 1997). Selbst gesteckte Ziele sollen mit einem effizienten Einsatz der zur Verfügung stehenden Ressourcen erreicht werden. Bereits in der klassischen Nationalökonomie wurde der Unternehmer durch sein intensives Profitmotiv beschrieben. Dabei wurde der Gewinn als Risikoausgleich für das eingesetzte Kapital betrachtet, wobei im Falle eines Misserfolges auch ein Totalverlust entstehen kann. Bei Intrapreneuren ist dieses Risiko auf die Nichtdurchsetzung eines Projektes oder Vorhabens und den Verlust seines Arbeitsplatzes oder das Ende seiner Karriere begrenzt. Zu beachten ist, dass selbstverantwortlich handelnde Intrapreneure nicht ausschließlich die Verfolgung monetärer Ziele im Auge haben. Zwar sind das Gewinnstreben und die daraus abgeleiteten Machtmotive nicht zu vernachlässigende Handlungsziele, jedoch kann die Befriedigung des Leistungs- und Unabhängigkeitsmotivs durchaus auch einen individuellen und selbständigen Wert darstellen (*Gerig*, 1998, 27). Es ist die Aufgabe an sich, welche die Person zur Leistung anregt. Der Antrieb, sich herausfordernden Aufgaben zu widmen und eine Befriedigung aus der erfolgreichen Bewältigung dieser Aufgabe zu ziehen, lässt sich nach *Miner* (1997, 54-67) auf unterschiedliche Motivkomplexe zurückführen (*Benedikt*, 1993, 6).

Eine stark leistungsorientiert ausgeprägte Verhaltensausrichtung ist auch eng mit dem *Schumpeterschen* Innovationsbedürfnis verknüpft. Die Implementierung neuer Ideen wird nach *Miller/Toulouse* (1986, 1389ff) gerade durch diese Handlungsorientierung hervorgebracht und unterstützt. *McClelland* (1985, 7-24) belegt in zahlreichen Studien diesen Zusammenhang. Übertragen auf den Intrapreneur bedeutet dies, dass dieser sich durch seinen überdurchschnittlichen Leistungseinsatz, aber auch durch seine überaus innovative Geisteshaltung von anderen Mitarbeitern abhebt. Im Arbeitsalltag fällt der Intrapreneur demzufolge unter anderem dadurch auf, dass er mit viel Engagement und Leistungswillen seine Aufgaben erledigt, da er sich für diese hundertprozentig verantwortlich fühlt. Dabei arbeitet er selbständig, d.h. ohne Weisung seines Vorgesetzten und zeichnet sich durch ein ausgeprägtes Qualitätsstreben aus (*McClelland*, 1987, 219-233). Er versucht etablierte Geschäftsabläufe zu optimieren oder angetrieben von der Überzeugung in seine innovativen Ideen, neue Wege zu beschreiten. Dabei ist er so besessen von der Erreichung der selbstgesteckten Ziele, dass er sich legitimiert fühlt, auch unseriöse oder unerlaubte Mittel einzusetzen (*McClelland*, 1985). Auch das Streben nach einem höheren Einkommen lässt sich auf ein ausgeprägtes Leistungsmotiv zurückführen (*Kland*, 1984, 126).

2.5.4.2 Zum Autonomiestreben selbstverantwortlich handelnder Mitarbeiter

Das Streben nach Entscheidungs- und Handlungsfreiheit stellt eine der zentralen Motivstrukturen für selbstverantwortliches Handeln insbsondere in der intensivsten Ausprägungsform des Intrapreneurships dar.

> „Zudem wird der Intrapreneur von einem starken Autonomiestreben getrieben, welches im Extremfall dazu führt, dass er die Unternehmung verlässt und zum unabhängigen Entrepreneur wird" (*Bitzer*, 1991, 21).

Diese Freiheit wird dann erlebt, wenn Personen das Gefühl haben, ihr Handeln selbst bestimmen zu können und glauben, die dafür notwendigen Ressourcen vorzuhalten (*Furnham*, 1992). Bereits bei *Maslow* (1981) steht in seiner Bedürfnispyramide das Wachstumsmotiv nach Selbstverwirklichung an oberster Stelle. Dieses Bedürfnis steht dabei im direkten Zusammenhang mit dem Streben nach Autonomie und Unabhängigkeit bzw. kann aus diesem direkt abgeleitet werden (*Bordegas*, 1989, 1263). Empirische Befunde deuten darauf hin, dass gerade Mitarbeiter in Führungspositionen eine höhere Autonomieorientierung haben als andere Mitarbeitergruppen. So berichtet *Neuner* (1992), dass deutsche Manager einen deutlich höheren Mittelwert in dieser Motivdisposition aufweisen als ein repräsentativer Durchschnitt der Bevölkerung. Auch an anderer Stelle wird das Bedürfnis nach beruflicher Unabhängigkeit und Autonomie als Streben nach Selbstverwirklichung, aber auch als Flucht vor Autoritäten definiert (*Klandt*, 1984, 153). Auch *Kirchler* (1995) konnte nachweisen, dass das Bedürfnis nach Autonomie und Selbstverwirklichung zu den wichtigsten Motiven für unternehmerisches Handeln zählt. Da verantwortliches Handeln als freiwilliges und selbstbestimmtes Verhalten definiert wurde, kann auch dieses mit dem Streben nach Autonomie in Beziehung gesetzt werden. Die Übernahme von Verantwortung und insbesondere, wenn diese wie beim Intrapreneur ohne Beachtung äußerer Normen erfolgt, ist Ausdruck dafür, das Bedürfnis nach Autonomie zu befriedigen (*Auhagen*, 1999, 246). Wenn bürokratische Regelungen und Strukturen der innovativen Realisierung von Ideen im Wege stehen, ist der Intrapreneur bereit, vorhandene Hierarchien und Normen bewusst zu umgehen (*Shane*, 1994, 397ff).

Auch das Handeln des klassischen Unternehmers wird deshalb als vorwiegend intrinsisch motiviertes Verhalten betrachtet und steht nach *Servatius*

(1994, 258) im engen Zusammenhang, eigene Ideen selbstverantwortlich verwirklichen zu können. Ziele werden verfolgt, weil sie der Person selbst wichtig sind und nicht weil eine externe Instanz diese vorgegeben hat. In der beruflichen Praxis sind jedoch rein selbstbestimmte Handlungen selten anzutreffen und erscheinen im sozialen Gefüge von Unternehmen unrealistisch. Im Organisationskontext können Mitarbeiter, auch wenn sie selbstverantwortlich nach eigenen normativen Standards handeln, die Erledigung anderer meist fremdbestimmter Aufgaben vernachlässigen. Auch die andere Extremform der ausschließlichen externalen Kontrolle, bei der der Mitarbeiter sich bedingungslos äußeren Zwängen unterordnet, spielt eine eher zu vernachlässigende Rolle. Vielmehr treten in der beruflichen Praxis beide Motivationsstile mit unterschiedlicher Wechselwirkung in Erscheinung, so dass Handlungen sowohl von eigenen Normen als auch von extern gesetzten Regeln beeinflusst sind. Selbstverantwortliches Handeln integriert daher die Ziele der Organisation. Eine uneingeschränkte Orientierung an persönlichen Normen, die vollkommen losgelöst von den Standards des Unternehmens entwickelt wurden, würde über kurz oder lang als bloßes Querulantentum interpretiert und mit entsprechenden Gegenmaßnahmen sanktioniert werden (*Deci/Ryan*, 1990).

Intrapreneure, die sich durch ein hohes Bedürfnis nach Entscheidungs- und Handlungsfreiheit charakterisieren lassen, suchen gezielt Aufgabenbereiche, die ihnen ein hohes Maß an Selbstkontrolle erlauben. Sie bevorzugen Situationen mit unklaren Rahmenbedingungen und Strukturen (*Schneewind*, 1983, 135ff). Sie kommen besser mit herausfordernden und unklaren Situationen zurecht, die sich gerade in Zeiten dynamischer Veränderungsprozesse einstellen. Empirische Studien belegen, dass gerade Personen mit hoher Autonomieorientierung bei unklaren Arbeitsbedingungen leistungsfähiger, durchsetzungsstärker und ausdauernder handeln können (*Thill/Mailhot/Mouanda*, 1998, 141ff).

Bei der Durchsetzung der eigenen Ideen sind dem Intrapreneur deutlich engere Grenzen gesetzt als dem selbständigen Unternehmer. Aufgrund der hierarchischen Position kann er nicht vollkommen selbstverantwortlich über die vorhandenen Ressourcen des Unternehmens verfügen, sondern ist formal gezwungen, sich mit anderen abzustimmen. Er ist daher auf der einen Seite gezwungen, sich Verbündete oder Mentoren zu suchen, die ihm bei der Verwirklichung seiner Ideen helfen, versucht aber auf der anderen Seite seinen

Autonomiegrad ständig zu erweitern. Dies gelingt dem Intrapreneur nur, indem er hierarchisch in den Organisationsstrukturen nach oben klettert, wo sich die Abhängigkeitsverhältnisse auf immer weniger Personen verteilen. Zudem äußert sich sein Unabhängigkeitsstreben in herrschafts- bzw. positionsabsichernden Verhaltensweisen, da der Intrapreneur bemüht ist, einmal gewonnene Handlungsräume gegen Übergriffe hartnäckig zu verteidigen (*Gerig*, 1998, 106). Aus diesem Grunde ist neben dem ausgeprägten Autonomiestreben auch ein überdurchschnittliches Macht- und Karrierebewusstsein mit selbstverantwortlichem Handeln verbunden.

2.5.4.3 Zum Machtstreben selbstverantwortlich handelnder Mitarbeiter

Nach *McClelland/Burnham* (1976, 100) bilden ein ausgeprägtes Machtmotiv, ein überdurchschnittlicher Leistungswille und das Motiv nach menschlichem Anschluss die drei Hauptdeterminanten unternehmerischen Verhaltens. Auch in anderer Literatur ist die Auffassung verbreitet, dass der Unternehmer neben seiner überdurchschnittlichen Leistungsbereitschaft vor allem durch ein ausgeprägtes Machtstreben charakterisiert werden kann. *McClelland/Burnham* (1976, 100) bezeichnen den Willen, das Verhalten anderer Menschen kontrollieren zu können, als zentrales unternehmerisches Charakteristikum.

Durch die Vermehrung von Macht versucht auch der Intrapreneur seinen eigenen Herrschaftsbereich auszudehnen. Es stellt sich jedoch hier die Frage, ob Macht als eines seiner Hauptmotive verstanden werden kann, oder ob es dem Intrapreneur vielmehr darum geht, mit Hilfe der Anhäufung von Macht seinen Autonomiebereich zu sichern. In diesem Falle fungiert das Motiv nach Macht als Mittel zum Zweck, um das Bedürfnis nach Entscheidungs- und Handlungsfreiheit zu befriedigen.

Von der Wortbedeutung her ist anzunehmen, dass selbstverantwortliches Handeln aus eigenem Antrieb des Mitarbeiters erfolgt und nicht auf Grund einer Erwartung bzw. Aufforderung seitens des Unternehmens oder anderer Personen. Es ist anzunehmen, dass eine motivational bedingte Freiwilligkeit und ein starkes Unabhängigkeitsstreben zu den besonderen unternehmerischen Motiven zählen. Es liegt daher nahe, dass die deutlich ausgeprägte Leistungsorientierung des Intrapreneurs durch eine sich selbst verpflichtende Wertorientierung und aus eigenem Antrieb heraus erfolgt. Die eigene positive

Bewertung eines Mitarbeiters von selbstverantwortlichem Handeln im Sinne einer ausgeprägten Selbstwirksamkeitserwartung hat den mit Abstand größten Einfluss auf die Absichten, selbstverantwortlich zu handeln und die tatsächliche Ausführung dieses Handelns. Häufig wird daher das ausgeprägte Leistungsstreben des internen Unternehmers als intrinsisch motiviert dargestellt. Die bedeutet, dass es selbst gewollt und von den eigenen Werten abgeleitet ist.

Einzelne Studien kommen jedoch zu der Erkenntnis, dass solche Mitarbeiter ein besonders hohes Maß an selbstverantwortlichem Handeln zeigen, die auf Grund ihrer persönlichen Orientierung stärker dazu neigen aus einer extrinsischen (von außen motivierten) statt aus einer intrinsischen (von innen heraus motivierten) Motivation zu handeln (*Koch/Benedikt*, 2001, 62). Dieses Ergebnis erstaunt und bedarf einer näheren Erläuterung:

Nachdem selbstverantwortliches Handeln offensichtlich aus eigenem Antrieb und ohne äußeren Druck ausgeführt wird, liegt die Vermutung nahe, dass dieser Ausschnitt des beruflichen Handelns für diese Mitarbeiter persönlich wichtig ist und für sie ein Stück Autonomie und Befriedigung bedeutet. In diesem Fall läge eine intrinsische Motivation vor, d.h. das Handeln würde um seiner selbst Willen ausgeführt und erlaubt der Person eine Selbstentfaltung am Arbeitsplatz. Die andere Möglichkeit ist jedoch, dass selbstverantwortliches Handeln extrinsisch durch einen bestimmten äußeren Anreiz motiviert ist: Auch wenn kein direkter äußerer Druck besteht, zeigen diese Mitarbeiter das beschriebene Verhalten, z.B. weil sie sich davon größeren beruflichen Erfolg oder Vorteile im Konkurrenzkampf um den Aufstieg erwarten.

Nach diesem Ergebnis wird selbstverantwortliches Handeln von Mitarbeitern also weniger gezeigt, weil sie darin eine Chance zur Autonomie oder zur Selbstentfaltung erblicken, sondern eher deshalb, weil sie sich davon letztendlich Vorteile erhoffen. Selbstverantwortliches Handeln ist demnach vorrangig instrumentelles Handeln und wird deshalb positiv bewertet, weil es ein geeignetes Mittel zum Zweck ist. Auch wenn jedoch in der genannten Untersuchung kein Zusammenhang zwischen Autonomieorientierung und selbstverantwortlichem Handeln bestätigt werden konnte, so kann dies aus methodischer Sicht auch durch einen Deckeneffekt, d.h. einem extremen Mittelwert bei geringer Varianz, begründet sein.[13] In diesem Falle könnte der hypotheti-

---

[13] Da in dieser Studie lediglich Führungskräfte untersucht werden, die insgesamt überdurchschnittliche

sche Zusammenhang zwischen Autonomieorientierung und selbstverantwortlichem Verhalten aufrecht gehalten werden. Die nachfolgende Abbildung enthält einen Vergleich zwischen den beiden Extremgruppen von 25 % der Mitarbeiter, die das höchste bzw. niedrigste Maß an selbstverantwortlichem Handeln zeigen. Trotz der bei Führungskräften typischerweise sehr hohen Zustimmung zu allen untersuchten Zielen tritt bei Karriere und Macht ein auf dem 5%-Signifikanzniveau statistisch bedeutsamer Unterschied zwischen den Gruppen auf. Zwischen den beiden anderen Zieldimensionen – persönliche Entwicklung und Innovation sowie Kooperation – und selbstverantwortlichem Handeln besteht kein Zusammenhang.

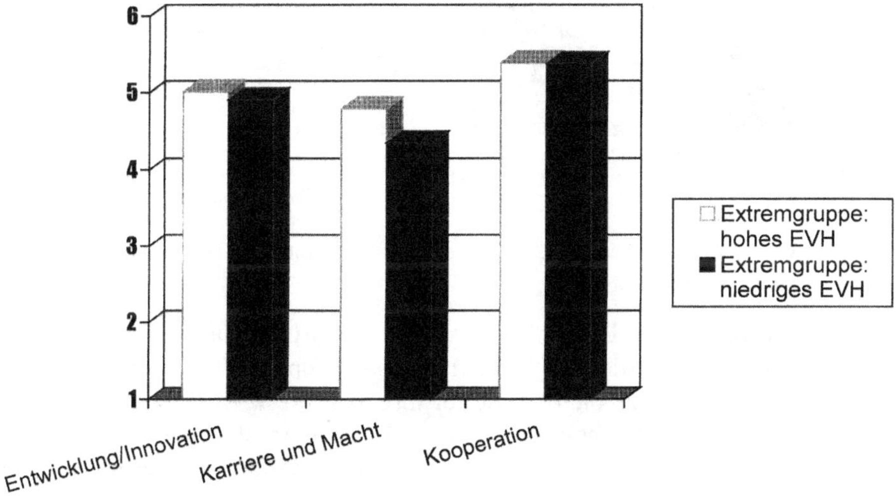

Abbildung 15: Zusammenhang zwischen EVH und drei Dimensionen von persönlichen Zielen

Demnach sind also Mitarbeiter, die mehr als andere ihre Karriere vorantreiben und eine einflussreichere Position einnehmen wollen, zugleich diejenigen, die

Autonomieorientierung aufweisen, sind die Untersuchungsergebnisse nur bedingt geeignet, den hypothetischen Zusammenhang zu widerlegen.

häufiger selbstverantwortlich handeln. Personen, die sehr wenig selbstverantwortliches Handeln an den Tag legen, stehen dagegen ihrem Unternehmen deutlich loyaler gegenüber und sind auch zufriedener mit ihren Vorgesetzten. Die Unterschiede erweisen sich auf dem 5%-Niveau signifikant.

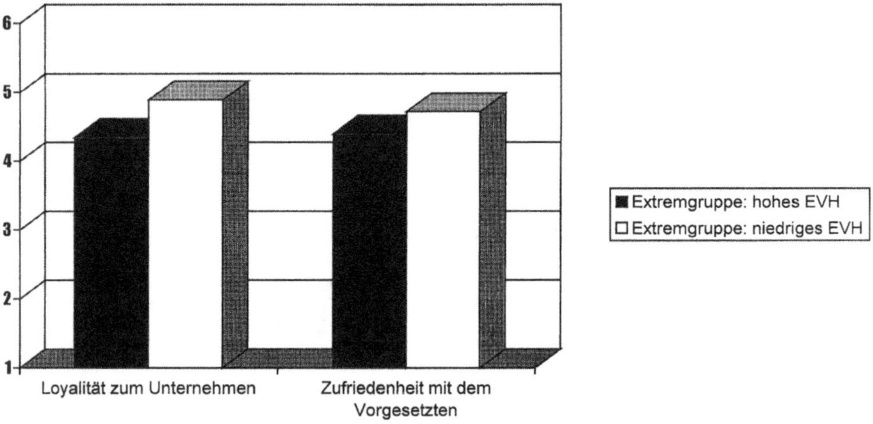

Abbildung 16: Zusammenhang zwischen EVH und den Dimensionen Loyalität und Vorgesetztenzufriedenheit

Nach den vorliegenden Ergebnissen können die Gründe dafür, warum Mitarbeiter selbstverantwortliches Handeln zeigen, hauptsächlich darin vermutet werden, dass sie sich davon Vorteile für ihre Karriere versprechen. Selbstverantwortliches Handeln scheint bei vielen Mitarbeitern als zwar durchaus riskante aber lohnende Investition in die eigene Karriere zu gelten. Jedoch kommt die extrinsische Motivation hier nicht nur durch direkte äußere Anreize zu Stande, die vom Unternehmen beeinflusst werden könnten. Diese Mitarbeiter sind vielmehr zu selbstverantwortlichem Handeln motiviert, weil sie ein übergeordnetes persönliches Ziel verfolgen. Nachdem das Unternehmen die persönlichen Ziele seiner Mitarbeiter nur sehr begrenzt beeinflussen kann und selbstverantwortliches Handeln eine Konsequenz solcher Ziele ist, erscheinen die Einflussmöglichkeiten auf Seiten des Unternehmens unter diesem Aspekt eher beschränkt zu sein.

Diese Ergebnisse müssen jedoch vor dem Hintergrund gesehen werden, dass selbstverantwortliches Handeln in den untersuchten Unternehmen eher ein tabuisiertes Thema darstellt und das Klima hierfür als ablehnend empfunden wird. Da wagen möglicherweise unter diesen Umständen nur die Personen selbstverantwortliches Handeln, die sich mit außergewöhnlichem Einsatz für ihre höheren Aufgaben qualifizieren und um fast jeden Preis auffallen wollen. Es ist sehr gut vorstellbar, dass andere Personen mit einer anderen Motivation selbstverantwortlich handeln würden, wenn sie im Unternehmen ein anderes Klima gegenüber solchen Verhaltensweisen vorfinden würden.

Aufgrund der genannten Befunde kann nicht eindeutig abgesichert werden, dass das Motiv nach Macht als zentrale Dimension eines selbstverantwortlich handelnden Intrapreneurs gelten kann. Vielmehr kann auch der Wunsch, den eigenen Entscheidungs- und Handlungsspielraum zu erweitern bzw. zu sichern im Vordergrund stehen und die Vermehrung der Machtposition ist lediglich das Mittel zum Zweck. Diese unterschiedlichen Interpretationsmöglichkeiten erlauben es demzufolge nicht, das Machtmotiv als typisches Charakteristikum des selbstverantwortlichen Intrapreneurs zu verwenden.

2.5.5 Zu den Fähigkeiten selbstverantwortlich handelnder Mitarbeiter

Unternehmer werden von *McClelland* (1961) durch ihre hohe Leistungsorientierung und sein starkes Beharrungsvermögen bei der Umsetzung von Zielen charakterisiert. An anderer Stelle beschreibt er sie als Personen, die mit viel Ehrgeiz innovative Ideen durchzusetzen versuchen (*McClelland*, 1985, 7-24). Durch lange und harte Arbeitssequenzen, hektische Tagesabläufe und Widerstände in der sozialen Umwelt entstehen häufig psychische Dauerbelastungen. Auch Mitarbeiter sind gerade in der intensivsten Ausprägungsstufe selbstverantwortlichen Handelns in der Regel höheren Belastungen ausgesetzt. Eine gute Gesundheit und körperliche Widerstandsfähigkeit sind zwar nicht der auslösende Faktor für selbstverantwortliches Handeln, jedoch können sie nach *Wunderer/Grunwald* (1980, 180) als „Hygienefaktoren" betrachtet werden. Die große Bedeutung von körperlicher Gesundheit als Voraussetzung für internes Unternehmertum ist verständlich, da ein anfälliger und durch Krankheit abwesender Intrapreneur nur schwer seine Ziele verfolgen kann. Selbstverantwortliches Verhalten würde in diesem Fall ausbleiben, da der Mitarbeiter krankheitsbedingt seine Selbstwirksamkeit als nicht ausreichend betrachtet.

Einige Studien belegen, dass Unternehmer durch ihre hohen körperlichen und psychischen Belastungen nicht anfälliger für Krankheiten sind als andere Personengruppen. So beschreibt *Goebel* (1990, 121), dass typische Zivilisationsbeschwerden wie Herz- und Kreislaufkrankheiten oder Störungen des Magen- und Darmtraktes bei Unternehmern weitaus geringer auftreten als bei anderen Bevölkerungsgruppen. Andere Studien dagegen zeigen, dass die überdurchschnittlichen psychischen Beanspruchungen und körperlichen Belastungen durchaus Auswirkungen auf die Gesundheit von Unternehmern und Managern haben. Nach *Kaune* (1999, 31) sind Unternehmer wie leitende Manager häufig „Opfer des Erfolges".

> „Nach außen wollen sie ihr Image des starken und entscheidungsfreudigen Managers aufrechterhalten und sind nach innen schwächer als ihre Umwelt glaubt. Durch die hohen beruflichen und gesellschaftlichen Anforderungen und die beschränkten Möglichkeiten durchaus vorhandene menschlichen Schwächen zu zeigen, führt zu Ängsten hinter „glatter" Fassade " (*Kaune*, 1999, 31).

Körperliche Belastbarkeit und emotionale Stabilität erweisen sich auch für *Brandstätter* (1997, 157-177) gerade bei auftretenden Hindernissen als entscheidendes Kriterium für beruflichen Erfolg. Daher erscheint eine intakte gesundheitliche Verfassung auch für selbstverantwortliches Handeln eine entscheidende Voraussetzung zu sein. Belastbarkeit avanciert somit zu einem der wichtigsten affektiven Persönlichkeitsmerkmale, insbesondere in der Ausprägungsstufe des Intrpreneurships.

Eine weitere Möglichkeit, die zu einem Ausbleiben von selbstverantwortlichem Handeln führt, obwohl dies situativ notwendig und für das Unternehmen vorteilhaft wäre, ist in der mangelnden Fähigkeit eines Mitarbeiters zu sehen, in einer bestimmten Situation eigene Standards zu entwickeln. Selbstverantwortliches Handeln setzt kognitive Kompetenzen voraus, um innovative und für das Unternehmen vorteilhafte Handlungsalternativen anhand persönlicher Normen zu benennen, um sie dann im Unternehmen erfolgreich umzusetzen. Die Entwicklung eigener Standards zur Ableitung geeigneter Arbeits- und Verhaltensweisen fordert nach *Manz* (1992) insbesondere Fertigkeiten der kognitiven Selbstführung. Mit Bezug auf die soziale Lerntheorie *Banduras* (1986) und die kognitive Psychologie kann nach *Anderson* (1990) davon ausgegangen werden, dass Kognitionen und gezeigte Verhaltensweisen in einem wechselseitigen Beziehungsverhältnis stehen. Dabei sind zum einen kognitive Kompetenzen in Form von fachlicher Eignung oder Kreativität notwendig, um überhaupt innovative Handlungsalternativen generieren zu können. Zum anderen erfordert selbstverantwortliches Handeln soziale Kompetenzen, die es dem Mitarbeiter ermöglichen, diese auch erfolgreich in Handlungen im Unternehmen umzusetzen. Auch im vorgelegten Modell von *Wiswede* (1980) fließen neben der aus dem Produkt von Wert und Erwartung resultierenden Anstrengung weitere Parameter in das Zustandekommen von selbstverantwortlichem Handeln mit ein:

- Fähigkeiten: Ein Individuum wird auch bei größter Anstrengung keine Leistungen erbringen, wenn ihm die dafür notwendigen Fähigkeiten fehlen.
- Problemlösungsansatz: Ebenso wie die Fähigkeiten ist das Vorhandensein eines adäquaten Problemlösungsansatzes Voraussetzung für selbstverantwortliches Handeln.

Selbstverantwortliches Handeln und die daraus erwarteten Belohnungen haben ihrerseits Rückwirkungen auf das Selbstwertgefühl und durch die gemachten Erfahrungen auch auf die Erwartungsbildung in zukünftigen Situationen ähnlicher Art.

Exemplarisch werden eine ausreichende fachliche Eignung und Qualifikation sowie geeignete Schlüsselqualifikationen als notwendige Kompetenzbereiche für selbstverantwortliches Handeln diskutiert.

2.5.5.1 Zur fachlichen Eignung und Qualifikation

> „Die Technikentwicklung und die in vielen Berufen immer schneller auftretenden Veränderungen am Arbeitsplatz führen zu tiefgreifenden Änderungen der Qualifikationsanforderungen (*van Buer/Matthäus*, 1995, 1).

Fachliche Eignung wird benötigt, um die anstehenden Aufgaben des eigenen Arbeitsbereiches mit dem notwendigen Sachverstand lösen zu können. Die beschriebenen Transformationsprozesse in der Wirtschaft und Gesellschaft führen zu immer höheren Qualifikationsanforderungen. Die Aufrechterhaltung hoher Qualifikation wird zu einer wesentlichen Voraussetzung zur Wahrung der beruflichen Chancen auf dem Arbeitsmarkt.

> „Die Sicherung der Berufschancen wird damit zur zentralen Bedingung, um angesichts veränderter Rahmenbedingungen überhaupt die Gelegenheit zu erhalten, berufliche Mündigkeit zu entwickeln" (*Wittmann*, 1998, 21).

Das dazu erforderliche Fachwissen kann dabei über eine fundierte schulische oder berufliche Ausbildung und über Lernen durch persönliche Erfahrungen erworben werden, wobei der letztere Weg des Erfahrungslernens nach *Goebel* (1990, 50ff) bei Unternehmern überwiegt. Durch die zunehmende Technisierung in vielen Teilen der Wirtschaft nimmt jedoch die Bedeutung einer systematischen Ausbildung deutlich zu. Unternehmer wie Intrapreneure sind gleichermaßen gefordert, sich ständig aktuelles Wissen anzueignen, das sich immer weniger nur über Erfahrungslernen generieren lässt. Eine zielgerichtete Aus- bzw. Fortbildung avanciert zu einem immer wichtigeren Kriterium, um selbstverantwortliches Handeln überhaupt zu ermöglichen. Die weit reichenden Veränderungen im rechtlichen, technischen und marktlichen Umfeld stellen Mitarbeiter wie Unternehmen in immer kürzeren Abständen vor neue Herausforderungen. Durch die sich schneller verändernden Rahmenbedingungen erhöhen sich die Wissensanforderungen an die Unternehmen und an den einzelnen Mitarbeiter (*Priewasser*, 1994, 160ff). Um in diesen neuen, meist normativ wenig reglementierten Situationen adäquat reagieren zu können, benötigt der Mitarbeiter zur Konstruktion sinnvoller Alternativen handlungsrelevantes Wissen. Voraussetzung hierfür ist kontinuierliches und beständiges Lernen. Dabei ist aus lernpsychologischer Sicht zu beachten, dass ein autonomes im Sinne eines von sozialen Kontexten unabhängigem Individuallernen zwar möglich ist, jedoch nur wenige Menschen hierzu in der Lage sind. Im Normalfall durchlaufen nach *Miller* (1986, 5) Menschen sogenannte fundamentale Lernprozesse, welches ein individuelles Lernen in Kollektiven umschreibt. Neues Wissen entsteht dabei in erster Linie durch Kommunikation und Interaktion, da die Ergebnisse autonomer Lernprozesse

> „solange irrelevant sind, solange sie anderen Individuen nicht präsentiert, d.h. einer öffentlichen Diskussion bekannt gemacht, werden" (*Krautwurst*, 2001, 57).

Für Unternehmen bedeutet dies, dass Mitarbeiter zwar individuell Lernen können, dieser Prozess jedoch immer von dem bereits geteilten kollektiven Wissen beeinflusst wird (*Miller*, 1986, 33). Somit ist selbstverantwortliches Handeln zwar das Resultat persönlicher, an eigenen Normen orientierter Ziele, jedoch können diese nicht vollkommen losgelöst von kollektiv geteilten Wissensschemata gebildet werden. Betriebliche Weiterbildung dient daher nicht nur zum Aufbau notwendiger Qualifikationen und damit der Aufrechterhaltung der betrieblichen Leistungsfähigkeit, sondern ist gleichsam Voraussetzung zur Ermöglichung von selbstverantwortlichem Handeln.

2.5.5.2 Zu den Schlüsselqualifikationen selbstverantwortlich handelnder Mitarbeiter

Der von *Mertens* (1974) in die Diskussion gebrachte Begriff der Schlüsselqualifikationen kann nach *Lehmkuhl* (1994, 164) in zwei Kategorien unterteilt werden. Auf der einen Seite stehen die „harten", fachlichen Qualifikationen, die zur Ausübung einer bestimmten Tätigkeit notwendig sind. Im beruflichen Kontext zählen hierzu insbesondere handwerkliche Fähigkeiten, d.h. das Beherrschen spezieller Methoden oder fachbezogenes Wissen.

Auf der anderen Seite können die „weichen" Qualifikationen unterschieden werden. *Katz* (1974, 90-102) grenzt von den fachlichen Fähigkeiten die konzeptionelle sowie die soziale Kompetenz ab. Unter konzeptioneller Kompetenz versteht er die besondere Fähigkeit eines Menschen, Aufgaben in ihrer Gesamtheit zu erfassen und Lösungswege strukturiert und systematisch entwickeln zu können. Die soziale Kompetenz ermöglicht es, eigene Gefühle erfolgreich zu managen und Stimmungen bei anderen Menschen empathisch aufnehmen zu können (*Katz*, 1974, 90-102). Diese Kategorien umfassen einen Fähigkeitsbereich, der mit dem Schlagwort der Schlüsselkompetenzen umschrieben werden kann. In der Literatur ist eine Vielzahl von begrifflichen Bestimmungen zu finden, die sich je nach dem zugrunde liegenden Welt- bzw. Menschenbild des Autors deutlich unterscheiden (Reetz/Reitmann, 1990). Auch besteht keine Einigung darüber, inwieweit diese Eigenschaften eher genetisch vorgegeben oder im Rahmen des individuellen Sozialisationsprozesses erworben werden können (*Döring*, 1994, 100ff). Im Rahmen dieser Arbeit wird sich der Auffassung angeschlossen, dass Schlüsselqualifikationen eng an die Persönlichkeit geknüpft sind. Die Verwendung des Wortes „Schlüssel" suggeriert dabei

> „die Existenz einer weitgehend kontextunabhängig und kontextübergreifend einsetzbaren Fähigkeit" (*Wittmann*, 1998, 17).

Dies bedeutet, dass dieser wichtige Kompetenzbereich über Lernprozesse entwickelt und ausgebaut, aber auch verlernt werden kann. Voraussetzung ist jedoch nach *Bruch* (1999, 213) das Vorhandensein ausreichender Basiskompetenzen.

Schlüsselkompetenzen gewinnen als funktionsunabhängige und daher kaum definierbare Fähigkeiten gerade in Zeiten rascher Veränderungen zunehmend an Bedeutung, um den Wandel erfolgreich zu meistern. Trotz der Schwierigkeit einer begrifflichen Erfassung wird im hier diskutierten Zusammenhang eine Arbeitsdefinition eingebracht und unter Schlüsselqualifikationen die Fähigkeiten, Kenntnisse und Fertigkeiten verstanden, die als Eignung zur Bewältigung der sich laufend verändernden Anforderungen im zukünftigen Berufsleben dienen. Sie stellen nach *Tiedke* (1991) eine Art Metafähigkeit dar, die den Einzelnen befähigt, wirksam andere Kompetenzbereiche zum Einsatz zu bringen. Gerade in einem sich rasch ändernden Arbeitsumfeld nimmt die Bedeutung von Schlüsselqualifikationen deutlich zu und avanciert in zahlreichen Schlüsselqualifikationskonzepten zur unabdingbaren Voraussetzung zur erfolgreichen Bewältigung zukünftiger Herausforderungen (*Zabeck*, 1989, 77-86).

> „Neben der Tatsache, dass Schlüsselqualifikationen für einen beruflichen Aufstieg unabdingbar sind, hat ihr Besitz, im Sinne von verfügbarem Potential, den Effekt, dass Veränderungen am Arbeitsplatz angstfreier erlebt, Zusammenhänge rechtzeitig erkannt und eigene Leistungsfähigkeit sowie Handlungsperspektiven besser eingeschätzt werden können" (*Wirtz*, 1997, 13).

Wunderer (1995a, 2081ff) postuliert an anderer Stelle drei für unternehmerisches Verhalten relevante Schlüsselkompetenzen: Neben der Gestaltungskompetenz fordert er sozial- und handlungskompetentes Verhalten. Unternehmer sollten demnach innovativ-gestalterische Eigenschaften wie Kreativität und Phantasie aufweisen, Kooperationsfähigkeiten wie Teamorientierung oder Konfliktbereitschaft sowie Durchsetzungsfähigkeiten wie Selbstverantwortung und Selbständigkeit besitzen. Der definitorischen Abgrenzung *Stillers* (1998, 5) folgend, bei der der Begriff der Schlüsselkompetenzen synonym für methodische, soziale und personale Kompetenzen steht, werden die drei von *Wunderer* (1995a) postulierten Kompetenzbereiche im Rahmen dieser Arbeit durch den Bereich der methodischen Kompetenzen erweitert und als maßgebliche Determinanten für das selbstverantwortliche Handeln von Mitarbeitern angesehen.

2.5.5.2.1 Zur Gestaltungskompetenz

Die Gestaltungskompetenz als Teilbereich der Innovationskompetenz kann als eine der wichtigsten Eigenschaftsbereiche selbstverantwortlich handelnder Mitarbeiter insbesondere in der Ausprägungsstufe des Intrapreneurs verstanden werden, wobei das Erkennen und Hervorbringen einer Innovation im Vordergrund steht (*Goebel*, 1991, 146-156). Für *Wunderer* (1995a, 2081ff) besteht die Gestaltungskompetenz in der Fähigkeit, innovative Ideen mit den unternehmensstrategischen Zielen zu verbinden. Hierbei orientiert er sich stark an dem *Schumpeterschen* (1926) Innovationsbegriff und stellt ihn als entscheidendes unternehmerisches Funktionsmerkmal heraus (OECD, 1997). Inhaltsthematisch liegt der Fokus der Betrachtung auf dem Bereich der Generierung von kreativen Ideen, ohne den nach *Schlicksupp* (1992) der Innovationsprozess nicht begonnen werden kann. Unter Kreativität wird dabei die Fähigkeit verstanden, innovative Ideen durch die Schaffung neuer Kombinationen, dem Transfer von Bekanntem in andere Bereiche oder der Entdeckung vollkommen neuer Zusammenhänge zu generieren (*Croply*, 1998). Dabei kann in Anlehnung an *Goebel* (1991, 146-156) die unternehmerische Kreativität mit dem Schaffen eines Künstlers verglichen werden, der durch das entstehende Kunstwerk eine Möglichkeit zur Selbstverwirklichung findet. Der Unternehmer verwirklicht sich mit „ökonomischen Kunstwerken" in Form von neuen Produkten, Prozessen, Strategien oder mit der Gründung eines neuen Unternehmens (*Goebel*, 1990, 15ff). Der weitaus größte Teil dieser Ideen wird nach *Gerig* (1998) von Kunden oder vom Markt induziert. Nach Untersuchungen einer großen amerikanischen Unternehmensberatung sind es 60 bis 80 Prozent aller Innovationen, die durch Gespräche mit Kunden oder Beobachtungen des Marktes hervorgebracht werden.

> „Eine der wichtigsten Voraussetzungen für erfolgreiche Innovationen ist deshalb die ständige Auseinandersetzung mit dem latenten oder neu entstehenden Bedarf. Somit erweisen sich gute Beziehungen, eine hohe Sensitivität für Kundenprobleme und permanente Kommunikation als Schlüsselfaktor der Ideengenerierung“ (*Gerig*, 1998, 210).

Der innovative Intrapreneur zeichnet sich demnach durch seine Offenheit gegenüber internen wie externen Anregungen aus und nimmt frühzeitig noch schwache Umweltsignale auf, die von anderen Organisationsmitgliedern noch gar nicht erkannt werden (*Ansoff*, 1975, 21-33). Dieses frühzeitige Erfassen von Informationen bezüglich möglicher Entwicklungen in der Unternehmensumwelt erweist sich nach *Eisenhardt* (1989, 543-576) für Organisationen als außerordentlich wichtig, da diese schnell sehr starke Auswirkungen haben können. Erfolgreiche Intrapreneure haben die Fähigkeit, zukünftige Entwicklungen einzuschätzen und davon innovative Strategien und Ideen abzuleiten bzw. die anderen Organisationsmitglieder von der Dringlichkeit der Veränderungsnotwendigkeit zu überzeugen. Dieses frühzeitige Hinwirken auf ein gemeinsames Bewusstsein für den Wandel bestehender Prozesse, Produkte oder Strategien ermöglicht das Vermeiden von Krisen und ein schnelles Agieren vor den Mitbewerbern am Markt (*Nystrom/Starbuck*, 1984, 53-65).

Unter Innovation wird weitläufig zunächst eine objektive Neuerung verstanden, bei der etwas vollkommen Neues oder Einmaliges hervorgebracht wird. Da dies in der Praxis relativ selten zu praktizieren ist, wird der Begriff der subjektiven Innovation eingeführt, der lediglich eine Neuerung für eine bestimmte Personengruppe oder Organisation darstellt. Die Innovation ist also lediglich dem Schöpfer bzw. der Organisation unbekannt. Das selbstverantwortliche Handeln von Intrapreneuren lässt sich weiterhin durch die Fähigkeit charakterisieren, systematisch und kontinuierlich Verbesserungsinnovationen hervorzubringen. Entscheidend ist demnach die Beharrlichkeit und weniger die Bedeutsamkeit einer Innovation, mit der ein Mitarbeiter bestehende Abläufe, Produkte oder Verfahren optimiert und damit die Wertschöpfung des Unternehmens erhöht. Untersuchungen belegen, dass kreative Personen dabei eine höhere Ambiguitäts- oder Ungewissheitstoleranz aufweisen, d.h. sie erweisen sich in kritischen Situationen als beharrlich und ausdauernd (*Reis*, 1997).

> „Wirklich kreative Leistungen sind bei aller Neuartigkeit der vorgeschlagenen Lösungen keine skurrilen Hirngespinste. Sie sind vernunftgeredet. Geniestreiche fallen nicht vom nonkonformen Himmel, sondern basieren auf einem soliden Wissensfundament, dessen Aneignung auch den Begnadetsten Anstrengung und geistige Arbeit kostet. (...) Kreativität, das sei eben nicht nur Inspiration, sondern auch Transpiration" (*Saum-Aldehoff*, 2000, 22).

Die Fähigkeit, althergebrachte Denkmuster zu hinterfragen und Problemstellungen mit neuen Lösungsideen zu konfigurieren, stellt auch für die Identifizierung von selbstverantwortlichem Handeln ein wichtiges Beurteilungskriterium dar. Die schöpferische Ideengenerierung ist jedoch nicht nur auf die Erfindung eines neuen Produktes oder Problemlösungsansätze zu beschränken, sondern während des ganzen Umsetzungsprozesses notwendig. Dabei sind in der Phase der Ideengenerierung verstärkt administrativ-strukturierende Kompetenzelemente und in der Phase der Umsetzung mehr sozial-kontextuelle Komponenten notwendig (*Bruch*, 1999, 209).

2.5.5.2.2 Zur Umsetzungskompetenz

Die Fähigkeit zur Umsetzung innovativer Ideen stellt nach *Wunderer* (1995, 208ff) den zweiten Bereich der Innovationskompetenz dar. Der Erfolg von innovativen Ideen kann nur durch deren wirksame Um- und Durchsetzung gesichert werden (*Hauschild*, 1997). In Anlehnung an *Schumpeter* (1926) ist die Innovation als ganzheitlicher Prozess zu verstehen, wobei die kreative Erfindung oder Neuerung nur als Ausgangspunkt zu betrachten ist. Auch der im Rahmen der vorliegenden Arbeit gewählte Innovationsbegriff umfasst beide Fähigkeitsbereiche, also Gestaltungs- und Umsetzungskompetenz. Neben dem Entwickeln von kreativen Ideen beinhaltet er die Umsetzung strategieorientierter Visionen. Zur Durchsetzung neuer Ideen ist daher die Kombination mehrerer Kompetenzen notwendig: In der Phase der Generierung von Innovationen bedarf es der Fähigkeit zur kreativen Ideengewinnung, und bei der Umsetzung verlangt es Mut zu Risiko und Überzeugungskraft zur erfolgreichen Beeinflussung der beteiligten Interessengruppen. In der betrieblichen Praxis ist der Bereich der Umsetzung der eigentliche Engpass von Innovationen und die Ursache von zu wenigen Neuerungen ist in der Regel nicht auf einen Mangel an Ideen zurückzuführen (*Bitzer/Poppe*, 1993, 309-325). *Sattelberger* (1996, 974-984) kommt daher zu der etwas provokanten These, dass in den Unternehmen vorwiegend „Wissensriesen“ und „Realisierungszwerge“ anzutreffen seien. Die Fähigkeit wirksam Ideen umzusetzen, avanciert daher zum konstituierenden Merkmal eines selbstverantwortlich handelnden Mitarbeiters.

> „Intrapreneure zeichnen sich wie Entrepreneure durch hohe Leistungsmotivation, Kreativität und Risikobereitschaft aus, sind aber im Gegensatz zu diesen offen für die Belohnungssysteme einer Organisation und bereit, für ihre Ideen innerhalb eines Unternehmens zu werben und sie gemeinsam mit hierarchisch Gleichgestellten zu realisieren“ (*Kaschube/Lang-von Wins*, 1999, 286).

Bei der Fähigkeit, die eigenen Ideen wirksam umzusetzen, kommt es auf der einen Seite darauf an, diese gegen etwaige Widerstände zu realisieren, aber auf der anderen Seite den betrieblichen Nutzen zu berücksichtigen. Die Durchsetzung von Ideen kann daher nicht zum Selbstzweck im Sinne einer Selbstverwirklichung reduziert werden, sondern orientiert sich an kaufmännischen und marktwirtschaftlichen Erfordernissen. Umgekehrt ist jedoch anzumerken, dass das Hervorbringen von Innovationen ohne deren wirksame Umsetzung zu unnötigen Kosten und gegebenenfalls zu Enttäuschungen bei den Innovatoren führt und somit für das Unternehmen äußerst unproduktiv ist. Die Umsetzungskompetenz steht nach *Csikszentmihalyi* (1996) dabei im direkten Zusammenhang mit dem Leistungsmotiv. Daneben wird der Innovationsdrang des Intrapreneurs insbesondere durch ein starkes Streben nach Unabhängigkeit und einem ausgeprägten Selbstverwirklichungsmotiv angeregt (*Herzhoff*, 1991, 296ff). Der Intrapreneur ist bestrebt, mit seiner Idee dazu beizutragen, bestimmte Produkte oder Prozesse besser, schneller und effizienter zu machen. Das Streben nach Effizienz unterliegt dabei dem Postulat des ökonomischen Prinzips (*Klandt*, 1984, 140).

In der täglichen Arbeitspraxis geht es dabei weniger um bahnbrechende Erfindungen, sondern vielmehr um kleinere Verbesserungen der Arbeitsorganisation im eigenen Aufgabenbereich, die nach *Womack/Jones/Ross* (1992) in der Summe den größten Anteil an den Produktivitätsfortschritten in der Industrie ausmachen. Neben der Innovation im Bereich der vorhandenen Verfahren und Prozesse lassen sich noch Produkt- und Sozialinnovationen abgrenzen, wobei der Komplexitätsgrad der Neuerung maßgeblichen Einfluss auf die notwendige Umsetzungskompetenz hat (*Gomez/Probst*, 1997, 17ff). Umso bedeutsamer die hervorgebrachten Ideen jedoch sind, desto wichtiger wird der Bereich der Umsetzungskompetenz. Nicht selten sind nach Ansicht von *Saum-Aldehoff* (2000, 23) gerade wegweisende Ideen „asynchron" zum gedanklichen Umfeld und den gelebten Normen ihrer Zeit und bringen enorme Widerstandskräfte in der Gesellschaft hervor (*Gardner*, 1999). Für *Burow* (1999) ist die erfolgreiche Gewinnung von Protagonisten und Sponsoren daher die Grundvoraussetzung für Kreativität und Innovation. Das Überzeugen anderer Organisationsmitglieder für die eigenen Ideen erfordert taktisches Geschick und ein Variieren zwischen verschiedenen Strategien der Einflussnahme (*Shane*, 1994, 397ff).

> „Je nach Interessen- und Machtkonstellation sind gegenüber Kunden, Marktpartnern, Kollegen, Betroffenen und potentiellen Promotoren spezifische Beeinflussungsstrategien angezeigt. Dies erfordert jeweils ein unterschiedliches Maß an
>
> - Begeisterungsfähigkeit,
> - Überzeugungskraft,
> - Beharrungsvermögen und
> - Verhandlungsgeschick" (*Bruch*, 1999, 202-203).

Nach Untersuchungen von *Winslow/Solomon* (1987, 203-205) ist aggressive Durchsetzungsbereitschaft für erfolgreiches Umsetzen eigener Ideen genauso hinderlich wie überzogenes Harmoniestreben. Ziel des selbstverantwortlich Handelnden wird es daher in der Regel sein, eine stabile Koordination und Kooperation herbeizuführen,

> „wenn die egozentrischen Nutzenkalküle und Interessen der Akteure in einem gewissen Maß ineinandergreifen" (*Wittmann*, 2000, 76).

Ebenso wie bei der Risikobereitschaft ist auch hier ein mittlerer Ausprägungsbereich vorteilhaft (*Winslow/Solomon*, 1987, 203-205). Die Optimierung von Kommunikationsfähigkeit und kommunikativem Handeln (*Habermas*, 1981, Band 1, 384) stellt somit einen notwendigen Bereich der Umsetzungsfähigkeit von Intrapreneuren dar. Insbesondere die Fähigkeit zur strategischen Kommunikation, bei dem das kommunikative Handeln durch die individuelle erfolgsorientierte Verwendungsabsicht gesteuert ist, ist für die Umsetzung innovativer Ideen von Bedeutung.

„In dieser Art von Kommunikation geht es somit um kommunikatives Handeln, mit dessen Hilfe die eigenen Interessen des jeweiligen Agenten durchgesetzt werden sollen und von diesem zumindest in Kauf genommen wird, dass der Kommunikationspartner Verlusten ausgesetzt wird“ (*van Buer/Matthäus*, 1995, 7).

Der Intrapreneur wird dabei prüfen, mit welchen „Machtinstrumenten“ er sein strategisch kommunikatives Handeln einsetzt und wie er es mit seinen innovativen Zielen verknüpft.

Denn strategische Kommunikation ist immer in Gefahr, Kommunikation in *ungerechtfertigter* Weise einseitig zugunsten des kommunikativ oder positionell „mächtigeren“ Akteurs zu verzwecken“ (*van Buer/Matthäus*, 1995, 7).

Entgegen der Auffassung einiger Autoren, die die Umsetzung von innovativen Ideen rein auf genetisch vorgegebene Persönlichkeitsdispositionen zurückführen (*Oesterdieckhoff*, 1993) oder im anderen Extremfall die situativen Kontextvariablen herausstellen (*Stevenson/Jarillo*, 1990, 17-27), wird auch hier von einer maßgeblichen Bedeutung der individuellen Eigenschaften für die Ausprägung innovativen Umsetzungsverhaltens ausgegangen, die jedoch nur in Abhängigkeit von der konkreten Situation entfaltet werden können. Erst das Zusammenspiel der situativen Variablen mit dem vorhandenen dispositiven Potential erlaubt eine Prognose des zukünftigen Umsetzungshandelns. Der Erwerb der zum selbstverantwortlichen Handeln notwendigen Fertigkeiten ist daher lerntheoretisch begründbar.

Thom/Bayard (1997, 155ff) kommen daher zu der Auffassung, dass eine Bewertung gezeigter Verhaltensweisen nur in Abhängigkeit vom situativen Umfeld sinnvoll ist. So kann beispielsweise ein starkes Beharrungsvermögen in manchen Situationen sehr sinnvoll sein, um innovative Neuerungen nicht frühzeitig absterben zu lassen. In einer anderen Situation kann sich das gleiche Verhaltensmuster als kontraproduktiv erweisen, wenn eingeschlagene Wege starrsinnig weiter verfolgt werden und sich später als Sackgassen herausstellen. Da eine abschließende Bewertung, welcher der beiden Wege nun erfolgreicher sein wird, im Vorfeld nicht möglich ist, drückt sich eine hohe Umsetzungskompetenz auch darin aus, die eigenen Ressourcen unbewusst [14]

[14] Untersuchungen zeigen, dass gerade wiederkehrendes Verhalten eher unbewusst gezeigt wird (*Fiske/Taylor*,1984)

oder durch bewusste Selbstbeobachtung (*Andrasik/Heimberg*, 1982) realistisch einzuschätzen, um sich dann auf geeignete Verhaltensweisen zu konzentrieren. Eine Bewertung der Umsetzungskompetenz lässt sich daher nur aus der Relation von persönlichen Merkmalen wie dem vorhandenen Qualifikationspotential, der Art der innovativen Neuerung sowie den situativen Kontextbedingungen ableiten.

2.5.5.2.3 Zur Methodenkompetenz

Nach *Wirtz (*1997) zielen Methodenkompetenzen auf die Effizienz der Umsetzungsprozesse und können daher auch als Beherrschung bestimmter Arbeits- bzw. Kommunikationstechniken verstanden werden.

> „Eine adäquate Situationswahrnehmung und eine entsprechende individuelle kommunikative Orientierung wird dabei als Voraussetzung für kompetentes Handeln in der Realsituation angesehen" (*Wittmann*, 2000, 93).

Hierunter fallen u.a. ein effizientes Zeitmanagementkonzept, die Fähigkeit zur Wahl und Realisierung geeigneter Kommunikationsmittel, Kompetenzen zur zielorientierten Planung und Gestaltung von Projekten wie Moderations- und Präsentationstechniken und weitere Methoden, die der Steigerung der Selbstorganisation und der Fähigkeiten der Selbstkontrolle dienen. Die Methodenkompetenz kann daher als konzeptionale Fähigkeit verstanden werden, die darauf zielt, die Effizienz bei der Realisierung bestimmter Vorhaben zu erhöhen.

> „Methodenkompetenz wird als Fähigkeit verstanden, Probleme selbständig zu erkennen und zu analysieren, sowie Lösungen zu erarbeiten, zu bewerten und auf andere Situationen zu transferieren. Hierzu gehört, Informations- und Kommunikationssysteme aufgabenorientiert zu nutzen" (*Stiller*, 1998, 5).

Durch das eigenständige Setzen anspruchsvoller Ziele erhöht ein selbstverantwortlich handelnder Mitarbeiter die Bindung an gesteckte Ziele und erhält einen Maßstab zur Bewertung der erreichten Leistungsresultate (*Lokke/Latham*, 1990, 240-246). Durch Selbstverstärkung bzw. Selbstbestrafung ist der selbstverantwortliche Intrapreneur in der Lage, sein eigenes Verhalten zu modifizieren (*Luthans/Kreitner*, 1985).

> „Personen, die sich selbst führen, überprüfen ständig eigene Verhaltensroutinen und Leistungsstandards. Wenn ihr Verhalten nicht mehr mit den für sie wichtigen Werthaltungen übereinstimmt, wenden sie Strategien an, um einen neuen Kurs einzuschlagen" (*Stewart*, 2000, 98).

Zahlreiche empirische Studien belegen, dass die Fähigkeit zur Selbstevaluation des eigenen Verhaltens die Anstrengungsbereitschaft zur Erreichung von Zielen fördert. Exemplarisch wird auf die Studien von *Wood/Mento/Locke* (1987, 416-425), *Manz/Sims* (1990) oder von *Stewart/Carson/Cardy* (1996, 143-164) verwiesen.

> „Zu den Methoden kognitiver Selbstführung gehören innere Dialoge, visuelle Vergegenwärtigungen, Überzeugungen, Glaubensgrundsätze und charakteristische Denkmuster" (*Stewart*, 2000, 95).

2.5.5.2.4 Zur Sozialkompetenz

Zahlreiche Studien stellen die hohe Bedeutung sozialer Kompetenzen für den Erfolg unternehmerischen Handelns heraus (*Klandt*, 1984, 195). Was jedoch genau unter diesem Begriff zu verstehen ist, wird in der Literatur äußerst kontrovers diskutiert, und es findet sich nach Auffassung von *Seyfried* (1995, 8) nur wenig Konkretes. Häufig werden Kooperationsfähigkeit, Empathie, Kontaktbereitschaft, Durchsetzungsfähigkeit, Freundlichkeit, Sensibilität, Integrationsfähigkeit, Kompromissbereitschaft oder Konfliktfähigkeit mit dem Begriff der Sozialkompetenz in Verbindung gebracht. Es spielen Kompetenzen eine Rolle, mit denen Prozesse der zwischenmenschlichen Ebene gesteuert werden und auf die diplomatisch geschickte Verfolgung eigener Interessen hinauslaufen. Sozial kompetente Menschen wissen in der Regel, wie man soziale Beziehungen aufbaut, kennen die Grundregeln gelungener Kommunikation (*van Buer/Matthäus*, 1995, 8) und haben ein gutes Gespür in kritischen Situationen. Neben diesen interpersonellen Fähigkeiten werden in diesem Kontext zahlreiche intrapersonelle Fähigkeiten wie Selbstbewusstsein oder Selbststeuerungsvermögen betont (*Hoets*, 1993, 120).

So ist für *Goleman* (1996) die soziale Kompetenz neben der Selbstbewusstheit, der Selbststeuerung, der Motivation und der Empathie ein Aspekt der emotionalen Intelligenz. Dabei umschreiben Empathie und Sozialkompetenz die Fähigkeit eines Menschen, mit anderen Beziehungen und Netzwerke aufzubauen. Die anderen Dimensionen helfen im Rahmen des Selbstmanagements, die eigenen Emotionen und Stimmungen zu steuern. Eine hohe Ausprägung in diesem Persönlichkeitselement ist nach seinen Untersuchungen wesentlich entscheidender für persönlichen und beruflichen Erfolg als kognitive Fähigkeiten. Zwar sind Fachkenntnisse und traditionelle Intelligenz wie ganzheitliches oder logisch-mathematisches Denken als „handwerkliche Schlüsselqualifikationen“ notwendig, jedoch sind diese ohne eine ausgeprägte emotionale Intelligenz in der Arbeitswelt wertlos.

> „Bei der genaueren Analyse aller Daten fand ich beeindruckende Zusammenhänge. So waren kognitive Fähigkeiten wie ganzheitliches Denken und vorausschauendes, visionäres Planen mit entscheidend für den Erfolg. Als ich aber das Verhältnis der drei Dimensionen fachlicher, kognitiver und emotionaler Kompetenz bei Spitzenleistungen errechnete, war emotionale Intelligenz mindestens doppelt so wichtig. Auffallend ist besonders, dass emotionale Intelligenz umso entscheidender wird, je höher die Unternehmensebene ist – im Topmanagement ist zu 90 Prozent die emotionale Kompetenz für den Erfolg entscheidend“ (*Goleman*, 2000, 24).

Auch nach *Salovey/Slyter* (1997) ist die Fähigkeit, eigene Gefühle und Beziehungen zu managen, im Arbeitsleben außerordentlich wichtig. Die Fähigkeit, die eigenen Gefühle zu verstehen und zu managen, sich selbst im Sinne eines persönlichen Stimmungsmanagements zu motivieren und sich in andere mit Empathie hineinzuversetzen, sind demnach notwendige Voraussetzungen für beruflichen Erfolg (*Benedikt*, 2000, 69).

In Anlehnung an *Preiser* (1978) definiert *Wunderer* (1995c, 31) den Begriff der Sozialkompetenz als erfolgreiche Verknüpfung von selbständig-autonomem und kooperativ-integrativem Verhalten. Unter sozialer Kompetenz ist demzufolge die Fähigkeit zu verstehen, mit sich und mit anderen konstruktiv umgehen zu können (*Wunderer*, 1999, 45). Diese Fähigkeit ist erforderlich, da ein selbstverantwortlich handelnder Mitarbeiter insbesondere in der Ausprägungsform des Intrapreneurs nicht auf den kurzfristigen Erfolg abzielt, sondern eine auf gegenseitigem Vertrauen basierende Kooperation mit anderen Organisationsmitgliedern anstrebt.

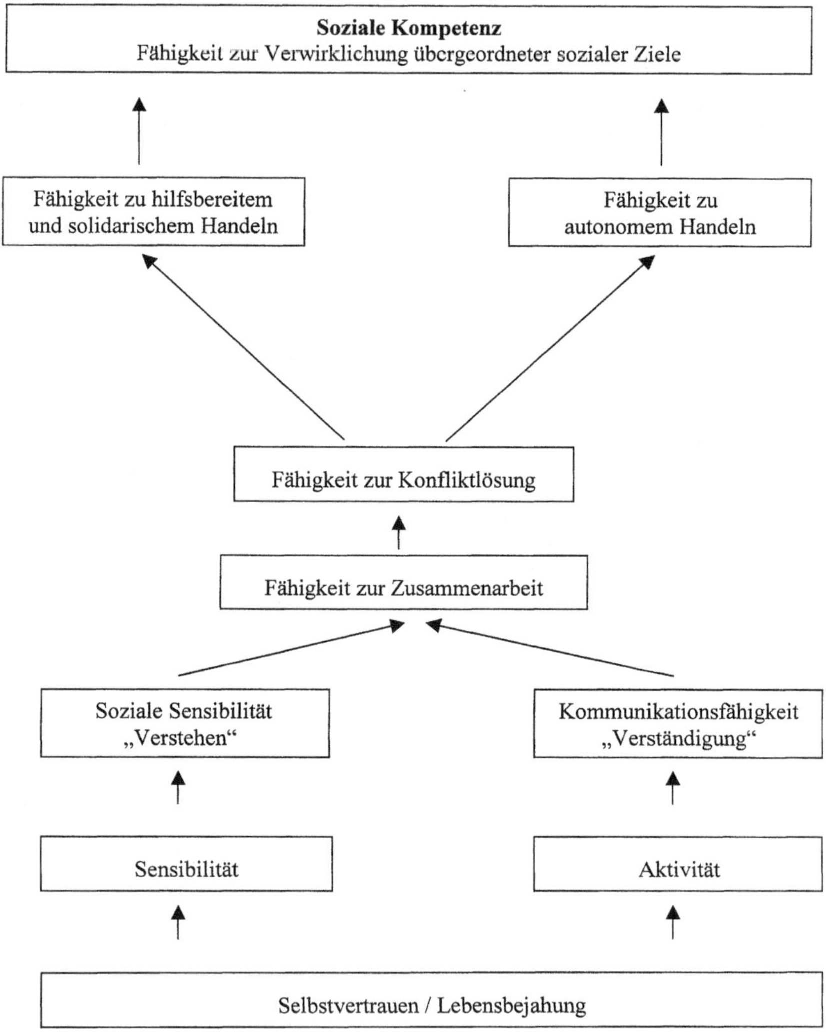

Abbildung 17: Ablaufdiagramm zur sozialen Kompetenz als kooperative Selbstorganisation (*Preiser*, 1978, 134)

In Anlehnung an *Stiller* (1998) wird im beruflichen Kontext die Fähigkeit zu sozialkompetentem Handeln in drei Interaktionsbereichen relevant. Im Bereich der reaktiven Interaktion wie dem Betreuen oder dem Bedienen von Kunden ist Menschenkenntnis und daraus resultierendes partner-adäquates Verhalten erforderlich, im Bereich der agierenden Interaktion wie dem Akquirieren von Kunden oder dem Verkaufen der eigenen Leistungen ist es wichtig, auf andere Menschen zuzugehen und diese überzeugen zu können. Schließlich wird im Bereich der kooperativen Interaktion die Fähigkeit zur Zusammenarbeit und Integration in Teams immer wichtiger (*Stiller*, 1998, 5).

Sozial kompetentes Handeln spielt insbesondere für den Intrapreneur eine wichtige Rolle. Im Unterschied zum Unternehmer ist der Intrapreneur hierarchisch eingebunden und verfügt über eine deutlich geringere formale Machtposition. Er ist daher stärker als der Unternehmer auf die soziale Unterstützung von Kollegen, Vorgesetzten oder Kunden bei der Umsetzung eigener Ideen angewiesen. Diese Abhängigkeit erfordert hohe integrative Fähigkeiten wie ausgeprägte kooperative und kommunikative Verhaltensweisen im Umgang mit Mitmenschen (*Axelrod*, 1995, 23f). Gerade aufgrund der herausragenden Bedeutung der Innovationsfähigkeit im Kontext des Intrapreneurship sind hohe Anforderungen an das Sozialverhalten des Intrapreneurs zu stellen. Dieser sollte daher in der Lage sein, zwischen autonomem und kooperativem Verhalten zu wählen, wobei er jeweils die bessere Durchsetzbarkeit seiner Ideen als Entscheidungskriterium heranzieht. Dieses situativ angepasste Verhalten strebt nach Erhöhung der sozialen Effizienz und ist insbesondere bei der Umsetzung innovativer Ideen von Bedeutung.

Gerade durch das Hinterfragen etablierter Strukturen muss der Intrapreneur mit Widerständen rechnen, die er nur mit Hartnäckigkeit und mit sozialer Sensibilität lösen kann. Schon bei der Generierung seiner Idee ist es vorteilhaft, mögliche Ängste der Betroffenen zu antizipieren und prophylaktisch zu agieren. Dadurch sichert sich der Intrapreneur die notwendige Unterstützung durch die verschiedenen Interessengruppen innerhalb des Unternehmens. Seine in der Regel ausgeprägte Empathie hilft ihm, situative Spannungen und Konflikte einzuschätzen und adäquat zu reagieren. Die Fähigkeit, Konflikte frühzeitig zu erkennen und entsprechende Maßnahmen zur Konfliktbewältigung einleiten zu können, stellen zentrale Aspekte der sozialen Kompetenz dar.

Daneben benötigt der Intrapreneur nach *Bitzer* (1991) bei der Umsetzung von neuen Ideen Durchhaltevermögen, wobei er sich zwischen Kooperation und autonomem Handeln entscheiden muss. Soziale Kompetenz bedeutet daher, selbstbewusst die Verwirklichung der eigenen Ideen voranzutreiben, ohne die notwendige Anpassung an etablierte Normen und Werte der Organisation zu verlieren. Hierbei spielt der Aspekt der Selbstverantwortung für den Intrapreneur eine entscheidende Rolle, da gerade bei Innovationsprozessen normativ wenig reglementierte Bereiche beschritten werden müssen.

2.6 Zu den situationsbedingten Umweltfaktoren selbstverantwortlichen Handelns

Selbstverantwortliches Handeln wird als Agieren in normativ vom Unternehmen nur unzureichend besetzten Räumen beschrieben und kann daher nur im Kontext der konkreten Handlungssituation erfasst werden. Auch *Wiswede* (1980) fügt wie beschrieben einen Situationsparameter in sein Prozessmodell zur Arbeitsmotivation ein. Den situativen Umweltfaktoren kommt demnach eine entscheidende Rolle zu, ob und inwieweit selbstverantwortliches Handeln von Mitarbeitern überhaupt gezeigt wird.

> „Die Frage, inwieweit Kompetenz in Handeln umgesetzt wird, wie also mit Qualifikationsanforderungen umgegangen wird, ist zu wesentlichen Teilen abhängig von der individuellen Wahrnehmung von (potentiellen) Handlungssituationen und –anforderungen sowie von der „Orientierung" des einzelnen" (*Wittmann*, 2000, 56).

Auch wenn die notwendigen Fähigkeitsdispositionen und motivationalen Voraussetzungen vorhanden sind, ist es noch nicht gewährleistet, dass selbstverantwortliches Handeln bei Mitarbeitern auch tatsächlich gezeigt wird. Zwar können einmal gefasste Intentionen in gezielte Handlungen umgesetzt werden, jedoch kann ebenso gut eine Vielzahl von externen Faktoren auftreten, die diesen Prozess behindern. So ist es nicht auszuschließen, dass in einem ungünstigen Umfeld die Absicht zu selbstverantwortlichem Handeln nicht umgesetzt wird. Daher kann, auch wenn freiwilliges Extrarollenverhalten und innovatives Handeln bei Mitarbeitern festgestellt wird, selbstverantwortliches Handeln nur mit einer gewissen Wahrscheinlichkeit vermutet werden. Am deutlichsten lässt sich dieser Zusammenhang im Bereich des innovativen Verhaltens ableiten. Eine analoge Auffassung vertritt *Wunderer* (1999) bezüglich der Möglichkeiten zur Förderung von internem Unternehmertum:

> „Diese Verbindung von Wettbewerb und Kooperation, von ökonomisch-egoistischem sowie sozialverträglichem Denken und Handeln ist eine konstruktive, aber auch schwierige Anforderung an das Mitunternehmertum. Sie kann zwar nie von allen Führungskräften und Mitarbeitern erfüllt werden, ihr Anteil aber muss gesteigert werden, sei es durch Gewinnung unternehmerischer Mitarbeiter, die Ausschöpfung ihrer Qualifikations- und Motivationspotentiale oder durch zielgruppenorientierte Förderungspolitik" (*Wunderer*, 1999, IV).

Besondere Bedeutung haben dabei diejenigen Determinanten der Arbeitumwelt, die die Erwünschtheit und Ermöglichung von selbstverantwortlichem Handeln beschreiben. Dabei werden die konkreten Rollenerwartungen der Bezugsgruppen, die sich an eine spezielle Aufgabe oder Funktion eines Mitarbeiters ergeben, in der vorliegenden Arbeit als subjektive Normen beschreiben. Eine besondere Bedeutung haben hierbei die arbeitsplatzbezogenen Umweltfaktoren wie die direkten Vorgesetzten, Kollegen und die internen bzw. externen Kunden des Mitarbeiters.

Da spielen die zur Verfügung gestellten formalen Machtbefugnisse wie der zugewiesene Kompetenzrahmen eine bedeutende Rolle für die Ausprägung von selbstverantwortlichem Handeln. Neben objektiven oder harten Faktoren sind insbesondere die kulturellen Kontextbedingungen von Bedeutung. Unternehmenskultur lässt sich dabei als ein Konzept verstehen, das von den Mitarbeitern eines Unternehmens selbst geschaffen bzw. tradiert wird und die gesamte Organisation zusammenzuhalten vermag (*Dierkes/von Rosenstiel/Steger*, 1993). In funktionalistischer Sichtweise ist die entstandene Kultur nicht einfach nur vorhanden, sondern übernimmt in einem Unternehmen bestimmte zentrale Funktionen. Die wichtigsten sind hierbei die Funktion der internen Integration, die die Organisationsmitglieder durch die Verständigung auf gemeinsame Werte sozial zusammenhalten lässt, und die Koordinations- oder Ordnungsfunktion, indem der Einzelne aus den kulturellen Normen seine Handlungsweisen ableiten kann und somit eine Erwartungsstabilität hinsichtlich des Handelns, die insbesondere bei einem Agieren in normativ schwach besetzten Bereichen von hoher Bedeutung ist, bewirkt. Daneben nennen *Föhr/Lenz* (1992, 138ff) die Motivationsfunktion, wenn Bedürfnisse der Organisationsmitglieder befriedigt werden und die Identifikationsfunktion, da bestimmte kulturelle Werte die Identifikation der Organisationsmitglieder mit dem Unternehmen fördern oder behindern können. Diese zentralen Funktionen haben nach *Schein* (1985, 52ff) nicht nur eine innere Wirkung, sondern spielen gerade für die Anpassungsfähigkeit bei Veränderungen der Unternehmensumwelt eine herausragende Rolle. Gerade die Herausbildung bestimmter gemeinsamer Werte und Normen hat daher einen entscheidenden Einfluss darauf, inwieweit der einzelne Mitarbeiter in bestimmten Situationen selbstverantwortlich agiert.

2.7 Zusammenfassung und Synthese der theoretischen Überlegungen zum Konzept des selbstverantwortlichen Handelns

Verantwortung zu übernehmen stellt für Mitarbeiter eine erwünschte Verhaltensweise dar, die breite Zustimmung im Unternehmen findet. Personen handeln verantwortlich, wenn sie einen bestimmten Zielzustand aus eigenem Antrieb heraus erreichen wollen und aufgrund der vorhandenen Ressourcen dies auch können. Liegen diese Voraussetzungen vor, so ist ein Mitarbeiter für die Zielerreichung auch verantwortlich. Dabei orientiert sich verantwortliches Handeln an normativen Standards, mit deren Hilfe eine Bewertung vorgenommen werden kann, wie gut ein Mitarbeiter seine Aufgaben erfüllt. In Form der Pflichterfüllung werden die normativen Regeln der Organisation berücksichtigt und strikt eingehalten.

Wird dabei der normative Kontext verlassen oder eine Handlung in einem normativ vom Unternehmen nur unzureichend besetzten Raum durchgeführt, so handelt der Mitarbeiter im Bereich der **Selbstverantwortung.** Diese Verhaltensdisposition steht für eine Verantwortungsübernahme unter unklaren oder erschwerten Bedingungen, die insbesondere in einer komplexen und sich rasch verändernden Umwelt auftritt. Handelt ein Mitarbeiter trotz ungenauer oder fehlender Vorgaben und übernimmt für dieses Handeln die Verantwortung, so schließt dies die Gefahr und Unsicherheit ein, dass dieses Agieren im normativ wenig reglementierten Feld nur auf bedingte Zustimmung im Unternehmen stößt. Dies gilt insbesondere, wenn normative Standards des Unternehmens zur Durchsetzung innovativer Ideen bewusst und willentlich umgangen werden. Dabei werden gewohnte und abgesicherte Handlungsräume verlassen, was die Fähigkeit zur Konstruktion eigener Standards voraussetzt. Selbstverantwortung ist daher durch die Aspekte Risikobereitschaft und Handeln ohne Vorgaben gekennzeichnet, wobei mögliche negative Konsequenzen und nachteiliges Handeln explizit mit einkalkuliert werden. Selbstverantwortung stellt somit einen Teilbereich der Aufgabenverantwortung dar und wird durch das Nichtvorhandensein von klaren Regeln und Pflichten auf dem Wege der Zielerreichung charakterisiert.

Ergänzend werden Beispiele möglicher Verhaltensweisen beschrieben, die aus der Übernahme von Selbstverantwortung folgen können. So werden Untersuchungen diskutiert, die einen theoretischen Zusammenhang zwischen Extrarollenverhalten sowie innovativem Verhalten und Selbstverantwortung belegen. Intrapreneurship stellt dabei die intensivste Variante selbstverantwortlichen Handelns dar, ist in Unternehmen in der Regel jedoch deutlich weniger konsensfähig als die gemäßigteren Formen wie Pragmatismus oder Idealismus.

Abschließend wird das Konzept des selbstverantwortlich handelnden Intrapreneurs weiter ausgebaut und in Anlehnung an *Wiswede* (1980) ein differenzierteres Prozessmodell eingeführt. Zur Erklärung von selbstverantwortlichem Handeln wird motivationales Geschehen als eine Funktion der eigenen internen Effizienzerwartungen sowie der erwarteten Konsequenzen verstanden. Selbtverantwortlich handelnde Mitarbeiter wägen dabei in dieser Modellvorstellung mögliche Alternativen gezielt ab und gehen dann Wege, die ihnen den größten Vorteil versprechen. Erstrebenswert erscheint insbesondere für selbstverantwortlich handelnde Intrapreneure vor allem eine größere Entscheidungs- und Handlungsfreiheit (Autonomie) zu sein. Da der Intrapreneur im Gegensatz zum klassischen Unternehmer wesentlich stärker in formale Strukturen und Zwänge eingebunden ist, spielt auch das Machtmotiv eine herausragende Rolle, da mit zunehmender Hierarchie tendenziell mehr Möglichkeiten zur Selbstverwirklichung bestehen (*Mohr*, 1999, 416ff). Daneben bedarf die Realisierung seiner innovativen Ideen einer höheren Risikobereitschaft, da bewusst etablierte Strukturen und Wege verlassen werden.

Bei den Fähigkeiten eines selbstverantwortlich handelnden Mitarbeiters spielen in einem sich dynamisch verändernden Arbeitsumfeld bestimmte Schlüsselqualifikationen eine entscheidende Rolle. Insbesondere wenn Mitarbeiter mehr als nur eine pflichtbetonte Erfüllung der anstehenden Arbeitsaufgaben zeigen wollen, reichen fachliche Qualifikationen alleine nicht mehr aus. Extrarollenverhalten im Sinne von selbstverantwortlichem Handeln beinhaltet freiwilliges Engagement, dass über die gestellten Erwartungen hinausgeht. Hierfür ist die Ausprägung von bestimmten Schlüsselqualifikationen erforderlich. Exemplarisch werden einige fachübergreifende Qualifikationen herausgestellt.

Abschließende Übersicht enthält eine zusammenfassende Kurzcharakterisierung der wesentlichen Bestimmungsmekmale selbstverantwortlichen Handelns:

1. Selbstverantwortliches Handeln beschreibt ein freiwilliges Agieren in einem vom Unternehmen normativ nur unzureichend besetzten Raum, bei der eine Person sich engagiert, ohne dass es von außen aufgetragen wurde oder Bestandteil der Tätigkeitsbeschreibung ist.
2. Selbstverantwortung stellt eine dauerhaft realisierbare Verhaltensqualität dar, die auf die Realisierung von Zielen gerichtet ist und nur im situativen Kontext zu verstehen ist.
3. Selbstverantwortliches Handeln bedarf der Fähigkeit (Können) und der Bereitschaft (Motivation) zur Konstruktion brauchbarer Handlungsalternativen, die aus eigenen normativen Standards abgeleitet werden, wobei die Normen und Werte des Unternehmens über eine Inkonsistenzprüfung mit in das persönliche normative Konzept eingebaut werden.
4. Selbstverantwortliches Handeln wird von einer positiven Einschätzung der eigenen Selbstwirksamkeit unterstützt.
5. Bei selbstverantwortlichem Handeln besteht in der Terminologie von *Schlenker* (1997) eine aufgrund persönlicher Normen konstruierte starke Person-Fall-Bindung, wogegen die Person-Vorgabe-Bindung und/oder die Vorgabe-Fall-Bindung nur unklar ausgeprägt ist.
6. Selbstverantwortliches Handeln kann in verschiedenen Ausprägungsformen auftreten, wobei die Konsensfähigkeit in Unternehmen mit zunehmender Intensität abnimmt.
7. Es gibt eine Überschneidung mit dem Konzept des unternehmerischen Handelns, wobei unternehmerisches Handeln selbstverantwortlich erfolgen kann, jedoch nicht automatisch unter diese Dimension fallen muss.
8. Selbstverantwortliches Handeln wird von einer internen Kontrollüberzeugung, bei der der Mitarbeiter die Erwartung hegt, mit seinem Verhalten bestimmte Verstärkungen evozieren zu können, positiv beeinflusst.

Abbildung 18: Zusammenstellung der wesentlichen Bestimmungsfaktoren selbstverantwortlichen Handelns

3 Zur Operationalisierung des Konstruktes Selbstverantwortung

Selbstverantwortliches Handeln wird im Rahmen der vorliegenden Arbeit dadurch charakterisiert, dass eine Person trotz fehlender oder widersprüchlicher Normen dennoch Verantwortung übernimmt und nach eigenen, selbstbestimmten Normen handelt. Durch dieses selbstverantwortliche Konstruieren eigener Normen sind Mitarbeiter in der Lage, selbstgewählte Ziele zu verfolgen, wobei die übergeordneten Ziele des Unternehmens in die Motivation zu selbstverantwortlichem Handeln integriert werden. Inwieweit die daraus resultierende Intention zu selbstverantwortlichem Handeln in die Tat umgesetzt wird, kann nur im Kontext der konkreten Situation beurteilt werden.

Zur empirischen Überprüfung ist es daher nicht ausreichend, in behavioristischer Tradition ausschließlich von beobachtetem Verhalten auszugehen, da gleiche Verhaltensweisen in bestimmten Situationen mit unterschiedlichen Zielsetzungen verbunden sein können. Beispielsweise kann das Ignorieren bestehender Regeln Ausdruck von selbstverantwortlichem Handeln, aber auch die Folge von Unachtsamkeit sein. Daher sollte eine Operationalisierung selbstverantwortlichen Handelns die zugrunde liegenden Ziele sowie den situativen Kontext berücksichtigen (*Koch*, 2000, 148). Aus diesem Grund werden in der vorliegenden Arbeit mehrere Einzeltests zur Beurteilung des hier betrachteten Persönlichkeitsmerkmals eingesetzt. Zur Messung erfolgt eine anonyme, schriftliche Befragung mittels Fragebogen, der bei Erhebungen in Unternehmen eine wichtige Rolle spielt.

> „Die Gründe dafür sind einleuchtend: Im Rahmen schriftlicher Befragungen ist es relativ leicht, die Anonymität des Antwortenden zu wahren. Diese ist angesichts des Abhängigkeitsverhältnisses im Betrieb eine zentrale Voraussetzung dafür, wahrheitsgemäße Antworten zu bekommen“ (*von Rosenstiel*, 1999, 200).

Ziel ist es, eine Testbatterie zu entwickeln, um das Konstrukt Selbstverantwortung möglichst präzise zu erfassen. Dabei wird zum einen auf bereits bewährte Verfahren zurückgegriffen und diese auf das Untersuchungsziel hin angepasst. Zum anderen wird ein selbst konstruierter Fragebogen vorgestellt.

3.1 Zur Entwicklung eines Erhebungsinstrumentes zur Erfassung von selbst-verantwortlichem Handeln

Während zur gedanklichen Präzisierung des Konstruktes in Kapitel 2 zahlreiche empirische Befunde bewusst auf einer höheren Abstraktionsebene zusammengetragen werden, steht im explorativen Teil dieser Arbeit die Operationalisierbarkeit des entwickelten Konstruktes im Vordergrund. Als theoretische Grundlage der Testentwicklung zur Erfassung von selbstverantwortlichem Handeln wird hauptsächlich auf das Standardwerk von *Lienert* (1989) zurückgegriffen. Damit soll sichergestellt werden, dass das eingesetzte Erhebungsinstrument die Anforderungen der modernen Testentwicklung erfüllt und als geeignetes, d.h. wissenschaftlich fundiertes Hilfsmittel zur Erfassung der Ausprägung von selbstverantwortlichem Handeln eingesetzt werden kann.

Die Operationalisierung des Konstruktes Selbstverantwortung soll über ein Verfahren erfolgen, mit dem ein möglichst reliables Bild über die jeweilige Ausprägungsintensität gewonnen werden kann und das den klassischen Gütekriterien Genüge leistet. Nachfolgend werden die Schritte zur Entwicklung eines solchen Messinstrumentes bzw. der Verlauf der Item- und Skalenkonstruktion dargestellt.

3.1.1 Zur Ableitung geeigneter Skalen aus den typischen Handlungsfeldern selbst-verantwortlichen Handelns und Itemformulierung

Fragebögen mit wenig komplexen Items haben zum einen den Nachteil, dass sie im Sinne sozialer Erwünschtheit leicht durchschaubar sind und zum anderen von den Befragten eine Auslegung fordern. So verlangt beispielsweise ein Item wie „Ich bevorzuge eine Tätigkeit, die eine Herausforderung für mich darstellt" eine Interpretation dahingehend, was der Proband unter einer herausfordernden Tätigkeit versteht. Da solche Interpretationen bei Befragten, die aus zwei verschiedlichen Kulturkreisen entstammen, sehr unterschiedlich ausfallen können, werden aus diesem Grund die Items so konzipiert, dass sie aus einer genauen Situationsbeschreibung und einem selbstverantwortlichen Verhalten in dieser Situation bestehen. Damit Verhalten selbstverantwortlich sein kann und nicht einfache Pflichterfüllung ist, müsste die Situation, wie in Kapitel 2.2.1 beschrieben, bestimmte Merkmale erfüllen. Insbesondere sollte gemäß der Terminologie von *Schlenke*r (1997) eine aufgrund persönlicher

Normen konstruierte starke Person-Fall-Bindung und eine unklar ausgeprägte Person-Vorgabe-Bindung und/oder Vorgabe-Fall-Bindung abgebildet werden.

Damit nicht nur Extrarollenverhalten, sondern auch innovatives Handeln Berücksichtigung findet, musste die Situation außerdem das Eingehen kalkulierbarer Risiken enthalten. Vorrangig handelt es sich hierbei um soziale Risiken, die den Mitarbeiter abwägen lassen, ob sein Verhalten gut geheißen wird und wie gegebenenfalls Kollegen bzw. Führungskräfte auf eine sinnvoll überschrittene Norm reagieren.

3.1.1.1 Zur Formulierung des Abbildungssatzes gemäß der Facettentheorie von Borg

Die Facettentheorie wurde bereits in den 50er Jahren beschrieben, jedoch erst von *Borg* (1992, 1996) in den 90er Jahren systematisch ausgebaut (Guttman, 1994). Sie stellt eine Methodologie dar, die es ermöglicht, wissenschaftliche Fragestellungen zu systematisieren.

> „Sie stellt Techniken und Werkzeuge zur Verfügung, wie man wissenschaftliche Fragen systematisch stellt, wie man die Antworten von „Mutter Natur" auf diese Fragen – also Beobachtungen oder Daten – sachgemäß analysiert und wie man eine Korrespondenz zwischen Eigenschaften der Fragen und der Daten herstellt" (*Borg*, 1996, 231).

Durch die „Explizierung des Impliziten" (*Borg*, 1992, 35) wird eine differenzierte Konstruktbildung erleichtert und eine bessere begriffliche Kontrolle gewonnen. Um zu differenzierteren Fragestellungen zu gelangen, werden die Elemente eines Konstruktes oder Gegenstandsbereiches in sogenannte „Facetten", d.h. Merkmale, zerlegt und über einen Abbildungssatz (mapping sentence) in einen Bedeutungszusammenhang gebracht. Dies ermöglicht die Zusammenstellung inhaltlich relevanter Klassifikationsgesichtspunkte (*Borg/Shye*, 1995).

> „Nutzen und Klarheit von Abbildungssätzen sind umso größer, je klarer die Facetten sind und je besser verstanden wird, welche Rolle sie bezüglich des Bildbereiches spielen. Abbildungssätze sind besonders hilfreich dafür, sy-

stematisch konkrete Items, die für die jeweilige Fragestellung relevant sind, zu konstruieren“ (*Borg*, 1996, 233).

Aus diesen Überlegungen heraus ergibt sich auch für das Konstrukt der Selbstverantwortung ein spezieller Abbildungssatz: Dabei werden drei Variablen bzw. Facetten zur Erfassung von selbstverantwortlichem Handeln als relevant erachtet und variiert

- für selbstverantwortliches Handeln typische Verhaltensqualitäten, um das Spektrum der Selbstverantwortung möglichst umfassend abzudekken;
- Situationen mit unterschiedlichem Aufforderungscharakter;
- abgestufte Intensität der sozialen Zustimmung, damit sowohl Extrarollenverhalten als auch Intrapreneurship abgedeckt werden können.

Dabei kann jede Variable in verschiedenen Ausprägungsformen auftreten, die gemäß der Facettentheorie nachfolgend als Strukte bezeichnet werden.

3.1.1.1.1 Zur Variable „Verhaltensdimension“

Zur Beantwortung der Frage, welche untereinander deutlich abgrenzbaren Verhaltensqualitäten das Spektrum selbstverantwortlichen Verhaltens repräsentieren, werden die Erkenntnisse aus Kapitel 2.2.2 herangezogen. Die Ausgangsbasis bildet dabei das erweiterte Modell des selbstverantwortlichen Handelns. Dort äußert sich Selbstverantwortung in

- überobligatorischem Engagement,
- Sicherung und Ausbau von Handlungsräumen (Autonomiestreben),
- Generieren innovativer Ideen sowie
- Umsetzen innovativer Ideen und Umgehen bestehender Regelungen.

Diese für selbstverantwortliches Handeln typischen Verhaltensfelder werden verhaltensorientiert definiert, damit sich aus diesen Definitionen Items (bestimmtes Verhalten in bestimmten Situationen) besser ableiten lassen. Während der Itementwicklung werden im Rahmen einer Vorstudie die Verhaltensdimensionen mehrmals umdefiniert, da sich die Items nicht deutlich genug empirisch voneinander abgegrenzt haben.

Insbesondere in den Verhaltensbereichen **Generieren innovativer Ideen** und **Umsetzen innovativer Lösungen/ Abweichen von Regeln** soll ein schlüssiger Abgrenzungsmodus gefunden werden. So wird die erste Verhaltensvariable auf das Erkennen von Verbesserungs- oder grundsätzlichem Handlungsbedarf bei Prozessen, Strukturen und Produkten bezogen, sowie auf das Entwickeln von Lösungen und Ableiten von Maßnahmen. Dieser Bereich ist eher kognitiv orientiert, da gegebene Sachverhalte hinterfragt werden. Es genügt jedoch nicht, ob jemand lediglich innovativ oder kreativ sein möchte. Vielmehr ist es entscheidend, dass ein Mitarbeiter im Sinne der Unternehmensziele Verbesserungen tatsächlich anregt und konkrete Maßnahmen einleitet.

Der Verhaltensbereich **Umsetzen innovativer Lösungen/ Abweichen von Regeln** bezieht sich auf das Arbeiten in Situationen, in denen keine anwendbaren Normen des Unternehmens zur Verfügung stehen oder mit diesen nicht konform gegangen wird. Dieser Bereich ist daher klar handlungsorientiert.

Am Ende kommen folgende Definitionen heraus:

Strukte der Verhaltensdimension	**Definition des Strukts + Verhaltensbeispiele**
Sicherung und Erweiterung von Handlungsräumen	bezieht sich auf das freiwillige Übernehmen neuer Aufgaben/ Kompetenzen zielt auf die Flexibilisierung und Erweiterung von Handlungsmöglichkeiten ab → daher eher kompetenz- bzw. entscheidungsorientiert neue Aufgaben: Jemand agiert in neuen Aufgabenbereichen, so dass er insgesamt mehr Möglichkeiten zum Handeln hat: Ein Wertpapierberater, der bisher nur im Passivgeschäft tätig war, verkauft jetzt auch Effektenkredite. Er kann dadurch einer heterogeneren Auswahl von Kundenwünschen gerecht werden. neue Kompetenzen: Jemand verbessert seine Fähigkeiten in bereits übernommenen Aufgabenfeldern, so dass er insgesamt mehr Handlungsspielraum hat: Ein Wertpapierberater verkauft nicht mehr nur „Standardprodukte“, sondern auch Papiere, die nicht explizit zur Sparkasse gehören. Zudem besucht er freiwillig in seiner Freizeit einen Kurs zur steuerlichen Einschätzung verschiedener Finanzanlagen. Er kann daher einer heterogeneren Auswahl von Kundenwünschen gerecht werden und auch steuerliche Aspekte der Kunden berücksichtigen.

Überobligatorisches Engagement	bezieht sich auf das (freiwillige) Extrarollenverhalten innerhalb der bisher übernommenen Aufgaben zielt darauf ab, dass jemand in Bezug auf seinen Aufgabenbereich mehr macht, als eigentlich verlangt wird → daher eher handlungsorientiert Beispiel: Ein Geschäftskundenbetreuer sieht, dass ein Kunde die üblichen Kreditanforderungen zwar erfüllt, erkennt jedoch auch, dass die Standardprüfkriterien dem Kreditengagement nicht gerecht werden und nimmt weitere Prüfungen vor. Beispiel: Ein Wertpapierberater trifft am Wochenende einen potentiellen Kunden und ermittelt dessen Bedarf an Finanzdienstleistungen.
Generieren innovativer Ideen	bezieht sich auf das Erkennen von Verbesserungs- oder grundsätzlichem Handlungsbedarf bei Prozessen, Strukturen und Produkten bzw. auf Entwickeln von Lösungen und Ableiten von Maßnahmen eher kognitiv orientiert und zielt auf Unternehmensinteressen ab, unabhängig vom inhaltlichen Aufgabenbereich des Mitarbeiters: - gegebene Sachverhalte hinterfragen - Verbesserungsvorschläge machen - Maßnahmen ableiten
Umsetzen innovativer Lösungen/ Abweichen von Regeln	bezieht sich auf das fallbezogene Abweichen von Regeln und Konventionen, um im Interesse des Unternehmens ein Problem schneller/ effektiver oder überhaupt lösen zu können fallbezogenes Abweichen von Normen in Bezug auf Sachverhalte, z.B. Verletzung von Vorschriften Abweichen von Normen in Bezug auf eigene Person, z.B. Überschreiten von Kompetenzen; Ausüben von Tätigkeiten, für die man eigentlich nicht genug qualifiziert ist; Umgehen von Dienstwegen

Tabelle 5: Abgrenzung der im Fragebogen verwendeten Verhaltensdimensionen

3.1.1.1.2 Zur Variable „Aufforderungscharakter der Situation"

Die Variable bzw. Facette „Aufforderungscharakter der Situation" beinhaltet eine Variation der Verbindlichkeit der Normen, dic eine Situation enthält. Geplant sind drei Stufen

- starke Normvorgabe (nach *Schlenker*: starke Vorgabe-Fall-Bindung und starke Vorgabe-Person-Bindung);
- mittlere Normvorgabe (starke Vorgabe-Fall-Bindung und schwache Vorgabe-Person-Bindung oder schwache Vorgabe-Fall-Bindung und starke Vorgabe-Person-Bindung);
- schwache Normvorgabe (schwache Vorgabe-Fall-Bindung und schwache Vorgabe-Person-Bindung).

Die Stufe der starken Normvorgabe wird weggelassen, weil damit der Fragebogen verkürzt werden kann und weil ein Verhalten unter starken Normen ohnehin in den Bereich der Pflichterfüllung fällt. Die Person-Fall-Bindung wird nicht variiert, da sie eine Voraussetzung für selbstverantwortliches Handeln ist. Dabei werden konkrete Situationen aus dem beruflichen Alltag beschrieben und die Items so formuliert, dass eine starke Person-Fall-Bindung angenommen werden kann. Die starke Person-Fall-Bindung wird nicht nur durch die Itemformulierung, sondern auch durch die Befragungssituation hergestellt.

Die Komponenten bzw. Itemformulierungen, die den unterschiedlich starken Aufforderungscharakter von Situationen bedingen (Vorgabe-Person-Bindung und Vorgabe-Fall-Bindung), können den nachfolgenden Tabellen entnommen werden.

Vorgabe-Person-Bindung	
stark	**schwach**
Aus dem Stellenprofil geht hervor, dass Sie zuständig sind.	... steht jedoch nicht in Ihrer Stellenbeschreibung.
Ihr Vorgesetzter hat Sie mit dieser Aufgabe betraut.	Sie haben mitbekommen, dass Ihr Chef jemand anderen damit betraut hat.
... passt in die Zielvereinbarung, die Sie mit Ihrem Vorgesetzten vor einem Monat getroffen haben.	... ist jedoch nicht in der kürzlich mit Ihrem Chef getroffenen Zielvereinbarung enthalten.
Sie sind üblicherweise für solche Fälle verantwortlich.	Üblicherweise kümmert sich .... (jemand anderes) um solche ähnlichen Fälle.
Sie spüren, dass von Ihnen erwartet wird, den Fall zu übernehmen.	Einen solchen Fall hat es bisher noch nie gegeben (gleichzeitig schwache Vorgabe-Fall-Bindung).
Sie wissen, dass nur Sie eine entsprechende Ausbildung dafür haben.	Niemand fühlt sich dafür verantwortlich (... weil der Missstand allen zu Pass kommt = gleichzeitig negative soziale Zustimmung).
	Ihre Kollegen trauen Ihnen ... nicht zu (= gleichzeitig negative soziale Zustimmung).
	Bei ... ist theoretisch Ihr Kollege besser ausgebildet.
	Ihre Kollegen sind vermutlich überrascht, wenn der Vorschlag gerade von Ihnen kommt.

Tabelle 6: Differenzierung des Aufforderungscharakters von Situationen durch unterschiedlich starke Vorgabe-Person-Bindung

Vorgabe-Fall-Bindung	
stark	**schwach**
... ist ein Musterbeispiel	Die gegebene Regel ist nicht anwendbar/ passt nicht auf den Fall.
... gibt es klare Anweisungen	Für diesen Fall gibt es widersprüchliche Vorschriften/ Regeln.
... detaillierte Vorgehensbeschreibung	Jeder gibt Ihnen andere Ratschläge.
... gibt es eine klare Verordnung	unklar, was zu tun ist
... ist eine Routineaufgabe	Einen solchen Fall hat es bisher noch nie gegeben (gleichzeitig schwache Vorgabe-Person-Bindung).
... ein Fall, wie er jeden Tag vorkommt	... ist mit dem üblichen Vorgehen nicht zu lösen
... wissen Sie genau, was zu tun ist	... gibt es nur sehr allgemein gehaltene Regeln
... genaue Vorstellung, wie gehandelt werden muss	... wie vorzugehen ist, kann Ihnen niemand sagen
... lässt einen „Dienst nach Vorschrift" zu	...ist eine komplexe Aufgabe, bei der es viele Details zu beachten gibt
... liegt eine Vorgehensweise sehr nahe	...schwierige Entscheidung, in die viele Dinge einfließen
... gibt es klare Anweisungen, wie damit umzugehen ist	...fehlende Weisungen/ Konflikte zwischen Weisungsberechtigten
... und hierfür sind Sie ausgebildet	

Tabelle 7: Differenzierung des Aufforderungscharakters von Situationen durch unterschiedlich starke Vorgabe-Fall-Bindung

3.1.1.1.3 Zur Variable der „sozialen Zustimmung"

In Kapitel 0 dieser Arbeit werden verschiedene situationsbezogene Arbeitsplatzfaktoren, welche einen entscheidenden Einfluss auf das selbstverantwortliche Verhalten von Mitarbeitern haben können, exemplarisch genannt. Diese Faktoren beinhalten insbesondere die konkreten Rollenerwartungen der Bezugspersonen, wie die der jeweiligen Führungskraft oder der unmittelbaren Arbeitskollegen.

Die Stufen der sozialen Zustimmung werden in starke und schwache Zustimmung differenziert abgebildet. Die Itemformulierungen für geringe und starke soziale Zustimmung können der nachfolgenden Tabelle entnommen werden:

Starke soziale Zustimmung	**Schwache soziale Zustimmung**
... etwas steht seit längerem als „to do“ bzw. als Problem zur Diskussion	... jemandem etwas Geliebtes wegnehmen, z.B. eine gern ausgeführte Tätigkeit wegrationalisieren
... ein Sachverhalt, der allgemein positiv belegt ist	... etwas greift in die Kompetenzen anderer ein (jemand wird übergangen, fühlt sich bedroht)
... ein Vorschlag, der jemanden (indirekt) schmeichelt	... jemand wird bedroht (z.B. seine Stelle wird in Frage gestellt)
... ein Vorschlag, der die Position eines Meinungsführers stärkt (der mir wiederum den Rücken stärkt)	auf Ansprechen eines Sachverhalts erfolgte keine Reaktion bzw. Ablehnung
eine „diskrete“ Umfrage unter Kollegen ergibt Zustimmung	Gesprächen von Kollegen ist zu entnehmen, dass ... ein heikles Thema ist.
etwas wird nur durchgesetzt, wenn die Mehrheit zustimmt/ mitmachen will	Sie erfahren, dass Ihr Chef eine ähnliche Idee bei früheren Besprechungen abgelehnt hat.
eine Aktion, die ein ungeliebtes Projekt in Frage stellt	Sie wissen, dass die Mitarbeiter noch von der kürzlich gelaufenen Umstrukturierung des Geschäftsbereichs „veränderungsmüde“ sind.
etwas, dass voll und ganz der Unternehmenskultur entspricht	Sie werden sich mit ... wahrscheinlich unbeliebt machen.
etwas, dass von anderen an mich herangetragen wird (= gleichzeitig Person-Vorgabe-Bindung)	Sie treffen eine strittige Entscheidung, ohne andere zu fragen.
	Sie wissen, dass der Vorschlag nur durch Auseinandersetzungen mit dem betroffenen Mitarbeiter umgesetzt werden kann.
	Ihre Kollegen trauen Ihnen das Projekt nicht zu (=gleichzeitig schwache Person-Fall-Bindung).

Tabelle 8: Itemformulierungen für geringe und starke soziale Zustimmung

3.1.1.1.4 Zum Abbildungssatz

Eine systematische Zusammenstellung der drei genannten Klassifikationsvariablen von Selbstverantwortung lässt sich, wie bereits dargestellt, im Rahmen eines Abbildungssatzes in einen Bedeutungszusammenhang bringen.

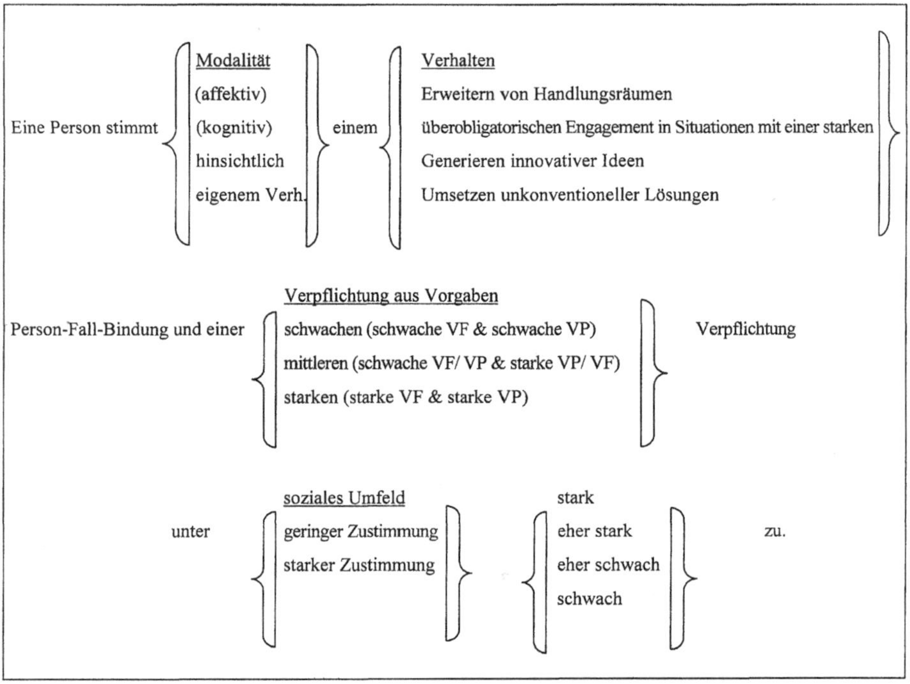

Abbildung 19: Abbildungssatz zur Erfassung selbstverantwortlichen Verhaltens

Anhand des dargestellten Abbildungssatzes lassen sich die für den jeweiligen Variablenbereich relevanten Items systematisch konstruieren.

3.1.1.2 Zur Formulierung der Items

Bei der Verwendung bzw. Entwicklung eines Fragebogens werden die Probanden mit Items konfrontiert, in denen konkrete Situationen dargestellt sind, die selbstverantwortliches Handeln erfordern. Die nachfolgende Tabelle gibt einen Überblick möglicher Formulierungen zur Abbildung der vier Verhaltensdimensionen selbstverantwortlichen Verhaltens.

Erweiterung von Handlungsräumen
1. Damit zwei Kollegen, die aufeinander angewiesen sind, sich nicht ständig absprechen müssen, gestatten sie sich gegenseitig, Entscheidungen im Aufgabenbereich des jeweils anderen zu treffen.
2. An Frau X werden häufig fachübergreifende Anfragen gerichtet. Weil die zuständigen Personen oft schwer erreichbar sind, macht sie sich mit den Bereichen, aus denen die häufigsten Fragen kommen, so weit vertraut, um zumindest vorläufig eine Auskunft geben zu können.
3. Herr X muss sich häufig nach „vollendeten Tatsachen" richten. Damit seine Arbeit weniger fremdbestimmt ist, möchte er zukünftig bereits an der Planung bestimmter Dinge teilnehmen.
4. Im Team X hat jeder Mitarbeiter seine feste Aufgabe. Herr Y setzt sich jedoch dafür ein, dass sich in zentralen Dingen alle Mitarbeiter, so auch er, auskennen sollen.
5. Herr X arbeitet sich zusätzlich in artverwandte Fachgebiete ein, um auch „Grenzfälle" übernehmen zu können.
6. Frau X bringt einen Teil ihrer Zeit dafür auf, ihre Fähigkeiten zu verbessern, damit sie auch größere bzw. komplexere Aufträge auf ihrem Gebiet übernehmen kann.
7. Um ihren Handlungsspielraum zu erweitern, sorgt Frau X dafür, dass bestimmte Informationen auch über sie laufen.
8. Herr X hält immer die Augen offen, an welcher Stelle es sich für seine Tätigkeit lohnt, zusätzliche Aufgaben zu übernehmen.
9. Herr X braucht bei Vorgängen ab einer bestimmten Größenordnung die Zustimmung seines Chefs. Da ihn dieser Umstand ab und zu in seiner Arbeit behindert, setzt er sich für die Erweiterung seiner Befugnisse ein.

Überobligatorisches Engagement
1. Herr X hat über einen komplexen Sachverhalt zu entscheiden, dem die vorschriftsmäßigen Prüfkriterien nicht gerecht werden. Er entwickelt daher zusätzliche Kriterien, da er eine korrekte Entscheidung treffen will.   2. Frau X trifft am Wochenende eine mögliche Geschäftspartnerin und nutzt die Gelegenheit, eine Beziehung zu ihr aufzubauen.   3. Herr X weiß, dass seine Abteilung ein bestimmtes Vorhaben plant. Bevor sein Chef den Startschuss gegeben hat, fängt er schon mal an, es vorzubereiten.   4. Frau X widmet sich nach Geschäftsschluss noch einem Kunden.   5. Herr X denkt am Wochenende über eine Lösung für ein offenes Problem nach, obwohl er diese Lösung auch von seinem Chef einfordern könnte.   6. Frau X nimmt sich viel Zeit für die Einarbeitung einer neuen Kollegin, damit diese so schnell wie möglich effektiv arbeiten kann. (negative soziale Zustimmung: Die herrschende Meinung in der Abteilung ist jedoch, dass Neulinge selbst sehen müssen, wie sie klar kommen)   7. Bei Herrn X landet ein Auftrag, für den er nicht zuständig ist. Obwohl es zeitaufwändig ist ermittelt er, statt ihn über den üblichen Postweg zurückzuschicken, in wessen Aufgabenbereich er am ehesten fällt und leitet ihn dann direkt weiter.   8. Frau X vermittelt für einen ihrer Kunden über private Kontakte zwei Freikarten für ein ausverkauftes Konzert.   9. Die Assistenz von Herrn X ist eine Woche im Urlaub. Damit er einen Vertrag schon jetzt versenden kann, schaut er nach, wie sie ihre Korrespondenz abgelegt hat und sucht die Adresse des Kunden selbst heraus.

Generieren innovativer Ideen
1. Herrn X fällt auf, dass seit der Neuorganisation eines Arbeitsprozesses ein bestimmter Arbeitsschritt beinah überflüssig geworden ist. Er kommt auf die Idee, dass dieser durch eine leichte Veränderung an anderer Stelle entfallen könnte. 2. Über die Homepage der Firma X wenden sich Kunden oft an die falsche Abteilung, weil deren Benennung missverständlich ist. Frau X kommt nun auf die Idee, dass man für die Öffentlichkeit dieser Abteilung einen allgemeinverständlichen, aber vom Organigramm abweichenden Namen geben könnte. 3. Im Gespräch mit ihren Kunden fällt Frau X auf, dass ein bestimmtes Produkt ihrer Firma erst gemeinsam mit einer Servicedienstleistung besser bei den Kunden ankommen würde und informiert darüber die Kollegen der Produktentwicklung. 4. Sie haben für das betriebliche Vorschlagswesen eine sehr gute Idee, mit der man viel Geld sparen könnte und sprechen ihren Vorgesetzten darauf an. 5. Sie haben eine falsch eingestellte Klimaanlage als mögliche Ursache für die ansteigenden Krankheitstage gefunden und regen an, dem nachzugehen. 6. Sie sind der Meinung, dass man Schusselfehler erheblich senken könnte, indem man durch geringfügige Veränderung des Arbeitsprozesses eines Kollegen den Zeitdruck herausnimmt und sprechen ihn an. 7. Ein seltener, jedoch komplexer Vorgang sorgt in Ihrer Abteilung jedes Mal für Aufregung. Damit sich das in Zukunft ändert, entwickeln Sie hierfür aus Ihren bisherigen Erfahrungen ein Regelwerk. 8. Herrn X fällt auf, dass „gewisse Freundschaftsdienste" den Unternehmensgewinn auf Dauer schmälern könnten. Er will daher für eine strategisch wichtige Stelle eine Jobrotation einführen, damit sich inoffizielle Strukturen nicht verfestigen. (Natürlich läuft er Gefahr, dass ihm diese Maßnahme als Misstrauen ausgelegt wird.)

Umsetzen unkonventioneller und innovativer Lösungen durch Umgehen von Regeln
1. Weil der „Dienstweg“ über die entsprechenden Vorgesetzten aus machtpolitischen Gründen erschwert ist, kooperiert ein Mitarbeiter inoffiziell mit Partnern auf gleicher Ebene.
2. Um ein für das Unternehmen wichtiges und lukratives Geschäft abzuschließen, gibt ein Mitarbeiter dem Kunden etwas bessere Konditionen als er selbst ohne Zustimmung eigentlich geben darf.
3. Ein Mitarbeiter agiert im Kundeninteresse in einem Bereich, für den er eigentlich nicht genug qualifiziert ist.
4. Um ein Stocken des Arbeitsablaufs kurzfristig zu verhindern, ändert ihn ein Mitarbeiter in wesentlichen Punkten, ohne vorher seinen Vorgesetzten zu informieren.
5. Um einen Kunden nicht zu verärgern, geben Sie ihm eine Zusage, die eigentlich nur Ihr Chef machen kann.
6. Um einen eiligen Auftrag eines Kunden zu Ende führen zu können, umgehen Sie eine interne Vorschrift.
7. Sie setzen sich über eine den Geschäftsablauf hemmende Regel, die aufgrund einer Gesetzesänderung veraltet ist, hinweg, obwohl sie nicht genau wissen, wie ihr Chef dazu steht.
8. Hin und wieder können Sie schneller Ihr Ziel erreichen, wenn Sie sich über bestehende Konventionen hinwegsetzen.

Tabelle 9: Zusammenstellung möglicher Formulierungen zur Beschreibung der vier Bereiche selbst-verantwortlichen Verhaltens

Anschließend werden Beispiele für konkretes Verhalten bzw. konkrete Situationen gesucht, um später ein Item aus den Beispielen der drei Strukte zusammenzusetzen. Jedes Item des Abbildungssatzes wird inhaltlich sowie hinsichtlich des Ausdrucks mehrfach überarbeitet. Dabei werden mehrere Items negativ gepolt, um eine mögliche Bejahungstendenz (Akquieszenz) auszubalancieren.

Der erste typische Handlungsbereich, der an anderer Stelle (Kapitel 2.2.2) ausführlich dargestellt wird, ist das überobligatorische Engagement eines Mitarbeiters. Diese über die explizite Rollenerwartung hinausgehenden

Handlungsweisen werden dadurch charakterisiert, dass sie nicht unmittelbar vorgeschrieben sind und freiwillig erfolgen, nicht direkt belohnt und vergütet werden sowie Auswirkungen auf den Gesamterfolg des Unternehmens haben.[15] Zur Abbildung dieser Verhaltenstendenz werden typische Verhaltenssituationen benannt und hierzu geeignete Items entwickelt. Diese werden den beiden Skalen „Überobligatorisches Engagement", bei dem ein Mitarbeiter freiwillig mehr macht, als von ihm verlangt wird, und „Erweiterung des Handlungsraumes", bei dem ein Mitarbeiter freiwillig neue Aufgaben übernimmt, zugeordnet.

Nachfolgend wird zunächst der Verhaltensbereich beschrieben, der vom jeweiligen Item erfasst werden soll. Anschließend werden das Item und die Aufforderung, der der Proband in unterschiedlicher Weise zustimmen kann, dargestellt.

Erweiterung des Handlungsraumes	
111	Kurzbeschreibung des Items: Jemand übernimmt neue Aufgaben/ erweitert seine Kompetenzen bei eher schwachem Aufforderungscharakter und sozialer Ablehnung: Ihre Kunden haben häufig fachübergreifende Anliegen. Kundenberatung außerhalb des eigenen Kompetenzbereichs wird allgemein missbilligt: Um falsche Auskünfte zu vermeiden, sollen die Kunden an Mitarbeiter mit dem passenden Aufgabengebiet übergeleitet werden. Dies ist jedoch häufig nicht möglich, weil die entsprechenden Mitarbeiter schwer erreichbar sind. → Sie machen sich mit den wichtigsten Bereichen vertraut, um – falls der entsprechende Kollege nicht erreichbar ist – Ihre Kunden nicht wegschicken zu müssen und für den ersten Moment verbindlicher reagieren zu können.
112	Kurzbeschreibung des Items: Jemand übernimmt neue Aufgaben/ erweitert seine Kompetenzen bei eher schwachem Aufforderungscharakter und sozialer Zustimmung: Zwischen Ihrer und einer anderen Arbeitsgruppe gibt es ungeklärte Schnittstellen: Vor allem bei schwierigen Fällen fühlt sich niemand „angesprochen". → Sie betrachten dies als eine gute Gelegenheit, Ihre Fähigkeiten sinnvoll zu erweitern und neue Aufgabenbereiche zu übernehmen. Da Ihre Kollegen sowieso mit Ar-

[15] Vgl. Kapitel 2.2.2.1

	beit „überhäuft" sind, wird dieses Verhalten nicht moniert.
121 negativ gepolt	Kurzbeschreibung des Items: Jemand übernimmt neue Aufgaben/ erweitert seine Kompetenzen mit eher starkem Aufforderungscharakter (hier: VP+, VF-[16]) und sozialer Ablehnung: In Ihrer Abteilung haben alle Kollegen die gleichen Kompetenzen – außer natürlich Ihrem Vorgesetzten. Für diesen soll ein Stellvertreter mit entsprechend höherem Kompetenzrahmen bestimmt werden. Sie sind im Vergleich zu Ihren Kollegen höher qualifiziert und würden diese Funktion gern übernehmen. Sie wissen allerdings, dass Ihre Kollegen die ungleiche Verteilung der Kompetenzen wegen Ihres jungen Alters nicht anerkennen werden. → Sie beschließen, sich bei der Entscheidung für den Stellvertreter zurückzuhalten.
122	Kurzbeschreibung des Items: Jemand übernimmt neue Aufgaben/ erweitert seine Kompetenzen bei eher starkem Aufforderungscharakter (hier: VP-,VF+) und sozialer Zustimmung: Ihre Arbeit ist so organisiert, dass Sie für viele Sachverhalte gemeinsam mit einem Kollegen zuständig sind und sich dabei ständig untereinander absprechen müssen. Diese gegenseitige Abhängigkeit empfinden Sie als hinderlich und zeitraubend. → Um Zeit zu sparen, gestatten Sie sich gegenseitig, bestimmte Entscheidungen im Aufgabenbereich des jeweils anderen zu treffen.

Tabelle 10: Skala 1: Erweiterung des Handlungsraums

Überobligatorisches Engagement	
211	Kurzbeschreibung des Items: Jemand macht mehr als verlangt wird, unter eher schwachem Aufforderungscharakter und bei sozialer Ablehnung: Die Zentrale plant ein für das Unternehmen sinnvolles, unter Mitarbeitern aber unbeliebtes Projekt. Einzelne Verantwortlichkeiten und das konkrete Vorgehen wurden noch nicht festgelegt. → Sie machen sich Gedanken, wie man das Projekt voran bringen könnte, und ver-

[16] Eine auch im Folgenden verwandte Abkürzung für: Vorgabe-Person-Bindung: stark (+) und Vorgabe-Fall-Bindung: schwach (-)

	suchen nun, Ihre Kollegen mehr für das Vorhaben zu engagieren.
212 negativ gepolt	Kurzbeschreibung des Items: Jemand macht mehr als verlangt wird, unter eher schwachem Aufforderungscharakter und bei sozialer Zustimmung: In Ihrer Eingangspost landet ein Fall, der schnelles Reagieren erfordert. Sie stehen unter Zeitdruck und sind für diesen Fall nicht zuständig. „Irrläufer" sind laut interner Anweisung an die Poststelle zurückzuschicken. → Sie vermerken auf den Unterlagen, dass Sie nicht zuständig sind sowie den vermutlichen Ansprechpartner und senden den Fall an die zentrale Poststelle zurück.
221 negativ gepolt	Kurzbeschreibung des Items: Jemand macht mehr als verlangt wird, unter eher starkem Aufforderungscharakter (hier: VP-,VF+) und bei sozialer Ablehnung: Sie entdecken einen für Ihr Unternehmen sehr peinlichen Missstand, der publik zu werden droht, je länger er hingenommen wird. Der verantwortliche Mitarbeiter ist noch drei Wochen im Urlaub. Da die Behebung des Mangels eine Fleißarbeit ist und der Mitarbeiter eher unbeliebt ist, sind Ihre Kollegen der Meinung, dass Sie Ihre Arbeitskraft gewinnbringender anlegen können. → Sie hinterlegen dem verantwortlichen Mitarbeiter eine Nachricht, damit er diese Sache nach seinem Urlaub in Ordnung bringen kann.
222	Kurzbeschreibung des Items: Jemand macht mehr als verlangt wird, unter eher starkem Aufforderungscharakter (hier: VP+,VF-) und bei sozialer Zustimmung: Man übergibt Ihnen einen komplexen Sachverhalt zur Entscheidung, der mit den üblichen Routineverfahren nicht zu behandeln ist. Für Ihr Vorgehen im Detail interessiert sich dabei niemand. → Bei der Bearbeitung machen Sie sich die Mühe, genau zu dokumentieren, welche Umstände Sie in diesem Fall zu der Entscheidung veranlasst haben.

Tabelle 11: Skala 2: Überobligatorisches Engagement

Die zweite weniger konsensfähige Ausprägungsform von Selbstverantwortung wird als innovatives Handeln beschrieben.[17] Dabei ist dem Mitarbeiter bewusst, dass durch sein innovatives Handeln in der Organisation Konflikte ausgelöst werden können und er durch die Übertretung bestehender Normen

[17] Zur Definition von „innovativem" Handeln vgl. Kapitel 2.2.2.2

mit Sanktionen rechnen muss. Daher ist es wesentlich risikobehafteter, sich in Organisationen innovativ zu verhalten, als durch freiwilliges Handeln aufzufallen.

Auch für diese Verhaltenstendenz werden typische Situationen benannt und entsprechende Items formuliert. Unter der Skala „Generieren innovativer Ideen" wurden Situationen zusammengefasst, bei denen Mitarbeiter eigenständig Handlungsbedarf erkennen und innovative Lösungen entwickeln. Die Skala „Umsetzen unkonventioneller und innovativer Lösungen" beinhaltet Situationen, in denen Mitarbeiter bestehende Normen zum Wohle des Unternehmens umgehen.

Generieren innovativer Ideen	
311 negativ gepolt	Kurzbeschreibung des Items: Erkennen von Handlungsbedarf/ Entwickeln von Lösungen unter eher schwachem Aufforderungscharakter und unter sozialer Ablehnung: In Ihrem Unternehmen ist die Ablauforganisation in vielen Bereichen umstrukturiert worden. Ihre Mitarbeiter haben auf die umfassenden Veränderungen sehr verunsichert reagiert; ihre Arbeitsmotivation ist deutlich gesunken. Nun fällt Ihnen auf, dass eine bei Ihren Mitarbeitern zeitaufwendige, aber beliebte Tätigkeit beinahe überflüssig geworden ist und leicht eingespart werden könnte. → Sie wollen die Unsicherheit und Unzufriedenheit Ihrer Mitarbeiter nicht noch mehr verstärken und schieben diese weitere Maßnahme zur Arbeitseinsparung erst mal auf.
312	Kurzbeschreibung des Items: Erkennen von Handlungsbedarf/ Entwickeln von Lösungen unter eher schwachem Aufforderungscharakter und unter sozialer Zustimmung: Im Gespräch mit Ihren Kunden fällt Ihnen auf, dass ein bestimmtes Produkt Ihrer Firma erst gemeinsam mit einer Servicedienstleistung richtig gut ankommen würde. Die Verbesserung dieses Produkts ist schon länger angedacht. → Sie überlegen sich, vorerst ohne Ihre Kollegen, einen konkreten Vorschlag, auf welchem Weg man diese Dienstleistung anbieten könnte.

321 negativ gepolt	Kurzbeschreibung des Items: Erkennen von Handlungsbedarf/ Entwickeln von Lösungen unter eher starkem Aufforderungscharakter (hier: VF-,VP+) und unter sozialer Ablehnung: Sie sind neu in der Abteilung und bemerken, dass häufig „Freundschaftsdienste", die den Unternehmensgewinn auf Dauer schmälern können, den Kunden angeboten werden. Auf Maßnahmen, die offensichtlich darauf abzielen, Korruption zu verhindern, werden einige Mitarbeiter sehr entrüstet reagieren. Dies würde Ihren Start als neuer Mitarbeiter nicht gerade erleichtern. → Um eine Ausgrenzung zu vermeiden sprechen Sie diesen Tatbestand nicht an, da dies ja auch nicht in Ihren Aufgabenbereich fällt. Sie hoffen, dass dies Ihr Leiter irgendwann erkennt.
322	Kurzbeschreibung des Items: Erkennen von Handlungsbedarf/ Entwickeln von Lösungen unter eher starkem Aufforderungscharakter (hier: VF-,VP+) und unter sozialer Zustimmung: Eine relativ seltene, jedoch stets überraschend auftretende Sachlage versetzt Ihre Kollegen jedes Mal in Stress. Sie waren an Ihrem früheren Arbeitsplatz mit vergleichbaren Sachverhalten konfrontiert und haben dabei Erfahrungen sammeln können, die hierbei hilfreich sind. → Damit Ihre Kollegen in Zukunft souveräner handeln können, entwickeln Sie aus Ihren bisherigen Erfahrungen einen „Maßnahmen-Katalog" und bieten, obwohl Sie viel zu tun haben, eine halbtägige Schulung an, in der Sie Ihren Katalog vorstellen sowie mit Ihren Kollegen weitere mögliche Vorgehensweisen zusammentragen wollen.

Tabelle 12: Skala 3: Generieren innovativer Ideen

Umsetzen unkonventioneller und innovativer Lösungen durch Umgehung von Regeln	
411	Kurzbeschreibung des Items: Jemand umgeht eine Regel unter eher schwachem Aufforderungscharakter und unter sozialer Ablehnung: Um einen wichtigen Kunden zu halten, schlagen Sie eine Vorgehensweise vor, die sie eigentlich mit Ihrem Chef, der aber gerade im Urlaub ist, absprechen müssten. → Um den Kunden damit an Ihr Unternehmen zu binden, setzen Sie Ihren Plan um

	und ändern verschiedene Abläufe. Ihren Leiter unterrichten Sie nach dessen Urlaub.
412 negativ gepolt	Kurzbeschreibung des Items: Jemand umgeht eine Regel und setzt eine innovative Idee durch unter eher schwachem Aufforderungscharakter und unter sozialer Zustimmung: Einer Ihrer Kollegen steht vor einem eigentlich heute noch zu lösenden Problem, für dessen Behandlung jedoch konstruktive Weisungen fehlen. Sie haben eine gute Idee, zu deren Umsetzung sich jedoch über eine interne Regel hinweggesetzt werden müsste, die üblicherweise zwar eingehalten, aber auch von Ihrem Chef nicht geschätzt wird. Ihr Vorgesetzter ist erst morgen wieder erreichbar. → Sie regen an, auf Ihren Vorgesetzen zu warten, um ihn wegen dieser internen Regelung zu konsultieren.
421 negativ gepolt	Kurzbeschreibung des Items: Jemand umgeht eine Regel und setzt eine innovative Idee durch unter eher starkem Aufforderungscharakter (hier: VP+, VF-) und unter sozialer Ablehnung: Zwei Ihrer Mitarbeiter sind überraschend ausgefallen, es entstehen daher unzumutbare Wartezeiten für Kunden. Daraufhin kommen Sie auf die Idee, sich aus einem anderen Team, deren Arbeitsanfall sich heute in Grenzen hält, einen Mitarbeiter auszuborgen: Sie erreichen den Leiter dieses Teams nicht, wissen aber, dass er in solchen Fällen gefragt werden will. → Um Auseinandersetzungen zu vermeiden, sehen Sie von Ihrer ursprünglichen Idee ab.
422	Kurzbeschreibung des Items: Jemand setzt eine innovative Lösung durch unter eher starkem Aufforderungscharakter (hier: VP-,VF+) und unter sozialer Zustimmung: Zu Ihren Aufgaben gehört ein Sachverhalt, der eine Schnittstelle zu einer anderen Abteilung darstellt. Um hier eine reibungslose Zusammenarbeit zu gewährleisten, müssten Ihre Vorgesetzten einige Vereinbarungen treffen, diese haben allerdings persönliche Probleme miteinander. → Sie sprechen sich inoffiziell mit den Mitarbeitern der anderen Abteilung ab.

Tabelle 13: Skala 4: Umsetzen unkonventioneller und innovativer Lösungen unter Umgehung von Regeln

3.1.1.3 Zur Durchmischung der Items und Gewichtung der Antworten

Ein wichtiges Methodenproblem von Fragebogenverfahren stellt die Tendenz dar, sozial erwünschte Antworten zu geben oder Antworten sogar bewusst zu verfälschen (*Amelang/Borkenau*, 1981, 295-312; *Bortz/Döring*, 1995, 213ff) Auch bei dem verwendeten Fragebogen besteht demnach grundsätzlich die Gefahr, dass die Untersuchungsteilnehmer aus Angst vor möglichen Repressalien sich bei der Beantwortung der Items an Erwartungen und Normen des Unternehmens orientieren. Jedoch sind in der vorliegenden Forschungsarbeit hierdurch nur geringe Verfälschungstendenzen zu erwarten, da es in den untersuchten Unternehmen keine allgemeinverbindlichen Normen zu selbstverantwortlichem Handeln gibt. Vielmehr ist daher davon auszugehen, dass in Abhängigkeit vom Arbeitsumfeld unterschiedliche Erwartungshaltungen bestehen.

Zudem wird soziale Erwünschtheit bei der Beantwortung des Fragebogens dadurch verringert, indem die befragten Personen nicht sofort erkennen können, welches Merkmal mit dem Instrument erfasst werden soll. Den Probanden wird daher lediglich mitgeteilt, dass es bei der Fragebogenerhebung darum geht, welche Art von Entscheidungen Mitarbeiter in Zeiten gesellschaftlichen Wandels im beruflichen Kontext selbst treffen möchten und welche Verhaltensmaßstäbe Mitarbeiter sich selbst und untereinander vorlegen. Dennoch läßt sich eine vollständige Intransparenz bei der Entwicklung eines Fragebogens nur bedingt gewährleisten, zumal gleichzeitig eine interpersonell gleiche Interpretation der Items gewährleistet werden soll. Deshalb werden in der Selv-Skala die Items so durchmischt, dass wenigstens ihre Zuordnung zu den Strukten der Facette „Verhaltensdimension“ nicht völlig offensichtlich ist.

Gemäß oben dargestelltem Abbildungssatz werden bei der Itemkonstruktion die Facetten „Aufforderungscharakter der Situation“ und „soziale Zustimmung“ variiert. Die positive Beantwortung der Items erfordert demnach ein unterschiedliches Maß an Selbstverantwortung:

- Eine positive Antwort in Item 111 (Erweiterung von Handlungsräumen unter schwacher Vorgabe-Person-Bindung und schwacher Vorgabe-Fall-Bindung und unter sozialer Ablehnung) erfordert ein höheres Maß an Selbstverantwortung als in Item 122 (Erweiterung von Handlungsräumen unter schwacher Vorgabe-Person-Bindung und starker Vorgabe-Fall-Bindung und unter sozialer Zustimmung).

- Eine Zustimmung zur Situationsbeschreibung des Typs ...11 entspricht gemäß der Klassifikation des in Kapitel 2.4 dargestellten Stufenmodells der Ausprägungsintensität des Intrapreneurship.
- Items, deren Struktupel die Endung ...22 haben, beschreiben den Bereich des Pragmatismus und Items mit den Endungen ...21 und ...12 die dazwischenliegenden Ebenen des Idealismus und des Mitunternehmertums.

Damit sich das Ausmaß von Selbstverantwortung ausschließlich durch den Gesamtscore der Selv-Skala abbildet, müssen daher die positiven Antworten auf die verschiedenen Items unterschiedlich stark gewichtet werden. Nachfolgend wird die Gewichtungstabelle der Items dargestellt:

Items, deren Struktupel folgende Endung haben:	Ausprägungsintensität gemäß dem Stufenmodell	erhalten bei positiver Beantwortung:
...11	Intrapreneurship	4 Punkte
...21	Mitunternehmertum	3 Punkte
...12	Idealismus	3 Punkte
...22	Pragmatismus	2 Punkte

Tabelle 14: Gewichtungstabelle der verwendeten Items

Bei der Auswertung bearbeiteter Fragebögen müssen die Antworten zu den Items 121, 212, 221, 311, 321, 412 und 421 so wie sie jetzt formuliert sind, umgepolt werden. Erst dann können alle zustimmenden Antworten gewichtet und zu einem Gesamtscore addiert werden, so dass zwischen minimal 40 und maximal 70 Punkten erreicht werden können.

3.1.1.4 Zur Expertenbefragung und Konstruktion eines verkürzten Fragebogens zur Erfassung von selbstverantwortlichem Handeln

Wie bereits in Kapitel 3.1.1.1.4 dargestellt, liegt der Selv-Skala ein Abbildungssatz zugrunde, bei dem zur Unterscheidung des Gegenstandsbereiches von Selbstverantwortung die Elementbereiche Verhaltensqualität, Aufforderungscharakter und soziale Zustimmung klassifiziert werden. Da alle drei Facetten Einfluss auf dieselbe Response-Skala (selbstverantwortliches Verhalten) haben, kann man die Situationstypen, die die Items abbilden, in eine Reihenfolge, d.h. eine Halbordnung bringen. Dabei sollte sich in den Items der jeweils oberen Reihe eher ein selbstverantwortliches Verhalten äußern. Situationstypen/ Items in derselben Zeile sind nicht vergleichbar. Dies bedeutet, dass die Ausprägungsintensität selbstverantwortlichen Verhaltens in der nachfolgenden Abbildung von oben nach unten abnimmt.

Abbildung 20: Halbordnung der ausgewählten Items

Die Ordnungsvorhersage dieser Halbordnung drückt aus, dass Probanden, die Items mit einer 1 an dritter Stelle positiv beantworten, auch Items mit einer 2 an dritter Stelle positiv beantworten müssten. Innerhalb einer Verhaltensdimension müsste das Item mit der Endung „22" positiv beantwortet werden, wenn die Items mit der Endung „12" und „21" positiv beantwortet werden. Innerhalb einer Verhaltensdimension müssten (auch) die Items mit der Endung „12" und „21" positiv beantwortet werden, wenn das Item mit der Endung „11" positiv beantwortet wird.

Diese Ordnungsvorhersagen der Items lassen sich mit folgenden Leitthesen umschreiben:

Leitthese 1:

Wer in Situationen mit geringem Aufforderungscharakter zu selbstverantwortlichem Verhalten bereit ist, der ist dies auch in Situationen mit hohem Aufforderungscharakter.

Dies äußert sich darin, dass Probanden, die Items mit einer 1 an zweiter Stelle positiv beantworten, auch Items mit einer 2 an zweiter Stelle positiv beantworten sollten.

Leitthese 2:

Wer in Situationen mit sozialer Ablehnung zu selbstverantwortlichem Verhalten bereit ist, der ist dies auch in Situationen mit sozialer Zustimmung.

Zur Überprüfung dieser forschungsleitenden Thesen werden mittels einer Expertenbefragung Personalfachleute unterschiedlicher Banken und Sparkassen gebeten, die dargestellte Halbordnung der Items und die damit verbundenen hypothetischen Annahmen zu überprüfen und die Selv-Skala hinsichtlich mehrerer Kriterien zu bewerten. Dadurch soll insbesondere eine inhaltliche Validierung des Testverfahrens vorgenommen werden (*Bortz/Döring*, 1995, 185). Da diese nicht numerisch bestimmt werden kann, sondern allein auf subjektiven Einschätzungen beruht, werden Personalexperten gebeten, zu folgenden Fragen Stellung nehmen:

- Bilden die Items das entsprechende Struktupel des Abbildungssatzes ab?
- Sind die Items unmissverständlich formuliert?
- Ist die Polung der Items wirklich positiv oder negativ?
- Welchen Aufforderungscharakter hat die dargestellte Situation und wie stark ist die soziale Zustimmung?
- Ist die beschriebene Situation bzw. das beschriebene Verhalten eines Items ein gutes Beispiel für die Verhaltensdimension, die es abbilden soll?

Abbildung 21: Prüfkriterien zur Einschätzung der Items der Selv-Skala

Zur ersten Frage sollen die jeweiligen Experten einschätzen, inwieweit ein Item der beabsichtigten Verhaltensdimension zuordenbar ist. Damit soll nochmals überprüft werden, ob es für jede Verhaltensdimension gelungen ist, deutlich abgrenzbare Items zu formulieren. Dabei werden zuerst den Experten die Definitionen der Verhaltensdimensionen vorgelegt. Dann sollen die Experten die durchmischten Items anhand des fertigen Fragebogens den Verhaltensdimensionen zuordnen.

Desweiteren werden die befragten Personalfachleute gebeten, die Höhe des Aufforderungscharakters der in einem Item beschriebenen Situation zu bewerten. Zuerst wird den Experten erklärt, aus welchen Komponenten der Aufforderungscharakter einer Situation besteht und was mit einer hohen oder niedrigen Ausprägung gemeint ist. Dann sollen die Experten die durchmischten Items anhand des fertigen Fragebogens hinsichtlich der Stärke des Aufforderungscharakters beurteilen.

Analog soll die Höhe der sozialen Zustimmung in der in einem Item beschriebenen Situation eingeschätzt werden. Hierzu erhalten die Experten durchmischte Items anhand des fertigen Fragebogens zur Beurteilung. Sie sollen klären, ob das beschriebene Verhalten eher auf Zustimmung bzw. Unterstützung oder auf Ablehnung durch Kollegen und Mitarbeiter trifft.

Die zweite Frage zielt auf die Polung der Items. Die Personalfachleute werden gebeten, den Fragebogen im Sinne einer hohen Selbstverantwortung zu bearbeiten. Da sie das Konstrukt bzw. die Verhaltensdimensionen kennen, müssten sie dann die positiv gepolten Items mit „ja" und die negativ gepolten Items mit „nein" beantworten.

Zur Klärung der Fragen, inwieweit ein Item unmissverständlich formuliert ist und ob die beschriebene Situation bzw. das beschriebene Verhalten eines Items ein gutes Beispiel für die Verhaltensdimension, die es abbilden soll, ist, werden den Experten die Items, entsprechend ihrer Verhaltensdimension sortiert, vorgelegt. Anhand der Definition der Verhaltensdimension sollen sie entscheiden, ob das Beispiel mehr oder weniger gut gelungen ist. Gegebenenfalls sollen sie ein treffenderes Beispiel kurz beschreiben.

Als Experten werden insgesamt 15 Personalfachleute aus verschiedenen Banken und Sparkassen angesprochen, die anhand der oben genannten fünf Prüfkriterien eine Einschätzung der Items vornehmen sollen. Das Anschreiben, die Handlungsanleitung und der Prüfbogen sind als Anlage 1 beigefügt, wobei die oben beschriebene Halbordnung von allen Experten so bestätigt werden kann. Neben einigen Vorschlägen zur Umformulierung werden alle Items den zugrundeliegenden Verhaltensqualitäten zugeordnet. Auch der jeweilige Aufforderungscharakter der Situation und das Vorliegen sozialer Zustimmung wird gemäß der vorgeschlagenen Halbordnung durch die befragten Experten bestätigt. Dies bedeutet, dass Items mit den Endungen „11" als Situationsbeschreibungen erkannt werden, die die stärkste Ausprägung an selbstverantwortlichem Verhalten abverlangen und Items mit den Endungen „22" der schwächeren Ausprägung von Selbstverantwortung zugeordnet werden.

Aus testökonomischen Gründen werden nur die vier Situationsbeschreibungen, die die stärkste (Intrapreneurship) und die schwächste Ausprägung (Pragmatismus) an selbstverantwortlichem Handeln abverlangen, in der endgültigen Testbatterie verwendet. Zudem wird jeweils ein Item, das den Bereich des Idealismus und den Bereich des Mitunternehmertums repräsentieren soll, in die Testbatterie integriert, so dass den Probanden insgesamt 10 Situationsbeschreibungen vorgelegt werden. Um eine unterschiedliche Interpretation bei einer russischen Übersetzung zu minimieren, werden in einem weiteren Schritt die zehn Situationsbeschreibungen dieser Items weiter konkretisiert, wobei die verschiedenen Formulierungshinweise der Experten mit einbezogen werden. Nachfolgende Tabelle stellt die endgültigen Situationsbeschreibungen zur Abbildung der zehn Verhaltensdimensionen selbstverantwortlichen Handelns dar:

Erweiterung von Handlungsräumen	
111	Stellen Sie sich vor, Sie beraten Privatkunden in einer Filiale in der Anlage von Wertpapieren. Ihre Kunden haben häufig den Anlagewunsch in risikobehaftete Wertpapiere, die jedoch nur über die Zentrale verkauft werden dürfen. Kundenberatung außerhalb des eigenen Kompetenzbereichs wird allgemein missbilligt: Um falsche Auskünfte zu vermeiden, sollen die Kunden an Mitarbeiter der Zentrale mit dem passenden Aufgabengebiet übergeleitet werden. Aufgrund einer gesetzlichen Neuerung will ein Kunde in eine neue Wertpapierform anlegen, wobei es in Ihrer Bank noch nicht geregelt ist, ob auch dieses Wertpapier nur über die Zentrale verkauft werden darf.
	→ Da es aufgrund der Kündigung des Leiters der Fachabteilung in der Zentrale auf absehbare Zeit noch keine Regelung in Ihrer Bank gibt, machen Sie sich mit dem neuen Wertpapier vertraut. Da es für Ihre Bank aus Ihrer Sicht keine Risiken gibt und um den Kunden nicht wegschicken zu müssen, verkaufen Sie die Wertpapiere. Außerdem ist es für Sie eine Gelegenheit, Ihre Kompetenz zu beweisen und Ihren Handlungsraum zu erweitern.
122	Ihre Arbeit ist so organisiert, dass Sie für viele Sachverhalte gemeinsam mit einem Kollegen zuständig sind und sich dabei ständig untereinander absprechen müssen. Diese gegenseitige Abhängigkeit empfinden Sie beide als hinderlich und zeitraubend. → Um Zeit zu sparen, gestatten Sie sich gegenseitig, bestimmte Entscheidungen im Aufgabenbereich des jeweils anderen zu treffen. Ihren Vorgesetzten informieren Sie erst nach seinem Urlaub, haben jedoch keinerlei Bedenken, dass er dies missbilligen könnte.

Überobligatorisches Engagement	
211	Stellen Sie sich vor, Sie sind Mitarbeiter in einer Zentralabteilung Ihrer Bank. Der Vorstand plant eine für das Unternehmen sinnvolle, unter den Mitarbeitern aber äußerst unbeliebte Umstrukturierung der Zentrale. Das Ziel der Umstrukturierung wurde klar beschrieben, jedoch wurden einzelne Verantwortlichkeiten und das konkrete Vorgehen noch nicht festgelegt. → Sie machen sich nach Dienstende, d.h. in Ihrer Freizeit Gedanken, wie man die Umstrukturierung konkret gestalten könnte, und versuchen nun, Ihre Kollegen mehr für das Vorhaben zu engagieren.
212 negativ gepolt	In Ihrer Eingangspost landet ein Kundenschreiben, das ein schnelles Reagieren erfordert. Sie stehen unter Zeitdruck, da Sie in den nächsten 3 Tagen eine Präsentation fertig stellen müssen und sind für diesen Fall nicht zuständig. Um den richtigen Ansprechpartner herauszufinden müssten Sie erst einige Telefonate führen. → Da „Irrläufer" laut interner Anweisung an die Poststelle zurückzuschicken sind, vermerken Sie auf den Unterlagen, dass Sie nicht zuständig sind sowie den vermutlichen Ansprechpartner. Sie senden den Fall an die zentrale Poststelle zurück.
222	Ihr Vorgesetzter übergibt Ihnen einen neuartigen und komplexen Sachverhalt zur Entscheidung, der nur mit zahlreichen Überstunden bis Ende der Woche zu bearbeiten ist. Auch Ihr Kollege ist froh, wenn Sie den Fall bearbeiten, da er wie Sie bereits mit seiner Arbeit ausgelastet ist. → Sie übernehmen die zusätzliche Aufgabe. Zudem machen Sie sich die Mühe, genau zu dokumentieren, welche Umstände Sie in diesem Fall zu der Entscheidung veranlasst haben, da weitere solche Fälle zu erwarten sind und eine Dokumentation für Ihre Kollegen dann hilfreich ist.

Generieren innovativer Ideen	
311 negativ gepolt	Stellen Sie sich vor, Sie sind Leiter im Kreditbereich Ihrer Bank und betreuen Firmenkunden. Obwohl in Ihrem Unternehmen die Ablauforganisation in vielen Bereichen umstrukturiert worden ist, dauert die Bearbeitung der Kreditanträge noch mehrere Wochen. Aufgrund der bisherigen umfassenden Veränderungen haben Ihre Mitarbeiter sehr verunsichert reagiert und ihre Arbeitsmotivation ist deutlich gesunken. Nun fällt Ihnen auf, dass der Prozess der Kreditbearbeitung noch weiter beschleunigt werden kann, indem eine bei Ihren Mitarbeitern zeitaufwendige, aber beliebte Tätigkeit eingespart werden könnte. → Sie wollen die Unsicherheit und Unzufriedenheit Ihrer Mitarbeiter nicht noch mehr verstärken und verschieben Ihre Pläne zur Arbeitseinsparung erst einmal, bis das Arbeitsklima wieder besser geworden ist.
322	Stellen Sie sich vor, Sie sind Leiter im Devisenbereich Ihrer Bank. Eine relativ seltene, jedoch stets überraschend auftretende Marktsituation versetzt Ihre Mitarbeiter jedes Mal in Stress. Sie waren an Ihrem früheren Arbeitsplatz mit vergleichbaren Sachverhalten konfrontiert und haben dabei Erfahrungen sammeln können, die hierbei hilfreich sind. → Damit Ihre Mitarbeiter in Zukunft souveräner handeln können, entwickeln Sie aus Ihren bisherigen Erfahrungen einen neuartigen „Maßnahmen-Katalog". Obwohl Sie viel zu tun haben, erläutern Sie Ihren Mitarbeitern ausführlich die Vorteile dieser neuartigen Vorgehensweisen.
Umsetzen innovativer Ideen durch Umgehung von Regeln	
411	Stellen Sie sich vor, Sie sind Kassierer in einer Filiale Ihrer Bank. Aufgrund der Eröffnung eines neuen Bürogebäudes in der Nähe kommt es über die Mittagszeit immer wieder zu größeren Warteschlangen. Um die Kunden durch die langen Wartezeiten nicht zu verärgern, überzeugen Sie einen Kollegen, in dieser Zeit einen bisher unbenutzten Kassenplatz zu besetzen. → Obwohl Sie eigentlich ein solches Vorgehen mit Ihrem Chef absprechen müssten, tun Sie dies, da er sich gerade im Urlaub befindet, ohne sein Wissen.

421 negativ gepolt	Zwei Ihrer Mitarbeiter sind überraschend ausgefallen. Es entstehen daher unzumutbare Wartezeiten für Kunden. Daraufhin kommen Sie auf die Idee, sich aus einem anderen Team, deren Arbeitsanfall sich heute in Grenzen hält, einen Mitarbeiter auszuborgen: Sie erreichen den Leiter dieses Teams nicht, wissen aber, dass er in solchen Fällen gefragt werden will. → Um Auseinandersetzungen zu vermeiden, sehen Sie von Ihrer ursprünglichen Idee ab.
422	Zu Ihren Aufgaben gehört die Bearbeitung von Dokumenten, bei der aufgrund einer veralteten Vorschrift eine zeitaufwendige Abstimmung mit einer anderen Abteilung notwendig ist. Aufgrund Ihrer Erfahrungen entwickeln Sie eine Idee zur Neugestaltung der Arbeitsabläufe, die eine enorme Zeitersparnis mit sich bringen würde. → Da Ihr Leiter und auch die Mitarbeiter der anderen Abteilung schon lange eine Veränderung des Arbeitsablaufes wünschen, entschließen Sie sich, Ihr neues Konzept in die Tat umzusetzen.

Tabelle 15: Endgültige Situationsbeschreibungen zur Abbildung der Verhaltensdimensionen selbstverantwortlichen Handelns

Aus zeitökonomischen Gründen wird diese auf 10 Items reduzierte Kurzfassung der Selv-Skala eingesetzt und zusammen mit anderen bereits bewährten Verfahren verwendet. Nachfolgend werden der Aufbau und die Zusammensetzung der endgültigen Testbatterie beschrieben. Dabei werden die einbezogenen Testverfahren ausführlich dargestellt.

3.2 Zur Kombination mit bereits bewährten Verfahren und zum Aufbau einer Testbatterie

Wenn man versucht, ein bestimmtes Persönlichkeitsmerkmal mit einer Testbatterie möglichst präzise zu erfassen, wird man aus bereits bewährten Einzeltests diejenigen auswählen, deren Korrelation zum Kriterium ausreichend hoch sind.

> „Stehen mehr Einzeltests zur Verfügung als benötigt werden, so wird man, wenn man statistische Selektionsverfahren vermeiden will, die Tests mit der höchsten Validität wählen. Gleichzeitig wird man auf die Reliabilität achten müssen" (*Lienert*, 1989, 377).

Daher sollten bewährte Verfahren bezüglich ihrer Eignung zur Erfassung des fokussierten Konstruktes der Selbstverantwortung überprüft werden.

3.2.1 Zur Skala zum eigenverantwortlichen Handeln (EVH-Skala) von *Koch/Kaschube*

Zunächst erscheint die Skala zum eigenverantwortlichen Handeln (EVH-Skala) von Führungskräften geeignet, die selbst entwickelte Selv-Skala zu ergänzen. In der bereits erwähnten Studie von *Koch* (2000), in der die Ausprägung von eigenverantwortlichem Verhalten bei 295 Führungskräften in deutschen Großunternehmen empirisch untersucht wird, erfolgt eine Operationalisierung von selbstverantwortlichem Verhalten, indem die beiden Kategorien freiwilliges und abweichendes Arbeitsverhalten berücksichtigt werden. Damit sowohl die Zieldimension als auch der situative Bezug berücksichtigt werden kann, werden diese beiden Verhaltenskategorien über 10 typische Fallbeschreibungen eigenverantwortlichen Handelns aggregiert (*Koch*, 2000, 155). Sein Forschungsanliegen ist unter anderem mittels der EVH- und OCB-Skala, sichere und präzise Prädiktoren zu ermitteln, mit denen eigenverantwortliches Verhalten in der Zukunft anhand früheren Verhaltens, gemessen über EVH-Skala, vorhergesagt werden kann (*Koch*, 2000, 186). Hierfür stellt *Koch/Kaschube* (2000) eine eigene Skala zum eigenverantwortlichen Handeln (**EVH-Skala**) vor. Die EVH-Skala misst das Konstrukt des eigenverantwortlichen Handelns in sechs Dimensionen. Dabei werden zwei Kategorien, freiwilliges und abweichendes Arbeitsverhalten, unterschieden, die beide in hohem Maße als eigenverantwortliches Handeln angesehen werden (*Koch*, 2000, 155ff). Diese Kategorien gliedern sich wiederum in fünf Dimensionen auf. Des Weiteren wurde die Kontrastdimension „Pflichterfüllung“ hinzugefügt, die als konträre Form der Verantwortungsübernahme operationalisiert ist. Die EVH-Skala wurde den Untersuchungsteilnehmern zur Erhebung eines Selbstbildes ihres früheren Verhaltens im Beruf vorgelegt (*Koch*, 2000, 157). Die Kategorie zum freiwilligen Arbeitsverhalten beinhaltet teilweise die Konzepte des Extrarollenverhaltens (*Nerdinger*, 1998, 265ff) und der contextual performance (*Borman*, 1993, 71ff). Eng verbunden mit dem freiwilligen Arbeitsverhalten ist das Organizational Citizenship Behaviour, wobei *Koch* (2000) eine übersetzte **OCB-Skala** mit den vier Dimensionen Hilfsbereitschaft, Gewissenhaftigkeit, individueller Einsatz und Loyalität verwendet.

Diese wird zu einem zweiten, späteren Messzeitpunkt eingesetzt. Zwar können erwartungsgemäß positive Zusammenhänge zwischen den einzelnen Dimensionen der OCB-Skalen und selbstverantwortlichem Verhalten festgestellt werden, jedoch sind diese Zusammenhänge nur gering.

Dimensionen der EVH-Skala	r	Dimensionen der OCB-Skala	r
Eigeninitiative	.02	Hilfsbereitschaft	.07
Partizipation	-.06	Gewissenhaftigkeit	-.05
Verantwortungsübernahme	.06	Individueller Einsatz	-.02
Risikobereitschaft	.27***	Loyalität	-.17*
Unkonventionalität	.44***		
Pflichterfüllung	-.18*		

Anmerkungen: EHV-Skala: N=139; OCB-Skala: N=151; *** p<.001; * p<.05.

Tabelle 16: Übersicht der Korrelationen zwischen den Dimensionen von EVH- und OCB-Skala und dem eigenverantwortlichen Handeln in spezifischen Situationen (*Koch*, 2000, 186)

In diesem Sinne kann angenommen werden,

> „dass von den in der EVH-Skala operationalisierten Verhaltensweisen diejenigen die besseren Prädiktoren sind, die abweichendes Verhalten erfassen und diejenigen die schlechteren, die freiwilliges Arbeitsverhalten operationalisieren“ (*Koch*, 2000, 185).

Wie erwartet korrelieren die Dimensionen Risikobereitschaft und Unkonventionalität, die beide abweichendes Arbeitsverhalten operationalisieren, mit eigenverantwortlichem Handeln. Die Items zur Erfassung dieser beiden Skalen können den nachfolgenden beiden Tabellen entnommen werden.

Ich mache mich bei anderen unbeliebt, weil ich das tue, was ich für richtig halte.
Ich handle häufig auch dann, wenn ich nicht sicher sein kann, dass mein Handeln nur die gewünschten Folgen hat.
Ich habe schon Entscheidungen getroffen, ohne zu wissen, was andere davon halten werden.
Ich habe durch eigenmächtiges Vorgehen schon meine Stelle/Tätigkeit aufs Spiel gesetzt.
Eine risikoreiche Entscheidung hat mir schon berufliche Vorteile oder Anerkennung gebracht.
Risikobereites Handeln hat mir schon Unannehmlichkeiten oder berufliche Nachteile gebracht.

Tabelle 17: Items der Dimension Risikobereitschaft der EVH-Skala

Das eine oder andere Problem habe ich schon gelöst, ohne so genau auf die Vorschriften zu schauen.
Ich übernehme auch Aufgaben, für die ich eigentlich nicht qualifiziert bin.
Ich bekomme Ärger, weil ich Dinge tue, die meine Befugnisse überschreiten.
Ich übernehme Aufgaben, die über meine eigentliche Tätigkeit hinausgehen.

Tabelle 18: Items der Dimension Unkonventionalität der EVH-Skala

Ebenfalls besteht ein signifikanter positiver Zusammenhang zwischen den Dimensionen des freiwilligen Arbeitsverhaltens und eigenverantwortlichem Handeln. Lediglich die Dimension Loyalität der OCB-Skala korreliert schwach negativ mit eigenverantwortlichem Handeln (*Koch*, 2000, 186). In einer multiplen Regression erweist sich nur Unkonventionalität, d.h. das Umgehen von Regeln und Konventionen der Organisation, als alleiniger signifikanter Prädiktor (*Koch*, 2000, 197). Bei eben erläuterten Ergebnissen konnte bestätigt werden, dass es mindestens zwei unterschiedliche Lesarten von eigenverantwortlichem Handeln gibt.

> „Nach der ersten sind eigenverantwortliche Mitarbeiter besonders engagiert, packen schwierige Aufgaben unverzüglich an, treffen selbständig richtige Entscheidungen und erledigen ihre Arbeit insgesamt erfolgreicher als andere.

> Nach der anderen Lesart ist eigenverantwortliches Handeln „unternehmerisches Handeln im Unternehmen". Es erfordert eigenständiges strategisches Denken und ist mit Tugenden wie Risikobereitschaft und Zivilcourage verbunden" (*Koch/Benedikt*, 2001, 59).

Die Kategorie abweichendes Arbeitsverhalten mit den Dimensionen Risikobereitschaft und Unkonventionalität erfasst hierbei die „starke", letztere Lesart von Eigenverantwortung.

Zum anderen findet die **General Causality Orientation Scale** (GCOS) Verwendung. Dieses Instrument wird in einer deutschen Version von *Scherhorn, Neuner & Raab* (2001) veröffentlicht und beinhaltet eine Skala zur Erfassung der motivationalen Orientierung (Autonomie- und Kontrollorientierung). Diese besteht aus zwölf kurzen Situationsbeschreibungen, zu denen jeweils drei Antwortalternativen gehören. Zu jeder Antwortalternative soll von der Versuchsperson auf einer Likertskala das Maß ihrer Zustimmung angegeben werden.

Deci/Ryan (1987) sind der Auffassung, dass sich selbstbestimmtes Handeln in einer bestimmten motivationalen Orientierung niederschlägt (*Koch*, 2000, 181). Demzufolge sollen Personen mit einer Kontrollorientierung zu fremdbestimmtem Handeln neigen und autonomieorientierte Personen eher eigenverantwortliches Handeln zeigen. Ein entsprechend hoher Zusammenhang zwischen Autonomieorientierung und selbstbestimmtem Handeln kann in der Untersuchung von *Koch (2000)* nicht gefunden werden. Dagegen hat Kontrollorientierung einen moderaten positiven Einfluss auf eigenverantwortliches Handeln. Dieses Ergebnis kann aber auch durch einen Deckeneffekt bei der Autonomieorientierung begründet sein. Wenn man davon ausgeht, dass Führungskräfte an sich stärker autonomieorientiert sind als andere Personen,

> „könnte das Instrument ungeeignet sein, interindividuelle Unterschiede innerhalb dieser Zielgruppe zu messen" (Koch, 2000, 205).

Insgesamt klärt die EVH-Skala 23% des eigenverantwortlichen Verhaltens auf. Abschließend bleibt daher festzuhalten, dass man aufgrund freiwilligen Verhaltens nicht auf Eigenverantwortung schließen kann. Es ist darauf hinzuweisen, dass in besagter Studie zwischen der OCB-Skala und eigenverantwortlichem Handeln kein Zusammenhang gefunden werden kann. In Hinblick auf testtheoretische Kriterien lässt die EVH-Skala noch zu wünschen übrig.

Die EVH-Skala kann daher als Ausgangsbasis zur Erhebung von selbstverantwortlichem Verhalten verwendet werden, bedarf jedoch aufgrund der geringen prognostischen Validität einer weiteren Bearbeitung bzw. Ergänzung. Da lediglich zwei der fünf Dimensionen, nämlich Unkonventionalität und Risikobereitschaft, signifikante Prädiktoren für selbstverantwortliches Handeln sind, werden nur diese beiden Skalen in die Testbatterie integriert.

3.2.2 Zum revidierten Deutschen California Psychological Inventory (CPI) von *Weinert/Scheffer*

Der revidierte Deutsche Carlifornia Psychological Inventory (CPI) von *Weinert/Scheffer* (1999) stellt ein Breitbandverfahren dar, das unter anderem zur Potentialanalyse (z.B. Managementpotential) zur Identifikation spezifischer Talente wie dem Führungstalent genutzt werden kann. Anspruch des Instrumentes ist es vorherzusagen, wie sich Führungs- oder Nachwuchsführungspersonen in bestimmten Situationen und unter bestimmten Bedingungen verhalten (*Weinert*, 1992, 904f).

Der gesamte Test besteht aus 20 Basisskalen, 3 Vektorskalen und 13 weiteren wahlfreien Skalen. Die 20 Basisskalen gliedern sich in vier Klassen auf: Zwischenmenschliche Domäne, Intrapersönliche Domäne, Messskala für Leistungspotential und Dispositionsdomäne. Im engeren Zusammenhang mit selbstverantwortlichem Handeln stehen die Skalen für Dominanz, Selbstbeherrschung, Konventionalität, Leistung durch Anpassung und Leistung durch Unabhängigkeit. Die letztgenannte Skala

> „identifiziert jene Interessen- und Motivationsfaktoren, die eine Leistung bzw. Ausführung in all jenen Situationen erleichtern, in denen Autonomie und Unabhängigkeit/Selbständigkeit als positives Verhalten gewertet werden" (*Weinert/Harrison*, 2001, 171).

Personen mit einem starken Leistungsbedürfnis, die am besten in neuen und unerprobten Situationen mit ungenauen Regeln und Strukturen arbeiten, müssten hier hohe Werte ausweisen. Da dieses Leistungspotential gerade bei selbstverantwortlichem Agieren wichtig erscheint, ist zu vermuten, dass auch Intrapreneure in dieser Skala eine hohe und in der Skala „Leistung durch Anpassung" eine geringe Ausprägung haben.

Zusätzlich existieren noch drei Vektorskalen, die Meta-Themen untersuchen. Hiervon erscheint die zweite Vektorskala, die Wertorientierung misst, geeignet. Sie ist an das Konstrukt „Gewissenhaftigkeit" aus den „Big Five" angelehnt. Niedrige Werte weisen auf Hinterfragen und Herausfordern von Regeln und Rollen bzw. auf ein regel-widersetzendes Verhalten hin.

Der Revidierte Deutsche CPI ist jedoch wegen der „Vernetzung der verschiedenen Skalen bei konfiguralen Interpretationen nicht in einzelne Merkmale zerlegbar" (*Weinert/Harrison*, 2001, 173). Trotz der hohen inhaltlichen Passung der genannten Skalen mit dem zu untersuchenden Konstrukt Selbstverantwortung, ist daher eine Einbindung in die Untersuchung zurzeit nicht möglich. Da bei der bereits angekündigten Weiterentwicklung des CPI einzelne Skalen separat einsetzbar werden können, sollten bei einer etwaigen Folgeuntersuchung zu selbstverantwortlichem Handeln die genannten Skalen berücksichtigt werden.

3.2.3 Zum Bochumer Inventar zur berufsbezogenen Persönlichkeitsbeschreibung (BIP) von *Hossiep/Paschen*

Der BIP dient der standardisierten Erfassung des Selbstbildes eines Testkandidaten in Hinblick auf relevante Beschreibungsdimensionen aus dem Berufsleben. Der BIP wird dabei häufig als Instrument der Berufs- und Karriereberatung eingesetzt und soll eine ergänzende Entscheidungsgrundlage darstellen (*Hossiep/Paschen/Mühlhaus*, 2000).

> „Die Ergebnisse des BIP können dazu genutzt werden, Selbstbild und Fremdbild, etwa erhoben über Verhaltensbeobachtungen im Rahmen von situativen Übungen in einem Assessment-Center, zu vergleichen und bestehende Abweichungen zwischen beiden Zugängen zu thematisieren" (*Hossiep/Paschen*, 1998, 11).

Eine starke inhaltliche Passung im Zusammenhang mit der Erfassung von selbstverantwortlichem Verhalten weist die Skala der Gestaltungsmotivation auf. Menschen mit hohen Scores bei der Gestaltungsmotivation neigen dazu, subjektiv erlebte Missstände zu verändern. Sie zeichnen sich durch ausgeprägte Bereitschaft zur Einflussnahme und zur Verfolgung eigener Auffassungen aus und verfügen über einen starken Willen, durch ihre Tätigkeit gestaltend einzugreifen (*Hossiep/Paschen*, 1998, 18). Wie bereits beschrieben, versuchen Intrapreneure innovative Ideen mit unternehmensstrategischen Zielen zu verbinden. Von ihrer beruflichen Tätigkeit erwarten sie einen entsprechenden Gestaltungsspielraum und sind motiviert, sich aktiv an der Veränderung der Arbeitsumwelt zu beteiligen.

Eine hohe Gestaltungsmotivation könnte also eine notwendige, wenn auch nicht unbedingt hinreichende Bedingung für selbstverantwortliches Handeln sein. Die Skala besteht aus insgesamt 12 Items, die unverändert übernommen werden. Nachfolgende Tabelle gibt einen Überblick über die Items sowie deren Polung.

Es ist mir in meinem Leben gelungen, eine ganze Menge zu bewegen.	+
Wenn ich ansonsten mit meiner Tätigkeit sehr zufrieden bin, kann ich auf einen großen Gestaltungsspielraum verzichten.	-
Manche Kollegen denken, ich dränge zu stark auf Veränderungen, wenn ich mit ihnen zusammenarbeite.	+
Wenn es darum geht, etwas Neues zu initiieren, bin ich eigentlich nicht die richtige Person.	-
Manchmal muss man meinen Tatendrang bremsen.	+
Ich kann mich gut zurücknehmen, wenn etwas nicht optimal läuft, ich aber nicht direkt betroffen bin.	-
Es fällt mir schwerer als anderen, mich Gelegenheiten anzupassen, die ich für verbesserungswürdig halte.	+
Es ist für mich nicht wesentlich, durch meine Tätigkeit etwas Maßgebliches zu bewirken.	-
Um eigene Wege zu beschreiten, verzichte ich auf den Rückhalt durch andere.	+
Ich kämpfe für meine Überzeugungen, auch wenn ich dafür Nachteile in Kauf nehmen muss.	+
Für einige bin ich ein unangenehmer Querdenker.	+
Ich spiele in Gedanken gern mit abstrakten Ideen.	+

Tabelle 19: BIP-Skala zur Erfassung der Gestaltungsmotivation

Der Cronbachs-Alpha-Wert als Messgröße für die Reliabilität liegt bei der Skala zur Gestaltungsmotivation bei 0.75 und bewegt sich somit für Persönlichkeitstests in üblichen Bandbreiten (*Hossiep/Paschen*, 1991, 91).

Die zweite im Zusammenhang mit Selbstverantwortung relevant erscheinende Dimension der „Flexibilität" gibt an, inwieweit eine Person uneindeutige Situationen gut tolerieren kann. Probanden mit einer hohen Ausprägung stellen sich problemlos auf neue Situationen ein und passen ihre Vorgehensweisen flexibel an sich verändernde Bedingungen an. Die Skala weist somit eine große Überschneidung mit dem Konstrukt „Offenheit für neue Erfahrungen oder Ungewissheitstoleranz auf (*Hossiep/Paschen*, 1998, 45). Die insgesamt 14 Items dieser Skala sowie deren Polung sind in nachfolgender Tabelle zusammengestellt. Die Items der Skala weisen ein Cronbachs-Alpha von 0.87 und damit ein zufriedenstellendes Niveau auf.

Ich beschäftige mich lieber mit Aufgaben, bei denen ich abschätzen kann, was mich erwartet.	-
Wenn sich die Schwerpunkte meiner Tätigkeit völlig verändern, kann ich mich problemlos darauf einstellen.	+
Ich empfinde es als Herausforderung, wenn ich mit unvorhergesehenen Situationen konfrontiert werde.	+
Mir ist es lieb, wenn ich den Ablauf eines Arbeitstages genau planen kann.	-
Mir liegt daran, dass meine Tätigkeiten auf einen klar definierten Aufgabenbereich beschränkt bleiben.	-
Ich empfinde Unbehagen bei Aufgaben, die unklar definiert sind.	-
Ich befasse mich gern mit Aufgaben, die schnelles Handeln verlangen.	+
Ich rücke nur ungern von einem festen Tagesablauf ab.	-
Es ist mir angenehm, wenn bei einer Tätigkeit die Anforderungen häufig wechseln.	+
Ich möchte nach Möglichkeit keine Aufgaben übernehmen, bei denen sich mein Arbeitsumfeld ständig ändert.	-
Wenn das meiste vorhersehbar ist, verliert die berufliche Tätigkeit für mich ihren Reiz.	+
Es ist mir angenehm, exakte Handlungsanweisungen zu erhalten.	-

Ich fühle mich am wohlsten, wenn alles seinen Gang geht.	-
Wenn ich vor völlig unerwarteten Situationen stehe, fühle ich mich richtig in meinen Element.	+

Tabelle 20: BIP-Skala zur Erfassung der Flexibilität

Die Skala „Durchsetzungsstärke" operationalisiert die Tendenz zur Dominanz in sozialen Situationen mit Items wie beispielsweise „Bei der Arbeit im Team setze ich mich nachhaltig dafür ein, andere von meinem Standpunkt zu überzeugen". Probanden mit hohen Testwerten in der aus 12 Items bestehenden Skala zeigen eine hohe Konfliktbereitschaft, um eigene Ziele gegen Widerstände durchzusetzen. Ähnlich konfliktbereit müssen Intrapreneure Situationen angehen, vor allem wenn dabei normative Standards der Organisation verletzt werden. Die Reliabilität dieser Skala befindet sich mit einem Cronbach-Alpha von 0,85 ebenfalls auf einem sehr zufriedenstellenden Niveau. Da bereits die Risikobereitschaft über das von *Koch/Kaschube* (2000) vorgeschlagene Verfahren erhoben wird, sollte aus testökonomischen Gründen auf eine Einbeziehung dieser Skala verzichtet werden.

3.2.4 Vorläufiges Fazit zur Sichtung vorhandener Messinstrumente und Entwicklung eines geeigneten Erhebungsverfahrens selbstverantwortlichen Handelns

Zur Vorhersage selbstverantwortlichen Verhaltens spielen unabhängig voneinander die motivationale Orientierung, der situative Kontext und das Ausmaß, in dem eine Person in der Vergangenheit selbstverantwortlich handelte, eine maßgebliche Rolle. *Koch* (2000) kann regressionsanalytisch nachweisen, dass alle drei Ansätze einen eigenen Anteil an der Varianz selbstverantwortlichen Handelns erklären, wobei die motivationale Orientierung nur einen schwachen Effekt aufweist (f^2= .05) Die situationsspezifischen Intentionen der untersuchten Personen erklären 18%, das frühere Arbeitsverhalten 9% der Varianz.

Schritt	Unabhängige Variablen	R^2	ΔR^2	ΔF	β
1	Kontrollvariable (Alter)	.02	.02	2.4	
2	Motivationale und Orientierungen	.07	.05	3.4*	
3	Intentionen und Verhaltenskontrolle	.25	.18	15.4***	
	Intentionen				.25*
4	Arbeitsverhalten (EVH-Skala)	.34	.09	2.9*	
	Eigeninitiative				.18°
	Unkonventionalität				.24*
	Pflichterfüllung				-.15°
Korrigiertes R^2		.28			
Gesamtmodell: $F(11,121) = 5.73$ ***					

Anmerkungen: Standardisierte β- Gewichtung aus der Endgleichung; Angaben der Werte für signifikante Regressoren; *** p<.001; * p< .05; ° p<.10.

Tabelle 21: Hierarchische Regressionsanalyse auf die abhängige Variable eigenverantwortliches Handeln in spezifischen Situationen (Selbstbild) zu T2 durch alle Einflussfaktoren zu T1 (empirisches Gesamtmodell) nach *Koch* (2000, 189)

Sein empirisches Gesamtmodell erklärt einen Varianzanteil von 34%, wobei sich zwei der aufgeführten Ansätze, die Intention, in spezifischen Situationen selbstverantwortlich zu handeln, und das frühere Arbeitsverhalten, additiv ergänzen.

Es erweist sich daher als zweckmäßig, mit Hilfe konkreter Situationsbeschreibungen eine Operationalisierung vorzunehmen. Gleichwohl bleibt zu beachten, dass es sich bei dem Konstrukt der Selbstverantwortung um eine umfassende Persönlichkeitsdisposition handelt, die in unterschiedlichsten Situationen auftreten kann. Zur besseren Skalierung werden wie beschrieben eine Erhebung selbstverantwortlichen Handelns in vier charakteristischen Situationen als zweckmäßig erachtet. Diese selbstentwickelten Situationsbeschreibungen werden mit den Skalen zur Unkonventionalität und Risikobereitschaft der EVH-Skala von *Koch/Kaschube* (2000) ergänzt. Eine Erweiterung um die Skalen zur „Flexibilität“ und „Gewissenhaftigkeit“ des Bochumer Inventars zur berufsbezogenen Persönlichkeitsbeschreibung (BIP) von *Hossiep/Paschen* (1998) ergänzt die Testbatterie.

Die Skala „Leistung durch Unabhängigkeit" des Revidierten Deutschen CPI von *Weinert/ Scheffer* (1999) wäre nützlich, ist jedoch als Einzelskala noch nicht verfügbar. Ergänzend werden weitere, mit dem Konstrukt Selbstverantwortung verwandte Persönlichkeitselemente in die Untersuchung mit einbezogen.

3.3 Operationalisierung weiterer, mit selbstverantwortlichem Handeln im Zusammen-hang stehender Persönlichkeitsdispositionen

In der Forschungsliteratur liegen zahlreiche Untersuchungen vor, die Zusammenhänge verschiedener Persönlichkeitsdispositionen mit unternehmerischem Handeln beschreiben. Obwohl, wie in Kapitel 2.3 dargestellt, unternehmerisches Handeln mit dem Konstrukt Selbstverantwortung in Deckung gebracht werden kann, können aufgrund der inhaltlichen Vernetzung auch Auswirkungen auf selbstverantwortliches Handeln angenommen werden (Pinchot, 1998). Dabei werden im Rahmen dieser Untersuchung die Selbstwirksamkeitserwartung der Probanden sowie deren internale Kontrollüberzeugung erfasst, da diese gerade in neuen und mehrdeutigen Situationen eine bedeutsame Rolle spielen und somit insbesondere für die Ausprägung von selbstverantwortlichem Verhalten bedeutsam erscheinen.

3.3.1 Zur Selbstwirksamkeit

Die individuelle Selbstwirksamkeitserwartung eines Menschen umschreibt eine stabile Erwartungshaltung, welche „die subjektive Überzeugung zum Ausdruck bringt, aufgrund eigenen Handelns schwierige Anforderungen bewältigen zu können" (*Schwarzer*, 1993, 188). Das Konzept der Selbstwirksamkeitserwartung erfasst demnach die persönliche Einschätzung eines Menschen, inwieweit die eigenen Kompetenzen ausreichen, Schwierigkeiten und Probleme des täglichen Lebens selbst bewältigen zu können. Diese Kompetenzerwartungen steuern maßgeblich unser Verhalten und damit das Auftreten bestimmter Handlungen oder Bewältigungsreaktionen (*Bandura*, 1997, 3ff).

> „Selbstwirksamkeitserwartungen beeinflussen vor allem die Auswahl von Handlungen (Schwierigkeitsgrad), die investierte Anstrengung im Zielerreichungsprozess, die Ausdauer angesichts von Schwierigkeiten und Barrieren

sowie indirekt den Grad des Handlungserfolges" (*Jerusalem/Schwarzer*, 1999, 57).

Hoch selbstwirksame Personen empfinden die an sie gestellten Anforderungen als Herausforderung. Sie gehen davon aus, dass sie die Situation meistern werden. Weniger selbstwirksame Personen sind dagegen eher ängstlich und befürchten, dass sie die Anforderungen nicht bewältigen werden. Dadurch sind sie häufiger krank und fühlen sich gesundheitlich angeschlagen (*Schwarzer/Jerusalem*, 1994). Diese subjektiven Überzeugungen bezüglich der eigenen Kompetenzen müssen sich jedoch nicht mit den tatsächlichen Fähigkeiten decken (*Schwarzer*, 1994, 161-180). So kann es durchaus vorkommen, dass sich Menschen über- bzw. unterschätzen (*Schwarzer/Born*, 1997, 177-190).

Zur Operationalisierung der Selbstwirksamkeitserwartung wird für diese Arbeit die revidierte Form der allgemeinen Selbstwirksamkeitserwartungsskala (WIRKALL) von *Jerusalem/Schwarzer* (1999, 13ff) verwendet. Dabei werden die Items der verkürzten Skala für den beruflichen Kontext teilweise leicht umformuliert. Die nachfolgende Tabelle gibt einen Überblick der verwendeten Items, wobei die durch den Verfasser vorgenommenen Änderungen kursiv gekennzeichnet sind.

1.	Wenn sich *in meinem Arbeitsumfeld* Widerstände auftun, finde ich Mittel und Wege, mich durchzusetzen.
2.	Die Lösung schwieriger Probleme gelingt mir immer, wenn ich mich darum bemühe.
3.	Es bereitet mir *in meinem Beruf* keine Schwierigkeiten, meine Absichten und Ziele zu verwirklichen.
4.	In unerwarteten Situationen weiß ich immer, wie ich mich *in der Bank* verhalten soll.
5.	Auch bei überraschenden Ereignissen glaube ich, dass ich gut mit ihnen zurechtkommen werde.
6.	Schwierigkeiten *in meinem Beruf* sehe ich gelassen entgegen, weil ich meinen Fähigkeiten immer vertrauen kann.
7.	Was auch immer *in unserem Kreditinstitut* passiert, ich werde schon zurechtkommen.
8.	Für jedes Problem kann ich eine Lösung finden.
9.	Wenn eine neue Sache *in meinem Arbeitsumfeld* auf mich zukommt, weiß ich, wie ich damit umgehen kann.
10.	Wenn *in unserer Bank* ein Problem auf mich zukommt, habe ich meist mehrere Ideen, wie ich es lösen kann.

Tabelle 22: Skala der allgemeinen Selbstwirksamkeitserwartung (WIRKALL)

Das Konstrukt der Selbstwirksamkeitserwartung wird dabei von dem der Kontrollüberzeugung abgegrenzt. Während ersteres die subjektive Einschätzung eines Individuums beschreibt, bevorstehende Anforderungen zu bewältigen, geht es beim Aspekt der Kontrolle darum, inwieweit ein Individuum glaubt, auf ein bestimmtes Handlungsergebnis Einfluss nehmen zu können. Diese subjektive Erwartung über die Kontrollierbarkeit von Ereignissen durch die eigenen Handlungen wird als Kontingenzerwartung oder Kontrollüberzeugung umschrieben. Da beide Komponenten für Motivation und Verhaltensregulation im Zusammenhang mit selbstverantwortlichem Handeln bedeutsam sind, wird im Rahmen dieser Studie auch das Konzept der Kontrollüberzeugung operationalisiert.

3.3.2 Zu Kontrollüberzeugungen

Die soziale Lerntheorie von *Rotter* (1954) als theoretischer Bezugsrahmen des Konstrukts „Kontrollüberzeugung“ geht von der zentralen These aus,

> „dass subjektive Valenzen und Erwartungen nur dann für die Beschreibung, Rekonstruktion und Vorhersage von Verhalten und Erleben hinreichen, wenn sich die Person in einer subjektiv wohlbekannten, eindeutigen, kognitiv relativ gut strukturierbaren Handlungs- und Lebenssituation befindet“ (*Krampen*, 1991, 11).

In neuartigen und mehrdeutigen, sogenannten „ill-defined“ Situationen werden dagegen generalisierte Erwartungshaltungen zur Prognose von Verhalten wichtiger. Kontroll-überzeugungen sind daher von *Rotter* (1982) eindimensional und bipolar konzeptioniert, je nachdem ob eine Person glaubt, Ereignisse im Leben beeinflussen zu können (internale Kontrollüberzeugung) oder nicht (externale Kontrollüberzeugung). Zur Operationalisierung entwickelte er einen eindimensionalen und bipolaren Fragebogen, den ROT-IE, der ausreichende Reliabilitätswerte zwischen .69 und .73 aufweisen konnte (*Piontkowski*, 1989, 75-76).

Daneben finden sich zur Operationalisierung von Kontrollüberzeugungen in der Literatur zahlreiche weitere Erhebungsmethoden. Jedoch ist die Entwicklung von Erhebungsverfahren, von wenigen Ausnahmen abgesehen, über den Status von Forschungsinstrumenten noch nicht hinausgekommen, so dass „deren individualdiagnostische Tauglichkeit sich erst noch erweisen muss“ (*Krampen*, 1989, 11). Insbesondere lassen zahlreiche Verfahren Reliabilitätsmängel erkennen, wobei vor allem die Erfassung der verschiedenen Konstruktfacetten häufig noch zu niedrigen Koeffizienten der internen Konsistenz führt (*Krampen*, 1989, 14-15).

Durch zahlreiche faktorenanalytische Erhebungen konnte die lange Zeit vorherrschende Auffassung einer eindimensionalen, bipolaren Struktur von Kontrollüberzeugungen widerlegt werden, so dass heute diagnostisch differenzierende Ansätze unterschiedliche Aspekte des Konstruktes zu erfassen versuchen (*Krampen*, 1982, 44ff). Beispiel hierfür ist der IPC-Fragebogen, mit dem über verschiedene Handlungsbereiche generalisierte Kontrollüberzeugungen erhoben werden können (*Krampen*, 1989, 100-106). Die drei IPC-Skalen erfassen zwei unipolare Dimensionen der Externalität (sozial bedingte und fatalistische Externalität), sowie eine unabhängige Internalitätsdimension mit jeweils acht auf bestimmte Handlungsbereiche fokussierte Items (Krampen, 1989, 100). Die Skalen zielen daher auf spezifizierte Lebensbereiche wie „persönliche Probleme“ oder „intellektuelle Probleme“ ab (*Krampen*, 1986, 67-85). Im Kontext dieser Arbeit scheinen dabei insbesondere die Skalen zum Realitätsbereich „Beruf“ geeignete Instrumente zur Erhebung der Kontrollüberzeugung von Führungskräften zu sein.

In einer Weiterentwicklung der IPC-Skalen durch *Krampen* (1991) wird die Trennung von drei Aspekten generalisierter Kontrollüberzeugungen beibehalten. Im Unterschied zu *Rotter* (1982) wird im FKK-Fragebogen (Fragebogen zu Kompetenz- und Kontrollüberzeugungen) „von der konzeptuellen Multidimensionalität des Konstrukts der Kontrollüberzeugungen ausgegangen“ (*Krampen*, 1991, 19). Zielsetzung des FKK-Fragebogens ist es daher, generalisierte Kompetenz- und Kontingenzerwartungen zu erfassen, die über unterschiedliche Lebenssituationen gültig sind und gerade in subjektiv neuartigen Situationen, in denen noch keine oder nur in diffuser Form handlungsspezifische Konzepte vorliegen, handlungsrelevant werden. Neben der Internalität als die subjektiv wahrgenommene Kontrolle über das eigene Leben werden noch die generalisierte Erwartung, dass wichtige Lebensereignisse vom Einfluss anderer abhängen (sozial bedingte Externalität) und der Aspekt der fatalistischen Externalität, die generalisierte Erwartung, dass das Leben vom Schicksal oder Zufall abhängt, erfasst. Die vierte Primärskala des FKK-Fragebogens bildet die Skala zur Erhebung des Selbstkonzepts eigener Fähigkeiten (*Krampen*, 1991, 20).

Im Rahmen dieser Untersuchung wird die Primärskala (FKK-I) eingesetzt, welche die Internalität der Kontrollüberzeugung misst. Die Bedeutung hoher bzw. niedriger Werte können nachfolgender Tabelle entnommen werden:

niedriger Wert der FKK-I-Skala	hoher Wert der FKK-I-Skala
• erreicht selten das Gewünschte oder Geplante • vertritt eigene Interessen wenig erfolgreich • bestimmt kaum über wichtige Ereignisse im Leben • sieht Erfolg als wenig abhängig von eigener Anstrengung und persönlichem Einsatz • kann soziale Interaktionen kaum regulieren • erlebt eigene Handlung als wenig effektiv	• erreicht häufig das Gewünschte oder Geplante • vertritt eigene Interessen erfolgreich • bestimmt selbst über wichtige Ereignisse im Leben • sieht Erfolg als abhängig von eigener Anstrengung und persönlichem Einsatz • reguliert soziale Interaktionen • erlebt eigene Handlung als effektiv

Tabelle 23: Bedeutung hoher und niedriger Werte in der Primärskala FFK-I (*Krampen*, 1991, 26)

Die Primärskala zur Internalität der Kontrollüberzeugung basiert auf acht Items und ist konzeptionell und auswertungstechnisch unabhängig von den anderen Primärskalen. Die Items werden auch hier teilweise umformuliert und somit noch konkreter auf den beruflichen Kontext zugeschnitten. Die Zusammenstellung der Items sowie deren Trennschärfekoeffizienten (r_{it}) und Faktorladungen (a_{ij}) können der nachfolgenden Tabelle entnommen werden, wobei die Formulierungsänderungen kursiv dargestellt wurden.

Itemtext	**(r_{it})**	**(a_{ij})**
Es hängt hauptsächlich von mir ab, ob sich *Kollegen in anderen Bereichen in meiner Bank* nach meinen Wünschen richten oder nicht.	.38	.41
Ob ich *beruflich Schiffbruch erleide* oder nicht, hängt alleine von mir und meinem Verhalten ab.	.41	.40
Wenn ich *berufliche* Pläne schmiede, bin ich mir ganz sicher, dass das Geplante auch Wirklichkeit wird.	.52	.48
Ich kann mich am besten selbst durch mein Verhalten vor Krankheiten schützen.	.38	.72
Ich kann sehr viel von dem, was in meinem *beruflichen* Leben passiert, selbst bestimmen.	.51	.63
In meiner Bank kann ich gewöhnlich meine *beruflichen* Interessen selbst vertreten und erreiche dabei das, was ich will.	.42	.67
Wenn ich *beruflich das erreiche*, was ich will, so ist das immer eine Folge meiner Anstrengung und meines persönlichen Einsatzes.	.54	.48
Mein *Karriereverlauf* und mein *beruflicher* Alltag werden alleine durch mein Verhalten und meine Wünsche bestimmt.	.38	.43

Tabelle 24: Primärskala zur Internalität der Kontrollüberzeugung

Die Kennwerte der FKK-I-Skala für die interne Konsistenz nach Cronbach-alpha sind befriedigend und liegen in verschiedenen Studien in einer Schwankungsbreite von .65 bis .76 (*Krampen*, 1991, 49).

3.3.3 Zur Ungewissheitstoleranz

Das Persönlichkeitsmerkmal Ungewissheitstoleranz spricht die Fähigkeit einer Person an, mit ungewissen, unklaren bzw. offenen Lebens- und auch Arbeitssituationen umzugehen (*Müller*, 2001). Im Zusammenhang mit Selbstverantwortung betrachtet, gibt es Arbeitssituationen mit unklaren oder konträren Handlungsvorgaben. In solchen Situationen müsste es „ungewissheitstoleranten“ Personen leichter fallen zu reagieren eventuell auch mit unkonventionellen Methoden. Auf keinen Fall jedoch vermeiden sie solche unstrukturierten Situationen.

Typisch für unterschiedliche Ausprägungen dieses Persönlichkeitsmerkmals sind Präferenzen für geregelte und gut organisierte Abläufe einerseits oder unstrukturierte und locker organisierte Abläufe andererseits. Personen unterscheiden sich darin, wie gut sie mit offenen und unklaren Lebens- und Arbeitssituationen umgehen können. Selbstverantwortlich handelnde Personen befinden sich in Situationen, die Optionen mit unvorhersehbarem Ausgang aufweisen. Ungewissheitstoleranten Personen sollte es hier leichter fallen, angemessen zu reagieren. Sie fühlen sich von unstrukturierten Situationen angezogen, schätzen deren Informationsgehalt und haben eher wenig Mühe, sich auf solche Situationen einzustellen. Ungewissheitsintolerante Personen dagegen versuchen, unstrukturierten Situationen möglichst aus dem Weg zu gehen. Sind sie dennoch mit ihnen konfrontiert, fühlen sie sich unwohl und reagieren eher defensiv oder unangepasst.

Eine Möglichkeit zur Erfassung von Ungewissheitstoleranz stellt der Fragebogen zur Diagnose unternehmerischer Potentiale (F-DUP) von *Müller* (2000) dar. Hierbei handelt es sich um eine verbesserte deutsche Version des Entrepreneurial Potential Questionnaire von *King* (1985, 399-416). Der Testfragebogen wird bisher bei der Gruppen- und Einzelberatung von Existenzgründern sowie zur Diagnose unternehmerischer Potentiale von Führungskräften, leitenden Angestellten und niedergelassenen Ärzten eingesetzt. Da der Fragebogen ursprünglich dazu verwendet wurde, dispositionelle Unterschiede zwischen Unselbständigen, Teil- und Vollselbständigen zu untersuchen, und *Müller* (1999, 161) in Anlehnung an *Pinchot* (1998) feststellt, dass Intrapreneure dispositionelle Ähnlichkeiten mit „echten" Unternehmern aufweisen, erscheint dieser Fragebogen geeignet, um weitere Potentiale in Zusammenhang mit selbstverantwortlichem Handeln abzuschätzen.

Basis des F-DUP ist eine faktorielle Theorie selbständigkeitsrelevanter Persönlichkeitsmerkmale mit einer begrenzten Anzahl unabhängiger Primäreigenschaften (*Müller*, 2000, 105-121). Er eignet sich unter anderem auch für die Diagnose unternehmerischer Potentiale bei Mitarbeitern durch eine relativ ökonomische Diagnose des Ausprägungsgrades der Eigenschaften Leistungsmotivstärke, Internale Kontrollüberzeugung, Risikoneigung, Problemlöseorientierung und Durchsetzungsvermögen sowie Ungewissheitstoleranz (*Müller/Garrecht*, 2001, 409-416).

Die internen Konsistenzen der Testfragen variieren zwischen α – 0.59 (Ungewissheitstoleranz) und $\alpha = 0.71$ (internale Kontrollüberzeugung), die Test-Retest-Reliabilitäten zwischen $r_{tt} = 0.62$ (Durchsetzungsvermögen) und $r_{tt} = 0.77$ (internale Kontrollüberzeugung). Faktorielle Gültigkeit ist vorhanden, da die Testwerte einzelner Persönlichkeitsmerkmale nur wenig miteinander korrelieren (alle Koeffizienten kleiner als $r = 0.30$). Die Konstruktvalidität ergibt zwischen unternehmerischem Gesamtpotential (Summe von Testwerten einzelner Persönlichkeitsmerkmale) und Handlungsorientierung eine Korrelation von $r_{tc} = 0.44$ (*Müller*, 2000, 462-473). Bei der externen Validität liegt zwischen den Messwerten einzelner Persönlichkeitsmerkmale und einem dichotomen Kriterium „selbständig vs. nicht-selbständig tätig" eine multiple Korrelation von $R_{tc} = 0.45$ vor (*Müller*, 1999, 2-12). Zur Einordnung individueller Testwerte gibt es für einzelne Persönlichkeitsmerkmale und für das unternehmerische Gesamtpotential Tableaus mit Wertebereichen für „unternehmerisches Potential nicht vorhanden", „unternehmerisches Potential entwickelbar" und „unternehmerisches Potential vorhanden".

Gleichwohl alle im F-DUP enthaltenen Persönlichkeitsmerkmale mit selbstverantwortlichem Handeln in Verbindung gebracht werden können, wird aus zeitökonomischen Gründen nur die Skala zur Ungewissheitstoleranz in die Untersuchung einbezogen. Gerade diese erscheint interessant, da diese Persönlichkeitsdisposition vor allem in ungewissen und neuartigen Situationen notwendig sein müsste. Es ist daher anzunehmen, dass diese Persönlichkeitsdisposition bei selbstverantwortlich handelnden Personen besonders ausgeprägt ist.

Der Fragebogen existiert in einer Langform (je Persönlichkeitsmerkmal neun Items) und einer in dieser Studie verwendeten Kurzform (je Persönlichkeitsmerkmal fünf Items). Die Testfragen besitzen ein forced-choice-Format. Ein Item gliedert sich in eine merkmalstypische Teilaussage und drei Antwortalternativen, bei denen eine für das betreffende Persönlichkeitsmerkmal typisch ist. Die beiden anderen Antwortalternativen sind merkmalsneutral formuliert.

Zum besseren Herausstellen des beruflichen Kontextes werden die Items teilweise ergänzt bzw. umformuliert (kursive Darstellung). Bei den merkmalstypischen Alternativen wird der jeweilige Satzanfang mit Fettdruck hervorgehoben.

1. *In meinem beruflichen Umfeld* habe ich es gern, wenn Dinge • **sich** plötzlich verändern. • ausrechenbar sind. • ihren festen Platz haben.
2. Im Umgang mit *Arbeitskollegen* • ist ein gutes soziales Einvernehmen wichtig für mich. • achte ich zumeist auf Distanz und Sachlichkeit. • **mag** ich, wenn unerwartete Ereignisse eintreten.
3. Beruflich ist für mich von Bedeutung, • klare Karriereperspektiven geboten zu bekommen. • **verschiedene** Erwerbsmöglichkeiten ausprobieren zu können. • eine langfristig überschaubare Tätigkeit auszuüben.
4. *Bei meiner Arbeit* unverhofft auftretende Überraschungen sind zumeist • störend und lenken von wichtigeren Aufgaben ab. • unvermeidbar und müssen notgedrungen durchgestanden werden. • **nützlich** und bringen einen auf neue Gedanken.
5. *Berufliche* Ungewissheit empfinde ich als • beunruhigend. • lästig. • **anregend.**

Tabelle 25: Items der Skala Ungewissheitstoleranz des F-DUP-K

3.4 Zur Erfassung des Einflusses subjektiver Normen auf die Ausprägung von selbst-verantwortlichem Handeln

Selbstverantwortliches Handeln wird als zielgerichtetes Verhalten beschrieben, wobei sich Mitarbeiter im normativ wenig reglementierten Raum vorwiegend an eigenen Standards orientieren. Neben den persönlichen Normen als wichtigste Orientierungsgröße für selbstverantwortliche Handlungen spielen auch die subjektiven Standards, d.h. die normativen Erwartungen der

Organisation und der Gesellschaft eine bedeutende Rolle. Im normativ wenig reglementierten Raum ist ein Mitarbeiter gezwungen, über die etablierten Normen hinaus eigene Bezugsmaßstäbe zu konstruieren, jedoch wird er vor einer Handlung mögliche Reaktionen relevanter Bezugspersonen und -instanzen zu antizipieren versuchen. Dies bedeutet, dass eine Person durchaus in der Lage sein kann, in normativ wenig reglementierten Räumen anhand eigener Standards selbstverantwortlich zu agieren, dies jedoch aufgrund zu erwartender Sanktionen durch seine Umgebung passiv bleibt. Umgekehrt kann ein selbstverantwortliches Handeln begünstigendes Umfeld diese Handlungstendenz befördern.

Zur gedanklichen Strukturierung der verschiedenen Einflussgrößen bzw. Fördermaßnahmen, die das Auftreten und die Intensität selbstverantwortlichen Handelns beeinflussen können, sollen diese in Anlehnung an das Konzept des amerikanischen Sozialwissenschaftlers *Bronfenbrenner* (1981, 38-41) in vier verschiedene Strukturebenen unterteilt werden. Diese Kopplung ermöglicht es, den situativen Prozess des selbstverantwortlichen Handelns systematisch mit den verschiedenen Strukturebenen der Handlungsumwelt zu verbinden.

Strukturebene	Charakterisierung
Makrosystemebene	Gesellschaftliche Normen, Lebensstile, Weltbilder, politische Strukturen, Wirtschaftsordnung etc.
Exosystemebene	Organisationsstrukturen und -prozesse, Unternehmenskultur etc.
Mesosystemebene	Ausstattung des Arbeitsplatzes, Führungsverhalten, Zusammenarbeit mit Kollegen etc.
Mikrosystemebene	Konkrete handlungsrelevante Situation

▲ ▲

Person/Individuum	Mitarbeiter mit seinen Fähigkeiten und individuellen Werthaltungen

Abbildung 22: Selbstverantwortliches Handeln als Interaktion von vier systemischen Strukturebenen (*van Buer/Neben*, 1999, 55ff)

Demnach vollzieht sich die individuelle menschliche Entwicklung im Rahmen systemisch miteinander verknüpfter Wirkungszusammenhänge. Im Mittelpunkt steht dabei die einzelne Person bzw. der einzelne Mitarbeiter mit seinen subjektiven Einstellungen, Werthaltungen und Fähigkeiten.

> „With the aid of a multi- level model, *BRONFENBRENNER* (1981) tries systematically to define the interaction between the individual on the one hand, his situational environment and the various social subsystems on the other hand. Consequently, in the centre of this approach is the subject with its perceptions, judgements, behavioural strategies and behaviours" (*van Buer*, 1999, 25).

Die individuelle Entwicklung selbstverantwortlichen Verhaltens unterliegt dabei den Einflüssen der Mikrosystemebene, die sich aus den Wirkungszusammenhängen der konkreten Arbeitssituation ergeben und im Prozessmodell selbstverantwortlichen Handelns in Kapitel 2.1.2 dargestellt werden. Zum Bereich der Mesosystemebene gehört insbesondere das technische, organisatorische und ergonomische Arbeitsumfeld, welches ermöglicht, dass eine Arbeitsaufgabe wirtschaftlich optimal, erträglich und subjektiv zufriedenstellend durchgeführt werden kann (*Beyer*, 1991, 45). Im Rahmen dieser Arbeit werden in Kapitel 0 die wichtigsten situationsbezogenen Arbeitsplatzfaktoren dargestellt. Diese Faktoren schließen die besonderen Anforderungen der jeweiligen Arbeitsaufgabe und die konkreten Rollenerwartungen der Bezugspersonen, wie der jeweiligen Führungskraft oder der unmittelbaren Arbeitskollegen, mit ein.

Auf der Exosystemebene werden die Einflüsse des Unternehmens als Ganzes beschrieben. Dieses im Arbeitskontext für einen Mitarbeiter wichtigste gesellschaftliche Subsystem steht durch seinen organisatorischen Aufbau, seine kulturellen Eigenarten und Spielregeln in direktem Wirkungszusammenhang mit der Ausprägung selbstverantwortlichen Handelns.

Die vierte Strukturebene umfasst die vorherrschenden gesellschaftlichen Vorstellungen, Weltanschauungen und Lebensstile. Im Kontext mit selbstverantwortlichem Handeln im beruflichen Umfeld haben hierbei die Strukturen der Wirtschaft und die Ausgestaltung des jeweiligen Wirtschaftssystems eine herausragende Bedeutung.

Zur Erfassung, wie die subjektiven Normen der unterschiedlichen Strukturebenen von einer Person wahrgenommen werden, wird den Probanden jeweils ein selbst konstruiertes und typisches Fallbeispiel der vier verschiedenen Verhaltensdimensionen selbstverantwortlichen Handelns vorgelegt.

Fallbeispiel	**Verhaltensdimension**
Durch fehlende Weisungen von höheren Hierarchieebenen, ergreift ein Mitarbeiter von sich aus Initiative und übernimmt neue Aufgaben.	Erweiterung von Handlungsräumen
Ein Mitarbeiter übernimmt von sich aus weitere Arbeitsaufgaben und erledigt diese teilweise in seiner Freizeit.	Überobligatorisches Engagement
Ein Mitarbeiter hinterfragt gegebene Sachverhalte und leitet daraus Verbesserungsvorschläge ab.	Generieren innovativer Ideen
Um bestimmte Arbeitsabläufe effektiver zu gestalten, versucht ein Mitarbeiter aus seiner Sicht überholte Arbeitsanweisungen zu verändern und umgeht dabei vorgeschriebene Dienstwege.	Umsetzen innovativer Ideen durch Umgehung von Regeln

Tabelle 26: Fallbeispiele zur Erfassung des Einflusses der verschiedenen Strukturebenen

Die Befragten werden gebeten, die Fälle auf ihr Unternehmen zu übertragen und zu entscheiden,

- ob sie die beschriebene Handlungsweise persönlich befürworten und genauso handeln würden (persönliche Norm)
- ob auch die Kollegen oder Mitarbeiter diese Handlungsweise begrüßen würden (subjektive Norm der Mesosystemebene I)
- ob auch der unmittelbare Vorgesetzte diese Handlungsweise befürworten würde (subjektive Norm der Mesosystemebene II)
- ob auch im Unternehmen als Ganzes (empfundene Unternehmenskultur) diese Handlungsweise begrüßt werden würde (subjektive Norm der Exosystemebene)
- ob auch das gesellschaftliche Umfeld diese Handlungsweise befürworten würde (subjektive Norm der Makrosystemebene I)

Entsprechend konnten die Befragten auf einer sechsstufigen Likert-Skala angeben, inwieweit die Aussagen in den Items für die unterschiedlichen Strukturebenen zutreffen.

Antwortvorgaben	**Strukturebene**
Diese Handlungsweise befürworte ich persönlich.	persönliche Norm
Diese Handlungsweise wird von meinen Kollegen bzw. Mitarbeitern befürwortet.	subjektive Norm der Mesosystemebene I
Diese Handlungsweise wird von meinem Vorgesetzten befürwortet.	subjektive Norm der Mesosystemebene II
Diese Handlungsweise wird in unserer Bank/Sparkasse befürwortet.	subjektive Norm der Exosystemebene
Diese Handlungsweise wird in unserer Gesellschaft befürwortet.	subjektive Norm der Makrosystemebene

Tabelle 27: Antwortalternativen zur Erfassung des Einflusses der verschiedenen Strukturebenen

Die Erhebung der genannten subjektiven Normen, welche von den untersuchten Personen wahrgenommen werden, müsste Antwort darauf geben, wie stark der Einfluss der verschiedenen Strukturebenen auf selbstverantwortliches Handeln ist. Zentrales Interesse gilt insbesondere den beiden Fragen, ob und inwieweit der unterschiedliche kulturelle Kontext in den untersuchten Ländern Auswirkung auf die Ausprägung von selbstverantwortlichem Handeln hat und welchen Einfluss erlebte unternehmenskulturelle Werthaltungen haben.

3.5 Zu den forschungsleitenden Thesen

Die Operationalisierung des Konstruktes Selbstverantwortung mittels einer Fragebogenerhebung soll Aufschluss über die Ausprägungsintensität bei Mitarbeitern in deutschen und russischen Kreditinstituten geben. Zudem wird die Beziehung zu verwandten Persönlichkeitsvariablen untersucht. Um die postulierten Zusammenhänge zwischen den verschiedenen Persönlichkeitsdispositionen einer empirischen Überprüfung unterziehen zu können, ist es notwendig, aus den theoretischen Überlegungen konkrete forschungsleitende Thesen abzuleiten. Da es das Ziel der vorliegenden Arbeit ist, erste Hinweise auf Trends und Zusammenhangsstrukturen der beschriebenen Konstrukte zu erhalten und die Arbeit damit den Charakter einer Pilotstudie trägt, sind nachfolgend formulierte Aussagen nicht als „klassische" Hypothesen zu verstehen. Die als forschungsleitende Thesen konzipierten Aussagen werden nachfolgend mit T1 bis T8 abgekürzt. Dabei ist je nach Art der forschungsleitenden These zwischen Unterschieds- und Zusammenhangsthese zu unterscheiden. Zu den postulierten Zusammenhängen bzw. Unterschieden wird jeweils eine passende Alternativthese (T1) formuliert und durch komplementäre statistische Nullthesen (T0) ergänzt. Diese stellen konkurrierende Aussagen dar, mit denen behauptet wird, dass diejenige Aussage, die zu der Aussage der forschungsleitenden These komplimentär ist, richtig sei (*Bortz*, 1999, 109).

Zur gedanklichen Strukturierung der forschungsleitenden Thesen wird wiederum auf das Konzept *Bronfenbrenners* (1981) zurückgegriffen. Zunächst werden Thesen formuliert, die die Beziehung von Selbstverantwortung zu verschiedenen Merkmalen untersucht, die unmittelbar in der Persönlichkeit eines Mitarbeiters begründet sind (persönliche Ebene). Der zweite Bereich beinhaltet forschungsleitende Thesen, die Zusammenhänge mit Ausprägungscharakteristika der Mesosystemebene beschreiben. Zwei weitere Bereiche beziehen sich auf die Exo- und Makrosystemebene.

3.5.1 Zu den Zusammenhängen mit ausgewählten Merkmalen der persönlichen Ebene

Zunächst werden die Zusammenhänge mit verwandten Persönlichkeitskonstrukten wie Ungewissheitstoleranz, Selbstwirksamkeit oder internaler Kontrollüberzeugung beschrieben.

T1: Zwischen internaler Kontrollüberzeugung und Selbstverantwortung besteht auf dem 5%-Niveau ein signifikanter positiver Zusammenhang.

T0: Es besteht auf dem 5%-Niveau ein signifikanter negativer Zusammenhang zwischen internaler Kontrollüberzeugung und Selbstverantwortung.

T0: Es besteht ein nicht signifikanter Zusammenhang zwischen internaler Kontrollüberzeugung und Selbstverantwortung.

T2: Zwischen der eigenen Selbstwirksamkeitserwartung und der Ausprägung von Selbstverantwortung besteht auf dem 5%-Niveau ein signifikanter positiver Zusammenhang.

T0: Es besteht auf dem 5%-Niveau ein signifikanter negativer Zusammenhang zwischen Selbstwirksamkeitserwartung und Selbstverantwortung.

T0: Es besteht ein nicht signifikanter Zusammenhang zwischen Selbstwirksamkeitserwartung und Selbstverantwortung.

T3: Zwischen der eigenen Ungewissheitstoleranz und der Ausprägung von Selbstverantwortung besteht auf dem 5%-Niveau ein signifikanter positiver Zusammenhang.

T0: Es besteht auf dem 5%-Niveau ein signifikanter negativer Zusammenhang zwischen Ungewissheitstoleranz und Selbstverantwortung.

T0: Es besteht ein nicht signifikanter Zusammenhang zwischen Ungewissheitstoleranz und Selbstverantwortung.

T4: Männliche Mitarbeiter haben eine auf dem 5%-Niveau signifikant höhere Ausprägungsintensität an Selbstverantwortung als ihre Kolleginnen.

T0: Es besteht ein nicht signifikanter Zusammenhang zwischen dem Geschlecht eines Mitarbeiters und der Ausprägung von Selbstverantwortung.

T0: Männliche Mitarbeiter haben eine auf dem 5%-Niveau signifikant niedrigere Ausprägungsintensität an Selbstverantwortung als ihre Kolleginnen.

Abbildung 23: Forschungsleitende Thesen zur Beschreibung der Zusammenhänge mit ausgewählten Merkmalen der persönlichen Ebene

Anschließend wird die Ausprägung von Selbstverantwortung mit dem Geschlecht eines Mitarbeiters in Verbindung gebracht. So könnte eine niedrigere Ungewissheitstoleranz und eine damit verbundene niedrigere Bereitschaft zu selbstverantwortlichem Handeln auch eine Begründung dafür sein, warum der Anteil der weiblichen Beschäftigten in deutschen Sparkassen höher ist als im privaten Bankgewerbe. Es könnte angenommen werden, dass Männer aus Karrieregründen gezielter normativ noch unbesetzte Räume betreten, um die damit verbunden Chancen im Sinne einer beruflichen Weiterentwicklung zu nutzen.

Ergänzend werden im Rahmen der Untersuchung weitere soziodemographische Merkmale wie Alter oder die Höhe des Qualifikationsstands der untersuchten Mitarbeiter erhoben und mit der individuellen Ausprägung von Selbstverantwortung in Beziehung gesetzt.

3.5.2 Zur Erfassung des Einflusses ausgewählter Bereiche der Mesosystemebene auf die Ausprägung von selbstverantwortlichem Handeln

Es ist anzunehmen, dass selbstverantwortliches Handeln nur im Kontext der konkreten Handlungssituation beschrieben werden kann. Insbesondere die Einstellung von Vorgesetzten und den unmittelbaren Arbeitskollegen müssten einen messbaren Einfluss auf die Ausprägung von selbstverantwortlichem Handeln eines Mitarbeiters haben.

T5: Mitarbeiter in einem Arbeitsumfeld, welches selbstverantwortliches Handeln begünstigt, weisen eine auf dem 5%-Niveau signifikant höhere Ausprägungsintensität an Selbstverantwortung auf als Mitarbeiter, die aus ihrer Umgebung weniger Unterstützung erfahren.

T0: Zwischen Arbeitsumfeld und der Ausprägung von Selbstverantwortung besteht kein signifikanter Zusammenhang.

T0: Mitarbeiter in einem Arbeitsumfeld, welches selbstverantwortliches Handeln begünstigt, weisen eine auf dem 5%-Niveau signifikant niedrigere Ausprägungsintensität an Selbstverantwortung auf, als Mitarbeiter, die aus ihrer Umgebung weniger Unterstützung erfahren.

Abbildung 24: Forschungsleitende These zur Erfassung des Arbeitsumfelds auf die Ausprägung von selbstverantwortlichem Handeln

Zur Beschreibung des Einflusses des organisatorischen Arbeitsumfelds als Bestandteil der Mesosystemebene wird die Abhängigkeit der Bereitschaft zu selbstverantwortlichem Handeln von der Hierarchiestufe und der Übernahme einer Führungstätigkeit untersucht. Den Ausgangspunkt der Überlegungen bildet die bereits zitierte Studie von *Koch* (2000), in der untersucht wird, welches Klima in verschiedenen deutschen Unternehmen gegenüber eigenverantwortlichem Handeln herrscht (*Koch/Benedikt*, 2001). Die Führungskräfte werden dazu gefragt, wie sie selbst eigenverantwortliches Handeln bewerten und was sie glauben, wie ihre Kollegen, ihre Vorgesetzten und ihr Unternehmen darüber denken. Die Ergebnisse zeigen für die eigene Person und die Kollegen ungefähr die gleiche Bewertung, die zugleich sehr viel positiver ausfällt als für die Vorgesetzten und vor allem das Unternehmen.

Die befragten Führungskräfte äußern also die Überzeugung, dass sie (und ihre Kollegen) mit ihrer positiven Einstellung zum eigenverantwortlichen Handeln im Unternehmen weitgehend allein sind. Bei den Vorgesetzten und im Gesamtunternehmen wird eine deutliche Ablehnung vermutet. Folglich herrscht insgesamt ein ablehnendes Klima gegenüber Eigenverantwortung - auch wenn die persönliche Ansicht der einzelnen Führungskräfte eine andere ist.

Dieser unerwünschte Effekt kann dann entstehen, wenn in den Unternehmen bezüglich eigenverantwortlichen Handelns eine beträchtliche Intransparenz herrscht, d.h. die Führungskräfte nicht wissen, wie ihre Vorgesetzten und die Unternehmensführung über eigenverantwortliches Handeln denken. Die Bedeutung des Themas des eigenverantwortlichen Handelns wird in den höheren Führungsetagen zwar möglicherweise erkannt, jedoch offensichtlich eher tabuisiert statt offen kommuniziert. So entsteht das allgemein ablehnende Klima, welches sich mit abnehmender Hierarchiestufe noch zu verstärken scheint. Daher dürfte die Bereitschaft zu selbstverantwortlichem Handeln bei Mitarbeitern ohne Führungsverantwortung schwächer ausgeprägt sein als bei Führungskräften mit Personalverantwortung.

T6: Mitarbeiter mit Führungsverantwortung haben auf dem 5 %-Niveau eine höhere Ausprägungsintensität an Selbstverantwortung als Mitarbeiter ohne Führungsverantwortung.

T0: Zwischen Führungsverantwortung und der Ausprägungsintensität an Selbstverantwortung besteht kein signifikanter Zusammenhang.

T0: Mitarbeiter mit Führungsverantwortung haben auf dem 5 %-Niveau eine signifikant niedrigere Ausprägungsintensität an Selbstverantwortung als Mitarbeiter ohne Personalverantwortung.

Abbildung 25: Forschungsleitende These zur Erfassung des Zusammenhangs zwischen Führungsverantwortung und der Ausprägung von selbstverantwortlichem Handeln

Auch ist anzunehmen, dass die private Sphäre als Ergänzung zur Mesosystemebene Einfluss auf die Ausprägung von selbstverantwortlichem Handeln im beruflichen Kontext hat. So könnte eine höhere Sicherheitsorientierung und eine damit verbundene geringere Bereitschaft zu selbstverantwortlichem Handeln bei Mitarbeitern, die den Großteil des Familieneinkommens erwirtschaften, zu erwarten sein.

Aufgrund des Mangels an alternativen Beschäftigungsmöglichkeiten ist insbesondere in Russland anzunehmen, dass Mitarbeiter daher eher zu pflichterfülltem Handeln neigen, um somit mögliche Risiken beim Betreten normativ schwach besetzter Räume zu vermeiden. Insbesondere Alleinverdiener sind auf einen sicheren Arbeitsplatz angewiesen, so dass zu vermuten ist, dass mit zunehmendem Anteil am Familieneinkommen ein Mitarbeiter zu weniger selbstverantwortlichem Handeln bereit ist.

3.5.3 Zur Erfassung des Einflusses ausgewählter Bereiche der Exosystemebene auf die Ausprägung von selbstverantwortlichem Handeln

Zur Erfassung des Einflusses der Exosystemebene, welche die Einfüsse eines Unternehmens als Ganzes erfasst, werden die Probanden nach der subjektiv empfundenen Unterstützung von selbstverantwortlichem Handeln im Unternehmen befragt. Zudem wird in der vorliegenden Untersuchung der Frage nachgegangen, inwieweit eine Verbindung zwischen der Bereitschaft zu selbstverantwortlichem Handeln und der Dauer der Betriebszugehörigkeit besteht. Es wird angenommen, dass Mitarbeiter mit einer hohen Bereitschaft zu selbstverantwortlichem Handeln dann länger im Unternehmen verweilen werden, wenn sie insgesamt eine Unternehmenskultur vorfinden, die solche Handlungen unterstützt. Unter Betriebszugehörigkeit ist dabei die Dauer gemeint, die ein Mitarbeiter in dem derzeitigen Kreditinstitut gearbeitet hat. Diese organisationale Variable steht im engen Zusammenhang mit dem Commitment eines Mitarbeiters (*Moser*, 1997, 160-170). Untersuchungen von *Mowday/Porter/Steers* (1982) belegen, dass die Bindung an ein Unternehmen durch das „Organizational Commitment", d.h. der Identifikation mit einem Unternehmen und einem starken Glauben an die Werte und Ziele der Organisation, getragen wird (*Allen/Meyer*, 1990, 1-18). Inwieweit Betriebszugehörigkeit in einem positiven Zusammenhang mit selbstverantwortlichem Handeln steht, hängt davon ab, in welchem Maße Selbstverantwortung als erstrebenswerter Unternehmenswert erlebt wird. Anders formuliert bedeutet dies, dass sich nur dann ein positiver Zusammenhang zwischen Betriebszugehörigkeit und Selbstverantwortung einstellen wird, wenn selbstverantwortliches Handeln von Kollegen, Führungskräften und Unternehmensleitung als anzustrebende Verhaltensweise unterstützt wird. Da es in Kreditinstituten Hinweise für eine tendenziell eher ablehnende Unternehmenskultur gibt, wird zunächst ein negativer Zusammenhang angenommen (*Koch/Benedikt*, 2001).

T7: Zwischen der Dauer der Betriebszugehörigkeit und der Höhe der Ausprägungsintensität von Selbstverantwortung besteht auf dem 5 %-Niveau ein negativer Zusammenhang.

T0: Zwischen der Dauer der Betriebszugehörigkeit und der Höhe der Ausprägungsintensität von Selbstverantwortung besteht kein signifikanter Zusammenhang.

T0: Zwischen der Dauer der Betriebszugehörigkeit und der Höhe der Ausprägungsintensität von Selbstverantwortung besteht auf dem 5 %-Niveau ein positiver Zusammenhang.

Abbildung 26: Forschungsleitende These zur Erfassung des Zusammenhangs zwischen Betriebszugehörigkeit und der Ausprägung von selbstverantwortlichem Handeln

Zudem ist aufgrund einer vermeintlich höheren sozialen Absicherung bei einer Beschäftigung in einem öffentlich-rechtlichen Kreditinstitut und einer stärkeren Leistungsorientierung im privaten Bankgewerbe zu vermuten, dass Mitarbeiter in der Sparkassenorganisation mehr sicherheitsorientierter eingestellt sind und daher auch zurückhaltender im Betreten von normativ diffusen

Bereichen. Es sit daher davon auszugehen, dass die Bereitschaft zu selbstverantwortlichem Handeln zwischen Mitarbeitern der verschiedenen Bankengruppen unterschiedlich ausgeprägt ist.

3.5.4 Zur Erfassung des Einflusses ausgewählter Bereiche der Makrosystemebene auf die Ausprägung von selbstverantwortlichem Handeln

Ein weiteres Ziel der vorliegenden Studie ist es, mögliche Ausprägungsunterschiede zwischen Mitarbeitern deutscher und russischer Kreditinstitute zu untersuchen. Da zu vermuten ist, dass Selbstverantwortung als Persönlichkeitsdisposition nur im Kontext der konkreten Handlungssituation erfasst werden kann, sollte auch den Determinanten der Makrosystemebene eine entscheidende Rolle zukommen. Ob und in welchem Ausmaß selbstverantwortliches Handeln von Mitarbeitern überhaupt gezeigt wird, müsste demnach auch von den gesellschaftlichen Rahmenbedingungen beeinflusst werden. Dies bedeutet, dass es auch bei Vorliegen der notwendigen Fähigkeitsdispositionen und ausreichender Motivation nicht automatisch zu selbstverantwortlichem Handeln bei Mitarbeitern kommt. Vielmehr müssten insbesondere die externen Faktoren des Arbeitsumfeldes berücksichtigt werden, denn in einem ungünstigen Umfeld wird die Absicht zu selbstverantwortlichem Handeln nicht umgesetzt. Entscheidende Einflussgrößen stellen daher die situativen Faktoren dar, wobei vereinzelte soziologische Studien darauf hindeuten, dass das Umfeld für Mitarbeiter im russischen Kreditgewerbe ungünstiger ist als in Deutschland.

Einer der hauptsächlichen Hinderungsgründe ist ein in der russischen Kultur begründeter stärkerer „absolutistischer“ Führungsstil von Unternehmern. *Sommer/Welsh/Gubman* (2000, 688-708) kommen in einer Vergleichstudie zur ethischen Orientierung von amerikanischen und russischen Unternehmern zum Ergebnis, dass gerade in Russland die Bedeutung persönlicher Kontakte zur erfolgreichen Anbahnung von Geschäften eine herausragende Rolle spielt.

> „Much of the prevailing research in Russia has demonstrated the significant reliance on social exchange or other forms of horse-trading in order to fulfil individual and organisational objectives“ (*Sommer/Welsh/Gubman*, 2000, 700).

Geschäfte werden zur Vermeidung von Steuerzahlungen häufiger "außerhalb der Bücher" abgewickelt und es bestehen in der russischen Gesellschaft geringere Skrupel, andere Wirtschaftssubjekte auch mit unerlaubten Mitteln zu übervorteilen. Verbunden mit einem deutlich niedrigeren Lohnniveau, das Mitarbeiter vor allem in staatlichen Betrieben zwingt, etwas "dazuzuverdienen", führt dazu, dass Mitarbeiter trotz guter Qualifikation oftmals über die wirtschaftlichen Hintergründe von Geschäftsvorgängen im Unklaren gelassen werden. So werden auch in Kreditinstituten Mitarbeiter strenger überwacht und nur über den offiziellen Teil der von einem Leiter mit einem Kunden angebahnten geschäftlichen Beziehung informiert. Mit nur geringen Kompetenzen ausgestattet, bekommen sie einfachere Abwicklungsaufgaben übertragen, so dass sich trotz eines kollegialen Umgangsstils eines Vorgesetzten für den Mitarbeiter das Bild einer „absolutistischen" Führung ergibt.

> „Indeed, a careful inspection of our results shows the cultural differences to follow a specific and peculiar pattern. These Russian entrepreneurs were not hesitant to engage in behaviour that exploited opportunities to „beat the system". However, they were very committed to maintaining a high ethical orientation to their colleagues. That is, these Russian respondents make a person-orientation distinction on moral absolutes that their counterparts in the USA do not" (*Sommer/Welsh/Gubman*, 2000, 700).

Aufgrund der unterschiedlichen Bedingungen des Arbeitsumfeldes für Mitarbeiter in deutschen und russischen Kreditinstituten leitet sich nachfolgende forschungsleitende These ab:

T1: Mitarbeiter in deutschen Kreditinstituten haben eine auf dem 5%-Niveau signifikant höhere Bereitschaft zu selbstverantwortlichem Handeln als ihre russischen Kollegen.

T0: Zwischen den untersuchten Mitarbeitern deutscher Kreditinstitute und ihre russischen Kollegen bestehen bezüglich der Ausprägungsintensität an Selbstverantwortung keine signifikanten Unterschiede.

T0: Mitarbeiter in deutschen Kreditinstituten haben eine auf dem 5%-Niveau signifikant niedrigere Bereitschaft zu selbstverantwortlichem Handeln als ihre russischen Kollegen.

Abbildung 27: Forschungsleitende These zur Erfassung möglicher Ausprägungsunterschiede in deutschen und russischen Kreditinstituten

Ergänzend wird geprüft, inwieweit es nach über 10 Jahren nach der politischen Wiedervereinigung noch Unterschiede bei Beschäftigten aus den neuen und den alten Bundesländern gibt. Ausgehend von den Untersuchungergebnissen des International Social Justice Project (ISJP), das in Ostdeutschland eine starke Unterstützung von Staatsinterventionen als Folge einer als gering wahrgenommen ökonomischen Gerechtigkeit der marktwirtschaftlichen Wirtschaftsordnung feststellt, können auch Unterschiede in der Bereitschaft zu selbstverantwortlichem Handeln angenommen werden.

> „Mit Blick auf Ostdeutschland lässt sich für das Jahr 2000 eine noch deutlichere Verknüpfung von Gerechtigkeitswahrnehmung und Staatsinterventionismus festhalten" (*Mühleck/Wegener*, 2002, 32)

Die im Vergleich zu Westdeutschland stärker ausgeprägte Zustimmung zu staatlichen Eingriffen in die Wirtschaft könnte auf betrieblicher Ebene einer geringeren Bereitschaft zu selbstverantwortlichem Handeln entsprechen.

Die forschungsleitenden Thesen dieser Forschungsarbeit werden in der nachfolgenden Tabelle nochmals überblicksmäßig zusammengefasst.

Erfassung des Zusammenhangs mit verwandten Persönlichkeitsvariablen:
These 1: Zwischen internaler Kontrollüberzeugung und Selbstverantwortung besteht auf dem 5%-Niveau ein signifikanter positiver Zusammenhang.
These 2: Zwischen der eigenen Selbstwirksamkeitserwartung und der Ausprägung von Selbstverantwortung besteht auf dem 5%-Niveau ein signifikanter positiver Zusammenhang.
These 3: Zwischen Ungewissheitstoleranz und der Ausprägung von Selbstverantwortung besteht auf dem 5%-Niveau ein signifikanter positiver Zusammenhang.
These 4: Männliche Mitarbeiter haben eine auf dem 5%-Niveau signifikant höhere Ausprägungsintensität an Selbstverantwortung als ihre weiblichen Kolleginnen.
Erfassung des Einflusses der Mesosystemebene:
These 5: Mitarbeiter in einem Arbeitsumfeld, welches selbstverantwortliches Handeln begünstigt, weisen eine auf dem 5%-Niveau signifikant höhere Ausprägungsintensität an Selbstverantwortung auf, als Mitarbeiter, die aus ihrer Umgebung weniger Unterstützung erfahren.
These 6: Mitarbeiter mit Führungsverantwortung haben auf dem 5 %-Niveau eine höhere

Ausprägungsintensität an Selbstverantwortung als Mitarbeiter ohne Führungserfahrung.
Erfassung des Einflusses der Exosystemebene:
These 7: Zwischen der Dauer der Betriebszugehörigkeit und der Höhe der Ausprägungsintensität von Selbstverantwortung besteht auf dem 5 %-Niveau ein negativer Zusammenhang.
Erfassung des Einflusses der Makrosystemebene:
These 8: Mitarbeiter in deutschen Kreditinstituten haben eine auf dem 5%-Niveau signifikant höhere Bereitschaft zu selbstverantwortlichem Handeln als ihre russischen Kollegen.

Abbildung 28: Übersicht der forschungsleitende Thesen

3.6 Zur empirischen Überprüfung der forschungsleitenden Thesen

3.6.1 Zur inhaltlichen und instrumentellen Voruntersuchung

Zur Klärung untersuchungstechnischer Fragen wird im April 2002 eine inhaltliche und instrumentelle Voruntersuchung durchgeführt.

Von den 43 Teilnehmern an der Voruntersuchung waren

- 31 Personen Studenten der Berufsakademie Dresden der Fachrichtung Bankwirtschaft.
- 12 Probanden Studenten eines berufsbegleitenden Managementstudiengangs in Leizig.
- 25 Personen männlich und 18 weiblich.
- 40 Personen zwischen 20 und 30 Jahre und nur 3 Personen zwischen 31 und 40 Jahre alt.
- 41 Personen der Stichprobe ledig und nur 2 verheiratet.
- 13 Personen in einem Ort mit weniger als 50 000 Einwohnern, 10 Versuchspersonen in einem Ort mit 50 000 bis 100 000 Einwohnern, 19 Versuchspersonen in Ortschaften mit 100 000 bis 500 000 Einwohnern und eine Person in einem Ort mit mehr als 500 000 Einwohnern beruflich tätig.
- 90% der Befragten zum Zeitpunkt der Befragung ohne Mitarbeiterverantwortung.
- 81,4% der Versuchspersonen bis zu 5 Jahre in ihrem Unternehmen beschäftigt, die restlichen Probanden länger.

Abbildung 29: Zusammensetzung der Probanden in der Voruntersuchung

Die ungleiche Verteilung ist der Stichprobenziehung zuzuschreiben, jedoch sollten mit Hilfe dieser instrumentellen Voruntersuchung lediglich Hinweise auf die Praktikabilität und Verständlichkeit des Fragebogens gewonnen werden, um damit Pannen bei der späteren Hauptuntersuchung zu vermeiden (*Bortz/Döring*, 1995, 331). Zudem sollten über die Auswertungserkenntnisse der Vorstudie gegebenenfalls noch letzte inhaltliche Modifikationen vorgenommen werden.

Der Testfragebogen wird an die Probanden mit der Bitte verteilt, an der Erprobung eines Verfahrens mitzuwirken, welches das Entscheidungsverhalten von Mitarbeitern in Kreditinstituten unter unklaren und sich rasch verändernden Rahmenbedingungen zu erklären versucht. Die Testinstruktion, welche auf der ersten Seite des Fragebogens abgedruckt ist, wird vom Testleiter laut vorgelesen. Zusätzlich wird die folgende verbale Instruktion gegeben:

> Denken Sie bitte nicht zu lange über einen Satz nach, sondern geben Sie die Antwort, die Ihnen unmittelbar in den Sinn kommt. Natürlich können mit den kurzen Fragen nicht alle beruflichen Besonderheiten in Ihrem Kreditinstitut berücksichtigt werden. Vielleicht passen deshalb nicht alle gut auf Ihre Situation. Kreuzen Sie aber trotzdem immer eine Antwort an, und zwar die, welche am ehesten für Sie zutrifft.

Abbildung 30: Verbale Testinstruktion zur Durchführung der Vorstudie

Der Fragebogen wird von den Probanden selbständig, d.h. ohne weitergehende Instruktionen durch den Testleiter ausgefüllt. Die Untersuchungszeit beträgt im Durchschnitt 25 Minuten. Die Auswertung erfolgt mit Hilfe des Computerprogramms SPSS.10 for Windows (*Norusis*, 2000), wodurch die Durchführung und Auswertung des Verfahrens die wichtigsten Bedingungen der Ökonomie und Objektivität erfüllen kann.

Die Auswertungsergebnisse über die Zusammenhänge der Subskalen des Fragebogens fallen erwartungsgemäß aus. So können auf dem 5%-Niveau signifikante Zusammenhänge zwischen selbstverantwortlichem Handeln (Selv-Skala) und Selbstwirksamkeit bzw. Gestaltungsmotivation ermittelt werden. Signifikante Zusammenhänge bestehen zwischen selbstverantwortlichem Handeln und Flexibilität bzw. Internalität der Kontrollüberzeugung. Dies bestätigt die Annahme, dass die Bereitschaft zu selbstverantwortlichem Handeln davon abhängt, inwieweit ein Mitarbeiter glaubt, durch eigene Anstrengungen schwierige Anforderungen bewältigen zu können. Die Zusammenhänge erklären sich eindeutig durch das Konstrukt des selbstverantwortlichen Handelns[18] und dienen somit auch als Beleg für die externe Validität.

	Selv-Skala	EVH-U	EVH-R	BIP-Flex	BIP-Gest.	wirkall	FKK-I	DUP
Selv-Skala	-							
EVH-U	.29	-						
EVH-R	.15	.50(*)	-					
BIP-Flex.	.36(*)	.48(*)	.21	-				
BIP-Gest.	.42(*)	.33(*)	.56(*)	.54(*)	-			
wirkall	.44(*)	.14	.03	.47(*)	.24	-		
FKK-I	.36(*)	.18	-.01	.11	.14	.39(*)	-	
DUP	.04	.53(*)	.25	.55(*)	.21	.11	.03	-

*Die Korrelation ist auf dem Niveau von 0,05 (2-seitig) signifikant.

Tabelle 28: Korrelationsmatrix der in der Voruntersuchung verwendeten Skalen nach Pearson

Signifikante Korrelationen zwischen den Skalen Unkonventionalität (EVH-U) und Risikobereitschaft (EVH-R), Flexibilität (BIP Flex) und Unkonventionalität, Ungewissheitstoleranz und Unkonventionalität, Gestaltungsmotivation (BIP Gestalt) und Risikobereitschaft sowie zwischen Flexibilität, Gestaltungsmotivation und Ungewissheitstoleranz (DUP) sind ebenso durch eine große Konstruktnähe zu erklären. Diese Zusammenhänge beschreiben insbesondere den Bereich des abweichenden Arbeitsverhaltens und die damit für einen Mitarbeiter verbundenen Anforderungen.

[18] Vgl. Kapitel 2.5

Eine zusammenfassende Darstellung der in der Voruntersuchung ermittelten korrelativen Beziehungen ist dem nachfolgenden Netzwerk zu entnehmen.

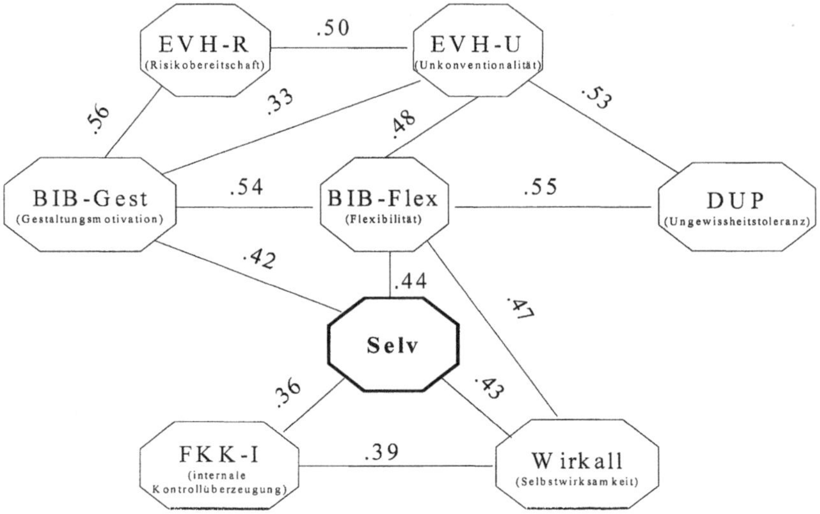

Abbildung 31: Graphische Darstellung der korrelativen Beziehungen zwischen den in der Voruntersuchung verwendeten Skalen

Als nicht zufriedenstellend erweist sich dagegen die Einschätzung der Zuverlässigkeit der einzelnen Teilskalen. So liegt das Cronbachs-Alpha bei allen verwendeten Skalen zwischen 0.45 (DUP) und 0.68 (EVH) und somit unterhalb des von *Spector* (1992) geforderten Wertes von 0.70. Zu bedenken ist jedoch, dass es sich bei den eingesetzten Skalen jeweils um eine Kurzform handelt und die Stichprobengröße der Voruntersuchung mit N=31 sehr gering ist. Da in den Handbüchern der verwendeten Testverfahren bei größeren Stichproben deutlich höhere Reliabilitätskoeffizienten genannt werden[19] und die genannte Grenze von 70 Prozent teilweise nur geringfügig unterschritten wird, werden aus testökonomischen Gründen die verwendeten Kurzskalen auch in die Hauptuntersuchung übernommen. Dagegen werden die Items der

[19] Beispielsweise wird für den BIB-Flexibilität bei N=699 ein Cronbach-Alpha von 0.84 genannt (Vgl. Hossiep/Paschen, 1999, 12).

selbstentwickelten Selv-Skala aufgrund der zu geringen Messgenauigkeit nochmals überarbeitet. Insbesondere werden die Items, welche die Ausprägungsstufe des Intrapreneurships erfassen sollen, präzisiert. Aufgrund dieser kleineren Formulierungsänderungen in der Selv-Skala werden die Daten der Probanden aus der Vorstudie nicht in den endgültigen Datensatz aufgenommen.

Auch wird in der Voruntersuchung die Selv-Skala mit verschiedenen soziodemographischen Daten der Probanden in Beziehung gesetzt. Dadurch werden erste Anhanltspunkte geliefert, in welchem Zusammenhang bestimmte Persönlichkeitsmerkmale zur Ausprägung von selbstverantwortlichem Handeln stehen.

In der Tabelle 29 sind die korrelativen Beziehungen im Überblick zusammengestellt. Wie zu erkennen ist, besteht zwischen selbstverantwortlichem Handeln und dem Alter ein signifikant negativer Zusammenhang. Das heißt, die jungen Versuchspersonen der Vorstudie zeigen eine auf dem 5%-Niveau signifikant höhere Tendenz, selbstverantwortlich zu handeln. Dieselbe Tendenz lässt sich auch beim Anteil am Haushaltseinkommen festmachen. Personen, welche einen großen Anteil am Haushaltseinkommen erwirtschaften, zeigen auch auf dem 5%-Niveau signifikant mehr Bereitschaft zu selbstverantwortlichem Handeln. Eine hohe Korrelation kann zwischen dem Selv-Konstrukt und dem Familienstand nachgewiesen werden. Personen aus der Voruntersuchung, welche angeben, verheiratet zu sein, erhalten auch hohe Werte bei selbstverantwortlichem Handeln in der Befragung. Am Rande sei erwähnt, dass die weiblichen Personen, welche im Rahmen der Vorstudie befragt werden, signifikant mehr am Haushaltseinkommen beitragen und Verheiratete auf dem 1%-Niveau signifikant länger im Unternehmen sind als Singles.

	Selv-Skala	Ar-beits-ort	Ge-schlecht	Alter	Tätig-keit	Haushalts-ein-kommen	Berufs-ausbil-dung	Betr.-zuge-hörig-keit	Fam.-stand
Selv - Skala	-								
Arbeitsort	.14	-							
Geschlecht	.22	:21	-						
Alter	-.30(*)	-.15	-.23	-					
Tätigkeit	-.01	-.06	-.04	.06	-				
Haushalts-eink.	.33(*)	.17	.36(*)	-.02	-.03	-			
Berufsaus-bildung	-.16	.36(*)	.03	-.05	.05	.05	-		
Betriebs-zugeh.	.19	-.05	-.05	.35(*)	-.16	-.02	-.08	-	
Familien-stand	.36(*)	.07	.04	-.06	-.47(*)	.16	-.04	.47(*)	-

*Die Korrelation (nach *Pearson*) ist auf dem Niveau von 0,05 (2-seitig) signifikant.

Tabelle 29: Übersicht der Korrelationen verschiedener organisationaler Variablen mit der Selv-Skala

Eine graphische Darstellung der korrelativen Beziehungen zwischen den in der Voruntersuchung erhobenen soziodemographischen Daten ist dem nachfolgenden Neztzwerk zu entnehmen. Alle dargestellten Zusammenhänge erweisen sich auf dem 5%-Niveau signifikant, wobei die nicht signifikante Korrelation zwischen Arbeitsort und den Merkmalen „Geschlecht“ bzw. „Anteil am Haushaltseinkommen“ gestrichelt dargestellt werden.

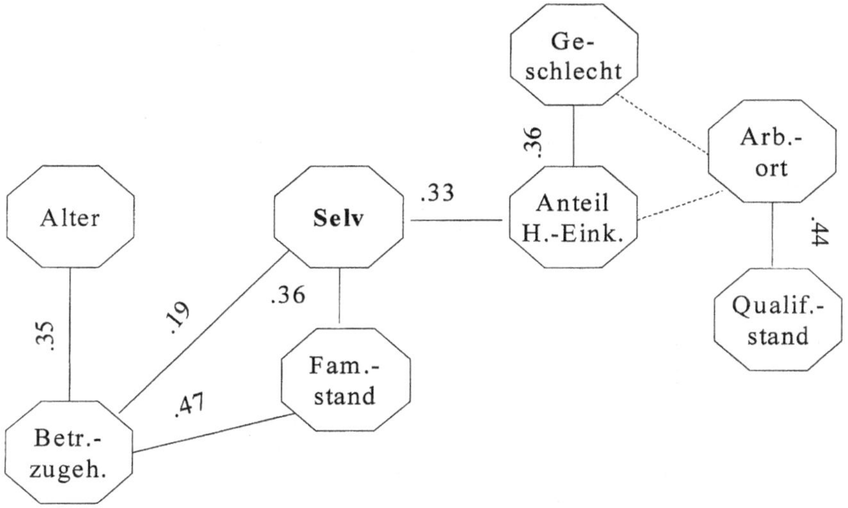

Abbildung 32: Graphische Darstellung der korrelativen Beziehungen zwischen den in der Voruntersuchung erhobenen soziodemographischen Daten

Zusammenfassend lassen sich die Ergebnisse dahingehend interpretieren, dass die Bereitschaft zu selbstverantwortlichem Handeln am stärksten mit den Merkmalen „Anteil am Haushaltseinkommen“ und „Familienstand“ in Verbindung gebracht werden kann. Dies würde bedeuten, dass die Bereitschaft zu selbstverantwortlichem Handeln bei jüngeren, unverheirateten und alleinverdienenden Mitarbeitern am stärksten ausgeprägt sein müsste. Aufgrund des geringen Stichprobenumfangs erlauben die Ergebnisse jedoch keine gesicherten Aussagen und stellen somit nur eine erste Orientierung dar.

3.6.2 Zur Beschreibung der Grundgesamtheit

Die angestrebte Grundgesamtheit, über die die vorliegende Untersuchung Aussagen treffen möchte, sind Mitarbeiter in deutschen und russischen Kreditinstituten.

In Deutschland sind im Kreditgewerbe drei Bankengruppen tätig. Neben dem privatem Bankgewerbe haben sich noch die genossenschaftlichen Banken und die öffentlich-rechtlichen Sparkassen etabliert (*Deutsche Bundesbank*, 2002). Seit 1989 hat sich der Personalbestand im deutschen Kreditgewerbe von 697.800 Mitarbeitern (einschließlich Auszubildenden) auf 751.050 im Jahre 2001 beständig erhöht. Dabei verlief die Entwicklung im privaten Bankgewerbe und in der öffentlich-rechtlichen Sparkassen-Finanzgruppe nahezu parallel.

Per 31.12	Privates Bankgewerbe	Sparkassen	Volks- und Raiffeisenbank	Gesamtes Kreditgewerbe
1990	211700	266500	159800	697500
1995	218450	290050	180850	760950
1996	213350	288450	179050	753750
1997	215500	288400	176650	754300
1998	217200	287650	173850	753200
1999	221900	282150	174650	759000
2000	221400	283450	174250	759900

Tabelle 30: Beschäftigte im deutschen Kreditgewerbe von 1990 bis 2000 (*Backhaus/Wagner*, 2002, 318)

Mit Beginn des neuen Jahrtausends steht das Kreditgewerbe vor massiven Herausforderungen. Für kaum eine Branche haben sich die geschäftlichen Rahmenbedingungen in den letzten Jahren so umfassend verändert wie für die Kreditwirtschaft (*Bundesverband deutscher Banken*, 2000, 55f). Die Globalisierung der Finanzmärkte und die damit sprunghaft gestiegene Risiken haben einen tief greifenden Strukturwandel ausgelöst. Vor allem die Großbanken haben daher eine massive Reduktion ihrer Belegschaft im In- und Ausland angekündigt. Bereits im Jahre 2001 waren 7.000 Mitarbeiter weniger im Kreditgewerbe beschäftigt als im Vorjahr (*Bundesverband deutscher Banken*, 2001). Dieser negative Trend hat sich im Jahre 2002 noch verstärkt und wenn

> „die Kreditinstitute nicht überzeugende strategische Konzepte entwickeln, dann hat die Branche einen Riesenabbau vor sich" (*Beukert*, 2002, 24).

Die Zusammensetzung der Beschäftigten kann der nachfolgenden Tabelle entnommen werden, wobei zu erkennen ist, dass im deutschen Kreditgewerbe insgesamt Frauen und Männer in etwa gleichen Anteilen Beschäftigung finden, jedoch sich dieses Verhältnis in höheren Hierarchieebenen zugunsten der männlichen Belegschaft deutlich verschiebt. Zu beachten sind hierbei institutsgruppenspezifische und regionale Unterschiede. So ist traditionell in der Sparkassen-Finanzgruppe der Anteil der weiblichen Beschäftigten höher und liegt im Durchschnitt bei 67 Prozent (*Deutscher Sparkassen- und Giroverband*, 2002, 1ff). Noch deutlichere Unterschiede ergeben sich im regionalen Vergleich. Da in der ehemaligen DDR die Beschäftigung in einer Bank weniger privilegiert war und Männer aufgrund höherer Verdienstmöglichkeiten lieber in Produktionsbetrieben arbeiteten, befinden sich auch heute noch in den neuen Bundesländern deutlich mehr Frauen (83 Prozent) in einem Beschäftigungsverhältnis in einer Bank (*Deutscher Sparkassen- und Giroverband*, 2002, 36ff).

Zusammensetzung der Beschäftigten	**Männlich**	**Weiblich**	**Gesamt**
Geschäftsinhaber/Vorstandsmitglieder	0,18	0,01	0,19
Außertarifliche Angestellte	20,10	5,48	25,58
Vollbeschäftigte Tarifangestellte	16,75	24,20	40,95
Auszubildende	2,33	3,25	5,58
Aushilfskräfte und Praktikanten	0,54	0,70	1,24
Sonstige	6,71	19,75	26,46
Gesamt	46,61	53,39	100

Tabelle 31: Zusammensetzung der Beschäftigten im deutschen Bankgewerbe in % (*Arbeitgeberverband des privaten Bankgewerbes*, 2002, 29

Im Vergleich zu den deutlichen Unterschieden in der Geschlechterverteilung zwischen den neuen und alten Bundesländern ist die Altersstruktur der Beschäftigten im Bankgewerbe in beiden Teilen Deutschlands sehr ähnlich. Zu beachten ist hierbei, dass die Angaben sich nur auf die Beschäftigten der Sparkassen-Finanzgruppe beziehen, wobei zu vermuten ist, dass diese sich von denen des privaten Bankgewerbes nicht groß unterscheiden dürften.

Alter in Jahren / Region	unter 20	20 bis unter 30	30 bis unter 40	40 bis unter 50	50 bis unter 55	55 bis unter 60	60 und mehr
alte Bundesländer	0,29	20,36	30,46	27,40	11,74	7,87	1,89
neue Bundesländer	0,10	21,72	33,33	26,99	9,79	6,47	1,58
Gesamt	0,28	20,46	30,68	27,37	11,59	7,76	1,86

Tabelle 32: Altersstruktur der Beschäftigten in deutschen Sparkassen

Im Vergleich zu Deutschland spielt der russische Finanzmarkt im internationalen Vergleich eine untergeordnete Rolle. Dennoch existiert in Russland aufgrund vereinfachter Zulassungsbedingungen eine größere Anzahl insbesondere kleiner und mittlerer Finanzinstitute. Zwar setzte infolge der Finanz- und Wirtschaftkrise des Jahres 1998 eine langsame Konsolidierung ein, jedoch sind auch heute noch über 1.300 Banken in Russland tätig.

„The only country with more commercial banks than Russia is the U.S., which has some 9,000 banks“ (*International Monetary Fund*, 2002, 39).

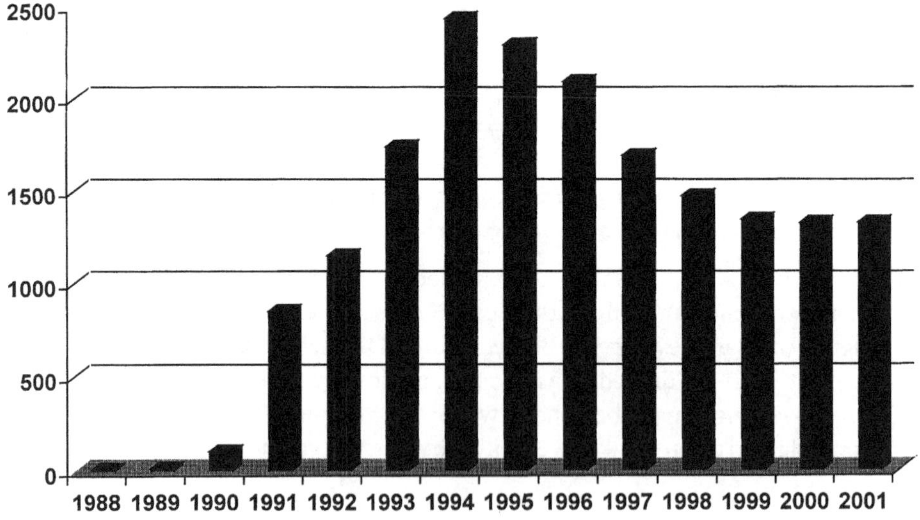

Tabelle 33: Gesamtanzahl der in Russland tätigen Banken (*International Monetary Fund*, 2002, 39)

Über 90 Prozent des gesamten Finanzdienstleistungsmarktes ist dabei auf wenige große Banken aufgeteilt, wobei die staatliche „Sberbank der russischen Föderation" einen dominierenden Marktanteil beansprucht. „The Russian financial sector is dominated by state-owned banks, in particular Sberbank." (*International Monetary Fund*, 2002, 42) Insbesondere im Privatkundengeschäft nimmt sie eine monopolistische Stellung ein, wobei 79,7 Prozent aller russischen Haushalte eine alleinige Kontoverbindung zur Sberbank unterhalten (*International Monetary Fund*, 2002, 44).

Die Untersuchung wird in der nord-westlichen Division der Sberbank durchgeführt, die von St. Petersburg aus geleitet wird. Nach internen statistischen Angaben vom 1.1.2002 werden mit 16.459 Mitarbeitern das Stadtgebiet von St. Petersburg und die Gebiete Murmansk, Kaliningrad, Nowgorod, Karelien und das Leningrader Gebiet betreut, wobei 50 Prozent der Mitarbeiter eine 5- bis 15-jährige Berufserfahrung bei der Sberbank vorweisen können. Dabei stellen Frauen mit einer Gesamtanzahl von 13.132 rund 80 Prozent der Belegschaft. 30 Prozent der Mitarbeiter haben das Lebensalter von 30 Jahren noch nicht überschritten, 61 Prozent liegen im Altersbereich von 30-50 Jahren, 7 Prozent sind zwischen 50 und 65 Jahre alt und 2 Prozent haben das Rentenalter erreicht.[20]

Im Vergleich zu deutschen Kreditinstituten fällt der sehr hohe Frauenanteil der Sberbank auf, der dem einer Sparkasse in den neuen Bundesländern sehr ähnlich ist. Auch ergeben sich aufgrund der Altersstruktur keine nennenswerten Unterschiede.

3.6.3 Zur Häufigkeitsverteilung in den Teilstichproben der Hauptuntersuchung

In einer populationsbeschreibenden Untersuchung sollte die ausgewählte Stichprobe die Grundgesamtheit in möglichst vielen Merkmalen und Merkmalskombinationen repräsentieren. Da die Untersuchungsteilnehmer nicht im Sinne einer Repräsentativität ausgewählt werden, ist somit eine Übertragbarkeit der Ergebnisse auf die Grundgesamtheit nur eingeschränkt möglich. Vielmehr wird zur Rekrutierung der Stichprobe ein pragmatischer Weg eingeschlagen und die Fragebögen an Schulungseinrichtungen regionaler Bil-

[20] Angaben der Nord-West-Bank der Sberbank der Russischen Föderation (2002)

dungseinrichtungen von verschiedenen Bankengruppen verteilt. Während der Durchführung einzelner Schulungsmaßnahmen werden Seminarteilnehmer gebeten, an der Fragebogenerhebung teilzunehmen. Obwohl das Bearbeiten des Fragebogens freigestellt wird, kann eine hohe Rücklaufquote von über 90 Prozent erzielt werden. Zudem wird dadurch eine hohe Durchführungsobjektivität erreicht, da der Autor der Studie jeweils als Testleiter fungiert und somit alle Teilnehmer die gleichen Testinstruktionen erhalten.

Besondere Beachtung findet die Erfassung regional-kultureller und bankengruppenspezifischer Unterschiede in der Ausprägung von selbstverantwortlichem Handeln bei Mitarbeitern. Daher sind in der Stichprobe sowohl Mitarbeiter aus den alten und den neuen Bundesländern sowie von öffentlich-rechtlichen, aber auch von privatwirtschaftlichen Kreditinstituten vertreten. Der für die Untersuchung erforderliche Stichprobenumfang wird dabei so festgelegt, dass es aufgrund der empirischen Ergebnisse grundsätzlich möglich ist, die spezifischen Thesen eindeutig verwerfen bzw. bestätigen zu können, um somit eine ausreichende interne Validität abzusichern. Da im vorliegenden Fall keine reine Zufallstichprobe erhoben wird, kann der benötigte Stichprobenumfang erheblich gesenkt werden (*Bortz*, 1999, 105). Zur rechnerischen Ableitung des „optimalen" Stichprobenumfangs wird dabei die wechselseitig funktionale Verknüpfung von Sigifikanzniveau, Teststärke, Effektgröße (ε) und Stichprobenumfang (n) beachtet (*Cohen*, 1988). Der Stichprobenumfang ist nach *Cohen* (1992, 155-159) dann als optimal zu bewerten, wenn „sie bei gegebenem α, β und ε eine eindeutige Entscheidung über die Gültigkeit von H0 oder H1 zulassen" (*Bortz*, 1999, 125). Da diese Werte in der Voruntersuchung nur näherungsweise ermittelt werden und auf Planungshinweise nicht vollständig verzichtet werden kann, wird auf allgemeine Richtwerte zurückgegriffen. So ergibt sich bei einem Signifikanzniveau von α=5%, einer β-Fehlerwahrscheinlichkeit von 20% und einer Teststärke von 80% ein optimaler Stichprobenumfang bei Korrelationsberechnungen von 68 und bei Varianzanalysen von 64 (*Bortz/Döring*, 1995, 575).

Der Gesamtstichprobenumfang der vorliegenden Untersuchung umfasst 242 Personen und erlaubt daher eine hinreichend genaue Auswertung der forschungsleitenden Thesen. Auch die Größe der Teilstichproben können als ausreichend betrachtet werden, um vergleichende Aussagen zu regional-kulturellen und bankengruppenspezifischen Unterschieden treffen zu können.

So werden in Russland 103 Mitarbeiter und in Deutschland 139 Mitarbeiter von Kreditinstituten befragt, wobei 72 Personen aus den alten Bundesländern und 66 Personen aus den Neuen Bundesländern stammen.

An der Erhebung in deutschen Kreditinstituten beteiligen sich insgesamt 30 Personen aus dem privaten Bankengewerbe, 52 Personen aus einem genossenschaftlichen Kreditinstitut, sowie 57 Personen aus dem öffentlich-rechtlichen Sparkassensektor, so dass alle Bankengruppen der Grundgesamtheit abgedeckt werden können. Auch die Geschlechtsverteilung der Stichprobe spiegelt die Grundgesamtheit annähernd wieder. So werden in der deutschen Teilstichprobe 58 Prozent männliche und 42 Prozent weibliche Probanden befragt, wogegen auch hier in der ostdeutschen Teilstichprobe der Anteil der Frauen mit 67 Prozent deutlich höher ist. Stärker repräsentiert ist in der Untersuchung die Altersgruppe der 20- bis 30-Jährigen. Dies ist darauf zurückzuführen, dass in Fortbildungsmaßnahmen häufiger diese Altersgruppe vertreten ist.

Altersverteilung	**Häufigkeit**	**Prozent der deutschen Teilstichprobe**
20-30 Jahre	91	65,5
31-40 Jahre	42	30,2
41-50 Jahre	4	3,6
51-60 Jahre	1	0,7
Gesamt	139	100

Tabelle 34: Altersverteilung der deutschen Teilstichprobe

Demzufolge ist auch der Anteil der Befragten, die erst 5 Jahre oder weniger im derzeitigen Kreditinstitut arbeiteten, mit 32 Prozent überdurchschnittlich hoch.

Dauer der Betriebszugehörigkeit	Häufigkeit	Prozent der deutschen Teilstichprobe
bis 5 Jahre	44	31,7
bis 10 Jahre	55	39,6
bis 15 Jahre	31	22,3
mehr als 15 Jahre	9	6,5
Gesamt	139	100

Tabelle 35: Verteilung der Betriebszugehörigkeit in der deutschen Teilstichprobe

Der Anteil der Befragten, die bereits eine Tätigkeit mit Mitarbeiterverantwortung ausüben, fällt mit 24 Prozent überraschend hoch aus, wobei jedoch hierzu keine Angaben zur Grundgesamtheit vorliegen.

In der russischen Teilstichprobe werden im Juni an 152 Mitarbeiter in zwei Filialen Fragebögen über die interne Hauspost versendet. Von den insgesamt 152 Fragebögen werden 103 ausgefüllt zurückgegeben, was einer Rücklaufquote von 68 Prozent entspricht. Der Anteil der weiblichen Mitarbeiter liegt bei 83 Prozent und entspricht somit der Verteilung in der gesamten Sberbank Nord-West. Im Vergleich zur deutschen Stichprobe ist der Anteil der Mitarbeiter mit Hochschulabschluss mit 74,8 Prozent fast 12-mal so hoch. Dies entspricht annähernd dem Unterschied aus der Betrachtung der Grundgesamtheit. So haben beispielsweise in westdeutschen Sparkassen nur 3,9 Prozent der Mitarbeiter einen Hochschulabschluss, in ostdeutschen Sparkassen liegt der Anteil mit 12,4 Prozent etwas höher (*Ostdeutscher Sparkassen- und Giroverband*, 2002, 8). Dieser enorme Unterschied ist auf die russische Bildungspolitik der vergangenen Jahrzehnte und der Personalpolitik der russischen Banken zurückzuführen. Da es nicht wie in Deutschland den Weg über eine kaufmännische Lehre in den Arbeitsmarkt gibt, rekrutieren russische Banken bevorzugt Absolventen der ökonomischen Fakultät einer Hochschule. Im Einklang zur deutschen Stichprobe ist auch der Anteil der 20- bis 30-Jährigen höher als in der Grundgesamtheit.

Altersverteilung	Häufigkeit	Prozent der deutschen Teilstichprobe
20-30 Jahre	49	47,6
31-40 Jahre	29	28,2
41-50 Jahre	21	20,4
51-60 Jahre	3	2,9
keine Angabe	1	1
Gesamt (n)	103	100

Tabelle 36: Altersverteilung der russischen Teilstichprobe

Dementsprechend ist auch der Anteil der Mitarbeiter mit einer kürzeren Betriebszugehörigkeitsdauer höher. So sind in der Grundgesamtheit etwa 50 Prozent der Mitarbeiter weniger als 15 Jahre in der Sberbank beschäftigt, während in der Teilstichprobe über 94 Prozent angeben, weniger als 15 Jahre in diesem Kreditinstitut zu arbeiten.

Dauer der Betriebszugehörigkeit	Häufigkeit	Prozent der deutschen Teilstichprobe
bis 5 Jahre	31	30,1
bis 10 Jahre	45	43,1
bis 15 Jahre	20	19,4
mehr als 15 Jahre	6	5,8
keine Angabe	1	1
Gesamt (n)	139	100

Tabelle 37: Verteilung der Betriebszugehörigkeit in der russischen Teilstichprobe

3.6.4 Zur Durchführung der Untersuchung

Die Datenerhebung zur Hauptuntersuchung findet im Juni und Juli 2002 statt. Insgesamt wird in zwei Seminargruppen der Ostdeutschen Sparkassenakademie in Potsdam, in einem Seminar der Bankakademie in Leipzig und in einem Fachseminar einer regionalen Akademie eines Genossenschaftsverbandes in Nordrhein-Westfalen der Forschungsfragebogen an Schulungsteilnehmer verteilt. Den Probanden wird die Teilnahme freigestellt und eine vollkommene Anonymität zugesichert, wobei die Rücklaufquote über 97 Prozent beträgt. Wie bei der Voruntersuchung im April 2002 beläuft sich die durchschnittliche Bearbeitungszeit auf ca. 25 Minuten. Auch die verbale und schriftliche Instruktion wird unverändert beibehalten.

Die Untersuchung der Mitarbeiter in russischen Kreditinstituten findet im Juni 2002 in St. Petersburg statt. Dazu wird der Fragebogen im Vorfeld ins Russische übersetzt und die Situationsbeschreibungen von einer russischen Muttersprachlerin, die seit vielen Jahren in einer deutschen Sparkasse beschäftigt ist, auf Plausibilität hin überprüft. Da keine Privatbank bereit war, sich an der Untersuchung zu beteiligen, werden nur Mitarbeiter der Sberbank befragt. Hierzu erfolgt ebenfalls im Juni 2002 eine Präsentation des Verfahrens bei dem Regionalvorstand der Bank, der dann eine Verteilung der Fragebögen in zwei Filialen veranlasst. Den beiden Leitern der Filiale wird per Begleitschreiben mitgeteilt, dass der Fragebogen einer wissenschaftlichen Untersuchung dient, anonym ausgewertet wird und nach einer Woche von einem Mitarbeiter der Hochschule abgeholt wird. Inwieweit weitergehende Instruktionen an die Mitarbeiter erfolgen, kann nicht in Erfahrung gebracht werden. Jedoch ist bei einer Rücklaufquote von 68 Prozent (von insgesamt 152 Fragebögen wurden 108 zurückgegeben, 5 Fragebögen waren ungültig) von einer freiwilligen Teilnahme auszugehen.

3.7 Zur Darstellung der Untersuchungsergebnisse und Auswertung der forschungs-leitenden Thesen

Die aus den theoretischen Vorüberlegungen abgeleiteten forschungsleitenden Thesen werden nachfolgend einzeln ausgewertet und die Ergebnisse interpretiert. Dabei werden die im Rahmen dieser Forschungsarbeit formulierten Unterschiedsthesen über Mittelwertsvergleiche und Varianzanalysen überprüft. Die Ergebnisse der Untersuchung werden über den SPSS-Ausgabeneditor in Form von ANOVA-Tabellen (Analysis of Variance) dargestellt. Die Analyse der aufgestellten Zusammenhangsthesen erfolgt über Korrelations- und Regressionsberechnungen. Vorausgehend werden zur Bestimmung der Zuverlässigkeit der verwendeten Skalen die Reliabilitätskoeffizienten berechnet.

3.7.1 Zur teststatistischen Auswertung der verwendeten Skalen

Zur teststatistischen Auswertung der verwendeten Skalen werden für alle Items die Mittelwerte (M) und Standardabweichungen (SD) berechnet. Um eine Aussage treffen zu können, wie gut ein einzelnes Item das Gesamtergebnis einer Skala repräsentiert, werden in den nachfolgenden Tabellen auch die jeweiligen Trennschärfekoeffizienten (r_{it}) angegeben. Da in den additiven Gesamttestwerten der Skalen auch das jeweils betrachtete Item selbst eingeht und somit die Korrelation künstlich erhöhen würde, ist nachfolgend der sogenannte „korrigierte Trennschärfekoeffizient“ dargestellt (*Fisseni*, 1997, 40f).

Item	M	SD	r_{it}
1. Es ist mir in meinem Leben gelungen, eine ganze Menge zu bewegen.	3,52	0,93	0,32
2. Wenn ich ansonsten mit meiner Tätigkeit sehr zufrieden bin, kann ich auf einen großen Gestaltungsspielraum verzichten.	2,93	1,25	0,18
3. Manche Kollegen denken, ich dränge zu stark auf Veränderungen, wenn ich mit ihnen zusammenarbeite.	2,58	1,01	0,33
4. Wenn es darum geht, etwas Neues zu initiieren, bin ich eigentlich nicht die richtige Person.	3,18	1,28	0,14
5. Manchmal muss man meinen Tatendrang bremsen.	2,79	1,10	0,30
6. Ich kann mich gut zurücknehmen, wenn etwas nicht optimal läuft, ich aber nicht direkt betroffen bin.	2,74	1,02	-0,1
7. Es fällt mir schwerer als anderen, mich Gelegenheiten anzupassen, die ich für verbesserungswürdig halte.	2,76	1,14	0,08
8. Es ist für mich nicht wesentlich, durch meine Tätigkeit etwas Maßgebliches zu bewirken.	2,96	1,23	0,20
9. Um eigene Wege zu beschreiten, verzichte ich auf den Rückhalt durch andere.	2,59	1,07	0,15
10. Ich kämpfe für meine Überzeugungen, auch wenn ich dafür Nachteile in Kauf nehmen muss.	3,18	1,03	0,22
11. Für einige bin ich ein unangenehmer Querdenker.	2,52	1,16	0,41
12. Ich spiele in Gedanken gern mit abstrakten Ideen.	2,82	1,15	0,17

Tabelle 38: Teststatistische Auswertung der BIB-Skala zur Erfassung von Gestaltungsmotivation

Die dargestellten Mittelwerte (M) der verwendeten BIB-Skalen vermitteln einen ersten Überblick über das Antwortverhalten der Probanden. So ist zu erkennen, dass alle Mittelwerte bei einem Antwortbereich von 1 (Minimalwert) bis 5 (Maximalwert) in einem akzeptablen Bereich von 2,52 und 3,52 liegen. Als kritischer erweisen sich die Trennschärfekoeffizienten der Skala, da grundsätzlich hohe Koeffizienten wünschenswert sind, wobei Werte zwischen 0.30 und 0.50 als mittelmäßig und Werte ab 0.50 als gut interpretierbar gelten. Sechs Items mit einer geringeren Trennschärfe als 0.30 sind daher im Rahmen dieser Studie als unzureichende Indikatoren des zugrundeliegenden Konstrukts zu betrachten (*Fisseni*, 1997, 124).

Ein ähnliches Bild ergibt sich für die BIB-Skala zur Erfassung von Flexibilität. Auch hier weisen mehr als die Hälfte der Items zu geringe Trennschärfen unter 0.30 auf.

Item	**M**	**SD**	r_{it}
Ich beschäftige mich lieber mit Aufgaben, bei denen ich abschätzen kann, was mich erwartet.	2,63	1,07	0,45
Wenn sich die Schwerpunkte meiner Tätigkeit völlig verändern, kann ich mich problemlos darauf einstellen.	3,36	1,03	0,08
Ich empfinde es als Herausforderung, wenn ich mit unvorhergesehenen Situationen konfrontiert werde.	3,44	1,06	0,14
Mir ist es lieb, wenn ich den Ablauf eines Arbeitstages genau planen kann.	2,44	1,16	0,23
Mir liegt daran, dass meine Tätigkeiten auf einen klar definierten Aufgabenbereich beschränkt bleiben.	3,10	1,23	0,29
Ich empfinde Unbehagen bei Aufgaben, die unklar definiert sind.	2,63	1,22	0,31
Ich befasse mich gern mit Aufgaben, die schnelles Handeln verlangen.	3,40	1,06	0,22
Ich rücke nur ungern von einem festen Tagesablauf ab.	2,76	1,21	0,38
Es ist mir angenehm, wenn bei einer Tätigkeit die Anforderungen häufig wechseln	3,29	1,19	0,21
Ich möchte nach Möglichkeit keine Aufgaben übernehmen, bei denen sich mein Arbeitsumfeld ständig ändert.	2,85	1,19	0,33
Wenn das meiste vorhersehbar ist, verliert die berufliche Tätigkeit für mich ihren Reiz.	2,95	1,17	0,19
Es ist mir angenehm, exakte Handlungsanweisungen zu erhalten.	2,70	1,14	0,41
Ich fühle mich am wohlsten, wenn alles seinen Gang geht.	2,56	1,18	0,45
Wenn ich vor völlig unerwarteten Situationen stehe, fühle ich mich richtig in meinen Element.	3,12	1,09	0,27

Tabelle 39: Teststatistische Auswertung der BIB-Skala zur Erfassung von Flexibilität

Zudem wird für die Schätzung der Zuverlässigkeit der einzelnen Itemskalen der von *Cronbach* entwickelte Alpha-Koeffizient berechnet. Diese Kennziffer lässt sich als die quadrierte Interkorrelation zwischen den durch die Messung ermittelten und den "wahren" Skalenwerten interpretieren. Es handelt sich um eine Schätzung der Untergrenze der Messgenauigkeit, wobei von einer reliablen Messung dann auszugehen ist, wenn der Alpha-Koeffizient den Wert von 0.70 nicht unterschreitet (*Bortz/Döring*, 1995, 184). Aufgrund des explorativen Charakters der vorliegenden Studie werden jedoch Werte bis 0.65 akzeptiert. Unter der Annahme, dass bei den beiden eingesetzten BIB-Skalen alle Items die gleiche jeweilige Zieldimension messen, können hier die Cronbach-Alpha-Werte bestimmt werden. So beträgt bei gegebener Varianzheterogenität der Items die geschätzte Untergrenze der Messgenauigkeit bei der BIB-Skala zur Erfassung von Gestaltungsmotivation 0.51 und kann somit als nicht ausreichend betrachtet werden. Zwar ließe sich der Reliabilitätskoeffizient des BIP-Gestaltungsmotivation über eine Faktorenanalyse unter Eliminierung aller Items mit geringer Trennschärfe auf einen Wert von 0.63 verbessern. Da die Skala nur als Ganzes einsetzbar ist, wäre jedoch dann ein konstruktkonformer Einsatz nicht mehr gewährleistet. Aus diesem Grunde wird die Skala nachfolgend nicht zur Thesenprüfung eingesetzt. Stellvertretend wird hilfsweise das erste Item der Skala verwendet, um die Beziehung zu den anderen in der Untersuchung dargestellten Skalen darzustellen. Es weist den höchsten Trennschärfekoeffizienten auf und kann somit am besten die Skala repräsentieren.

Die BIB-Skala zur Erfassung von Flexibilität bleibt mit einem Reliabilitätswert von 0.66 knapp oberhalb der geforderten Grenze von 0.65.

Item	M	SD	r_{it}
1. Wenn sich *in meinem Arbeitsumfeld* Widerstände auftun, finde ich Mittel und Wege, mich durchzusetzen	3,63	0,89	0,44
2. Die Lösung schwieriger Probleme gelingt mir immer, wenn ich mich darum bemühe.	3,91	0,89	0,40
3. Es bereitet mir *in meinem Beruf* keine Schwierigkeiten, meine Absichten und Ziele zu verwirklichen.	3,44	0,94	0,35
4. In unerwarteten Situationen weiß ich immer, wie ich mich *in der Bank* verhalten soll.	3,36	0,89	0,44
5. Auch bei überraschenden Ereignissen glaube ich, dass ich gut mit ihnen zurechtkommen werde.	3,78	0,84	0,52
6. Schwierigkeiten *in meinem Beruf* sehe ich gelassen entgegen, weil ich meinen Fähigkeiten immer vertrauen kann.	3,73	0,89	0,59
7. Was auch immer *in unserem Kreditinstitut* passiert, ich werde schon zurechtkommen.	3,61	0,85	0,37
8. Für jedes Problem kann ich eine Lösung finden.	3,61	0,85	0,54
9. Wenn eine neue Sache *in meinem Arbeitsumfeld* auf mich zukommt, weiß ich, wie ich damit umgehen kann.	3,65	0,87	0,38
10. Wenn *in unserer Bank* ein Problem auf mich zukommt, habe ich meist mehrere Ideen, wie ich es lösen kann.	3,30	0,93	0,29

Tabelle 40: Teststatistische Auswertung der Skala zur allgemeinen Selbstwirksamkeitserwartung

Die teststatistische Auswertung der Skala zur allgemeinen Selbstwirksamkeitserwartung führt insgesamt zu zufriedenstellenden Ergebnissen. Alle Items weisen von einer Ausnahme abgesehen ausreichend hohe Trennschärfekoeffizienten auf. Auch das Cronbach-Alpha der Skala bleibt mit 0.76 deutlich über der genannten Untergrenze von 0.65, so dass reliable Aussagen zur Selbstwirksamkeitserwartung der befragten Probanden getroffen werden können.

Itemtext	**M**	**SD**	**r_{it}**
Es hängt hauptsächlich von mir ab, ob sich *Kollegen in anderen Bereichen in meiner Bank* nach meinen Wünschen richten oder nicht.	2,81	1,07	0,26
Ob ich *beruflich Schiffbruch erleide* oder nicht, hängt alleine von mir und meinem Verhalten ab.	3,39	1,17	0,41
Wenn ich *berufliche* Pläne schmiede, bin ich mir ganz sicher, dass das Geplante auch Wirklichkeit wird.	3,40	0,85	0,34
Ich kann mich am besten selbst durch mein Verhalten vor Krankheiten schützen.	3,51	1,05	0,24
Ich kann sehr viel von dem, was in meinem *beruflichen* Leben passiert, selbst bestimmen.	3,45	1,02	0,39
In meiner Bank kann ich gewöhnlich meine *beruflichen* Interessen selbst vertreten und erreiche dabei das, was ich will.	3,11	1,14	0,41
Wenn ich *beruflich das erreiche*, was ich will, so ist das immer eine Folge meiner Anstrengung und meines persönlichen Einsatzes.	3,96	0,81	1,32
Mein *Karriereverlauf* und mein *beruflicher* Alltag werden alleine durch mein Verhalten und meine Wünsche bestimmt.	3,11	0,98	0,43

Tabelle 41: Teststatistische Auswertung der Primärskala zur Erfassung von Internalität der Kontrollüberzeugung

Auch die Items der Primärskala zur Erfassung von Internalität der Kontrollüberzeugung zeigen insgesamt ausreichende Trennschärfen. Bis auf zwei Ausnahmen lagen diese im wünschenswerten Bereich von höher als 0.30. Der Reliabilitätskoeffizient liegt bei 0.66, so dass die Skala zur nachfolgenden Thesenprüfung akzeptiert werden kann.

Itemnummer	M	SD	r_{it}	a_{ij}
1. *In meinem beruflichen Umfeld* habe ich es gern, wenn Dinge...	0,11	0,31	0,21	0,46
2 Im Umgang mit *Arbeitskollegen*...	0,00	0,19	0,29	0,56
3 Beruflich ist für mich von Bedeutung,...	0,23	0,42	0,25	0,53
4 *Bei meiner Arbeit* unverhofft auftretende Überraschungen sind zumeist...	0,48	0,50	0,39	0,68
5 *Berufliche* Ungewissheit empfinde ich als...	0,20	0,40	0,45	0,75

Tabelle 42: Teststatistische Itemkennwerte der Skala Ungewissheitstoleranz des F-DUP-K

Die teststatistische Itemkennwerte der Skala Ungewissheitstoleranz des F-DUP-K sind der oben dargestellten Tabelle zu entnehmen und insgesamt als unzureichend zu bewerten. Zwar zeigt die Faktorenanalyse hohe Ladungen aller Items auf dem gleichen Faktor, jedoch erweisen sich drei von fünf Items als weniger trennscharf und die Skala mit einem Cronbach-Alpha von 0.54 als schwach reliabel. Da das fünfte Item mit einem Trennschärfekoeffizienten von 0.45 und einer Faktorladung von 0.75 die Skala am besten repräsentiert, könnten über dieses Aussagen über die Ungewissheitstoleranz der Probanden getroffen werden. Im Rahmen dieser Arbeit wird daher hilfsweise die Thesenprüfung anhand des 5. Items erfolgen.

Mit Hilfe der Selv-Skala wird selbstverantwortliches Handeln in unterschiedlichen Intensitätsstufen erhoben. Die teststatistischen Kennwerte der selbst entwickelten Selv-Skala können der nachfolgenden Tabelle entnommen werden, wobei insgesamt die Items zur Erfassung von Pragmatismus besser abschneiden als die Teilskala zur Erfassung von Intrapreneurship als stärkste Ausprägungsstufe selbstverantwortlichen Handelns. Da Mitunternehmertum und Idealismus mit je nur einem Item erhoben werden, lassen sich hier nur Mittelwert und Standardabweichung berechnen.

Struktupel[21]	Teilskala/Ausprägungsintensität gemäß dem Stufenmodell	M	SD	r_{it}
111	Intrapreneurship	2,97	1,20	0,19
211	Intrapreneurship	3,18	1,16	0,26
311	Intrapreneurship	2,93	1,13	-0,06
411	Intrapreneurship	3,66	1,20	0,31
421	Mitunternehmertum	2,83	1,26	---
212	Idealismus	2,85	1,40	---
122	Pragmatismus	3,06	1,26	0,09
222	Pragmatismus	3,76	0,91	0,42
322	Pragmatismus	3,91	0,93	0,42
422	Pragmatismus	3,64	1,02	0,35

Tabelle 43: Teststatistische Kennwerte der Selv-Skala

Da für jede Ausprägungsstufe vier verschiedene Verhaltensdimensionen bei einem unterschiedlichen Maß an sozialer Zustimmung erfasst werden, ist für die gesamte Selv-Skala eine Berechnung des Reliabilitätskoeffizienten nicht sinnvoll. Vielmehr geht es darum, selbstverantwortliches Handeln möglichst über alle seine unterschiedlichen Facetten zu erfassen um somit eine erste Einordnung des Konstruktes vornehmen zu können. Jedoch werden zur Bewertung der Zuverlässigkeit für die einzelnen Teilskalen der Selv-Skala Reliabilitätskoeffizienten berechnet, wobei insbesondere die Skala zur Erfassung von Intrapreneurship mit 0,32 einen nicht zufriedenstellenden Cronbach-Alpha-Wert aufweist. Dies liegt insbesondere daran, dass die verschiedenen Verhaltensdimensionen selbstverantwortlichen Handelns in dieser stärksten Ausprägungsform von den Probanden aufgrund der anzunehmenden geringen Erfahrungswerte in diesem Bereich sehr unterschiedlich eingeschätzt werden. Bei Eliminierung von Item 3.1.1. verbessert sich der Reliabilitätskoeffizient lediglich auf 0.49. Da der Reliabilitätskoeffizient auch von der Anzahl der involvierten Items abhängt (*Wegener*, 1983, 63), müssten bei etwaigen Folgeuntersuchungen jedoch die Kennziffern der eingesetzten Verfahren durch Itemerweiterung oder -modifikation deutlich verbessert werden.

Als deutlich reliabler erweisen sich die vier Situationsbeschreibungen zur Erfassung von Pragmatismus als schwächste Ausprägungsstufe selbstverant-

[21] Die dazugehörigen Itemformulierungen können Tabele 15 entnommen werden

wortlichen Handelns. Bei Nichtberücksichtigung der zweiten Situationsbeschreibung wird ein Cronbach-Alpha von 0.66, bei ausschließlicher Betrachtung der russischen Teilstichprobe sogar von 0.75, erreicht, so dass auch hier in Folgeuntersuchungen die Teilskala um weitere Items und Situationsbeschreibungen erweitert werden müsste. In einem nächsten Schritt werden daher bei weiteren Untersuchungen die einzelnen Teilaspekte selbstverantwortlichen Handelns mit weiteren Items ermittelt, um für die Teilskalen eine Verbesserung der Reliabilitätswerte zu erreichen.

Die teststatistischen Auswertungen der ergänzend erhobenen Skalen EVU-R und EVU-U können den nachfolgenden Tabellen entnommen werden, wobei diese insgesamt mit Cronbach-Alpha-Werten von 0.40 (EVH-U) und 0.56 (EVH-R) weit außerhalb der erforderlichen Grenzbereiche liegen und somit zur weiteren Thesenprüfung nicht eingesetzt werden. Da die beiden Teilskalen der EVH-Skala zusammengenommen ein Cronbach-Alpha von 0.67 aufweisen, werden diese zusammengenommen bewertet, da auch inhaltlich eine Zusammenlegung der beiden Skalen sinnvoll interpretierbar ist.

Item	**M**	**SD**	r_{it}
Ich mache mich bei anderen unbeliebt, weil ich das tue, was ich für richtig halte.	2,48	0,99	0,27
Ich handle häufig auch dann, wenn ich nicht sicher sein kann, dass mein Handeln nur die gewünschten Folgen hat.	2,79	1,01	0,36
Ich habe schon Entscheidungen getroffen, ohne zu wissen, was andere davon halten werden.	3,22	1,18	0,29
Ich habe durch eigenmächtiges Vorgehen schon meine Stelle/Tätigkeit aufs Spiel gesetzt.	1,74	1,02	0,30
Eine risikoreiche Entscheidung hat mir schon berufliche Vorteile oder Anerkennung gebracht.	2,82	1,08	0,28
Risikobereites Handeln hat mir schon Unannehmlichkeiten oder berufliche Nachteile gebracht.	2,31	1,10	0,29

Tabelle 44: Teststatistische Auswertung der Skala EVH-R

Item	M	SD	r_{it}
Das eine oder andere Problem habe ich schon gelöst, ohne so genau auf die Vorschriften zu schauen.	3,33	1,09	0,35
Ich übernehme auch Aufgaben, für die ich eigentlich nicht qualifiziert bin.	2,97	1,21	0,32
Ich bekomme Ärger, weil ich Dinge tue, die meine Befugnisse überschreiten.	2,23	1,11	0,08
Ich übernehme Aufgaben, die über meine eigentliche Tätigkeit hinausgehen.	3,58	1,17	0,15

Tabelle 45: Teststatistische Auswertung der Skala EVH-U

Zusammenfassung:

Es lässt sich feststellen, dass die teststatistische Auswertung der verwendeten Skalen zu einem heterogen Bild führt. So beträgt bei gegebener Varianzheterogenität der Items die geschätzte Untergrenze der Messgenauigkeit bei der Wirkall-Skala 0.77 und schneidet somit am besten ab. Aufgrund des rein explorativen Charakters der Studie werden nachfolgend auch die verwendeten Skalen mit Reliabilitätskoeffizienten bis 0.65 zur Auswertung der forschungsleitenden Thesen herangezogen. Die Korrelationskoeffizienten des FKK-I und des BIB-Flexibilität liegen somit mit jeweils 0.66 knapp oberhalb der geforderten Grenze. Lediglich die Kennziffern des DUP, des BIB-Gestaltungsmotivation und der beiden EVH-Skalen bewegen sich mit 0.54 (DUP), 0.51 (BIB-G) bzw. 0.40 (EVH-U) und 0.56 (EVH-R) weit außerhalb der erforderlichen Bandbreite. Hilfsweise werden daher zur Thesenprüfung die beiden EVH-Skalen zusammengefasst verwendet. Für die Skala F-DUP-K zur Erfassung von Ungewissheitstoleranz wird das Item mit der höchsten Trennschärfe zur Thesenprüfung hilfsweise herangezogen.

3.7.2 Zur Auswertung der ersten forschungsleitenden These

Mit Hilfe der ersten forschungsleitenden These wird die theoretische Annahme, dass die Bereitschaft zu selbstverantwortlichem Handeln in unmittelbarem Zusammenhang mit den internalen Kontrollüberzeugungen einer Person steht, empirisch abgesichert. Wie in Kapitel 2.5.2.2 und 3.3.2 dargestellt, stellt das Konstrukt der Kontrollüberzeugung generalisierte Erwartungen dar und beschreibt die Einschätzung einer Person, inwieweit Ereignisse im Lebensraum von ihr beeinflusst werden können. Bei einer hohen internalen Kontrollüberzeugung sehen Mitarbeiter beruflichen Erfolg in Abhängigkeit von der eigenen Anstrengung und dem persönlichen Einsatz und erleben eigene Handlung als effektiv.

Die Auswertung der Untersuchungsergebnisse bestätigt zwischen internaler Kontrollorientierung (FKK-I) und selbstverantwortlichem Handeln (Selv) einen geringen (r=.191), jedoch auf dem 1%-Niveau signifikanten Zusammenhang. Dieses Ergebnis findet sich in der deutschen Teilstichprobe nicht wieder, da sich der Zusammenhang von r=.109 als nicht signifikant erweist. Dagegen ergibt sich in der russischen Teilstichprobe ein deutlicherer Zusammenhang von r=.278 bei einer einseitigen Signifikanz von .002.

Die forschungsleitende These kann somit angenommen werden, jedoch sollte in einer weitergehenden Untersuchung nach den Gründen der insgesamt geringen Korrelation gesucht werden. Gegebenenfalls könnten bei einer anderen Zusammensetzung insbesondere in der deutschen Teilstichprobe bessere Werte erzielt werden.

3.7.3 Zur Auswertung der zweiten forschungsleitenden These

Während das Konstrukt der internalen Kontrollüberzeugung die subjektiv wahrgenommene Kontrolle über das eigene Leben widerspiegelt, umschreibt die Selbstwirksamkeitserwartung die persönliche Einschätzung eines Menschen, inwieweit die eigenen Kompetenzen ausreichen, in dem von ihm kontrollierbaren Bereich, die Schwierigkeiten und Probleme des täglichen Lebens bewältigen zu können. Auch hier wird im theoretischen Teil dieser Arbeit ein Zusammenhang mit der Bereitschaft zu selbstverantwortlichem Handeln gesehen.[22]

Diese Annahme kann tendenziell bestätigt werden. Zwischen der Selbstwirksamkeitserwartung (Wirkall) und selbstverantwortlichem Handeln (Selv) besteht ein auf den 1%-Niveau signifikanter Zusammenhang von r=.300. Dieses Ergebnis findet sich in der deutschen Teilstichprobe abgeschwächt wieder, bei einer nicht signifikanten Korrelation von r=.131. In der russischen Teilstichprobe stellt sich ein auf dem 1%-Niveau signifikanter Zusammenhang von r=.446 ein.

[22] Vgl. Kapitel 3.3.1

Der Kontext, warum der Unterschied zwischen selbstverantwortlichem Handeln und der Selbstwirksamkeitserwartung bei den untersuchten Mitarbeitern der russischen Sberbank deutlich stärker ausgeprägt ist als in der deutschen Teilstichprobe, lässt sich im Rahmen dieser Untersuchung nicht aufzeigen, zumal der Mittelwertsunterschied, der sich bei selbstverantwortlichem Handeln zwischen beiden Teilstichproben gezeigt hat, bei der Variable Selbstwirksamkeitserwartung sehr gering und nicht signifikant ist . Somit ist eine schlüssige Interpretation an dieser Stelle nicht möglich. Die forschungsleitende These kann somit angenommen werden, jedoch sollte in einer weitergehenden Untersuchung nach den Gründen der geringen Korrelation und den unterschiedlichen Ergebnissen in den beiden Teilstichproben gesucht werden.

3.7.4 Zur Auswertung der dritten forschungsleitenden These

Kommt es zu Arbeitssituationen mit unklaren oder konträren Handlungsvorgaben und betreten Mitarbeiter selbstverantwortlich vom Kreditinstitut normativ unbesetzte Räume, so entstehen daraus für sie persönliche Handlungsrisiken. Das Persönlichkeitsmerkmal Ungewissheitstoleranz, d.h. die Fähigkeit einer Person, mit ungewissen, unklaren bzw. offenen Lebens- und auch Arbeitssituationen umzugehen, müsste entsprechend These 3 im direkten positiven Zusammenhang mit der Ausprägung der Bereitschaft zu selbstverantwortlichem Handeln stehen.

Bei Auswertung der Untersuchungsergebnisse ergibt sich dabei für die These 3 dasselbe Bild wie es für die zweite These dargestellt wird. Ebenso wie bei der internalen Kontrollüberzeugung besteht ein auf dem 1%-Niveau signifikanter Zusammenhang. In der Gesamtstichprobe ergibt sich eine korrelative Beziehung von r=165 zwischen Unsicherheitstoleranz und selbstverantwortlichem Handeln. In der deutschen Teilstichprobe dagegen erweist sich der Zusammenhang als nicht signifikant, wogegen er in der russischen Teilstichprobe mit r=333 auf einem 1%-Signifikanzniveau deutlicher ausfällt.

These 3 kann somit angenommen werden. Jedoch sollte in einer weitergehenden Untersuchung auch hier nach den Gründen der geringen Korrelation und den unterschiedlichen Ergebnissen in den beiden Teilstichproben gesucht werden. Zudem ist zu beachten, dass das Cronbach-Alpha der DUP-Skala, mit dessen Hilfe im Rahmen dieser Untersuchung die Unsicherheitstoleranz erhoben wird, mit 0,5390 deutlich unter dem geforderten Wert für zuverlässige Ergebnisse bei Felduntersuchungen von 0,70 liegt und daher nur hilfsweise das Item mit der höchsten Trennschärfe zur Thesenprüfung verwendet wird. Für weiterführende Untersuchungen empfiehlt es sich daher, die Kurzform des DUP durch eine erweiterte Skala zu ersetzen.

3.7.5 Zur Auswertung der vierten forschungsleitenden These

Erwartungsgemäß sind im Mittelwertsvergleich die Werte für Männer mit 63,71 Punkten auf dem 5%-Niveau signifikant höher als bei den weiblichen Probanden, die im Durchschnitt auf 62,15 Punkten kommen. Allerdings zeigt sich auch hier ein geringes Eta-Quadrat von .023, so dass aufgrund des Geschlechtes nur eingeschränkt Rückschlüsse auf die Bereitschaft zu selbstverantwortlichem Handeln gezogen werden können. Betrachtet man nur die deutsche Teilstichprobe, ergibt sich ein ähnliches Bild wie in der Gesamtstichprobe. Männliche Probanden kommen hier auf einen Mitttelwert von 64,53, wogegen die weiblichen Probanden einen Mittelwert von 62,88 erzielen. Auch hier erweist sich der Mittelwertsunterschied auf dem 5%-Niveau signifikant.

In der russischen Teilstichprobe liegt dagegen der Mittelwert bei den Frauen mit 61,64 geringfügig höher als bei den männlichen Probanden (60,11), wobei der Unterschied jedoch nicht signifikant wird. Diese Richtungsänderung kann am hohen Frauenanteil von über 80 Prozent der russischen Teilstichprobe liegen. Die These kann daher für die Gesamtstichprobe angenommen werden. Bei Betrachtung der einzelnen Teilstichproben ergibt sich eine thesenkonforme Ausprägung nur in Deutschland.

Neben der Prüfung der forschungsleitenden These werden zudem Unterschiede zwischen deutschen und russischen Mitarbeiterinnen und Mitarbeitern betrachtet. Russische und deutsche Frauen unterscheiden sich dabei in der Bereitschaft zu selbstverantwortlichem Handeln nicht signifikant. Hier liegen die Werte im Mittelwertsvergleich bei 62,88 (deutsche Mitarbeiterinnen) und 61,64 (Mitarbeiterinnen der russischen Sberbank). Dagegen gibt es bei den männlichen Probanden deutliche Unterschiede auf dem 1%-Signifikanzniveau. Hier weisen die deutschen Probanden im Mittelwertsvergleich deutlich höhere Werte auf (64,53) als ihre russischen Kollegen

(60,11). Bei einer Effektstärke (Eta-Quadrat) von über 12 Prozent kann davon ausgegangen werden, dass insbesondere die männlichen Mitarbeiter in der russischen Sberbank eine tendenziell geringere Bereitschaft zu selbstverantwortlichem Handeln zeigen.

Ergänzend wird der vorliegenden Untersuchung das Alter der Probanden als ordinalskalierte Variable über fünf verschiedene Altersgruppen erhoben. Aus diesem Grund wird zur Berechnung eines möglichen Zusammenhangs zwischen dem Alter der Probanden und der Ausprägung an selbstverantwortlichem Handeln der Korrelationskoeffizient nach Spearman als nichtparametrische Version des Pearson-Koeffizienten berechnet. Der Korrelationswert zwischen Alter und der Ausprägung an selbstverantwortlichem Handeln beträgt r= -.023 bei einer einseitig berechneten Signifikanz von .361. Aufgrund der Ergebnisse kann nicht davon ausgegangen werden, dass Selbstverantwortung mit steigendem Alter zunimmt. Zu beachten wäre jedoch, dass dieser nicht signifikante Zusammenhang möglicherweise durch die einseitige Stichprobenverteilung begründet sein kann. In der vorliegenden Fragebogenerhebung werden viele junge Mitarbeiter und nur wenige ältere Beschäftigte befragt. So sind fast 60 Prozent der Probanden unter 30 Jahren und nur 1,7 Prozent älter als 50 Jahre. In der deutschen Teilstichprobe ist die Einseitigkeit der Verteilung mit fast 66 Prozent an Probanden, die noch nicht 30 Jahre alt ist, noch stärker ausgeprägt als in der russischen Teilstichprobe. Zwar zeichnet sich in den vergangenen Jahren durch diverse Personalanpassungsmaßnahmen wie der verstärkten Nutzung von Altersteilzeitmodellen eine Verjüngung der Beschäftigtenstruktur im deutschen Bankgewerbe ab, jedoch sollte in einer etwaigen Folgeuntersuchung bei einer nochmaligen Überprüfung eines möglichen Zusammenhangs darauf geachtet werden, eine gleichmäßigere und damit die Grundgesamtheit besser abbildende Verteilung der Alterstruktur zu erhalten.

Ergänzend zur vierten forschungsleitenden These 4 wird auch ein möglicher Zusammenhang zwischen der Höhe des Schulabschlusses und der Ausprägung von selbstverantwortlichem Handeln erfasst. Der Korrelationswert zwischen dem Qualifizierungsstand der befragten Mitarbeiter und der Ausprägung der Bereitschaft zu selbstverantwortlichem Handeln beträgt r= -.050 bei einer einseitig berechneten Signifikanz von .220. Aufgrund der Ergebnisse kann somit für die Gesamtstichprobe kein Zusammenhang bestätigt werden.

In den Teilstichproben ergeben sich dagegen jeweils auf dem 5%-Niveau signifikante Zusammenhänge. Die Korrelationswerte sind jedoch sehr gering, so dass auch hier keine eindeutige Interpretation möglich ist.

Auffällig ist die unterschiedliche Verteilung des Merkmals Qualifizierungsstand in den Teilstichproben. So können in der russischen Stichprobe 74,8 Prozent der befragten Mitarbeiter einen Hochschulabschluss vorweisen. In der deutschen Stichprobe dagegen hat die überwiegende Mehrheit einen kaufmännischen Berufsabschluss und nur 6,5 Prozent einen Abschluss an einer Hochschule. Dieser deutliche Unterschied spiegelt sich auch bei Betrachtung der beiden Grundgesamtheiten wieder, da in russischen Banken traditionell fast ausschließlich Absolventen einer Hochschule rekrutiert werden. Diese Rekrutierungspolitik erfolgt vor dem Hintergrund, dass im russischen Berufsbildungssytem an Hochschulen in der Regel die höhere berufliche Bildung vermittelt wird (*Kuebart/Huck*, 1995).

> „Grundsätzlich wird in Russland nicht zwischen der höheren beruflichen Bildung und der Universitätsbildung unterschieden. Es gibt verschiedene Varianten der höheren beruflichen Bildung: Zum einen die fünfjährige Ausbildung zum „Spezialisten“ und zum anderen die vierjährige Ausbildung von Bachelors und die daran anschließende zweijährige Ausbildung von Magistern.“ (*Arnswald*, 2001, 157)

So arbeitet auch die Sberbank mit verschiedenen Hochschuleinrichtungen in St. Petersburg zusammen. Zwar werden auch Bewerber von den beruflich-technischen Schulen (PTU), an denen die grundlegende berufliche Bildung in Russland erfolgt, oder von Fachschulen (mittlere Berufsausbildung) eingestellt, jedoch bilden diese im Vergleich zu den Hochschulabsolventen die Minderheit (*Kuebart*, 2001).

Dies könnte einen Hinweis darauf geben, dass die Untersuchungsergebnisse zur Gesamtstichprobe als sicher angesehen werden können.

3.7.6 Zur Auswertung der fünften forschungsleitenden These

Selbstverantwortliches Handeln wird im Rahmen dieser Untersuchung als proaktives Verhalten beschrieben, welches nur im Kontext der konkreten Handlungssituation prognostiziert werden kann. In den theoretischen Vorüberlegungen wird daher angenommen, dass neben den persönlichen Normen als wichtigste Orientierungsgröße für selbstverantwortliche Handlungen auch die subjektiven Standards, d.h. die normativen Erwartungen der Organisation und der Gesellschaft, eine bedeutende Rolle spielen.[23] Zur Erhebung des Einflusses der verschiedenen Umweltbereiche, die das Auftreten und die Intensität selbstverantwortlichen Handelns beeinflussen können, werden die Probanden gebeten, vier verschiedene Situationen zu bewerten und einzuschätzen, inwieweit die von *Bronfenbrenner* (1981) definierten Strukturebenen selbstverantwortliches Verhalten im jeweiligen Kreditinstitut unterstützen würden.

These 5 geht demzufolge davon aus: Wenn hohes selbstverantwortliches Handeln in einem Kreditinstitut gezeigt wird, steht dies im engen Zusammenhang zu verschiedenen subjektiven Normen, insbesondere der Mesosystemebene eines Mitarbeiters. Erwartungsgemäß kann auch ein signifikant positiver Zusammenhang zwischen der Einstellung in den beschriebenen vier Verhaltensdimensionen, selbstverantwortlich zu handeln (Selv-Skala), und der generellen persönlichen Befürwortung von selbstverantwortlichem Handeln bei sich selbst und bei Dritten beobachtet werden. In allen fünf Teilstichproben zeigt sich dieses Bild, wobei in der russischen Teilstichprobe der Zusammenhang am stärksten ausgeprägt ist.

[23] Vgl. Kapitel 2.6

		Selv-Skala Gesamtstichprobe	Selv-Skala deutsche Stichprobe	Selv-Skala westdt. Stichprobe	Selv-Skala ostdeutsche Stichprobe	Selv-Skala russische Stichprobe
persönliche Befürwortung	Korrelation nach Pearson	.48	.36	.41	.26	.53
	einseitige Signifikanz	.00	.00	.00	.02	.00
	N	240	138	72	65	102
Befürwortung durch Kollegen	Korrelation nach Pearson	.31	.06	.12	-.07	.44
	einseitige Signifikanz	.00	.24	.16	.29	.00
	N	239	138	72	65	101
Befürwortung durch Vorgesetzten	Korrelation nach Pearson	.37	.16	.31	.-05	.39
	einseitige Signifikanz	.00	.03	.00	.34	.00
	N	233	136	72	63	97
Befürwortung durch Kreditinstitut	Korrelation nach Pearson	.32	.08	.24	-.16	.36
	einseitige Signifikanz	.00	.17	.02	.11	.00
	N	234	134	71	62	100
Befürwortung durch Gesellschaft	Korrelation nach Pearson	.28	.04	.02	.04	.36
	einseitige Signifikanz	.00	.33	.43	.37	.00
	N	235	134	70	63	101

Tabelle 46: Korrelationen zwischen Selv-Skala und den subjektiven Normen der verschiedenen Strukturebenen der Arbeitsumwelt

Für die Gesamtstichprobe ergeben sich mit allen Strukturebenen auf dem 1%-Niveau signifikante Zusammenhänge, wobei die korrelative Verknüpfung mit der Mesosystemebene und der Exosystemebene am stärksten ausgeprägt ist. So bestätigt sich die Einschätzung, dass selbstverantwortliches Handeln insbesondere mit der Befürwortung durch den Vorgesetzten (r=.373) in Zusammenhang steht. Für alle Stichproben, außer der ostdeutschen Teilstichprobe, gilt, wenn eine Person eine positive Einstellung zu selbstverantwortlichem Handeln hat, dies im Zusammenhang mit der Einschätzung steht, dass diese Verhaltensweisen durch den Vorgesetzten befürwortet werden.

In der russischen Teilstichprobe können die deutlichsten Zusammenhänge ermittelt werden. Im Gegensatz zur Gesamtstichprobe gilt, dass wenn eine Person eine positive Einstellung zu selbstverantwortlichem Handeln hat, dies insbesondere im Zusammenhang mit der Einschätzung steht, dass diese Verhaltensweise durch die Arbeitskollegen befürwortet wird. Dieses Ergebnis könnte auf den geschichtlichen Kontext der letzten 50 Jahre zurückzuführen sein, da in der kommunistischen Gesellschaft Russlands dem „Arbeitskollektiv" eine hohe Bedeutung zukam. In den deutschen Teilstichproben ergeben sich hier keine signifikanten Werte.

Aufgrund der gefundenen Zusammenhänge erscheint es wichtig, dass die verschiedenen Einflussebenen der Arbeitsumwelt und hier insbesondere die Mesosystemebene eine positive Einstellung, selbstverantwortliches Verhalten zu befürworten, klar kommunizieren. Dies wird auch von der Aussage unterstützt, dass die Mittelwerte aller situativen Variablen in Deutschland auf dem 5% Niveau signifikant höher eingeschätzt werden als von den befragten Mitarbeitern der russischen Stichprobe.

	persönliche Befürwortung	Befürwortung durch Kollegen	Befürwortung durch Vorgesetzten	Befürwortung durch Kreditinstitut	Befürwortung durch Gesellschaft
Deutsche Teilstichprobe	14,16	12,48	13,05	12,50	12,32
Russische Teilstichprobe	13,04	11,82	10,50	10,21	11,12
Gesamtstichprobe	13,68	12,20	11,99	11,52	11,80

Tabelle 47: Subjektive Einschätzung der Befürwortung selbstverantwortlichen Handelns durch die Arbeitsumwelt (Mittelwertsvergleich)

So erleben Mitarbeiter deutscher Kreditinstitute eine höhere Befürwortung selbstverantwortlicher Handlungsweisen in allen Strukturebenen der Arbeitsumwelt. Der deutlichste Unterschied ergibt sich bei der Einschätzung der

Befürwortung durch den Vorgesetzten. Dies legt die Vermutung nahe, dass die befragten Mitarbeiter der russischen Sberbank insbesondere von ihrer Führungskraft weniger Unterstützung in diesem Verhaltensbereich erwarten als ihre deutschen Kollegen. Die einzige Ausnahme stellt die Einschätzung, inwieweit selbstverantwortliches Verhalten von den Kollegen befürwortet wird, dar. Zwar ist auch hier der Mittelwert der deutschen Stichprobe höher als in Russland, jedoch ist der Unterschied nicht signifikant. Der in These 5 postulierte Zusammenhang zwischen einer hohen Ausprägung selbstverantwortlichen Verhaltens und einer subjektiv erlebten Befürwortung durch die Arbeitsumwelt kann somit angenommen werden.

3.7.7 Zur Auswertung der sechsten forschungsleitenden These

Zur Überprüfung des Einflusses der organisationalen Einbindung in das Arbeitsumfeld als wesentlicher Bestandteil der Mesosystemebene geht die sechste forschungsleitende These von der Annahme aus, dass gerade von Führungskräften in Kreditinstituten ein hohes Maß an Selbstverantwortung implizit erwartet oder explizit gefordert wird. Ihnen steht in der Regel ein größerer Kompetenzrahmen zur Verfügung. Mitarbeitern ohne Führungsverantwortung werden generell geringere Handlungsräume zugestanden als Angestellten mit unterstellten Mitarbeitern. Aus dieser Konstellation heraus ergeben sich mehr Möglichkeiten zur Selbstverwirklichung und zu selbstverantwortlichem Handeln.

In der Tat bestätigt sich in den untersuchten Stichproben, dass Führungskräfte mit Mitarbeiterverantwortung eine auf dem 5%-Niveau signifikant höhere Ausprägung in der Bereitschaft zu selbstverantwortlichem Handeln zeigen als Mitarbeiter ohne Führungsverantwortung.

Tätigkeit	**Mittelwert**	**Standardabweichung**
mit Mitarbeiterverantwortung	63,87	4,93
ohne Mitarbeiterverantwortung	62,44	5,04
Gesamt	62,86	5,04

Tabelle 48: Einfluss einer Tätigkeit mit Führungsverantwortung auf selbstverantwortliches Handeln bei Betrachtung der Gesamtstichprobe

Dieses thesenkonforme Ergebnis ergibt sich auch in der russischen Teilstichprobe. Hier liegen die Mittelwerte bei 63,19 (Mitarbeiter mit Führungsverantwortung) und 60,41 (Mitarbeiter ohne Führungsverantwortung). Dieser Mittelwertsunterschied ist auf dem 5%-Niveau signifikant. Zwar sind auch in der deutschen Teilstichprobe die Werte der befragten Mitarbeiter mit Führungsverantwortung geringfügig höher (64,66 zu 63,67), jedoch erweist sich dieser Mittelwertsunterschied als nicht signifikant. Für die Gesamtstichprobe und die russische Teilstichprobe kann somit die gestellte These angenommen werden. Zu beachten ist jedoch, dass die Mittelwertsunterschiede zwischen Führungskräften und Mitarbeitern ohne Führungsverantwortung, wenngleich sie in der russischen Teilstichprobe höher ausfallen, insgesamt als eher gering zu betrachten sind.

Ergänzend zu sechsten These wird geprüft, inwieweit auch Einflüsse aus dem privaten Umfeld für die Ausprägung von selbstverantwortlichem Handeln im beruflichen Kontext bestehen. So könnte vermutet werden, dass eine höhere Sicherheitsorientierung und eine damit verbundene geringere Bereitschaft zu selbstverantwortlichem Handeln insbesondere bei Mitarbeitern, die den Großteil des Familieneinkommens erwirtschaften, zu erwarten ist. Erwartungsgemäß konnte in der vorliegenden Untersuchung auch eine schwach negative und signifikante Korrelation zwischen dem Anteil am Haushaltseinkommen und der über die Selv-Skala gemessenen Bereitschaft zu selbstverantwortlichem Handeln gefunden werden. Dies bestätigt die Annahme, jedoch sollte in einer Folgeuntersuchung anhand einer Stichprobe, in der die Merkmale Familienstand und Anteil am Haushaltseinkommen ausgewogener verteilt sind, dies nochmals überprüft werden. So geben in der vorliegenden Untersuchung fast 70 Prozent der Befragten in der deutschen Stichprobe an, ledig zu sein, was zur Erklärung des hohen Anteils der Alleinverdiener (54,7 Prozent) herangezogen werden kann. Bei einer ausgeglicheneren Verteilung ist zu erwarten, dass die negativen Zusammenhänge dann noch deutlicher werden könnten.

3.7.8 Zur Auswertung der siebten forschungsleitenden These

Über die siebte forschungsleitende These 7 wird der Einfluss der Exosystemebene auf selbstverantwortliches Handeln untersucht. So könnte man davon ausgehen, dass die Bereitschaft zu selbstverantwortlichem Handeln im Zusammenhang mit der Dauer der Betriebszugehörigkeit steht. Ein positiver Zusammenhang sollte sich jedoch nur dann einstellen, wenn selbstverantwortliches Handeln als erstrebenswerter Unternehmenswert erlebt und von Kollegen, Führungskräften und Unternehmensleitung als anzustrebende Verhaltensweise unterstützt wird. Bei Auswertung der Untersuchungsergebnisse stellt sich ein Korrelationswert zwischen der Dauer der Betriebszugehörigkeit und der Ausprägung an selbstverantwortlichem Handeln von r= .043 bei einer einseitig berechneten Signifikanz von .254 ein. Aufgrund der Ergebnisse kann zwischen der Dauer der Betriebszugehörigkeit und der Höhe der Ausprägungsintensität von Selbstverantwortung kein negativer Zusammenhang bestätigt werden. Ein ähnliches Untersuchungsergebnis findet sich bei Betrachtung der einzelnen Teilstichproben. So ergibt sich für die deutsche Teilstichprobe eine korrelative Beziehung von r=.129 bei einer einseitig berechneten Signifikanz von .065 und in der russischen Teilstichprobe eine negative Korrelation von -.092 auf einem 5%-Signifikanzniveau. Diese Ergebnisse lassen sich nicht auf eine unausgewogene Verteilung der Variable „Dauer der Betriebszugehörigkeit“ zurückführen.

Betriebszugehörigkeit	**Häufigkeit in Prozent**
bis 5 Jahre	31,1
bis 10 Jahre	41,5
bis 15 Jahre	21,2
Mehr als 15 Jahre	6,2

Tabelle 49: Häufigkeitsverteilung der Variable "Dauer der Betriebszugehörigkeit"

Vielmehr kann die Verteilung der Variable „Dauer der Betriebszugehörigkeit“ in der Gesamtstichprobe sowie in den einzelnen Teilstichproben als ausgewogen bezeichnet werden. So befinden sich in den einzelnen Stichproben sowohl ausreichend viele Mitarbeiter, die erst kurz im derzeitigen Kreditinstitut beschäftigt sind, als auch eine Reihe von „altgedienten“ Mitarbeitern, die schon mehr als 15 Jahre in der Bank oder Sparkasse arbeiten.

Ergänzend wird in der vorliegenden Untersuchung zur Erfassung des Einflusses der Exosystemebene auf selbstverantwortliches Handeln der Frage nachgegangen, ob Mitarbeiter einer öffentlich-rechtlichen Bank tendenziell stärker sicherheitsorientiert und damit auch weniger zu selbstverantwortlichem Handeln bereit sind als ihre Kollegen der anderen Bankengruppen. Dahinter steht die Annahme, dass aufgrund der stärkeren Gewinnorientierung, insbesondere bei Privatbanken, in dieser Bankengruppe Mitarbeiter deutlicher auf direkte oder indirekte Weise zu selbstverantwortlichem Handeln aufgefordert werden. In den Untersuchungsergebnissen unterscheiden sich auch die Mittelwerte der einzelnen Bankengruppen, wobei Mitarbeiter der öffentlich-rechtlichen Sparkassenorganisation im Durchschnitt die geringsten Werte aufweisen.

Rechtsform des Kreditinstitutes	Mittelwert
privatwirtschaftlich	64,33
genossenschaftlich	64,60
öffentlich-rechtlich	61,90
Gesamt	62,79

Tabelle 50: Einfluss der Rechtsform eines Kreditinstitutes auf die Ausprägungsintensität von selbstverantwortlichem Handeln

Die Ausprägung der Bereitschaft zu selbstverantwortlichem Handeln in Abhängigkeit von der Rechtsform des Kreditinstituts erweist sich auf dem 1%-Niveau zwar signifikant, jedoch fallen die Unterschiede nur gering aus. Auch das Zusammenhangsmaß Eta-Quadrat hat mit 6 Prozent eine geringe Ausprägung, so dass die Zugehörigkeit zu einer bestimmten Bankengruppe als Einfluss auf die Ausprägungsintensität von selbstverantwortlichem Verhalten verworfen wird.

3.7.9 Zur Auswertung der achten forschungsleitenden These

Im Rahmen dieser Studie wird auch ein möglicher Einfluss der Makrosystemebene auf die Ausprägung von selbstverantwortlichem Verhalten untersucht und insbesondere mögliche Ausprägungsunterschiede zwischen Mitarbeitern deutscher und russischer Kreditinstitute bestimmt. Zur Auswertung dieser These werden zunächst die Antworten der Probanden gemäß der Gewichtungsregelung (siehe Kapitel 3.1.1.3) ausgewertet. Bei einem möglichen Gesamtscore zwischen minimal 40 und maximal 70 Punkten in der Selv-Skala liegt der Gesamtmittelwert der deutschen Stichprobe wie erwartet höher bei 63,8333 Punkten im Vergleich zu 61,3725 Punkten in der russischen Stichprobe. Der Unterschied ist zwischen beiden Gruppen im Mittelwertsvergleich auf dem 1%-Niveau signifikant (α= 0,00) bei einem F-Wert von 14,728.

Auch in der Betrachtung der einzelnen Ausprägungsstufen kann dieses Ergebnis bestätigt werden. Lediglich im Bereich des Idealismus sind in der russischen Teilstichprobe höhere Werte zu verzeichnen, was darauf zurückgeführt werden kann, dass diese Stufe des selbstverantwortlichen Handelns nur mit einem Item unterrepräsentiert erhoben wird oder sich hier Unschärfen der Übersetzung zeigen. Der deutlichste Unterschied ist im Bereich des Intrapreneurships zu verzeichnen. Mitarbeiter der russischen Sberbank sind demnach gerade in der stärksten Ausprägungsform selbstverantwortlichen Handelns weit weniger bereit, von der Bank normativ schwach besetzte Räume zu betreten als ihre deutschen Kollegen.

Zur Interpretation der Ergebnisse wird auch der situative Kontext der konkreten Handlungssituation erfasst, da die Absicht zu selbstverantwortlichem Handeln in Abhängigkeit vom jeweiligen Arbeitsumfeld umgesetzt wird.

		Selv-Skala Gesamtstichprobe	Selv-Skala deutsche Stichprobe	Selv-Skala russische Stichprobe
Persönliche Befürwortung	Mittelwert	13,6818	14,1583	13,0388
Befürwortung durch Kollegen	Mittelwert	12,2033	12,4820	11,8235
Befürwortung durch Vorgesetzten	Mittelwert	11,9872	13,0511	10,5000
Befürwortung durch Kreditinstitut	Mittelwert	11,5212	12,5037	10,2079
Befürwortung durch Gesellschaft	Mittelwert	11,8017	12,3185	11,1176

Tabelle 51: Mittelwertsvergleich zwischen den eingeschätzten Rahmenbedingungen selbstverantwortlichen Handelns und der Nationalität

Bei Betrachtung der situativen Kontextgestaltung zeigen sich bei allen Umweltvariablen unterschiedliche Einschätzungen zwischen den untersuchten Mitarbeitern der russischen Sberbank und den deutschen Probanden. Mit Ausnahme der situativen Variablen „Befürwortung durch die Kollegen“ sind auch alle Ergebnisse auf dem 1%-Niveau signifikant.[24] Am deutlichsten unterscheiden sich die Einschätzungen, inwieweit selbstverantwortliches Handeln durch die jeweilige Führungskraft befürwortet wird. Da die Ausprägung von selbstverantwortlichem Handeln am stärksten mit dieser Umweltvariable im Zusammenhang steht (vgl. Auswertung These 5, Kapitel 3.7.6), kann dies als eine mögliche Ursache des generell geringeren Mittelwertes in der russischen Teilstichprobe gesehen werden. Für die russische Teilstichprobe ergibt sich auf dem 1%-Niveau ein signifikant positiver Zusammenhang zwischen der Ausprägungsintensität von selbstverantwortlichem Handeln und der erlebten Befürwortung durch die Makrosystemebene. Die korrelative Beziehung ist dabei nur geringfügig schwächer ausgeprägt als die Verknüpfung mit den anderen Strukturebenen. Für die deutsche Stichprobe ergibt sich dagegen kein signifikanter Zusammenhang.

Aufgrund der dargestellten Ergebnisse wird die achte forschungsleitende These als angenommen betrachtet. Zu beachten ist jedoch, dass sich das Zusammenhangsmaß Eta-Quadrat (Varianzanteil der abhängigen Variablen, der durch die unabhängige Variable erklärt wird) als relativ gering erweist (*Bortz/Döring*, 1995, 594). So können nur 6 Prozent des Unterschiedes im Gesamtmittelwert der beiden Teilstichproben durch die Nationalität der Probanden erklärt werden. Dieses Ergebnis verdeutlicht daher, dass die Nationalität der Probanden nur eingeschränkt als Prädiktor für selbstverantwortliches Verhalten herangezogen werden kann.

Ergänzend wird die Frage geklärt, inwieweit es auch innerhalb von Deutschland nach über einem Jahrzehnt der politischen Wiedervereinigung in Bezug auf die Bereitschaft zu selbstverantwortlichem Handeln noch Unterschiede zwischen Mitarbeitern aus den alten und den neuen Bundesländern gibt. Zahlreiche soziologische Studien belegen, dass bereits unmittelbar nach der Wiedervereinigung eine Passung persönlicher Wertvorstellungen festzustellen ist und entgegen landläufiger Vorurteile auch in anderen Wertebereichen keine nennenswerten Unterschiede beobachtet werden können (*Klages/Gensicke*, 1997). Dagegen bestehen bei gesellschaftlichen Wertvorstellungen noch immer deutliche Unterschiede zwischen Ost- und Westdeutschland (*Klages*, 2001). Die Menschen in den Neuen Bundesländern fühlen sich nach *Klages* (2001) in der Regel als „Bürger zweiter Klasse“ und empfinden die markt-

[24] Vgl. Tabelle 46

wirtschaftliche Ordnung tendenziell eher als ungerecht. Im Rahmen der vorliegenden Untersuchung wird daher die Frage geklärt, inwieweit der Wunsch nach stärkeren staatlichen Eingriffen (*Mühleck/Wegener*, 2002) im beruflichen Kontext zu einer geringeren Bereitschaft zu selbstverantwortlichem Handeln führt.

Die Untersuchungsergebnisse zeigen jedoch keine signifikanten Mittelwertsunterschiede. Die Annahme, dass Mitarbeiter aus den neuen Bundesländern eine geringere Ausprägung von selbstverantwortlichem Handeln zeigen, kann somit nicht angenommen werden. Auch die Einschätzung der verschiedenen Umweltvariablen, d.h. das subjektive Empfinden, inwieweit selbstverantwortliches Handeln durch die verschiedenen Ebenen der Arbeitsumwelt befürwortet wird, ist nicht signifikant unterschiedlich zwischen den alten und neuen Bundesländern. Bei der Interpretation dieses Ergebnisses ist zu berücksichtigen, dass die untersuchten Personen alle Mitarbeiter unterschiedlicher Banken und somit berufstätig sind. Zudem ist die Mehrheit zwischen 20 und 30 Jahren alt, so dass die Stichprobe als nicht repräsentativ für einen zwischendeutschen Vergleich betrachtet werden kann.

3.7.10 Zu weiterführenden Analysen

Um das Konstrukt Selbstverantwortung sinnvoll einzuordnen und ihre theoretischen Beziehungen zu den anderen in der Untersuchung erhobenen Konstrukten bzw. Skalen statistisch zu bestimmen, werden ergänzend mehrere Faktorenlösungen berechnet. Ziel ist es, die über die forschungsleitenden Thesen teilweise bestätigten Zusammenhänge auf möglichst wenige Variablen bzw. Faktoren zurückzuführen. Mit Hilfe einer explorativen Faktorenanalyse wird auf der Grundlage der vorhandenen empirischen Daten eine Anzahl weniger gemeinsamer Faktoren ermittelt. Dazu werden die erhobenen Variablen so gruppiert, dass untereinander stark korrelierende Variablen gemäß ihrer korrelativen Beziehungen in voneinander unabhängige Klassen zugeordnet werden können.

Um die hinter den Variablen stehenden Faktoren ermitteln zu können, wird in einem ersten Schritt untersucht, ob sich Zusammenhänge zwischen den einzelnen Variablen erkennen lassen. Ausgangspunkt der Faktorenanalyse sind die Ergebnisse insbesondere der forschungsleitenden Thesen 1 bis 3, die ergänzt mit den Korrelationskennziffern der übrigen in der Untersuchung erhobenen Skalen zu der nachfolgend dargestellten Korellationsmatrix zusammengefasst werden. Alle Korrelationen erweisen sich auf dem 5%-Niveau signifikant, wobei die höchsten Korrelationskoeffizienten dabei optisch hervorgehoben werden.

		DUP	**FKK-I**	**BIP Gest.**	**wirkall**	**EVH-R**	**EVH-U**	**BIP Flex.**	**Selv-skala**
DUP	Korrelation nach Pearson	-	.13	.24	.23	.13	.21	**.31**	.17
FKK-I	Korrelation nach Pearson	.13	-	.32	**.55**	.26	.22	.25	.19
BIP Gest.	Korrelation nach Pearson	.24	.32	-	.32	.38	.38	**.41**	.32
wirkall	Korrelation nach Pearson	.23	**.55**	.32	-	.18	.27	.33	.30
EVH-R	Korrelation nach Pearson	.13	.26	.38	.18	-	**.51**	.17	.26
EVH-U	Korrelation nach Pearson	.21	.22	.38	.27	**.51**	-	.22	.25
BIP Flex.	Korrelation nach Pearson	.31	.25	**.41**	.33	.17	.22	-	.36
Selv-Skala	Korrelation nach Pearson	.17	.19	.32	.30	.26	.25	**.36**	-

Tabelle 52: Korrelationsmatrix aller in der Untersuchung eingesetzten Skalen

Es ergibt sich ein hoher Zusammenhang zwischen der internalen Kontrollüberzeugung (FKK-I) und der Selbstwirksamkeitserwartung einer Person von r=.554. Ebenfalls sind die Korrelationen zwischen den beiden Teilskalen zur Erfassung eigenverantwortlichen Handelns von *Koch/Kaschube* (2000) sehr deutlich ausgeprägt (r=.55). Auch die Skalen BIB-Flexibilität, BIP-Gestaltungsmotivation, DUB und die eigenentwickelte Selv-Skala weisen untereinander ausreichende Korrelationen auf. Die nachfolgende Abbildung zeigt eine graphische Darstellung der gefundenen Zusammenhänge.

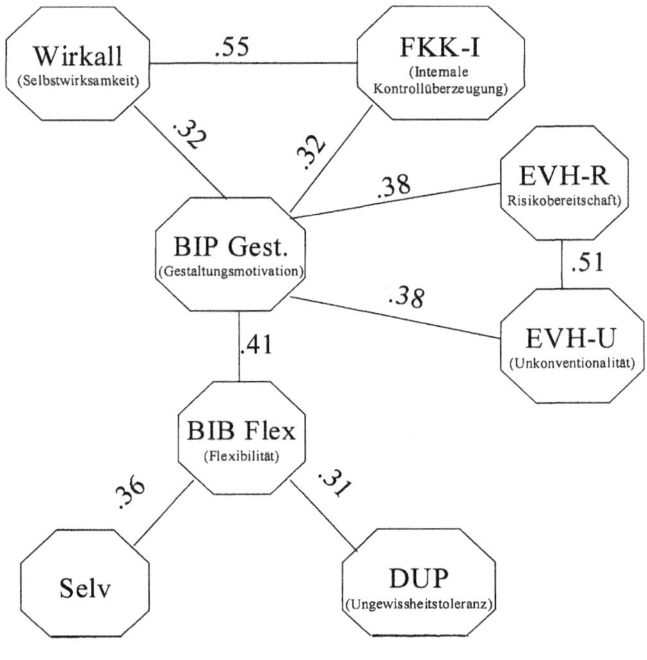

Abbildung 33: Graphische Darstellung der korrelativen Beziehungen zwischen den verwendeten Skalen

Nach der Hauptkomponentenmethode werden drei zu extrahierende Faktoren festgelegt. Nach dem Varimax-Kriterium werden die Faktoren so rotiert, dass die Varianz der quadrierten Ladungen pro Faktor maximiert werden kann. Die Rotation wird dabei in 5 Iterationen konvergiert. Dabei wird die Anzahl der zu extrahierenden Faktoren mehrmals variiert, jedoch kann das eindeutigste Eigenwertdiagramm bei der Auswahl von drei Faktoren erreicht werden. Zwar zeigt der Sree-Test, dass auch eine 2- oder 4-Komponentenlösung möglich wäre, jedoch ist auch interpretativ die 3-Komponentenlösung vor der 2- beziehungsweise 4-Komponentenlösung vorzuziehen.

Die 3-Komponentenlösung gliedert sich wie folgt:

	Komponente1	Komponente 2	Komponente 3
BIP Flex.	**,759**	6,772E-02	,232
DUP	**,711**	5,750E-02	1,588E-03
Selv-Skala	**,576**	,227	,130
EVH-R	8,001E-02	**,861**	,112
EVH-U	,160	**,817**	9,700E-02
BIP Gest.	,486	**,498**	,249
FKK-I	5,492E-02	,145	**,881**
Wirkall	,267	,117	**,803**

Tabelle 53: Rotierte Komponentenmatrix der in der Untersuchung erhobenen Variablen[25]

Zur Einschätzung der Güte der Faktorenlösung werden deren inhaltliche Interpretierbarkeit, die Höhe der Varianzaufklärung und die einzelnen Kommunalitäten nach der Extraktion der Skalen bewertet. Mit einer erklärten Gesamtvarianz von 63,55 Prozent kann der Beitrag der 3 Faktoren zur Varianzaufklärung bezüglich aller erhobenen Variablen als ausreichend hoch betrachtet werden. Auch die Kommunalitäten der Variablen liegen alle zwischen 0.4 (Selv-Skala) und 0.801 (FKK-I), so dass davon ausgegangen werden kann, dass die 3 Faktoren die verwendeten Variablen gut erfassen. Zudem erlaubt die dargestellte Faktorenlösung eine sinnvolle inhaltliche Interpretation.

Als weiteren Nachweis, wie die oben beschriebenen Zusammenhänge zu interpretieren sind, werden Partialkorrelationen berechnet. Insbesondere erweisen sich die beiden BIB-Skalen als zentrale Konstrukte zur Erklärung selbstverantwortlichen Handelns. So nehmen die korrelativen Beziehungen zur Selv-Skala bei Herauspartialisierung vor allem der BIB-Flexibilität tendenziell ab. Die Veränderungen bei Herausnehmen der Selv-Skala sind dagegen relativ gering, was darauf zurückgeführt werden kann, dass die Selv-Skala geringe Auswirkungen auf die Zusammenhänge der anderen Skalen untereinander hat.

[25] Extraktionsmethode: Hauptkomponentenanalyse. Rotationsmethode: Varimax mit Kaiser-Normalisierung.

Faktor 1: Fähigkeit zum Umgang mit unklaren Arbeitssituationen

Neben der Selv-Skala umfasst Faktor 1 die Skalen BIB-Flexibilität und das hilfsweise verwendete 5. Item des DUP. Selbstverantwortliches Handeln steht demnach inhaltlich im engen Zusammenhang mit der Flexibilität und der Ungewissheitstoleranz eines Mitarbeiters. Dies bedeutet, dass Personen mit einer hohen Bereitschaft zu selbstverantwortlichem Handeln uneindeutige Situationen gut tolerieren können und sich problemlos auf neue Situationen einstellen bzw. ihre Vorgehensweisen flexibel an sich verändernde Bedingungen anpassen können. Faktor 1 wird daher als „Fähigkeit zum Umgang mit unklaren Arbeitssituationen" interpretiert.

Faktor 2: Innovationsfähigkeit

Der zweite Faktor umfasst die beiden Skalen zur Erfassung eigenverantwortlichen Handelns von *Koch/Kaschube* (2000).[26] Die Kategorie des abweichenden Arbeitsverhaltens mit den Dimensionen Risikobereitschaft und Unkonventionalität wird hierbei über die beiden Skalen EVH-R und EVH-U erhoben und weist auch eine gute inhaltliche Passung mit der Skala des BIB-Gestaltungsmotivation auf. Menschen mit hohen Scores bei der Gestaltungsmotivation neigen dazu, innovative Ideen mit unternehmensstrategischen Zielen zu verbinden. Von ihrer beruflichen Tätigkeit erwarten sie einen entsprechenden Gestaltungsspielraum und sind motiviert, sich aktiv an der Veränderung der Arbeitsumwelt zu beteiligen. Interpretativ kann diese daher auch dem 2. Faktor zugeschlagen werden. Die Ladung mit .498 ist hierfür ausreichend hoch. Faktor 2 kann daher als „Innovationsfähigkeit" interpretiert werden.

Faktor 3: stabile Kompetenzerwartung

Über die Skalen Wirkall (Selbstwirksamkeitserwartung) und FKK-I (internale Kontrollüberzeugung) werden im Rahmen dieser Untersuchung die Selbstwirksamkeitserwartung der Probanden sowie deren internale Kontrollüberzeugung erfasst, da diese gerade in neuen und mehrdeutigen Situationen eine bedeutsame Rolle spielen und somit insbesondere für die Ausprägung von selbstverantwortlichem Verhalten bedeutsam erscheinen. Es wird angenommen, dass diese Konstrukte mit selbstverantwortlichem Handeln nicht dekkungsgleich sind, jedoch aufgrund der inhaltlichen Vernetzung im Zusam-

---

[26] Vgl. Kapitel 3.2.1

menhang mit selbstverantwortlichem Handeln stehen. Folglich können diese einem separaten Faktor zugeordnet werden. Beide Skalen laden auf dem 3. Faktor sehr hoch, so dass eine inhaltliche Nähe beider Konstrukte angenommen werden kann. Dies bedeutet, dass die subjektiv wahrgenommene Kontrolle über das eigene Leben (internale Kontrollüberzeugung) in einem engen Zusammenhang mit der persönlichen Einschätzung eines Menschen steht, inwieweit die eigenen Kompetenzen, in dem von ihm kontrollierbaren Bereich mit den Schwierigkeiten und Problemen des täglichen Lebens fertig zu werden, ausreichen (Selbstwirksamkeitserwartung). Faktor 3 kann als Faktor der „stabilen Kompetenzerwartung" interpretiert werden.

Nach *Hofer* (1986, 105) stellt die vorgenommene Gruppierung der einzelnen Skalen die Grundlage für einen Prozess der Kategorisierung dar. Auf der horizontalen Dimension entsteht ein Kategoriensystem, wenn die Voraussetzungen erfüllt sind,

> „(1) dass in der wahrgenommenen Welt informationsreiche Bündel von Merkmalen bestehen, die natürliche Diskontinuitäten bilden, und (2) dass bei diesen Diskontinuitäten Kategorienschritte erfolgen" (*Hofer*, 1986, 140).

Die gebildeten Kategorien können zudem vertikal in ein taxonomisches System eingebettet werden. Dabei besteht eine Taxonomie nach *Hofer* (1986, 145) aus Stufen abnehmenden Abstraktionsgrades und zunehmender Inklusivität. Übertragen auf die vorliegende Arbeit stehen auf der mittleren Ebene die in der Untersuchung verwendeten Skalen, welche zu einem dreiteiligen Kategoriensystem zusammengefasst werden. Die basale Kategorienebene besteht aus den jeweiligen Merkmalsausprägungen. Vervollständigt wird das taxonomische System noch um die oberste Ebene. Hierbei kann der Begriff des Intrapreneurs wieder aufgegriffen werden. Dieser wird in Kapitel 2.3.3 als Mitarbeiter beschrieben, der auch gegen vorhandene Widerstände aus eigener Initiative Erfolgschancen für das Unternehmen sucht und die Verantwortung für potenzielle Innovationen übernimmt bzw. das mit deren Scheitern verbundene Risiko trägt. Die drei eingeführten Kategorien (Faktoren) können somit zu einem gemeinsamen Konzept zusammengeführt werden.

1. Ebene	Verhalten als „interner“ Unternehmer (Intrapreneur)							
2. Ebene	Fähigkeit zum Umgang mit unklaren Arbeitssituationen			Innovationsfähigkeit			stabile Kompetenzerwartung	
3. Ebene	Bereitschaft zu selbst verantwortlichem Handeln	Flexibilität	Ungewissheitstoleranz	Gestaltungsmotivation	Risikobereitschaft	Unkonventionalität	internale Kontrollüberzeugung	Selbstwirksamkeitserwartung
4. Ebene	konkrete Mekmalsausprägungen							

Tabelle 54: Taxonomie von unternehmerischem Verhalten im Unternehmen (Intrapreneur)

3.8 Zur Bewertung des Stufenmodells selbstverantwortlichen Handelns

Selbstverantwortliches Handeln wird als proaktives Verhalten beschrieben, welches in unterschiedlichen Intensitätsstufen auftreten kann. Pragmatismus umfasst dabei die am einfachsten zu realisierende Stufe, Intrapreneurship die am schwierigsten. Zwischen den Ausprägungsformen des Idealismus und des Intrapreneurship lässt sich das Konzept des Mitunternehmers einreihen. Zur Operationalisierung dieses Stufenmodells selbstverantwortlichen Handelns wird in Kapitel 3.1.1.1.4 ein der Selv-Skala zugrundeliegender Abbildungssatz beschrieben, bei dem zur Unterscheidung der verschiedenen Intensitätsstufen von selbstverantwortlichem Handeln die Elementbereiche Verhaltensqualität, Aufforderungscharakter und soziale Zustimmung klassifiziert wird. Alle drei Facetten werden dabei in eine Reihenfolge bzw. in eine Halbordnung gebracht.

Die Ordnungsvorhersage dieser Halbordnung drückt aus, dass Probanden im Bereich des Pragmatismus die höchsten Werte und abfallend zur Ausprägungsstufe des Intrapreneurships die geringsten Werte erreichen müssten. Bei der Auswertung der Untersuchungsergebnisse hat im Mittelwertsvergleich zwar Pragmatismus erwartungsgemäß die höchsten Werte, jedoch fallen die Werte zum Intrapreneurship nicht kontinuierlich ab. Auch zeigen sich die Mittelwertsunterschiede zwischen den Stufen sehr niedrig und nicht signifikant. Somit kann das Stufenmodell in dieser Untersuchung nicht bestätigt werden. Forschungsstrategisch steht man daher vor der Alternative, das Stufenmodell vollständig preiszugeben oder durch Revision nachzubessern. Da in der vorliegenden Untersuchung das Stufenmodell mit wenigen Items pro Ausprägungsstufe an einer relativ kleinen Stichprobe getestet wird, erscheint die erste Variante als zu radikal. Um die Bewährung des Stufenmodells einer genaueren Untersuchung unterziehen zu können, müsste eine Fragebogenversion erstellt werden, in der alle Stufen mit bedeutend mehr Situationsbeschreibungen repräsentiert werden. Auch sollte in einer Folgeuntersuchung die Variable der sozialen Zustimmung noch deutlicher differenziert dargestellt werden.

3.9 Zur Gesamtzusammenfassung der Befunde

Selbstverantwortliches Handeln wird im Rahmen der vorliegenden Untersuchung als proaktives Agieren in vom Unternehmen wenig reglementierten Räumen beschrieben. Dabei wird angenommen, dass diese Handlungsweise von der Fähigkeit und Bereitschaft zur Konstruktion geeigneter Handlungsalternativen abhängt, wobei der Mitarbeiter sich vorwiegend an eigenen Standards orientiert. Im Rahmen der Untersuchung kann bestätigt werden, dass dies im Zusammenhang mit der Ausprägung verschiedener Persönlichkeitsdipositionen steht. So zeigen die Untersuchungsergebnisse, dass insbesondere zwischen dem Konstrukt der Selbstwirksamkeitserwartung und der Ausprägung von selbstverantwortlichem Handeln ein signifikanter Zusammenhang besteht. Auch die Einschätzung einer Person, inwieweit Ereignisse im Arbeitsumfeld von ihr selbst beeinflusst werden können (internale Kontrollüberzeugung), weist eine positive korrelative Beziehung zur Selv-Skala auf. Auch gibt es Hinweise, dass Personen mit einer hohen Bereitschaft zu selbstverantwortlichem Handeln auch besser mit ungewissen und risikobehafteten Arbeitssituationen umgehen können. Da jedoch die teststatistische Auswertung der Skalen zur Erfassung von Ungewissheitstoleranz bzw. Unkonventionalität und Risikobereitschaft nicht zu zufriedenstellenden Ergebnissen führen, können hierzu keine gesicherten Annahmen getroffen werden. Gleiches gilt für die BIB-Skala zur Erfassung der Gestaltungsmotivation einer Person. Auch hier ergeben sich signifikant positive Korrelationen zur Selv-Skala, die jedoch aufgrund der zu geringen internen Konsistenz des BIB-Gestaltungsmotivation nicht gesichert ausgewertet werden können. Dagegen bestätigt sich in der Untersuchung die Annahme, dass selbstverantwortliches Handeln mit einer höheren Flexibilität eines Mitarbeiters, sich auf verändernde Bedingungen des Arbeitsumfelds einzustellen, in Verbindung steht.

Auch kann ein Zusammenhang zwischen Alter, erreichtem Qualifizierungsstand und der Ausprägung von selbstverantwortlichem Handeln nicht bestätigt werden. Lediglich bei der Ausprägung des Persönlichkeitsmerkmals „Geschlecht“ zeigen die männlichen Probanden in der Gesamtstichprobe etwas höhere Werte in der Selv-Skala als die weiblichen Probanden, wobei sich jedoch das Ergebnis in den einzelnen Teilskalen nicht wiederfindet.

Da in den theoretischen Vorüberlegungen angenommen wird, dass selbstverantwortliches Handeln nur im Kontext der konkreten Handlungssituation prognostiziert werden kann, wird in der vorliegenden Studie neben dem Einfluss bestimmter Persönlichkeitsmerkmale auf die Ausprägung von selbstverantwortlichem Handeln auch die Wechselwirkung mit verschiedenen Strukturebenen der Arbeitsumwelt untersucht. Es bestätigt sich, dass neben den persönlichen Normen als wichtigste Orientierungsgröße für selbstverantwortliches Handeln auch die subjektiven Standards der verschiedenen Strukturebenen der Handlungsumwelt von Bedeutung sind. Alle relevanten Umweltbereiche weisen auf dem 1%-Niveau signifikante Korrelationen (von r=.28 bis r=.37) mit der Ausprägungsintensität selbstverantwortlichen Handelns auf. Insbesondere die Befürwortung von selbstverantwortlichem Handeln durch die jeweilige Führungskraft und den unmittelbaren Arbeitskollegen als wesentliche Elemente der Mesosystemebene spielen eine bedeutende Rolle. Zwar wird ein signifikanter Zusammenhang zwischen der Exosystemebene eines Unternehmens, welches die Einflüsse des Unternehmens als Ganzes beschreibt, und der Ausprägungsintensität von selbstverantwortlichem Handeln gefunden, jedoch fallen im Mittelwertvergleich die Unterschiede in Abhängigkeit von der Rechtsform des Kreditinstituts bzw. der Zugehörigkeit zu einem bestimmten Bankensektor nur geringfügig aus. Auch für die Dauer der Betriebszugehörigkeit kann keine signifikante Verbindung zu selbstverantwortlichem Handeln beschrieben werden.

Zur Beantwortung der Frage, inwieweit der unterschiedliche kulturelle Kontext in den untersuchten Ländern Auswirkung auf die Ausprägung von selbstverantwortlichem Handeln hat, werden die Daten verschiedener Teilstichproben ausgewertet. Die wesentlichen Befunde aus diesem interkulturellen Vergleich zwischen der deutschen und russischen Teilstichprobe werden in der nachfolgenden Tabelle zusammengestellt.

Struktur-ebene	Deutsche Teilstichprobe	Russische Teilstichprobe
Mitarbeiter/ Individuum	• Kein signifikanter Zusammenhang zwischen internaler Kontrollüber-zeugung und selbstverantwortlichem Handeln	• Auf dem 1%-Niveau signifikanter Zusammenhang (r=28) zwischen internaler Kontrollüberzeugung und selbstverantwortlichem Handeln
	• Kein signifikanter Zusammenhang zwischen Selbstwirksamkeitserwar-tung und selbstverantwortlichem Handeln	• Auf dem 1%-Niveau signifikanter Zusammenhang (r=45) zwischen Selbstwirksamkeitserwartung und selbstverantwortlichem Handeln
	• höhere Bereitschaft zu selbstverantwortlichem Handeln bei den männliche Probanden; deutlichster Unterschied im Mittelwertvergleich im Bereich des Intrapreneurships	• höhere Bereitschaft zu selbstverant-wortlichem Handeln bei den weiblichen Probanden, jedoch nicht signifikant
	• Auf dem 5%-Niveau signifikanter Zusammenhang (r=16) zwischen Höhe des Qualifizierungsstands und selbstverantwortlichem Handeln	• Auf dem 5%-Niveau signifikanter Zusammenhang (r=18) zwischen Höhe des Qualifizierungsstands und selbstverantwortlichem Handeln

Meso-systeme-bene	• Stärker erlebte Unterstützung zu selbstverantwortlichem Handeln durch Kollegen und Vorgesetzte	• Stärkerer Zusammenhang zwischen den Elementen der Mesosystemebene und selbstverantwortlichem Handeln
	• Stärkster Einfluss auf Bereitschaft zu selbstverantwortlichem Handeln über situative Variable „Vorgesetzter" (r=.16)	• Stärkster Einfluss auf Bereitschaft zu selbstverantwortlichem Handeln über situative Variable „Kollege" (r=44)
	• Höhere Bereitschaft zu selbstverant-wortlichem Handeln von Mitarbeitern mit Führungsverantwortung, jedoch nicht signifikant	• Auf dem 5%-Niveau signifikant höhere Bereitschaft zu selbstverantwortlichem Handeln von Mitarbeitern mit Führungsverantwortung
Exo-systeme-bene	• Im Mittelwertvergleich signifikant höher erlebte Unterstützung von Exosystemebene (Variable „Unternehmen")	• Auf dem 1%-Niveau signifikanter Zusammenhang zwischen selbstverantwortlichem Handeln und situative Variable „Unternehmen" (r=.36)
Makro-systeme-bene	• Im Mittelwertvergleich signifikant höher erlebte Unterstützung von Makrosystemebene (Variable „Gesellschaft")	• Auf dem 1%-Niveau signifikanter Zusammenhang zwischen selbstverant-wortlichem Handeln und situative Variable „Gesellschaft"(r=.36)

Abbildung 34: Gesamtzusammenstellung der wesentlichen Unterschiede zwischen der deutschen und russischen Teilstichprobe

4 Zu den Vorschlägen zur Förderung von selbstverantwortlichem Handeln in der Unternehmenspraxis

Verantwortungsübernahme ist für Selbstverantwortung in mindestens zweierlei Hinsicht relevant. Wenn man selbstverantwortlich handeln möchte, muss man einerseits willens sein, die Verantwortung für die Konsequenzen zu übernehmen (*Sprenger*, 1998, 35/36). Die Mitarbeiter in den Kreditinstituten der beiden untersuchten Länder unterscheiden sich darin, wie viel Verantwortung sie bereit sind zu tragen. So weisen die deutschen Probanden in allen Stufen selbstverantwortlichen Handelns mit Ausnahme der Ausprägungsintensität Idealismus auf dem 5%-Niveau signifikant höhere Mittelwertsausprägungen auf als ihre russischen Kollegen. Dieses Ergebnis kann dahingehend interpretiert werden, dass die Mitarbeiter der russischen Sberbank bereits von sich aus weniger Bereitschaft zu selbstverantwortlichem Handeln zeigen. Dies könnte gegebenenfalls daran liegen, dass das Betreten von normativ nur schwach besetzten Räumen in der früheren Sowjetunion nur schwer möglich war und die Menschen dieses Verhalten nur unzureichend erlernen konnten. Neben den unterschiedlich ausgeprägten persönlichen Normen als wichtigster Orientierungsgröße selbstverantwortlichen Handelns werden die subjektiven Standards, d.h. die normativen Erwartungen des Arbeitsumfeldes, von den untersuchten russischen Mitarbeitern im Vergleich zur deutschen Teilstichprobe auch heute noch ungünstiger erlebt. So werden die situativen Variablen der verschiedenen Ebenen der Arbeitsumgebung in Deutschland auf dem 1%-Niveau signifikant besser eingeschätzt als in der russischen Teilstichprobe. Geht man davon aus, dass sich Selbstverantwortung nur dort entwickelt, wo der Einzelne von sich aus für einen Prozess oder ein Ergebnis Verantwortung übernehmen möchte bzw. wo er Einfluss auf sein Handeln nehmen kann und dies von seiner Arbeitsumgebung befürwortet wird, so stellen sich die Voraussetzungen für selbstverantwortliches Handeln aus Sicht der befragten Mitarbeiter in deutschen Kreditinstituten insgesamt deutlich günstiger dar.

Zur Systematisierung von möglichen Maßnahmen, die einen positiven Einfluss auf das Auftreten und die Intensität von selbstverantwortlichem Handeln haben, wird das in Kapitel 3.4 vorgestellte Konzept des amerikanischen Sozialwissenschaftlers *Bronfenbrenner* (1981) wieder aufgegriffen. Die Einteilung in vier verschiedene Strukturebenen ermöglicht es, den situativen Prozess selbstverantwortlichen Handelns systematisch mit den verschiedenen Strukturebenen der Handlungsumwelt zu verbinden und somit mögliche Maßnahmen zur Förderung von selbstverantwortlichem Handeln in Kreditinstitute beider Länder abzuleiten.

4.1 Zu den Vorschlägen zur Beeinflussung der arbeitsplatzbezogenen Umweltfaktoren der Mesosystemebene

In einer Reihe empirischer Längsschnittuntersuchungen geht *Lempert* (1993) der Frage nach, welche Arbeitsbedingungen zum Aufbau von hoher moralischer Urteilskompetenz führt. Dabei geht er von der Feststellung aus, dass in einem zunehmend komplexen Arbeitsumfeld die anstehenden Arbeitsaufgaben von Mitarbeitern verstärkt „selbständig, umsichtig, weitsichtig und prinzipienorientiert" bewältigt werden müssen (*Lempert*, 1993, 87). In seinem Modell erweisen sich insbesondere sechs situationale Umgebungsdimensionen für den Aufbau moralischer Werthaltungen relevant (*Lempert*, 1993, 26f):

- Dimension 1: „Emotionale Zuwendung und soziale Anerkennung"
- Dimension 2: „Konfrontation mit sozialen Problemen und Konflikten"
- Dimension 3: „Chancen zur Teilnahme an Kommunikationsprozessen"
- Dimension 4: „Möglichkeit zur Mitwirkung an kooperativen Entscheidungen"
- Dimension 5: „Übernahme von Verantwortung"
- Dimension 6: „Handlungschancen"

Eine Kurzcharakterisierung der Dimensionen und mögliche wahrzunehmende Ausprägungen sind der nachfolgenden Tabelle zu entnehmen (*Beck/Bienengräber/Mitulla/Parche-Kawik*, 2001, 142).

Merkmal (Dimension)	Erläuterung	Ausprägung(en)
1. erfahrene Wertschätzung - personell - rollenspezifisch	Qualität der zwischenmenschlichen Beziehungen	erfahren vs. entzogen
2. wahrgenommene Konflikte	gegensätzliche Orientierungen interagierender Personen (bzw. –gruppen)	offen vs. verdeckt manifest vs. latent gravierend vs. schwach ausgeprägt Interesse vs. Interesse/Norm/Wert oder Norm vs. Norm/Wert oder Wert vs. Wert
3. Kommunikationsmöglichkeiten	Austausch von Meinungen, Behauptungen, Argumenten	zwanglos vs. restringiert
4. Verantwortung	wahrgenommene Zuweisung und Zurechnung von Verantwortung	adäquat vs. inadäquat (überfordernd oder unterfordernd)
5. Handlungschancen	wahrgenommene Handlungsspielräume bzw. Restriktionen	adäquat vs. inadäquat (überfordernd oder unterfordernd)

Tabelle 55: Soziobiographische Entwicklungsbedingungen nach *Lempert* (1993)

Entwicklungsfortschritte sind nach Lempert (1993, 3) dann zu erwarten,

> „wenn möglichst alle diese Bedingungen zugleich in förderlicher Ausprägung über einen längeren Zeitraum hinweg vorliegen“ (*Beck/Bienengräber/Mitulla/Parche-Kawlik*, 2001, 141).

Im interpretativen Zusammenspiel mit weiteren Befunden insbesondere zur Beschreibung geeigneter Rahmenbedingungen zur Unterstützung von unternehmerischem Verhalten bei Mitarbeitern erscheint die von *Lempert* (1993) vorgelegte Systematik auch zur Darstellung der für selbstverantwortliches Handeln förderlichen Umgebungsbedingungen zweckmäßig.

Betrachtet man zunächst die Arbeitsaufgabe an sich, so belegen empirische Untersuchungen von *Meißner* (1989, 83f), dass die **Komplexität** der an einem Arbeitsplatz anzutreffenden Aufgaben in einem direkt proportionalen

Verhältnis zur Ausprägung unternehmerischen Verhaltens von Mitarbeitern steht. Dies bedeutet, dass ein herausforderndes Anspruchsniveau und die Vielfältigkeit der gestellten Aufgaben auch selbstverantwortliches Verhalten begünstigen könnten. Anders formuliert legt dies den Schluss nahe, dass eintönige und unterfordernde Tätigkeiten genauso wie die ständige Überforderungen eines Mitarbeiters die Ausprägung von selbstverantwortlichem Verhalten behindern. Diese Aussage korrespondiert mit der Feststellung, dass Personen mit hoher Leistungsmotivation dazu tendieren, Aufgaben mit mittlerer Schwierigkeitsstufe zu wählen und Personen mit niedriger Motivausprägung eher besonders schwierige oder leichte Aufgaben auswählen (*Schmalt*, 1991, 267-271).

Neben der Komplexität der Aufgabe steht die Frage im Vordergrund, ob aus Sicht des Mitarbeiters an einem bestimmten Arbeitsplatz selbstverantwortliches Handeln erwünscht ist. Insbesondere sind die subjektiv wahrgenommenen **Rollenerwartungen** aus den Interaktionsbeziehungen der direkten Kontaktpersonen von besonderem Interesse. Neben den Kollegen nimmt vor allem die jeweilige Führungskraft eine entscheidende Rolle ein. In der vorliegenden Untersuchung wird deutlich, dass für die Bereitschaft zu selbstverantwortlichem Handeln bei den befragten Mitarbeitern der russischen Sberbank insbesondere die Befürwortung durch die Arbeitskollegen die bedeutendste Rolle spielt. In der deutschen Teilstichprobe erweist sich dagegen der Einfluss des Vorgesetzten als am stärksten.[27] Andere empirische Untersuchungen deuten darauf hin, dass es in diesem Zusammenhang wichtig ist, dass der Mitarbeiter die ihm übertragenen Aufgaben selbständig und ganzheitlich lösen kann (*Meißner*, 1989, 87f). Im Modell von *Lempert* (1993) entspricht dies der sechsten Dimension (Handlungschancen).

Ebenso wichtig wie ein selbständig zu bearbeitendes Entscheidungs- und Handlungsfeld ist die **Wertschätzung**, die ein Mitarbeiter von Kollegen und der Führungskraft bei der Erreichung bestimmter Ziele erfährt. Dieser wichtige Qualitätsaspekt zwischenmenschlicher Beziehungen drückt sich nach *Beck et al.* (1998) in Achtung, Wärme und Rücksichtnahme aus und beeinflusst die Entwicklung von Selbstwertgefühl und Selbstbewusstsein. Bedeutsam für die Ausprägung von selbstverantwortlichem Handeln dürfte dabei die Wertschätzung als Persönlichkeit sein, da anzunehmen ist, dass die Wertschätzung nur

---

[27] Vgl. Kapitel 3.7.6

aufgrund bestimmter Leistungen (Wertschätzung als Fachmann bzw. Rollenträger) tendenziell rollenkonformes Handeln fördert.

Im Modell von *Lempert* (1993) wird die Wertschätzung eines Mitarbeiters über die erste Dimension (emotionale Zuwendung und soziale Anerkennung) abgebildet.

> „Mit dieser Dimension wird ein generelles Prinzip angesprochen, nämlich die Einbettung der Lehr-Lern-Prozesse in Situationen, die von Jugendlichen emotional und sozial positiv bewertet werden. So selbstverständlich diese Dimension klingen mag, die verfügbaren Befunde aus der empirischen Bildungsforschung machen deutlich: Die Mehrzahl der Jugendlichen ist hinsichtlich der Zuwendung und Anerkennung ausgesprochen sensibel, vor allem wenn sie in nicht ausreichendem Maße stattfindet" (*van Buer/Neben*, 1999, 84).

Auch in der vorliegenden Untersuchung hat sich bestätigt, dass gerade die Art der Reaktion des Arbeitsumfeldes auf selbstverantwortliche Handlungen einen gewichtigen Einfluss auf die Motivation und auf zukünftige Verhaltensweisen eines Mitarbeiters hat. Es ist daher davon auszugehen, dass bei Mitarbeitern eine ähnliche Sensibilität hinsichtlich Zuwendung und Anerkennung wie bei Jugendlichen besteht. Zur Förderung von selbstverantwortlichem Handeln ist es daher wichtig, über die direkte Arbeitsumgebung der Mesosystemebene „beides quasi „vorgeschossen" zu verwirklichen" (*van Buer/Neben*, 1999, 84).

Emotionale Zuwendung und Anerkennung bzw. Wertorientierungen und Einstellungen im Sinne der Motivation sind allein nicht ausreichend, um entsprechende Handlungen zu erzeugen. Erst wenn eine Passung mit den erforderlichen Fähigkeiten und Kompetenzen vorliegt, werden die gewünschten Verhaltensweisen gezeigt. Daher ist es im Zusammenhang mit der Ermöglichung von selbstverantwortlichem Handeln wichtig, die hierfür notwendigen Fähigkeitsbereiche zu entwickeln, indem Mitarbeiter frühzeitig, d.h. bereits in der Einarbeitungsphase, die Gelegenheit bekommen, selbständig anspruchsvolle Aufgaben zu bewältigen. Nachfolgend werden diese für die Ausprägung von selbstverantwortlichem Handeln wichtigen situativen Faktoren des Arbeitsumfeldes näher beleuchtet und Ansatzpunkte für deutsche und russische

Kreditinstitute aufgezeigt, trotz unterschiedlicher Ausgangslage selbstverantwortliches Handeln bei Mitarbeitern zu fördern.

4.1.1 Zur Einräumung subjektiv als ausreichend wahrgenommener Handlungsräume

In dem 1997 vorgelegten Werte- und Engagementsurvey kommt *Klages* (1997) zu dem Schluss, dass die Möglichkeit zur selbstverantwortlichen Gestaltung beruflicher Tätigkeitsfelder vorwiegend auf Personen, die Führungs- bzw. Vorgesetztenpositionen wahrnehmen, beschränkt ist.

> „In der gegenwärtigen Gesellschaft ist – ungeachtet aller Beschwörungen der Eigenverantwortung als wünschenswerter allgemeinmenschlicher Eigenschaft – diese „hierarchische" Kontingentierung von Verantwortungsspielräumen noch weitgehend in Kraft" (*Klages*, 2001, 13).

Daher ist es für ihn ein falscher Ansatz, die Forderung nach mehr Eigenverantwortung in moralisierender Weise an die Menschen heranzutragen, ohne die oftmals hemmenden Umstände im Alltag zu berücksichtigen.

> „Verallgemeinert man diese Einsicht, dann führt dies zu der Folgerung, dass „Verantwortungsrollen" mit Handlungsfreiräumen, welche die Ausübung von Eigenverantwortung gestatten, möglichst vielen Menschen unabhängig von ihrer Hierarchieposition zugänglich gemacht werden sollten. Dies könnte ein guter Weg zur Freisetzung desjenigen „Humanpotentials" sein, das im Zuge des Wertewandels entstanden ist, das aber bisher noch keineswegs in dem eigentlich wünschenswerten - und notwendigen! – Maße aktiviert und genutzt wird" (*Klages*, 2001, 13).

Ein subjektiv als ausreichend wahrgenommener Handlungsraum zeichnet sich dadurch aus, dass ein Mitarbeiter aus seiner Sicht den eingeräumten Kompetenzrahmen und die Möglichkeiten zur Einflussnahme auf die eigene Tätigkeit als angemessen erlebt (*Gluminski/Wottawa*, 1995, 216f). Dabei wird in der vorliegenden Arbeit der in der betriebswirtschaftlichen Diskussion verwendete Kompetenzbegriff verstanden, der das Spektrum der Handlungsrechte eines Mitarbeiters umschreibt, das ihm zur Erfüllung seiner Aufgaben zugewiesen wurde (*Wittmann*, 2000, 53). Solche Entscheidungsmöglichkeiten können sich auf die Arbeitsziele oder die Arbeitsmethoden beziehen. Ein

Handlungsraum wird in der Regel dann als ausreichend empfunden, wenn ein Mitarbeiter die Bedingungen am Arbeitsplatz mit beeinflussen kann (*Manz/Mossholder/Luthans*, 1987, 3-24). Ein Mitarbeiter wird Verantwortung demzufolge nur dann übernehmen, wenn er grundlegende Entscheidungen am Arbeitsplatz selbst treffen und umsetzen kann (*Weber*, 1998, 206f). Die Idee Verantwortung und Kompetenzen auf untere Hierarchieebenen zu verlagern wird in der Literatur häufig mit dem Begriff des „Empowerments" umschrieben (*Kanter*, 1984).

Will man Verantwortungsübernahme im Sinne von Selbstverantwortung fördern, ist die Erweiterung des Handlungsraumes im Sinne von teilautonomen Bereichen ein wichtiger Schritt. Der Mitarbeiter lernt, im Rahmen seines Handlungsraumes selbständig Lösungen zu erarbeiten und hierfür die Verantwortung zu übernehmen. Die Aneignung und der Ausbau der hierfür notwendigen Kompetenzbereiche ermöglichen es ihm, auch außerhalb dieses Bereiches in normativ vom Unternehmen unzureichend besetzten Räumen proaktiv zu agieren. Wie beschrieben besteht daher ein Zusammenhang zwischen der Möglichkeit, dass ein Mitarbeiter die ihm übertragenen Aufgaben selbständig und ganzheitlich lösen kann, und der Ausprägung von selbstverantwortlichem Handeln (*Meißner*, 1989, 87f). In einer empirischen Studie bei Berufsanfängern kommt *von Rosenstiel* (1999, 88) zu dem Ergebnis, dass die Umsetzung beruflicher Ziele insbesondere von der realistischen Information über die zukünftige Tätigkeit, von der Art der sozialen Unterstützung und von der Einräumung eines erweiterten Handlungsraumes, d.h. der Ermöglichung zur autonomen Planung und Durchführung der Arbeitsaufgaben, abhängt. Das Erreichen der beruflichen Ziele führt beim Berufseinsteiger zu einer erhöhten Arbeitszufriedenheit und Loyalität zum Arbeitgeber, was letztendlich dem Unternehmen zugute kommt. *Argyris* (1998, 10) fordert in diesem Zusammenhang die Förderung von internem Engagement:

> „Wünscht sich ein Management wirklich Mitarbeiter, die mehr Verantwortung für ihr eigenes Geschick übernehmen, so muss es die Entwicklung zu einem inneren Engagement fördern" (*Argyris*, 1998, 10).

Daher erscheint es zur Unterstützung von selbstverantwortlichem Handeln förderlich, wenn Führungskräfte ihre Mitarbeiter so weit wie möglich in die Festlegung von Arbeitszielen und Arbeitsabläufen miteinbeziehen. Äußeres

Engagement entspricht nach *Argyris* (1998, 10) weitgehend dem beschriebenen pflichterfüllten Handeln:

Äußeres Engagement	**Inneres Engagement**
Die Arbeitsaufgaben sind durch andere festgelegt worden.	Die einzelnen bestimmen ihre Aufgaben selbst.
Das Verhalten, das zur Ausführung der Aufgaben erforderlich ist, haben andere festgelegt.	Die einzelnen bestimmen das Verhalten selbst, das zur Aufgabenerfüllung erforderlich ist.
Die Leistungsziele sind durch das Management vorgegeben.	Management und Mitarbeiter legen die Leistungsziele, die den einzelnen herausfordern sollen, gemeinsam fest.
Die Bedeutung, die jedem Ziel zukommt, bestimmen andere.	Die Einzelnen legen die Bedeutung jedes Zieles selbst fest.

Tabelle 56: Wie sich Engagement unterscheidet (*Argyris*, 1998, 11)

Nimmt der Mitarbeiter einen von außen kommenden Eingriff als Einschränkung des eigenen Handlungsraumes wahr, baut sich seine intrinsische Motivation in der Regel ab, und es kommt zu einer Verlagerung auf einen externen Kontrollbereich (*Lefcourt*, 1982).

> „Die betreffende Person fühlt sich nicht mehr selbst verantwortlich, sondern der von außen Eingreifende ist nun zuständig. Entsprechend wird die eigene intrinsische Motivation aufgegeben" (*Frey*, 1997, 23).

Diese motivationale Verschiebung wird in der psychologischen Literatur auch als „hidden costs of reward" (verborgene Kosten der Belohnung) bezeichnet (*Lepper/Greene*, 1978).

Im direkten Vergleich zwischen der untersuchten russischen Sberbank und einer größeren deutschen Sparkasse sind dabei deutliche organisatorische Unterschiede zu konstatieren. So werden beispielsweise Mitarbeiter bei vergleichbarem Qualifikationsniveau in der russischen Sberbank mit einem erheblich geringeren Kompetenzrahmen ausgestattet. Viele Prozesse sind stark zentralistisch organisiert mit der Konsequenz, dass viele routinemäßige Entscheidungen nur von einer Zentralabteilung getroffen werden dürfen. Auch ist die Anzahl der Mitarbeiter mit Kontroll- oder Revisionsaufgaben in der russischen Sberbank prozentual mehr als doppelt so hoch wie in der betrachteten deutschen Großsparkasse.

Obwohl bei der hier vorgelegten Untersuchung die subjektive Einschätzung, inwieweit der jeweilige Kompetenzrahmen als ausreichend empfunden wird, nicht erhoben wurde, so ist jedoch aufgrund der großen Unterschiede insbesondere gerade hier bei Mitarbeitern mit Kundenkontakt eine Ursache für die geringere Ausprägungsbereitschaft zu selbstverantwortlichem Handeln zu vermuten. Gerade ein ausreichendes Maß an Autonomie hat eine vielfach empirisch belegte positive Wirkung auf innovatives Handeln (*Meißner*, 1989, 90). Insbesondere Intrapreneurship, welches in der vorliegenden Untersuchung bei Mitarbeitern der russischen Sberbank deutlich schwächer ausgeprägt ist als bei den deutschen Probanden, benötigt zu seiner Entfaltung die Möglichkeit zu selbständiger Entscheidung und Problemlösung. Dies erfordert jedoch ausreichende Informationsmöglichkeiten, die den Mitarbeiter befähigen, sich selbst zu kontrollieren und seine Leistungen einzuschätzen. Das selbständige Vorbereiten, Ausführen und Kontrollieren der Handlungsresultate beim Erreichen selbstgesteckter Ziele verlangt von der Führungskraft sehr viel Vertrauen in die Fähigkeiten des Mitarbeiters. Jedoch zeigen sich in der vorliegenden Untersuchung gerade bei der Einschätzung, inwieweit die jeweilige Führungskraft selbstverantwortliches Handeln befürworten würde, die größten Mittelwertsunterschiede zwischen der deutschen und russischen Teilstichprobe. Daher sollten insbesondere russische Führungskräfte beachten, dass sie bei Eingriffen in den gewährten Handlungsraum die intrinsische Motivation ihrer Mitarbeiter dann zerstören, wenn diese als kontrollierend empfunden werden.

> „Es ist sogar zu vermuten, dass diese psychologischen Prozesse bei strikten Vorschriften stärker wirken. Regulierungen schränken zum einen die Selbstbestimmung ganz offensichtlich ein. Damit verbundene Strafandrohungen verstärken diese Wahrnehmung noch: Die von außen kommende Kontrolle wird betont. Außerdem sind Regulierungen oft auch als normativer Anspruch formuliert, was den Betroffenen weiter einengt. Bei einer monetären Belohnung hat das Individuum immer noch die Möglichkeit, selbst zu wählen" (*Frey*, 1997, 24).

Werden dagegen Eingriffe als unterstützend erlebt, dann kann sogar die intrinsische Motivation des Mitarbeiters gestärkt werden (*Frey*, 1997, 25).

4.1.2 Zur Übertragung ganzheitlicher und herausfordernder Arbeitsaufgaben

Durch die Übertragung von ganzheitlichen Aufgaben gibt man nach *Gluminski/Wottawa* (1995, 222) Mitarbeitern das Gefühl, einen eigenen Beitrag zum Unternehmenserfolg zu leisten und die Möglichkeit, Verantwortung zu übernehmen. Im Modell von *Lempert* (1993) wird dies über die Dimensionen 5 (Übernahme von Verantwortung) und 6 (Handlungschancen) abgebildet. Dabei erscheint es ratsam, die Übertragung ganzheitlicher und herausfordernder Arbeitsaufgaben bereits in der Einarbeitungphase vorzunehmen, damit der Mitarbeiter frühzeitig ein breites Repertoire an Handlungsmustern erwerben kann. *Lempert* (1993) spricht in diesem Zusammenhang von kasuistischem Lernen (Lernen an komplexen Fällen), bei dem ein Mitarbeiter die Möglichkeit zum systematischen Aufbau gut strukturierten und vernetzten Wissens erhält (*van Buer/Neben*, 1999, 85).

Die Übertragung ganzheitlicherer und vielfältigerer Aufgaben erweist sich nicht nur aus Unternehmenssicht als ökonomisch-rational, sondern führt auch bei Mitarbeitern zu mehr Arbeitszufriedenheit (*Meißner*, 1989, 83f).

> „Belohnung ist zunächst die attraktive Aufgabe selbst. Besondere Herausforderungen motivieren zu besonderen Leistungen" (*Becker*, 1995, 325).

Entgegen einer tayloristischen Ausrichtung der Arbeitsorganisation, bei der systematisch alle dispositiven und ausführenden Tätigkeiten getrennt und standardisiert wurden, erscheint es zur Förderung von selbstverantwortlichem Handeln sinnvoll, diesen überkommenen Zustand zu überwinden, indem Mitarbeiter durch Übertragung ganzheitlicher Aufgaben strukturell ermächtigt werden, Verantwortung zu übernehmen und damit wichtige Handlungskompetenzen für ein proaktives Agieren in normativ schwach besetzten Bereichen erwerben (*Kern/Schumann*, 1985). Dadurch werden tayloristische „Arbeit-Nehmer" in posttayloristische „Mit-Unternehmer" überführt und verhelfen nach *Kuhn* (1999, 168) so zu einer „Entgrenzung" des internen Unternehmertums. Über diesen Weg können ein herausforderndes Anspruchsniveau und die Vielfältigkeit der gestellten Aufgaben selbstverantwortliches Verhalten begünstigen. *Csikszentmihalyi* (1999, 74-81) beschreibt in diesem Zusammenhang das „Flow-Erleben", das Menschen motiviert, strapaziöse und mit Opfern verbundene Tätigkeiten aufzunehmen und dabei Tätigkeitsfreude, ein erhöhtes Lebensgefühl und Entspannung zu erleben. Er spricht von autoletischem Verhalten, wenn Menschen zu außergewöhnlichen Leistungen bereit sind, und

> „vom Ausübenden zwar eine formelle und beträchtliche Energieaufwendung verlangt, ihm aber wenig oder gar keine konventionelle Belohnung bringt" (*Csikszentmihalyi*, 1999, 30).

Bleibt dieses Flow-Erleben dagegen aus, so führt dies beim Betroffenen zu Angst, Sorge oder Langeweile. Führungskräfte sollten daher insbesondere Mitarbeitern, die eine hohe Bereitschaft zu selbstverantwortlichem Handeln zeigen, die Möglichkeit einräumen, Arbeitsaufgaben umfassend und ganzheitlich bearbeiten zu können. Da auch dies mit dem bereits beschrieben Umfang des jeweils zur Verfügung gestellten Kompetenzrahmens im Zusammenhang steht, erscheinen auch in diesem Punkt sich die Bedingungen für selbstverantwortliches Handeln für die Probanden der deutschen Teilstichprobe günstiger zu gestalten.

Die Ermöglichung zur Bearbeitung ganzheitlicher Aufgaben stellt nach *Kuhn* (1997, 216) eine notwendige Voraussetzung eines „strukturellen Empowerments" dar und führt zur Vergrößerung der Schnittmenge zwischen ökonomischer und lebenspraktischer Vernunft. Aus diesem Grund erscheint es zur Ermöglichung von selbstverantwortlichem Handeln in Unternehmen förderlich, diese Führungsgrundsätze unternehmensweit in eine Kultur zu integrieren, in der Initiative nicht nur toleriert, sondern gefordert und gefördert wird und Vorgesetzte gute Beispiele dafür geben, wie man Selbstverantwortung startet und damit umgeht (*von Rosenstiel*, 1999, 94f). Dadurch werden Führungskräfte und Mitarbeiter ermutigt, konsequent Verantwortung zu übernehmen und wenn es notwendig erscheint auch selbstverantwortlich zu handeln. Genauso wichtig wie ein selbständig zu bearbeitendes Entscheidungs- und Handlungsfeld ist demnach die **Wertschätzung**, die ein Mitarbeiter von seinem Arbeitsumfeld bei der selbstverantwortlichen Erreichung bestimmter Ziele erfährt. Der Intrapreneur benötigt das Gefühl der Wichtigkeit, welches er beispielsweise über regelmäßige Rückmeldungen der Führungskraft oder den unmittelbaren Arbeitskollegen erfährt. Für *Cube* (2000) ist neben der Organisation von „Flow-Erlebnissen" die Anerkennung der Leistungsresultate ein wichtiges Triebmotiv und fördert die Bereitschaft auch in normativ unzureichend besetzten Räumen selbstverantwortlich zu handeln.

„Wird die Anstrengung als Maloche erlebt, als langweilig oder sonst wie frustrierend, erhöht sich zunächst einmal die Aggression. Erleben wir aber in der Leistung selbst Flow und werden für die erbrachte Leistung zudem mit Anerkennung belohnt, so empfinden wir doppelte Lust und haben ein doppeltes Motiv" (*von Cube*, 2000, 77).

Die bisherige Argumentation hat gezeigt, dass Selbstverantwortung in jeder Art von Arbeit und für jede Position wichtig ist und insbesondere in den sich immer schneller verändernden Umwelten an Bedeutung gewinnt. Selbstverantwortung ist damit nach *Weibler* (1999, 107-121) nicht nur für Individuen und Unternehmen bedeutsam und nützlich, sondern auch gesamtgesellschaftlich relevant.

4.2 Zur Gestaltung der unternehmensbezogenen Umweltfaktoren der Exosystemebene

Zu den unternehmensbezogenen Umweltfaktoren der Exosystemebene gehören die organisationalen und kulturellen Dimensionen, die nicht nur einem einzelnen Arbeitsplatz oder einer Organisationseinheit zugeordnet werden können und somit für das Gesamtunternehmen Gültigkeit besitzen. Gemäß der Anreiz-Beitrags-Theorie sind Organisationsteilnehmer mit ihrer Arbeit dann zufrieden und erbringen entsprechende Leistungen, wenn der Nutzen der Anreize höher oder zumindest gleich der geleisteten Beiträge ist (*Barnard*, 1970). Wenn jedoch der persönliche Nutzen unter den erbrachten Leistungen steht, wird der Mitarbeiter seine Beitrags- und Teilnahmeentscheidung in Frage stellen und gegebenenfalls das Unternehmen verlassen. Obwohl die Anreiz-Beitrags-Theorie zahlreiche Kritikpunkte aufweist, lassen sich einige nützliche Anhaltspunkte zur Erklärung selbstverantwortlichen Verhaltens entnehmen.[28] Auch wenn die Ausprägung von Intrapreneurship nicht ausschließlich davon abhängt, inwieweit einzelne Mitarbeiter selbstverantwortliche Verhaltensweisen gemäß dem Opportunitätskostenprinzip als vorteilhaft einschätzen, scheint es doch bedeutsam zu sein, inwieweit die Strategie, die Organisationsstrukturen und -prozesse und die vorherrschende Kultur des Unternehmens nach unternehmerischen Prinzipien ausgerichtet

[28] Beispielsweise erscheint es problematisch, wichtige Konstrukte wie das des subjektiven Nutzens zu operationalisieren oder das Verhalten von Organisationsteilnehmern nur über die Nutzenmaximierungsabsicht erklären zu wollen (Dorow, 1982).

werden (*Schuler*, 1996, 70). Zu wenig ausgeprägtes selbstverantwortliches Bewusstsein und Handeln ist nicht nur auf ein mangelhaftes Potential bei einzelnen Mitarbeitern zurückzuführen, sondern kann auch seine Ursachen in unternehmensspezifischen Barrieren haben. So haben nach *Wunderer/Kuhn* (1993, 103ff) die konkreten Organisationsziele und die damit verbundene Art der Leistungserstellung, der hierarchische Aufbau und die Übersichtlichkeit der ablaufenden Prozesse und Machtstrukturen einen direkten Einfluss auf die Ausprägung von Intrapreneurship in Kreditinstituten.

4.2.1 Zur Gestaltung der Unternehmensstrukturen und -prozesse

Kreditinstitute können aufgrund der Veränderungen in der Unternehmensumwelt nur begrenzt vorhersagen, welche Anforderungen zukünftig zu bewältigen sind. Wie in Kapitel 1.2.1 beschrieben begegnen Kreditinstitute dieser Entwicklung mit einer verstärkten Flexibilisierung und Dynamisierung ihrer Prozesse und Strukturen. So zeichnen sich nach *Sommerlatte* (2000, K4) erfolgreiche Unternehmen der Finanzdienstleistungsbranche in den vergangenen Jahren durch Folgendes aus:

- Die Bedeutung der Hierarchie und der Abteilungsstrukturen wird systematisch reduziert und damit das prozessorientierte und ganzheitliche Denken forciert.
- Der Prozess von der Ideenfindung bis zur Umsetzung der Innovation wird als wichtiger Leistungsprozess und als wichtige Größe für zukünftiges Wachstum und Ertrag erkannt.
- Abteilungsegoismen werden durch Projektarbeit in strukturübergreifenden Teams überwunden.
- Über externe Partnerschaften wie Jointventures oder strategische Allianzen wird der eigene Kompetenzbereich verbreitert.

Die in Kapitel 1.2.1 beschriebenen Ansätze des Lean-Managements und des Reengineering sind Ausdruck dieser Entwicklung. Aus der mit dem Prozess der Flexibilisierung verbundenen Reduzierung der Regelungsdichte resultiert die Notwendigkeit zu innovativem und selbstverantwortlichem Handeln (*Katz*, 1964, 131ff). Mitarbeiter sind daher gezwungen, immer öfter in normative Freiräume zu treten und damit in den Bereich des selbstverantwortlichen Handelns vorzustoßen (*Rouseau*, 1997, 515ff). Durch das Fehlen normativer Regelungen müssen sie sich verstärkt auf eigene Werte und Überzeugungen verlassen. Selbstverantwortliches Handeln kann daher dazu beitragen, dass sich das Unternehmen hin zu einer lernenden Organisation entwickelt, wenn Mitarbeiter unbrauchbare Strukturen und Prozesse erkennen und nach eigenen Standards optimieren (*Sattelberger*, 1996).

In Anlehnung an *Gomez* (1990) kann angenommen werden, dass herkömmliche Linienorganisationen aufgrund ihrer starren Strukturen weniger geeignet sind, das Auftreten von selbstverantwortlichem Handeln bei Mitarbeitern zu unterstützen. Auch *Bitzer* (1991) geht davon aus, dass bürokratische Orgabnisationsstrukturen tendenziell administratives Verhalten bei Mitarbeitern fördern und das durch die zunehmenden Wandlungsprozesse der Unternehmensumwelt notwendige unternehmerische Verhalten behindern.

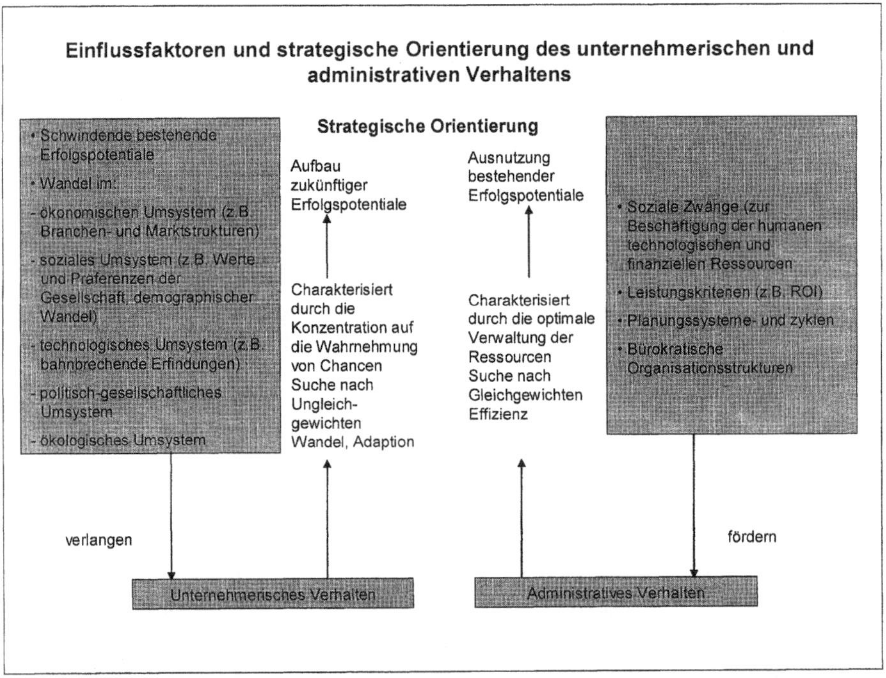

Abbildung 35: Einflussfaktoren und strategische Orientierung des unternehmerischen und administrativen Verhaltens nach *Bitzer* (1991)

Günstiger zur Förderung selbstverantwortlichen Handelns erscheinen demnach Organisationsformen, die auf flexiblen und losen Netzwerken basieren und dem Einzelnen die Möglichkeit der aktiven Gestaltung seiner Aufgaben ermöglichen, ohne langwierige Abstimmungsprozesse einleiten zu müssen. Da die Ermöglichung von mehr Autonomie im Handeln nach *Deci/Ryan* (1987, 1024-1037) eine hohe Bedeutung für die Ausprägung von unternehmerischem Handeln hat, kann angenommen werden, dass sich dadurch die Bereitschaft zu selbstverantwortlichem Handeln ebenfalls positiv beeinflussen läßt. Zur Förderung der Bereitschaft zu mehr selbstverantwortlichem Handeln könnten Unternehmen daher das Ziel verfolgen, soweit wie möglich Aufgaben und Kompetenzen auf marktnahe Subsysteme zu verlagern oder gänzlich aus dem Kreditinstitut auszulagern. Durch die Dezentralisierung auf Organisationsebene in mehr oder weniger autonome Subunternehmen (strategische Dezentralisierung) wird nach *Faust/Jauch/Brünnecke/ Deutschmann* (1995/23ff) auch die Möglichkeit der Einflussnahme auf die Gestaltung der Tätigkeit auch für den einzelnen Mitarbeiter erhöht (operative Dezentralisierung). Dabei hängt die zu wählende Organisation vom Reifegrad des Unternehmens sowie der beschäftigten Mitarbeiter ab (*Becker*, 1997).

Zur Förderung von selbstverantwortlichem Handeln auf Exosystemebene könnten Unternehmen die Organisationsmitglieder als interne Unternehmer dadurch ermächtigen, indem sie Kompetenzen und Verantwortung auf marktnahe, dezentralisierte Subsysteme verlagern bzw. ganz aus dem Unternehmensverbund auslagern und sich auf Kernkompetenzen beschränken (*Faust/Jauch/Brünnecke/Deutschmann*, 1995, 24).

> „Ab einer Größe, die einem fortwährenden Wandel hinderlich erscheint, wird der organisationale Zusammenhang in einer Verknotung von Einheiten und nicht in einer hierarchischen, pyramidalen Ordnung gesucht (Prinzip der Zellteilung).“ (*Vollrath*, 1999, 30)

Von diesem Transformationsprozess sind Marktbereiche wie zentrale Funktionsbereiche gleichermaßen betroffen. Die am häufigsten genannten Strukturmerkmale dezentralisierter Organisationen lassen sich wie folgt darstellen:

1. Objekt-, Kunden- und Prozessorientierung der Stellen- und Abteilungsbildung.
2. Flache Hierarchien mit großen Leitungsspannen für die wenigen Führungskräfte.
3. Höhere Komplexität der Aufgaben dezentraler Einheiten mit Reduktion von Spezialisierungseffekten und Tendenzen zur Ganzheitlichkeit.
4. Zunehmende Variabilität und Wandel der Aufgaben im Zeitablauf (Dynamik), lernende Organisation.
5. Kooperation in Gruppen/Teams und zwischen Gruppen.
6. Einbindung von Stellen und Abteilungen durch Kommunikationsnetze mit Vollstruktur und Kommunikationsunterstützung durch PCs sowie andere technische Medien bei steigendem Kommunikationsaufwand.
7. Selbstabstimmung und Anpassung zwischen Stellen und Abteilungen (Selbstkoordination).
8. Selbstorganisation der Stellen- und Abteilungsaufgaben.
9. Selbstkontrolle der organisatorischen Einheiten und ihrer Mitarbeiter.
10. Schnittstellenoptimierung innerhalb von Abteilungen/Gruppen sowie zwischen Stellen/Mitarbeitern.
11. Hohe Autonomie der Abteilungen/Gruppen und ihrer Stellen/Mitarbeiter.
12. Komplementäre zentrale Steuerung der dezentralen Einheiten zumindest auf strategischer Ebene; zentrale, erfolgsorientierte Überwachung der dezentralen Einheiten durch Controlling-Ansätze.

Abbildung 36: Strukturmerkmale dezentralisierter Organisationen nach *Drumm* (1999, 15)

Da sich die Arbeitsaufgaben und die dafür erforderlichen Kompetenzen in dezentralisierten Organisationen dauernd verändern, müssen nach *Nerdinger* (1999) die Mitarbeiter ihre berufliche Rolle ständig neu definieren und aushandeln.

> „Verlangt wird die aktive Aufnahme und Gestaltung des Kontakts zu anderen Mitgliedern des Unternehmens, d.h. die Rollenbeziehungen müssen weitgehend individuell ausgehandelt werden. Erwartet werden in erster Linie innovative Beiträge zur Wertschöpfung des Unternehmers. Damit entsteht ein völlig neues Leitbild des Mitarbeiters: Der Intrapreneur" (*Nerdinger*, 1999, 16).

Zwar unterscheiden sich die bestehenden Organisationsstrukturen der russischen Sberbank nicht deutlich von denen deutscher Banken oder Sparkassen, jedoch werden in der Unternehmenspraxis der Sberbank die damit verknüpften Organisationsprozesse- und abläufe grundlegend anders gestaltet. Während im deutschen Sparkassensystem aufgrund des Regionalprinzips eine starke Dezentralisierung der Entscheidungsbefugnisse systembedingt vorgegeben ist und auch die großen Privatbanken ihre Niederlassungen in den vergangenen Jahren verstärkt zu selbständigen Profitcentereinheiten umgebaut haben, besteht bei der russischen Sberbank eine zentralistische Ausprägung mit geringen Entscheidungsbefugnissen der regionalen Einheiten. So ist die Organisation wie in der früheren Sparkasse der UdSSR noch immer in vier Hierarchiestufen gegliedert, wobei die höchste und mächtigste Stufe nach wie vor die Zentralverwaltung in Moskau darstellt.

> „Die höchste Stufe I stellt die Sparkasse Russlands mit ihrer Zentalverwaltung in Moskau dar, auf der zweiten Stufe stehen die Regional-, Gebiets- und Kreissparkassen wie auch die Sparkasse Moskaus und St. Petersburgs. Die dritte Ebene bilden die Zweigstellen und die vierte, niedrigste, die Filialen" (*Babintseva/Litviakov/Savkevitch*, 1994, 346).

Daher könnten bei konsequenter Umsetzung eines dezentralen Organisationskonzeptes aus struktureller Sicht gerade hier günstigere Bedingungen für selbstverantwortlich agierendes Unternehmertum entstehen. Insbesondere ist zu überlegen, inwieweit Mitarbeitern der untersten Hierarchieebenen höhere Kompetenzen und Entscheidungsbefugnisse eingeräumt werden können.

4.2.2 Zur Entwicklung einer selbstverantwortliches Handeln fördernden Unternehmenskultur

Der Begriff der Kultur stammt aus der Anthropologie und wird heute in vielerlei Ausrichtungen gebraucht. Er umschreibt die spezifischen Denk- und Verhaltensmuster einer bestimmten Gruppe, durch die sie sich von anderen Gruppen abhebt bzw. unterscheidet (*Dülfer*, 1991).

> „Kultur wird verstanden als Ausdruck der interpersonellen Beziehungen, Werte, Normen, Ansichten und Meinungen, Stile des Erkennens und der Sinn- und Deutungszuschreibung (Wissen), die eine Gruppe von Menschen gemeinsam hat. Sie ist ein Langfristphänomen, das sich durch „Tradierung" auszeichnet" (*Frick*, 1999, 83).

Die Kultur eines Unternehmens kann daher als System der gemeinsam geteilten Werte, Normen, Einstellungen, Ideale und Überzeugungen einer Gruppe von Menschen bezeichnet werden, die sich beispielsweise in einem Kreditinstitut vereinen. Kulturelle Veränderungen können von der Gruppe selbst ausgehen und somit endogen im Kreditinstitut induziert werden. Viel häufiger werden Wandlungsprozesse jedoch

> „durch Kontakt mit anderen Kulturen angeregt, aus denen Bestandteile übernommen, variiert und in einer Weise kombiniert werden, die so auch im Herkunftsland anzutreffen sind. Kulturen werden also nicht „geklont", sondern unterliegen bei der wechselseitigen Beeinflussung der Gruppen-Kulturen dem Variations-Selektions-Mechanismus" (*Frick*, 1999, 88).

Kreditinstitute haben eine Kultur ausgebildet und leben in einer Kultur, wobei diese nicht direkt sichtbar und messbar ist. Diese unbewussten grundsätzlichen Orientierungen treten mit den an einer höheren Stelle des Bewusstseins liegenden Wertvorstellungen der Organisationsmitglieder in Wechselwirkung und beeinflussen somit direkt bestimmte Verhaltensweisen wie das selbstverantwortliche Agieren von Mitarbeitern oder die Gestaltung von Äußerlichkeiten wie die gewählten Statussymbole, Architektur oder Kleidung. Die von *Schein* (1985, 14) vorgelegte Darstellung der drei Ebenen der Unternehmenskultur wird in der nachfolgenden Graphik gezeigt.

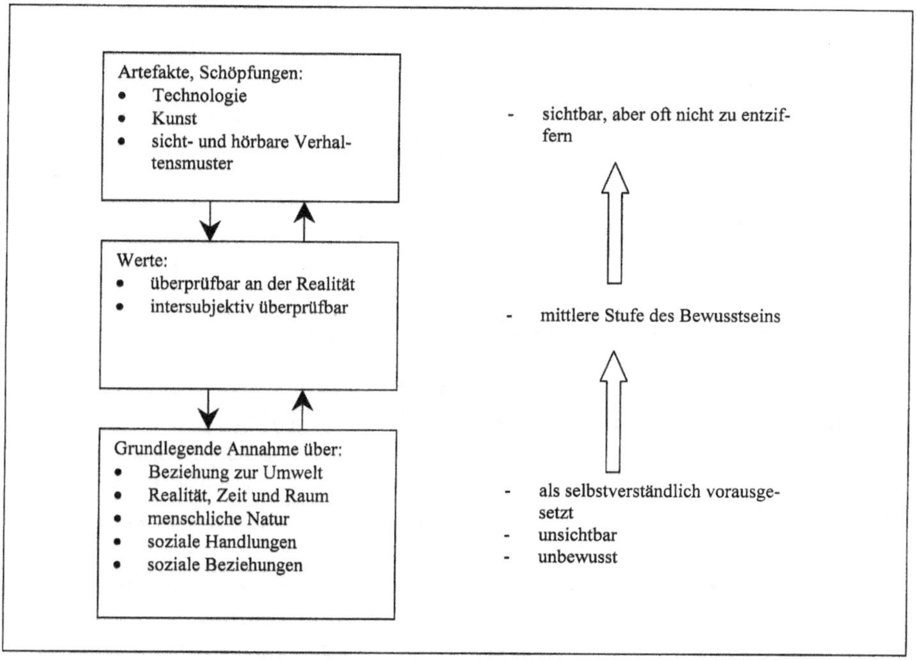

Abbildung 37: Wechselwirkung der drei Ebenen der Unternehmenskultur nach *Schein*

Nach dem Modell von *Schein* (1985) kann auch die Kultur eines Kreditinstitutes in drei Ebenen differenziert werden, wobei diese miteinander in Wechselwirkung stehen. Veränderungen der Kultur hin zu mehr Selbstverantwortung können zunächst auf der bewussten Ebene erfolgen, wogegen unterschiedliche personelle und strukturelle Einflussmöglichkeiten bestehen. Diese können exogen, beispielsweise über die Inanspruchnahme externer Beratungsfirmen erfolgen oder auch selbst, beispielsweise über neue Projekte, induziert werden.

Um eine zustimmende Kultur der Selbstverantwortung zu etablieren, könnte in Anlehnung an *Wunderer/Mittmann* (1995, 21ff) die Handhabung bestimmter Personalmanagement-Funktionen wie die Verfahren zur Mitarbeiterauswahl und die Gestaltung der betrieblichen Anreiz- und Vergütungssysteme derart gestalten werden, dass Mitarbeiter ermuntert werden, sich selbstverantwortlich zu verhalten. Grundsätzlich gilt jedoch, dass Änderungen der Unternehmenskultur nur langsam vollzogen werden können. Insbesondere der Bereich der Verhaltensnormen und Werthaltungen ist durch Beharrlichkeit und extreme Trägheit geprägt, so dass ein gezieltes Einwirken nur mäßigen Erfolg ernten wird (*North*, 1992, 103). Ein Wandel der Unternehmenskultur steht nach *Schein* (1985, 8) daher im engen Zusammenhang mit sozialem Lernen.

> „Werte können nicht verkündet werden, sondern müssen in die Organisation diffundieren. Sie müssen nicht nur gesagt, sondern auch gemeint sein, nicht nur gehört, sondern auch verstanden, nicht nur hin-, sondern auch angenommen, nicht nur gepredigt, sondern auch gelebt werden“ (*Fischer*, 1999, 278).

Aufgrund des normativen Charakters beeinflusst die Unternehmenskultur die individuellen Einstellungen der Organisationsmitglieder. Empirische Untersuchungen, insbesondere der von *Koch* (2000), zeigen, dass im Zusammenhang mit Selbstverantwortung in deutschen Unternehmen vor allem bei den stärkeren Ausprägungsformen wie dem Intrapreneurship ein eher ablehnendes Klima besteht. So wird in der von *Koch* (2000) vorgestellten Untersuchung in deutschen Großbetrieben festgestellt, dass Selbstverantwortung zwar in den Formen Pragmatismus und Idealismus tendenziell auf breite Zustimmung stößt, Intrapreneurship dagegen tendenziell eher abgelehnt wird (*Koch/Benedikt*, 2001, 60/61). Dies widerspricht auf dem ersten Blick den Ergebnissen zur Auswertung der achten forschungsleitenden These, wonach in den Teilstichproben beider Länder eine grundsätzliche Bereitschaft der Mitarbeiter zu selbstverantwortlichem Handeln ermittelt werden kann. Die Auflösung dieses scheinbaren Widerspruches besteht in der bereits beschriebenen starken Abweichung von Eigen- und Fremdbild. So können die Ergebnisse der vorgelegten Untersuchung, bei der die Werte der persönlichen Zustimmung zu selbstverantwortlichem Handeln deutlich über denen der wahrgenommenen Befürwortung solcher Handlungsweisen durch die Arbeitsumwelt liegen, dahingehend interpretiert werden, dass sich Mitarbeiter mit ihrer positiven Bewertung von selbstverantwortlichem Handeln alleine gelassen fühlen und sich als Einzelkämpfer in einer abweisenden Unternehmenskultur wahrnehmen. Einer mehr oder weniger stark ausgeprägten allgemeinen Ablehnung von selbstverantwortlichem Handeln steht eine deutlich positivere persönliche Bewertung gegenüber, wobei die wahrgenommene Ablehnung nach *Koch* (2000) offenbar nicht unbedingt mit der tatsächlichen Position der

Unternehmensführung übereinstimmt. So wird bereits dem direkten Vorgesetzten zu Unrecht eine größere Ablehnung von selbstverantwortlichem Handeln unterstellt, als sie tatsächlich der Fall ist (*Koch*, 2000, 12). Dies führt dazu, dass Mitarbeiter selbstverantwortliches Handeln vermeiden oder dies im Verborgenen tun, da sie mögliche negative Konsequenzen des Unternehmens befürchten. Daher schlägt *Pinchot* (1998) diesen Weg des verborgenen Agierens insbesondere Intrapreneuren vor, damit deren innovative Ideen nicht schon im Vorfeld konterkariert werden (*Pinchot*, 1998). Gerade in der stark verregelten und bürokratischen Organisation der russischen Sberbank erscheint dieses Verheimlichen eine praktizierte Strategie zu sein, da hier sehr viel Wert auf die Einhaltung von Regeln gelegt wird. Dies mag einer der Gründe sein, warum die Probanden der russischen Teilstichprobe im Mittelwertvergleich auf dem 1%-Niveau signifikant niedrigere Werte aufweisen als die befragten Mitarbeiter in den deutschen Kreditinstituten.

Auch verwundert es nicht, wenn sich Führungskräfte der russischen Sberbank in Gesprächen mit dem Autor dieser Studie über eine zu geringe Ausprägung dieser Verhaltenstendenz bei ihren Mitarbeitern beklagen. Die Vermutung liegt also nahe, dass in dem Kreditinstitut bezüglich selbstverantwortlichen Handelns eine beträchtliche Intransparenz herrscht, da Mitarbeiter von einer ablehnenden Kultur ausgehen, obwohl mit zunehmender Hierarchiestufe die Bedeutung von Selbstverantwortung erkannt wird.

Eine Lösung dieses Dilemmas könnte in einer klaren und transparenten Positionierung der Unternehmensleitung und in Folge aller weiteren Führungskräfte zu ihrer Haltung bezüglich selbstverantwortlichen Handelns liegen. Eine offene Diskussion zu diesem Thema stellt gleichzeitig eine der effektivsten Wege zur Ermöglichung selbstverantwortlichen Handelns dar, da die gemeinsamen Werthaltungen insbesondere über die gelebte Kommunikationskultur transportiert werden können (*Mohr*, 1997). Die nicht neue Erkenntnis, dass der Aufbau eines adressatenbezogenen Kommunikations- bzw. Informationssystems zur Bereitstellung relevanter unternehmensinterner sowie externer Marktdaten Voraussetzung für einen erfolgreichen Kultur-, Organisations- und Strategiewandel ist, wird bereits von *Barnard* (1948) beschrieben. Dabei ist für ihn Kommunikation dann am effektivsten, wenn sie „offen" ausgestaltet wird, d.h. jeder die Kommunikationswege kennt, diese für jeden zugänglich sind und Informationen schnell und direkt abrufbar sind (*Barnard*, 1948).

Dagegen wird nach *Schrader* (1992) in Unternehmen, in denen die Einhaltung der Dienstwege strikt befolgt wird und Abteilungen sich im Sinne eines strengen Ressortegoismus voneinander abschotten, die Kreativität bei Mitarbeitern blockiert und damit die Innovationskraft gehemmt. Die Schaffung eines effektiven und offenen Informationsmanagements stellt nach *Nonaka* (1994, 248-277) daher eine der wichtigsten Managementaufgaben zur Ermöglichung von selbstverantwortlichem Verhalten dar. Auch die Ausprägung von selbstverantwortlichem Handeln und Intrapreneurship wird daher maßgeblich von diesen beiden Kulturbereichen der Exosystemebene tangiert (*Krogh/Roos*, 1996). Eine wesentliche Grundvoraussetzung für die Entwicklung von Intrapreneurship ist daher eine vertikal und horizontal offene Kommunikationskultur (*Benedikt*, 2001, 83ff). Aus diesem Grund wird seit Juni 2002 zusammen mit einem externen Partner eine Workshopreihe mit der obersten Führungsebene der Sberbank in St. Petersburg durchgeführt. Ziel ist es, beginnend mit den Führungskräften des Kreditinstitutes eine Kultur zu etablieren, die mehr selbstverantwortliches Handeln auf allen Hierarchieebenen ermöglichen soll. Dabei wird in einem ersten Baustein die Verbesserung der Kommunikationskultur des Unternehmens thematisiert.

Insbesondere müssten diejenigen Verhaltensweisen von Führungskräften zu einem selbstverantwortlichen Ausfüllen der gegebenen Handlungsräume beitragen, die insgesamt zu einer Enttabuisierung des Themas Selbstverantwortung führen. In einem Klima, dass eher als ablehnend empfunden wird, neigen nach *Koch* (2000) tendenziell nur macht- und karriereorientierte Mitarbeiter zu selbstverantwortlichem Handeln, da sie über außergewöhnlichen Einsatz hierarchisch aufsteigen wollen. Es ist jedoch auch gut vorstellbar, dass auch die „Loyalen" unter den Mitarbeitern, die nur das tun, was von ihnen erwartet wird, mit einer anderen Motivation selbstverantwortlich handeln würden (*Koch*, 2000, 21-21).

Die Führungskultur wird insbesondere über den Führungsstil des direkten Vorgesetzten erlebt. Dieser spielt bei der Ausprägung selbstverantwortlichen Verhaltens deshalb eine wichtige Rolle, da die unmittelbare Führungskraft über das jeweilige Direktionsrecht stark das Verhalten der Mitarbeiter reglementieren kann. Auch in der vorliegenden Untersuchung wird insbesondere in der deutschen Teilstichprobe die Befürwortung durch den Vorgesetzten in einem auf dem 5 %- Niveau signifikanten Zusammenhang mit der Ausprägungsintensität von selbstverantwortlichem Handeln von Mitarbeitern beschrieben. In Anlehnung an *Bitzer* (1991, 37ff) tragen vor allem die Möglichkeit der Einflussnahme auf Entscheidungen des Managements und eine auf gegenseitigem Vertrauen basierende Handlungsfreiheit in klar definierten Grenzen als entscheidende Determinanten zum Aufbau einer unternehmerischen Organisationskultur bei.

Intrapreneurial Culture	**Bürokratische Kultur**
• Wandel als Chance	• Wandel als Bedrohung
• Kontrolliertes Risiko	• Defensive Risikoaversion
• Bereitschaft, Fehler zu begehen	• Angst vor Fehlern
• Bedingungslose Unterstützung von Ideen	• Infragestellen neuer Ideen
• Protektion/ Unterstützung durch den Sponsor	• Gehorsam gegenüber dem Chef
• Vision	• Instruktionen und Regeln
• Sinngebung durch ganzheitlichen Ansatz	• Sinnentleerung durch Fragmentation
• Gegenseitiges Vertrauen und Freiheit	• Kontrolle
• Kundenorientierung	• Innenorientierung
• Auch kleine Innovationen werden gewürdigt	• Big-Bang-Innovation

Abbildung 38: Merkmale einer unternehmerischen Firmenkultur nach *Bitzer* (1991, 37)

Als ersten Schritt auf dem Weg zu einer unternehmerischen Firmenkultur und mehr selbstverantwortlichem Handeln bei großen Teilen der Belegschaft steht nach *Agyris* (1998, 11) vor allem eine **exakte und klare Beschreibung der gewünschten Zielvision**. So stößt nach *Sprenger* (1998) die Forderung nach mehr Selbstverantwortung in den deutschen Unternehmen zwar auf tendenzielle Zustimmung, was sich jedoch genau hinter diesem psychologischen Konstrukt verbirgt, bleibt weitgehend im Dunkeln. Soll Selbstverantwortung als Postulat jedoch als mögliche Zielvision in das Personalentwicklungssystem eines Unternehmens integriert werden, so bedarf es einer begrifflichen Präzisierung. Erst wenn im Unternehmen Klarheit darüber besteht, was unter dieser Selbstverantwortung zu verstehen ist, wird eine Entmythologisierung möglich.

> „Am Anfang sollte ein klar definierter Rahmen stehen, eben die Vision, die es dann Zug um Zug zu operationalisieren gilt, um Wirklichkeit zu werden" (*Argyris*, 1998, 11).

Ferner schlägt *Argyris* (1998, 11) in diesem Zusammenhang vor, den organisatorischen Wandel zu mehr Empowerment und Selbstverantwortung in vier Stufen zu vollziehen:

- „Festlegen einer Vision;
- Festlegen einer damit im Einklang stehenden, wettbewerbsgerechten Strategie;
- Festlegen betrieblicher Arbeitsprozesse zur Umsetzung der Strategie;
- Festlegen individueller Arbeitsanforderungen, so dass Mitarbeiter die Arbeitsprozesse erfolgreich absolvieren können" (*Argyris*, 1998, 11).

Insbesondere erscheint es notwendig, genau zu definieren, wie viel Selbstverantwortung im Kreditinstitut gewünscht ist. Je nach Aufgabenbereich werden Führungskräfte entscheiden müssen, ob Intrapreneurship als extremste Form der Selbstverantwortung konsensfähig ist. Als weiterer Schritt sollten in Anlehnung an *Argyris* (1998) Kreditinstitute trotz der in beiden Ländern bestehenden Vielzahl von gesetzlichen Auflagen und Gesetzen bedenken, dass eine Kultur von Regeln, Gehorsam und Kontrolle zu bürokratischen Verkrustungen führt, die Intrapreneurship und selbstverantwortliches Handeln verhindern. Der Installierung übermäßiger Kontrollmechanismen liegt die Annahme zugrunde, dass vereinzelte Mitarbeiter die Freiräume für ihre eigenen Interessen ausnützen könnten, wenn dies nicht reglementiert wird. Zwar wird sich die Mehrheit der Belegschaft loyal verhalten, jedoch werden die Regeln benötigt, um das Kreditinstitut gegen eine einseitige Ausnutzung abzusichern. Dies entspricht der Auffassung der konstitutionellen Ökonomik, die eine auf Abschreckung möglicher Ausbeutung basierende Konstitution als geeigneten Verfassungstyp für Staaten postuliert (*Brennan/Buchanan*, 1983, 83-105). Nach *Müller* (1995) wird dabei verkannt, dass die Bürgertugenden und übertragen auf Unternehmensebene, die gewünschte Selbstverantwortung in großen Teilen der Belegschaft verdrängt wird.

> „Wenn diese Regelwerke den Eindruck vermitteln, jeder Bürger sei ein potenzieller Gauner, wird die positive Einstellung zum Staat verdrängt. Gesetze, die auf den schlechtmöglichsten Fall und nicht auf das Durchschnittsverhal-

ten zielen, riskieren, den für ein Staatswesen unbedingt notwendigen Bürgersinn zu zerstören" (*Frey*, 1997, 56).

Der Bürger bzw. der Mitarbeiter hat in diesem Fall keine Chancen mehr, seine Zustimmung bzw. Loyalität freiwillig zu zeigen.

Verfassungen hingegen, die auf einem grundlegenden Vertrauen gegenüber den Bürgern basieren, bewirken eine Verstärkung der bürgerlichen Tugenden (*Rawls*, 1992). Auf Unternehmensebene fördert **gegenseitiges Vertrauen** die Ausprägung von Selbstverantwortung und freiwilligem Engagement. Besondere Bedeutung erlangen dabei die gemeinsam geteilten Wertevorstellungen und Normen (*Witt*, 1998, 161-177). Diese bewirken nach *Kuhn* (1997, 216) eine langfristigere und stärkere Bindung als bürokratische Regeln und Vorschriften.

Ein weiterer wichtiger Bereich im Zusammenhang mit dem Aufbau einer glaubwürdigen Vertrauenskultur ist in Anlehnung an *Walter* (1998, 438ff) die Art und Weise, wie das Arbeitsumfeld mit **Fehlern** eines Mitarbeiters umgeht. Demnach ist es äußerst hinderlich für die Ausprägung von Selbstverantwortung, wenn auf Probleme, die durch Fehler hervorgerufen werden, ausschließlich negativ reagiert wird. Da es kaum Initiativen für Neuerungen gibt, die sofort reibungslos funktionieren und da die Wahrscheinlichkeit eines Scheiterns umso größer ist, je mehr Selbstverantwortung entwickelt wird, sollte nach *Walter* (1998) der Fehlermanagementgedanke mit dem Initiativgedanken verbunden werden. Fehlermanagement bedeutet dabei, dass Führungskräfte auftretende Fehler akzeptieren und sie als Lernstoff verwenden sollten und sie nicht ausschließlich zu sanktionieren (*Walter*, 1998, 438ff).

Diese Führungsgrundsätze könnten schließlich unternehmensweit in eine Kultur integriert werden, in der Initiative nicht nur toleriert, sondern gefordert und gefördert wird und Vorgesetzte gute Beispiele dafür geben, wie man Selbstverantwortung startet und damit umgeht (*von Rosenstiel*, 1999, 94f). Durch eine offene Lernkultur könnten Führungskräfte und Mitarbeiter ermutigt werden, konsequent Verantwortung zu übernehmen und wenn es notwendig erscheint, auch selbstverantwortlich zu handeln.

Die bisherige Argumentation hat gezeigt, dass Selbstverantwortung in jeder Art von Arbeit und für jede Position wichtig ist und insbesondere in den sich immer schneller verändernden Umwelten an Bedeutung gewinnt. Selbstverantwortung ist nach *Weibler* (1999, 107-121) damit nicht nur für Individuen und Unternehmen bedeutsam und nützlich, sondern auch gesamtgesellschaftlich relevant. Dabei zeigen die Untersuchungsergebnisse der vorliegenden Studie, dass sich die konsequente Umsetzung einer Selbstverantwortung fördernden Führungskultur in russischen Kreditinstituten tendenziell schwieriger darstellen dürfte als in Deutschland. Ein möglicher Hinderungsgrund könnte in der von *Sommer/Welsh/Gubman* (2000, 688-708) postulierten ethischen Orientierung von russischen Unternehmern liegen, die sich insbesondere in einem stärkeren „absolutistischen" Führungsstil von Unternehmern manifestiert. Auch in der vorliegenden Studie konnten im Mittelwertvergleich gerade in der subjektiven Einschätzung, inwieweit die direkte Führungskraft selbstverantwortliches Handeln befürworten würde, die deutlichsten Unterschiede zwischen der deutschen und russischen Stichprobe ermittelt werden.[29] Neben den bereits in Kapitel 1.2.3.1 beschriebenen deutlichen sozialen Unterschieden zwischen der Führungselite und der normalen Bevölkerung erhöht sich durch einen absolutistischen Führungsstil auch der Umfang der von Mitarbeitern subjektiv erlebten Machtdistanz. Dieser umschreibt, inwieweit Mitarbeitern vorhandene positionale Machtunterschiede demonstrativ vor Augen geführt werden und stellt ein entscheidendes Kriterium dar, inwieweit ein gewählter Führungsansatz sich zu einer Selbstverantwortung fördernden Führungskultur entwickeln kann. Nach einer Untersuchung von *Weibler* (1999, 112) wirkt sich eine übermäßige Betonung von Status und Privilegien kontraproduktiv auf die Entwicklung von Selbstverantwortung in Unternehmen aus. Dies kann sich in der architektonischen Gestaltung der Arbeitsräume und Gebäude (Größe des Zimmers, separate Eingänge, Parkplätze oder Speiseräume etc.), der Art der Demonstration von Statussymbolen (Dienstwagen, Titeln etc.) und der Interaktion mit positionalen Machtinhabern (Möglichkeit zur sachlichen Kritik, Einbindung in Entscheidungsfindungen, Gestaltung der Kontroll- und Überwachungssysteme, Offenheit der vertikalen und horizontalen Kommunikationskultur etc.) ausdrücken. Zur Ermöglichung von Selbstverantwortung sollten Kreditinstitute insbesondere in Russland demnach darauf achten, die vorhandene Machtdistanz zu reduzieren und Machtunterschiede nicht demonstrativ zur Schau zu stellen.

[29] Vgl. Auswertung der achten forschungsleitenden These

4.2.3 Zur Gestaltung der betrieblichen Anreiz- und Beteiligungssysteme

Neben der Flexibilisierung von Arbeitszeit, des Arbeitsortes und des Arbeitsinhaltes stellt die Gestaltung der Anreizsysteme nach *Oechsler* (2001, 81-101) den vierten Ansatzpunkt der Flexibilisierung im Personalbereich dar. Der erfolgsversprechendste Weg zur Ermöglichung von Unternehmertum und Selbstverantwortung in Unternehmen liegt dabei nach *Gaugler* (1982, 107ff) in der Kombination der materiellen und immateriellen Beteiligung am arbeitgebenden Unternehmen. Der synchrone Einsatz beider Komponentenarten verhindert dabei, dass wesentliche Motivierungsansätze im betrieblichen Leistungsprozess übersehen werden. Nachfolgend werden die beiden grundsätzlichen Modelle der betrieblichen Mitarbeiterbeteiligung skizziert und die Form der immateriellen Mitarbeiterbeteiligung als die geeignetere Variante zur Förderung von selbstverantwortlichem Handeln herausgestellt.

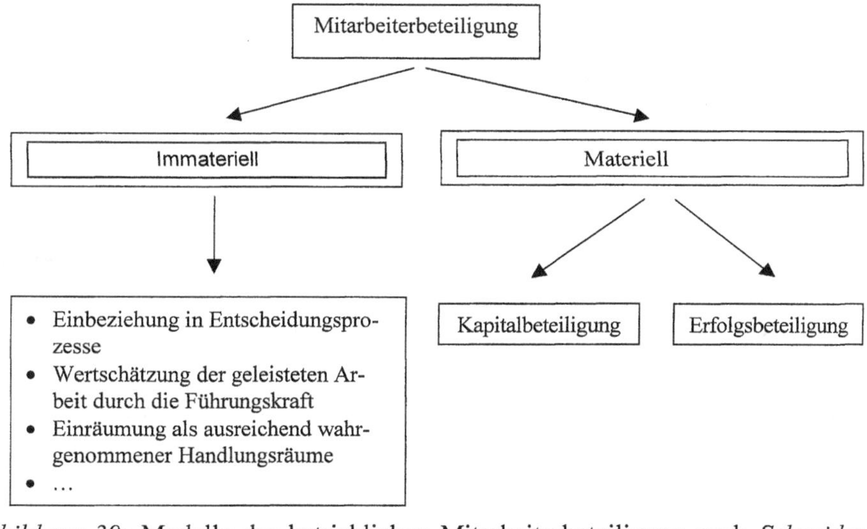

Abbildung 39: Modelle der betrieblichen Mitarbeiterbeteiligung nach *Schneider* (1996, 112)

Die Philosophie der immateriellen Mitarbeiterbeteiligung entspricht nach *Schneider* (1996) dabei weitestgehend den Forderungen des Lean-Management-Ansatzes (*Schneider*, 1996, 113). Die Grundüberlegung der immateriellen Mitarbeiterbeteiligung besteht darin, dass die Lösungen anstehender Probleme umso besser sind, je frühzeitiger betroffene Mitarbeiter in die Entscheidungsprozesse einbezogen werden. Die Einbeziehung in die betriebliche Willensbildung ist Ausdruck gegenseitiger Wertschätzung, die den Mitarbeiter als gleichberechtigten Partner betrachtet und nicht als auszubeutendes Investitionsgut der Kapitaleigner. Ein Klima, das den partnerschaftlichen Gedankenaustausch zulässt, steht im direkten Zusammenhang mit der Bereitschaft zu freiwilligem Engagement und Extrarollenverhalten (*Nerdinger*, 265-278).

> „Wer von seinen Mitarbeitern Spitzenleistungen will, darf sie nicht als Investitionsgüter des Unternehmens betrachten, sondern muss ein auf längere Sicht angelegtes Partnerschaftsverhältnis anstreben" (*Benedikt*, 2001, 131).

Insbesondere Kreditinstitute, die mit einer klaren Gewinnerzielungsabsicht am Markt agieren, können

> „davon ausgehen, dass die zielförderlichen Verhaltensweisen und Leistungsbeiträge der Mitarbeiter stärker stimuliert werden, wenn die Mitarbeiter nicht nur zur Stärkung ihrer Mitverantwortung an den Informations- und Entscheidungsprozessen im Unternehmen, sondern auch an seinen ökonomischen Erfolgen partizipieren können" (*Gaugler*, 1999, 16).

Dies erscheint insbesondere in größeren Banken sinnvoll zu sein, um hierüber dem einzelnen Mitarbeiter seinen Beitrag am Erfolg des Gesamtunternehmens transparenter zu gestalten (*Schawilye*, 1998). Daher sind die betrieblichen Beteiligungskonzepte nicht nur auf die immaterielle Ebene zu beschränken, sondern parallel dazu materielle Beteiligungsformen zu entwickeln (*Fiedler-Winter*, 1998).

> Der Ausgestaltung des Anreizsystems kommt in zweierlei Hinsicht eine zentrale Rolle zu. Entgeltsysteme stellen – neben den nicht monetären Komponenten – einen zentralen Teil des betrieblichen Anreizsystems dar und sollen hierdurch die Motivation der Mitarbeiter zur Erbringung strategieadäquater Leistungsbeiträge fördern. Weiterhin werden durch Entgeltsysteme die Personalkosten direkt determiniert, so dass dem Entgeltsystem und dessen Ausgestaltung eine Bedeutung sowohl zur Steigerung der unternehmerischen Leistung als auch zur Steigerung und Kontrolle der Kosten zukommt" (*Oechsler*, 2003, 2/3).

Um möglichst alle Mitarbeiter zu mehr unternehmerischem Denken und selbstverantwortlichem Handeln zu bewegen, dürfen sich entsprechende Erfolgs- und Kapitalbeteiligungskonzepte nicht nur auf bestimmte Mitarbeitergruppen wie die der obersten Führungskräfte eines Kreditinstituts beschränken. Beispielsweise ist für *Gaugler* (1999) auch die Einbeziehung des Betriebsrates ökonomisch sinnvoll, da unternehmerisches Verhalten in dieser Mitarbeitergruppe eine entscheidende Voraussetzung für die Erzielung wirtschaftlicher Erfolge in vielen Unternehmen ist.

> „Diese Überlegungen gewinnen zusätzlich an Bedeutung, wenn in mitbestimmten Kapitalgesellschaften Betriebsratsmitglieder der Vertretung der Arbeitnehmer im Aufsichtsrat angehören. In diesem Organ können die Beratungen und Entscheidungen zugunsten des Unternehmens und seiner Mitarbeiter erheblich profitieren, wenn sich seine unternehmensinternen Mitglieder mit mitunternehmerischen Überlegungen gegenüber den Vertretern der Kapitaleigner und gegenüber den externen Arbeitnehmer-Vertretern an der Arbeit dieses Gremiums beteiligen“ (*Gaugler*, 1999, 20).

Zudem darf nicht übersehen werden, dass die Beteiligung von Mitarbeitern am Erfolg und Kapital des arbeitgebenden Unternehmens komplementär zu den nicht weniger wichtigen immateriellen Förderungskomponenten eingesetzt werden sollte und etwaige Defizite in diesem Bereich nicht substituieren kann (*Gaugler*, 1996, 1).

Da selbstverantwortliches Handeln als autonomes Konstruieren eigener Standards in einem vom Unternehmen normativ nur schwach besetzten Raum beschrieben wird, kann impliziert werden, dass diese Verhaltenstendenz überwiegend von eigenen Normen und Werten gesteuert ist. Daher darf nicht übersehen werden, dass die Möglichkeiten, über betriebliche Anreizmodelle wie die beschriebenen Kapital- und Erfolgsbeteiligungssysteme, von außen Einfluss zu nehmen, eher als gering einzuschätzen sind.

> „Ein Verhalten, das bei fehlenden Normen auftritt, kann nicht normativ gefordert werden. Selbstverantwortung explizit zu fordern, wäre ebenso paradox wie die Forderung, spontan zu sein. Weil Mitarbeitern nicht ohne weiteres zu vermitteln ist, was von ihnen erwartet wird, kann dieses Verhalten auch nicht eindeutig mit äußeren Anreizen verknüpft werden“ (*Koch*, 2000, 216-217).

Darüber hinaus besteht die grundsätzliche Gefahr der Verdrängung, wenn insbesondere über monetäre Anreizsysteme die intrinsische Motivation zerstört oder beeinträchtigt wird (*Frey*, 1997).

4.2.4 Zum Einsatz gezielter Personalauswahlverfahren zur Ermittlung der Ausgangsbasis für selbstverantwortliches Handeln

Grundlegende Wertorientorientierungen, Einstellungen und Kompetenzen lassen sich zwar entwickeln, jedoch erweist sich dies als äußerst langwieriger Prozess. Daher kommt der Personalauswahl bei der Förderung von Selbstverantwortung eine hohe Bedeutung zu, da bereits hier eine ausreichende Ausgangsbasis zur Entwicklung in diesem Verhaltensbereich gelegt werden kann.

So können **Bewerbungsunterlagen** dahingehend analysiert werden, inwieweit ein Bewerber bereits vorher in seiner beruflichen Laufbahn selbstverantwortliches Handeln gezeigt hat. Dies kann sich beispielsweise im freiwilligen Engagement (Extrarollenverhalten) schon während der Schul- und Studienzeit gezeigt haben, wenn zusätzliche Praktika absolviert wurden oder außeruniversitäre Betätigungen in Politik, Kirchen oder Verbänden vorliegen. Diese zusätzlichen Initiativen könnten in einem **strukturierten Interview** weitergehend hinterfragt werden.

Aufgrund der hohen prognostischen Validität, die in der Literatur mit Werten von r=0.3 bis r=0.7 angegeben werden, erscheint das Instrument des Assessment-Centers geeignet, Bewerber gezielt mit Übungen zu konfrontieren, die selbstverantwortliches Handeln erfordern (*Schuler*, 1989). Wichtig ist es dabei, dass auch wirklich individuumsspezifische Ausprägungen von Selbstverantwortung erfasst werden. Eine Übung sollte also auch wirklich die Fähigkeiten des Teilnehmers zu selbstverantwortlichem Handeln messen. Es stellt sich also die Frage nach der Konstruktvalidität. Nach *Schuler* (1989, 13) ist ein Test konstruktvalide,

> „wenn bekannt ist, dass mit diesen Übungen tatsächlich die Fähigkeiten erfasst werden, die man zu messen beabsichtigt" (*Schuler*, 1989, 13).

Dabei konstatiert er einen Mangel an Konstruktvalidität und ist der Meinung, man sei noch weit davon entfernt zu verstehen, wie Beobachterurteile zustande kommen (*Schuler*, 1989, 241ff). Ein Weg, um die Konstruktvalidität zu messen, ist der Multitrait-Multimethod-Ansatz von *Campbell/Fiske* (1959). Per Korrelationsrechnung können hiermit über die Ermittlung der diskriminanten und konvergenten Validität Aussagen bezüglich der Konstruktvalidität gemacht werden (*Touet*, 1997, 219). *Russel* (1987, 817ff) kommt zu dem Ergebnis, dass in den meisten Assessment-Centern weder die konvergente Validität in Bezug auf eine Anforderungsdimension, in mehreren Übungen gemessen, besonders hoch ist, noch die diskriminante Validität, d.h. unterschiedliche Anforderungsdimensionen in der gleichen Übung gemessen, besonders gering ist. Es erscheint daher insbesondere bei der Beobachtung eines nur indirekt messbaren Konstruktes wie das der Selbstverantwortung sinnvoll zu sein, zunächst mit den Beobachtern in einem vorgezogenen Workshop Einvernehmen darüber herzustellen, was überhaupt unter Selbstverantwortung zu verstehen ist und wie dieses in der täglichen Arbeitspraxis bzw. im Assessment-Center sichtbar wird.

Ergänzend besteht für Kreditinstitute die Möglichkeit des Einsatzes geeigneter **Testverfahren** zur Einschätzung der Ausprägung von selbstverantwortlichem Handeln. Hierzu wäre eine Weiterentwicklung der im Rahmen dieser Studie vorgestellten Selv-Skala oder des von *Koch/Kaschube* (2000) vorgestellten Ansatzes der EVH-Skala notwendig.

4.2.5 Zur Förderung von Selbstverantwortung über das eingesetzte Bewertungs- bzw. Potentialanalysesystem der Mitarbeiter

Zur gezielten Entwicklung selbstverantwortlichen Handelns bei bereits vorhandenen Mitarbeitern ist das eingesetzte Bewertungssystem von besonderer Bedeutung. Insbesondere ist zu überlegen, ob bei Mitarbeitergruppen wie Führungskräften, bei denen aufgrund ihres besonderen Aufgabenbereiches eine überdurchschnittliche Ausprägung dieser Verhaltensdisposition erforderlich ist, regelmäßige Einschätzungen vorgenommen werden.

> „Ein gutes Medium ist die so genannte 360°-Grad-Rückmeldung, bei der Führungskräfte von ihren Vorgesetzten, Mitarbeitern und Kollegen und auch von ihren Kunden und Lieferanten ein strukturiertes Feedback erhalten. Dieses Instrument ist die geeignete Krücke auf dem Weg zu einer offenen Kommunikationskultur" (*Benedikt*, 2000, 91-92).

Führungskräfte erhalten auf diesem Wege Informationen darüber, wie ihr selbstverantwortliches Handeln im Fremdbild gesehen wird und können im Gegenzug darüber berichten, wie sie die klimatischen Rahmenbedingungen in diesem Verhaltensbereich einschätzen. Dabei stellt die Bewertung eines Mitarbeiters bezüglich der Ausprägung von Selbstverantwortung eine Aufnahme der derzeitig vorhandenen Motive und Kompetenzen dar. Zur gezielten Entwicklung gilt es, verbindliche Vereinbarungen zur weiteren Entwicklung zu treffen.

Um einen effektiven Einsatz gezielter Auswahl- und Bewertungssysteme zu ermöglichen, ist es notwendig, im Vorfeld eine klare Zielvision über die gewünschte Ausprägungsform selbstverantwortlichen Handelns zu formulieren und im Unternehmen zu kommunizieren.

> „Ein Auswahlinstrument könnte die Frage beantworten, zu welchen Formen von EVH eine Person bereit ist und welche sie vermeidet. Ein Entwicklungsinstrument könnte insbesondere Führungskräften Handlungsräume für EVH verdeutlichen und das gewünschte Verhalten in Konfliktfällen trainieren. Beide Anwendungen setzen jedoch Klarheit darüber voraus, welche Formen von EVH von der Organisation einerseits gewünscht und welche andererseits zumindest noch toleriert werden“ (*Koch/Kaschube*, 2000, 25).

4.2.6 Zur Förderung selbstverantwortlichen Handelns über die Einführung eines betrieblichen Vorschlagswesens

Wie in Kapitel 2.2.2 beschrieben sind zwei typische Verhaltenstendenzen von Selbstverantwortung freiwilliges und innovatives Handeln. Innovatives Handeln wird dabei als Gesamtheit der Aktivitäten einer Person beschrieben, die geeignet sind, positive Veränderungen unter dem Aspekt ihrer Effektivität herbeizuführen. Dabei können zwei Teilbereiche unterschieden werden: Die Gestaltungskompetenz als erster Teilbereich der Innovationskompetenz kann als einer der wichtigsten Eigenschaftsbereiche unternehmerisch handelnder Intrapreneure verstanden werden. Hier steht das Erkennen und Hervorbringen einer Innovation im Vordergrund, dagegen richtet sich der Fokus im zweiten Teilbereich, der Umsetzungskompetenz, auf die Realisierung der Idee. Wenn ein Unternehmen die Bereitschaft zu innovativem Handeln fördern möchte, so sollten die Rahmenbedingungen für die Mitarbeiter derart gestaltet werden, dass beide Teilbereiche begünstigt werden.

Zur Förderung der Gestaltungskompetenz bieten zahlreiche Unternehmen die Möglichkeit, Vorschläge zur Verbesserung oder Neuerung über ein zentrales Ideenmanagement-System zu leiten. Diese in der Praxis häufig als betriebliches Vorschlagswesen titulierten Einrichtungen werden in Unternehmen eingerichtet, um Verbesserungsvorschläge von Mitarbeitern zu sichten, auszuwerten und entsprechend eines Prämiensystems zu honorieren (*Thom*, 1996). Grundsätzlich lassen sich nach *Thom/Jörg* (1999, 229) drei Anreizkategorien differenzieren:

Anreizkategorien	**Konkrete Anreize**
Arbeit (Inhalte, Freiraum, Entwicklungschancen)	• Eine herausfordernde, den Fähigkeiten/dem Potential entsprechende Tätigkeit • Gelegenheit, eigene Ideen hervorzubringen und umzusetzen • Möglichkeit zu Job Rotation (systematischer Arbeitsplatztausch zur Erweiterung der Einsatzmöglichkeiten) • Projektarbeit • Fachliche Aufstiegsmöglichkeiten (inkl. damit verbundene Weiterbildungschancen) • Möglichkeit, sich einen Ruf in der Fachwelt zu verschaffen • Sicherheit des Arbeitsplatzes
Personenbezogenes Arbeitsumfeld (Vorgesetzte, interne und externe Kollegen, Mitarbeiter	• Stimulierende Zusammenarbeit mit fähigen Kollegen • Gute Kooperation mit überzeugenden Vorgesetzten • Persönliche Anerkennung durch Vorgesetzte • Überbetrieblicher Erfahrungsaustausch mit Experten • Zusammenarbeit mit lernfähigen Mitarbeitern

Anreizkategorien	Konkrete Anreize
Materielle Anreize	• Höhe des Gehalts im Vergleich (Land, Branche, Funktion etc.) • Anteil leistungsabhängiger Komponenten im Gehalt • Spezielle Prämien für innovationsbezogene Leistungen (Verbesserungsvorschläge, Projekterfolge) • Möglichkeiten der Kapitalbeteiligung am Unternehmen

Abbildung 40: Wirksame Anreize für innovative Mitarbeiter

Problematisch erscheint die dritte Kategorie der dargestellten Anreizsysteme. Die Möglichkeit der Verdrängung intrinsischer Motivation durch monetäre Anreize wird bereits an anderer Stelle diskutiert und ist somit auch für die Förderung innovativen Handelns oder dem Hervorbringen von Verbesserungsvorschlägen zu beachten (*Frey*, 1997). Es ist daher fraglich, ob mit Geld oder Prämien Mitarbeiter in ihrer Innovationsfähigkeit gefördert werden können. *Sprenger* (1998) vertritt in diesem Zusammenhang die Auffassung, dass Belohnung Kreativität und Innovationsfähigkeit systematisch zerstört.

> „Eine an der Aufgabe orientierte Aufmerksamkeit kann durch (von außen kommende, nicht in der Sache liegende) Belohnung nicht geschärft werden. Man kann sich nicht anstrengen, kreativ zu sein. Verbesserungsideen ‚passieren', sie fallen auf; und ein durch Geld gesteigertes Interesse bewirkt für die Leistungs-Fähigkeit, kreativ zu sein gar nichts. Kreativität lässt sich weder befehlen noch kaufen" (*Sprenger*, 1998, 121-122).

Auch fördern nach *Dörre* (1996) materielle Anreizsysteme tendenziell die Mentalität des Einzelkämpfers. Daher versuchen Unternehmen,

> „dies mit einem Lohnanreiz in Gestalt von gruppenbezogenen Prämien zu kompensieren. In solchen Fällen entsteht oft eine Dynamik, die Teams veranlasst, zumindest indirekt nach Möglichkeiten einer stärkeren Eigenkontrolle der Arbeitsbedingungen zu suchen. Innerhalb und zwischen Teams, aber auch unter den Team-Mitgliedern und Vorgesetzten kommt es dabei häufig zu Auseinandersetzungen um die Verantwortung für „prämienschädliche" Störungen. Die Beilegung solcher Konflikte überfordert zum Teil die Möglichkeiten hierarchischer Steuerung" (*Dörre*, 1996, 75).

Eine herausfordernde, den Fähigkeiten und dem Potential entsprechende Tätigkeit ist nach *Csikszentmihalyi* (1999) eher geeignet, die Fähigkeit zum Hervorbringen eigener Ideen zu stimulieren. Auch die Möglichkeit zu Job Rotation und zum überbetrieblichen Erfahrungsaustausch mit Experten erweitert die ressortübergreifenden Einsatzmöglichkeiten und fördert vernetztes Denken und Kreativität.

Der zweite Teilbereich umfasst die Umsetzungskompetenz. Hier geht es um den Mut, Risiken aufzunehmen und Altbewährtes zu verlassen und um die Fähigkeit, innovative Ideen auch gegen Widerstände im Unternehmen zu realisieren. Auch hier sind Anreize aus der Arbeit und dem personenbezogenen Arbeitsumfeld in der Regel vorzuziehen.

4.3 Zur Einflussnahme auf gesellschaftsbezogene Umweltfaktoren der Makrosystemebene zur Förderung selbstverantwortlichen Handelns

Für Kreditinstitute spielen Veränderungen in der technischen Sphäre, die durch technische Neuerungen induziert werden und Entwicklungen in der sozialpsychologischen Sphäre als Ausdruck von Veränderungen der Normen und Werthaltung einer Gesellschaft eine bedeutende Rolle.[30] Da die in einer Bank oder Sparkasse gelebten Wertvorstellungen sich nach *von Rosenstiel* (1984, 233) nicht dauerhaft von den vorherrschenden Werten einer Gesellschaft abheben können, ist es für die Ausprägung von selbstverantwortlichem Handeln förderlich, zu einer Harmonisierung beider normativer Sphären zu gelangen.

Von besonderer Bedeutung für die Aktivierung von selbstverantwortlichem Handeln in Kreditinstituten erscheinen die Bedingungen des Wirtschaftssystems zu sein. Hier bildet das Ausmaß, in dem Volkswirtschaften Freiräume für unternehmerisches Handeln zur Verfügung stellen, die entscheidende Einflussgröße. Untersuchungen legen die Schlussfolgerung nahe, dass insbesondere ordoliberale Konzepte sich am besten mit internem Unternehmertum und damit mit der Akzeptanz von selbstverantwortlichem Handeln in Verbindung bringen lassen (*Wunderer*, 1995b, 81-116). Umgekehrt sind gesellschaftliche Systeme,

[30] Vgl. Kapitel, 1.2.1 und 1.2.2

> „in denen sich die Anstrengungen übermäßig stark auf eine Reduzierung von Unsicherheit ausrichten (z.B. Überbetonen von staatlichen Aufgaben, Überregulierung von wirtschaftlichen Aktivitäten) und damit eine bestimmte Mentalität bei ihren Mitgliedern erzeugt wird, nicht als hilfreich zur Umsetzung dieses Konzeptes anzusehen" (*Weibler*, 1999, 113).

Ein stark ausgeprägtes Bedürfnis nach Absicherung in breiten Teilen der Bevölkerung („Vollkaskomentalität") führt nach *Weibler* (1999) zu einer Reduzierung der Innovationsfähigkeit und zu einer Verstärkung von Widerständen gegen Veränderungen in einer Volkswirtschaft. Insbesondere spiegelt sich das Ausmaß der vorherrschenden Unsicherheitsvermeidungstendenz im Bild wider, wie in Staat und Gesellschaft insgesamt die Rolle des Unternehmers gesehen wird (*Tompensaars*, 1994). In ähnlicher Weise wird dieser Zusammenhang bereits von *Weber* (1981) beschrieben. Nach seinen Untersuchungen hatte vor allem die Vermittlung protestantischer Werte einen förderlichen Einfluss auf die Stellung des Unternehmers in der Gesellschaft (*Nerdinger*, 1999, 6). Anknüpfend an die Tradition *Webers* (1981) werden auch in neuerer Zeit die Einflüsse kultureller Kontexte auf das erwerbswirtschaftliche Verhalten einzelner Individuen im Rahmen wirtschaftssoziologischer Studien betont, wobei eine starke kulturelle Prägung von Unternehmertum und der Bereitschaft zu selbstverantwortlichem Handeln angenommen wird (*Ewers*, 1996, 163-179).

> „Unternehmertum findet in einer kulturellen Umgebung statt. Unternehmertum wird durch eine bestimmte ‚Kultur' gefördert (oder gehemmt) und produziert. Und das Unternehmertum interpretiert und verändert selbst ‚Kultur' " (*Frick*, 1999, 76).

In der vorliegenden Untersuchung weist die Variable „Gesellschaft", mit der die subjektiv wahrgenommene Befürwortung selbstverantwortlichen Handelns in der Gesellschaft erfasst wird, auf dem 5%-Niveau einen signifikant höheren Wert für die deutsche Teilstichprobe auf. Im Vergleich der beiden untersuchten Länder scheinen sich demnach die wirtschaftlichen und gesellschaftlichen Rahmenbedingungen zur Förderung selbstverantwortlichen Handelns in Deutschland günstiger darzustellen. Während in Deutschland – zumindest im größten Teil davon – nach dem zweiten Weltkrieg sich ein marktwirtschaftliches System entwickeln konnte, war Russland geprägt von einem stark paternalisierenden System sozialistischer Prägung. Heute stellt sich die russische Gesellschaft, wie bereits in Kapitel 1.2.3 beschrieben, als äußerst hybride dar und weist marktwirtschaftliche Elemente westlicher Prägung und ebenso noch planwirtschaftlich gesteuerte Bereiche auf. Zwar unterliegt die russische Volkswirtschaft nach zahlreichen Reformen und Privatisierungsbemühungen heute kaum größeren staatlichen Reglements als in westeuropäischen Ländern, jedoch kommen soziologische Studien zu dem Ergebnis, dass die russische Gesellschaft durch eine hohe Unsicherheitsvermeidungstendenz und einem stark paternalistischen Charakter geprägt ist.

> „On average, responses showed that Russian culture in the mid-1990s appeared to be moderate in individualism, masculinity, and power distance, and fairly high in paternalism and uncertainty avoidance“ (*Naumov/Puffer*, 2000, 709).

Auch in der internationalen, 60 Länder umfassenden Langzeitstudie „GLOBE“ (The Global Leadership and Organizational Behaviour Effectiveness Research Program), in der neben der erwähnten Unsicherheitsvermeidungstendenz acht weitere gesellschaftliche Kulturelemente beschrieben werden, die im besonderen Maße die Bereitschaft zu unternehmerischem Handeln in Volkswirtschaften beeinflussen, schneidet Russland etwas schlechter ab als Deutschland (*House*, 1997, 215-254). Im Einzelnen wird in diesem Forschungsprojekt eine förderliche Wirkung ermittelt, wenn in einer Gesellschaft

- wenig Gebote und Regeln zur Vermeidung von Unsicherheit aufgestellt werden.
- eine Gesellschaftskultur weniger auf offen demonstrierten Status und Privilegien beruht und somit eine geringe Ausprägung von Machtdistanz zu bemerken ist.
- eine ausgewogene Mischung aus individuellen und kollektiven Anreizsystemen besteht.
- keine großen geschlechtsbezogenen Präferenzen existieren.
- keine einseitige Überbetonung von Durchsetzungswillen und Wettbewerb zuungunsten von Rücksichtnahme und fairer Kooperation vorgenommen werden.
- Minderheitsmeinungen berücksichtigt werden.
- zukunftsorientiertes Denken und Handeln begünstigt wird.
- überdurchschnittliche Leistungen honoriert werden (*Weibler*, 1999, 110ff).

Gleichwohl die Möglichkeiten der aktiven Einflussnahme auf die generelle Ausprägung dieser Werte in einer Gesellschaft durch einzelne Kreditinstitute in beiden Ländern als eher eingeschränkt zu betrachten ist, so stellen Banken und Sparkassen in ihrer Gesamtheit insbesondere in beiden marktwirtschaftlich orientierten Volkswirtschaften wichtige Elemente der Gesellschaft dar. Daher können einzelne Kreditinstitute sehr wohl über entsprechende Interessensverbände indirekt einen gewichtigen Einfluss auf das wirtschaftliche und gesellschaftliche Geschehen und die Ausprägung dieser Werte nehmen. Ein konkretes Beispiel aus Deutschland für den Versuch der Einflussnahme auf gesellschaftliche Werte stellt die Initiativgruppe der „Selbst-GmbH" dar. Hinter diesem 1998 gegründeten Netzwerk verbergen sich über 150 Personalfachleute, die zur Umsetzung ihrer Ziele den nachfolgenden Themenkatalog aufgestellt haben.

Forderung	**Erläuterung**
Mit Selbstbewusstsein zur Selbstverantwortung	Abkehr von Opferhaltung, Anspruchsdenken und Fremdbestimmtheit der Arbeitnehmer zugunsten eines neuen Selbstbewusstseins, Selbstverantwortung und Gestaltungsfreude
Mit Kompetenz zur Beschäftigungsfähigkeit	Arbeitnehmer sollen sich als Unternehmer ihrer eigenen Arbeitskraft begreifen, ihr Potential erkennen, verwirklichen und weiter entfalten
Mit Unternehmenskultur zur Selbst-GmbH	Unterstützung durch das Unternehmen auf der Grundlage einer motivierenden Unternehmens- und Führungskultur
Vom Interessenkonflikt zum Erfolg für alle Beteiligten	Sicherung der Beschäftigungsfähigkeit der Arbeitnehmer und gleichzeitiger Unternehmensbeitrag durch Produktivitäts- und Effizienzsteigerung
Begeisterung für lebenslanges Lernen, statt Weiterbildungsfrust	Mitverantwortung und Aufgeschlossenheit für neue Lernmethoden und ständige Erweiterung der Kompetenzen (fachlich & persönlich)
Gemeinsame Investitionen in die Weiterbildung	Aufwandskomponenten werden von Arbeitgeber und Arbeitnehmer gemeinsam getragen
Marktfähiger Kompetenzzuwachs statt Weiterbildungstourismus	Definierung eines Grundkanons relevanter Kern- und funktionsspezifischer Komponenten mit allgemeiner Gültigkeit

Vom tradierten Sozialleistungsmodell zum neuen Paradigma der Zusatzleistungen	Stärkung der Leistungskultur, ganzheitliches Paket an Zusatzleistungen nach dem Cafeteria-Prinzip mit Möglichkeit zur individuellen Auswahl und Zusammenstellung, Transferierbarkeit
Von starren Regelungen von Arbeitszeit und -ort zu Flexibilität und Mobilität	Eigenverantwortliche Arbeitszeit statt Stechuhr-Prinzip, Arbeits- und Lernort orientiert an den Bedürfnissen von Kunden und Arbeitnehmern
Vom Sozialkontrakt zur Chancengemeinschaft	Leistungsgerechte Bezahlung, angemessene Gewinnbeteiligung, Wertschätzung, Fürsorge, Absicherung in Notfällen
Vom verzerrten Wirtschaftsbild zur wirklichkeitsnahen Ausbildung	In Schulen und Hochschulen Verständnis für die „Selbst-GmbH" wecken, Einblick in Unternehmens-Wirklichkeit ermöglichen
Von der Personalverwaltung zu unternehmerischer Personalarbeit	Qualifizierung des Personal-Managements, unternehmerische Haltung, Einfühlungsvermögen, strategischer Weitblick
Konstruktiver Dialog statt Konfrontation	Interessengrenzen bezwingen, wechselseitiges Verständnis durch Dialog mit internen und externen Verantwortlichen

Abbildung 41: Kernthesen der Initiativgruppe "Selbst-GmbH" (o.V., 2001, 6)

Die Selbst-GmbH versteht sich als Beschäftigungs- und Qualifizierungsinitiative zur Förderung der Selbstverantwortung und Beschäftigungsfähigkeit von Arbeitnehmern und hat sich selbst das Ziel gesetzt, Mitarbeiter auf dem Weg zum „Unternehmer in eigener Sache" aktiv zu begleiten.[31] Arbeitnehmer sollen sinnbildlich eine „Selbst-GmbH" gründen und die Verantwortung für ihren beruflichen Erfolg in die eigene Hand nehmen. Aufgabe der einzelnen Bank oder Sparkasse ist es, ausreichende Handlungsräume zu schaffen um die „Selbst-GmbH´s" zu selbstverantwortlichen Mitunternehmern zu fördern.

4.4 Zusammenfassende Bewertung der Vorschläge zur Förderung von selbst-verantwortlichem Handeln in Organisationen

Trotz der unterschiedlichen Ausgangslage und Rahmenbedingungen haben es Kreditinstitute in beiden untersuchten Ländern weitestgehend selbst in der

[31] Vgl. [Online]: Wege zur Selbst-GmbH (02.10.2001), www.selbst-gmbh.de

Hand, für ihre Mitarbeiter ein gutes Klima für Selbstverantwortung zu entwickeln und Eigeninitiative zu fördern. Zwar gibt es auch auf der Seite der Mitarbeiter persönliche Voraussetzungen, die helfen, Selbstverantwortung zu entwickeln. Wie in der vorliegenden Studie beschrieben sind jedoch die Arbeitsbedingungen in der Organisation und insbesondere das Verhalten der unmittelbaren Führungskraft ebenfalls sehr wichtig. So wird die Höhe der Selbstverantwortung zu einem beträchtlichen Grad durch Handlungsraum, wahrgenommene Verantwortlichkeit und die Ganzheitlichkeit der übertragenen Aufgaben bestimmt. Ein geringer Handlungsraum reduziert beispielsweise das Verantwortungsgefühl, und eine geringe Verantwortungsübernahme bedingt wenig Eigenaktivität und Selbstverantwortung, was wiederum zu einer Verringerung des Handlungsraumes führt. Hierdurch kann ein sich selbst verstärkender Prozess ausgelöst werden, der jedoch in beide Richtungen funktioniert.

In dem Maße, in dem vom Mitarbeiter vermehrt die Verantwortung für sein Handeln bei der Aufgabenerfüllung gefordert wird, ist diese Verantwortung auch dort zu delegieren, wo es um die eigene Motivation, Qualifikation und Entwicklung geht (*Sprenger*, 1998, 35-37). Um sie zu fördern, sollte nach *Csikszentmihalyi* (1999) eine Aufgabe immer so zugeschnitten sein, dass sie zwar immer noch machbar für die Person ist, aber gleichzeitig Möglichkeiten für Selbstverantwortung beinhaltet. Daraus können folgende Empfehlungen für die Unternehmenspraxis abgeleitet werden.

Wichtige Voraussetzungen, Selbstverantwortung der Mitarbeiter zu fördern, sind die Schaffung von angemessenen Handlungsräumen (*Walter*, 1998, 438ff) sowie klare Zielsetzungen (*Sahm*, 1981, 23) zu vereinbaren und die Mitarbeiter für diese zu begeistern. Weiterhin ist es wichtig, die Mitarbeiter zu ermutigen bzw. zu unterstützen, ihre Schlüsselqualifikationen und die erforderlichen fachlichen Kompetenzen weiterzuentwickeln. Dadurch kann nach *Weber* (1998, 210ff) indirekt insbesondere das Selbstbewusstsein und damit der Mut zu selbstverantwortlichem Handeln der Mitarbeiter gestärkt werden.

Das Thema Führung erscheint hier im Zusammenhang mit Selbstverantwortung mindestens in zweierlei Sicht von besonderem Interesse: Zum einen wird gerade von Führungskräften ein hohes Maß an internem Unternehmertum implizit erwartet oder explizit gefordert (*von Rosenstiel*, 1999). Ihnen werden von Unternehmensseite tendenziell größere Handlungsräume zugestanden als Angestellten mit einfachen Tätigkeiten. Aus dieser Konstellation heraus ergeben sich mehr Möglichkeiten zur Selbstverwirklichung und zu selbstverantwortlichem Handeln. In einigen empirischen Studien werden daher Befunde vorgelegt, die selbstverantwortliches Handeln zu den alltäglichen Aufgaben von leitenden Angestellten zählen (*Mohr*, 1999, 416ff).

Zum anderen gehören Führungskräfte zu den wichtigsten kulturtragenden Elementen in Organisationen. Sie haben wie bereits in den Auswertungen der forschungsleitenden Thesen beschrieben, einen entscheidenden Anteil daran, in welchem Maße und ob überhaupt Selbstverantwortung von Mitarbeitern übernommen wird. Die Intensität und Wirkung von Gestaltungsmaßnahmen zur Förderung von Selbstverantwortung, die von der direkten Führungskraft initiiert werden, haben eine herausragende Bedeutung bei der Entwicklung dieser Verhaltensdisposition. Um eine Entwicklung vom passiv agierenden „Arbeit-Nehmer" zum selbstverantwortlich handelnden Intrapreneur zu fördern, müssen nach Auffassung von *Kuhn* (1999) Führungskräfte

> „sich im Zuge der unternehmerischen Arbeitsorganisation vom ‚klassischen' (kommandierenden, kontrollierenden und korrigierenden) Vorgesetzen zum (kommunizierenden, kooperierenden und koordinierenden) ‚Infrastrukturmanager' entwickeln – metaphorisch gesprochen also eine Wandlung vom ‚Dirigenten' zum ‚Impresario' durchlaufen" (*Kuhn*, 1999, 171).

Oder an anderer Stelle:

> „Manager müssen neue Wege zu führen erlernen, um die ehrgeizigen Wettbewerbsstrategien für ihre Unternehmen durchzusetzen, den Veränderungen in ihrem eigenen Machtumfeld gewachsen zu sein und die Notwendigkeit zu neuen Methoden der Mitarbeitermotivation erkennen zu können" (*Becker*, 1996, 247).

Die nachfolgende Graphik fasst die wesentlichen Ansatzpunkte zur Förderung von selbstverantwortlichem Handeln abschließend nochmals zusammen.

Einflussnahme auf die Umweltbedingungen des Unternehmens	• Einflussnahme auf die in Schule und Gesellschaft vermittelten Werte und Normen • Förderung der Rolle des Unternehmers in Wirtschaft und Gesellschaft • Förderung der Bedeutung selbstverantwortlichen Handelns z.B. über eine Beteiligung an der Initiativgruppe der Selbst-GmbH • Hinwirken auf eine Liberalisierung des Wirtschaftssystem über entsprechende Interessenverbände
Indirekte Förderung von Selbstverantwortung durch Gestaltung der Unternehmensstrukturen und -prozesse	• Bedeutungsverlagerung von vertikalen Hierarchien zu horizontalen Netzwerken • Flexibilisierung der unternehmensinternen Strukturen und Prozesse • Gestaltung einer unternehmensinternen „sozialen Marktwirtschaft"
Indirekte Förderung von Selbstverantwortung durch Steuerung der Unternehmenskultur	• Konkrete Beschreibung der angestrebten Zielvision • Enttabuisierung des Themas Selbstverantwortung durch den Aufbau einer vertikal und horizontal offenen Kommunikationskultur • Gestaltung der betrieblichen Anreiz- und Beteiligungssysteme • Förderung von Selbstverantwortung über das eingesetzte Bewertungssystem der Mitarbeiter • Reduzierung der Machtdistanz
Direkte Förderung der Determinanten des persönlichen Könnens und individuellen Wollens über Führung	• Förderung ausgewählter Schlüsselqualifikationen • Schulung von marktgerechten, fachlichen Fähigkeiten • Einräumung ausreichender Handlungsräume und Schaffung einer Atmosphäre des gegenseitigen Vertrauens • Wertschätzung der erzielten Leistungsresultate • Entwicklung einer kalkulierbaren Fehlerkultur • Übertragung ganzheitlicher und herausfordernder Arbeitsaufgaben

Abbildung 42: Überblick über mögliche Ansatzpunkte zur Förderung von selbstverantwortlichem Handeln

5 Ausblick und weiterer Forschungsbedarf

Ziel der vorliegenden Forschungsarbeit ist es, das Konstrukt „Selbstverantwortung" mit Hilfe geeigneter Kriterien zu operationalisieren. Dazu werden mangels einer allgemein anerkannten Definition zunächst eine inhaltsthematische Klärung und Begriffsexplikation vorgenommen und für selbstverantwortliches Handeln vier typische Verhaltensdimensionen abgeleitet. Die Ausgangsbasis bildet dabei das erweiterte Modell des selbstverantwortlichen Handelns, wonach sich Selbstverantwortung in überobligatorischem Engagement, der Sicherung und dem Ausbau von Handlungsräumen (Autonomiestreben), dem Generieren innovativer Ideen sowie im Umsetzen innovativer Ideen und dem Umgehen bestehender Regelungen äußern sollte.

Anhand konkreter Fallbeschreibungen werden zehn für den beruflichen Alltag in Kreditinstituten typische Situationen mit unterschiedlichem Aufforderungscharakter und einer abgestuften Intensität der sozialen Zustimmung formuliert. Damit kann Selbstverantwortung in unterschiedlichen Intensitätsstufen von Pragmatismus bis Intrapreneurship umfassend erhoben werden. Von besonderem Interesse ist dabei die Frage, inwieweit sich ein unterschiedliches organisationales Umfeld auf selbstverantwortliches Handeln auswirkt. Zu diesem Zweck werden Mitarbeiter in den neuen und alten Bundesländern sowie in Russland befragt.

Gleichwohl das eingangs postulierte Stufenmodell selbstverantwortlichen Handelns in der Studie nicht bestätigt wird, so kann doch die Abhängigkeit vom jeweiligen Handlungskontext gezeigt werden. Um den situativen Prozess des selbstverantwortlichen Handelns systematisch mit den verschiedenen Strukturebenen der Handlungsumwelt zu verbinden, wird gemäß der Systematik von *Bronfenbrenner* (1981)der Einfluss vier verschiedener Strukturebenen untersucht. Alle Umweltbereiche weisen dabei einen auf dem 1%-Niveau signifikant hohen Einfluss auf die Ausprägung von selbstverantwortlichem Handeln auf, wobei insbesondere die Wirkung der Mesosytemebene sowie der Exosystemebene, d.h. der jeweiligen Unternehmenskultur, am deutlichsten ist.

Aufgrund des hohen Interesses aus der Unternehmenspraxis, selbstverantwortliches Verhalten bei Mitarbeitern zu fördern, ergibt sich für die Forschung die Aufgabe, praktikable Instrumente zur verhaltens- und ergebnisorientierten Beurteilung selbstverantwortlichen Handelns zu entwickeln. Neben der Weiterentwicklung des vorgestellten testpsychologischen Verfahrens ergeben sich aus den Untersuchungsergebnissen auch interessante Ansatzpunkte zur Entwicklung geeigneter situativer Verfahren. So könnte über ein noch zu konzipierendes Assessment-Center-Verfahren eine Einschätzung der Fähigkeit und Bereitschaft zu selbstverantwortlichem Handeln bei Mitarbeitern erfolgen. Damit könnten den Unternehmen im Sinne eines vorgelagerten Input-Controllings wertvolle Hinweise zur gezielten Gestaltung weiterführender Personalentwicklungsmaßnahmen geliefert werden.

Literaturverzeichnis

Allen, N. J./Meyer, J. P., The measurement and antecedents of affective, continuance and normative commitment to the organization, in: Journal of Occupational Psychology, 63/1990, Seite 1-18

Amelang, M./Borkenau, P., Untersuchungen zur Validität von Kontroll-Skalen für soziale Erwünschtheit und Akquieszenz, in: Diagnostica 27/1981, Seite 295-312

Anderson, J. R., Cognitive psychology and its implications, New York 1990

Andrasik, F./Heimberg, J. S., Self-management procedures, in: Frederickson, L. W. (Hrsg.), Handbook of organizational behaviour management, New York 1982

Andrejenkowa, A., Materialistische/postmaterialistische Werte in Russland, in: Soziologitscheskie Issledowanija, 11/1994, Seite 72-84

Ansoff, H. J., Managing strategic surprise by response to weak signals, in: California Managing Review, 18/1975, Seite 21-33

Arbeitgeberverband des privaten Bankgewerbes, Jahresbericht 2001, Berlin 2002

Argyris, C., Personality and Organization, New York 1957

Argyris, C., Empowerment – nur eine Illusion?, in Harvard Business Manager, 6/1998,Seite 9-16

Arnswald, U, Russische Föderation, in: Hellwig, W./Lauterbach, U./von Kopp (Hrsg.), Innovationen nationaler Berufsbildungssysteme von Argentinien, 1. Aufl., Köln 2001, Seite 155/158

Atkinson, J., W., An introduction to motivation, Princeton 1964

Auhagen, A. E., Die Realität der Verantwortung, Göttingen 1999

Axelrod, R., Die Evolution der Kooperation, 3. Aufl., München 1995

Babintseva, N./Litviakov, M./Savkevitch, O., Das Sparkassenwesen in Russland und der ehemaligen UdSSR, in. Sparkasse, 8/1994, Seite 346-354

Backhaus, J./Wagner, R., Taschenbuch für Aus- und Weiterbildung 2003, Stuttgart 2002

Baethge, M., Jugend, Arbeit und Identität – Lebensperspektiven und Interessenorientierung von Jugendlichen, Opladen 1988

Balla, B./Sterbling, A. (Hrsg.), Zusammenbruch des Sowjetsystems – Herausforderung für die Soziologie, Hamburg 1996

Bandura, A., The self system in reciprocal determinism, in: American Psychologist, 33/1976, Seite 344-358

Bandura, A., Self-efficacy: Toward a unifying theory of behavioural change, in: Psychological Review, 84/1977, Seite 191-215

Bandura, A., Social foundations of thought and action: A social cognitive theory, Englewood Cliffs 1986

Bandura, A., Self-efficacy: The exercise of control, New York 1997

Barnard, C. I., The functions of the executive, Cambridge 1938

Barnard, C. I., Organization and management, Cambridge 1948

Barnard, C. I., Die Führung großer Organisationen, Essen 1970

Bass, B., Bass & Stogdill´s Handbook of Leadership. Theory, Research & Managerial Applications, New York 1990

Bateman, T. S./Crant, J. M., The proactive component of organizational behaviour, in: Journal of Organizational Behaviour, 14/1993, Seite 103-118

Baumgarten, R., Betriebliche Führungsstile, Berlin 1974

Bayertz, K., Eine kurze Geschichte der Herkunft der Verantwortung, in: Bayertz, K. (Hrsg.), Verantwortung: Prinzip oder Problem?, Darmstadt 1995, Seite 3-71

Beck, K. et al, Moralische Urteils- und Handlungskompetenz, in: Zeitschrift für Berufs- und Wirtschaftspädagogik/Beihefte, Heft 14, Kompetenzentwicklung in der Berufserziehung, Stuttgart 1998, Seite 139-161

Beck, K./Bienengräber, T./Mitulla, C./Parche-Kawlik, K., Progession, Stagnation, Regression – Zur Entwicklung der moralischen Urteilskompetenz während der kaufmännischen Berufsausbildung, in: Beck, K./Krumm, V. (Hrsg.), Lehren und Lernen in der beruflichen Erstausbildung, Opladen 2001

Becker, M., Personalmanagement im Umbruch. Perspektiven für marktorientierte Veränderungsprozesse, in: Bruhns, M. (Hrsg.), Internes Marketing, Integration der Kunden- und Mitarbeiterorientierung. Grundlagen – Implementierung - Praxisbeispiele, Wiesbaden 1995, Seite 303-342

Becker, M., Vorüberlegungen zum Entwurf einer konziliaren Organisation, in: Wagner, D./Nolte, H. (Hrsg.), Managementbildung. Grundlagen und Perspektiven, Hochschulschriften zum Personalwesen, Band 22, München 1996, Seite 231-250

Becker, M., Personalentwicklung und Organisationsentwicklung als Führungsaufgabe – eine Einführung in die Thematik, Betriebswirtschaftliche Diskussionsbeiträge, Beitrag 97/10, Halle 1997

Becker, M., Organisation der Personalarbeit in Industrieunternehmen, in: Scholz, C. (Hrsg.), Innovative Personalorganisation: Center-Modelle für Wertschöpfung, Strategie, Intelligenz und Virtualisierung, Neuwied 1999, Seite 395-412

Benedikt, H.-P., Die Beziehung des Leistungsmotivs zu bestimmten Bereichen des Selbstkonzepts – Eine Evaluationsstudie in den Fünf Neuen Ländern, in: Beiträge zur wissenschaftlichen Diskussion Nr.13, München 1993

Benedikt, H.-P., Die 8-M-Methode: Die neue Erfolgsformel im Management, Stuttgart 2000

Benedikt, H.-P., Selbstverantwortung und Unternehmertum, in: Sparkasse 2/2003, Seite 73-75

Bennis, W. G., Leadership Theory and Administrative Behaviour: The Problems of Authority, in: Administrative Science Quarterly, 12/1959, Seite 259-300

Beukert, L., Bankenexperten erwarten weiteren Stellenabbau, in: Handelsblatt, 18.9.2002

Beyer, H.-T., Personallexikon, 2.Aufl., München 1991

Beyme, K. v., Systemwechsel in Osteuropa, Frankfurt/Main. 1994

Bihl, G., Wertorientierte Personalarbeit: Strategie und Umsetzung in einem neuen Automobilwerk, München 1995

Bitzer, M: Intrapreneurship: Unternehmertum in der Unternehmung. Entwicklungstendenzen im Management, Band 5, Schriften des Instituts für Betriebswirtschaft, Hochschule St. Gallen für Wirtschafts-, Rechts- und Sozialwissenschaften, Stuttgart 1991

Bitzer, B./Poppe, P., Strategisches Innovationsmanagement – Phasenspezifische Identifikation innerbetrieblicher Innovationshemmnisse, in: Betriebswirtschaftliche Forschung und Praxis, 3/1993, Seite 309-325

Boeckh, J., Armut als soziale Perspektive. Der ökonomische und soziale Umbruch in Russland, in Boeckh, J./Grünberg, P./Heckmann, J., Umbruch in Russland – eine Chance für soziale Arbeit?, Schriftenreihe der evangelischen Fachhochschule Rheinland-Westfalen-Lippe Nr.33, Bochum 1997, Seite 15-90

Bögenhold, D., Die Berufspassage in das Unternehmertum. Theoretische und empirische Befunde zum sozialen Prozess von Firmengründungen, in: Zeitschrift für Soziologie, 18/1989, Seite 263-281

Bonnet, C./Furnham, A., Who wants to be an entrepreneur? A study of adolescents interested in a young enterprise scheme, in: Journal of Economic Psychology, 12/1991, Seite 465-478

Bordegas, J. W., Self- actualization and personal autonomy, in: Psychological Reports, 64/1989, Seite 1263-1266

Borg, I., Grundlagen und Ergebnisse der Facettentheorie, 1. Aufl., Bern 1992

Borg, I./Shye, S., Facet theory, form and content, Thousand Oaks 1995

Borg, I., Facettentheorie, in: Erdfelder, E./Mansfeld, R./Meiser, T./Rudinger, G., Handbuch quantitativer Methoden, Weinheim 1996, Seite 231-240

Borman, W. C./Motowidlo, S. J., Expanding the criterion domain to include elements of contextual performance, in: Schmitt, N./Borman, W. C. (Hrsg.), Personal selection in organizations, San Francisco 1993, Seite 71-98

Bortz, J., Statistik für Sozialwissenschaftler, 5. Auflage, Berlin 1999

Bortz, J./Döring, N., Forschungsmethoden und Evaluation, 2.Auflage, Berlin 1995

Brandstätter, H., Becoming an entrepreneur – a question of personality structure?, in: Journal of Economic Psychology, 18/1997, Seite 157-177

Brennan, G./Buchanan, J., Predictive power and the choice among regimes, in: Economic Journal 3/1983, Seite 83-105

Bretz, H., Unternehmertum und fortschrittsfähige Organisation. Wege zu einer betriebswirtschaftlichen Avantgarde, München 1988

Brief, A. P./Motowidlo, S. J., Prosocial organizational behaviour, in: Academy of Management review, 11/1986, Seite 710-725

Britt, T. W., Engaging the self in the field: Testing the triangle model of responsibility, in: Personality and Social Psychology Bulletin, 25/1999, Seite 696-706

Britzelmaier, B./Geberl, S., Wandel im Finanzdienstleistungssektor. 1. Liechtensteinisches Finanzdienstleistungs- Symposium an der Fachhochschule Liechtenstein, Heidelberg 2000

Brockhaus, R./Horwitz, P., The psychology of the entrepreneur, in: Sexton, D. L./ Smilor, R. W. (Hrsg.), The art and science of entrepreneurship, Cambridge 1986, Seite 25-48

Bronfenbrenner, U., Die Ökologie der menschlichen Entwicklung, Stuttgart 1981

Bruch, H., Umsetzungskompetenz – eine (mit)unternehmerische Schlüsselqualifikation und Ansätze zu ihrer Förderung, in: Wunderer, R. (Hrsg.), Mitarbeiter als Mitunternehmer, Grundlagen. Förderinstrumente. Praxisbeispiele, Neuwied 1999, Seite 196-218

Brüggmann, M., Krake Korruption, in: Handelsblatt 1.3.2003, Seite 8

Bryman, A., Charismic Leadership in Organizations: Some neglected issues, in: Leadership Quarterly, 4/1993, Seite 289-310

van Buer, J., Effectiveness, efficiency and economic benefit of investments in vocational education and training, in: van Buer, J./Seeber, S./Dalkalachev, H. (Hrsg.), Control of educational processes – effectiveness and efficiency of vocational education and training, Sofia/Berlin 1999, Seite 9-56

van Buer, J./Neben, A., Jugendliche beim Eintritt in die berufliche Ausbildung – Einstellungen, Lebensstile und Bewältigungsstrategien, in: Senatsverwaltung für Arbeit, Berufliche Bildung und Frauen (Hrsg.), Berufsbildungsbericht 1999, Seite 166-208

van Buer, J./Matthäus, S., Entwicklung der kommunikativen Fähigkeit und des kommunikativen Handelns von Jugendlichen in der kaufmännischen Erstausbildung – Konstrukte, Grundannahmen, forschungsleitende Thesen und Merkmale des Projekts, in: van Buer, J./Matthäus, S./Borrmann-Müller, R./Apel, U. (Hrsg.), Entwicklung der kommunikativen Fähigkeit und des kommunikativen Handelns von Jugendlichen in der kaufmännischen Erstausbildung, Studien zur Wirtschafts- und Erwachsenenpädagogik aus der Humboldt-Universität zu Berlin, Band 7, Berlin 1995, Seite 1-20

Bundesverband deutscher Banken, Banken 2000: Fakten, Meinungen, Perspektiven, Berlin 2000

Bundesverband deutscher Banken, Banken 2001: Fakten, Meinungen, Perspektiven, Berlin 2001

Burow, O.-A., Die Individualisierungsfalle. Kreativität gibt es nur im Plural, Stuttgart 1999

Bygrave, W. D. / Hofer, C. W., Theorizing about entrepreneurship, in: Entrepreneurship – Theory and Practice, 16/1991, Seite 13-22

Bygrave, W. D., Theory building in the entrepreneurship paradigm, in: Journal of business venturing, 8/1995, Seite 255-280

Cantillon, R., Essay sur la nature du commerce en général, Texte de l´édition orginale de 1755, herausgegeben durch das institut national d´études démographiques, Paris 1952

Carroll, G. R./ Mosakowski, E., The carrier dynamics of self-employment, in: Administrative Science Quarterly, 32/1987, Seite 570-589

Carver, C. S., Some ways in which goals differ and some implications of those differences, in: Gollwitzer, P. M./Bargh, J. A. (Hrsg.), The psychology of action. Linking cognition and motivation to behaviour, New York 1996, Seite 645-672

Chell, E./Haworth, J./Brearley, S., The entrepreneurial personality: Concepts, cases and categories, London 1991

Claus, T., Existenzgründungen in Ostdeutschland. Ergebnisse einer empirischen Untersuchung in Sachsen-Anhalt, in: Aus Politik und Zeitgeschichte, Band 15/1996, Seite 3-19

Cohen, J., Statistical power analysis for the behavioral sciences, New York 1988

Cohen, J., A power primer, in: Psychological Bulletin, 112/1992, Seite 155-159

Collins, O. F./Moore, D., The enterprising man, East Lansing 1964

Cooper, A. C./Dunkelberg, W. C., Entrepreneurial research: Old questions, new answers, and methodological issues, in: American Journal of Small Business, 11/1987, Seite 1-20

Crant, J. M., Proactive behaviour in organizations, in: Journal of Management, 3/2000, Seite 435-462

Cropley, A., Kreativität und Kreativitätsförderung, in: Rost, D., H. (Hrsg.), Handwörterbuch pädagogischer Psychologie, Weinheim 1998

Csikszentmihalyi, M., Kreativität: Wie sie das Unmögliche schaffen und ihre Grenzen überwinden, Stuttgart 1996

Csikszentmihalyi, M., Das Flow-Erlebnis; Jenseits von Angst und Langeweile, 7. Aufl., Stuttgart 1999

Cube, F. v., Lust an Leistung; Die Naturgesetze der Führung, 6. Aufl., München 2000

Davis, S./Meyer, C., Das Prinzip Unschärfe, Wiesbaden, 1998

DeCarms, R., Personal Cusation: The internal affective determinants of behaviour, New York 1968

Deci, E., Intrinsic motivation, extrinsic reinforcement and inequity, in: Journal of Personality and Social Psychology 18/1975, Seite 105-115

Deci, E. L. /Ryan, R. M., The support of autonomy and the control of behaviour, in: Journal of personality and social psychology, 53/1987, Seite 1024-1037

Deci, E. L./Ryan, R. M., A motivational approach to self: Integration in personality, in: Dienstbier, R. (Hrsg.), Perspectives on motivation. Nebraska symposium on motivation 1990, Lincoln 1990, Seite 237-288

Deppe, J., Personalwirtschaftliche Implikationen eines Lean Management, Arbeitsbericht Nr. 20, Ruhr-Universität Bochum, Bochum 1993

Deusinger, I. M., Die Frankfurter Selbstkonzeptskalen, Göttingen 1985

Deutsche Bundesbank, Verzeichnis der Kreditinstitute und ihrer Verbände sowie der Treuhänder für Kreditinstitute in der Bundesrepublik Deutschland, Kreditwirtschaftliche Informationen 2, Frankfurt/Main 2002

Deutscher Sparkassen- und Giroverband, Betriebsvergleich 2001, Berlin 2002

Deutscher Sparkassen- und Giroverband, Studie zur Einstellung von Schulabgängern zur Ausbildung „Bankkaufmann/frau", Berichtsband zur quantitativen Befragung, Bonn 12/ 2001

Dierkes, M./von Rosenstiel, L./Steger, U. (Hrsg.), Unternehmenskultur in Theorie und Praxis. Konzepte aus Ökonomie, Psychologie und Ethnologie, Frankfurt/Main 1993

Dixon, J. R./Arnold, P./Heieke, J./Kim, J. S./Mulligan, P., Mit Ausdauer ist es machbar, in: Harvard Business Manager, 2/1995, Seite 105-114

Döhm, S./Jungkunz, D., Arbeitseinstellung kaufmännischer Auszubildender, in: Zeitschrift für Wirtschaftspädagogik, 93. Band, 5/1997, Seite 464-479

Döring, R., Das Konzept der Schlüsselqualifikationen: Ansätze, Kritik und konstruktivistische Neuorientierung auf der Basis der Erkenntnisse der Wissenspsychologie, Dissertation, Univ. St. Gallen 1994

Dörre, K., Partizipatives Management – Ein Schritt zum demokratischen Betrieb?, in: Denisow, K./Fricke, W./Stieler-Lorenz, B. (Hrsg.), Partizipation und Produktivität. Form zukünftiger Arbeit, 5/1996, Seite 69-86

Dorow, W., Unternehmenspolitik, Stuttgart 1982

Drucker, P. F., Management: Tasks, Responsibilities, Practices, London 1974

Drucker, P. F., Innovation and Entrepreneurship, New York 1985

Drucker, P. F., Innovationsmanagement für Wirtschaft und Politik, Düsseldorf 1985

Drumm, H. J., Das Paradigma der Neuen Dezentralisation und seine organisatorischen sowie personalwirtschaftlichen Implikationen, in: Regensburger Diskussionsbeiträge zur Wirtschaftswissenschaft, Nr. 270/o.J.

Drumm, H. J., Das Paradigma der neuen Dezentralisation, in: Die Betriebswirtschaft 1/1996, Seite 7-20

Dülfer, E. (Hrsg.), Organisationskultur, 2. Aufl., Stuttgart 1991

Duncker, C., Dimensionen des Wertewandels in Deutschland, Frankfurt/Main 1997

van Dyne, L./Cummings, L. L./Parks, J. M., Extra-role behaviours: In persuit of construct and definitional clarity (a bridge over muddied waters), in: Research in organizational behaviour 17/1995, Seite 215-285

Dynkin, A., Wirtschaftliche Probleme der Transformationsperiode in Russland und die Partnerschaft mit Deutschland, in: Spanger, H.-J (Hrsg.), Russland und der Westen, Studien der Hessischen Stiftung Friedens- und Konfliktforschung, Band 29, Frankfurt/Main 1998, Seite 126-139

Eder, K./Kailer, N., Von der Schulung zur strategisch orientierten Personalentwicklung durch systematisches Bildungscontrolling, in: Feuchthofen, J./Severing, E. (Hrsg.), Qualitätsmanagement und Qualitätssicherung in der Weiterbildung, Neuwied 1995, Seite 269-281

Eisenhardt, K., Making fast strategic decisions in high- velocity environments, in: Academy of Management Journal, 3/1989, Seite 543-576

Epstein, S., Entwurf einer integrativen Persönlichkeitstheorie, in: Filipp, S.-H. (Hrsg.), Selbstkonzeptforschung, Stuttgart 1979, Seite 15-43

Ewers, H.-D., Kleine und große Tiger: Was bestimmt die wirtschaftliche Entwicklung Südostasiens?, in: Lange, E./Voelzkow, H. (Hrsg.), Räumliche Arbeitsteilung im Wandel, Marburg 1996, Seite 163-179

Ewert, O. M., Selbstkonzept und Erklärung von Verhalten, in: Örter, R.L. (Hrsg.), Entwicklung als lebenslanger Prozess, Hamburg 1978, Seite 191-199

Farmer, R. N./Richman, B. M., Comparative management and economic progress, Homewood 1965

Farr, J. L./Ford, C. M., Individual innovation, in: West, M., A./Farr, J., L. (Hrsg.), Innovation and creativity at work, Chichester 1990, Seite 63-80

Faust, M./Jauch, P./Brünnecke, K./Deutschmann, C., Dezentralisierung von Unternehmen. Bürokratie- und Hierarchieabbau und die Rolle betrieblicher Arbeitspolitik, 2. Aufl., München 1995

Fiedler, F. E., A Theory of Leadership Effectiveness, New York 1967

Fiedler-Winter, R., Innovative Mitarbeiterbeteiligung, Landsberg a. L. 1998

Fischer, H., Als Selbst-GmbH auf dem Arbeitsmarkt behaupten, in: Die Bank, 5/1999, Seite 328-336

Fischer, H., Förderung internen Unternehmertums im Großunternehmen – Beispiel Deutsche Bank AG, in: Wunderer, R. (Hrsg.), Mitarbeiter als Mitunternehmer, Grundlagen. Förderinstrumente. Praxisbeispiele, Neuwied 1999, Seite 274-287

Fischges, W./Heiß, C./Krafcyk, M. (Hrsg.), Banken der Zukunft, Zukunft der Banken, Wiesbaden 2001

Fiske, S./Taylor, S., Social cognition, Reading 1984

Fisseni, H.-J., Persönlichkeitspsychologie: Auf der Suche nach einer Wissenschaft. Ein Theorieüberblick, 2.Aufl., Göttingen 1990

Fisseni, H.-J., Lehrbuch der psychologischen Diagnostik, 2. Aufl., Göttingen 1997

Föhr, S./Lenz, H., Unternehmenskultur und ökonomische Theorie, in: Staehle, W. H./Conrad, P. (Hrsg.), Managementforschung, Band 2, Berlin/New York 1992, Seite 111-162

Frese, M., Das Rezept für den Osten: Eigeninitiative, in: Psychologie Heute, 3/1993, Seite 53-59

Frese, M./Kring, W./Soose, A./Zempel, J., Personal initiative at work: differences between East and West Germany, in Academy of Management Journal, 1/1996, Seite 37-63

Frese, M./Fay, D./Hilburger, T./Leng, K./Tag, A., The concept of personal initiative: operationalization, reliability and validity in two german samples, in: Journal of Occupational and Organizational Psychology, 70/1997, Seite 139-161

Frick, S., „Kultur der Selbständigkeit" als Herausforderung für die Entrepreneurship-Forschung? Zur theoretischen Fundierung eines aktuellen Begriffs der Wirtschaftspolitik, in: von Rosenstiel, L. v./Lang-von Wins, T. (Hrsg.), Existenzgründung und Unternehmertum, Stuttgart 1999, Seite 72-104

Frey, B., Ökonomie ist Sozialwissenschaft. Die Anwendung der Ökonomie auf neue Gebiete, München 1990

Frey, B., Markt und Motivation: Wie ökonomische Anreize die (Arbeits-) Moral verdrängen, München 1997

Frey, D./Müller, D. F., Führungstheorien, in: Frey, D./Irle, M. (Hrsg.), Theorien der Sozialpsychologie, Bern 1985, Seite 159-182

Furnham, A., Economic locus of control, in: Human Relation, 39/1986, Seite 29-43

Furnham, A., Personality at work: The role of individual differences in the workplace, London 1992

Gage, N., L./Berliner, D. C., Pädagogische Psychologie, 4. Aufl., Weinheim 1986

Gardner, H., Kreative Intelligenz. Was wir mit Mozart, Freud, Woolf und Gandhi gemeinsam haben, Frankfurt/Main 1999

Gartner, W./Starr, J., The nature of entrepreneurial work, in: Birley, S./McMillan, I. C./Subramony, S. (Hrsg.), Entrepreneurship research: Global perspectives, Amsterdam 1993

Gaugler, E., Zieldynamik erfolgsorientierter Mitarbeitervergütungen, in: Gaugler, E. (Hrsg.), Verantwortliche Personalführung, Mannheim 1982, Seite 107-128

Gaugler, E., Risse im Management, in: Personal 1/ 1996, Seite 1-22

Gaugler, E., Mitarbeiter als Mitunternehmer – Die historischen Wurzeln eines Führungskonzepts und seine Gestaltungsperspektiven in der Gegenwart, in: Wunderer, R. (Hrsg.), Mitarbeiter als Mitunternehmer. Grundlagen, Förderinstrumente, Praxisbeispiele, Neuwied 1999, Seite 3-21

Gensicke, T., Sind die Deutschen reformscheu? Potentiale der Eigenverantwortung in Deutschland., in: Das Parlament, Beilage: Aus Politik und Zeitgeschehen, 18/1998, Seite 19-30

George, J. M./Bettenhausen, K., Understanding prosocial behaviour, sales performance, and turnover: A group-level analysis in a service context, in: Journal of Applied Psychology, 75/1990, Seite 698-709

George, J. M./Brief, A. P., Feeling good – doing good: A conceptual analysis of the mood and work-organizational spontaneity relationship, in: Psychological Bulletin 112/1992, Seite 310-329

George, J. M./Jones, G. R., Organizational spontaneity in context, in: Human Performance, 10/1997, Seite 153-170

Gerig, V., Kriterien zur Beurteilung unternehmerischen Handelns von Mitarbeitern und Führungskräften. München 1998

Gergen, K. J., Selbsterkenntnis und die wissenschaftliche Erkenntnis des sozialen Handelns, in: Sfilipp, S.-H., Selbstkonzeptforschung, Stuttgart 1979, Seite 75-96

Gibb, A., Entrepreneurship and Intrapreneurship – exploring the differences, in: Donckels, R./Miettinen, A. (Hrsg.), New findings and perspectives in entrepreneurship, Worcester 1990, Seite 33-67

Gluminski, I./Wottawa, H., Psychologische Theorien für Unternehmen. Schriftenreihe Wirtschaftspsychologie. Herausgegeben von Heinz Schuler. Göttingen 1995

Goebel, P., Erfolgreiche Jungunternehmer: Lieber kleiner Herr als großer Knecht; Welche Fähigkeiten brauchen Unternehmensgründer, München 1990

Goebel, P., Kreativität und kreative Persönlichkeiten – eine Untersuchung über erfolgreiche Unternehmensgründer, in: Zeitschrift für psychosomatische Medizin und Psychoanalyse, 37/1991, Seite 146-156

Götz, R., Russlands wirtschaftlicher Rückstand geringer als angenommen: Neue Sozialproduktberechnung der Weltbank, in Bundesinstitut für ostwissenschaftliche und internationale Studien, 30/2000, Köln 2000

Götz, R., Ökonomische Voraussetzungen und Rahmenbedingungen russischer Außenpolitik, in: Osteuropa 4/5/2001, Seite 366-376

Goleman, D., EQ – Emotionale Intelligenz, München 1996

Goleman, D., Erfolgreich mit Gefühl. Ohne emotionale Kompetenzen sind keine Spitzenleistungen möglich, in: Psychologie heute, compact, 5/2000, Seite 24-27

Golenkowa, S./Igitchanjan, E., Prozesse sozialer Stratifikation in der russischen Gesellschaft, in: Steiner, H./Jadow, W. (Hrsg.), Russland – wohin? Russland aus der Sicht russischer Soziologen, Berlin 1999, Seite 109-119

Gomez, P., Autonomie durch Organisation – Die Gestaltung unternehmerischer Freiräume, in: Bleicher, K./ Gomez, P. (Hrsg.), Zukunftsperspektiven der Organisation, Bern 1990

Gomez, P./Probst, G. J., Die Praxis des ganzheitlichen Problemlösens: Vernetzt denken, unternehmerisch handeln, persönlich überzeugen, 2. Aufl., Bern 1997

Greiffenberger, H., Der selbständige Unternehmer braucht selbständige Mitarbeiter, in: Personal 4/1996, Seite 184-188

Große Peclum, K. H., Lean Management – primär ein Programm zur Produktivitätsförderung und Rationalisierung oder ein humanzentriertes Managementkonzept?, Vortragsmanuskript, IIR-Konferenz, Frankfurt/Main 8.3.1994

Grote, M., Organisations- und Personalentwicklung in Banken – Strategie und Realisation, 4. Auflage, Frankfurt/Main 2000

Gudjons, H., Pädagogisches Grundwissen, 7. Aufl, Bad Heilbrunn 2001

Gulo, L., Die Lebensweise alter Menschen in Russland, in: Howe, J. (Hrsg.), Wohnen und Leben alter Menschen in Osteuropa, Heidelberg 1994

Gutenberg, E., Grundlagen der Betriebswirtschaftslehre, 24. Aufl., Berlin 1983

Guttman, L., Louis Guttman on theory and methodology, Aldershot, 1994

Habermas, J., Theorie des kommunikativen Handelns, Band 1, Berlin 1981

Hacker, W., Handlung, in: Asanger, R./Wenninger, G. (Hrsg.), Handwörterbuch der Psychologie, München 1988, Seite 275-282

Hacker, W., Zukunft gestalten? Probleme und Ergebnisse einer Psychologie zielgerichteten Handelns, in: Hacker, W.,/Rinck, M. (Hrsg.), Zukunft gestalten. Bericht über den 41 Kongress der deutschen Gesellschaft für Psychologie in Dresden 1998, Lengrich 1998, Seite 17-37

Härle, M., Soziokultureller Wandel und Unternehmensführung. Wege und Ansätze zu kulturbewusster Unternehmensführung, Hochschulzeitschriften zur Betriebswirtschaftslehre, Band 100, München 1991

Hammer, M./Champy, J., Business Reengineering, Die Radikalkur für das Unternehmen, 6. Aufl., Frankfurt/Main 1996

Hauschildt, J., Innovationsmanagement, 2. Aufl., München 1997

Hauser, M., Theorien charismatischer Führung. Kritischer Literaturüberblick und Forschungsanregungen, in: Zeitschrift für Betriebswirtschaft 69/1999, Seite 1003-1023

Heckhausen, H., Motivation. Kognitionspsychologische Aufspaltung eines summarischen Konstrukts, in: Psychologische Rundschau, 28/1977, Seite 175-189.

Heckhausen, H., Motivation und Handeln, Berlin 1980

Heckmann, J., Jugend im Umbruch – Transformation und Perspektiven der sozialen Lage von Jugendlichen in Russland, in: Boeckh, J./Grünberg, P./Heckmann, J., Umbruch in Russland – eine Chance für soziale Arbeit?, Schriftenreihe der evangelischen Fachhochschule Rheinland-Westfalen-Lippe Nr.33, Bochum 1997, Seite 91-154

Heid, H., Schlüsselqualifikationen – ideologiekritische Anmerkungen zu einer berufspädagogischen Konzeption, in: Metzger, C./Seitz, H.(Hrsg.), Wirtschaftliche Bildung, Zürich 1995, Seite 49-65

Heider, F., The psychology of interpersonal relations, New York 1958

Herron, L./Sapienza, H., J./Smith-Cook, D., Entrepreneurship theory from an interdisciplinary perspective: Volume II, in: Entrepreneurship – Theory and Practice, 16/1992, Seite 5-11

Herzhoff, S., Innovations-Management. Gestaltung von Prozessen zur Entwicklung und Verbesserung der Innovationsfähigkeit von Unternehmen, Bergisch Gladbach 1991

Hiltrop, J.-M., The changing psychological contract: The human resource challenge of the 1990s, in: European Management Journal, 13/1995, Seite 286-294

Hisrich, R. D., Entrepreneurship/ Intrapreneurship, in: American Psychologist 2/1990, Seite 217-219

Hoets, A., Förderung sozialer Kompetenzen als Aufgabe der Personalentwicklung – Instrument der Anpassung, insbesondere der Frauen?, in: Zeitschrift für Personalforschung, 1/1993, Seite 115-133

Hofer, M., Sozialpsychologie erzieherischen Handelns, Göttingen 1986

Hofstede, G., Culture´s consequences: International differences in work-related values, Newbury Park 1980

Hossiep, R./Paschen, M., Das Bochumer Inventar zur berufsbezogenen Persönlichkeitsbeschreibung (BIP), Testmanual, Göttingen, 1998

Hossiep, R./Paschen, M., Das Bochumer Inventar zur berufsbezogenen Persönlichkeitsbeschreibung (BIP), Anwendungsfelder und Hinweise auf Reliabilität und Validität, Göttingen 1999

Hossiep, R./Paschen, M./Mühlhaus, D., Persönlichkeitstests im Personalmanagement, Göttingen 2000

Hossiep, R/Paschen, M., Bochumer Inventar zur berufsbezogenen Persönlichkeitsbeschreibung, in: Sarges, W./Wottawa, H., Handbuch wirtschaftspsychologischer Testverfahren, Lengerich 2001, Seite 89-94

House, R. J., et al., GLOBE: The Global Leadership and Organizational Behaviour Effectiveness Research Program, in: Polish Psychological Bulletin, 3/1997, Seite 215-254

Howell, J. M./Higgins, C. A., Champions of technological innovation, in: Administrative Science Quarterly, 35/1990, Seite 317-341

Hunt, S. T., Generic work behaviour: An investigation into the dimensions of entry-level, hourerly job performance, in: Personnel Psychology, 49/1996, Seite 51-83

Ignatow, A., Ist Osteuropa „postmodern"?, Bericht des Bundesinstitutes für ostwissenschaftliche und internationale Studien, 4/2000, Köln 2000

Imai, M., Kaizen, der Schlüssel zum Erfolg der Japaner im Wettbewerb, Berlin 1998

Inglehart, R., The silent revolution, Changing values and political styles among western publics, Princeton, 1977

Inglehart, R., Wertewandel in den westlichen Gesellschaften: Politische Konsequenzen von materialistischen und postmaterialistischen Prioritäten, in: Klages, H./Kmieciak, P. (Hrsg.), Wertewandel und gesellschaftlicher Wandel, Frankfurt/Main 1979, Seitc 279-316

Inglehart, R., Modernization and postmodernization. Cultural, economic and political change in 43 societies, Princeton 1997

International Monetary Fund, Russian Federation: Selected Issues and Statistical Appendix, Washington 4/2002

Janssen, E. (Hrsg.), Gesellschaften im Umbruch? Aspekte des Wertewandels in Deutschland, Japan und Osteuropa, München 1996

Jennings, R./Cox, C./Cooper, C., Business Elites: The psychology of entrepreneurs and intrapreneurs, London 1994

Jung, R. H., Mikroorganisation – Eine Untersuchung der Selbstorganisationsleistungen in betrieblichen Führungssystemen, Bern 1985

Kanter, R. M., The Change Masters: Corporate Entrepreneurs at Work, New York 1984

Kaschube, J./Lang- von Wins, T., Unternehmerisches Handeln bei Führungsnachwuchskräften – Anmerkungen zur Perspektive westdeutscher Personalverantwortlicher, in: von Rosenstiel, L. v./Lang-von Wins, T. (Hrsg.), Existenzgründung und Unternehmertum, Stuttgart 1999, Seite 284-295

Katz, D., The motivational basis of organizational behaviour, in: Behavioural Science, 9/1964, Seite 131-146

Katz, D., Skills of effective administrator, in: Harvard Business Review, 9 und10/1974,

Seite 90-102

Katz, D./Kahn, R. L., The Social Psychology of Organizations. New York 1978

Kaufmann, F.-X., Risiko, Verantwortung und gesellschaftliche Komplexität, in: Bayertz, K. (Hrsg.), Verantwortung: Prinzip oder Problem?, Darmstadt 1995, Seite 83-95

Kaune, A., Lähmende Angst hinter glatter Fassade, in: Handelsblatt, 23.9.1999, Seite 31

Kern, H./ Schumann, M., Ende der Arbeitsteilung? Rationalisierung in der industriellen Produktion: Bestandsaufnahme, Trendbestimmung, 2. Auflage, München 1985

Kets de Vries, M. F., The anatomy of entrepreneur: Clinical observations, INSEAD working paper Nr. 35, Fontainebleau 1995

Kets de Vries, M. F., The anatomy of the entrepreneur: Clinical observations, in: Human Relations, 49/1996, Seite 853-883

Kieser, A., Fremdorganisation, Selbstorganisation und ein evolutionäres Management, in: Zeitschrift für betriebswirtschaftliche Forschung, 3/1994, Seite 199-228

King, A. S., Self-analysis and assessment of entrepreneurial potential, in: Simulation & Games, 16/1985, Seite 399-416

Kirchgässner, G., Homo Oeconomicus. Das ökonomische Modell individuellen Verhaltens und seine Anwendung in den Wirtschafts- und Sozialwissenschaften, Tübingen 1991

Kirchler, E., Wirtschaftspsychologie, Göttingen 1995

Klages, H./Franz, G./Herbert, W., Sozialpsychologie der Wohlfahrtsgesellschaft. Zur Dynamik der Wertorientierungen, Einstellungen und Ansprüche, Frankfurt/Main 1986

Klages, H./Hippler, H. J./Herbert, W., Wert und Wandel, Frankfurt/Main 1992

Klages, H./Gensicke, T., Wertesurvey 1997. Wertewandel in den neunziger Jahren. Daten und Datenbestände, Speyer 1997

Klages, H., Brauchen wir eine Rückkehr zu traditionellen Werten?, in: Aus Politik und Zeitgeschehen, B29/2001, Seite 7-14

Klandt, H., Aktivität und Erfolg des Unternehmensgründers, Eine empirische Analyse unter Einbeziehung des mikrosozialen Umfeldes, Bergisch Gladbach 1984

Klandt, H., Das Leistungsmotiv und verwandte Konzepte als wichtige Einflussfaktoren der unternehmerischen Aktivität, in: Szyperski, N./Roth, P. (Hrsg.), Entrepreneurship – Innovative Unternehmensgründung als Aufgabe, Stuttgart 1990, Seite 88-98

Klein, M., Wie viel Platz bleibt im Prokrustesbett? Wertewandel in der Bundesrepublik Deutschland zwischen 1973 und 1992 gemessen anhand des Inglehart-Index, in Kölner Zeitschrift für Soziologie und Sozialpsychologie, 47/1994, Seite 207-230

Kmieciak, P., Auf dem Weg zu einer generellen Theorie sozialen Verhaltens, Meisenheim 1974

Kmieciak, P., Wertestrukturen und Wertewandel in der Bundesrepublik Deutschland, Göttingen 1976

Koch, S./Benedikt, H.-P., Offene Fragen und erste Antworten zur Eigenverantwortung von Führungskräften, in: Betriebswirtschaftliche Blätter - Fachzeitschrift für Unternehmensführung in der Sparkassen-Finanzgruppe, 2/2001, Seite 59-63

Koch, S./Kaschube, J., Eigenverantwortliches Handeln in Organisationen: Konzeptualisierung des Phänomens und Exploration am Beispiel von Führungskräften, in: Zeitschrift für Personalforschung, 1/2000, Seite 5-27

Koch, S., Eigenverantwortliches Handeln von Führungskräften, Eine empirische Studie in deutschen Großunternehmen, München 2000

Koestner, R./Losier, G. F., Distinguishing reactive versus reflective autonomy, in: Journal of Personality, 74/1996, Seite 851-872

Korunka, C./Frank, F./Becker, P., Persönlichkeitseigenschaften von Unternehmensgründern, in: Zeitschrift für Klein- und Mittelunternehmen, 41/1993, Seite 169-188

Krampen, G., Differentialpsychologie der Kontrollüberzeugungen. „Locus of Control", Göttingen 1982

Krampen, G., Zur Spezifität von Kontrollüberzeugungen für Problemlösen in verschiedenen Realitätsbereichen, in: Schweizerische Zeitschrift für Psychologie und ihre Anwendungen, 45/1986, Seite 67-85

Krampen, G., Diagnostik von Attributionen und Kontrollüberzeugungen, Göttingen 1989

Krampen, G., Fragebogen zu Kompetenz- und Kontrollüberzeugungen (FKK), Göttingen 1991

Krampen, G./Heil, F., Kontrollüberzeugungen, in: Sarges, W. (Hrsg.), Management-Diagnostik, 2. Aufl., Göttingen 1995, Seite 295-302

Krautwurst, O., Banken und Sparkassen als lernfähige Organisationen. Ein integriertes Personalentwicklungs-Konzept, Stuttgart 2001

Kremin-Buch, B./Unger, F./Walz, H. (Hrsg.), Die Zukunft der Banken – die Banken der Zukunft, Managementschriften der Fachhochschule Ludwigshafen, Ludwigshafen 2002

Krogh, G. v./Roos, J. (Hrsg.), Managing knowledge. Perspectives on cooperation and competition, London 1996

Kubel, R., Wider den deutschen Kleinmut: Kreative Energie oder Dauerlähmung. München 1998

Kuebart, F./Huck, W., Länderstudie Russland, in: Lauterbach, U. (Hrsg.), Internationales Handbuch der Berufsbildung, Köln 1995, Seite 1-71

Kuebart, F., Das russische Bildungswesenim Spannungsfeld von Kontinuität und Umbruch, in: Höhmann, H./Schröder H. (Hrsg.), Russland unter neuer Führung, Münster 2001, Seite 216-228

Kuhn, T, Vom Arbeitnehmer zum Mitunternehmer, in: Zeitschrift für Personalforschung, 11/1997, Seite 195-220

Kuhn, T., Unternehmerische Re-Organisation – Ziele, Ansätze und grundlegende Problemtik, in: Wunderer, R., (Hrsg.), Mitarbeiter als Mitunternehmer. Grundlagen, Förderinstrumente, Praxisbeispiele, Neuwied 1999, Seite 163- 176

Lachman, R., Towards measurement of entrepreneurial tendencies, in: Management international review, 2/1998, Seite 108-116

Langham-Fox, J./Roth, S., Achievement motivation and female entrepreneurs, In: Journal of Occupational and Organizational Psychology, 68/1995, Seite 209-218

Lapin, N., Probleme der soziokulturellen Reformation in Russland. Tendenzen und Hindernisse, in: Steiner, H./Jadow, W. (Hrsg.), Russland – wohin? Russland aus der Sicht russischer Soziologen, Berlin 1999, Seite 21-37

Lawler, F., Pay and organizational effectivness: A psychological view, New York 1971

Lefcourt, H. M., Locus of control: Current trends in theory and research, 2. Auflage, Hillsdale 1982

Lehmann, R., Input- Controlling im Bildungsbereich, in: Seeber, S./Krekel, E./van Buer, J., Bildungscontrolling, Frankfurt/Main 2000, Seite 71-86

Lehmkuhl, K., Das Konzept der Schlüsselqualifikationen in der Berufspädagogik: Eine ausreichende Antwort auf die Qualifizierungsanforderungen der flexiblen Massenproduktion, Alsbach 1994

Lempert, W., Moralische Sozialisation im Beruf. Bedingungsvarianten und –konfigurationen, Prozessstrukturen, Untersuchungsstrategien, in: Zeitschrift für Sozialisationsforschung und Erziehungssoziologie, 13. Jahrgang, Heft 1, Seite 2-35

Lepper, M. R./Greene, D. (Hrsg.), The hidden costs of reward: New perspectives on the psychology of taxation, Oxford 1978

Lewin, K., Dembo, T., Festinger, L., Sears, P., Level of aspiration, in: Hunt, J. (Hrsg.), Personality and the behavior disorders, New York 1944, Seite 333-378

Lienert, G., A., Testaufbau und Testanalyse, 4. Aufl., Weinheim 1989

Likert, R., Neue Formen der Unternehmensführung, Bern 1972

Locarek-Junge, H./Walter, B., Banken im Wandel: Direktbanken und Direct Banking, Berlin 2000

Locke, E. A./Latham, G. P., Work motivation and satisfaction: Light at the end of the tunnel, in: Psychological Science, 1/1990, Seite 240-246

Low, M. B./MacMillan, I. C., Entrepreneurship: Past research and future challenges, in: Journal of Management, 14/1988, Seite 139-161

Lumpkin, G. T. /Dess, G. G., Clarifying the entrepreneurial orientation construct and linking it to performance, in: Academy of Management Review, 21/1996, Seite 135-172

Luthans, F./Kreitner, R., Organizational behaviour modification and beyond, Genview 1985

Luttwak, E. N., Weltwirtschaftskrieg. Export als Waffe – aus Partnern werden Gegner, Reinbek 1994

MacCrimmon, K. R./Wehrung, D. A., Taking risks. The management of uncertainty, New York 1986

Manz, C. C./Mossholder K. W./Luthans, F., An integrated perspective of self-control in organizations, in: Administration and Society, 19/1987, Seite 3-24

Manz, C. C./Sims, H. P., Superleadership: Leading others to lead themselves, New York 1990

Manz, C. C./Neck, C. P., Inner leadership: Creating productive thought patterns, in: Academie of Management Executive, 5/1991, Seite 361-367

Manz, C. C., Mastering self-leadership: Empowering yourself for personal excellence, Englewood Cliffs 1992

Markus, H./Wurf, E., The dynamic self-concept: A social psychological perspective, in: Annual Review of Psychology, 38/1987, Seite 299-337

Maslow, A. H., Motivation und Persönlichkeit, Reinbek 1981

Mauser, K.-E., Personalarbeit dahin, wo Personal ist – der geordnete Rückzug des Personalwesens. Vortrag anlässlich des 3. IIR-Personalkongresses. Konferenzunterlagen, Wiesbaden 19.10. 1994

McClelland, D. C., The achieving society, Princeton 1961

McClelland, D. C. /Burnham, D., Power is the great motivator, in: Harvard Business Review, 2/1976, Seite 100-110

McClelland, D. C., Achievement Motivation can be developed, in: Harvard Business Review, 6/1985, Seite 7-24

McClelland, D. C., Characteristics of successful entrepreneurs, in: The Journal of Creative Behaviour, 21/1987, Seite 219-233

McGregor, D.., The Human Side of Enterprise, New York 1960

McGregor, D., Leadership and Motivation, Cambridge 1966

McNeely, B. L./Meglino, B., M., The role of dispositional and situational antecedents in prosocial organizational behaviour: An examination of the intended beneficiaries of prosocial behaviour, in: Journal of Applied Psychology, 79/1994, Seite 836-842

Meffert, H., Marktorientierte Führung von Dienstleistungsunternehmen – neuere Entwicklungen in Theorie und Praxis, in: Die Betriebswirtschaft, 4/1994, Seite 519-541

Meißner, W., Innovation und Organisation; Die Initiierung von Innovationsprozessen in Organisationen, Stuttgart 1989

Mertens, D., Schlüsselqualifikationen; Thesen zur Schulung für eine moderne Gesellschaft, in: Mitteilungen aus der Arbeitsmarkt- und Berufsforschung, 7/1974

Mertens, D., Schlüsselqualifikationen, in: Fahin, G./Herz, O. (Hrsg.), Berufsforschung und Hochschuldidaktik 1 – Sondierung des Problems. Blickpunkt Hochschuldidaktik, 32/1974, Seite 204-259

Meyer, T., Wertewandel, öffentliche Meinung und politische Kultur, in: Sächsische Landeszentrale für politische (Hrsg.), Bildung Wertewandel und Bildungsarbeit, Dresden 2000, Seite 11-44

Meyer, W.-U., Das Konzept der eigenen Begabung, Bern 1984

Miller, D./Toulouse, J., Chief executive personality and corporate strategy and structure in small firms, in: Management Science, 39/1986, Seite 1389-1396

Miller, J./Kim, J./Puddicombe, M., Reengineering for Market Oriented Manufacturing. Boston University Manufacturing Roundable Research Report 1992, Boston 1992

Miller, M., Kollektive Lernprozesse. Studien zur Grundlegung einer soziologischen Lerntheorie, Frankfurt/Main 1986

Miner, J., The expanded horizon for achieving entrepreneurial success, in Organizational Dynamics, 25/1997, Seite 54-67

Miner, J., A psychological typology of successful entrepreneurs, Westport 1997

Mohr, N., Kommunikation und organisatorischer Wandel, Wiesbaden 1997

Mohr, G., Theoretische Konzepte von Managementaufgaben: Traditionelle Ansätze und neuere Modelle, in: Hacker, W./Rinck, M. (Hrsg.), Zukunft gestalten. Bericht über den 41. Kongress der Deutschen Gesellschaft für Psychologie in Dresden 1998, Lengerich 1999, Seite 416-432

Moorman, R./Blakely, G., Individualism-collectivism as an individual difference predictor of organizational citizenship behaviour, in: Journal of Organizational Behaviour, 16/1995, Seite 127-142

Morel, J., Werte als soziokulturelle Produkte, in: Hanf, T., et al. (Hrsg.), Sozialer Wandel, Band 1, Frankfurt/Main 1975, Seite 221-238

Morrison, E. W./Phelps, C. C., Taking charge at work: Extrarole efforts to initiate workplace change, in: Academy of Management Journal, 42/1999, Seite 403-419

Moser, K., Commitment in Organisationen, in: Zeitschrift für Arbeits- und Organisationspsychologie, 4/1997, Seite 160-170

Mowday, R./Porter, L./Steers, R., Employee-organization linkages. The psychology of commitment, absenteeism and turnover, New York 1982

Mühleck, K./Wegener, B., Ist der Markt gerecht? Ökonomische Wertvorstellungen in Ost und West, in: Humbold-Spektrum 4/2002, Seite 30-35

Müller, D. C., Constitutional economics, Cambridge 1995

Müller, G. F./Bierhoff, H. W., Arbeitsengagement aus freien Stücken – psychologische Aspekte eines sensiblen Problems, in: Zeitschrift für Personalforschung, 4/1994, Seite 367-379

Müller, G. F., Führung und Personalmanagement in Zeiten schlanker Organisation, in: Gruppendynamik, 26/1995, Seite 319-329

Müller, G. F., Biographische und dispositionelle Bedingungen selbständiger Erwerbstätigkeit. Forschungsbericht. Universität Koblenz-Landau, Abt. Landau, Fachbereich 8: Psychologie, Arbeits-, Betriebs- und Organisationspsychologie.

Müller, G. F., Dispositionelle und familienbiografische Faktoren unselbständiger, teilselbständiger und vollselbständiger Erwerbstätigkeit, in: von Rosenstiel, L.v./Lang von Wins, T., Existenzgründung und Unternehmertum, Stuttgart 1999, Seite 157-180

Müller, G. F., Persönlichkeit und selbständige Erwerbstätigkeit – Messung von Potentialfaktoren und Analyse ihres Einflusses, in: Wirtschaftspsychologie 6 (2)/1999, Seite 2-12

Müller, G. F., Indikatoren unternehmerischen Verhaltens bei Psychologiestudierenden, in: Report Psychologie, 24/2000,Seite 462-473

Müller, G. F., Selbständig organisierte Erwerbstätigkeit – Psychologische Theorien und Forschungsbefunde, Universität Koblenz- Landau, Forschungsbericht Nr. 18, Fachbereich 8: Psychologie, Arbeits-, Betriebs- und Organisationspsychologie, Landau 2000

Müller, G. F., Eigenschaftsmerkmale und unternehmerisches Handeln, in: Müller, G., F (Hrsg.), Existenzgründung und unternehmerisches Handeln – Forschung und Förderung, Landau 2000, Seite 105-121

Müller, G. F., Fragebogen zur Diagnose unternehmerischer Potentiale, Landau 2000

Müller, G. F., F-DUP. Fragebogen zur Diagnose unternehmerischer Potentiale, in: Sarges, W./Wottawa, H., Handbuch wirtschaftspsychologischer Testverfahren, Lengerich 2001,Seite 147-150

Müller, G. F./Garrecht, M., Unternehmer im Unternehmen – auch als Gründer geeignet? In Klandt, H./Nathusius, K/Szyperski, N.,/Heil, H. (Hrsg.), G-Forum 1999, Lohmar 2001, Seite 409-416

Naumov, A./Puffer, S., Measuring Russian Culture using Hofstede's Dimensions, in: Applied Psychology: An international Review, 49 (4)/2000, Seite 709-718

Naumowa, N., Typologie des Verhaltens in einer instabilen Gesellschaft. Mechanismen der Stabilität und Instabilität, in: Steiner, H./Jadow, W. (Hrsg.), Russland – wohin? Russland aus der Sicht russischer Soziologen, Berlin 1999, Seite 38-53

Nerdinger, F. W., Integration des Fach- und Führungsnachwuchses in flexible Organisationen – auf dem Weg zu einem neuen psychologischen Kontrakt?, in: von Rosenstiel, L./Lang von Wins, T./Sigl, E. (Hrsg.), Perspektiven der Karriere, Stuttgart 1997, Seite 43-62

Nerdinger, F. W., Extra-Rollenverhalten in Organisationen. Stand der Forschung und der dimensionalen Struktur des Konstrukts. In: Arbeit. Zeitschrift für Arbeitsforschung, Arbeitsgestaltung und Arbeitspolitik, 7/1998, Seite 21-38

Nerdinger, F./von Rosenstiel, L., Führung und Personalwirtschaft bei dezentralisierten Kompetenzen, in: Lutz, B./Hartmann, M./Hirsch-Kreinsen, H. (Hrsg.): Produzieren im 21. Jahrhundert, Frankfurt/Main 1996, Seite 295-323

Nerdinger, F. W., Extra- Rollenverhalten und Kooperation in Organisationen, in: Spieß, E. (Hrsg.), Formen der Kooperation, Göttingen 1998, Seite 265-278

Neubauer, B., Eigenverantwortung: Positionen und Perspektiven, 1. Auflage. Waake: 1998

Neuberger, O., Führungsverhalten und Führungserfolg, Berlin 1990

Neuner, M., Stichproben und Häufigkeiten in der Postmaterialismus-Studie, Universität Hohenheim, Institut für Haushalts- und Konsumökonomik, Arbeitspapier 61/1992

Nieder, P./ Zimmermann, E., Innovationshemmnisse im Unternehmen, in: Betriebswirtschaftliche Forschung und Praxis, 4/1992, Seite 374-387

Nies, S., Perspektiven in der Sozialpolitik in Russland. Auf dem Weg in die soziale Marktwirtschaft?, in: Die Sparkassen- Zeitung, 27/2002, Seite 17

Noelle-Neumann, E., Werden wir alle Proletarier? Wertewandel in unserer Gesellschaft, 2. Aufl., Zürich 1979

Noelle-Neumann, E./Köcher, R. (Hrsg.), Allensbacher Jahrbuch der Demoskopie 1993-1997, München 1997

Nonaka, J., Innovationsmanagement als ein Prozess der Wissensschöpfung, in: Esser, J./Kobayashi, K. (Hrsg.), Kaishain – Personalmanagement in Japan, Göttingen/Stuttgart 1994, Seite 248-277

Nord-West-Bank der Sberbank der Russischen Föderation, Personalstatistik 2001, St. Petersburg 2002

North, D. C., Institutionen, institutioneller Wandel und Wirtschaftsleistung, Schriftenreihe: Die Einheit der Gesellschaftswissenschaften – Studien in den Grenzbereich der Wirtschafts- und Sozialwissenschaften, Band 76, Tübingen 1992

Norusis, M. J., Guide to Data Analysis, Chicago, 2000

Nystrom, P./Starbuck, W., To avoid organizational crisis, unlearn, in: Organizational Dynamics 4/1984, Seite 53-65

OECD, The Oslo Manual: Proposed Guidlines for Collecting and Interpreting Technological Innovation Data, Paris 1997

Oechsler, W., Unternehmenskultur und Human Resource Management, in: Bertelsmann Stiftung, Hans-Böckler-Stiftung (Hrsg.), Erfolgsfaktor Unternehmenskultur. Praxis Unternehmenskultur Band 1, Gütersloh 2001, 81-101

Oechsler, W., Expose`zum Forschungsvorhaben „Motivations- und Anreizsysteme in der Sparkassen-Finanzgruppe“, Mannheim 2003

Oesterdieckhoff, G., Unternehmerisches Handeln und gesellschaftliche Entwicklung: eine Theorie unternehmerischer Intuitionen und Handlungsstrukturen, Opladen 1993

Offe, S., Psychologie und Gesellschaft, Band 3, Psychische und gesellschaftliche Bedingungen der Leistungsmotivation, Darmstadt 1977

[Online]: Wege zur Selbst-GmbH (02.10.2001), www.selbst-gmbh.de

Opaschowski, H., W., Pädagogik der freien Lebenszeit, 3. Auflage, Opladen 1996

Organ, D. W., Organizational citizenship behaviour, The good soldier syndrom, Lexington 1988

Organ, D. W., Organizational citizenship behaviour: it's construct clean-up time, in: Human Performance, 10/1997, Seite 85-97

Organ, D. W./Paine, J. B., A new kind of performance for industrial and organizational psychology: Recent contributions to the study of organizational citizenship behaviour, in: International review of industrial and organizational psychology 14/1999, Seite 337-368

Ostdeutscher Sparkassen- und Giroverband, Personalvergleich 2001, Vorstandsinformation 69/2002, Berlin, 5.8.2002

Osterloh, M./Frost, J., Business Reengineering: Modeerscheinung oder „Business Revolution"?, in: Zeitschrift für Organisation, 6/1993, Seite 356-363

o.V., Die Evolution des Arbeitnehmers, in: Personalmagazin 1/2001, Seite 6-15

Pätzold, G./Lang, M., Lernkulturen im Wandel. Didaktische Konzepte für eine wissensbasierte Organisation, Bielefeld 1999

Parks, J. M./Kidder, D. L., „Till death us do part"; Changing work relationships in the 1990s, in: Trends in Organizational Behaviour, 1/1994, Seite 111-136

Picot, A., Die Transformation der Wirtschaft in der Informationsgesellschaft, in Frankfurter Allgemeine Zeitung, 24.2.2000

Pieper, J., Schlüsselpersonen erwerben Schlüsselqualifikationen, in: Sattelberger, T.(Hrsg.), Innovative Personalentwicklung, 2. Aufl., Wiesbaden 1995, Seite 70-79

Pinchot, G., Intrapreneuring: Mitarbeiter als Unternehmer, Wiesbaden 1998

Piontkowski, U., Erfahrungen mit einer deutschen Form des ROT-IE: Befunde und Normwerte, in: Kampen, G., Diagnostik von Attributionen und Kontrollüberzeugungen, Göttingen 1989, Seite 71-79

Pond, S. B./Nacoste, R. W./Mohr, M. F./Rodriguez, C. M., The measurement of organizational citizenship behaviour: Are we assuming to much?, in: Journal of Applied Social Psychology, 27/1997, Seite 1527-1544

Preiser, S., Sozialisationsbedingungen sozialen und politischen Handelns, in: Landeszentrale für politische Bildung Rheinland-Pfalz (Hrsg.), Selbstverwirklichung und Verantwortung in einer demokratischen Gesellschaft, 2.Aufl, Mainz 1978

Priewasser, E., Die Priewasser-Prognose: Bankstrategien und Bankmanagement 2009, München 1994

Probst, G. J., Selbstorganisation – Ordnungsprozesse in sozialen Systemen aus ganzheitlicher Sicht, Berlin 1987

Rawls, J., Die Idee des politischen Liberalismus, Frankfurt/Main 1992

Reetz, L./Reitmann, T. (Hrsg.), Schlüsselqualifikationen, Hamburg 1990

Reis, J., Ambiguitätstoleranz, Heidelberg 1997

Robinson, P. P./Stimpson, D. V./Huefner, J. C./Hunt, H. K., An attitude approach to the prediction of entrepreneurship, in: Entrepreneurship – Theory and Practice, 15/1991, Seite 13-31

Rogers, M., The Definition and Measurement of Innovation, Melbourne Institute Working Paper No. 10/98, Melbourne 1998

Rolff, H.-G., Wandel durch Selbstorganisation: Theoretische Grundlagen und praktische Hinweise für eine bessere Schule, Weinheim 1993

von Rosenstiel, L., Motivation im Betrieb, 7.Aufl., Goch 1980

von Rosenstiel, L., Wertewandel und Führungsnachwuchs, in: Personalführung, 11/1983, Seite 214-220

von Rosenstiel, L., Wandel der Werte – Zielkonflikte bei Führungskräften?, in: Blum, R./Steiner, M.(Hrsg.), Aktuelle Probleme der Marktwirtschaft in gesamt- und einzelwirtschaftlicher Sicht, Berlin 1984, Seite 203-234

von Rosenstiel, L./Nerdinger, F./Spiess, E./Stengel, M., Führungsnachwuchs im Unternehmen, Wertekonflikt zwischen Individuum und Organisation, München 1989

von Rosenstiel, L./Djarrahzeadeh, M./Einsiedler, H. G./Streich, R. (Hrsg.), Wertewandel – Herausforderung für die Unternehmenspolitik in den 90er Jahren, 2. Auflage, Stuttgart 1993

von Rosenstiel, L., Führung durch Motivation in Zeiten sich wandelnder Wertorientierungen, in: Kasper, H.(Hrsg.), Post-Graduate-Management-Wissen, Schwerpunkte des Führungskräfteseminars der Wirtschaftsuniversität Wien 1995, Seite 75-146

von Rosenstiel, L./Lang-von Wins, T. (Hrsg.), Existenzgründung und Unternehmertum. Themen, Trends, Perspektiven, Stuttgart 1999

von Rosenstiel, L., Mitunternehmertum – Unterstützung durch unternehmerische Kulturgestaltung, in: Wunderer, R. (Hrsg.), Mitarbeiter als Mitunternehmer. Grundlagen, Förderinstrumente, Praxisbeispiele, Neuwied 1999, Seite 81-106

von Rosenstiel, L./Regnet, E./Domsch, M. (Hrsg.), Führung von Mitarbeitern: Handbuch für erfolgreiches Personalmanagement, 4. Aufl., Stuttgart 1999

von Rosenstiel, L./Nerdinger, F., Die Münchener Wertestudie – Bestandsaufnahme und (vorläufiges) Resümee, in: Psychologische Rundschau, 51/2000, Seite 146-157

Rothenberger, P., Ein Mehrebenenkonzept zur Diagnose von Werten in Unternehmen, Frankfurt/Main 1992

Rotter, J. B., Social learning and clinical psychology, New York 1954

Rotter, J. B., Some problems and misconceptions related to the construct of internal versus external control of reinforcement, in: Journal of Consulting & Clinical Psychology, 43/1975, Seite 56-67

Rotter, J. B., The development and application of social learning theory, New York 1982

Rousseau, D. M./Parks, J. M., The contract of individuals and organizations, in: Research in Organizational Behaviour, 15/1993, Seite 1-47

Rousseau, D. M., Organizational behaviour in the new organizational era, in: Annual Review of Psychology, 48/1997, Seite 515-546

Russell, C. G., Person characteristic versus role congruency explanations for assessment center ratings. Academy of Management Journal, 30/1987, Seite 817-828

Sagie, A./Elizur, D., Achievement orientation and intrapreneurial orientation: a structural analysis, in: Journal of Organizational Behaviour, 20/1999, Seite 375-387

Sahm, A., Neue Methoden zur Leistungsmotivation der Mitarbeiter: Situationsbezogene Motivationstechniken für die betriebliche Praxis, 3. Auflage, Kissing 1981

Salovey, P./Slyter, D., Emotional development and emotional intelligence: Educational implications, New York 1997

Saslawskaja, T., Die Business-Schicht der russischen Gesellschaft, in: Steiner, H./Jadow, W. (Hrsg.), Russland – wohin? Russland aus der Sicht russischer Soziologen, Berlin 1999, Seite 127-152

Sattelberger, T., Die lernende Organisation. Konzepte für eine neue Art der Unternehmensentwicklung, Wiesbaden 1996

Sattelberger, T., Zehn Thesen zu Human Ressourcen in virtueller werdenden Organisationen, in: Personalführung 11/1996, Seite 974-984

Saum-Aldehoff, T., Was wir von Genies lernen können, in: Psychologie heute. compact, 5/2000, Seite 21-23

Schäfers, B., Grundbegriffe der Soziologie, 2. Aufl., Leske 1986

Schawilye, R., Belegschaftsaktien in der mittelständischen Aktiengesellschaft, Wiesbaden 1998

Schein, E. H., Organizational culture and leadership; A dynamic view, San Francisco 1985

Scheller, R./Fillip, S.-H., Selbstkonzept-Berufskonzept, in: Sarges, W.(Hrsg.), Management-Diagnostik, 2. Aufl., Göttingen 1995, Seite 288-294

Scherhorn, G./Neuner, M./Raab, G., Der Indikator zur Erhebung von Kausalitätsorientierungen (IKO), Göttingen 2001

Schlenker, B. R./Weigold, M. F., Self-identification and accountability, in: Giacalone, R. A./Rosenfeld, P. (Hrsg.), Impression management in the organization, Hillsdale and New York 1989, Seite 21-43

Schlenker, B. R., Personal responsibility: Applications of the triangle model, in: Research in organizational behaviour 19/1997, Seite 241-301

Schlenker, B. R./Britt, T. W./Pennington, J./Murphy, R./Doherty, K., The triangle model of responsibility, in: Psychological Review, 101/1994, Seite 632-652

Schlicksupp, H., Innovation, Kreativität und Ideenfindung, 4. Aufl., Würzburg 1992

Schlundt, D. G./McFall, R. M., New directions in the assessment of social competence and social skills, in: L´Abate, L./Milan, M. A. (Hrsg.), Handbook of social skills training and research, New York 1985, Seite 22-49

Schmalt, H.-D., Leistungsmotivation, in Sarges, W. (Hrsg.), Management Diagnostik, 2. Auflage, Göttingen 1991, Seite 267-271

Schmölders, G., Die Unternehmer in Wirtschaft und Gesellschaft, Wandlungen der gesellschaftspolitischen „Hackordnung“ in der Bundesrepublik Deutschland, Essen 1973

Schmoller, G., Grundriss der allgemeinen Volkswirtschaftslehre, Erster Teil, München 1919

Schneewind, K. A./Pfeiffer, P., Elterliches Erziehungsverhalten und kindliche Selbstverantwortlichkeit, in: Schneewind, K. A./Lubesch, H. (Hrsg.), Familiäre Sozialisation, Stuttgart 1978, Seite 190-205

Schneewind, K. A., Autonomes Handeln: Einige Anmerkungen zur Geschichte, Theorie und Empirie eines umstrittenen Konzeptes, in: Bittner, G. (Hrsg.), Personale Psychologie. Festschrift für Ludwig J. Pongratz, Göttingen 1983, Seite 135-151

Schneider, K./Schmalt, H. D., Motivation, Stuttgart 1981

Schneider, H.-J., Mitarbeiter als Mitgesellschafter. Die materielle Seite des Mitunternehmers, in: Personal 3/1996, Seite 112-116

Schrader, S., Zwischenbetrieblicher Informationstransfer, Berlin 1992

Schrempp, J. E., Lean Management – ein Paradigmenwechsel, in: Blick durch die Wirtschaft, 11.11.1992

Schröder, H.-H., Die richtungslose Transformation – Zum politischen und gesellschaftlichen Wandel in Russland, in: Blätter für deutsche und internationale Politik, 8/1995, Seite 936-945

Schröder, H.-H., Unternehmer und Finanzgruppen als Kräfte in der russischen Außenpolitik, in: Osteuropa 4/5/2001, Seite 392-402

Schützler, H., Russlands Histographie im Wandel, in: Meier, H. (Hrsg.), Osteuropa im Wandel: Zu Entwicklungen in Russland und bei seinen Nachbarn, Berlin 1998, Seite 31-38

Schuler, H., Die Validität des Assessment-Centers, in: Lattmann, C. (Hrsg.), Das Assessment-Center-Verfahren der Eignungsbeurteilung. Sein Aufbau, seine Anwendung, sein Aussagegehalt, Heidelberg 1989

Schuler, H., Psychologische Personalauswahl: Einführung in die Berufseignungsdiagnostik, Göttingen 1996

Schuller, F., Mitarbeiterentwicklung in Zeiten flacher Hierarchien, in: Personalführung 6/1998, Seite 14-18

Schumpeter, J., Theorie der wirtschaftlichen Entwicklung, 2. Aufl., München 1924

Schwarzer, R. (Hrsg.), Self-efficacy: Thought control of action, Washington 1992

Schwarzer, R., Angst, Stress und Handlungsregulation, 3. Aufl., Stuttgart 1993

Schwarzer, R., Optimism, vulnerability and self-beliefs as health-related cognitions: A systematic overview, in: Psychology and Health: An International Journal, 9/1994, Seite 161-180

Schwarzer, R./Jerusalem, M. (Hrsg.), Gesellschaftlicher Umbruch als kritisches Lebensereignis: Psychosoziale Krisenbewältigung von Übersiedlern und Ostdeutschen, Weinheim 1994

Schwarzer, R./Born, A., Optimistic self-beliefs: Assessment of general perceived self-efficacy in thirteen cultures, in: World Psychology, 3/1997, Seite 177-190

Schwarzer, R./Jerusalem, M., Skalen zur Erfassung von Lehrer- und Schülermerkmalen, Berlin 1999

Seeber, S., Bildungscontrolling – Eine Einführung in Theorien und Modelle, in: Lehmann, R./Venter, G./van Buer, J./Seeber, S./Peek, R. (Hrsg.), Erweiterte Autonomie für Schule – Bildungscontrolling und Evaluation, Berlin/Nyiregyháza 1997, Seite 25-48

Seeber, S., Stand und Perspektiven von Bildungscontrolling, in Seeber, S./Krekel, E./van Buer, J., Bildungscontrolling – Ansätze und kritische Diskussionen zur Effizienzsteigerung von Bildungsarbeit, Frankfurt/M. 2000, Seite 19-50

Servatius, H. G., New Venture Management. Erfolgreiche Lösung von Innovationsproblemen für Technologie-Unternehmen, Wiesbaden 1988

Servatius, H.-G., Implementation eines Venture Managements, in: Riekhof, H.-C. (Hrsg.), Praxis der Strategieentwicklung, 2. Aufl., Stuttgart 1994, Seite 247-264

Seyfried, B., Problemfeld Sozialkompetenz, in: Seyfried, B. (Hrsg.), „Stolperstein" Sozialkompetenz – Was macht es so schwierig, sie zu erfassen, zu fördern und zu beurteilen?, Berlin 1995, Seite 7-13

Shamir, B./House, R. J./Arthur, M. B., The motivational effects of charismatic leadership: A self-concept based theory, in: Organization science, 4/1993, Seite 577-595

Shane, S. A., Are champions different from non-champions?, in: Journal of business venturing, 9/1994, Seite 397-421

Slepzow, N./Rewenko, L., Die Perestroika-Generation, München 1993

Sommer, S./Welsh, D./Gubman, B., The Etical Orientation of Russian Entrepreneurs, in: Applied Psychology: An international review, 49 (4)/2000, Seite 688-708

Sommerlatte, T., Die Organisation der Zukunft, in: Handelsblatt, 8.1.2000, Seite K4

Spector, P.E., Summated Rating Scale Construction, Thousand Oaks 1992

Spieß, E., Kooperatives Handeln in Organisationen, München 1996

Sprenger, R., Mythos Motivation. Wege aus einer Sackgasse, 15. Auflage, Frankfurt/Main 1998

Sprenger, R., Das Prinzip Selbstverantwortung: Wege zur Motivation. 8. Auflage. Frankfurt/Main 1998

Staehle, W. H., Management – eine verhaltenswissenschaftliche Perspektive, 7. Aufl. München 1994

Staw, B. M./Boettger, R. D., Task revision: A neglected of work performance, in: Academy of Management Journal, 33/1990, Seite 534-559

Steffens-Duch, S./Fischer, H., Employability: Beschäftigungsfähigkeit sichern, in: Personal 10/ 2000, Seite 550-554

Stehr, C., Fusionsfieber steigt, in: Handelsblatt, 7.4.2000, Seite K3

Steiner, G. A./Miner, J. B., Management policy and strategy, New York 1986

Steiner, H., Einleitung: Russlands Gesellschaft im Umbruch, in: Steiner, H./Jadow, W. (Hrsg.), Russland – wohin? Russland aus der Sicht russischer Soziologen, Berlin 1999, Seite 11-19

Stengel, M., Wertewandel, in: von Rosenstiel, L./Regnet, E./Domsch, M. E. (Hrsg.), Führung von Mitarbeitern: Handbuch für erfolgreiches Personalmanagement, 4. Auflage, Stuttgart 1999, Seite 833-853

Stevenson, W./Jarillo, C., A paradigm of entrepreneurship: Entrepreneurial management, in: Strategic Management Journal, 11/1990, Seite 17-27

Stewart, G. L./Carson, K. P.,/Cardy, R. L., The joint effects of conscientiousness and self-leadership training on employee self-directed behaviour in a service setting, in: Personal Psychology, 49/1996, Seite 143-164

Stewart, G. L., Selbstführung und unternehmerisches Verhalten auf Personen- und Teamebene, in: Müller, G. F. (Hrsg.), Existenzgründung und unternehmerisches Handeln – Forschung und Förderung, Landau 2000, Seite 89-105

Stiller, I., Schlüsselqualifikationen –Neuordnung/ Ordnungsmittel, in: Wittmann, E./van Buer, J. (Hrsg.), Schlüsselqualifikationen zwischen bildungspolitischem Anspruch, wissenschaftlicher Grundlegung und wissenschaftsadäquater Umsetzung, Studien zur Wirtschafts- und Erwachsenenpädagogik aus der Humboldt- Universität zu Berlin, Band 18, Berlin 1998, Seite 5-15

Süssmuth-Dyckerhoff, C., Intrapreneuring: Ein Ansatz zur Vitalisierung reifer Groß-Unternehmen. St. Galler Beiträge zum unternehmerischen Wandel, Band 2. Bern; Stuttgart; Wien: 1995

Teckenberg, W., The stability of Occupational Structures, social mobility, and interest formation: The USSR as an estatist society in comparison with class societies, in: International Journal of Sociology, 2/1989, Seite 28-75

Thill, E. E./Mailhot, L./Mouanda, J., On how task-contingent rewards, individual differences in causality orientations, and imagery are related to intrinsic motivation and performance, in: European Journal of Social Psychology, 28/1998, Seite 141-158

Thom, N., Betriebliches Vorschlagswesen. Ein Instrument der Betriebsführung und des Verbesserungsmanagements, 5. Auflage, Bern 1996

Thom, N./Bayard, N., Ideenrealisierung in Innovationsprozessen – organisatorische und personalwirtschaftliche Aspekte der Implementierung, in: Nippa, M./Scharfenberg, H. (Hrsg.), Implementierungsmanagement, Wiesbaden 1997, Scitc 155-162

Thom, N./Jörg, P., Mitarbeiter zu (Mit-) Unternehmern fördern: Stärkung durch unternehmerische Mitarbeiterentwicklung, in: Wunderer, R. (Hrsg.), Mitarbeiter als Mitunternehmer, Grundlagen. Förderinstrumente. Praxisbeispiele, Neuwied 1999, Seite 219-233

Tichonova, N., Unemployment in Russia. Dimensions, causes and attempts to combat it, in Bericht des Bundesinstitutes für ostwissenschaftliche und internationale Studien, 52/1998, Köln 1998

Tichonova, N., Russlands Sozialstruktur nach acht Jahren Reformen, Bericht des Bundesinstitutes für ostwissenschaftliche und internationale Studien, 31/1999, Köln 1999

Tiedke, J. R., Schlüsselqualifikationen – alter Hut?, in: Winklers Flügelstift, 2/1991

Tompensaars, A., Riding the waves of culture. Understanding diversity in global business, New York 1994

Touet, M., Möglichkeiten und Grenzen der Potentialbeurteilung, in: Becker, F. G./ Berthel, J. (Hrsg.) Reihe: Personal-Management, Band 14, Stuttgart 1997

Ulrich, H., Unternehmenspolitik, 3. Aufl., Bern 1990

Veiga, J./Yanouzas, J./Buchholtz, A., Emerging cultural values among Russian managers: What will tomorrow bring?, in: Business Horizons, 7/8/1995, Seite 20-27

Vogel, H., Die „Mafia" in Russland, in: Internationale Politik, 2/1995, Seite 11-18

Vollrath, K., Abschied vom „Change Management", in: Frankfurter Allgemeine Zeitung, Frankfurt 21.6.1999, Seite 30

Wahrig, G., Deutsches Wörterbuch. Neu herausgegeben von Wahrig-Burfeind, R., Gütersloh 1997

Walter, H., Handbuch Führung: Der Werkzeugkasten für Vorgesetzte: Symptome - Ursachen – Problemlösungen, Frankfurt/Main 1998

Walz, H./Bertes, T., Das intelligente Unternehmen: Schneller lernen als der Wettbewerb, Landsberg am Lech 1995

Watzlawek, G., OECD sieht Hoffnung für rasche Reformen in Moskau, in: Handelsblatt, 13.2.2002, Seite 5

Weber, M., Die protestantische Ethik I, 6. Aufl., hrsg. Von Winckelmann, J., Gütersloh 1981

Weber, P. (Hrsg.): Leistungsorientiertes Management: Leistungen steigern statt Kosten senken. Frankfurt/Main 1998

Wegener, B., Wer skaliert? Die Messfehler-Testtheorie und die Frage nach dem Akteur, in: Zuma (Hrsg.), Zuma-Handbuch sozialwissenschaftlicher Skalen, Mannheim 1983

Weibler, J., Bedeutung der Landeskultur für die Förderung des Mitunternehmertums – Theoretische und empirische Befunde, in: Wunderer, R. (Hrsg.), Mitarbeiter als Mitunternehmer. Grundlagen, Förderinstrumente, Praxisbeispiele, Neuwied 1999, Seite 107-121

Weiner, B./Heckhausen, H./Meyer, W.-U./Cook, R. E., Causal ascriptions and achievement behaviour: A conceptual analysis of effort and reanalysis of locus of control, in: Journal of personality and Social Psychology, 15/1970, Seite 1-20

Weiner, B., Die Wirkung von Erfolg und Misserfolg auf die Leistung, Stuttgart 1975

Weiner, B., Judgements of responsibility. A foundation for a theory of social conduct, New York 1995

Weinert, A., Potentialerkennung bei Führungskräften: Ein neues Verfahren zur Identifikation von Führungstalent, in: Personalführung, 11/1992, Seite 902-910

Weinert, A./Scheffer, D., Neue Wege zur Identifikation von Führungs- und Managementpotential: Arbeiten mit dem „Rev. Deutenden CPI" zur Früherkennung von Talent, in: Zeitschrift Führung und Organisation, 4/1999, Seite 194-201

Weinert, A./Harrison, G., CPI. California Psychological Inventory, in: Sarges, W./Wottawa, H., Handbuch wirtschaftspsychologischer Testverfahren, Lengerich 2001, Seite 169-176

Wetzel, B., Der Unternehmer in der Nationalökonomie, Köln 1995

White, J. B., Saurier lernen von Amöben, in: Handelsblatt, 15.1.2000, Seite K4

Winslow, E. K./Solomon, G. T., Entrepreneurs are more than non-conformists: They are mildly sociopathic, in: Journal of Creative Behaviour, 21/1987, Seite 203-205

Winslow, E. K./Solomon, G. T., Further development of a descriptive profile of entrepreneurs, in: Journal of Creative Behaviour, 23/1989, Seite 149-161

Wirtz, H., Schlüsselqualifikationen: Erfolgsorientierte Strategien zur Verbesserung der Handlungskompetenz, 1. Aufl., Frankfurt/Main 1997

Wischnewskij, A., Die Modernisierung der UdSSR als konservative Revolution. Implikationen für das heutige Russland, Bericht der Bundesinstitutes für ostwissenschaftliche und internationale Studien, 49/1998, Köln 1998

Wiswede, G., Motivation und Arbeitsverhalten, München 1980

Wiswede, G., Einführung in die Wirtschaftspsychologie, 3. Aufl., Berlin 2000

Witt, U., Imagination and leadership. The neglected dimension of an evolutionary theory of the firm, in: Journal of Economic Behaviour and Organization, 35/1998, Seite 161-177

Wittmann, E., Qualität betrieblicher Ausbildung und die Schlüsselqualifikation „kommunikative Kompetenz, in: Wittmann, E./van Buer, J. (Hrsg.), Schlüsselqualifikationen zwischen bildungspolitischem Anspruch, wissenschaftlicher Grundlegung und wissenschaftsadäquater Umsetzung, Studien zur Wirtschafts- und Erwachsenenpädagogik aus der Humboldt- Universität zu Berlin, Band 18, Berlin 1998, Seite 17-33

Wittmann, E., Kompetente Kundenkommunikation von Auszubildenden in der Bank – Eine theoretische und empirische Studie zum Einfluss betrieblicher Ausbildungsbedingungen, Frankfurt/Main 2000

Womack, J. P./Jones, D. T./Ross, D., Die zweite Revolution in der Automobilindustrie, 7. Auflage, Frankfurt/Main 1992

Wood, R. E./Mento, A. J./Locke, E. A., Task complexity as a moderator of goal effects: A meta- analysis, in: Journal of Applied Psychology, 72/1987, Seite 416-425

World Bank (Hrsg.), 2000 World Development Indicators, zitiert nach der Internetveröffentlichung <www.worldbank.org/data/wdi2000/index.htm>, Sektion „World View“

Wunderer, R., Unternehmerische Mitarbeiterführung, in: Kieser, A./Reber, G./Wunderer, R. (Hrsg.), Handwörterbuch der Führung, 2. Aufl., Stuttgart 1995a, Seite 2081-2964

Wunderer, R., Unternehmerische Führung – aus der Perspektive volkswirtschaftlicher Theorien, in: Brandenburg, A. (Hrsg.), Standpunkte zwischen Theorie und Praxis: Handlungsorientierte Problemlösungen in Wirtschaft und Gesellschaft, Bern 1995b, Seite 81-116

Wunderer, R., Unternehmerische Mitarbeiterführung als Ansatzpunkt zur unternehmerischen Gestaltung der Personalarbeit – Aus Sicht der Wissenschaft, in: Wunderer, R./Kuhn, T. (Hrsg.), Innovatives Personalmanagement, Theorie und Praxis unternehmerischer Personalarbeit, Neuwied 1995c, Seite 25-42

Wunderer, R., Mitarbeiter als Mitunternehmer – Ein Transformationskonzept, in: Wunderer, R., (Hrsg.), Mitarbeiter als Mitunternehmer. Grundlagen, Förderinstrumente, Praxisbeispiele, Neuwied 1999, Seite 22-58

Wunderer, R./Grunwald, W., Führungslehre, Band 1, Grundlagen der Führung, Berlin 1980

Wunderer, R./Kuhn, T., Unternehmerisches Personalmanagement; Prognosen, Konzepte und Strategien für das Jahr 2000, Frankfurt/Main 1993

Wunderer, R./Mittmann, J., Identifikationspolitik, Stuttgart 1995

Yates, F., The risk construct, in: Yates, F., J. (Hrsg.), Risk-taking behaviour, Chichester 1992, Seite 1-25

Zabeck, J., „Schlüsselqualifikationen", Zur Kritik einer didaktischen Zielformel, in: Wirtschaft und Erziehung, 41/1989, Seite 77-86

Zimbardo, P./Gerrig, R., Psychologie, 7. Auflage, Berlin: Springer 1999

Zuckerman, M., Attribution of success and failure revisited, or: The motivational bias is alive and well in attribution theory, in: Journal of personality, 47/1979, Seite 245-287

Abbildungs- und Tabellenverzeichnis

Abbildung 1: Mögliche Umweltsysteme eines Unternehmens nach Staehle (1994, 596) 10

Abbildung 2: Elemente des Lean Banking (Große-Peclum, 1994) 19

Abbildung 3: Entwicklung der Generationskluft in Ostdeutschland seit 1990 nach *Noelle-Neumann/Köcher* (1997, 134) 25

Abbildung 4: Erziehungsziele in der BRD/alte Länder 1951- 1995 (von Rosenstiel, 1995, 75-146) 27

Abbildung 5: Begriffliche Unterscheidung zwischen verschiedenen Konzepten der Verantwortung (Koch, 2000, 19) 48

Abbildung 6: Das Dreiecksmodell der Verantwortung nach Schlenker (1997, 245) 49

Abbildung 7: vorläufiges Modell des selbstverantwortlichen Handelns 54

Abbildung 8: Persönliche Neigung von Führungskräften zu verschiedenen Aspekten von Verantwortungsübernahme (Koch/Benedikt, 2001, 60) 78

Abbildung 9: Gruppierung der Situationen zu den drei Stufen von EVH 79

Abbildung 10: Bewertung von EVH durch die Führungskräfte (Koch/Benedikt, 2001, 61) 80

Abbildung 11: Ausprägungsstufen selbstverantwortlichen Verhaltens 82

Abbildung 13: Prozessmodell selbstverantwortlichen Handeln in Anlehnung an *Wiswede* (1980) 85

Abbildung 14: Prozessmodell zur Verdeutlichung des angenommenen Zusammenhangs von Leistungsmotivation, Selbstkonzept und tatsächlichem Verhalten nach *Benedikt* (1993, 56) 91

Abbildung 15: Sozialisationsfaktoren und Werte nach *Rothenberger* (1992) 101

Abbildung 16: Zusammenhang zwischen EVH und drei Dimensionen von persönlichen Zielen 109

Abbildung 17: Zusammenhang zwischen EVH und den Dimensionen Loyalität und Vorgesetztenzufriedenheit 110

Abbildung 18: Ablaufdiagramm zur sozialen Kompetenz als kooperative Selbstorganisation (Preiser, 1978, 134) ... 126

Abbildung 19: Zusammenstellung der wesentlichen Bestimmungsfaktoren selbstverantwortlichen Handelns ... 133

Abbildung 20: Abbildungssatz zur Erfassung selbstverantwortlichen Verhaltens ... 144

Abbildung 21: Halbordnung der ausgewählten Items ... 157

Abbildung 22: Prüfkriterien zur Einschätzung der Items der Selv-Skala ... 158

Abbildung 23: Selbstverantwortliches Handeln als Interaktion von vier systemischen Strukturebenen (van Buer/Neben, 1999, 55ff) ... 184

Abbildung 24: Forschungsleitende Thesen zur Beschreibung der Zusammenhänge mit ausgewählten Merkmalen der persönlichen Ebene ... 189

Abbildung 25: Forschungsleitende These zur Erfassung des Arbeitsumfelds auf die Ausprägung von selbstverantwortlichem Handeln ... 190

Abbildung 26: Forschungsleitende These zur Erfassung des Zusammenhangs zwischen Führungsverantwortung und der Ausprägung von selbstverantwortlichem Handeln 192

Abbildung 27: Forschungsleitende These zur Erfassung des Zusammenhangs zwischen Betriebszugehörigkeit und der Ausprägung von selbstverantwortlichem Handeln ... 193

Abbildung 28: Forschungsleitende These zur Erfassung möglicher Ausprägungsunterschiede in deutschen und russischen Kreditinstituten ... 195

Abbildung 29: Übersicht der forschungsleitende Thesen ... 197

Abbildung 30: Zusammensetzung der Probanden in der Voruntersuchung ... 197

Abbildung 31: Verbale Testinstruktion zur Durchführung der Vorstudie ... 198

Abbildung 32: Graphische Darstellung der korrelativen Beziehungen zwischen den in der Voruntersuchung verwendeten Skalen ... 200

Abbildung 33: Graphische Darstellung der korrelativen Beziehungen zwischen den in der Voruntersuchung erhobenen soziodemographischen Daten ... 203

Abbildung 34: Graphische Darstellung der korrelativen Beziehungen zwischen den verwendeten Skalen 238

Abbildung 35: Gesamtzusammenstellung der wesentlichen Unterschiede zwischen der deutschen und russischen Teilstichprobe 246

Abbildung 36: Einflussfaktoren und strategische Orientierung des unternehmerischen und administrativen Verhaltens nach *Bitzer* (1991) 260

Abbildung 37: Strukturmerkmale dezentralisierter Organisationen nach *Drumm* (1999, 15)..... 262

Abbildung 38: Wechselwirkung der drei Ebenen der Unternehmenskultur nach Schein........ 265

Abbildung 39: Merkmale einer unternehmerischen Firmenkultur nach Bitzer (1991, 37) 269

Abbildung 40: Modelle der betrieblichen Mitarbeiterbeteiligung nach Schneider (1996, 112).. 273

Abbildung 41: Wirksame Anreize für innovative Mitarbeiter........ 280

Abbildung 42: Kernthesen der Initiativgruppe "Selbst-GmbH" o.V., 2001, 6)........ 285

Abbildung 43: Überblick über mögliche Ansatzpunkte zur Förderung von selbstverantwortlichem Handeln 288

Tabelle 1: Wertehierarchie bei Berliner Jugendlichen (n=617), (zitiert nach van Buer/Neben, 1999, 193) 26

Tabelle 2: Wertehierarchie in der russischen Bevölkerung (Lapin, 1999, 30) 38

Tabelle 3: Konzeptioneller Vergleich von Handlungsfolgen und Aufgabenverantwortung (Koch, 2000, 17) 47

Tabelle 4: Klassifikationsschema für wahrgenommene Misserfolgsursachen von Erfolg und Misserfolg nach *Weiner* (1975) 94

Tabelle 5: Abgrenzung der im Fragebogen verwendeten Verhaltensdimensionen 139

Tabelle 6: Differenzierung des Aufforderungscharakters von Situationen durch unterschiedlich starke Vorgabe-Person-Bindung 141

Tabelle 7: Differenzierung des Aufforderungscharakters von Situationen durch unterschiedlich starke Vorgabe-Fall-Bindung 142

Tabelle 8: Itemformulierungen für geringe und starke soziale Zustimmung 143

Tabelle 9: Zusammenstellung möglicher Formulierungen zur Beschreibung der vier Bereiche selbstverantwortlichen Verhaltens 148

Tabelle 10: Skala 1: Erweiterung des Handlungsspielraums 150

Tabelle 11: Skala 2: Überobligatorisches Engagement 151

Tabelle 12: Skala 3: Generieren innovativer Ideen 153

Tabelle 13: Skala 4: Umsetzen unkonventioneller und innovativer Lösungen unter Umgehung von Regeln 154

Tabelle 14: Gewichtungstabelle der verwendeten Items 156

Tabelle 15: Endgültige Situationsbeschreibungen zur Abbildung der Verhaltensdimensionen selbstverantwortlichen Handelns 163

Tabelle 16: Übersicht der Korrelationen zwischen den Dimensionen von EVH- und OCB-Skala und dem eigenverantwortlichen Handeln in spezifischen Situationen (Koch, 2000, 186) 165

Tabelle 17: Items der Dimension Risikobereitschaft der EVH-Skala 166

Tabelle 18: Items der Dimension Unkonventionalität der EVH-Skala 166

Tabelle 19: BIP-Skala zur Erfassung der Gestaltungsmotivation 170

Tabelle 20: BIP-Skala zur Erfassung der Flexibilität 172

Tabelle 21: Hierarchische Regressionsanalyse auf die abhängige Variable eigenverantwortliches Handeln in spezifischen Situationen (Selbstbild) zu T2 durch alle Einflussfaktoren zu T1 (empirisches Gesamtmodell) nach Koch (2000, 189) 173

Tabelle 22: Skala der allgemeinen Selbstwirksamkeitserwartung (WIRKALL) 176

Tabelle 23: Bedeutung hoher und niedriger Werte in der Primärskala FFK-I (Krampen, 1991, 26) 179

Tabelle 24: Primärskala zur Internalität der Kontrollüberzeugung 180

Tabelle 25: Items der Skala Ungewissheitstoleranz des F-DUP-K 183

Tabelle 26: Fallbeispiele zur Erfassung des Einflusses der verschiedenen Strukturebenen........ 186

Tabelle 27: Antwortalternativen zur Erfassung des Einflusses der verschiedenen Strukturebenen 187

Tabelle 28: Korrelationsmatrix der in der Voruntersuchung verwendeten Skalen nach Pearson 199

Tabelle 29: Übersicht der Korrelationen verschiedener organisationaler Variablen mit der Selv-Skala.. 202

Tabelle 30: Beschäftigte im deutschen Kreditgewerbe von 1990 bis 2000 (Backhaus/Wagner, 2002, 318).. 204

Tabelle 31: Zusammensetzung der Beschäftigten im deutschen Bankgewerbe (in %) 205

Tabelle 32: Altersstruktur der Beschäftigten in deutschen Sparkassen 206

Tabelle 33: Gesamtanzahl der in Russland tätigen Banken (International Monetary Fund, 2002, 39) 206

Tabelle 34: Altersverteilung der deutschen Teilstichprobe 209

Tabelle 35: Verteilung der Betriebszugehörigkeit in der deutschen Teilstichprobe.................... 209

Tabelle 36: Altersverteilung der russischen Teilstichprobe.. 210

Tabelle 37: Verteilung der Betriebszugehörigkeit in der russischen Teilstichprobe 211

Tabelle 38: Teststatistische Auswertung der BIB-Skala zur Erfassung von Gestaltungsmotivation 213

Tabelle 39: Teststatistische Auswertung der BIB-Skala zur Erfassung von Flexibilität............ 214

Tabelle 40: Teststatistische Auswertung der Skala zur allgemeinen Selbstwirksamkeitserwartung 216

Tabelle 41: Teststatistische Auswertung der Primärskala zur Erfassung von Internalität der Kontrollüberzeugung 217

Tabelle 42: Teststatistische Itemkennwerte der Skala Ungewissheitstoleranz des F-DUP-K 218

Tabelle 43 :Teststatistische Kennwerte der Selv-Skala 219

Tabelle 44: Teststatistische Auswertung der Skala EVH-R 220

Tabelle 45: Teststatistische Auswertung der Skala EVH-U 221

Tabelle 46: Korrelationen zwischen Selv-Skala und den subjektiven Normen der verschiedenen Strukturebenen der Arbeitsumwelt 228

Tabelle 47: Subjektive Einschätzung der Befürwortung selbstverantwortlichen Handelns durch die Arbeitsumwelt (Mittelwertsvergleich) 229

Tabelle 48: Einfluss einer Tätigkeit mit Führungsverantwortung auf selbstverantwortliches Handeln bei Betrachtung der Gesamtstichprobe 230

Tabelle 49: Häufigkeitsverteilung der Variable "Dauer der Betriebszugehörigkeit" 232

Tabelle 50: Einfluss der Rechtsform eines Kreditinstitutes auf die Ausprägungsintensität von selbstverantwortlichem Handeln 233

Tabelle 51: Mittelwertsvergleich zwischen den eingeschätzten Rahmen-bedingungen selbstverantwortlichen Handelns und der Nationalität 234

Tabelle 52: Korrelationsmatrix aller in der Untersuchung eingesetzten Skalen 237

Tabelle 53: Rotierte Komponentenmatrix der in der Untersuchung erhobenen Variablen 239

Tabelle 54: Taxonomie von unternehmerischem Verhalten im Unternehmen (Intrapreneur) 242

Tabelle 55: Soziobiographische Entwicklungsbedingungen nach Lempert (1993) 249

Tabelle 56: Wie sich Engagement unterscheidet (Argyris, 1998, 11) 254

Berufliche Bildung im Wandel

Herausgegeben von Jürgen van Buer

Band 1 Jürgen van Buer / Adolf Kell / Eveline Wittmann (Hrsg.): Berufsbildungsforschung in ausgewählten Wissenschaften und multidisziplinären Forschungsbereichen. 2001.

Band 2 Eveline Wittmann: Kompetente Kundenkommunikation von Auszubildenden in der Bank. Eine theoretische und empirische Studie zum Einfluß betrieblicher Ausbildungsbedingungen. 2001.

Band 3 Susan Seeber / Dieter Squarra: Lehren und Lernen in beruflichen Schulen. Schülerurteile zur Unterrichtsqualität. 2003.

Band 4 Hans-Peter Benedikt: Selbstverantwortliches Handeln bei Mitarbeitern in der deutschen und russischen Kreditwirtschaft. Eine komparative Länderstudie. 2004.

Band 5 Jürgen van Buer / Olga Zlatkin-Troitschanskaia (Hrsg.): Berufliche Bildung auf dem Prüfstand. Entwicklung zwischen systemischer Steuerung, Transformation durch Modellversuche und unterrichtlicher Innovation. 2004.

Peter Lang · Europäischer Verlag der Wissenschaften

Alexander Westenbaum

Bankbetriebliches Wissensmanagement

Entwicklung, Akquisition und Transfer der Unternehmensressource Wissen in Kreditinstituten

Frankfurt am Main, Berlin, Bern, Bruxelles, New York, Oxford, Wien, 2003.
291 S., 23 Abb.
Schriften des Instituts für Unternehmensführung der Georg-August-Universität Göttingen.
Herausgegeben von Günther Schanz. Bd. 8
ISBN 3-631-50517-5 · br. € 45.50*

Banken können als ausgesprochen wissensintensive Unternehmen charakterisiert werden. Dies ergibt sich beispielsweise aus der hohen Erklärungsbedürftigkeit und Vertrauensempfindlichkeit von Bankleistungen. Ferner legt die exponierte gesellschaftliche Stellung von Kreditinstituten einen besonders sorgsamen Umgang mit der Ressource Wissen nahe. Die vielfältigen personalwirtschaftlichen, technisch-organisatorischen, strategischen oder unternehmenskulturellen Problemfelder eines speziell auf Banken ausgerichteten Wissensmanagements werden in dieser Studie aus einer primär verhaltenstheoretischen Perspektive betrachtet. Die einzelnen Fragestellungen des bankbetrieblichen Wissensmanagements werden den Schwerpunktbereichen Wissensentwicklung, Wissensakquisition und Wissenstransfer zugeordnet und durch innovative Gestaltungsansätze und Fallbeispiele aus der Bankenpraxis adäquat beantwortet.

Aus dem Inhalt: Grundlagen des bankbetrieblichen Wissensmanagements · Entwicklung der Unternehmensressource Wissen in Kreditinstituten · Bankbetriebliche Wissensakquisition als personalwirtschaftliche und unternehmensstrategische Aufgabenstellung · Kommunikationskanäle und Barrieren des bankbetrieblichen Wissenstransfers

Frankfurt am Main · Berlin · Bern · Bruxelles · New York · Oxford · Wien
Auslieferung: Verlag Peter Lang AG
Moosstr. 1, CH-2542 Pieterlen
Telefax 00 41 (0) 32 / 376 17 27

*inklusive der in Deutschland gültigen Mehrwertsteuer
Preisänderungen vorbehalten

Homepage http://www.peterlang.de

Kolibri 360 GmbH
Ferdinand-Jühlke-Straße 7
99095 Erfurt, Deutschland
produktsicherheit@kolibri360.de

Druck:
CPI Druckdienstleistungen GmbH
im Auftrag der
Kolibri 360 GmbH
Ferdinand-Jühlke-Str. 7
99095 Erfurt